기유일	경술일	신해일	임자일	계축일
1국	327	387	445	509	571
2국	332	391	450	514	576
3국	337	395	455	519	581
4국	341	400	460	524	586
5국	346	405	465	529	591
6국	351	410	471	534	596
7국	356	415	476	539	600
8국	360	420	481	544	604
9국	365	425	487	549	608
10국	370	429	492	554	611
11국	375	433	496	559	617
12국	380	438	501	564	622

○ 묘성과, 리괘, 호랑이가 사람을 무는 상
구관은 길하고, 나머지 정단은 모두 흉하다. 특히 출행, 병재, 관재가 흉하다.

○ 별책과, 음란의 상, 불완전의 상
혼인과 가정에서 음란이 발생한다. 모든 일에서 불완전하다.

○ 팔전과, 동인괘, 협력동심의 상
근친상간의 상으로서 가정이 음란하다. 유실물은 안에 있다.

○ 반음과, 진괘, 경천동지의 상
길사는 불성하고, 흉사는 사라진다. 혼인과 가정과 직장과는 절연된다.

○ 복음과, 간괘, 수구대신의 상
구관(求官)은 길하고, 나머지 정단은 모두 흉하다. 질병은 수술수가 있다.

즉문즉답
대육임직지

인사(人事)를 피흉추길하다

갑진순

우산愚山 이수동李洙銅

1963 경북 백두대간 황악산 남쪽 산자락에서 출생
1991 한국기공연합회 기공사, 감사 역임
2005 『운명 바꿀 것인가 따를 것인가』에
　　　한국의 대표 역학인 10人에 소개
2006 『육임입문』 1·2·3 출간
2009 『육임실전』 1 출간
2010 『대육임필법부 평주』 출간
2013 원광대학교 한국문화학과 졸업, 문학박사
2014 『육임실전』 2(「육임지남주해」) 출간
2018 「육임의 혼인점단 이론체계 연구」, 실천민속학회, 2018
2019 『대육임직지』 6권 완간
2019 『육임을 알면 미래가 보인다』
전직) 서라벌대학교 풍수명리학과 강사, 공주대학교 동양학과 강사
현재) 원광디지털대학교 동양학과 강사, 원광대학교 대학원 강사,
　　　동국대학교 미래융합교육원 강사
　　　(학술단체) 고려육임학회 학회장.
　　　네이버에서 고려육임학회 카페 http://cafe.naver.com/taotemple
　　　이메일 : gigong@naver.com

대유육임시리즈 11 **대육임직지** ⑤ 갑진순

* 초판 2쇄 2022년 4월 5일
* 주해　우산 이수동
* 편집　이연실 윤치훈
* 발행인 윤상철　* 발행처 대유학당 since1993
* 출판등록 2002년 4월 17일 제305-2002-000028호
* 주소 서울 성동구 아차산로17길 SK V1 센터 1동 814호
* 전화 (02)2249-5630~1
* ISBN 978-89-6369-098-0　03180
* 정가 **34,000원**

* 이 도서의 국립중앙도서관 출판예정도서목록(CIP)은
　서지정보유통지원시스템 홈페이지(http://seoji.nl.go.kr)와
　국가자료공동목록시스템(http://www.nl.go.kr/kolisnet)에서
　이용하실 수 있습니다. (CIP2019021157)

즉문즉답
대육임직지

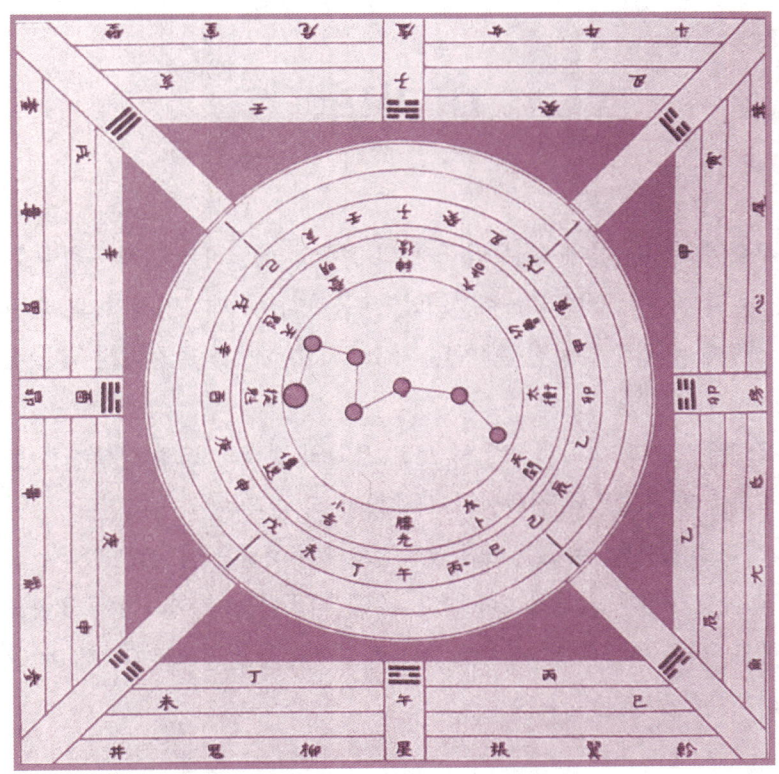

낙랑군 우왕묘에서 출토된 육임식반의 복원도

○ 육임식반은 하늘을 뜻하는 원형(圓形)의 천반과 땅을 상징하는 방형(方形)의 지반으로 구성되어 있다.
□ 원형(동그라미)의 한 가운데에는 북두칠성이 그려져 있고, 동그라미 테두리에는 육임의 12월장 및 10간 12지가 적혀 있으며, 그 바깥의 방형의 네모에도 10간 12지와 팔괘 그리고 이십팔수가 적혀 있다.
△ 이 유물을 통해 육임식반이 널리 사용됐고, 육임점(六壬占)이 널리 성행했음을 알 수 있다.

머리말

무술년의 중추절에 『대육임직지』의 전편에 해당하는 갑자순·갑술순·갑신순의 720과 주석서가 출간되었고, 금년에는 『대육임직지』의 후편에 해당하는 갑오순·갑진순·갑인순의 720과 주석서를 출간하게 되었다.

육임은 720개의 〈육임식반〉을 보고 사안의 길흉(吉凶)과 성부(成否)를 예측하는 학문으로서 정확성과 자세함이 타의 추종을 불허한다. 육임을 제대로 활용할 수 있는 모범적인 720과 주석서가 상담업 종사자 및 육임 애호가에게 절실히 필요하다. 수많은 독자들이 이러한 필요성을 말했고, 10여 년 전부터 자료를 모으고 연구하며 집필해서 이제서야 완간하게 된 것이다.

이 책에는 가정(양택), 구관(시험, 승진), 혼인, 임신·출산, 귀인 알현(면접), 구재(장사, 사업), 질병, 출행(여행), 귀가, 쟁송(관재)를 비롯하여 날씨, 음택(산소), 전쟁 등에 관한 길흉과 그 이유가 비교적 자세하게 설명되어 있다.

각 사안의 정답은 육임 고전에 기록된 정답을 사용하였고, 부족한 것은 저자가 첨가하였다. 그리고 정답이 도출된 이유는 『대육임필법부』를 비롯한 육임의 여러 고전에 바탕을 두되 자의적인 해석은 하지 않았고, 이러한 이유를 들어 『대육임직지』는 육임의 여러 고전이 융합된 성격의 책이라고 말할 수 있다. 그리고 이 책을 자평하면, 동서고금의 '육임학사'에서 육임 720과 주석서로서 최초 출간이라는 의미를 부여할 수 있다.

  동양 고전에 "낙수가 바위를 뚫는다."는 말이 있다. 만약 매일의 일진의 열 두 국을 정독하고 사색하기를 이와 같이 계속하면, 어느 순간 홀연히 '즉문즉답'할 수 있는 문리가 터질 것이다. 아무쪼록 이 책이 육임을 연구하는 학자, 상담 현장에서 상담하는 술사, 그리고 일반인에게 작은 도움이 되길 기원한다.

서기 2019년 맹하에
빛고을 光明에서 우산 이수동 삼가 적음

일러두기

❶ 본고의 근본은 『대육임입성대전검』, 『육임직지』, 『육임요결』에 두었다.

❷ 과체

매 국의 과체에서 ' // ' 이전의 것은 고전의 것이고, ' // ' 이후의 것은 고전 이외의 것으로써 저자가 보완하였다.

❸ 귀인접지법

구분 주야 십간	현대		청나라 이전 ~명나라	
	낮	밤	낮	밤
甲	未	丑	丑	未
乙	申	子	子	申
丙	酉	亥	亥	酉
丁	亥	酉	亥	酉
戊	丑	未	丑	未
己	子	申	子	申
庚	丑	未	丑	未
辛	寅	午	午	寅
壬	卯	巳	巳	卯
癸	巳	卯	巳	卯

　본고에서는 현대인의 활용을 위해 아래와 같이 현대의 귀인접지법을 적용하였다.

　갑일의 낮 귀인은 未이고 밤 귀인은 丑이다.

　을일의 낮 귀인은 申이고 밤 귀인은 子이다.

병일의 낮 귀인은 酉이고 밤 귀인은 亥이다.
신일의 낮 귀인은 寅이고 밤 귀인은 午이다.
임일의 낮 귀인은 卯이고 밤 귀인은 巳이다.

❹ 갑오순의 섭해과 삼전은 '섭해법(涉害法)' 곧 '사과 중 극의 수가 많은 곳을 발용으로 정하는 방법'을 취해서 삼전을 정하고 이론을 전개하였다. 갑오일 제3국, 기해일 제9국, 계묘일 제3국이 그 예로서, 육임의 고전인 『대육임입성대전검』·『육임직지』·『육임요결』 등에서의 삼전과는 다르다.

❺ 귀인알현
이 항목은 공무원이나 직장인이 그들의 상급자에게 청탁하거나 혹은 서민이 관청의 공무원 혹은 귀인을 만나서 부탁할 때에 적용된다.

❻ 가정
원문에서의 '가택'이다. 가정사와 가상(양택) 항목이다. 만약 회사를 정단하면 회사가 되고, 가게를 정단하면 가게가 된다. 따라서 회사 또는 가게의 좋고 나쁜 상황을 알 수 있다.

❼ 쟁송과 관재
쟁송은 원고와 피고가 정해진 상황에서 승소와 패소를 예측하는 것이고, 관재는 범법을 저지른 뒤 죄의 경중을 예측하는 것이다.

❽ 원문에서 10개 '괘'로 표기되어 있는 것을 '과'로 바꾸었다. 예를 들어 '원수괘'를 '원수과'로 바꾸었다.

❾ 본문의 동그라미 표시(O)는 고전의 원문, 화살 표시(➔)는 저자의 주석, 우산그림(☂)은 원문에는 없지만 꼭 필요하다고 생각하여 저자가 추가한 것이다. 가령 갑자일 제1국에서 '☂ 알현' 항목을 저자가 보충하여 항목의 가장 뒤편에 수록하였다.

『대육임직지』의 특징

❶ 이 책의 원저는 『대육임입성대전검』, 『육임직지』, 『육임요결』이다.

❷ 이 책은 인사의 주요 질문에 대한 답을 직지(直指)한 책이다. 따라서 육임의 최종 결과물이라고 할 수 있다.

❸ 이 책은 과체(課體), 과의(課義), 해왈(解曰), 단왈(斷曰), 12개 사안, 그리고 『대육임필법부』와 『과경』을 비롯한 육임의 주요 문헌에서의 720과 해설로 구성되어 있다. '과의'는 '핵심'으로, '해왈'은 '분석'으로, '단왈'은 '정단'으로 변경하였다.

❹ 사안별 정단은 12개 사안 혹은 10개의 사안으로 구성되어 있다. 가령 갑자일 제1국의 12개 사안은 천시(날씨), 모망, 가택, 혼인, 질병, 임신·출산, 구재, 포획, 유실, 행인, 출행, 정벌이다. 그러나 일진에 따라 일부가 빠지고 이를 대신하여 공명, 실탈(失脫), 쟁송이 추가되어 있다. 본문의 일부에서는 공명이 사환(仕宦)으로 되어 있거나 혹은 정벌(征伐)이 병전(兵戰)으로 기술되어 있으며 혹은 쟁송이나 실탈(유실)이 빠져있기도 하다.

정단에 필요한 도표

⟨표 1⟩ 국수

월장 중기 점시	亥 우 수 ~	戌 춘 분 ~	酉 곡 우 ~	申 소 만 ~	未 하 지 ~	午 대 서 ~	巳 처 서 ~	辰 추 분 ~	卯 상 강 ~	寅 소 설 ~	丑 동 지 ~	子 대 한 ~
子	2	3	4	5	6	7	8	9	10	11	12	1
丑	3	4	5	6	7	8	9	10	11	12	1	2
寅	4	5	6	7	8	9	10	11	12	1	2	3
卯	5	6	7	8	9	10	11	12	1	2	3	4
辰	6	7	8	9	10	11	12	1	2	3	4	5
巳	7	8	9	10	11	12	1	2	3	4	5	6
午	8	9	10	11	12	1	2	3	4	5	6	7
未	9	10	11	12	1	2	3	4	5	6	7	8
申	10	11	12	1	2	3	4	5	6	7	8	9
酉	11	12	1	2	3	4	5	6	7	8	9	10
戌	12	1	2	3	4	5	6	7	8	9	10	11
亥	1	2	3	4	5	6	7	8	9	10	11	12

● 국수를 찾는 방법과 점시, 월장, 행년

　가령 2019년 7월 6일 낮 2시에 정단할 경우, 일진은 甲辰이고 점시는 未이며 월장도 未이다. 점시 난의 未와 월장 난의 未가 만나는 지점에 1이 적혀있으므로, 본문 중에 갑진일의 제1국을 펴서 궁금한 항목을 읽으면 된다. 점시는 〈표 2〉를 참조하면 되고, 월장은 〈표 3〉을 참조하면 되며, 한국나이에 따른 행년은 〈표 4〉를 참조하면 된다.

〈표 2〉 12점시(기준 : 표준시)

점시	시간(대략)
자시(子時)	밤 11시 32분~01시 31분
축시(丑時)	밤 01시 32분~03시 31분
인시(寅時)	밤 03시 32분~05시 31분
묘시(卯時)	새벽 05시 32분~07시 31분
진시(辰時)	아침 07시 32분~09시 31분
사시(巳時)	낮 09시 32분~11시 31분
오시(午時)	낮 11시 32분~1시 31분
미시(未時)	낮 1시 32분~3시 31분
신시(申時)	낮 3시 32분~5시 31분
유시(酉時)	저녁 5시 32분~7시 31분
술시(戌時)	밤 7시 32분~9시 31분
해시(亥時)	밤 9시 32분~11시 31분
※ 점시의 기준은 매일 조금씩 달라진다.	

〈표 3〉 월장이 바뀌는 날짜(기준 : 양력)

월장	12기	양력	월장	12기	양력
亥	우수(雨水)	2월 18일~20일	巳	처서(處暑)	8월 22일~23일
戌	춘분(春分)	3월 20일~22일	辰	추분(秋分)	9월 22일~24일
酉	곡우(穀雨)	4월 20일~21일	卯	상강(霜降)	10월 23일~24일
申	소만(小滿)	5월 20일~21일	寅	소설(小雪)	11월 22일~23일
未	하지(夏至)	6월 21일~23일	丑	동지(冬至)	12월 21일~23일
午	대서(大暑)	7월 22일~23일	子	대한(大寒)	1월 20일~21일

※ 월장이 바뀌는 일시분(日時分)은 매년 달라진다.
신뢰성 있는 만세력을 참조할 것.

〈표 4〉 행년표

나이	1세	2세	3세	4세	5세	6세	7세	8세	9세	10세
남자	丙寅	丁卯	戊辰	己巳	庚午	辛未	壬申	癸酉	甲戌	乙亥
여자	壬申	辛未	庚午	己巳	戊辰	丁卯	丙寅	乙丑	甲子	癸亥

나이	11세	12세	13세	14세	15세	16세	17세	18세	19세	20세
남자	丙子	丁丑	戊寅	己卯	庚辰	辛巳	壬午	癸未	甲申	乙酉
여자	壬戌	辛酉	庚申	己未	戊午	丁巳	丙辰	乙卯	甲寅	癸丑

나이	21세	22세	23세	24세	25세	26세	27세	28세	29세	30세
남자	丙戌	丁亥	戊子	己丑	庚寅	辛卯	壬辰	癸巳	甲午	乙未
여자	壬子	辛亥	庚戌	己酉	戊申	丁未	丙午	乙巳	甲辰	癸卯

나이	31세	32세	33세	34세	35세	36세	37세	38세	39세	40세
남자	丙申	丁酉	戊戌	己亥	庚子	辛丑	壬寅	癸卯	甲辰	乙巳
여자	壬寅	辛丑	庚子	己亥	戊戌	丁酉	丙申	乙未	甲午	癸巳

나이	41세	42세	43세	44세	45세	46세	47세	48세	49세	50세
남자	丙午	丁未	戊申	己酉	庚戌	辛亥	壬子	癸丑	甲寅	乙卯
여자	壬辰	辛卯	庚寅	己丑	戊子	丁亥	丙戌	乙酉	甲申	癸未

나이	51세	52세	53세	54세	55세	56세	57세	58세	59세	60세
남자	丙辰	丁巳	戊午	己未	庚申	辛酉	壬戌	癸亥	甲子	乙丑
여자	壬午	辛巳	庚辰	己卯	戊寅	丁丑	丙子	乙亥	甲戌	癸酉

갑진일

甲辰日의 길신(구보)과 흉살(팔살)				
일덕	寅		형	
일록	寅		충	
역마	寅		파	
장생	亥		해	
제왕	卯		귀살	申酉
순기	亥		묘신	未
육의(六儀)	甲辰		패신/도화	子/酉
귀인	주	未	공망	寅卯
	야	丑	탈(脫)	巳午
합(合)			사(死)	午
태(胎)	酉		절(絶)	申

甲辰일 제 1 국

공망 : 寅·卯
낮 : 왼쪽 신장, 밤 : 오른쪽 신장

○	乙	戊
青 寅 蛇	朱 巳 勾	后 申 白
寅 ○	巳	申
○	○	甲	甲
青 寅 蛇	青 寅 蛇	合 辰 合	合 辰 合
○甲寅	寅○	辰	辰

乙巳 朱	丙午 勾 蛇	丁未 貴 空	戊申 后 白
甲辰 合 合 辰			己酉 陰 常
勾 卯○ 朱 卯○			庚戌 玄 玄
○寅 青 蛇 寅	癸丑 空 貴 丑	壬子 白 后 子	辛亥 常 陰 亥

□ **과체** : 복음(伏吟), 자임(自任), 원태(元胎) // 왕록임신(旺祿臨身), 일록공망(日祿空亡), 고진과수(孤辰寡宿), 형상(刑傷), 덕록임신(德祿臨身), 사화백(蛇化白/밤), 나거취재(懶去取財), 최관사자(催官使者/밤), 록공망(祿空亡).

□ **핵심** : 일덕과 일록이 모두 공망되었고 밤에는 백호귀살이 있으니 흉하다. 본명이 화(巳,午)이면 백호귀살의 화가 풀리고 토(辰戌丑未)이면 두렵다.

□ **분석** : ❶ 비록 간상과 초전의 寅이 일덕과 일록이지만 공망이 되었으니 복이 오지 못한다.

❷ 말전은 일간의 귀살이다. 밤에 정단하면 백호가 타니 관직 이외의 정단에서는 매우 흉하다. 만약 정단하는 사람의 연명이 화이면 화가 귀살을 극하니 화가 풀리고, 만약 연명이 토이면 토가 오히려 귀살을 생하니 어찌 두렵지 않겠는가? 금과 목과 수의 연명도 모두 이와 같이 적용하면 된다.

□ **정단 :** ❶ 복음과(伏吟課)이고, 자임(自任)이며, 삼전이 모두 사맹이니 원태(元胎)이다. 모든 일에서 엎드려서 은둔해야 하고, 매사 의혹스러우니 안정하면 길하고 경거망동하면 불길하다. 또한 일록과 역마인 寅이 공함되었으니 공무원과 고시생에게 이롭지 않고, 백호귀살이 형(刑)과 극(剋)을 하니 일반인에게 매우 나쁘다.
❷ 지상이 辰이어서 참관격(斬關格)이니 도망치는 우환이 있고, 초전이 공망되어 고진과수이니 이별의 우환이 있다.
❸ 일간과 초전이 공허하니 성과가 없고 설령 성과가 있더라도 변경된다. 오직 승려와 수도자가 정단하면 길하다.

○ **날씨 :** 적은 비가 오고 우레가 치며 우박이 쏟아지거나 혹은 춥고 얼음이 언다.
➔ 말전이 수모(水母)인 申이고 여기에 천후가 타고 있으니 비가 오고, 말전에 백호가 타고 있으니 우레가 치고 얼음이 얼며 춥다.
○ **가정 :** 가족이 쇠약하다. 간음과 도망을 예방해야 한다.
➔ 일간은 가족, 일지는 집이다. 일간이 공망되었으니 가족이 쇠약하다. ● 일지는 집, 육합은 간음의 천장, 辰은 도망이다. 지상에 음란의 천장인 육합이 타고 있으니 간음, 지상이 참관이니 도망을 예방해야 한다. ● 지상이 재성이고 둔반이 형제효이니 형제나 동료에 의한 손재수를 예방해야 한다. ● 일록은 직업이다. 간상과 초전의 일록이 공망되었으니 실직을 예방해야 한다.
○ **혼인 :** 남자의 집에서 원하지 않는다.
➔ 일간은 남자, 천후와 일지는 여자이다. 낮에 정단하면 일간이 천후승신 申으로부터 극을 받으니 남자가 여자를 원하지 않는다. ● **궁합 :** 일간 甲이 일지 辰을 극하고 간상의 寅이 지상의 辰을 극하니 나쁘고 다시 삼전이 삼형이니 더욱 나쁘다.

● 간상의 일록이 공망되었으니 남자의 직업운이 나쁘고, 지상이 괴강의 하나인 辰이니 성정이 드센 여자이다. ● 혼인 : 일간이 공망되었으니 성사되기 어렵다. 만약 혼인하면 삼전이 삼형이니 평생 싸운다.

○ **임신·출산** : 여종과 첩의 임신이고 딸이다. 약을 많이 복용해야 한다.
  → 태음은 여종과 첩이고 酉는 일간의 태신이니 여종이나 첩의 임신이고, 酉가 소녀를 뜻하니 딸이다. ● 일지는 임신부이다. 지상의 辰토가 육합의 오행인 卯목으로부터 내전되어 임신부의 건강이 나쁘니 약을 많이 복용해야 한다. ● 삼전의 원태가 공망되었으니 태아가 사망하는 것을 예방해야 한다.

○ **질병** : 밤에 정단하면 흉하다.
  → 백호는 질병의 원인이다. 밤에 정단하면 백호승신 申이 일간을 극하니 흉하고, 다시 중전과 형살을 형성하여 일간을 극하니 더욱 흉하다. ● 일록인 寅이 공망되었으니 구병을 정단하면 음식을 먹지 못하고 사망할 우려가 있다. ● 초전의 천반이 공망되어 '과수(寡宿)'이니 남편의 질병을 정단하면 낫지 않을 우려가 있고, 초전의 지반이 공망되어 '고진(孤辰)'이니 아내의 질병을 정단하면 낫지 않을 우려가 있다. ● 치료방위 : 백호승신 申을 극하는 午 아래의 오방(午方, 정남)에 명의와 명약이 있다. ● 삼전이 삼형이니 수술할 우려가 있고, 복음과이니 병이 오래갈 우려가 있다.

○ **구관** : 허언이 될 우려가 있다. 인월(寅月)에 정단하면 길하다.
  → 일록은 관록이다. 일록이 공망되었으니 퇴직할 우려가 있고, 권위와 권력을 뜻하는 삼전이 삼형이지만 초전의 일록 寅이 공망되어 삼형을 갖추지 못했으니 허언이 될 우려가 있다. 다만 공망된 寅이 메워지는 인년(寅年)이나 인월(寅月)이나 인월장(寅月將) 기간에 정단하면 길하며, 밤에 정단하면 초전이 등사이고 말전이 백호여서 여우가 호랑이가 되는 상이니 관직자의 전정이 원대하다.

○ **구재** : 가업을 지키는 것이 상책이다.
➔ 일지는 가정과 가게이다. 삼전에 재성이 나타나지 않았고 지상에만 재성인 辰이 나타났으니 가업 혹은 사업을 유지하는 것이 상책이다. ● 식록을 뜻하는 일록이 공망되었으니 경거망동하면 실직한다.

○ **유실** : 집을 벗어나지 않았다. 숨어 있으니 찾기 어렵다.
➔ 복음과는 유실물이 집을 벗어나지 않았고 도둑은 숨어 있으니 찾기 어렵다.

○ **도난** : 본가의 종(노비)이 도둑이다. 훔친 물건을 무덤 속에 감췄다.
➔ 현무의 음신에 장물이 있다. 현무의 음신이 戌이니 무덤 속이나 굴속에 감췄다.

○ **출행** : 일정을 바꾼다.
➔ 역마는 자동차이다. 역마인 寅이 공망되었으니 기일에 떠나지 못하고 공망된 寅이 메워지는 다음 순에는 출행할 수 있다.

○ **귀가** : 아직은 도착하지 않는다.
➔ 복음과는 근행한 사람은 곧 귀가하고, 원행한 사람은 귀가를 기약할 수 없다.

☂ **쟁송** : 나를 돕는 사람이 적다. 불리하다.
➔ 형제효가 공망되었으니 나를 돕는 사람이 적다. ● 일간은 나, 일지는 상대이다. 일간이 공망되었으니 내가 불리하다. 특히 밤에 정단하면 일간 甲이 백호승신 申으로부터 극을 당하니 더욱 불리하다.

○ **전쟁** : 많은 전우를 잃는 상이다.
➔ 일간은 아군, 형제효는 전우이다. 일간과 형제효가 공망되었으니 많은 전우를 잃는 상이다.

☐ 『**필법부(畢法賦)**』 : 〈제75법〉 손님과 주인이 다투지 않아도 형벌이 이

미 앞서 있다.

→ 삼전이 삼형이니 주객이 서로 다툰다. 주로 혼인, 매매, 교역, 계약, 동업, 국제회담 등에서 양측 모두에게 이롭지 않다.

〈제91법〉 백호가 일간의 귀살에 타면 귀살의 흉이 매우 빠르다.

→ 밤에 정단하면 일간의 귀살인 申에 백호가 탄다. 질병과 관재와 여행을 정단하면 최흉하고, 관직을 정단하면 대길하다.

□ 『찬요(纂要)』: 甲辰일에서 일록과 역마가 모두 공망되었으니 십악대패의 하나이다. 간상이 寅이어서 재물을 취하는 것을 게을리 하니 재물을 빼앗길 우려가 있다.

□ 『신장론(神將論)』: 공조(工曹)인 寅에 청룡이 타면 도사이고 등사가 타면 삵의 괴이함이다. 육합이 辰에 타면 집에서 짐승을 도살한다. 백호가 申에 타면 '함첩(銜牒)'이고, 천후가 申에 타면 여자가 화장을 한다.

□ 『옥성가(玉成歌)』: 5월과 10월에는 초전의 寅이 천마이고 다시 일지의 역마이다. 28수의 '참(參)'과 백호는 동행신이다.

甲辰일 제 2 국

공망 : 寅·卯 ○
낮 : 왼쪽 천장, 밤 : 오른쪽 천장

壬	辛	庚	
白子后	常亥陰	玄戌玄	
丑	子	亥	
癸	壬	○	○
空丑貴	白子后	勾卯朱	青寅蛇
○甲寅	丑	辰	卯○

甲合辰巳	乙合巳午	丙蛇午未	丁空未申
勾卯朱辰			后戌白申酉
青寅蛇卯○			陰酉常戌
空癸丑寅○	白壬子后丑	常辛亥陰子	玄庚戌玄亥

□ **과체** : 지일(知一), 퇴여(退茹), 중음(重陰/子亥戌) // 침해(侵害), 삼기(三奇), 간지공일록(干支拱日祿), 재폐구(財閉口), 살몰(殺沒), 귀인공망(貴人空亡), 괴도천문(魁度天門), 록공망(祿空亡), 막귀임간(幕貴臨干/낮), 우녀상회(牛女相會), 지귀(支鬼).

□ **핵심** : 전진하면 손해가 있고 후퇴하면 이익이 있다. 재물인 戌을 반드시 잃는다. 겨울의 밤에 정단하면 화재로 인해 놀란다. 밤 귀인이 일간을 가리고 있다.

□ **분석** : ❶ 甲의 기궁은 寅이고 전진하면 공망된 卯를 만나니 손해를 보고, 후퇴하면 子亥의 생을 받으니 이익이 있다.

❷ 주야에 말전의 재성 戌에 모두 현무가 타고 있으니 낭비와 손실이 있다.

❸ 卯에 주작이 타서 가택을 극한다. 겨울에 정단하면 卯가 화귀(火鬼)이니 화재로 인해 놀란다.

❹ 밤 귀인 丑이 일간을 가리고 있다. 군자는 대인을 만나는 일에서 이롭고, 서민은 관사로 인해 수고롭다.

□ 정단 : ❶ 지일과이니 모든 일이 동류(同類)에게서 일어난다. 은혜 속에 해가 있지만 마음을 합치면 길하다.
　❷ 사람은 공망되고 집은 卯로부터 극을 받는다. 화합 속에 형이 있고 주객은 불화하며, 구하고 꾀하는 모든 일을 이루지 못한다.
　❸ 밤 귀인 丑은 공함되었고, 일록인 寅은 마땅하지 않다. 가을에 정단하면 길한 조짐이 있고, 봄과 여름에 정단하면 옛것을 고수해야 한다.
　❹ 어려운 가운데에서 쉽게 얻어야 하고, 옛 터전에 새로운 것이 생기더라도 경거망동하면 무익하다.

○ 날씨 : 오랫동안 비가 오니 개이기 어렵다.
　➔ 삼전이 수국이어서 오랫동안 비가 오니 개이기 어렵다.
○ 가정 : 주작이 가택을 극하니 겨울에 정단하면 화재를 예방해야 한다.
　➔ 주작(丙午)은 화의 천장, 지상의 卯는 겨울의 화귀살이다. 주작이 지상의 卯에 타서 일지인 辰을 극하니 만약 겨울에 정단하면 집에 불이 난다. ● 일지의 음양에 형제효가 많으니 가정에서 소비가 많다. ● 일록인 寅이 일지의 음신에서 공망되었으니 가정에 재산이 적다. ● 낮에는 부모효인 子에 백호가 타고 있으니 부모의 건강이 우려된다. ● 일간은 사람이다. 재성이 폐구되었으니 사람의 재운이 막혀 있다.
○ 혼인 : 쉽게 성사 되더라도 불길하다.
　➔ 일간은 나, 일지는 배우자감이다. 지상이 공망되어 혼인이 불성할 우려가 있으니 불길하고, 말전이 '괴도천문(魁度天門)'이고 삼전이 밤으로 진행되니 다시 불길하다. ● 궁합 : 지상의 卯가 간상의 丑을 극하니 나쁘다. ● 혼처 : 지일과이니 가까운 사람이나 장소에서

구하면 된다. ● 낮에는 지상에 구진이 타고 있으니 다투기를 좋아하는 사람이고, 밤에는 지상에 주작이 타고 있으니 말이 많은 사람이다.

○ **임신·출산** : 여종업원이나 첩의 임신이거나 혹은 사사로운 임신이다. 즉시 낳는다.

→ 태음은 여종업원이나 첩, 태신은 태아이다. 낮에 정단하면 태음이 일간의 태신인 酉에 타고 있으니 여종이나 첩이 임신한 것이다. ● 출산을 정단하면 삼전이 퇴여이고 다시 말전이 괴도천문이니 난산이다.

○ **구관** : 타인의 도움을 받아야 어려움 속에서 희망이 있다.

→ 지상의 卯와 간상의 丑이 일록인 寅을 인종하니 타인의 도움을 받아야 어려움 속에서 희망이 있다. 그리고 초전과 중전이 삼기이니 희망이 있고 다시 삼전의 인성국이 일간을 생하니 희망이 있다. ● 고시와 승진 : 일간이 공망되고 귀인과 천공이 폐구되었으니 고시는 떨어지고 승진은 안 된다.

○ **구재** : 얻은 뒤에 반드시 잃는다.

→ 재성은 재물이다. 재성인 말전의 戌에 현무가 타고 있으니 재물을 얻은 뒤에 반드시 잃는다. 심지어 간상에 있는 재성 丑이 공함되었으니 소유하고 있는 재물을 잃을 우려가 있다.

○ **질병** : 늦게 낫는다. 무방하다.

→ 백호는 질병을 뜻한다. 낮에 정단하면 백호승신 子가 일간을 생하니 무방하고, 말전의 戌이 백호승신을 극하니 천천히 낫는다. ● 말전이 '괴도천문(魁度天門)'이니 인후와 식도와 위장이 막힌 증세이다. ● 치료방위 : 백호승신 子를 극하는 戌 아래의 해방(亥方, 서북방)에 명의와 명약이 있다. 지일과이니 가까운 곳에서 명의와 명약을 찾으면 된다.

○ **유실** : 찾지 못한다.

➜ 재성은 재물이다. 재성에 현무가 타고 있어서 도둑맞은 것이니 찾지 못한다.

○ 도난 : 서방에 있는 여종의 집에 있다.
➜ 도난품은 현무의 음신에 있다. 현무의 음신이 酉이니 서방이고 여기에 태음이 타고 있으니 여종의 집이다.

○ 출행 : 변경해야 뜻대로 된다.
➜ 일간은 여행객, 일지는 여행지이다. 일간과 일지가 공망되어 출행에 나쁘니 여정을 변경해야 뜻대로 된다.

○ 귀가 : 늦게 도착하거나 혹은 소식이 온다.
➜ 말전 戌 ⋯ 중전 亥 ⋯ 초전 子 ⋯ 간상 子로 전해지니 도착한다. 밤에 정단하면 지상에 주작이 타고 있으니 소식이 온다.

○ 쟁송 : 공문서가 많이 지연되지만 결국은 쟁송이 사라진다.
➜ 밤에 정단하면 주작이 공망되어 공문서가 많이 지연되지만, 삼전이 일간을 생하여 오니 결국은 쟁송이 사라진다. ● 승패 : 삼전의 수국이 일간은 생하고 일지는 극하니 내가 유리하다.

○ 전쟁 : 이롭지 않다.
➜ 일간은 아군이다. 일간이 공망되었으니 이롭지 않다.

□ 『필법부(畢法賦)』 : 〈제51법〉 하괴가 천문을 건너면 관문이 막힌다.
➜ 말전에서 하괴인 戌이 천문인 亥에 가한다. 매사 장애를 면하지 못한다. 방문을 정단하면 만나지 못하고, 질병을 정단하면 기운이 크게 막혀 있거나 음식이 정체되어 있다.

□ 『과경(課經)』 : 간상의 丑은 일지의 파쇄살이고 지상의 卯는 일간의 양인이니, 이것을 포기하고 삼전을 취해 일간을 생하니 손해를 멀리하고 이익을 취한다. 그리고 간상의 丑은 재성이고 이 재성이 폐구되었다. 일록폐구(祿閉口)와 식신 공망을 동일하게 논하니, 질병을

정단하면 이롭지 않다.
- 『**지장부(指掌賦)**』: 삼전의 子亥戌이 깊은 음이어서 은둔에 좋으니 어찌 은둔하지 않을 수 있겠는가?
- 『**신장회함(神將匯函)**』: 亥가 子에 가하면 어린이, 丑에 천공이 타면 난쟁이다.

| 갑진순 | 갑진일 | 3국 |

甲辰일 제 3 국

공망 : 寅·卯
낮 : 왼쪽 천장, 밤 : 오른쪽 천장

	壬	庚
青 寅 蛇	后 子 后	玄 戌 玄
辰	寅	子
壬	庚		壬
白 子 后	玄 戌 玄	青 寅 蛇	白 子 后
○甲 寅	子	辰	寅

勾 卯 巳 朱	甲 辰 午	乙 巳 未 朱	丙 午 申 青
青 寅 辰 蛇			丁 未 酉 空
空 癸 丑 卯 貴			后 戌 申 戌 白
白 壬 寅 后	辛 亥 丑 常	庚 戌 子 玄	己 酉 亥 常

갑진일 3국

□ **과체** : 섭해(涉害), 퇴간전(退間傳), 여덕(勵德) // 귀립사문(貴立私門), 과수(寡宿), 덕경(德慶/공망), 명음(冥陰/寅子戌), 췌서(贅壻), 회환(回還), 간지공귀인(干支拱貴人/밤), 무음(蕪淫), 불비(不備), 육양(六陽), 권섭부정(權攝不正), 록공망(祿空亡), 답각공망(踏脚空亡).

→ 『대육임입성대전검』·『육임직지』·『육임요결』 등에는 갑진일 제3국의 삼전이 戌申午이다. 사과의 제2과는 두 번 극하였고 제3과는 여섯 번 극하였다. 섭해법을 따르면 극의 수가 많은 제3과가 발용이 된다. 따라서 삼전은 寅子戌이다.

□ **핵심** : 몸을 낮춰서 재물을 취한다. 육양을 갖추었다. 음흉한 사람이 앞에 있다. 오일(午日)이나 오월(午月)에 이뤄진다.

□ **분석** : ❶ 일지 辰은 일간의 재성이다. 일간이 지상으로 가서 허리를 굽혀서 재물을 취한다.

❷ 삼전의 화국이 午를 원하니 오일이나 오월에 성사된다.

❸ 육양이 갖춰졌으니 공적인 일에는 이롭고 사적인 일에는 이롭지 않다. 섭해과이니 매사 어려움이 많고, 사과가 불비(不備)이니 미비

한 점이 많고 가정은 음란하다.
- □ **정단 :** ❶ 섭해과이니 쉽게 결정짓지 못하고, 삼전이 물러나는 뜻의 퇴간전(退間傳)이니 막히는 일이 많으며, 비록 생기가 일간에 가하지만 낮에는 백호가 타니 패기(敗氣)로 변한다.
  ❷ 재성인 戌을 탐하면 재성에 현무가 타니 도난을 당하고, 택상이 공망되었으니 가정에서 소모와 손실을 예방해야 한다.
  ❸ 백호가 일간에 임하니 반드시 재난을 당한다.
  ❹ 삼전의 寅戌 화국에서 중전의 자양(子陽)이 어둠으로 드니 양이 발현되지 않으며, 음흉한 사람이 앞에 있으니 보이지 않는 손상을 방비해야 한다.

- ○ **날씨 :** 바람이 그친 뒤에 비가 오고 나중에는 갠다.
  → 초전의 寅이 공망되었으니 바람이 그치고, 중전의 子가 공망되었으니 비가 그치며, 말전의 戌토가 중전의 子수를 극하니 갠다.
- ○ **가정 :** 가난하며 낭비가 많다. 부모의 건강이 나쁘다.
  → 일록은 재산, 일지는 집이다. 지상의 일록이 공망되었으니 가난하며 낭비가 많다. 부모님이 생존할 경우, 낮에는 부모를 뜻하는 부모효인 子에 백호가 타고 있으니 부모의 건강이 좋지 않다. ● 일간은 사람이다. 일간음신 戌에 주야 모두 현무가 타고 있고 다시 둔간이 일간을 극하니 손재수를 예방해야 한다. ● 사과가 불비이니 가정에서 음란사가 발생하는 것을 예방해야 한다. ● 명음이니 암해를 예방해야 한다.
- ○ **구관 :** 성사가 되려다가 중도에 막힌다.
  → 일록은 공무원이 받는 급여이다. 일록인 寅이 공망되었으니 중도에 막힘이 있고 직장인은 퇴직할 우려가 있다. ● 재임 중인 공무원은 일록이 지상으로 갔고 다시 공망되었으니 지방으로 파견을 가게

나 혹은 좌천되거나 혹은 퇴임한다. ● 고시 : 떨어진다. ● 승진 : 안 된다.

○ **구재** : 손실이 많다.

→ 재성과 청룡은 재물이다. 재성인 戌에는 현무가 타고 일록은 공망되었으니 소득은 없고 손실만 있다. ● 일록이 공망되었으니 폐업할 위험이 있다.

○ **혼인** : 마땅하지 않다. 이루지 못한다.

→ 사과가 불비이고 무음이니 혼인이 마땅하지 않다. ● 일간은 나이다. 기궁이 공망되었고 다시 일지음신(제4과)이 공망되었으니 혼인을 이루지 못한다. ● 기궁이 지상으로 갔으니 남자가 처가로 장가드는 상이다. ● 공망된 寅이 풀리는 인년이나 인월이나 인월장 기간에 성사될 가능성이 있다.

○ **임신·출산** : 임신과 출산 모두 안전하지 않다.

※『육임직지』원문에서는 "태신이 장생에 앉아 있으니, 태아는 안전하고 출산은 불리하다."고 하였다.

→ 태신은 태아이다. 태신인 酉가 병지인 亥에 앉아 있으니 임신과 출산 모두 안전하지 않고, 일간이 공망되었으니 다시 안전하지 않다. ● 섭해과이니 난산이다. ● 육양이니 여아이다.

○ **질병** : 낮에는 흉하다. 진월(辰月)에는 출혈한다.

→ 낮에는 백호가 간상에 타고 있으니 밤에 비해 흉하다. 진월에는 지상의 寅이 혈기(血忌)이니 출혈한다. ● 일록은 연명하는 음식, 일록은 환자이다. 일록은 공망되고 일간은 공망되었으며 초전이 과수이니 사망할 우려가 있다.

○ **유실** : 도둑이 수사망에 걸려든다.

※『육임직지』원문에서는 "본 사람이 말을 하지 않는다."고 하였지만, 이 과전에는 폐구가 보이지 않으니 그렇지 않다.

→ 현무는 도둑이다. 초전의 寅이 현무승신 戌을 극하니 도둑이 잡

힌다. 도둑이 집히는 시기는 공망된 寅이 풀리는 다음 순이나 혹은 인월이나 인월장 기간에 잡힌다.
- **출행** : 음사(陰私)로 인해 도피한다.
  → 사과가 불비이니 음사이고, 처재효에 현무가 타고 있으니 이로 인해 부인이 도피한다.
- **귀가** : 즉시 온다.
  → 역마는 자동차, 일지는 집이다. 역마인 寅이 일지에 가했으니 즉시 오는 상이지만 공망이 풀리는 다음 순에 온다.
- **쟁송** : 재물을 써서 관직을 사지만 재물과 관직이 손상된다.
  → 재성은 재물, 관성은 관직이다. 현무가 타고 있는 재성인 戌이 관성인 庚을 생함으로써 돈을 써서 관직을 사지만 이 일로 인해 나중에 재물을 잃고 관직은 손상된다. ● 섭해과이니 쟁송이 오래 가고, 사과가 불비이니 서류를 완비해야 한다. 삼전의 화국이 완성되는 午년이나 午월에는 삼전의 화국이 일간을 설기해서 일지 辰을 생하니 내가 불리해진다.
- **전쟁** : 허장성세로 적군을 협박하여 대적해야 한다. 첩자를 잡아야 한다.
  → 일간(기궁)은 나, 일지는 적군이다. 공망된 寅이 일지인 辰을 극하니 허장성세로 적군을 협박하며 대적해야 하고, 일지인 辰이 간상의 子와 삼합하니 첩자를 잡아야 한다.
- **분묘** : 발전한다. 명예만 있고 직책은 없다. 혹은 보좌관 직책이다.
  → 일지는 묘지이다. 지상이 일록이니 관직을 누리는 상이지만 명의만 있고 직책이 없거나 혹은 보좌관 정도이다. ● 일지가 공망되었으니 도굴을 당하거나 혹은 구멍이 날 우려가 있고, 지상의 寅이 일지 辰을 극하니 목렴을 예방해야 한다.

□ 『**필법부(畢法賦)**』: 〈제8법〉 일록이 일지에 임하면 임시직으로서 정당한 자리가 아니다.
　→ 일록인 寅이 일지에 임한다. ○ 구관 참조.
　〈제91법〉 백호가 귀살에 타면 귀살의 흉이 매우 빠르다.
　→ 질병과 관재와 여행을 정단하면 최흉하고, 관직을 정단하면 대길하다.
　〈제38법〉 폐구(閉口)는 두 가지로 나눠서 추리한다.
　〈제37법〉 말전이 초전을 생하는 것에는 세 가지 이론이 있다.
　→ 이 과전은 『필법부』 〈제91법〉, 〈38법〉, 〈37법〉에 해당하지 않는다.
□ 『**정와(訂訛)**』: 戌午 화국이고 가운데의 하나의 申은 오히려 일간을 극하니 '패려(悖戾)'이다. 인일(寅日)에 정단하면 작용이 나타난다.
　→ 이 과전은 '패려'와 무관하다.
□ 『**중황경(中黃經)**』: 백호와 천후와 등사가 일간을 극하면 반드시 병이 심해진다.

甲辰일 제 4 국

공망 : 寅·卯
낮 : 오른쪽 천장, 밤 : 왼쪽 천장

	戊	乙	○
	后申白	朱巳勾	青寅蛇
	亥	申	巳
	辛	戊	癸	庚
	常亥陰	后申白	空丑貴	玄戌玄
	○甲寅	亥	辰	丑

○青寅巳蛇	○勾卯午朱	甲合辰未合	乙朱巳申勾
空癸丑辰貴			蛇丙午酉青
白壬子卯后			貴丁未戌空
常辛亥寅陰	玄庚戌丑玄	陰己酉子常	后戊申亥白

- □ **과체** : 호시(蒿矢), 원태(元胎), 병태(病胎) ∥ 요극(遙剋), 침해(侵害), 복덕(福德), 무음(蕪淫), 교차상극(交叉相剋), 형상(刑傷), 재폐구(財閉口), 태상간생(太常干生), 귀인입옥(貴人入獄), 최관사자(催官使者/밤), 록공망(祿空亡).
- □ **핵심** : 간상에 亥가 타고 있지만 태만하면 절대로 안 된다. 질병은 사라지고 소송은 물러나지만 아직은 근심이 있다.
- □ **분석** : ❶ 일간 甲이 간상에서 장생인 亥를 얻었다. 스스로 만족하고 태만하며 소홀하면 안 된다.
  ❷ 밤에 정단하면 초전에 있는 귀살 申에 백호가 타니, 질병과 소송의 흉이 매우 심하다. 다행히 간상의 亥가 초전 금의 기운을 빼서 일간을 생하고 다시 중전의 巳를 제극하니 질병과 소송이 물러난다. 다만 원태(元胎) 네 개의 장생이어서 질병과 소송을 끊기 어려운 근심이 있다.
- □ **정단** : ❶ 호시(蒿矢)는 화와 복이 모두 가볍고 희망하는 일은 요원하며 우환은 두렵지 않다. 다만 申이 발용이 되었고 밤에 백호가 타고

있으니 화살에 쇠로 만든 화살촉이 붙어 있다. 호시는 모든 일에서 우환은 서남방에 있다.

❷ 밤에 정단하면 지상에 있는 귀인 위의 癸가 귀살백호 申을 탈기하니 원한을 풀 수 있다.

❸ 낮에 정단하면 지상의 丑이 파쇄(破碎)이니 반드시 집이 불완전하다. 공무원이 정단하면 초전에 백호와 관성이 함께하여 속히 공무원이 된다는 뜻의 '최관부(催官符)'이다. 인년(寅年)과 인월(寅月)과 인월장(寅月將) 기간에 반드시 승진한다.

○ **날씨** : 여름에 정단하면 우레가 치고 비가 오며, 겨울에 정단하면 얼음이 얼고 눈이 온다.

→ 여름에 정단하면 초전이 수모(水母)인 申이고 여기에 천후가 타고 있으니 비가 오고, 겨울에 정단하면 초전에 백호가 타고 있으니 얼음이 얼고 눈이 온다.

○ **가정** : 갑자기 구설수가 닥치는 것을 예방해야 한다.

→ 삼전은 가운이다. 중전에 주작이 타고 있으니 갑자기 구설수가 닥친다. ● 재운 : 일지는 집, 재성은 재물이다. 지상의 재성 丑이 폐구되었으니 재운이 막히고, 그 음신의 戌에는 현무가 타고 있으니 집에서 도난을 예방해야 한다. ● 교차상극(交叉相剋) : 일간 甲은 지상의 丑을 극하고 일지 辰은 간상의 亥를 극하니 가정의 부부가 화목하지 않고, 또한 가정에 음란사가 발생하는 것을 예방해야 한다. ● 화목 : 일지의 음양이신은 가족이다. 일지양신의 丑과 일지음신의 戌이 서로 형을 하여 다투는 상이니 가족이 화목하지 않다. ● 낮에 정단하면 태상이 장생에 타서 일간에 임하니 혼인의 기쁨이 있거나 혹은 옷이나 음식 등으로 생업을 하면 좋다.

○ **혼인** : 격명이 '해리(解離)'이니 매우 이롭지 않다.

→ 해리에는 두 가지가 있다. 첫째는 간지가 교차상극을 하는 것이고, 둘째는 남녀의 행년이 상충하는 것이다. 이 과전은 간지가 교차상극하여 남녀가 헤어지는 상이니 매우 이롭지 않다. ● 궁합 : 매우 나쁘다. ● 성정 : 남녀가 바람을 피우는 상이니 나쁘다. ● 삼전은 모든 일의 진행과정이다. 연애와 혼담과 혼인생활 모두 삼전이 삼형이니 서로 싸우고 헤어진다.

○ **임신·출산** : 벙어리를 낳는다.
→ 지상의 丑이 폐구되었으니 벙어리를 낳는다. ● 출산 : 일간은 태아, 일지는 임신부이다. 지상의 丑이 간상의 亥를 극살하니 태아의 몸이 상한다. 삼전이 申巳寅 삼형이니 인공분만을 할 우려가 있다.

○ **구관** : 일록이 공망되었으니 감봉처분을 막아야 한다. 인월에 정단하면 이롭다.
→ 일록은 관록이다. 일록인 寅이 공망되었으니 감봉되는 것을 예방해야 한다. 만약 인년(寅年)이나 인월(寅月)이나 인월장(寅月將) 기간에 정단하면 공망된 일록이 메워지니 승진한다. ● 밤에 정단하면 발용이 최관사자(催官使者)이니 속히 승진한다.

○ **구재** : 재성이 폐구(閉口) 되었으니 관직을 구하는 길이 막막하다.
→ 재성은 재물, 관성은 관직이다. 재성인 丑은 폐구되었고 그 음신의 戌에는 현무가 타고 있어서 쓰지 못하니 관직을 구하는 일이 막막하다. ● 삼전에 재성은 없고 삼전이 삼형인 申巳寅이니 구재를 하더라도 재물을 얻지 못한다. 다만 연명이 未나 戌이면 그 상신이 재성인 辰과 未이니 구재를 하여 재물을 얻는다. ● 생업 : 낮에는 간상의 장생에 태상이 타고 있으니 옷이나 음식업이 좋고, 밤에는 간상의 장생에 태음이 타고 있으니 금은보석업이 좋다.

○ **질병** : 말을 하지 못하거나 혹은 목에 종기가 있다. 진월·미월·술월·축월에 정단하면 피고름이 흐른다.
※『육임직지』원문에서는 "사월과 유월에 피고름이 흐른다."고 하

였다.
→ 지상이 십간의 끝 글자인 癸이어서 폐구이니 말을 하지 못하거나 혹은 목에 종기가 있거나 혹은 음식을 제대로 섭취하지 못한다. 진월·미월·술월·축월에 정단하면 지상의 丑이 파쇄이니 피고름이 흐른다.

○ **유실** : 유실물을 본 사람이 말을 하지 않는다.
→ 지상의 癸丑이 폐구(閉口)이니 유실물을 본 사람이 말을 하지 않는다.

○ **출행** : 귀인을 알현하는 출행은 이롭지 않고, 부임을 가는 출행은 이롭다.
→ 천을귀인은 공무원이다. 낮 귀인 未는 戌에 임하고 밤 귀인 丑은 辰에 임하여 두 귀인이 모두 감옥에 들어갔으니, 귀인을 만나는 일이 이롭지 않다. ● 지상에 귀인이 임하니 부임에 이롭다.

○ **귀가** : 길에 있다. 공연히 놀란다.
→ 말전이 역마이니 집을 향해 출발했다. 요극과이니 공연한 놀람이 있다.

○ **도난** : 남쪽에 있다가 서쪽에 가까운 동쪽으로 향하고 있다. 우물 옆에서 노래를 부르는 양치기가 있다.
→ 현무의 음신이 未이니 남서방에 있고, 未가 우물과 양을 뜻하니 우물 옆에 노래를 부르는 양치기가 있다.

○ **쟁송** : 공무원이 쟁송을 해결하려고 하지 않는다.
→ 공무원을 뜻하는 귀인이 폐구되었으니 쟁송을 해결하려고 하지 않는다. ● 승패 : 일간은 공허하고 일지는 튼실하니 상대가 승소한다. ● 관재 : 삼전이 삼형이니 관재가 심하지만 말전이 공망되었으니 나중에는 관재가 풀린다.

○ **전쟁** : 이익이 없다.
→ 일간은 아군, 일지는 적군이다. 일간 甲은 지상의 丑을 극하고 일

지 辰은 간상의 亥를 극하니, 아군과 적군 모두에게 이익이 없다.
O **분묘** : 서북방에 있는 분묘에 물이 스며드는 것과 도둑을 막아야 한다.
→ 일지음신이 戌이니 서북방이고 수의 천장인 현무가 타고 있으니 분묘가 물에 잠기거나 혹은 도굴꾼이 도굴하는 것을 막아야 한다.

―――――――――――――――――

□ 『**필법부(畢法賦)**』 : 〈제64법〉 부부가 음란하여 사통하는 일이 있다.
→ 간지가 교차상극하면 '무음(蕪淫)'이라고 하여 부부가 사통한다.
〈제91법〉 백호가 귀살에 임하면 귀살의 흉이 매우 빠르다.
→ 밤에는 일간의 귀살인 초전의 申에 백호가 탄다. 질병과 관재와 여행을 정단하면 최흉하고, 관직을 정단하면 대길하다.
〈제38법〉 폐구괘의 체는 두 가지로 나눠서 추리한다.
→ 이 과전에서는 지반이 순수이고 천반이 순미이다.
□ 『**과경(課經)**』 : 간상은 일간의 장생인 亥이다. 초전의 귀살 申이 되돌아와서 亥를 생하니 불행 중 다행이다.
□ 『**수중금(袖中金)**』 : 제2과가 발용이 되었고 간상의 두 과가 스스로 다투니 하는 일이 무력하다.
→ 제1과상신인 申과 제2과상신인 亥가 육해이니 서로 다툰다.
□ 『**신응경(神應經)**』 : 일간 甲이 지상의 丑을 극하고 일지 辰이 간상의 亥를 극하니 '해리격(解離格)'이다.
→ 혼인 및 가정 정단에서 주로 쓰인다.

甲辰일 제 5 국

공망 : 寅·卯
낮 : 왼쪽 천장, 밤 : 오른쪽 천장

壬	戊	甲
青 子 蛇	蛇 申 青	玄 辰 玄
辰	子	申
庚	丙	壬	戊
合 戌 合	后 午 白	青 子 蛇	蛇 申 青
○甲寅	戌	辰	子

癸丑 空 巳 貴	白 寅 午	后 卯 未 常	陰	甲辰 申 玄 玄
壬子 青 辰 蛇				乙巳 陰 酉 常
辛亥 勾 卯 朱 ○				丙午 戌 后 白
庚戌 合 寅 合 朱 ○	己酉 丑	勾 蛇 戊申 子 青	貴	丁未 亥 空

- **과체** : 섭해(涉害), 참관(斬關) // 앙구(怏咎), 삼전내전(三傳內戰/밤), 화미(和美), 전국(全局), 윤하(潤下), 육의(六儀), 형통(亨通), 삼전체생(三傳遞生), 육양(六陽), 재둔귀(財遁鬼), 신장살몰·귀등천문(神藏·殺沒·貴登天門/낮), 환혼채(還魂債), 부모효현괘.

  → 『대육임입성대전검』·『육임직지』·『육임요결』 등에는 갑진일 제5국의 삼전이 戌午寅이다. 사과의 제1과는 네 번의 수극이고 제3과는 다섯 번의 수극이다. 섭해법을 따르면 극의 수가 많은 제3과가 발용이 된다. 따라서 삼전은 子申辰이다.

- **핵심** : 섭해과이지만 삼전이 일간을 체생(遞生)하니 길하다. 간상의 재물은 공허하고, 말전의 재물은 도둑이 훔쳐간다.

- **분석** : ❶ 간상의 戌은 일간의 재성이다. 상하의 오행이 이것을 협극(夾剋)하니 자신의 뜻대로 구재가 되지 않고, 일간음양의 화국이 일간의 기운을 모두 훔쳐가니 손실만 생기고 이익은 없다. 다행히 택상의 子가 탈기(脫氣)를 제어하고 일간을 생하며, 낮에는 子에 청룡이 타고 있으니 길한 상이다.

❷ 소남(邵南)이 말하기를, "지상의 子를 취해서 발용이 되었고 삼전의 수국이 일간을 생하니 길하다."고 하였다.

※ 소남은 북송의 소언화(1065~1133)를 가리킨다. 송대의 육임가로 절강의 태말 사람이다. 송나라 영종 치평 2년 乙巳에 출생하여 고종 소흥 3년 癸丑에 몰하였다. 저서로 『육임귀감』과 『육임단안』이 있다.

☐ **정단** : ❶ 섭해과와 염상격이다. 모든 일에서 어려움을 많이 겪고, 지나치게 강하며 급하다.

❷ 참관(斬關)은 도망가는 상이다.

❸ 재성인 戌의 둔간이 庚이다. 안으로 암귀(暗鬼)를 감추었으니 근신하지 않으면 안 된다.

──────────

○ **날씨** : 큰 비가 온다.
→ 오행의 수는 강우이다. 삼전이 수국이니 큰 비가 온다.

○ **가정** : 子가 辰에 가한 곳에 등사가 타니 여자의 통곡을 예방해야 하고, 戌이 寅에 가한 곳에 육합이 타니 간음과 사리에 맞지 않은 일을 예방해야 한다.
→ 子는 자손효이다. 子가 子의 묘지인 辰에 가한 것은 자식이 죽어서 자식의 어머니가 통곡하는 상이다. ● 戌은 남정네이고 육합은 음란의 천장이다. 주야 모두 戌에 육합이 타고 있으니 간음을 예방해야 한다. ● 섭해과여서 가정내외에 험난한 일이 많지만, 일지음양의 수국이 일간을 생하니 점차 가정이 편안해진다. ● 낮에 정단하면 일지음신 申에 등사가 타서 일간을 극하니, 집에서 경공사가 발생하는 것을 예방해야 한다.

○ **구관** : 부족하다.
→ 관성은 관직이다. 밤에는 일지음신 및 중전의 관성에 타고 있는

청룡이 수국을 이루어서 일간을 생하니 부족한 가운데에서 희망이 있다. 만약 겨울이나 가을에 정단하면 일지음양 및 삼전의 수국이 왕성하니 매우 길하며, 특히 삼전이 일간을 체생하여 많은 사람의 추천을 받아 승진·발탁되니 대길하다.

○ **구재** : 빚 독촉을 하는 일에서 이롭다.
→ 재성은 재물이다. 간상의 戌이 재성이어서 내 손에 재물이 들어오는 상이니 빚을 받는 일에 이롭다. 더군다나 삼전이 일간을 생하여오고 다시 삼전이 사과로 '회환'하니 빚을 받는 일에서 매우 이롭다.

○ **혼인** : 중매인의 해를 예방해야 한다.
→ 중전은 중매인이다. 중전의 귀살이 일간을 극하여오니 중매인에 의한 해를 예방해야 한다. ● 궁합 : 일간은 나, 일지는 상대방이다. 일간음양의 화국과 일지음양의 수국이 크게 충돌하니 궁합이 좋지 않고, 간상의 戌이 지상의 子를 극하니 다시 궁합이 좋지 않다. ● 처재효는 여자이다. 만약 간상의 戌을 취하면 그 위에 암귀가 있으니 처를 취한 뒤에 재앙이 닥친다. ● 섭해과이니 혼사에 어려움이 많다.

○ **임신·출산** : 임신은 안전하지만 출산은 안전하지 않다.
→ 일간음양과 일지음양과 삼전이 각각 삼합하니 임신을 정단하면 안전하지만 출산을 정단하면 안전하지 않다. 섭해과이고 간상에 그물을 뜻하는 戌이 임하니 또다시 난산이다.

○ **질병** : 낮에 정단하면 비위는 허하고 간기는 왕성하다. 복을 지어야 한다.
→ 백호로부터 극을 받는 장부에 병이 난다. 낮에 정단하면 백호승신 寅이 토를 극하니 비위는 허하고 간기는 왕성하다. 밤에 정단하면 백호승신 午의 극을 받은 폐에 병이 든다. 섭해과이니 병이 오래 가고, 과전이 삼합하니 다시 병이 오래 간다.

○ **유실** : 도둑을 잡기 어렵다.

　→ 辰에 타고 있는 현무가 삼전과 상생하니 도둑을 잡기 어렵고, 다시 간상에 戌이 있어서 '참관(斬關)'이니 도둑을 잡기 어렵다.

○ **출행** : 피난을 간다. 먼 곳으로의 도망에 좋다.

　→ 간상에 戌이 있어서 '참관(斬關)'이니 피난과 도망에 이롭다.

○ **귀가** : 근행한 사람은 축일(丑日)에 오고, 원행한 사람은 신일(申日)이나 진일(辰日)에 온다.

　→ 근행한 사람은 발용과의 육합일에 오니 축일에 오고, 원행한 사람은 발용과의 삼합일에 오니 신일이나 진일에 온다.

○ **도난** : 북방의 물가에 있다.

　→ 도둑은 현무의 음신에 숨어 있다. 주야 모두 현무의 음신이 子이니 정북의 물가에 숨어 있다.

○ **쟁송** : 먼저 나서는 쪽은 이로움을 잃는다.

　→ 하가 상을 극하여 발용이 되어 중심과이다. 나중에 대응하는 쪽에 이롭고 상급의 법원에서 재심해야 이롭다. ● **승패** : 일간이 삼전 수국의 생을 받으니 내가 유리하다.

○ **전쟁** : 크게 이롭다. 다만 군량미가 넉넉하지 않은 것을 예방해야 한다.

　→ 귀살은 적군이다. 일간음양의 화국이 귀살을 제압하니 크게 이롭다. 일간이 일간음양의 화국으로 탈기되니 군량미가 넉넉하지 않은 것을 예방해야 한다.

□ **『필법부(畢法賦)』** : 〈제85법〉 초전이 협극(挾)되면 뜻대로 되지 않는다.

　→ 간상의 戌토를 지반의 寅목과 육합의 오행인 乙卯목이 극한다.

〈제40법〉 천후와 육합은 혼인에서 중매인을 쓰지 않아도 된다.
→ 이 과전은 이 법에 해당하지 않는다.
〈제84법〉 합 속에 살을 범하면 꿀 속에 비상이 있다.
→ 삼전에서 삼합한 말전의 辰이 간상의 戌을 충을 한다.

- 『삼거일람(三車一覽)』: 화국인 탈기가 오히려 간상의 재신을 생하니 빚을 돌려받는다는 뜻의 '취환혼채(取還魂債)'이다. 일간음양의 화국이 일간을 탈기해서 일지를 생하니 집은 넓고 사람은 쇠하다. 나머지에 대해 정단하면 나는 쇠하고 타인은 왕성하다.
- 『증문정경(曾門定經)』: 육합은 하늘의 사문(私門)이고, 천후는 간음을 숨기는 작용을 하며, 寅목이 戌토를 극하니 강제로 핍박한다. 그리고 하가 그 상을 극하니 잘못이 여인에게 있다.

甲辰일 제 6국

공망 : 寅·卯
낮 : 왼쪽 천장, 밤 : 오른쪽 천장

□ **과체** : 지일(知一), 사절(死絕) // 체생(遞生), 덕경(德慶), 복덕(福德), 맥월(驀越), 형상(刑傷), 아괴성(亞魁星), 귀인차질(貴人蹉跌), 교차상합(交叉相合), 주귀(朱鬼), 구귀(勾鬼), 재폐구(財閉口), 아괴성(亞魁星).

□ **핵심** : 살기는 사라지고 관성은 남았으니, 일반인에게 재앙이 많지만 공무원은 기쁜 일이 많다.

□ **분석** : ❶ 일간 甲에게 申酉가 비 관직자에게는 귀살이고 관직자에게는 관성이다. 말전의 申이 午로부터는 극을 당하고 丑으로부터는 묘지를 당하니 매우 무기력하다. 관성이 간상에 머무니 관직자가 정단하면 반드시 승진하는 기쁨이 있고, 비 관직자가 정단하면 관귀가 일간에 임하는 것이 매우 두려워서 반드시 질병과 소송에 얽히는 우환이 있다.

❷ 일상과 지상에 주작과 구진이 보이고 밤에는 초전에 백호가 타고 있으니, 관직자에게는 좋고 비 관직자에게는 나쁘다.

□ **정단** : ❶ 지일과이고 오행이 모두 절지(絕地)에 임하니 은혜 속에 해가 있다. 그러나 절체절명의 위기에서 다시 살아난다.

❷ 삼전이 체생(遞生)하고 관성이 일간에 임하니 타인의 추천을 받아 관직에 매우 이롭다.
❸ 장생이 가택에 임하고 일간과 일지가 교차상합(交叉相合)하니 모든 일에서 타인의 도움을 받는다.
❹ 가까운 곳이 있는 것을 버리고 먼 곳에 있는 것을 구하며 고생을 두려워하지 않으면 자연히 앞날이 형통하다. 가을과 겨울에 정단하면 지상의 장생이 왕상하니 더욱 길하다.

○ **날씨** : 맑은 날씨는 많고 비는 적다.
→ 초전의 午가 화이고 중전의 丑이 토이니 맑고, 밤에는 말전에 청룡이 타고 있으니 비가 조금 온다.
○ **가정** : 亥가 辰에 가하고 밤에는 주작이 타고 있으니 어린이로 인해 울 일이 생긴다.
→ 亥는 어린이다. 亥가 亥의 묘지인 辰에 임하여서 어린이가 묘지에 매장되어 죽는 상이니, 어린이로 인해 울 일이 생긴다. 만약 미월(未月)이나 신월(申月)에 정단하면 亥가 사기와 사신이니 더욱 흉하다.
● 일간은 나, 일지는 가족이다. 일간 甲은 지상의 亥와 상합하고 일지 辰은 간상의 酉와 상합하니 가족이 화목하다. ● 일간은 나, 귀살은 재앙이다. 밤에는 간상에 구진이 타고 있으니 쟁투와 관재를 예방해야 하고, 낮에는 간상에 주작이 타고 있으니 구설수를 예방해야 한다.
○ **혼인** : 화합은 가능하지만 맞지 않는 것이 조금 있다.
→ 일간은 나, 일지는 배우자감이다. 일간 甲은 지상의 亥와 상합하고 일지 辰은 간상의 酉와 상합하니 화합이 가능하지만, 간상의 酉와 지상의 亥가 자형이니 맞지 않는 것이 조금 있다.
● 궁합 : 비록 간지가 교차상합하지만 간상과 지상이 자형살이니

보통이다. ● 혼처 : 지일과이니 가까운 사람이나 장소에서 구하면 된다.

○ **임신·출산** : 태신이 절지에 임하니, 출산에는 이롭고 임신에는 이롭지 않다.

→ 초전의 午는 일간 기준의 자손효이고 또한 일지 기준의 태신이니 태아이다. 午가 午의 절지인 亥에 임했으니, 출산을 정단하면 바로 출산하고 임신을 정단하면 낙태된다.

○ **구관** : 처음에는 어렵고 나중에는 쉽다. 가을에는 대길하다.

→ 초전은 처음, 말전은 나중이다. 초전의 午가 상관살이니 처음에는 구관이 어렵고, 말전의 申이 관성이니 나중에는 구관이 쉽다. 금이 왕성한 가을에 정단하면 말전의 申금이 왕성하니 대길하다.

○ **알현** : 화목한 가운데에서 부족한 점이 생길 우려가 있다.

→ 일간과 일지가 교차상합하지만 간상의 酉와 지상의 亥가 자형이니 화목한 가운데에서 부족한 점이 있다.

○ **구재** : 천천히 얻는다.

→ 중전은 나중이고, 재성은 재물이다. 재성인 丑이 중전에 있으니 재물을 천천히 얻는다. 연명이 子인 사람이 낮에 정단하면 그 상신이 재성인 未이고 여기에 길장이 타고 있으니 재물을 얻고, 연명이 卯인 사람이 정단하면 그 상신이 재성인 戌이고 여기에 길장이 타고 있으니 재물을 얻는다.

○ **질병** : 몸이 허약하니 낫기 어렵다.

→ 일간은 환자이다. 일간이 초전의 午로 탈기되고, 초전은 중전의 丑으로 탈기되며, 중전은 말전의 申으로 탈기되어 계속 탈기되니 몸이 허약해서 낫기 어렵다. ● 치료방위 : 밤에 정단하면 백호승신 午를 제극하는 子 아래의 사방(巳方, 동남방)에 명의와 명약이 있다. ● 일간이 공망되었으니 구병을 정단하면 사망한다.

○ **도난** : 경찰이 뇌물을 받고 도둑을 풀어주는 것을 막아야 한다.

➔ 밤에 정단하면 구진승신 酉와 현무승신 辰으로부터 생을 받아 경찰이 도둑으로부터 뇌물을 받으니 경찰이 도둑을 풀어주는 것을 예방해야 한다.

○ **출행** : 가까운 곳으로 가는 것은 이롭고, 먼 곳으로 가는 것은 이롭지 않다.

➔ 지일과는 가까운 곳, 초전은 가까운 곳, 말전은 먼 곳을 뜻한다. 지일과이니 가까운 곳으로 가야하며, 말전이 귀살이어서 먼 곳으로 가면 해로우니 가까운 곳으로 가야 한다.

○ **귀가** : 길에 있다. 미일(未日)에 도착한다.

※ 『육임직지』 원문에서는 "자일(子日)에 도착한다."고 하였다.

➔ 천강(辰)은 동신, 사중은 중도이다. 천강이 사중의 하나인 酉에 가했으니 길에 있다. 초전이 午이니 午와의 육합이 되는 미일(未日)에 도착한다.

○ **쟁송** : 화해를 해야 한다.

➔ 지일과이니 화해를 해야 하고 또한 일간과 일지가 교차상합하니 화해를 해야 한다. ● 일간은 공허하고 일지는 튼실하니, 나는 패소하고 상대는 승소한다.

○ **전쟁** : 손상과 말(馬)이 병드는 것을 예방해야 한다. 가을에 정단하면 길하다

➔ 일간은 아군이다. 간상의 酉가 일간을 극하여 오니 아군이 손상되는 것을 예방해야 한다.

○ **분묘** : 복이 오랫동안 이어진다.

➔ 일간의 장생인 亥가 지상에 있고 낮에는 이곳에 문명과 문장을 뜻하는 주작이 타고 있으니 문과에 급제하여 복이 오랫동안 이어진다. 밤에는 지상에 구진의 오행인 戊辰토와 일지 辰토가 지상의 亥를 극하니 후대에 쟁송이 발생한다.

□ 『**필법부(畢法賦)**』: 〈제21법〉 교차상합은 교관(交關)에 이롭다.
　→ 일간은 나, 일지는 상대이다. 간지가 교차상합하면 혼인과 임신과 부부와 동업 등의 교섭에서 이롭다.
　〈제84법〉 합 속에 살을 범하면 꿀 속에 비상이 있다.
　→ 간지가 교차상합은 하지만 간지상의 酉와 亥가 자형이니 꿀 속에 지상이 있다.
　〈제75법〉 손님과 주인이 다투지 않아도 형벌이 이미 앞서 있다.
　→ 간상의 酉와 지상의 亥가 자형이니 주객이 서로 다툰다. 삼전이 삼형이니 주객이 서로 다툰다. 주로 혼인, 매매, 교역, 계약, 동업, 국제회담 등에서 양측 모두에게 이롭지 않다.
□ 『**심인부(心印符)**』: 승광(午)이 亥에 임하면 절(絶)의 지반에 임하는 것이어서 혼인에서 적합하지 않은 상이고, 과전이 사절(四絶)이면 이미 환자가 있으며, 구사(舊事)를 끝맺는 일에서 소상하게 할 수 있다. 그리고 午가 亥에 가하고 '극음(極陰)'이 보이며, 승광(午)이 화이고 화가 심(心)이니, 심신(心神)이 미혹되어 의혹과 근심이 생기지만 재앙과 해가 침범하지 않는다.

甲辰日 제 7 국

공망 : 寅·卯
낮 : 왼쪽 천장, 밤 : 오른쪽 천장

	戊		
白 寅 后	蛇 申 青	白 寅 后	
申	寅	申	
戌		庚	甲
蛇 申 青	白 寅 后	合 戌 合	玄 辰 玄
○ 甲 寅	申	辰	戌

辛亥 勾巳	壬子 朱午	癸丑 空未	○ 白寅后申
庚戌 合辰			○ 常卯陰酉
己酉 朱卯○			甲辰 玄戌玄
戊申 蛇寅	丁未 貴丑	丙午 空子	乙巳 陰亥常

□ **과체** : 반음(返吟), 원태(元胎), 절태(絶胎), 과수(寡宿) // 무의(無依), 덕경(德慶/공망), 참관(斬關), 형상(刑傷), 회환(回還), 귀인상가(貴人相加), 삼전개공(三傳皆空), 명암이귀(明暗二鬼), 록현탈격(祿玄脫格/낮), 초전협극(初傳夾尅), 삼전외전(三傳外戰), 간지상합(干支相合), 록공망(祿空亡).

□ **핵심** : 선한 신은 공함되었고 악한 신은 방탕하다. 거동하는 모든 일에서 작은 결실조차 없다.

□ **분석** : ❶ 일덕과 일록 寅이 초전과 말전에 있지만 공망이 되었고, 일간의 귀살인 申이 비록 일간에 임한 뒤에 삼전에 들었지만 공망된 지반에 앉아 있다. 따라서 선한 신은 선하지 않고 악한 신은 악하지 않으니, 선과 악 모두 작용하지 않는다.

❷ 과체는 반음이고 일간의 음양은 모두 공함되었다. 지상의 괴강(魁罡) 戌辰은 모두 존재하지 않으니 설령 거사를 하더라도 좋은 결과를 기대할 수 없다.

□ **정단** : ❶ 반음과의 무의(無依)와 원태(元胎)와 사절(四絶)이니 모든

일에서 신음하는 일이 반복되며, 지체되고 무성하며 암매하여 불통해서 헛수고를 하게 된다. 하물며 일록과 역마인 寅과 관성인 申이 모두 공망과 절지에 임했으니, 번영과 복을 구하더라도 허망한 일이 되고 만다.

❷ 오직 우환과 근심을 해소하는 일에는 마땅하며 승도를 추구하는 사람에게는 이롭다. 인년(寅年)과 인월(寅月)에 서민이 점단하면 공망된 寅이 메워지니 성공을 희망할 수 있다.

○ **날씨** : 맑음과 강우가 일정하지 않다.
  → 반음과는 맑음과 강우가 일정하지 않다.
○ **가정** : 불안하다. 음란을 예방해야 한다.
  → 육합은 음란의 천장, 戌은 남종업원이다. 육합이 戌에 타니 남자 종업원의 음란을 예방해야 한다. ● 일간의 재성인 일지음신 辰에 주야 모두 현무가 타고 있으니 도난을 예방해야 하고 또한 일지양신의 戌은 충지에 앉아 있으니 소비되는 재물이다. ● 일간과 일지의 상하가 상충하니 가정이 동요되는 것을 예방해야 한다.
○ **혼인** : 뒤집혀서 이루지 못한다.
  → 반음과는 산이 계곡이 되고 계곡이 산이 되는 상이니 혼인이 뒤집혀서 불성하고 초전이 공망되었으니 다시 이루지 못한다. ● 궁합 : 천반은 남자, 지반은 여자이다. 과전의 모든 천반과 지반이 상충하니 궁합이 나쁘다. ● 일지는 상대이다. 지상이 괴강(戌)이니 드센 사람이고 그 위의 둔간이 귀살이니 암해를 예방해야 한다.
○ **임신·출산** : 태아가 점점 작아져서 사라지는 것을 예방해야 한다.
  → 사맹에는 태아의 뜻이 있고, 삼전은 태아가 생육되는 과정이다. 삼전의 사맹(寅申寅)이 모두 공망되었으니 태아가 점점 작아져서 사라진다.

○ **구관** : 인년(寅年)의 해월(亥月)에 정단하면 길하다. 나머지의 기간에 정단하면 이루지 못한다.
→ 일록은 공무원이 받는 급여, 역마는 고시 합격과 승진의 신이다. 일록과 역마인 초전의 寅이 공망되었다. 공망된 寅이 풀리는 인년(寅年)이나 인월(寅月)이나 인월장(寅月將) 기간에 정단하면 이루고, 나머지 기간에 정단하면 이루지 못한다. ● 반음과는 천반의 모든 길신이 충지에 임하니 종임하지 못한다.

○ **구재** : 애만 쓰고 얻는 재물이 없다.
→ 재성은 재물이다. 일지의 음양에 재성인 辰과 戌이 있지만 상하좌우로 상충하여 재물이 깨졌으니 애만 쓰고 얻는 재물이 없다. ● 토왕절과 여름에는 재성인 戌이 왕상하니 그나마 낫다. 戌이 개[犬] 및 도장과 관련이 있으니 애완견이나 도장에 관련된 장사를 하여 돈을 벌면 된다.

○ **알현** : 서민은 귀인을 만나지 못한다.
→ 천을귀인은 공무원이다. 낮 귀인 未와 밤 귀인 丑이 상가한 것은 두 귀인이 만나 모임을 갖고 있는 상이므로 공무원을 만나지 못한다.

○ **질병** : 신병은 낫고 구병(久病)은 불길하다.
→ 일간은 병자이다. 일간이 공망되었으니 신병은 낫지만 구병은 사망하고, 초전이 공망되었으니 역시 신병은 낫지만 구병은 사망한다.

○ **유실** : 집의 종업원이 훔쳐갔다. 먼 곳에서 찾지만 가까운 곳에 있다.
→ 지상의 戌이 종업원을 뜻하니 집의 종업원이 훔쳐갔다. 반음과는 유실물이 먼 곳에 있는 상이지만 재성이 지상에 있으니 집의 가까운 곳에 있다.

○ **출행** : 날짜를 바꾼다.
→ 반음과는 날짜를 변경한다. ● 여행지를 뜻하는 지상의 둔간이

귀살이니 여행지에서 암해를 예방해야 하고, 일지음신의 재성 辰에 현무가 타니 도난이나 소매치기를 예방해야 하며, 여자가 출행할 경우에는 초전에는 천후가 타고 말전에는 육합이 타니 음행을 예방해야 한다.

○ **귀가** : 아직 출발하지 않았다. 장차 오더라도 다시 다른 곳으로 간다.

→ 말전은 머물고 있는 장소이다. 역마인 말전의 寅이 공망되었으니 아직 출발하지 않았다. 반음과에는 반복의 뜻이 있으니 나중에 오더라도 다시 다른 곳으로 간다.

○ **쟁송** : 풀린다.

→ 더욱이 일간이 간상의 귀살 申과 지상의 암귀 庚으로부터 극을 당하니 내가 패소한다. ● **승패** : 일간은 공허하고 일지는 튼실하며, 다시 일간이 간상으로부터 극상을 당하니 상대는 승소하고 나는 패소한다. ● **관재** : 삼전이 공망되었으니 풀린다.

○ **전쟁** : 패전한다.

※ 『육임직지』 원문에서는 "크게 이롭다."고 하였다.

→ 일간은 아군, 일지는 적군이다. 일간은 공허하고 일지는 튼실하니 적군은 승소하고 아군은 패소한다.

○ **분묘** : 동남방에 있는 큰길의 근처 혹은 물가가 좋다.

→ 일지음신 辰은 동남방, 일지음신의 辰은 수의 묘고이다. 이곳에 수의 천장인 현무가 타고 있으니 물가가 좋다.

□ 『**필법부(畢法賦)**』 : 〈제45법〉 주야귀인이 서로 가하면 양 귀인에게서 구하면 된다.

→ 갑일의 낮 귀인 未와 밤 귀인 丑이 서로 가한다. 공무원이 귀인에게 요청하는 정단에서는 양 귀인이 참견하여 반드시 뜻을 성취한다. 그러나 서민이 귀인을 알현하는 정단을 하면 반드시 귀인을 만

나지 못한다.

〈제90법〉 오고 감이 모두 공망이니 어찌 움직이는 것이 옳겠는가?

→ 삼전이 모두 공망되었으니 추구하더라도 소득이 없다.

□ 『과경(課經)』: 지상의 재성 戌이 간상의 귀살 申을 생하고 戌의 둔간 庚이 숨어있는 귀살이니 귀인을 만나는 일과 구재에서 매우 이롭지 않고 오히려 재앙과 화가 생긴다. 戌에 육합이 타서 일지에 임하니 '참관(斬關)'이다. 만약 점시가 발용이 되면 움직임 속에서 움직이지 않고, 먼 곳에서 찾지만 가까운 곳에 있으며, 다시 중전과 말전이 동시에 공망이 되었다. 만약 초전에 태세가 보이고 중전과 말전에 월건 혹은 일진이 보이면, 먼 곳에 있는 것을 가까운 곳에서 취하고 느린 것이 빠르게 된다.

甲辰일 제8국

공망 : 寅·卯
낮 : 왼쪽천장, 밤 : 오른쪽 천장

壬	乙	庚	
青子蛇	陰巳常	合戌合	
未	子	巳	
丁	壬	己	○
貴未空	青子蛇	朱酉勾	白寅后
○甲寅	未	辰	酉

| 庚戌合巳己酉朱辰戌蛇申卯丁貴未寅○ | 辛合亥勾午 勾 丙后午丑 | 壬朱子青未 乙白巳陰子 | 癸蛇丑貴申○寅白酉后卯常戌陰甲玄辰亥玄 |

□ **과체** : 섭해(涉害), 장도액(長度厄) // 재성정마(財星丁馬), 묘신부일(墓神覆日), 침해(侵害), 덕경(德慶/공망), 복덕(福德), 인귀생신(引鬼生身), 막귀임간(幕貴臨干/밤), 주귀(朱鬼), 구귀(勾鬼), 귀인공망(貴人空亡/낮), 록공망(祿空亡).

➔ 『대육임입성대전검』·『육임직지』·『육임요결』 등에는 갑진일 제8국의 삼전이 寅未子이다. 사과의 제2과는 세 번의 수극이고 제4과는 한 번의 수극이다. 섭해법을 따르면 극의 수가 많은 제2과가 발용이 된다. 따라서 삼전은 子巳戌이다.

□ **핵심** : 일간의 식록은 사라졌고, 집은 외전(外戰)이 되었다. 일간이 묘지에 묻혔으니 만사 어둡고, 간상의 귀인이 초전과 육해(六害)하니 귀인의 도움은 물 건너갔다.

□ **분석** : ❶ 寅은 일간의 식록이다. 寅 위에는 묘신이 엎드려 있고 아래로는 酉로부터 극을 받아서, 위는 묘지이고 아래는 원수이니 믿을 것이 못된다.

❷ 간상의 귀인승신 未가 초전의 子로부터 육해를 입으니 소송에서

굴욕을 당하고 작은 일에서조차 흉하다.

❸ 묘신이 일간을 덮었다. 사람을 정단하면 혼미하며 지체되고, 질병을 정단하면 병사가 몸에 가라앉았으니 고생하며, 출행인을 정단하면 아직 오지 않는다.

□ **정단 :** ❶ 섭해과이고 세 곳의 아래가 그 위를 극하니 '장도액(長度厄)'이다. 모든 일에서 모진 고생을 겪어야 하고 타인과의 정은 어긋나고 막힌다.

❷ 좋은 점은 일덕과 일록과 역마가 나타났다. 그러나 아쉽게도 이들이 공망되었다.

❸ 발용의 상하가 子未여서 육해이다. 일간을 생을 하여 일간을 돕는 것이 보이지만 무익하다.

○ **날씨 :** 낮 정단에서 청룡이 발용이 되었으니 未일에 비가 온다.
→ 양일에는 子의 아래가 비가 오는 시기이다. 낮 정단에서 초전의 子에 청룡이 타고서 未에 임하니 未일에 비가 온다.

○ **가정 :** 집에서 소송에 연루되는 일이나 화재를 예방해야 한다.
→ 일지는 집, 귀살은 재앙이다. 낮에는 지상의 귀살에 주작이 타고 있으니 구설수를 예방해야 하고, 밤에는 지상의 귀살에 구진이 타고 있으니 관재를 예방해야 한다. ● 일간은 사람, 간상의 未는 묘지이다. 일간이 묘지에 묻혔으니 만사 어두운데 그 위에 정마가 뛰어다니니 어두운 일이 빨리 나타난다. ● 초전의 子와 간상의 귀인승신 未가 육해하니 억울한 일을 당하더라도 법원의 도움을 받지 못한다.

○ **혼인 :** 혼인하지 못한다. 드센 여자이다.
→ 섭해과이니 혼인에 어려움이 많고, 일간이 묘지에 묻혔으니 혼사가 어두우며, 초전의 子와 간상의 未가 육해하니 혼인이 맺어지기

어렵다. ● 일지는 상대방이다. 낮에는 지상에 주작이 타고 있으니 말이 많은 사람이고, 밤에는 지상에 구진이 타고 있으니 싸움을 좋아하는 사람이다. 그리고 여자를 뜻하는 지반이 남자를 뜻하는 천반을 극살하여 발용이 되었으니 온순하지 않은 여자이다.

O **임신·출산** : 여자를 낳는다. 정실 외의 임신이다.

→ 일간은 태아, 삼전은 태아가 생육되는 과정이다. 일간음양의 두 양(甲,子)이 하나의 음(未)을 감싸고 있으니 여자이고, 삼전의 두 양(子,戌)이 하나의 음(巳)을 감싸고 있으니 다시 여자이다. 태신인 酉가 또한 첩을 뜻하니 사사로운 임신이다.

O **구관** : 세력자에게 심신이 구속받는 것을 예방해야 한다.

→ 일간이 酉에 타고 있는 주작과 구진으로부터 극을 당하니 탄핵이나 관재를 입어 심신이 구속받는 것을 예방해야 한다.

O **구재** : 앞에서 취득하지 못한다.

→ 간상의 재성 未가 일간의 묘신이니 취득하지 못하고, 말전의 재성 戌은 戌에 타고 있는 육합의 오행인 卯목으로부터 외전되었으니 재물을 취득하지 못한다.

O **질병** : 주로 폐에 병이 있다. 신병은 낫고 구병은 흉하다.

→ 백호의 극을 받은 오행의 장부에 병이 든다. 밤에 정단하면 백호승신 午가 금을 극하니 폐에 병이 든다. 그리고 지상은 병증이다. 지상이 酉이니 해수와 폐결핵 등의 폐질환이다. ● 일간은 병자이다. 일간이 공망되었고 다시 일록이 공망되었으니 신병은 무방하지만 구병은 사망한다.

O **유실** : 도적이 스스로 밖으로 나간다. 잡는 사람이 무력하다.

→ 현무는 도적, 구진은 경찰이다. 낮에는 구진승신 亥수가 현무승신 辰으로부터 오히려 극을 당하니 경찰이 무력하고, 밤에는 구진승신 酉금이 현무승신인 辰으로부터 생을 받고 상합하니 경찰이 무력할 뿐만 아니라 도둑에게서 뇌물을 받는다.

| 갑진순 | 갑진일 | 8국 |

○ **출행** : 방황하면서 결정하지 못한다.
→ 일간은 여행객, 일지는 여행지이다. 일간이 묘지에 묻혔으니 방황하면서 결정하지 못하고, 지상의 酉가 일간을 극하니 안전한 여행지가 아니다.

○ **귀가** : 어려움이 많다.
→ 섭해과이니 귀가에 어려움이 많다.

○ **쟁송** : 나의 이치가 옳지만 그릇된 판결을 당하는 것을 예방해야 한다. 작은 사건이 크게 확대될 우려가 있다.
→ 간상의 귀인승신 未가 초전의 子로부터 해를 입었으니 나의 이치가 옳지만 그릇된 판결을 받으니 내가 불리하다. ● 지상의 귀살에 주작과 구진이 타고 있으니 작은 일이 크게 확대되는 것을 예방해야 한다. ● 섭해과이니 쟁송이 오래간다.

○ **전투** : 군심을 잃는 것을 예방해야 한다.
→ 일간은 아군이다. 간상의 귀인승신 未가 초전의 子로부터 해를 입었으니 군심을 잃는 것을 예방해야 한다.

□ 『**필법부(畢法賦)**』 : 〈제81법〉 삼전이 묘신으로 전해지고 묘신에 들면 증오와 사랑으로 나눠진다.
→ 이 과전은 이 법에 해당하지 않는다.
〈제43법〉 천을귀인이 올바르지 못하면 소송에서 비록 나의 이치가 바를지라도 왜곡된 판결을 받게 된다.
→ 간상의 귀인승신 未가 초전의 子로부터 육해를 당한다.

□ 『**과경(課經)**』 : 귀인승신 未가 묘지가 되어 일간을 덮었다. 귀인승신 未가 寅으로부터 극을 받고 子와 未가 서로 육해하니 잔재주를 피우다가 일을 망친다. 만약 때를 안 뒤에 가서 취하면 큰 해가 없다. 가을에 정단하면 未는 '관신(關神)'이다. 이것이 일간에 임하고 그 둔

간이 丁이니 더욱 흉하다. 그리고 寅이 酉에 가했으니 극하는 지반에 앉아 있고 다시 공망되었으니 반드시 음식을 먹지 못한다.

□ 『**지장부(指掌賦)**』: 사과의 세 곳이 하적상(下賊上)하니 어른이 액을 당한다는 뜻의 '장도액(長度厄)'이다. 배 없이 바다를 건너는 상이고 나라가 어려울 때에 충신이 없는 상이다.

甲辰일 제 9 국

공망 : 寅·卯
낮 : 왼쪽 천장, 밤 : 오른쪽 천장

戊	壬	甲
蛇 申 青	青 子 蛇	玄 辰 玄
辰	申	子
丙	庚	戊	壬
后 午 白	合 戌 合	蛇 申 青	青 子 蛇
○甲寅	午	辰	申

己酉巳	庚戌午	辛亥未	壬子申
朱	勾 合	合 勾	朱 青 蛇
戊申辰 蛇 青			癸丑酉 空 貴
丁未卯 貴 空			○寅戌 白 后
丙午寅 后 白	乙巳丑 陰 常	甲辰子 玄 玄	○卯亥 常 陰

- **과체** : 호시(蒿矢), 윤하(潤下), 여덕(勵德) // 합중범살(合中犯殺), 육의(六儀), 복덕(福德), 가귀(家鬼), 구탈(俱脫), 근단원소(根斷源消), 육양(六陽), 부모효현괘.
- **핵심** : 웃음 속에 독이 있고 귀적(鬼賊)이 집안에 가득 있다. 말전이 초전을 돕고 午는 수국을 두려워한다.
- **분석** : ❶ 일지음양과 삼전의 申子辰이 삼합하여 일간음양의 寅午戌과 상충하니 웃음 속에 독이 있다. 申은 일간의 귀살로서 가택에 임하여 발용이 되었고, 말전의 辰에 현무가 타고 있으니 귀적이 집안에 가득하다.

  ❷ 말전의 辰이 초전의 申을 도와 일간을 극하는 것을 간상의 午가 구하지만 모든 수국이 와서 午를 극하고, 삼전의 수가 일간을 생하지만 오히려 일간의 구신을 제극하니 결국은 합 속에 살기가 있다.
- **정단** : ❶ 쑥대로 만든 호시(蒿矢)이지만 申금이 발용이 되었으니 화살촉이 있다. 비록 화와 복이 모두 가벼운 상이지만 그 위력이 강하다.

❷ 삼전이 합을 하여 윤하가 되어 甲목에게 거듭하여 도움을 주니 꾀하는 일이 반드시 성사된다. 그러나 애석하게도 간상의 午가 일간을 탈기하고 말전의 辰은 초전의 申을 도와 일간을 극하며, 다시 합(合) 속에 충(沖)이 있고 귀살인 申이 택상에 임하니 완전하게 좋지는 않다.

❸ 자손을 뜻하는 간상의 午가 극을 받으니 자손에게 이롭지 않다.

○ **날씨** : 비 오는 날은 많고 맑은 날은 적다.
  → 삼전이 수국이니 비 오는 날은 많고 맑은 날은 적다.
○ **가정** : 가난하다. 소비가 많으니 편안하지 않다.
  → 일간은 사람, 일지는 집이다. 일간은 간상의 午로 탈기되고 일지는 지상의 午로 탈기되니 가정 내외에 손실이 많으니 가난하고 편안하지 않다. ● 낮에는 지상의 귀살 申에 등사가 타고 있으니 집에 괴이한 일이 발생하고, 밤에는 지상의 귀살 申에 청룡이 타고 있으니 가계난이 발생한다. ● 사과의 지반이 그 천반으로 모두 탈기되어 '근단원소'이니 살림이 거덜나는 것을 예방해야 한다. 다행히 일간이 삼전의 수국으로부터 생을 받으니 나중에는 이롭다.
○ **혼인** : 화합 속에 다툼이 있다.
  → 일간은 나, 일지는 배우자감이다. 일간음양이 삼합하고 일지음양이 삼합하니 남녀가 화합하지만 간상의 午가 지상을 극하니 남녀가 다툰다. 일지음양의 수국이 일간음양의 금국을 극하니 여자측이 남자측에 위압적이다. ● 성정 : 낮에는 지상에 흉장인 등사가 타고 있으니 나쁜 편이고, 밤에는 지상에 길장인 청룡이 타고 있으니 좋은 편이다. 일지음양 및 삼전이 삼합하여 일간을 생하니 결국 길하다.
○ **임신·출산** : 태신이 장생에 앉아 있다. 임신을 정단하면 안전하고, 출

산을 정단하면 이롭지 않다.

→ 태신은 태아이다. 태신인 酉가 酉의 장생인 巳에 앉아 있어서 태아가 무럭무럭 성장하는 상이니 임신을 정단하면 안전하고 출산을 정단하면 이롭지 않다.

○ **구관** : 가을의 밤에 정단하면 길하다. 다만 말단 공무원에게는 불리하다.

→ 가을의 밤에 정단하면 문관의 류신인 청룡승신 申이 왕상하니 길하다. '여덕(勵德)'이니 고위직공무원에게는 이롭고 하위직공무원에게는 이롭지 않다. 다만 사과의 지반이 그 천반으로 모두 탈기되는 '근단원소(根斷源消)'이니 만임하지 못할 우려가 있다.

○ **구재** : 재앙이 생기고 화가 닥치는 것을 예방해야 한다.

→ 재성은 재물, 관귀효는 재앙이다. 재성인 戌 위에 있는 둔반의 귀살인 庚이 일간을 극하니 재물을 취한 뒤에 화가 닥치는 것을 예방해야 하고, 말전의 재성 辰에는 현무가 타고 있으니 설령 재물을 취하더라도 곧 잃게 된다.

○ **질병** : 주로 허탈증이다. 일덕이 공망되었으니 존장에게 매우 불리하다.

→ 일간은 환자이다. 일간인 甲이 일간음양의 寅午戌의 화국으로 탈기되니 허탈증이다. 일덕은 군자이고 존장이다. 일덕귀인 寅이 공망되었으니 군자와 존장의 질병을 정단하면 사망할 우려가 있다. 삼전의 수국이 일간을 생하여 오니 점차 낫는다.

○ **알현** : 귀인에게 사심이 있다.

※『육임직지』원문에서는 "귀인의 분노를 예방해야 한다."고 하였다.

→ 낮 귀인 未는 卯에 임하고 밤 귀인 丑은 酉에 임하니 귀인에게 사심이 있다.

○ **유실** : 집의 어린이를 잃어 버렸다. 북방에 있는 어린이를 찾을 수

있다.

→ 등사는 어린이, 일지는 집이다. 일지 辰이 등사승신 申으로 탈기되니 어린이를 잃어버렸다. 등사승신 申의 음신이 子이니 북방에 어린이가 있다.

O **도난** : 도둑이 서방의 70리에 있고, 길옆의 가까운 곳에 물이 있다.

→ 도둑은 현무의 음신에 숨어 있다. 주야 모두 현무음신이 申이니 서방에 있고, 申이 선천대연수의 7이니 70리이며, 申이 길을 뜻하니 길옆에 있다.

O **출행** : 되돌아온다.

→ 삼전이 사과로 되돌아오니 되돌아온다.

O **귀가** : 여객선으로 출행하면 즉시 도착한다. 육로행은 장애가 있다.

→ 현대에서는 일간은 여행객, 일지는 여행지이다. 일간이 일간음양의 화국으로 탈기되니 여행에서 손실이 많다. 그리고 일간 甲이 지상의 申으로부터 극을 당했으니 여행지에서 화를 입는다. 낮에는 등사가 타고 있으니 괴이하게 놀라는 화가 발생하고, 밤에는 청룡이 타고 있으니 여행비로 인한 화가 생기는 것을 예방해야 한다.

O **쟁송** : 서로 재물이 손실된다. 재물이 많은 사람이 승소한다.

→ 일간은 나, 일지는 상대이다. 일간 甲은 일간음양의 화국으로 탈기되고, 일지 辰은 일지음양의 수국으로 탈기되니 나와 상대 모두 손실되는 재물이 많다. 일지음양의 수국이 일간음양의 화국을 극살하니 상대가 이롭다.

O **전쟁** : 아군이 불리하다.

※『육임직지』 원문에서는 "밤에 정단하면 길하고, 낮에 정단하면 불리하다."고 하였다.

→ 일간은 아군, 일지는 적군이다. 일지음양의 수국이 일간음양의 화국을 극하니 아군이 불리하다.

□ 『필법부(畢法賦)』: ⟨제84법⟩ 합 속에 살을 범하면 꿀 속에 비상이 있다.
→ 비록 삼전이 삼합하지만 중전의 子가 간상의 午를 극하고 다시 간상의 午와 말전의 辰이 자형이니 '합중범살(合中犯殺)'이다.
⟨제35법⟩ 사람과 가택이 실탈(失脫)을 당하니 두 곳 모두 도적을 초래한다.
→ 일간 甲은 간상의 午로 탈기를 당하고, 일지 辰은 지상의 申으로 탈기를 당한다.

□ 『과경(課經)』: 辰은 일간의 재성이고 그 위에 해당하는 초전이 일간의 귀살인 申이니 위험 속에서 재물을 취하며, 다시 辰이 초전의 申을 도와 일간을 극해서 소송을 부추기는 사람이 있으니, 재물을 취하면 반드시 관청의 시비가 닥친다.
→ 귀살을 생하는 오행 곧 처제효는 관송을 부추기는 사람이다.

□ 『과경(課經)』: 귀인이 卯나 酉에 임하면 '여덕(厲德)'이다. 서민은 운이 막히고 군자는 형통하다.
→ 여덕격은 고위직공무원에게는 이롭고 하위직공무원과 서민에게는 이롭지 않다.

※ 선천대연수

간지		수(數)					
선천수		9	8	7	6	5	4
	십간	甲己	乙庚	丙辛	丁壬	戊癸	·
	십이지	子午	丑未	寅申	卯酉	辰戌	巳亥

甲辰일 제 10 국

공망 : 寅·卯
낮 : 왼쪽 천장, 밤 : 오른쪽천장

	戊	辛	○	
蛇	申 青	勾 亥 朱	白 寅 后	
	巳	申	亥	
	乙	戊	丁	庚
陰 巳 常	蛇 申 青	貴 未 空	合 戌 合
○甲寅	巳	辰	未

戊蛇申巳	己青朱酉午	庚勾合戌未	辛合勾亥申朱
丁貴未空辰			壬青子蛇酉
丙后午白卯○			癸空丑貴戌
乙陰巳寅○	甲常玄辰丑	○卯陰子	○白寅后亥

□ **과체** : 중심(重審), 원태(元胎), 생태(生胎) // 형상(刑傷), 침해(侵害), 삼기(三奇), 복덕(福德), 인귀생신(引鬼生身), 절신가생(絶神加生), 백호입상여, 탈상봉탈(脫上逢脫/밤), 강색귀호(罡塞鬼戶), 록공망(祿空亡).

□ **핵심** : 나는 이롭고 상대는 이롭지 않다. 가택이 동요한다. 고통이 변하여 기쁨이 된다.

□ **분석** : ❶ 일간의 귀살 申이 발용이 되었으니 흉하다. 그러나 초전의 申이 중전의 亥를 생하고 중전의 亥는 다시 말전의 寅을 생해서 순탄하게 생을 하니 자신에게 충분한 이익이 있다.

❷ 말전의 寅이 일지 辰토를 극하니 상대에게 이롭지 않다. 지상의 未는 일간의 묘신이고 둔간의 丁이 택상에 임하니 가정이 동요하여 불안한 상이다. 申이 먼저 일간을 극하지만 점차 연속으로 상생하니 괴로움이 기쁨으로 변한다.

□ **정단** : ❶ 삼전이 모두 사맹인 원태이지만 중심과이니 순조롭지 않은

일이 많다. 숨어서 나타나지 않고 멀어서 통하기 어려우니, 바름을 지키면 형통하고 경거망동하면 허물이 된다. ❷ 십이신과 십이천장이 내전(內戰)되니 반드시 쟁탈로 인해 재앙이 생긴다. 특히 낮에 정단하면 더욱 놀라는 일이 생기지만 다행히 삼전이 체생(遞生)한다. ❸ 관성인 申과 주작과 일록인 寅과 역마인 寅이 모두 삼전에 있지만, 寅이 공망되었으니 반드시 인월(寅月)과 해월(亥月)이 돼야 온전하게 좋다.

→ 인월(寅月)에는 공망이 메워지고, 우수와 춘분 사이에는 월장이 寅이니 공망이 메워진다.

○ **날씨** : 비가 오는 가운데에서 햇빛이 보이는 경우가 있다. 갑진순을 벗어나면 갠다.

→ 초전이 수모인 申이니 비가 오고, 중전이 亥이니 계속 비가 오며, 말전이 공망되었으니 비구름이 사라진다. 갑진순을 벗어나면 날이 갠다.

○ **가정** : 불안하다. 여자로 인한 지출을 예방해야 한다.

→ 일간은 나이다. 태음은 부녀자, 태상은 의식(衣食)과 유흥이다. 낮에 정단하면 태음이 탈기인 巳에 타서 일간 甲을 설기하니 부녀자로 인한 지출을 예방해야 하고, 밤에 정단하면 태상이 탈기인 巳에 타서 일간을 설기하니 옷과 음식과 유흥에 의한 지출을 예방해야 한다. ● 일지는 집, 재성은 재물이다. 낮에는 재성인 未에 귀인이 타고 있으니 공무원이나 은인에 의한 재물을 얻고, 밤에는 재성인 未에 천공이 타고 있어서 집에 재물이 없으니 타인으로부터 업신여김을 당하는 것을 예방해야 한다. ● 만약 가정에 환자가 있을 경우에는 초전에서 몸(身)을 뜻하는 申이 상여를 뜻하는 巳에 임했으니 위독하다.

○ **혼인** : 낮에 정단하면 길하다. 즉시 이루어지지는 않는다.
→ 일간은 나, 일지는 배우자감이다. 낮에는 지상에 귀인이 타고 있으니 길하지만, 일간이 공망되었으니 즉시 혼인을 이루어지지는 않는다. 밤에는 지상에 흉장인 천공이 타고 있으니 바르지 못한 신부감이다. ● 궁합 : 간상의 巳가 지상의 未를 생하니 좋고 다시 간상의 乙이 지상의 丁을 생하니 더욱 좋다.
● 중심과 : 여자의 성정이 드센 편이다. ● 혼인 : 혼인하면 삼전이 원태(元胎)의 '생태(生胎)'이니 혼인생활이 발전한다.
○ **임신·출산** : 손상을 예방해야 한다.
→ 일간은 태아이다. 일간이 공망되었으니 태아가 손상되는 것을 예방해야 한다. 일간의 음양에서 음이 하나이고 양이 둘이니 딸이고, 삼전에서도 음이 하나이고 양이 둘이니 다시 딸이다. ● 래정 : 삼전이 원태(元胎)이니 임신·출산정단이다.
○ **구관** : 인월(寅月)의 밤에 정단하면 매우 이롭고 타인의 도움을 받는다.
→ 삼전에 천리(天吏)와 역마인 寅과 천성(天城)인 申을 모두 갖추었고 특히 밤에 정단하면 천리와 천성에 청룡과 천후가 타고 있으니 매우 길하다. 다만 공망된 천리(寅)가 풀리는 인년이나 인월이나 인월장 기간에 정단하거나 이 시기가 되면 뜻을 성취하고, 삼전이 일간을 차례로 생하여 오니 타인의 추천을 받는다. ● 복직 : 일간의 절신인 申이 申의 장생인 巳에 임하니 복직된다.
○ **구재** : 득실이 반반이다. 화를 예방해야 한다.
→ 재성과 청룡은 재물이다. 일지음양이 未와 戌이니 영업장에 수입이 있고, 일록인 寅이 공망되어 손실이 있으니 득실이 반반이다. 밤에 정단하여 초전에 타고 있는 청룡승신 申이 귀살이니 수입이 아니라 오히려 재정난이다.
○ **질병** : 점차 낫는다.

→ 백호는 질병이다. 말전의 백호승신 寅이 공망되었으니 점차 병이 낫는다. 다만 구병을 정단하면 음식을 뜻하는 일록인 寅이 공망되었으니 음식을 먹지 못하고 사망할 우려가 있고, 일간이 공망되었으니 더욱 흉하다. ● 申은 백호, 巳는 상여이다. 초전에서 申이 巳에 가했으니 상(喪)을 조심해야 한다.

○ **유실** : 세력가의 집에 숨어 있다.
→ 도둑은 현무의 음신에 숨어 있다. 현무음신인 未가 공직자를 가리키니 세력가의 집에 숨어 있다.

○ **도난** : '도신(盜神)'이 未이니 서남방에 있는 벼슬이 있는 사람의 집에 있다.
→ 현무의 음신이 곧 도신이다. 도신이 未이니 벼슬이 있는 사람의 집에 도둑이 숨어 있다.

○ **귀가** : 귀인을 정단하면 즉시 도착한다.
→ 지상에 귀인이 타고 있으니 귀인을 정단하면 즉시 도착한다.

○ **출행** : 고시나 부임에는 길하고, 나머지에서는 길하지 않다.
→ 일간은 여행객, 일지는 여행지이다. 지상에 천을귀인이 타고 있으니 공무원 임용고시나 공무원의 부임에는 길하고 나머지에서는 나쁘다.

○ **쟁송** : 허비가 많다. 처음에는 어렵지만 나중에는 쉬워진다.
→ 일간은 나이다. 일간인 甲이 간상의 巳로 설기되고 다시 공망되었으니 허비가 많다. ● 승패 : 일간은 공허하고 일지는 튼실하니 내가 패소하고, 다시 간상의 巳가 지상의 未로 탈기되니 내가 패소한다.

○ **전쟁** : 신중해야 한다.
→ 일간은 아군이다. 일간 甲이 간상의 巳로 탈기되고 다시 공망되어 손실이 많은 상이니 신중해야 한다.

□ 『**필법부(畢法賦)**』: 〈제31법〉 삼전이 차례로 일간을 생하여 오면 타인의 추천을 받는다.

→ 초전의 申이 중전의 亥를 생하고 중전이 말전의 寅을 생하며, 말전이 간상의 巳를 생하여 오지만 말전이 공망되었으니 이루지 못한다. 다만 공망이 메워지는 인년이나 인월이나 인월장이 되면 타인의 도움을 받는다.

□ 『**삼거일람(三車一覽)**』: 일간 甲목이 그 상신인 巳화를 생하고 밤에는 태상이 타고 있어서 일간의 상신이 천장의 오행인 己未토로 탈기되니 탈기 위에 탈기를 만난다는 뜻의 '탈상봉탈(脫上逢脫)'이다. ● 未가 일지에 가한다. 4월에 정단하면 未가 월염과 비렴과 천목이며, 둔반에는 정신이 타고 있다. 만약 정단하는 사람의 본명상신이 未이면 반드시 집에 괴이한 물건이 그 형상(刑傷)을 나타내거나 혹은 밤에 괴이한 꿈을 많이 꾼다.

※ 비렴, 월염, 천목

월건 신살	寅	卯	辰	巳	午	未	申	酉	戌	亥	子	丑
비렴 (飛廉)	戌	巳	午	未	寅	卯	辰	亥	子	丑	申	酉
월염 (月厭)	戌	酉	申	未	午	巳	辰	卯	寅	丑	子	亥
천목 (天目)	辰	辰	辰	未	未	未	戌	戌	戌	丑	丑	丑

| 甲辰일 | 제 11 국 |

공망 : 寅·卯 ○
낮 : 왼쪽 천장, 밤 : 오른쪽 천장

甲	丙	戊
合 辰 合	蛇 午 靑	后 申 白
寅 ○	辰	午

甲	丙	丙	戊
合 辰 合	蛇 午 靑	蛇 午 靑	后 申 白
○甲寅	辰	辰	午

丁未巳 貴	戊申午 空 后 白	己酉未 陰 常	庚戌申 玄 玄
丙午辰 蛇 靑			辛亥酉 常 陰
乙巳卯 朱 勾 ○			壬子戌 白 后
甲辰寅 合 合	勾卯丑 ○ 朱	靑寅子 ○ 蛇	癸丑亥 空 貴

- □ **과체** : 섭해(涉害), 진간전(進間傳), 참관(斬關), 췌서(贅壻), 교동(狡童/낮) // 고진(孤辰), 형상(刑傷), 육의(六儀), 복덕(福德), 등삼천(登三天/辰午申), 회환(回還), 무음(蕪淫), 강색귀호(罡塞鬼戶), 신장·살몰·귀등천문(神藏·殺沒·貴登天門/밤).

- □ **핵심** : 午는 믿을만하다. 모든 일은 밖으로 나가지 않는다. 재물이 저절로 온다. 밤에 정단하면 두렵다.

- □ **분석** : ❶ 말전의 申은 일간의 귀살이다. 이곳에 밤에는 백호가 타고 있어서 매우 흉하지만 중전의 午가 申을 제극한다. ❷ 삼전이 사과를 벗어나지 못하니 모든 일을 벗어나지 않는다.

  ❸ 재성인 辰이 일간에 임하니 재성이 스스로 일간을 방문하였는데, 육합이 같이 와서 일간과 함께 재성을 협극(夾剋)하니 비록 재성이 왔지만 구재가 뜻대로 되지 않는다.

  ❹ 밤에 정단하면 간상의 辰이 말전의 백호귀살 申을 생하니 벡호귀살이 두렵고, 낮에 정단하면 백호승신 子가 지상의 午를 충하니 가택에 괴이한 일이 생긴다.

□ **정단 :** ❶ 섭해과이고 삼전이 진간전(進間傳)이니 모든 일에서 반드시 장애가 많다.

❷ 삼전이 辰午申이니 용이 승천하는 상의 '등삼천(登三天)'이다. 조정과 관련성이 있는 격으로서, 공무원은 반드시 고위직으로 오르지만 공무원이 아닌 사람은 불길하다.

❸ 밤에는 귀인이 천문(亥)에 오르는 '귀등천문(貴登天門)'이고, 천강(辰)이 귀호(寅)를 막는 '강색귀호(罡塞鬼戶)'이니, 여섯 신이 숨고 네 살이 죽었으니 재앙을 피해 도망가거나 난을 피하는 일에서 이롭고 또한 음모를 비밀스럽게 계획하는 일과 도망과 피난과 음모를 꾸미는 일에서 이롭다.

❹ 일지 辰이 간상으로 왔으니 췌서(贅婿)이다. 췌서는 타인에게 의지하는 상이고, 삼전의 앞에 육합이 있고 뒤에 천후가 있어서 교동(狡童)이니 간음이 발생하는 상이다.

○ **날씨 :** 단비가 온다.

→ 삼전의 辰午申은 등삼천이다. 용이 하늘로 올라 단비를 뿌리는 상이니 단비가 온다.

○ **가정 :** 밤에 정단하면 길하다. 희경사가 있다.

→ 일지는 집이다. 밤에 정단하면 청룡이 지상의 午에 타서 일지인 辰을 생하니 가정에 희경사가 많은데, 만약 신월(申月)에 정단하면 지상의 午가 생기이니 더욱 좋다. ● 낮에 정단하면 등사가 지상의 午에 타서 일지인 辰을 생하니 가정에 화촉을 밝히는 기쁨이 있다. ● 낮에 정단하면 초전에 육합이 타고 말전에 천후가 타니 남편에게 음란사가 발생하는 것을 예방해야 한다.

○ **혼인 :** '췌서(贅婿)'이다. 낮에 정단하면 불길하다.

→ 일간은 나, 일지는 배우자감이다. 비록 일지인 辰이 간상으로 왔

으므로 배우자감이 나에게 와서 혼인하는 상이지만, 섭해과이니 약간의 장애가 뒤따르며, 초전의 지반이 공망되어 고진이니 혼인이 불성할 우려가 있다. ● 낮에 정단하면 지상의 午에 흉장인 등사가 타고 있으니 불길한 상대이고, 지반이 천반을 극하여 발용이 되었으니 드센 성정의 여자이다. ● 궁합 : 지상의 午가 간상의 辰을 생하니 좋은 편이다. ● 낮에 정단하면 초전에 육합이 타고 말전에 천후가 타고 있어서 '교동'이니 음란한 남자이다.

○ **임신·출산** : 놀람과 두려움을 예방해야 한다.

→ 낮에 정단하면 지상에 등사가 타고 있으니 놀람과 무서움을 예방해야 한다. 만약 미월(未月)에 정단하면 지상의 등사승신 午가 혈지에 해당하니 유산을 예방해야 하고, 만약 자월(子月)에 정단하면 지상의 등사승신 午가 혈기에 해당하니 유산을 예방해야 한다. ● 섭해과이고 다시 간상에 괴강인 辰이 가했으니 난산을 예방해야 한다.

○ **구관** : 높은 직위에 있는 공무원에게는 이롭고, 낮은 직위에 있는 공무원에게는 이롭지 않다.

→ 등삼천은 고위직 공무원에게는 이롭고 하위직 공무원에게는 이롭지 않다. 다만 초전이 공망되었으니 이것이 풀리는 인년이나 인월이나 인월장 기간에 정단하거나 혹은 이 시기가 되면 승진한다.

○ **구재** : 늦게 얻는다.

→ 재성은 재물이다. 재성인 초전의 辰이 공망되었으니 이것이 풀리는 인년이나 인월이나 인월장이 되어야 재물을 얻는다.

● 창업을 할 경우 섭해과이니 어려움이 많고 다시 초전이 협극과 공망이 되었으니 사업이 순조롭지 않다.

○ **질병** : 흉이 보이더라도 풀린다.

→ 비록 말전의 백호귀살 申이 일간을 극하지만 중전의 의약신 午가 이것을 제압하니 흉이 풀린다. ● 일간은 환자, 일지는 질병이다. 일

지 辰이 간상으로 와서 일간을 덮었으니 불길하고, 삼전이 등삼천이어서 질병이 확대되는 상이지만 초전이 공망되었으니 다행이다. ● **구병** : 일간이 공망되고 다시 초전이 공망되었으니 사망할 우려가 있다. ● **치료방위** : 의약신 午가 辰에 가했으니 진방(辰方, 동남방)에서 명의와 명약을 구하면 된다.

○ **유실** : 찾아서 잡기 어렵다. 도망친 사람을 추격하기 어렵다.
   ➔ 삼전의 辰午申이 용이 승천하는 상의 '등삼천'이니 잡기도 어렵고 추격하기도 어렵다.

○ **출행** : 피난에 이롭다.
   ➔ 삼전이 '등삼천(登三天)'이고, 다시 辰이 寅에 임하여 '강색귀호(罡塞鬼戶)'이며, 다시 여섯 신이 숨고 살(殺)이 죽으며 귀인이 하늘로 승천하니 피난에 이롭다.

○ **귀가** : 장애가 있다.
   ➔ 등삼천은 출행에는 이롭다. 그러나 귀가에는 이롭지 않아서 장애가 있다.

○ **쟁송** : 반드시 상부의 법원에 이른다. 결국 풀린다.
   ➔ 삼전이 등삼천이니 반드시 상부의 법원에 이른다. 복덕신인 午가 귀살인 申을 극하니 결국 풀린다. ● **승패** : 상대를 뜻하는 일지가 간상으로 와서 일간의 극살을 받았으니 내가 유리하다.

○ **전쟁** : 적의 속임수일 우려가 있으니 패잔병을 추격하면 안 된다.
   ➔ 공망에는 속임의 뜻이 있다. 초전이 공망되었으니 적이 패잔병을 가장할 수 있으니 적의 속임수에 속아서 패잔병을 추격하면 안 된다.

□ 『**필법부(畢法賦)**』 : 〈제52법〉 천강(辰)이 귀신문(寅)을 막으면 임의로 도모할 수 있다. 재난을 피하는 일, 음모, 사적인 기도, 문상, 문병,

약 짓기, 부적 쓰기에 좋다. 만약 甲·戊·庚일이면 더욱 좋다.
〈제40법〉 천후와 육합은 혼인 정단에서 중매인을 쓰지 않아도 된다.
→ 미혼 남녀는 연애하고, 기혼 남녀는 음란을 벌인다.

□ 『과경(課經)』: 봄에 월장 酉를 점시 未에 가한 뒤에 일진과 용신이 모두 왕상하고 그 위에 길장이 타고 있으니 '삼광(三光)'이다, 월나라의 왕이 범려에게 말하기를 "올해 3월 甲辰월에 늦은 오후에 고향으로 혼자 돌아가려고 하는데 후환이 생기지 않겠는가?" 범려가 말하기를 "대왕께서는 그것을 우려하지 말고 곧장 앞만 보고 가세요. 월나라는 장차 복이 있고 오나라는 근심이 있을 것입니다." 라고 하였다. 그 이유는 3월 甲辰월 월장 酉에 점시 未가 '참관격'이니 도망에 크게 이롭기 때문이다.

甲辰일 제 12 국

공망 : 寅·卯
낮 : 왼쪽 천장, 밤 : 오른쪽 천장

	甲	乙	丙
	合 辰 合	朱 巳 勾	蛇 午 青
	卯 ○	辰	巳
	○	甲	乙	丙
	勾 卯 朱	合 辰 合	朱 巳 勾	蛇 午 青
	○甲寅	卯 ○	辰	巳

	丙 蛇 午 巳	青 丁 貴 未	空 戊 后 申 未	己 白 陰 酉 常
朱 乙 勾 巳 辰				玄 庚 玄 戌 酉
合 甲 合 辰 卯				常 辛 陰 亥 戌
	勾 ○ 朱 卯 寅	青 ○ 蛇 寅 丑	空 癸 貴 丑 子	白 壬 后 子 亥

□ **과체** : 중심(重審), 진여(進茹), 육의(六儀), 승계(升階/辰巳午) // 침해(侵害), 천라지망(天羅地網), 복덕(福德), 회환(回還), 인종지신(引從支神), 고진(孤辰).

□ **핵심** : 가만히 있으면 왕성하고 움직이면 그물을 만난다. 밤에는 재성이 그물에 걸리고, 낮에는 도둑떼를 만난다.

□ **분석** : ❶ 일간 甲 위에는 일간의 묘신이 타고 일지 辰 위에는 일간의 사(死)가 타니, 가만히 왕지를 지키면 사람과 집 모두 좋다. 만약 망동하면 그물을 만나고 양인(羊刃)에 의한 재화가 생긴다.

❷ 밤에 정단하면 초전의 辰이 협극(夾剋)을 당하지만 구진승신 巳가 辰을 돕고 말전에 길장인 청룡이 타고 있지만 망한 재물일 뿐이다.

❸ 낮에는 중·말전의 巳午에 주작과 등사가 타서 모두 일간 甲의 기운을 빼앗으니 도둑떼를 만난다.

□ **정단** : ❶ 중심과이고 순조로운 진연여(進連茹)이다. 고수는 이롭고 움직임은 불리하다.

❷ 갑진순의 육의(六儀)가 발용이 되었으니 길하고, 말전의 午가 정양(正陽)이니 태평한 상이며, 辰巳가 午로 오르니 관광에 이롭다.
❸ 아쉽게도 초전이 공망에 앉아 있고 간상이 다시 공망이 되었으니 모든 정단에서 결실이 없고, 초전의 공망된 재물이 중·말전 탈기(脫氣)의 지역으로 들어가니 분수를 지키면 이롭고 저절로 형통해진다.

○ **날씨** : 비가 오기를 원하는 정단을 하면 적은 비가 오고, 날이 맑기를 원하는 정단을 하면 천천히 갠다.
  → 비가 오기를 원하는 정단을 하면 등삼천이 공망되었으니 적은 비가 오고, 날이 맑기를 원하는 정단을 하면 중·말전이 화의 오행이니 천천히 갠다.

○ **가정** : 구설과 문서에 의한 흉한 일을 예방해야 한다.
  → 일지는 집이다. 낮에 정단하면 지상의 巳에 주작이 타서 일간 甲을 설기하니 구설수와 문서를 분실하는 것을 예방해야 하고, 밤에 정단하면 지상의 巳에 구진이 타서 일간 甲을 설기하니 부동산으로 인한 손실을 예방해야 한다. ● 지상의 둔간이 형제효인 乙이니 형제나 친구나 동료로부터의 암해를 예방해야 한다.
  ● 중심과여서 가정의 법도가 문란하니 이것을 바로 세워야 한다.
  ● 일간은 나이다. 간상의 卯가 일간의 양인이고 쟁투와 구설의 천장인 구진과 주작이 타고 있으니 법에 연루되는 것을 예방해야 한다. ● 초전의 재성 辰이 협극과 공망이 되었고 다시 중·말전이 일간을 탈기하니 가정에서 지나친 지출을 예방해야 한다. ● 초전의 辰과 말전의 午가 지상의 巳를 인종하니 집이 번창한다.

○ **혼인** : 무능력한 중매장이므로 이루지 못한다.
  → 육합은 중매장이다. 초전의 육합승신인 辰이 협극(夾尅)되고 다

시 공망되어 중매장이의 도움을 받기 어려워서 혼인이 불성하니 연애혼인을 해야 한다. ● 중심과이니 여자의 성정이 드세고, 초전의 辰과 말전의 午가 지상의 巳를 인종하니 부정한 여자이다. ● 궁합 : 일간은 나, 일지는 배우자감이다. 비록 간상의 卯가 지상의 巳를 생하므로 궁합이 좋은 편이지만, 일간이 공망되었으니 혼인이 불성할 우려가 있다. ● 간지의 상신이 '천라지망(天羅地網)'이니 혼인에서 장애가 많다. ● 재성은 신부이다. 초전의 辰이 공망되었으니 신부감을 나의 아내로 맞이하기 어렵다.

○ **임신·출산** : 태아는 건강하지 못하다. 밤에 정단하면 유산을 예방해야 하고, 낮에는 딸을 낳는다.

→ 일간은 태아, 일지는 임신부이다. 간상의 卯가 비록 일간 甲의 왕신이지만 공망이 되었으니 왕성하지 못하고, 주야 모두 일간이 공망되었으니 유산을 예방해야 한다. 일간의 음양에서는 두 양인 甲과 辰이 하나의 음인 卯를 감싸고 있으니 딸이고, 다시 삼전에서도 두 양인 辰과 午가 하나의 음인 巳를 감싸고 있으니 다시 딸을 낳는다.

○ **구관** : 때를 기다려야 한다.

→ 공망은 공허, 양인은 위험, 천라지망'(天羅地網)'은 장애를 뜻한다. 초전의 辰이 공망되었고 다시 중·말전의 巳午가 상관살이며 다시 간상에는 간지에 양인인 卯이고 간지상에는 천라지망이 타고 있으니 때를 기다려야 한다.

○ **구재** : 재성이 공망되었고 중·말전이 일간을 탈기하니 지출과 손실을 예방해야 한다.

→ 재성은 재물, 공망은 공허의 신이다. 재성인 辰이 공망되었으니 재물을 얻지 못하고, 다시 중·말전의 巳午가 일간 甲을 탈기하니 손실이 많다. ● 연명이 午인 사람이 낮에 정단하면 천을귀인이 재성인 未에 타고 있으니 귀인과 관청과 공무원으로부터 재물을 얻는다.

○ **질병** : 주로 허탈증이다. 음식을 먹지 못한다.

➜ 재성인 초전의 辰이 공망되고 일간 甲이 중·말전의 巳午로 탈기를 당하니 허탈증이다.
O **유실** : 찾기 어렵다.
➜ 재성은 물건이다. 재성인 辰이 공망되었으니 찾기 어렵다.
O **출행** : 멈춰야 한다.
➜ 천라와 지망이 간상과 지상에 그물을 쳤으니 멈춰야 한다.
O **귀가** : 먼저 소식이 도착한다.
➜ 주작은 소식, 일지는 집이다. 낮에 정단하면 주작이 지상에 왔으니 먼저 소식이 도착한다.
O **쟁송** : 재물이 소모된다. 화해해야 한다.
➜ 일간의 재성인 辰이 공망되었고 다시 중·말전이 일간을 탈기하니 재물이 나간다. 만약 화해하지 않으면 재물이 많이 나간다. ● 승패 : 일간은 나, 일지는 상대이다. 일간은 공허하고 일지는 튼실하니 내가 불리하다.
O **전쟁** : 나는 공허하고 상대는 튼실하니 견고하게 지켜야 한다.
➜ 일간은 아군, 일지는 적군이다. 일간은 공망되고 일지는 튼실하여 아군은 패전하고 적군은 승전하는 상이니, 견고하게 성을 지켜야 한다.

□ 『**필법부(畢法賦)**』 : 〈제55법〉 천라지망(天羅地網)을 만나면 모망사가 보잘 것이 없게 된다.
➜ 간상에는 일간(기궁) 寅의 천라인 卯가 임하고 지상에는 일지 辰의 나망인 巳가 임하니 천라지망이다. 지금은 간상이 공망되었으니 천라를 벗어났다.
〈제15법〉 (일간) 위에서 탈기하고 다시 탈기하면 헛된 속임을 예방해야 된다.

→ 이 과전은 여기에 해당하지 않는다.

〈제85법〉 초전이 '협극(夾剋)'되면 뜻대로 되지 않는다.

→ 초전 육합의 오행인 목이 辰을 극살하고 다시 지반의 卯목이 辰을 극살하니 모든 일이 뜻대로 되지 않는다.

□ 『과경(課經)』: 간상은 卯이고 초전에 재효인 辰이 보인다. 반드시 후회하는 마음이 많고, 재물을 취하는 일에서 게으르니 쟁탈당할 우려가 있다. 그리고 辰이 卯에 가한 곳에 주야 모두 육합이 타고 있어서 육합이 재물을 협극(夾剋)하니 반드시 재물이 지출되거나 혹은 처에게 늘 병이 있다.

→ 육합의 오행인 목이 辰을 극살하고 다시 지반의 卯목이 辰을 극살하니 처와 재물이 손상된다.

□ 『찬요(纂要)』: '투관격(透關格)'이고 삼전이 화국을 이루었으니, 서민이 정단하면 기쁘고 공무원이 정단하면 나쁘다. 『집의(集義)』에서 말하기를 연명이 卯이면 하늘을 감쌀만한 크기의 그물이 자신을 감싸는 '천라자과(天羅自裹)'라고 한다.

을사일

乙巳日의 길신(구보)과 흉살(팔살)				
일덕	申		형	
일록	卯		충	
역마	亥		파	
장생	亥		해	
제왕	卯		귀살	申酉
순기	亥		묘신	未
육의(六儀)	甲辰		패신 / 도화	子 / 午
귀인	주	申	공망	寅卯
	야	子	탈(脫)	巳午
합(合)			사(死)	午
태(胎)	酉		절(絶)	申

대육임직지

| 갑진순 | 을사일 | 1국 | 79 |

乙巳일 제 1 국

공망 : 寅·卯 ○
낮 : 왼쪽 천장, 밤 : 오른쪽 천장

甲	乙	戊
勾 辰	勾 合 巳 青	貴 申 常
辰	巳	申
甲	甲	乙	乙
勾 辰	勾 辰	合 巳 青	合 巳 青
乙 辰	辰	巳	巳

乙合巳巳	丙朱午午	丁蛇未未	戊貴申申常
勾甲辰辰			己酉后酉玄
○青卯卯合			庚戌陰戌陰
○空寅寅朱	癸白丑丑蛇	壬常子子貴	辛亥玄亥后

- □ **과체** : 복음(伏吟), 두전(杜傳), 참관(斬關), 육의(六儀) // 형상(刑傷), 복덕(福德).
- □ **핵심** : 천강(辰)을 거듭하여 만나니, 몸을 움직이고 싶지만 움직일 수 없다. 낮에는 申으로부터 방해를 받지만 다행히 손상을 면할 수 있다.
- □ **분석** : ❶ 천강인 辰이 일간의 음양에 임하고 용신에서 거듭 만난다. 일간은 나의 몸이다. 간상의 辰이 괴강(魁罡)이니 반드시 심신이 동요되어 편안하기 어렵다.

❷ 말전의 申은 일간의 귀살이고 낮에 정단하면 귀인이 타고 있어서 천신과 지신이 해를 끼치니 기도해야 편안하다. 다행히 중전과 지상의 巳화가 申금을 형극(刑剋)하고 다시 육합의 오행인 卯목이 귀인의 오행인 丑토를 제압하니 몸이 상하는 우환을 면할 수 있다.

- □ **정단** : ❶ 복음과(伏吟課)는 천지가 움직이지 않은 상이니, 안정은 이롭고 망동은 이롭지 않다. 그러나 변동의 신인 천강(辰)이 일간에 임한 뒤에 발용이 되어 '참관(斬關)'이니 편안하게 머물 수 없다. 이러

한 辰에 구진이 타고 있으니 辰에 머물면서 쟁투하여 꺾여서 펴지 못한다.

❷ 여러 가지의 정단에서 도주 외에는 모든 일에서 후퇴해야 이롭다. 다만 관직을 정단하면 길하다.

○ **날씨** : 구름이 일어나서 비가 오며 또한 바람이 불며 우레도 친다.
→ 초전의 辰이 토이니 구름이 일어나고, 다시 말전이 수모(水母, 申)이며 중전에 청룡이 타고 있으니 비가 오고, 중전에 육합이 타고 있으니 우레가 친다.

○ **가정** : 사람은 불안하고 집은 길하다.
→ 일간은 사람, 일지는 거주하는 집이다. 지상의 巳에 길장인 육합과 청룡이 타고 있으니 집은 길하고, 간상이 괴강인 辰이고 다시 이곳에 흉장인 구진이 타고 있으니 사람은 불안하다. 일간은 나의 몸이다. 간상이 괴강인 辰이니 반드시 심신이 동요되어 편안하기 어렵다.

● 초전이 자형인 辰이어서 '두전(杜傳)'이니 가정의 대소사에서 막힘이 많다. ● 지상의 巳가 일간 乙을 탈기하니 가정에 소모와 지출이 많다. 낮에는 육합이 타고 있으니 자녀에게 지출이 많거나 혹은 매매로 인한 손실이 많고, 밤에는 청룡이 타고 있으니 경제적인 지출이 많다.

○ **혼인** : 나쁘다.
→ 초전이 자형이면 '두전(杜傳)'이다. 연애와 혼담에서 장애가 많으니 바꿔야 한다. ● 궁합 : 일간은 나, 일지는 배우자감이다. 일간 乙과 일지 巳 그리고 간상의 辰과 지상의 巳가 상생하니 좋은 편이다. 다만 중전의 巳와 말전의 申이 삼형이어서 연애와 혼담에서 다투는 상이니 보통이다. ● 성정 : 주야 모두 지상에 길장이 타고 있으니

상대의 성정은 좋은 편이다.
○ **임신·출산** : 여아이다. 늦게 출산한다.
　➜ 일간의 음양 및 삼전에서 두 양이 하나의 음을 감싸고 있으니 여아이다. 복음과는 간괘에 해당하니 늦게 출산하다. ● 복음과이니 농아를 출산할 우려가 있다. ● 밤에 정단하면 태신인 酉에 현무가 타니 사생아이다.
○ **구관** : 전토직(田土職)은 가능하다. 혹은 재물을 상납해서 관직을 얻는다.
　➜ 복음과는 주역의 간괘(艮卦)로서 땅과 건물과 관련이 있으니 전토직이 좋다. 전토직에는 구역을 지키는 경찰과 국토를 방위하는 군인이 대표적이며 이 외의 세관도 여기에 해당한다. 재물을 뜻하는 초전의 재성 辰이 관직을 뜻하는 말전의 관성 申을 생하니 재물을 상납하고 승진하고 발탁되는 상이다.
○ **구재** : 쟁탈과 재앙이 생길 우려가 있다.
　➜ 형제효는 경쟁자, 재성은 재물이다. 재성인 초전의 辰 위에 형제효인 甲이 재물을 내려다보고 있으니 형제로부터 재물을 뺏기고 재앙이 생길 우려가 있다. 또한 말전 둔반의 재성인 戌의 아래가 관귀효인 申이니 재물을 취하려다가 재앙을 입을 우려가 있다.
○ **질병** : 치통과 피를 토하는 증상이다.
　※『육임직지』원문에서는 "주로 비위의 중상이다. 부모의 질병을 정단하면 불리하다."고 하였다.
　➜ 지상은 병증이다. 지상이 巳이니 치통과 피를 토하는 증상이다. 복음과는 간괘의 상이니 증세가 오래간다. 귀살인 申에 천을귀인이 타고 있어서 곧 하늘 귀신과 땅 귀신의 해가 있으니 법사를 불러서 치료해야 질병이 낫는다. ● 질병을 정단하면 말을 하지 못하고 신음한다.
○ **유실** : 비록 가까이에 있지만 찾기 어렵다. 도망친 사람은 이미 먼곳

으로 갔다.

➔ 복음과이니 가까운 곳에 있지만 재성인 辰이 동신이니 재물을 찾기 어렵고 도망친 사람은 이미 먼 곳으로 도망쳤다.

○ 출행 : 방해가 있다. 순조롭지 못하다.

➔ 일간은 여행객, 일지는 여행지이다. 간상이 지망인 辰이니 출행에 방해가 있고 출행이 순조롭지 못하다. 갈 수 있는 시기는 辰을 충하는 술일(戌日)이나 술월(戌月)에 갈 수 있다.

○ 행인(귀가) : 곧 도착한다.

➔ 말전은 출발지, 중전은 중도, 초전은 근처이다. 초전이 사계의 하나인 辰이니 곧 도착한다.

○ 쟁송 : 반드시 재물 혹은 처첩으로 인해 일어난다.

➔ 구진은 쟁송, 재성은 재물과 처첩이다. 재성인 辰에 구진이 타고 있으니 재물 혹은 처첩으로 인해 쟁송이 일어난다. 중·말전의 巳와 申이 삼형이니 나쁘다. ● 일간은 나, 일지는 상대이다. 일간 乙과 일지 巳가 상생하고 간상의 辰과 지상의 巳이 상생하니 합의가 가능하다.

○ 도난 : 마을을 벗어나지 않았다. 서북방에 있다.

➔ 복음과의 상이 간괘이니 도둑이 마을을 벗어나지 않았다. 도둑은 현무의 음신에 있다. 낮에는 현무의 음신이 亥이니 서북방에 있고, 밤에는 현무의 음신이 酉이니 정서방에 있다.

○ 전쟁 : 근신해야 한다.

➔ '두전(杜傳)'에는 막힘의 뜻이 있다. 초전의 辰이 자형이어서 두전이니 진군에 장애가 있고, 중전의 巳와 말전의 申이 삼형이어서 유혈이 발생하는 상이니 근신해야 한다.

□ 『필법부(畢法賦)』 : 〈제75법〉 손님과 주인이 다투지 않아도 형벌이 이

미 앞서 있다.

→ 중전의 巳와 말전의 申이 삼형이니 주객이 서로 다툰다. 삼전이 삼형이니 주객이 서로 다툰다. 주로 혼인, 매매, 교역, 계약, 동업, 국제회담 등에서 양측 모두에게 이롭지 않다.

〈제48법〉 귀살에 천을귀인이 타면 곧 하늘 귀신과 땅 귀신의 해가 있다.

→ 낮에 정단하면 말전의 귀살 申에 천을귀인이 타고 있다.

□ 『과경(課經)』 : 재성인 辰이 발용이 되었고 다시 구진이 타고 있으니 '가색'이다. 辰은 자형인데, 중전이 일지를 취해서 두전(杜傳)이어서 일에서 막힘이 있으니 다른 일을 찾아야 한다.

□ 『지요(指要)』 : 유실물은 먼 곳에 있지 않고, 타인을 방문하면 그 사람이 집을 나가지 않았다. 질병을 정단하면 말을 하지 못하고 신음한다.

□ 『육임심경(六壬心鏡)』 : 비록 복음이지만 교차해서 서로를 탈기하니 서로가 서로를 속이는 뜻이 있다.

→ 이 과전은 간지가 교차탈기하지 않는다.

乙巳일 제 2 국

공망 : 寅·卯
낮 : 왼쪽 천장, 밤 : 오른쪽 천장

○ 青 卯 合 辰	○ 空 寅 朱 卯 ○	癸 白 丑 蛇 寅 ○
○ 青 卯 合 乙 辰	○ 空 寅 朱 卯 ○	甲 勾 辰 勾 巳
		○ 青 卯 合 辰

甲辰巳 勾勾	乙巳午 合青朱	丙午未 青朱空蛇	丁未申戌 空蛇白常
○青卯辰 合			貴申常酉
○空寅卯朱 ○			后酉玄戌
癸丑寅 白蛇 ○	壬子丑 常貴	辛亥子 玄后	庚戌亥 陰陰

☐ **과체** : 원수(元首), 퇴여(退茹), 불비(不備), 무음(蕪淫), 맥월(驀越) //
연방(聯芳/卯寅丑), 침해(侵害), 왕록임신(旺祿臨身), 일록공망(日祿空亡), 왕래수생(往來受生), 여덕(勵德/낮), 과수(寡宿), 삼전개공(三傳皆空), 답각공망(踏脚空亡), 진퇴양난(進退兩難), 나거취재(懶去取財).

☐ **핵심** : 초전의 일록은 공망되었고 중·말전은 공허하니 꾀하는 일에서 소득이 없다. 천천히 전진해야 한다.

☐ **분석** : ❶ 일록인 卯가 일간에 임한 뒤에 발용이 되었으므로 록신을 취할 수 있을 것 같지만 이것이 공망되었으니 어떤 이익이 있겠는가? 하물며 중·말전이 공망되었으니 꾀하는 일에서 반드시 결실이 없다.

❷ 퇴여(退茹)가 공망되었으니 전진이 이롭고, 천천히 기다리면서 개도(改圖)해야 한다.

❸ 본래는 요극과(遙剋課)의 辰이 초전이지만 지금은 고쳐서 초전을 정한다.

→ 제2과는 가깝고, 제3과는 중간이며, 제4과는 멀다. 제4과에 극이

있고 이곳이 발용이 되었으니 요극이라고 하였다.
□ **정단** : ❶ 원수과이고 역의 퇴연여(退連茹)이다. 한 곳의 상이 하를 극해서 공명정대하니 순조로운 일이 많다.

❷ 사과가 불비(不備)이고 삼전이 모두 공망이며 공망된 일록이 일간에 임하며 두강인 辰이 가택에 임한다. 따라서 나와 나의 집은 불안하고, 행하고 멈추는 것을 결단내리지 못하고 기회를 봐서 변화해야 하며 서서히 때를 기다려야 한다.

❸ 일간이 일지에 가해서 辰토 재물을 탐하지만, 일간이 일지로 탈기(脫氣)되고 일지는 다시 삼전으로 전해져서 공망을 만나니, 지출은 많고 얻는 것은 적다.

○ **날씨** : 풍운이 일고 우레가 치며 하늘에서 비가 올 기세이다.
→ 오행의 목은 바람, 卯는 우레이다. 초전과 중전이 卯와 寅이니 풍운이 일고 우레가 치며 하늘에서 비가 올 기세이다.

○ **가정** : 가난하고 불안하다. 가끔 쟁투가 발생한다.
→ 과전에 재성은 적고 형제효는 많으니 가난하고 불안하다. 지상의 재성 辰에 구진이 타고 있고 그 위에 형제효인 甲이 있으니 재물을 서로 취하기 위해 가끔 쟁투가 발생한다. ● 일간은 나이다. 일록인 卯가 간상에서 공망되었으니 실직했거나 실직할 우려가 있다. ● 가상 : 일간은 사람, 일지는 집이다. 기궁이 지상으로 가서 생을 받으니 이 집으로 들어가면 집터의 도움을 받지만 제4과와 삼전이 모두 공망되었으니 가상이 매우 나쁘다.

○ **혼인** : 이루지 못한다.
→ 일간은 나, 일지는 배우자감이다. 일간이 공망되어 혼인할 의사가 없으니 불성하고, 간상의 일록이 공망되어 실직할 우려가 있으니 혼인할 형편이 되지 못한다. 만약 데릴사위로 갈 경우에는 지상

으로 간 기궁이 일지로부터 생을 받으니 혼인이 길하다. ● 삼전은 연애나 혼담의 진행과정이다. 특히 삼전이 두 순(갑진순, 갑인순)의 공망이어서 '답각공망(踏脚空亡)'이니 오랫동안 혼인하기 어렵다. ● 궁합 : 일간 乙과 일지 巳가 상생하고 간상의 卯와 지상의 辰이 상생하니 좋은 편이다 다만 간상이 공망되었으니 혼인을 이루지 못한다.

○ **임신·출산** : 태아를 정단하면 부실하고, 출산을 정단하면 지연되어 출산한다.

→ 일간은 태아, 일지는 임신부이다. 일간이 공망되었으므로 임신을 정단하면 태아가 유산될 우려가 있으니 태아가 부실하고, 출산을 정단하면 지상에 괴강의 하나인 辰이 임하니 출산이 지연될 우려가 있다. ● 밤에 정단하면 태신인 酉에 현무가 타니 사생아이다.

○ **구관** : 무에서 유가 생긴다. 결국 실현되지 않는다.

→ 일간의 음양과 삼전이 모두 공망되었으니 결국 구관(求官)은 실현되지 않는다. ● 명예직이나 임명직 공무원이 정단하면 일록이 공망되었으니 퇴직할 우려가 있고, 관직자가 그의 관로를 정단하면 삼전이 모두 공망되었으니 관로가 어둡다.

● 만약 연명이 酉인 사람이 정단하면 그 상신이 관성인 申이고 여기에 낮에는 귀인이 타고 밤에는 태상이 타니 희망이 있고,

만약 연명이 戌인 사람이 정단하면 그 상신이 관성인 酉이고 여기에 낮에는 천후가 타고 있으니 희망이 있다.

○ **구재** : 동업을 정단하면 투자금을 날리는 것을 예방해야 한다.

→ 형제효는 동업자이다. 과전에 형제효가 지나치게 많으니, 동업을 정단하면 투자금을 날리는 것을 예방해야 한다. 동업이 아니더라도 과전에 형제효가 지나치게 많고 다시 말전의 재성이 공망되었으니 반드시 사업에 실패한다. ● 간상의 일록 卯가 공망되었으니 실직이나 폐업할 우려가 있다. 실직이나 폐업을 하더라도 말전의

재성이 공망되었으니 지금은 개업할 상황이 아니지만 연명이 辰이 거나 申이거나 亥이면 그 상신이 일간의 재성이니 개업이 가능하다.
○ **질병** : 신병(新病)은 바로 낫고 구병(久病)은 나쁘다.
➔ 일간이 공망되거나 삼전이 모두 공망되면 신병은 바로 낫지만 구병은 사망한다. 구병은 암이나 뇌출혈 등 만성병 혹은 위험한 상태의 질병을 뜻한다.
○ **유실** : 동남방에서 찾을 수 있다.
➔ 재성은 재물이다. 재성인 辰이 巳에 임하니 巳가 뜻하는 동남방에서 찾을 수 있다.
○ **출행** : 여정을 변경해야 한다.
➔ 일간은 여행객, 일지는 여행지, 삼전은 여정이다. 일간이 공망되었으니 가려고 했던 날짜에 떠나지 못하고 다시 삼전이 모두 공망되었으니 여정을 변경해야 한다.
○ **귀가** : 기약할 수 없다.
※ 『육임직지』 원문에서는 "바로 도착한다."고 하였다.
➔ 삼전이 공망되었으니 귀가 날짜를 기약할 수 없다.
○ **쟁송** : 허공의 누각이다. 해소된다.
➔ 삼전은 쟁송이 진행되는 과정이다. 삼전이 모두 공망되었으니 해소된다. ● **승패** : 일간은 공허하고 일지는 튼실하니, 나는 불리하고 상대는 유리하다.
○ **도난** : 밤에는 서남방에 있고, 낮에는 서북방에 있다.
➔ 현무의 음신에 도둑이 숨어있다. 밤에는 현무의 음신이 申이니 서남방에 도둑이 숨어 있고, 낮에는 현무의 음신이 戌이니 서북방에 도둑이 숨어 있다.
○ **전쟁** : 후퇴로써 전진으로 삼아야 한다.
➔ 진여가 공망되면 후퇴해야 하고, 퇴여가 공망되면 전진해야 한다. 지금 삼전의 퇴여(退茹, 卯寅丑)가 공망되었으니 후퇴를 전진으

로 삼아야 한다.

- 『**필법부(畢法賦)**』: 〈제74법〉 거듭 공망되면 추구하면 안 된다.
    → 삼전의 卯寅丑은 거듭 공망되었다.
  〈제18법〉 답각공망(踏脚空亡)은 나아감이 옳다.
    → 초전과 중전의 卯寅은 갑진순의 공망이고 말전의 丑은 갑인순의 공망이다.
- 『**과경(課經)**』: 초전의 일록이 공망되고 말전에 등사와 백호가 타고 있어서 앞뒤에서 압박하니 진퇴가 어렵다.
    → 일록은 직업이고 재산, 처재효는 재물이다. 일록은 공망되었으니 직업이나 재산을 잃은 것이고, 처재효인 말전의 재성 또한 공망되었으니 나아갈 수도 없고 물러날 수도 없는 곤경에 처해 있다.
- 『**단험(斷驗)**』: 癸丑년에 출생한 사람이 己卯년에 월장 戌을 점시 亥에 가한 뒤에 가택을 정단한다. 卯가 일간을 쫓으니 집이 사람을 수용하지 않는다. 일록인 卯는 공망되었고, 중전의 寅은 형제효이고 과전에 부모가 나타나지 않았다. 주야 모두 구진이 가택에 임했으니 반드시 동기 곧 형제가 다퉈서 부모와 별거하게 된다. 나중에 그러하였다.
    → 지상의 재성 辰을 일간 乙과 지상 둔반의 甲이 재물을 다투는 상이니 형제가 다툰다. 과전에 부모효인 亥子가 나타나지 않았으니 부모와 별거한다.

| 갑진순 | 을사일 | 3국 |

乙巳일 제 3 국

공망 : 寅·卯 ○
낮 : 왼쪽 천장, 밤 : 오른쪽 천장

癸	辛	己	
白丑蛇	玄亥后	后酉玄	
卯 ○	丑	亥	
○	壬	○	癸
空寅朱	常子貴	青卯合	白丑蛇
乙辰	寅	巳	卯 ○

青卯合巳	勾甲辰午	勾合乙巳未	朱丙午申 空
空○寅辰 朱			蛇丁未酉 白
白癸丑卯 蛇			貴戊申戌 常
常壬子寅 貴	玄辛亥丑 后	陰庚戌子 陰	后己酉亥 玄

□ **과체** : 중심(重審), 퇴간전(退間傳), 극음(極陰/丑亥酉), 맥월(驀越) // 형상(刑傷), 고진(孤辰), 삼기(三奇), 권섭부정(權攝不正), 일록공망(日祿空亡), 나거취재(懶去取財), 사과개공(四課皆空), 답각공망(踏脚空亡).

□ **핵심** : 사과가 모두 공망되었으니 만사에서 적이 없다. 밤에 질병을 정단하면 음식을 먹지 못하고, 낮에 정단하면 흉하다.

□ **분석** : ❶ 寅卯는 공망되었고 子丑은 공망에 앉아 있다. 일진상의 음양이신이 모두 공망되었으니, 만 가지의 일에서 하나의 결실도 없다.

❷ 癸丑이 발용이 되었으니 폐구(閉口)이다. 밤에 정단하면 등사가 타고 있으니 질병을 정단하면 음식을 먹지 못하고, 낮에 정단하면 백호가 재성에 타서 귀인승신 申을 도우니 백호의 흉이 매우 심하다. 등사의 오행이 화이니 귀살을 극할 수는 있지만 백호는 귀살과 동일한 집단이다.

□ **정단** : ❶ 중심과이고 퇴간전(退間傳)이며 '극음(極陰)'의 상이다. 꾀하는 일에서 불순한 경우가 많고 사람의 마음에 의혹이 많으며 진퇴가

뜻대로 되지 않는다. 하물며 과체가 모두 공망되고 용신이 공망에 앉아 있으니 서로가 흐릿하여 분명하지 못하며 모든 일은 허언이 된다.

❷ 왕록인 卯가 일지인 巳에 임하여 가택으로 탈기(脫氣)를 당하니 허비가 만 가지이지만, 만약 재해와 근심을 정단하면 모두 해소된다.

❸ 종합해서 말하면 동(動)이 정(靜)만 못하고 좌(坐)하는 것이 행(行)하는 것에 비해 좋으니 도모하지 않아야 한다.

→ 사과가 모두 공망되어 체(體)가 사라졌고 다시 초전이 공망되었으니 꾀하는 모든 일을 이루지 못하는 상이다.

○ **날씨** : 처음에는 바람이 불고 우레가 치며 춥지만 이러한 날씨가 모두 풀린다.

→ 백호는 우레와 얼음과 바람을 뜻한다. 낮에 정단하면 초전에 백호가 타고 있으니 우레가 치고 바람이 불며 얼음이 언다. 그러나 백호승신이 공망되었으니 이러한 날씨가 곧 풀린다.

○ **가정** : 집을 살 돈으로 빚을 갚거나 혹은 희경사로 쓰인다.

→ 일간은 사람, 일지는 집이다. 일록인 卯가 지상으로 가서 일지 巳를 생하지만 卯에 청룡과 육합이 타고 있고 공망이 되었으니, 집을 살 돈으로 빚을 갚거나 혹은 희경사로 많이 쓴다. 여기에서의 청룡은 재물, 육합은 희경사이다. ● 일록이 공망되었으니 가족에게 직업이 없고 재산도 없다. ● 사과가 공망되었으니 가정 내외에 공허한 일이 많고, 중심과이니 가정에 예의가 없다.

○ **혼인** : 불길하다. 이루지 못한다.

→ 일간은 나, 일지는 배우자감이다. 일간과 일지가 모두 공망되었고 다시 초전이 공망되었으니 혼인이 불길하고, 과전이 육음이니

혼인이 더욱 더 불길하다. ● 중심과이니 드센 여자이다. ● 궁합 : 일간과 일지가 공망되었으니 나쁘다. ● 여자를 뜻하는 초전의 재성이 공망되었으니 혼인을 이루지 못한다.

○ **임신·출산** : 태아는 여자이고 부실하다. 바로 출산한다.

→ 일간은 태아, 공망은 공허의 신이다. 일간이 공망되었으니 부실한 태아이다. ● 일지는 출산부이다. 출산을 정단하면 지상이 공망되었으니 바로 출산한다. ● 밤에 정단하면 태신인 酉에 현무가 타니 사생아이다.

○ **구관** : 헛소리이다. 실현되지 않는다.

→ 사과가 모두 공망되었으니 헛소리이고 공명이 실현되지 않는다. 더욱이 관청의 식록을 뜻하는 일록인 卯가 공망되고 다시 과전이 육음이니 더욱 나쁘다. ● 발령 : 임시직으로서 정당한 직위가 아니고 먼 곳으로 발령이 나서 직록이 주어진다.

○ **구재** : 실제로는 소득이 없다. 허경(虛驚)이 있다.

→ 재성은 재물, 공망은 공허의 신이다. 제4과와 초전의 丑이 비록 일간의 재성이지만 공망되었고 다시 폐구(閉口) 되었으니 소득이 없고 주야에 백호와 등사가 타고 있으니 허경이 있다. ● 연명이 午인 사람은 그 상신이 재성인 辰이고 주야 모두 구진이 타고 있으니 부동산으로 돈을 벌면 된다. ● 연명이 子인 사람은 그 상신이 재성인 戌이고 주야 모두 태음이 타고 있으니 금은보석이나 아가씨 용품을 팔아서 돈을 벌면 된다.

○ **질병** : 목이 막혀서 소리를 잃은 병이다. 구병은 대흉하다.

→ 초전이 폐구(閉口) 되었으니 소리를 잃은 병이다. 초전이 공망되었으니 구병은 사망할 위험이 있다. 그리고 과전이 육음이니 구병은 더욱 위험하다.

○ **유실** : 음인(陰人)이 훔쳐갔다. 장물이 흩어졌으니 그것을 쫓기 어렵다.

➔ 현무는 도둑, 酉는 소녀·음인·첩·여종업원 등이다. 현무가 酉에 타고 있으니 이러한 사람들이 훔쳐갔다.
○ **출행** : 출행할 수 없다.
➔ 일간은 나, 일지는 여행지이다. 일간이 공망되었으니 출행할 수 없고, 지상이 공망되었으니 공허한 여행지이다. 그리고 초전이 폐구(閉口) 되었고 다시 공망되었으니 출발할 수 없다.
○ **행인(귀가)** : 해일(亥日)에 출발하여 묘일(卯日)에 도착한다.
※『육임직지』원문에서는 "해일(亥日)에 출발하여 묘일(卯日)에 도착한다."고 하였다.
➔ 귀가일은 근행한 사람은 초전과의 육합일에 귀가하고, 원행한 사람은 초전의 삼합일에 귀가한다. 따라서 근행한 경우에는 자일(子日)에 도착하고, 원행한 경우에는 사일(巳日)이나 유일(酉日)에 도착한다.
○ **도난** : 밤에 정단하면 서남방에 있고 우물 옆에 사자상이 있다. 낮에 정단하면 정서방에 있고 여자가 흐느끼고 있다.
➔ 도둑은 현무의 음신에 있다. 밤에 정단하면 현무의 음신이 未이니 서남방에 있고 우물 옆에 사자상이 있다. 낮에 정단하면 현무의 음신이 酉이니 정서방에 있고 여자가 흐느끼고 있다.
○ **쟁송** : 쓰지 못하는 재물로 인한 쟁송이다. 서로에게 불필요한 지출이 생긴다.
➔ 초전의 재성이 공망되었으니 재물로 인한 쟁송이다. 일간은 나, 일지는 상대이다. 일간과 일지가 공망되었으니 서로 불필요한 지출이다. 중심과이니 재심(再審)이 유리하다.
○ **전쟁** : 허장성세이다.
➔ 일간은 아군, 일지는 적군이다. 지상이 공망되었으니 적이 허장성세를 부린다.
○ **분묘** : 위에는 빈 나무가 있고 아래에는 뱀의 굴이 있다. 불길하다.

➡ 일지는 묘지, 卯는 나무, 巳는 뱀이다. 지상의 卯가 공망되었으니 빈 나무가 있고, 일지 巳가 공망되어 뱀굴이 있으니 불길하다.

□ 『필법부(畢法賦)』: 〈제8법〉 일록이 일지에 임하면 임시직으로서 정당한 자리가 아니다. 임시직을 맡은 것으로서 정당한 자리가 아니고 먼 곳으로 직록이 주어진다.

➡ 일록은 공무원이 받는 식록, 일지는 타향 혹은 타인이다. 일록인 卯가 지상으로 갔으니 임시직이고 타향에 발령나서 타향에서 근무하면서 급여를 받는다.

〈제74법〉 거듭하여 공망되면 일을 추구하면 안 된다.

➡ 초전의 丑은 갑진순의 공망, 중전의 亥는 갑자순의 공망, 말전의 酉는 갑술순의 공망이니 세 순의 공망이 되었다.

□ 『관월경(觀月經)』: 사과가 무형이니 공명에서 이름이 나지 않고, 설령 명성이 있더라도 허명일 뿐이다. 그리고 일록이 일지에 가한 뒤에 일지로 탈기를 당하니 반드시 집을 지을 때에 돈으로 빚을 갚는다.

□ 『지장부(指掌賦)』: 삼전의 丑亥酉가 '극음(極陰)'이니 마치 달이 서산에 숨는 상이다. 삼전이 모두 밤이니 광명이 보이지 않는다.

乙巳일 제 4 국

공망 : 寅·卯 ○
낮 : 왼쪽 천장, 밤 : 오른쪽 천장

□ **과체** : 중심(重審), 가색(稼穡), 유자(遊子/3·9월), 재폐구(財閉口) // 침해(侵害), 전국(全局), 재성정마(財星丁馬), 주객형상(主客刑傷), 신장·귀등천문(神藏·貴登天門/낮).

□ **핵심** : 온 사방에 재물이 널려 있다. 지출을 감당할 수 없다. 밤에는 백호가 묘지에 탄다. 폐구(閉口) 되었지만 두렵지 않다.

□ **분석** : ❶ 일간의 음양과 삼전에 재물이 널려 있어서 기쁘지만, 삼전의 재성이 지나치게 왕성하니 오히려 재물이 훼손된다.

❷ 丑은 갑진순의 순미(旬尾)여서 폐구(閉口)가 되었고, 戌의 둔반은 귀살인 庚이며, 未의 둔반은 정신(丁神)이다. 비록 재물은 많지만 지출을 감당할 수 없다.

❸ 말전의 未는 일간의 묘신이고 밤에는 이곳에 백호가 타고 있어서 흉하지만, 입을 닫고 말을 삼가면 丑 위의 등사가 충(沖)을 해서 흉을 흉으로 제압하니 두려울 것이 없다.

□ **정단** : ❶ 중심과이고 삼전이 모두 사계이니 가색(稼穡)이다. 중심과에는 불순의 뜻이 많고 가색에는 어려움이 많이 있는 상이다. 하물

며 丁이 말전에 있고 일지음신에는 역마인 亥가 보여서 유자(遊子)이니 심신이 요동하여 이리저리 떠돌아다닌다.
❷ 폐구(閉口)가 일간에 임한 뒤에 발용이 되었으니 분명하지 않고, 지상에는 공망된 寅이 일지인 巳를 생하고 다시 육해(六害)하니 집이 공허하고 위태롭다.

───────────────────

○ **날씨** : 음습하지만 비는 오지 않는다.
  ➜ 삼전의 오행이 모두 토이니 음습하지만 비는 오지 않는다.
○ **가정** : 주작이 寅에 타고 있으니 집에 구설이나 문서의 일이 있다. 관재가 닥치는 것을 예방해야 한다.
  ➜ 일지는 집, 주작은 구설과 문서, 형은 형사(刑事)를 뜻한다. 밤에 정단하면 지상에 주작이 타고 있으니 구설이나 관재가 생기고, 지상의 寅과 일지 巳가 삼형(三刑)이니 관재가 닥치는 것을 예방해야 한다. 낮에 정단하면 지상에 천공이 타고 있으니 공허한 일이 생기는 것을 예방해야 한다. ● 간상의 재성 丑이 폐구되었으니 재운이 나쁘다. ● 중심과이니 가정의 예가 바르지 못하고, 일지의 상하가 삼형(三刑)이니 가족이 화목하지 않다.
○ **혼인** : 장애가 있다.
  ➜ 일간은 나, 일지는 배우자감이다. 지상이 공망되었으니 배우자감에게 혼인할 의사가 없거나 혹은 혼인할 형편이 아니니 혼인에 장애가 있다. 삼전이 삼형이니 연애와 혼담 모두 장애가 생긴다. ● 일지의 상하인 寅과 巳가 삼형과 육해이니 상대방의 심신이 불안정하고, 주야 모두 흉장인 천공과 주작이 타고 있으니 좋은 배우자감이 되지 못한다. ● 중심과이니 여자의 성정이 드세다. ● '유자(遊子)'는 구름이 흩어지는 상이니 부부의 인연을 맺기 어렵다.
○ **임신·출산** : 벙어리를 예방해야 한다. 혹은 출산부가 말을 잃는다.

→ '폐구(閉口)'에는 입을 열지 못하고 닫힌다는 뜻이 있다. 태아를 뜻하는 일간이 폐구(閉口)가 되었으니 태아가 벙어리가 되는 것을 예방해야 한다. 혹은 출산부가 말을 잃는다. ● 밤에 정단하면 태신인 酉에 현무가 타니 사생아이다.

○ **구관** : 왕성한 재성이 관성을 생하니 재물을 써서 관직을 얻는다. 다만 나중에는 이롭지 않다.

→ 재성은 관성을 생하는 신이다. 일간의 음양과 삼전의 재성이 중전을 관성 庚을 생하니 돈을 써서 승진할 수 있다. 다만 과전의 천반에 관성이 없으므로 나중에는 이롭지 않지만, 연명이 亥이면 그 상신이 관성인 申이고 이곳에 길장인 귀인과 태상이 타고 있으니 좋다.

○ **구재** : 비록 많지만 취득하기 어렵다.

→ 일간음양의 丑戌과 삼전의 丑戌未가 모두 재성이니 비록 재물이 많지만 일간이 쇠약하니 재물을 취하기 어렵다. 다만 일간 乙이 왕성해지는 봄과 겨울에 정단하면 일간이 왕성하니 재물을 취할 수 있다. ● 삼전이 토로 구성된 가색(稼穡)이니 '부동산'과 관련이 있는 장사를 하여 재물을 취할 수 있다.

○ **질병** : 주로 비위의 병으로서 음식을 먹지 못하며 낫기 어렵다.

→ 일간의 음양과 삼전이 토로 구성되어 있어서 가색(稼穡)이니 토에 관련된 비위의 병으로서, 토가 지나치게 많고 단단하니 소화기 질환이 발생하여 음식을 먹지 못하고 낫기도 어렵다. 또한 가색의 극을 받는 수의 장부인 신장과 방광에도 질환이 발생한다. ● 일간이 폐구(閉口)가 되어 음식을 먹지 못하는 상이니 흉하다.

○ **유실** : 먼 곳에 있다. 찾기 어렵다.

→ 재성인 未가 정마를 타고 있어서 유실물이 먼 곳에 있으니 찾기 어렵다.

○ **출행** : 사방의 먼 곳으로 유랑하며 여정이 정해져있지 않다.

→ 가색에 정마가 있어서 유자이니 사방의 먼 곳으로 유랑하며 여정이 일정하지 않다.
○ **행인(귀가)** : 돌아오고 싶지만 돌아오지 못한다.
→ 삼전이 지팡이를 짚고 만리를 유랑하는 '유자'이니 돌아오지 못한다.
○ **도난** : 낮에 정단하면 동방의 승려나 수도자의 집에 있고, 밤에 정단하면 남방의 역(驛)에 있다.
→ 도둑은 현무의 음신에 있다. 낮에 정단하면 현무의 음신이 寅이니 동방의 승려나 수도자의 집에 있고, 밤에 정단하면 현무의 음신이 午이니 남방의 역(驛)에 있다.
○ **쟁송** : 주로 재물에서 기인한 소송이다. 설명하지 않더라도 저절로 밝혀진다. 말이 많으면 허물이 생긴다.
→ 삼전의 재국이 곧 삼형이니 재물에서 기인한 쟁송이다. 주야 모두 귀인이 순행하니 이치를 기다리면 되고 또한 낮에 정단하면 일간 乙이 구진승신인 戌을 극하고 밤에 정단하면 일간 乙이 구진승신 辰을 극하니 진실이 저절로 밝혀진다. 다만 일간이 폐구되었으니 말을 많이 하면 허물이 생긴다. ● **승패** : 일간은 튼실하고 일지는 공허하니, 나는 유리하고 상대는 불리하다.
○ **전쟁** : 군사용 둔전(屯田)을 지키면서 수성하는 것은 유리하고, 공격하는 것은 불리하다.
→ 삼전의 丑戌未는 가색(稼穡)이다. 여기에서의 가색은 군대의 식량을 마련하기 위해서 설치한 둔전이다. 간상의 丑이 지상의 寅으로부터 제극을 당해서 불리하니 성을 지키는 것이 이롭다.

□ 『**필법부(畢法賦)**』: 〈제14법〉 삼전의 재물이 태왕하면 오히려 재물이 훼손된다.

➜ 〈본문〉 구재 참조.

〈제38법〉 폐구(閉口)는 두 가지로 나눠서 추리한다. 순미(旬尾)가 순수(旬首)에 가하면 곧 폐구의 뜻이 있는데, 이러한 예는 여섯 순 모두에 있다.

➜ 이 과전에서는 초전의 지반이 순수이고 천반이 순미이다.

☐ 『점결(占訣)』: 순미가 순수에 가했고 재성이 폐구되거나 일록이 폐구되거나 식신이 공망되는 것을 동일하게 논한다. 질병정단을 하면 크게 불리하다.

➜ 재성폐구와 일록폐구는 모두 음식을 먹지 못하고 사망한다.

☐ 『정와(訂訛)』: 유자(遊子)인 丑戌未는 양에서 음으로 전해진 것으로서 재외에서 집으로 귀가하려고 한다. 丑이 辰에 가하면 '파유(破遊)'가 되어 삼전에 묘신이 보이면 살해의 뜻이 되어 원수가 나를 핍박한다. 육합과 청룡이 역(驛)을 희롱하니 날개를 치며 창공으로 날아오른다.

乙巳일 제 5 국

공망 : 寅·卯 ○
낮 : 왼쪽 천장, 밤 : 오른쪽 천장

己	乙	乙	癸
蛇 酉 玄	玄 巳 靑	靑 丑 蛇	
丑	酉	巳	
壬	戊	癸	己
勾 子 貴	貴 申 常	靑 丑 蛇	蛇 酉 玄
乙 辰	子	巳	丑

癸 ○	○	甲	
靑 丑 巳	蛇 空 寅 午	朱 白 卯 未	常 勾 辰 申
壬 勾 子 辰 貴			乙 玄 巳 靑 酉
辛 合 亥 卯 ○			丙 陰 午 空 戌
庚 朱 戌 寅	己 陰 蛇 酉 玄 丑	戊 貴 申 常 子	丁 后 白 未 亥

□ **과체** : 호시(蒿矢), 종혁(從革) // 요극(遙剋), 화미(和美), 전국(全局), 복덕(福德), 가귀(家鬼), 맥월(驀越), 오음(五陰), 재폐구(財閉口), 삼전관성국, 부구앙구(俯丘仰仇), 천을신기(天乙神祇), 관귀효현괘.

□ **핵심** : 말전이 초전의 귀살을 돕는다. 호시(蒿矢)이다. 비록 부구앙구(俯丘仰仇)이지만 삼합으로 변하니 기쁘다.

□ **분석** : ❶ 밤 귀인 子가 일간에 임했고 말전의 재성 丑은 귀살인 초전의 酉를 도와서 간상의 子를 생하니 결국 귀살이 일간을 돕는다. 쑥대로 만든 화살인 '호시(蒿矢)'이니 무력하고, 비록 금붙이가 달린 화살촉을 만났지만 제4과에서 일간을 요극(遙剋)하니 매우 무력하다. ❷ 酉는 酉의 묘신인 丑에 앉아 있고 그 위에 있는 巳로부터 극을 받아서 이른바 구부려서 아래를 보면 묘지이고 고개를 들어 위를 보면 귀살인 '부구앙구(俯丘仰仇)'이니 해가 되지 않으며, 삼전이 삼합하여 국(局)을 이루니 더욱 기쁘다.

□ **정단** : ❶ 요극과(遙剋課)의 종혁(從革)이니 모든 일에서 무력하여 화와 복이 모두 가볍고, 화 속에 복이 숨어 있고 해로움 속에 은혜가

숨어있다.

❷ 눈앞에 공연히 놀라는 일이 있지만 시일이 경과하면 점차 좋은 상황으로 전개된다. 묵은 것을 버리고 새 것을 창조하여 혁신하면 고생 끝에 낙이 오니 순리를 따르고 분수를 지켜야 한다.

○ **날씨** : 처음에는 맑고 나중에는 비가 온다. 나쁜 작황이 풍작이 된다.
→ 삼전이 종혁(從革)이니 처음에는 건조하고 말전이 癸여서 나중에는 비가 오니 나쁜 작황이 풍작이 된다.

○ **가정** : 처에게 말을 하지 못하는 병이 있다.
→ 처재효는 처와 재물, 폐구는 말을 하지 못하는 증상이다. 처재효인 丑 위에 갑진순의 癸가 있으니 처가 말을 하지 못하거나 혹은 재물운이 막혔다. ● 일지음신의 酉가 일간 乙을 극하니 가정에 우환이 발생한다. 낮에는 등사가 타고 있으니 놀랄 일이 생기고, 밤에는 현무가 타고 있으니 도난이나 사기를 당한다.

○ **혼인** : 나중에 화합한다.
→ 삼합은 세 글자의 화합으로서 천천히 화합하는 뜻이 있으니 나중에 화합하고 또한 나를 뜻하는 일간과 상대를 뜻하는 일지의 상신이 서로 화합하니 화합한다. 다만 삼전이 종혁(從革)이어서 배우자를 바꾸는 뜻이 있으니 불길하다. ● 제4과에서 일간을 요극(遙剋)한 기운이 발용이 되었으니 혼인이 요원해질 우려가 있고 또한 기대에 미치지 못한다.

○ **임신·출산** : 여아이다. 벙어리가 되는 것을 예방해야 한다.
→ 지상과 말전이 癸丑이니 폐구(閉口)이다. 폐구에는 입이 닫힌다는 뜻이 있으니 벙어리가 되는 것을 예방해야 한다. 일간의 음양에서 두 양인 子와 申이 하나의 음인 乙을 감싸고 있으니 여아이고, 다시 삼전이 가을의 종혁이니 여아이다. ● 밤에 정단하면 태신인 酉에

현무가 타니 사생아이다.
○ **구관** : 처음에는 어렵고 나중에는 쉽다. 타인의 도움을 받게 된다.
→ 관성국인 삼전의 酉巳丑이 인성인 간상의 子를 생하고, 인성이 다시 일간 乙을 생하니, 여러 사람의 도움을 받아서 구관이 쉽다. 만약 가을에 정단하면 관성과 인성이 모두 왕성하니 더욱 좋다.
○ **구재** : 구하지 않더라도 재물이 저절로 온다.
→ 공무원이 정단하면 삼전의 관성이 간상의 인성을 생하고 인성이 다시 일간을 생하니 저절로 재물이 온다. 그러나 돈을 투자해서 개업하면 지상과 말전의 재성이 폐구(閉口)가 되었으니 돈을 벌지 못한다.
○ **질병** : 늦게 낫는다.
→ 세 글자가 합을 하는 삼합은 질병이 사람의 몸에서 떨어지지 않는 상이니 질병이 늦게 낫는다. 다행히 삼전이 삼합해서 간상의 인성을 생하고 인성이 다시 일간을 생하니 늦지만 질병이 낫는다. ● 지상으로는 병증을 알 수 있다. 지상이 丑이니 신장이 허한 증상이고, 요극과이니 큰 병이 아니다. ● 천을신기 : 낮에 정단하면 천을귀인이 申에 타서 일간 乙을 극하여 귀수가 있으니, 수법을 행사할 수 있는 법사의 도움을 받아야 병이 낫는다. ● 중전에서 巳가 酉에 가했으니 상(喪)을 예방해야 한다.
○ **유실** : 구진이 현무를 제극하니 잡을 수 있다.
→ 구진은 경찰, 현무는 도둑이다. 낮에 정단하면 구진승신 子가 현무승신 巳를 극하니 잡을 수 있고, 밤에 정단하면 구진승신 辰이 현무승신 酉를 생하여 경찰이 도둑을 풀어주니 잡을 수 없다.
○ **출행** : 서북방이 길하다.
※ 『육임직지』 원문에서는 "동북방이 길하다."고 하였다.
→ 요극과는 서북방은 길하고 서남방은 흉하다.
○ **행인(귀가)** : 군역의 공무원이 갑자기 들이닥친다.

→ 종혁(從革)은 숙살지기로서 군인을 뜻한다. 삼전의 종혁(從革)이 일지음신으로 왔으니 군역의 공무원이 들이닥친다.

○ **쟁송** : 재물을 쓰는 쪽이 이긴다. 귀인의 도움을 받는다.

→ 귀인은 법원의 공무원이다. 재성인 丑이 귀인승신 子와 상합하니 재물을 쓰는 쪽이 이긴다. ● 밤에 점단하면 일간 乙이 귀인승신 子로부터 생을 받고, 낮에 점단하면 일간 乙이 염막귀인 子로부터 생을 받으니 귀인의 도움을 받는다. ● **관재** : 삼전의 관성이 인성을 생하고 인성이 일간을 생하니, 경범을 지은 경우에는 죄가 사라지고 큰 죄를 지은 경우에는 지은 죄에 비해 형량이 준다.

○ **전쟁** : 연합한다.

→ 일간과 일지와 삼전이 각각 삼합하니 군대가 연합한다.

○ **분묘** : 귀(貴)가 드러난다.

→ 삼전의 관성이 인성을 생하고 인성이 일간을 생하니 귀(貴)가 발현되어 공직자가 나온다.

□ 『**필법부(畢法賦)**』 : 〈제11법〉 비록 귀살이 무리를 짓더라도 전혀 두렵지 않다.

→ 이 과전에서는 삼전이 비록 귀살국을 형성하였지만 삼전의 귀살국이 간상의 인성을 생하고 이 인성이 일간을 생하니 귀살이 두렵지 않다.

〈제47법〉 귀인이 비록 감옥에 있더라도 일간에 임하면 좋다.

□ 『**지장부(指掌賦)**』 : 酉巳丑은 '조회(操會)'이다. 받은 시기가 이미 지났으니 어찌 타당하겠는가?

□ 『**육임심경**』 : 丁卯년 酉월 乙巳일 申시 巳월장으로 형제의 향시(鄕試)를 점단한다. 형제는 모두 합격한다. 본명 午는 앞에 있고, 본명 亥는 뒤에 있다. 그 이유는 호시(蒿矢)에 金이 보이므로 화살에 화살촉이

있는 셈이고, 스스로 제4과가 발용이므로 화살의 수가 시험법식에 맞다. 주작이 비상하니 문관과 무관을 모두 얻는다. 그리고 귀인이 귀인의 자리에 임하므로 반드시 양 귀인의 주선으로 추천을 받아서 합격한다. 방이 붙은 뒤에 과연 전후 모두 착오가 없었다. 묻기를, 왜 전후로 나눴는가? 그것은 삼전이 역합하기 때문이다. 따라서 말띠 午命은 甲寅이고, 돼지띠 亥命은 丁未임을 알 수 있다.

乙巳일 제 6 국

공망 : 寅·卯 ○
낮 : 왼쪽 천장, 밤 : 오른쪽 천장

	丙	癸	戊	
	陰午空	青丑后	貴申勾	
	亥	午	丑	
辛	丙	壬	丁	
合亥蛇	陰午空	勾子貴	后未青	
	乙辰	亥	巳	子

壬子巳 勾貴	癸丑午 青	○寅未 空陰	○卯申 白玄
辛亥辰 合蛇			甲辰酉 常常
庚戌卯 朱朱○			乙巳戌 玄白
己酉寅 蛇○	戊申丑 合貴	丁未子 勾后 青	丙午亥 陰空

- □ **과체** : 중심(重審), 사절(四絶) // 복덕(福德), 은다원심(恩多怨心), 일록공망(日祿空亡), 삼전체생(三傳遞生), 천을신기(天乙神祇/낮).
- □ **핵심** : 관직자에게는 나쁘고 비관직자는 흉을 면한다. 낮에는 귀인에게 부탁하지 않아야 하고, 낮에는 보통이다.
- □ **분석** : ❶ 말전에 있는 관귀효 申이 초전의 午로부터 극을 당하고 중전의 丑에 의해 매장되어 무력하니, 관직자에게는 나쁘고 비 관직자가 소송을 정단하면 소송이 풀리고 질병을 정단하면 질병이 감소하는 상이다.
  ❷ 낮 귀인이 묘지에 드니, 귀인을 찾아가면 어찌 이익이 있겠는가? 그리고 밤 귀인 子가 巳에 임하여 비록 삼전의 체생(遞生)을 받지만 초전을 극하고 택신을 극하니 평범하다.
- □ **정단** : ❶ 중심과이니 아래의 사람에는 유리하고 위의 사람에게는 불리하며, 처음에는 나쁘고 나중에는 좋다.
  ❷ 비록 발용의 午가 일간을 탈기(脫氣)하니 일간이 무력하지만, 점차 가까운 곳에서 먼 곳으로 전진해서 비록 늦지만 이룬다.

❸ 밤에는 귀인승신 子가 지상에 임해서 일지를 극하지만 실제로는 일간을 생하는데, 일간의 위에는 장생인 亥가 임했으니 모든 정단에서 가만히 앉아서 지켜야 만족스럽다.

○ **날씨** : 맑은 날씨와 비가 번갈아가면서 적절하다. 만종을 심어야 이익이 있다.
→ 삼전은 기후, 일지는 전답이다. 초전의 午는 맑은 날씨이고 말전의 申은 비 오는 날씨이니 비와 맑은 날씨가 적절하다. 그리고 초전의 午가 중전의 丑을 생하고 중전이 말전의 申을 생하며 말전이 지상의 子를 생하니 만종을 심어야 이익이 있다.

○ **가정** : 귀빈을 잘 사귀니 반드시 소비가 많다.
→ 지상의 子가 낮에는 염막귀인이고 밤에는 천을귀인이어서 귀한 손님을 잘 사귀니 지출이 많지만 지상의 귀인이 일간을 생하여오니 귀인의 도움을 받는다. ● 일지음양의 子未가 육해이니 가족이 화목하지 않다. ● 중심과이니 가정의 법도가 바로 서 있지 않다. ● 삼전이 지상의 子를 체생하고 子가 다시 일간 乙을 생하여오니 가운이 번창한다.

○ **혼인** : 늦게 결합해야 좋다.
→ 초전의 午가 중전의 丑을 생하고 중전이 말전의 申을 생하며 말전이 지상의 子를 생하니 늦게 결합해야 좋고, 삼전이 일간을 체생하여 오니 많은 사람의 도움을 받는다. ● **궁합** : 일간은 나, 일지는 배우자감이다. 간지의 상신인 亥子가 동일한 오행이니 궁합이 좋다. ● 중심과이니 여자의 성정이 온순하지 않다.

○ **임신·출산** : 출산을 정단하면 바로 낳는다.
→ 태신인 子가 子의 절지인 巳에 임했으니 출산을 정단하면 바로 낳고, 임신을 정단하면 태아를 유산한다. ● 일간의 상하가 모두 음

이고 다시 삼전의 두 양인 午와 申이 하나의 음인 丑을 감싸고 있으니 여아를 낳는다.

○ **구관** : 천천히 길해진다. 많은 사람들의 천거를 받는다.
→ 초전의 午가 중전의 丑을 생하고, 중전이 말전의 申을 생하고, 말전이 간상의 亥를 생하고, 간상신이 일간을 생하니, 천천히 길해지고 또한 많은 사람들의 천거를 받는다.

○ **구재** : 이윤이 적다.
→ 사업을 정단하면 삼전이 일간을 체생하여 오니 사업이 순조롭지만 중전의 재성이 폐구되었으니 이윤이 적다. ● 중심과이니 사업이 천천히 발전한다.

○ **질병** : 주로 간병이다. 천천히 낫지만 무방하다.
※『육임직지』원문에서는 "심장병"이라고 하였다.
→ 귀살이 申에 타서 오행의 목을 극하니 목에 해당하는 간병이다. 삼전이 일간을 체생하여 오니 천천히 낫지만 무방하다. ● 낮에 정단하면 천을귀인이 귀살인 申에 타서 일간을 극하여서 '귀수(鬼祟)'가 있으니 법사의 도움을 받아야 병이 낫는다. ● 자식의 질병을 정단하면 자손효인 午가 午의 절지인 亥에 가했으니 생명이 위험하다.

○ **유실** : 얻는다. 도망친 사람은 스스로 귀가한다.
→ 삼전이 일간을 생하여오니 도망친 사람이 스스로 귀가한다.

○ **출행** : 귀인에게 가는 출행은 이롭다.
→ 밤에 정단하면 일간 乙이 귀인승신 子의 생을 받으니 귀인에게 가는 출행은 이롭다.

○ **행인(귀가)** : 늦게 귀가한다.
→ 삼전이 지상의 子를 체생하니 늦게 귀가한다.

○ **쟁송** : 귀인의 중재를 받는다.
→ 일간 乙이 귀인승신 子의 생을 받으니 귀인의 중재를 받는다. ● 중심과이니 재심이 유리하다. ● 관재 : 일간이 삼전으로부터 체생되

니 관재가 해결된다.
○ **도난** : 적이 서북방에 있다. 군대에서 사무를 보는 공무원이 도적이다.
→ 낮에 정단하면 현무음신이 子이니 도적이 정북방에 있고 어부이다. 밤에 정단하면 현무음신이 戌이니 도적이 서북방에 있고 군인이 도적이다.
○ **전쟁** : 아군이 승전한다.
→ 삼전이 간상의 亥를 생하고 이 亥가 다시 일간을 체생하여 오니 아군이 승전한다.

□ 『**필법부(畢法賦)**』: 〈제31법〉 삼전이 차례로 일간을 생해 오면 타인의 추천을 받는다.
□ 『**과경(課經)**』: 일간이 초전의 午를 생하니 은혜이다. 그러나 초전이 중전의 丑을 생하고 중전은 말전의 申을 생하며 말전이 일간인 乙을 극하니 은혜는 많고 원망은 깊다.
□ 『**고감(古鑒)**』: 庚戌년에 출생한 사람이 戌申년에 월장 午를 점시 亥에 가한 뒤에 소송을 정단한다. 본래는 사절(四絶)인데 亥子가 일간을 생하여 오니 절망에서 기사회생한다. ● 지상의 子는 乙의 부모효이고 중전의 재성 丑이 자손효인 午에 임했으니 부모의 재산을 받고, 말전의 申은 乙의 조부모이고 중전의 丑은 申의 묘지이니 반드시 조상의 가묘를 만들어야 한다. ● 申은 승려이다. 이곳에 귀인이 타고 있으니 장차 불도를 깨치고 덕이 높아져서 사람을 불도에 들어가게 교화하고 선도하는 승려가 될 자식을 낳는다.

乙巳일 제 7 국

공망 : 寅·卯
낮 : 왼쪽 천장, 밤 : 오른쪽 천장

乙	辛	乙
玄 巳 白	合 亥 蛇	玄 巳 白
亥	巳	亥

庚	甲	辛	乙
朱 戌 朱	常 辰 常	合 亥 蛇	玄 巳 白
乙 辰	戌	巳	亥

辛 亥 巳	壬 子 午	癸 丑 未	○ 寅 申
合 蛇	勾 貴	青 后	空 陰
庚 戌 辰 朱 朱			○ 卯 酉 白 玄
己 酉 卯 ○ 蛇 合			甲 辰 戌 常 常
戊 申 寅 ○ 貴 勾	丁 未 丑 后 陰	丙 午 子 青 空	乙 巳 亥 玄 白

□ **과체** : 반음(返吟), 무의(無依), 원태(元胎), 절태(絶胎) // 앙구(怏咎), 삼전내전(밤), 삼기(三奇), 복덕(福德), 회환(回還), 맥월(驀越).

□ **핵심** : 밤에는 백호가 일간을 탈기하는 것을 예방해야 한다. 중전의 亥에게 의지하기 어렵다. 낮에는 사기를 당한다. 간음이 보인다.

□ **분석** : ❶ 밤에는 초전과 말전의 巳에 백호가 타서 일간을 탈기(脫氣)하니 사람을 정단하면 반드시 허약해지는 우환이 있다. 장생인 亥에 의지해서 이러한 탈기를 제어하지만 오행의 화는 넘치고 오행의 수는 적은데, 亥수가 간상 戌토의 극을 받아 감당하기 힘든 상황이 되었으니 亥에 의지하지 못한다.

❷ 낮에 정단하면 초·말전에 현무가 탄다. 12신이 일간을 탈기(脫氣)하고 천장의 오행이 다시 기운을 훔치니 사기의 피해를 면할 수 없다. 하물며 중전의 육합과 어울리니 간음이 발생한다.

□ **정단** : ❶ 무의(無依)와 사절(四絶)과 원태(元胎)이니 반복해서 신음하고 엎드려서 불통한 상이다.

❷ 괴강(戌辰)이 일간의 두 과에 임한다. 巳와 亥가 상충하고 있는

데, 巳에 낮에는 현무가 타고 밤에는 백호가 타고 있어서 원수와 악이 번갈아가면서 공격하니 풍파가 백가지이다.
❸ 간상의 재물에는 庚이 임하고 주야에 주작이 타고 있으니, 상인의 장사에 이롭지 않은데, 만약 재물을 정단하면 반드시 구설을 부른다.

○ **날씨** : 순식간에 천둥과 번개가 치고 비바람이 몰아친다.
→ 백호는 바람과 천둥번개, 등사는 우레, 현무는 비, 육합은 우사(雨師)이다. 초전과 말전에 백호가 타고 있으니 바람이 불고 천둥번개가 치며, 현무와 육합이 삼전에 있으니 비가 온다.
○ **가정** : 간음 및 놀라며 두려운 일이 발생하는 것을 예방해야 한다. 巳와 백호가 목기구인데 목기구의 자물쇠가 훼손됐다.
→ 육합은 간음의 천장, 일지는 가정이다. 낮에는 육합이 일지의 음양에 타고 있으니 가정에 간음이 발생하는 것을 예방해야 하고, 밤에는 등사가 타니 경공사를 예방해야 한다.
● 낮에는 일지음신 巳에 현무가 타니 가정에 손실이 발생하는 것을 예방해야 하고, 밤에는 일지음신 巳에 백호가 타니 자식에게 질병이 발생하는 것을 예방해야 한다. ● 일지의 역마인 亥가 지상에 임하니 가정에 이동수가 있고, 반음과이니 가정이 편안하지 않다.
○ **혼인** : 혼인하지 않아야 한다.
→ 반음과는 파혼하거나 이혼하는 과이니 혼인하지 않아야 한다. ● 반음과에는 번복의 뜻이 있고 또한 巳와 亥에는 '쌍(双)'의 뜻이 있다. 반음과의 초전이 巳와 亥이니 혼인을 갈등하고 있다. ● 궁합 : 매우 나쁘다. ● 일지는 배우자감, 육합은 음란, 등사는 간교와 경공의 뜻이 있다. 낮에는 지상에 육합이 타고 있고 밤에는 지상에 등사가 타고 있으니 좋은 배우자감이 아니다.

○ **임신·출산** : 태아가 움직이니 불안하다.
  → 반음(返吟)에는 동요의 뜻이 있다. 임신부의 뱃속의 태아가 움직여서 유산 혹은 조산될 우려가 있다. ● 사맹이 절지(絶地)에 임하여 절원태(絶元胎)이니 유산을 예방해야 한다.
○ **구관** : 여러 번 실패하고 이루어지지 않는다.
  → 과전에 관성과 일록과 역마가 나타나지 않았으니 관직을 얻거나 승진하기 어려운데 다시 반음과이니 고시나 승진에 여러 번 실패하고 뜻이 이루어지지 않는다. ● 의탁할 곳이 없다는 뜻의 '무의(無依)'이니 의탁할 사람이 없다. ● 관로 : 어둡다.
○ **구재** : 재물이 저절로 굴러 들어온다. 재물이 들어오더라도 구설수나 다른 재앙이 발생할 우려가 있다.
  → 일간은 나, 재성은 재물이다. 재성인 戌이 간상으로 왔으니 재물이 나에게 굴러들어온다. 다만 재물인 戌이 기궁인 辰과 상충하며 이곳에 주작이 타고 있고 다시 그 위의 庚이 일간의 귀살이니 구설수가 발생할 우려가 있고, 다시 천지반이 상충하니 재물이 소모된다.
○ **질병** : 주로 태아의 질병 혹은 어린이의 인후의 병이다.
  → 지상은 병증, 亥는 어린이다. 지상이 亥이니 태아와 어린이에게 질병이 있다. 亥가 巳에 가했으니 얼굴이 일그러지고, 밤에 정단하면 亥에 등사가 타고 있으니 어린이로 인해 통곡할 일이 생긴다. ● 밤에 정단하면 백호가 巳에 타서 오행의 금을 극하니 폐에 관련된 병이 발생할 우려가 있다. ● 반음과이니 여러 가지의 병이 겹쳐서 발생할 우려가 있고 또한 재발할 우려가 있다.
○ **유실** : 밤에 정단하면 도망친 사람이 멀리 갔고, 낮에 정단하면 유실이 겹친다.
  → 복음과는 근지, 반음과는 원지, 巳와 亥에는 쌍(双)의 뜻이 있다. 이 과는 반음과이니 도망친 사람이 먼 곳으로 갔다. 특히 낮에 정단

하면 유실의 천장인 현무가 쌍의 뜻이 있는 巳에 탔으니 유실이 겹친다.

○ **출행** : 배나 차를 이용하면 나쁘다. 출행하더라도 되돌아온다.

→ 巳와 亥에는 역마와 여객수단의 뜻이 있다. 삼전의 巳와 亥가 상하좌우로 상충하여 교통사고가 나는 상이니 출행하면 교통사고를 당해 되돌아오게 된다.

○ **행인(귀가)** : 바로 도착한 뒤에 다른 곳으로 다시 출행한다.

→ 巳와 亥에는 여객수단과 쌍(双)의 뜻이 있다. 집의 근처를 뜻하는 초전이 巳이니 바로 도착하지만 반음과이고 초전이 巳이니 다시 출행한다.

○ **쟁송** : 중립을 지켜서 공정하면 우환이 없다.

→ 일간은 나, 일지는 상대이다. 재성인 戌이 일간에 임하고 그 둔반이 귀살인 庚이어서 재물에서 기인한 쟁송이니 암해를 예방해야 하고, 중립을 지키면서 공정해야 한다. ● **승패** : 간상의 戌이 지상의 亥를 극하니 내가 유리하다.

○ **도난** : 낮에 정단하면 서북방에서 어린이와 함께 있고, 밤에 정단하면 서방에서 여인과 함께 있다.

→ 亥는 어린이, 酉는 여인, 도둑은 현무의 음신에 있다. 낮에 정단하면 현무음신이 亥이니 서북방에서 어린이와 함께 있고, 밤에 정단하면 현무음신이 酉이니 서방에서 여인과 함께 있다.

○ **전쟁** : 전쟁을 신중하게 해야 한다.

→ 반음과에는 번복의 뜻이 있으니 전쟁을 신중하게 해야 한다.

□ 『**필법부(畢法賦)**』 : 〈제86법〉 내전을 만나면 도모하는 일에서 장차 재앙이 생긴다.

→ 밤에 정단하면 초전과 말전의 巳화가 이곳에 타고 있는 천장오

행인 庚申금을 극하고, 중전의 亥수가 이곳에 타고 있는 천장오행인 丁巳화를 극하고 있다.

□ 『찬요(纂要)』: 반음과의 삼전이 巳亥이니 여러 번 변경되며, 재물과 문장사를 취하는 일이 있다. 그리고 반음과의 사맹(寅申巳亥)은 원태가 끊긴다. 등사가 타고 있으면 놀라고 백호가 타고 있으면 상하니 등사와 백호 모두 이롭지 않다.

→ 원태(元胎)에는 모든 것의 '초기'의 뜻이 있으니 태아나 창업의 뜻이 있다. 태아를 정단하면 유산되는 뜻이 있고, 창업을 정단하면 폐업의 뜻이 있다.

□ 『지장부』: 천장오행이 12신을 극하면 외전으로서 재앙이 밖에서 오고, 12신이 천장오행을 극하면 내전으로서 화가 안에서 발생한다.

→ 밤에 정단하면 삼전의 12신이 이곳에 타고 있는 천장오행을 극하니 외전이다.

□ 『중황경』: 역마인 巳亥가 보이니 갈림길에 있다.

→ 巳亥에는 쌍(双)의 뜻이 있으니 갈등하여 갈림길에 있다. 혼인을 정단하면 혼인할 것인지를 갈등하고, 출행을 정단하면 출행할 것인지를 갈등하고 있다.

乙巳일 제8국

공망 : 寅·卯
낮 : 왼쪽 천장, 밤 : 오른쪽 천장

	丁	壬
空 寅 陰	后 未 靑	勾 子 貴
酉	寅 ○	未
己 ○	庚 ○	
蛇 酉 合 空 寅 陰	朱 戌 朱 白 卯 玄	
乙 辰	酉	巳	戌

庚戌 朱巳	辛 朱合 亥 午	壬 勾貴 子 未	癸丑 靑后 申
己 蛇合 酉 辰			○ 空陰 寅 酉
戊 貴勾 申 卯			○ 白玄 卯 戌
丁 后靑 未 寅	丙 陰空 午 丑	乙 玄白 巳 子	甲 常常 辰 亥

□ **과체** : 중심(重審), 과수(寡宿), 여덕(勵德/낮) // 침해(侵害), 일록공망(日祿空亡), 록현탈(祿玄脫), 무음(蕪淫), 교차상극(交叉相剋), 명암이귀(明暗二鬼), 아괴성(亞魁星), 귀인공망(貴人空亡/낮), 귀인수극(貴人受剋/밤), 초전협극(밤), 삼전외전(밤), 앙구격.

□ **핵심** : 몸은 해를 입고 집은 묘지에 묻힌다. 밤에는 삼전이 모두 협극(夾剋)을 당하니 움직이려는 뜻은 있지만 움직이기 어렵다. 위험한 가운데에서 재물을 얻는다.

□ **분석** : ❶ 간상의 酉는 일간 乙을 극하고, 지상의 戌은 일지 巳의 묘지이다. 따라서 몸에는 재난이 닥치고 집은 어둡다.

❷ 밤에 정단하면 삼전의 십이신이 모두 천장오행과 지반으로부터 협극(夾剋)을 받으니 만사 뜻대로 되지 않는다. 지상의 하괴(戌)는 참관(斬關)이고 중전의 未는 丁이니 움직이고 싶지만 동요하는 상이니 나의 뜻대로 되지 않는다.

❸ 간상과 초전과 중전과 말전이 각각 酉와 寅과 未와 子이니 간상신이 차례로 극을 한다. 간상이 관성인 酉인데 관성의 세력을 믿고

재물을 취하면 위험 속에서 재물을 취하는 것이 아니겠는가?
- □ **정단** : ❶ 중심과이니 불순이 많고, 삼전이 체극(遞剋)하니 반드시 많은 사람들의 속임을 당하며, 지반이 천반을 극하여 발용이 되었으니 아래의 사람이 윗분을 침범하는 상이다.
   ❷ 간지상의 酉와 戌이 육해이니 서로 싫어한다.
   ❸ 초전의 천반이 공망되면 과수(寡宿)이다. 과수가 발용이 되었으니 이별한다. 특히 낮에 정단하면 천공 위에 다시 공망을 만났으니 더욱 무상하다. 다만 속세를 떠난 사람이 정단하면 길하다.

○ **날씨** : 먼저 바람이 불고 나중에 비가 온다.
   → 寅목은 바람, 子수는 비(雨)이다. 초전이 寅목이니 바람이 불고, 말전이 子수이니 비가 온다.
○ **가정** : 어둡다. 간음을 예방해야 한다.
   → 일지는 집, 묘신은 어둠의 신이다. 지상이 일간의 묘신이니 집이 어둡다. ● 묘신에 주작이 타고 있으니 주작이 뜻하는 고시나 학문이나 문서사에서 불리하다. 만약 오월(午月)이나 미월(未月)에 정단하면 지상의 戌이 각각 사기와 사신에 해당하니 더욱 흉하다. 그리고 지상의 戌이 처를 뜻하는 처재효이니 부녀자의 건강이 나쁘다. ● 일간은 남편, 일지는 아내이다. 일간 乙이 지상의 戌을 극하고 일지 巳가 간상의 酉를 극하여서 무음이니, 남녀의 간음을 예방해야 한다. ● 중심과이니 가정의 예절이 문란하다. ● 삼전은 가운이다. 삼전이 모두 하적상을 당했으니 가정의 예의가 문란하며 또한 가정에 내우외환이 이어진다. 다행히 일간이 말전에 있는 귀인승신 子로부터 생을 받으니 나중에는 길하다.
○ **혼인** : 결합하지 못한다. 결합을 하더라도 결국 헤어진다.
   → 일간은 나, 일지는 배우자감이다. 일간 乙이 지상의 戌을 극하고

일지 巳가 간상의 酉를 극하니 혼인이 불성하고, 설령 혼인을 하더라도 파혼이나 이혼을 하게 된다. ● 궁합 : 일간과 일지가 교차상극하니 나쁘다. 육해에서의 '해(害)'에는 상해의 뜻이 있다. 간지의 상신인 酉와 戌이 육해이니 더욱 나쁘다. ● 여자가 정단하면 과수격이니 신랑감을 놓치지 않도록 대비해야 한다.

○ **임신·출산** : 태아를 정단하면 태아가 손상되는 것을 예방해야 한다.
→ 일간은 태아, 일지는 임신부이다. 일간과 일지가 교차상극(交叉相剋)하고 다시 간지상의 酉와 戌이 육해이니 태아를 정단하면 태아가 손상될 우려가 있다. ● 卯가 戌에 가했으니 역산(逆産)할 수 있다.

○ **구관** : 처음에는 어렵지만 나중에는 이익이 있다.
→ 삼전은 구관의 진행과정이다. 초·중전이 공망되고 다시 삼전이 하적상을 당했으며 삼전이 체극하니 처음에는 어렵다. 그러나 밤에 정단하면 귀인이 말전에 타서 일간을 생하여 오니 나중에는 이익이 있다. ● 주야 모두 지상 둔반의 庚에 주작이 타고 있으니 구설수와 탄핵을 조심해야 한다.

○ **구재** : 재난이 닥칠 우려가 있다.
→ 재성은 재물, 관귀효는 재난이다. 재성인 중전의 未가 공망되었으니 재물을 취할 수 없고, 삼전이 하적상을 당하고 다시 체극하며 다시 일간이 간상의 酉로부터 극을 당했으니 재난이 닥칠 우려가 있다. ● 일간은 나, 일지는 가게이다. 일간과 일지가 교차상극하니 다툼이나 쟁송이 닥칠 우려가 있다. ● 지상의 戌이 재성이니 현재의 생업에 만족해야 한다.

○ **질병** : 병환이 풀린다.
→ 삼전은 질병의 진행과정이다. 초전과 중전이 공망되고 말전은 일간을 생하니 병환이 풀린다. ● 초전의 천반이 공망되어 '과수'이니 남편의 구병(久病)을 정단하면 낫지 않을 우려가 있다. ● 卯는

손, 戌은 발이다. 제4과의 상하가 卯와 戌이니 중풍이다. ● 일록은 음식이다. 일록인 卯가 공망되었으니 구병을 정단하면 음식을 먹지 못하고 사망할 우려가 있다.

○ **유실** : 문서를 잃었다. 신일(申日)에 잡는다.
→ 주작은 문서, 재성은 물건이다. 재성인 지상의 戌에 주작이 타고 있으니 문서를 잃었다. 밤에 정단하면 申이 현무승신 卯를 극하니 신일에 잡는다.

○ **출행** : 놀란 뒤에 이익을 얻는다.
→ 일간은 여행객, 일지는 여행지이다. 낮에 정단하면 귀살인 간상의 酉에 등사가 타고 있으니 놀랄 일이 생기고, 지상이 재성인 戌이니 나중에 여행지에서 이익을 얻는다.

○ **행인(귀가)** : 먼저 소식이 온다.
→ 지상에 주작이 타고 있으니 먼저 집에 소식이 온다.

○ **도난** : 본가의 노비(종업원)가 도둑이거나 혹은 서방의 승려나 수도자가 도둑이다.
→ 지상의 戌은 남종(남자종업원)이고 간상의 酉는 여종(여자종업원)이다. 戌이 지상에 있으니 집의 남자종업원이 도둑이고 혹은 酉가 간상에 있으니 서방에 있는 여자종업원이 도둑이다.

○ **쟁송** : 처음에는 패소하고 나중에는 승소한다.
→ 일간은 나, 일지는 상대이다. 일간이 간상의 酉로부터 극을 당했으니 처음에는 패소하고, 간상과 초전과 중전과 말전이 각각 酉와 寅과 未와 子이어서 간상신이 차례로 극을 하며 일간이 말전의 子로부터 생을 받으니 나중에는 승소한다.

○ **전쟁** : 군심과 부합하지 않는 것을 예방해야 한다.
→ 일간은 장수, 일지는 졸병이다. 일간과 일지가 교차상극하니 장수와 군심이 부합하지 않는 것을 예방해야 한다.

- □ **『필법부(畢法賦)』**: 〈제32법〉 삼전이 차례로 나를 극하면 대중이 나를 기만한다.
    - → □ 분석 ❸ 참조.
  〈제64법〉 부부가 음란하여 각기 사통하는 일이 있다.
    - → 본문의 가정 참조.
- □ **『과경(課經)』**: 간상의 酉는 巳로부터 극을 당하고 지상의 戌은 乙로부터 극을 당해서 일간과 일지가 서로 극을 하니 '해리격(解離格)'이다.
    - → 혼인과 가정을 정단하면 남녀가 헤어지고 부부의 질병을 정단하면 사별한다.
- □ **『육임지남』**: 己巳년 卯월 乙巳일 辛巳시 亥월장으로 사신 파견을 정단한다. 이번에는 남행할 수이다. 왜냐하면 일록 卯가 지반 戌 위에 임하니 북으로 파견을 간다. 땅을 지키는 토관(土官)은 록으로 논하지 않고 사신(흠차관)은 역마의 이론으로만 논한다. 역마 겸 장생이 午에 머무니 반드시 남쪽으로 파견을 간다. 말하기를, 내일 당상에서 제비뽑기를 해서 정할 때에, 먼저 집을까? 나중에 집을까? 내가 말하기를, 나중에 집는 것이 유리하다. 그 이유는 초전과 중전이 공망이지만 말전에서 귀인이 일간을 생하는 것이 보이기 때문이다. 다음 날 아침, 관중에 사는 장주정이 제비를 먼저 뽑았는데 대동으로 사신을 가는 것을 얻었고, 불끈 일어나 보니 구강(九江)에 사는 초관직(세관의 일종)이 남았는데 이곳은 홍 선생이 얻었다.
    ※ 이우산, 『육임실전』 2, 대유학당, 2014, 315쪽~316쪽 참조.

乙巳일 제 9 국

공망 : 寅·卯
낮 : 왼쪽 천장, 밤 : 오른쪽 천장

己	癸	乙
蛇 酉 合	青 丑 后	玄 巳 白
巳	酉	丑
戊	壬	己	癸
貴 申 勾	勾 子 貴	蛇 酉 合	青 丑 后
乙 辰	申	巳	酉

己酉巳 蛇	庚戌午 朱 合	辛亥未 朱 合 蛇	壬子申 勾 貴
戊申辰 貴 勾			癸丑酉 青 后
丁未卯 后 青			○寅戌 空 陰
丙午寅 陰 ○	乙巳丑 空 玄 白	甲辰子 常 白 常	○卯亥 白 玄

□ **과체** : 중심(重審), 종혁(從革) // 덕경(德慶), 귀덕임신(貴德臨身/낮), 막귀임간(幕貴臨干/밤), 화미(和美), 교차육합(交叉六合), 최관부(催官符), 합중범살(合中犯殺), 복덕(福德/말전), 형상(刑傷), 앙구(怏咎), 삼전내전(밤), 삼전외전(낮), 가귀(家鬼), 오음(五陰), 복태(腹胎), 재폐구(財閉口), 귀인입옥(貴人入獄/낮), 천을신기(天乙神祇/낮), 관귀효현괘, 귀덕임신(貴德臨身/낮).

□ **핵심** : 일간과 일지가 교차상합(交叉相合)을 하여 일간과 일지가 비록 만났지만, 나중에는 극이 있으니 끝까지 이어지기는 어렵다. 낮에 정단하면 화가 흩어지고, 밤에 정단하면 흉하다.

□ **분석** : ❶ 기궁 辰과 지상의 酉가 상합하고 일지 巳와 간상의 申이 상합하여 간지가 교차육합(交叉六合)하니 왕래에 이롭지만, 간지상의 귀살인 申酉가 일간을 극하니 이로움이 끝까지 지속되기는 어렵다.
❷ 낮에 정단하면 초전에서는 등사의 오행인 丁巳화가 酉를 극하고, 중전에서는 청룡의 오행인 甲寅목이 丑을 극하며, 말전에서는 현무의 오행인 癸亥수가 巳를 극하여서 삼전의 십이신이 극을 당하지만

귀인과 일덕이 일간에 임하니 귀살의 화를 흩는 데에 충분하다.
❸ 밤에 정단하면 삼전의 천장오행이 십이신으로부터 극을 당하고 다시 순수한 삼전의 금국에 백호가 타고 있으니 그 흉이 더욱 심하다.

□ **정단** : ❶ 중심과이고 삼합하여 종혁(從革)이니 처음에는 따르고 나중에는 개혁하며 장애가 있어서 어려운 상인데, 금국이 일간을 극하니 많은 사람들이 나를 업신여기고 모욕한다.
❷ 낮에 정단하면 흉이 사라지지만 '교동(狡童)'이니 간음을 예방해야 한다.
❸ 주야의 귀인이 일간의 두 과에 임하고 간상에 덕신이 임했으니 비록 많은 귀살이 있지만 전혀 두렵지 않아서, 귀인에게 소송을 신청하는 일에서 이롭고, 질병은 신에게서 도움을 구하는 것이 이롭다.

○ **날씨** : 낮에 정단하면 비가 오고, 밤에 정단하면 건조하다.
→ 낮에 정단하면 중·말전에 청룡과 현무가 타고 있으니 비가 오고, 밤에 정단하면 초·말전에 육합과 백호가 타고 있으니 건조하다.
○ **가정** : 낮에 정단하면 놀라는 일과 두려운 일을 예방해야 하고, 밤에 정단하면 간음을 예방해야 한다.
→ 일지는 가정이다. 낮에는 지상의 귀살에 등사가 타고 있으니 가정에서 경공사를 예방해야 하고, 밤에는 지상의 귀살에 육합이 타니 가정에서 간음의 해를 예방해야 한다. ● 일간과 일지가 교차상합하니 가족이 화목하다. ● 재성인 일지음신의 丑이 폐구되었으니 가정의 재운이 약하다.
● 丑은 배(腹), 酉는 태신이다. 젊은 부부가 거주할 경우 일지음신에서 丑의 아래가 태신인 酉이니 임신의 기쁨이 있다. ● 일지음양의

삼전의 금국이 일간음양의 수국을 생하고 일간음양의 수국이 일간을 생하니 나중에는 가정이 형통해진다.
○ **혼인** : 혼인하면 안 된다.
→ 비록 일간과 일지가 교차상합은 하지만 구개신취의 종혁격이니 남녀가 화합을 하더라도 나중에 파혼하거나 혹은 이혼하게 되니 혼인하면 안 된다. ● 하(지반)가 상(천반)을 극하여 발용이 되었으니 온순한 여자가 아니며 또한 중심과이니 혼인을 심사숙고해야 한다. ● 궁합 : 종혁격이니 나쁘다. ● 일간이 지상의 酉로부터 극을 당했으니 상대로부터 내가 해를 입는다.
○ **임신·출산** : 임신은 안전하고, 출산은 이롭지 않다.
→ 일간은 태아, 일지는 임신부이다. 일간과 일지가 상합하니, 임신은 안전하고 출산은 이롭지 않다. 낮에는 간상의 申이 일덕귀인과 천을귀인이니 귀한 자식을 임신한다.
○ **구관** : 타인의 추천을 받는다. 다만 중전이 묘신이고 말전이 극이니 나중에 막히는 것을 예방해야 한다.
→ 삼합한 삼전의 금국이 일간음양의 수국을 생하고 수국이 다시 일간을 생하니 타인의 추천을 받고, 또한 말전의 巳가 중전의 丑을 생하고 중전이 초전의 酉를 생하니 명성을 떨치고 많은 사람의 추천을 받는다. 다만 말전의 巳가 간상의 申을 형(刑)과 파(破)를 하니 나중에 막힘이 생기는 것을 예방해야 한다. ● 가을에 정단하면 일지의 음양과 삼전의 관성국과 인성국이 왕성하니 고시와 승진에서 대길하다. ● 밤에 정단하면 염막귀인이 일간에 임하니 수험생은 고시에 합격하고 공무원은 퇴임하는 상이니 불리하다.
○ **구재** : 재물을 써서 귀인에게 부탁하면 이롭다. 돈을 바쳐서 관직을 구하면 된다.
→ 중전의 재성 丑이 삼전의 관성국을 생하니 돈을 써서 승진하거나 혹은 발탁을 받으면 된다. ● 삼전의 관성국이 일간음양의 인성

국을 생하고 또한 말전 巳화 …▶ 중전 丑토 …▶ 초전 酉금 …▶ 일간음양의 수국(申子辰)을 생하니 구관에 매우 이롭다.
○ **질병** : 낮에 정단하면 '귀수(鬼祟)'가 있고, 밤에 정단하면 그렇지 않다. 특히 어린이에게 불리하다.
→ 낮에 정단하면 환자를 뜻하는 일간 乙이 귀인승신 申으로부터 극을 받아 귀신의 해를 입었으니 법력이 있는 법사의 도움을 받아야 한다. 밤에 정단하면 그렇지 않다. ● 丑이 酉에 가해서 '복태(腹胎)'인데, 그 둔반이 폐구(閉口)가 되었으니 태아에게 나쁘다. ● 천을신기 : 낮에 정단하면 천을귀인이 申에 타서 일간 乙을 극하여서 귀수가 있으니, 수법을 행사할 수 있는 법사의 도움을 받아서 치료해야 병이 낫는다.
○ **유실** : 구진이 현무를 극하니 찾을 수 있다.
→ 구진은 경찰, 현무는 도둑이다. 낮에 정단하면 구진승신인 子수가 현무승신인 巳화를 극하니 도둑을 잡을 수 있고, 밤에 정단하면 구진승신인 申금이 현무승신인 卯목을 극하니 도둑을 잡을 수 있다.
○ **출행** : 상관(上官)이 부임하는 일은 이롭다.
→ 일간은 여행객, 일지는 여행지이다. 일지의 음양이 관성국이니 상관 부임은 길하다.
○ **행인(귀가)** : 바로 도착한다.
→ 말전 巳 …▶ 중전 丑 …▶ 초전 酉 …▶ 지상 酉이니 바로 도착한다.
○ **쟁송** : 귀인의 도움을 받는다. 비록 흉하지만 결국 쟁송이 풀린다.
→ 낮에 정단하면 간상에 귀인 겸 일덕이 임했으니 귀인의 도움을 받는다. 비록 삼전과 일지의 음양이 귀살국이지만 이곳에서 일간음양의 인성을 생하고 인성국이 다시 일간을 생하니 결국은 쟁송이 풀린다.
○ **도난** : 낮에 정단하면 정서방에 있고 여자가 놀란다. 밤에 정단하면 서남방에 있고 경사스러운 일로 연회를 하고 있다.

➜ 도둑은 현무의 음신에 있고, 酉에는 여인 그리고 未에는 연회의 뜻이 있다. 낮에 정단하면 현무음신이 酉이고 이곳에 등사가 타고 있으니 정서방에 있고 여자가 놀란다. 밤에 정단하면 현무음신이 未이니 서남방에 있고 연회를 하고 있다.

○ **전쟁** : 화해를 해야 한다.
➜ 일간과 일지와 삼전이 삼합하니 화해하는 기운이다. 적을 뜻하는 일지음양의 금국이 일간을 극하니 화해를 해야 한다.

□ 『**필법부(畢法賦)**』 : 〈제21법〉 교차상합은 왕래에 이롭다.
➜ 주로 연애, 혼인, 동업, 매매, 회담에서의 이해와 득실을 예측하는 일에서 적용된다.
〈제84법〉 합 속에 살을 범하면 꿀 속에 비상이 있다.
➜ 비록 삼전이 삼합하지만, 초전의 酉는 지상의 酉와 자형이고 말전의 巳는 간상의 申과 삼형이니 꿀 속에 비상이 있다.
〈제47법〉 귀인이 비록 감옥에 있더라도 일간에 임하면 좋다.
➜ 낮에 정단하면 귀인이 감옥을 뜻하는 辰에 임하지만, 일간·일지·연명에 임한 경우에는 '귀인입옥'으로 해석하지 않는다.
〈제48법〉 귀살에 천을귀인이 타면 곧 하늘 귀신과 땅 귀신의 해가 있다.

□ 『**과경(課經)**』 : 酉가 巳에 가해서 발용이 되었고 육합이 타고 있으니 '삼교격(三交格)'이다.
➜ 가정이나 혼인을 정단하면 남녀에게 불륜이 있다.

□ 『**지장부(指掌賦)**』 : 삼전의 酉丑巳는 칼을 치켜 올린다는 뜻의 '헌인(獻刃)'으로서 원근에 있는 사람 모두 다친다. 다시 말하기를 말전의 巳가 중전의 丑을 생하고 중전이 초전의 酉를 생하니 명성을 떨치고 많은 사람의 추천을 받는다.

乙巳일 제 10국

공망 : 寅·卯 ○
낮 : 왼쪽 천장, 밤 : 오른쪽 천장

	丁	庚	癸
	蛇未靑	陰戌朱	白丑后
	辰	未	戌
	丁	庚	戊	辛
	蛇未靑	陰戌朱	貴申勾	玄亥蛇
	乙辰	未	巳	申

戊貴申巳	己勾酉午	庚陰戌未	辛朱亥申
蛇 丁未辰			玄 壬子酉 常 貴
朱 丙午卯 空			白 癸丑戌 后
合 乙巳寅 白	勾 甲辰丑	常 ○卯子 靑	空 ○寅亥 陰 玄

□ **과체** : 지일(知一), 가색(稼穡), 유자(遊子/3·9월) // 덕경(德慶), 전국(全局), 귀덕(貴德), 재성정마(財星丁馬), 절신가생(絶神加生/연명:巳), 묘신부일(墓神覆日), 형상(刑傷), 여덕(勵德/밤), 귀인수극(貴人受剋/낮), 천을신기(天乙神祇/낮).

□ **핵심** : 돈을 써서 명예를 얻고 싶으면 곡식을 상납하면 되고, 평상을 유지하고 싶으면 신에게 기도하면 된다.

□ **분석** : ❶ 삼전의 모든 재성이 지상에 있는 귀살을 생해서 화환이 반드시 집에 닥치니, 만약 만족하지 않고 재물을 욕심내면 재앙이 뒤따른다. 오직 돈을 써서 귀인에게 청탁하는 일과 곡식을 바쳐서 공명을 얻는 일에 좋고, 염막귀인이 가택에 임하니 가문이 빛난다.

❷ 질병을 정단하면 '천을신기(天乙神祇)'이니 반드시 집의 신상이 엄숙하지 못해서 온 질병이다. 경건한 마음으로 기도해야 평상을 유지할 수 있다.

□ **정단** : ❶ 지일과는 은혜 속에 해가 있고 신뢰 속에 의혹이 있다. 타인과 함께 일할 때에 속으로 화합하면 길하다.

❷ 묘신인 未에 丁이 타고 일간을 덮은 뒤에 발용이 되었다. 낮에 정단하면 등사가 타고 있어서 지극히 흉악하지만, 중전의 戌과는 형(刑)을 하고 말전의 丑과는 충(冲)을 하니 흉악한 기세가 사라진다. 만약 연명이 未이면 하늘그물이 연명을 뒤덮으므로 '천라자과(天羅自裹)'라고 하여 그 흉이 더욱 심하지만 연명상신이 未를 제극하면 화가 되지 않는다.

○ **날씨** : 흐리며 습기가 많아서 찌는 듯이 무겁다.
→ 오행의 토에는 흐림과 습윤의 뜻이 있다. 삼전이 모두 토이니 흐리며 습기가 많아서 찌는 듯이 무겁다.

○ **가정** : 가택신의 해를 입는다. 진월과 사월에 정단하면 흉하고 괴이한 일이 있다.
→ 일지는 집이다. ● 낮에 정단하면 일간 乙이 귀살에 타고 있는 귀인승신 申으로부터 극을 당하니 가택신의 해를 입는다. 특히 진월(辰月)과 사월(巳月)에 정단하면 지상의 申이 사기와 사신에 해당하니 흉하고 괴이한 일을 당하여 건강을 해친다. ● 밤에 정단하면 일간 乙이 귀살에 타고 있는 구진승신 申으로부터 극을 당하니 쟁투와 쟁송이 발생하는 것을 예방해야 한다.
● 일간은 사람이다. 일간에 묘신인 未가 임하니 사람이 하는 모든 일이 어둡다. 특히 묘월(卯月)의 낮에 정단하면 간상의 未가 사기이고 그 상신이 정마이니 사고를 예방해야 하고, 가을에 정단하면 간상의 未가 일간의 묘신이면서 관신이니 사람이 하는 모든 일이 매우 어둡다.

○ **혼인** : 낮에 정단하면 결합하지만 결국 다툰다.
→ 일간은 나, 일지는 배우자감이다. 일간인 乙이 일지인 巳를 생하고 간상의 未가 지상의 申을 생하니 남녀가 결합하지만 삼전의 未戌

丑이 삼형이니 결국 다툰다. ● 성정 : 낮에는 지상에 천을귀인이 타고 있으니 귀한 사람이고, 밤에는 구진이 타고 있으니 쟁투를 좋아하는 사람이다. ● 궁합 : 간지가 상생하니 처음에는 좋고, 삼전이 삼형이니 나중에는 나쁘다.

○ **임신·출산** : 태신이 패지와 극지에 임했으니 유산을 예방해야 한다.
→ 태신은 태아이다. 태신인 酉가 午에 가해서 패지와 극지에 임했으니 유산을 예방해야 한다.

○ **구관** : 재물을 상납해서 관직을 얻거나 혹은 귀인에게 부탁해서 승진하면 된다.
→ 재성인 삼전의 未戌丑이 지상에 있는 관성인 申을 생하니 돈을 써서 귀인에게 청탁하는 일과 곡식을 바쳐서 공명을 얻는 일에서 좋고, 밤에는 염막귀인이 가택에 임하니 가문이 빛난다.

○ **구재** : 재물을 취득하면 재난이 닥친다.
→ 재성은 재물, 귀살은 재난이다. 재성인 삼전의 未戌丑이 지상에 있는 귀살인 申을 생한다. 만약 재물을 취하면 재난이 닥치니 위험한 재물이나 범법에 관련된 재물은 취하면 안 된다. ● 일간은 쇠하고 재성은 극도로 왕성하니 재물을 취할 수 없다. 다만 일간이 왕상해지는 봄과 겨울에 정단하면 재물을 취할 수 있다.

○ **질병** : 비장이 습한 증상이다. 부모의 질병을 정단하면 대흉하다.
→ 삼전이 토국이니 비장이 습한 증상이다. 비장이 습하면 대변으로 당이 배설되고, 머리와 몸은 무겁고 사지는 피로하며 몸에 부종이 생긴다. ● 토의 극을 받는 수의 장부인 신장과 방광이 약해진다. ● 삼전의 재국이 인성을 극하니 부모의 질병을 정단하면 대흉하다. 다만 부모의 연명이 巳이면 일간의 절신이 장생에 가하니 구사일생한다.
● 申은 백호, 巳는 상여이다. 일지에서 申이 巳에 가했으니 상(喪)을 조심해야 한다. ● 천을신기 : 낮에 정단하면 천을귀인이 申에 타서

일간 乙을 극하여 귀수가 있으니, 수법을 행사할 수 있는 법사의 도움을 받아야 병이 낫는다.
○ **유실** : 서남방의 땅속에서 찾는다.
→ 초전이 일간의 재성인 未이고 이 未가 토국을 형성했으니 땅속에서 유실물을 찾는다.
○ **출행** : 먼 곳으로 떠돌아다니면서 귀인을 만나 관직을 얻는다.
→ 토국에 정마가 타서 유자격이니 먼 곳으로 떠돌아다니며 밤에 정단하면 귀인이 未에 타고 있으니 귀인을 만나 관직을 얻는다.
○ **행인(귀가)** : 유랑하니 돌아오기 어렵다.
→ 토국에 정마가 나타났으니 유자격이다. 유자격은 타향을 유랑하는 상이니 돌아오기 어렵다.
○ **쟁송** : 토지의 일이다. 재물을 써서 귀인에게 부탁하면 승소한다.
→ 삼전의 모든 토가 귀살을 생했으니 부동산으로 인해 쟁송이 발생했다. 낮에 정단하면 삼전의 재국이 지상에 있는 귀인승신 申을 생하니 재물을 써서 귀인에게 부탁하면 승소한다.
○ **도난** : 도둑이 권세가 있는 가문에 의지하니 도둑을 잡더라도 무익하다.
→ 현무는 도둑이다. 낮에 정단하면 현무승신 亥가 귀인을 뜻하는 申에 임하여서 권세가의 보호를 받으니 도둑을 잡더라도 무익하다.
○ **전쟁** : 둔전(屯田)을 지켜야 한다.
→ 둔전은 국경이나 군사 요지에 주둔한 군대의 군량을 마련하기 위하여 설치한 토지이다. 묘신이 아군을 뜻하는 일간을 덮쳐서 전황이 어두우니 둔전을 경작하면서 수성해야 한다.

□ 『**필법부(畢法賦)**』 : 〈제65법〉 일간의 묘신이 관신을 아우르면 사람과 가택이 황폐해지는 허물이 있다. 관신(關神)은 봄에는 丑, 여름에는

辰, 가을에는 未, 겨울에는 戌이다.
→ 가을에 정단하면 간상의 未는 일간의 묘신이면서 관신이다.
〈제95-6-1법〉 ???삼전의 재국이 귀살로 변하는 격.
→ 분석 ❶ 참조.

□ 『찬요(纂要)』: 4월에 정단하면 간상의 未가 월염, 대살, 천목, 비렴이다. 더군다나 정신과 묘신이 연명에 동시에 임하면 흉괴격(凶怪格)이다.

※ 월염, 대살, 천목, 비렴

신살 \ 월건	寅	卯	辰	巳	午	未	申	酉	戌	亥	子	丑
월염(月厭)	戌	酉	申	未	午	巳	辰	卯	寅	丑	子	亥
대살(大殺)	午	卯	子	酉	午	卯	子	酉	午	卯	子	酉
천목(天目)	辰	辰	辰	未	未	未	戌	戌	戌	丑	丑	丑
비렴(飛廉)	戌	巳	午	未	寅	卯	辰	亥	子	丑	申	酉

□ 『옥성가(玉成歌)』: 묘신이 일간에 가하면 재난이 닥치고 모든 일이 지체된다. 또 말하기를 일간의 귀살이 일지의 두 과에 임하면 반드시 공무원이 집에 도착한다.
→ 간상의 未는 묘신이고, 지상의 申은 귀살이다.

乙巳일 제 11 국

공망: 寅·卯 ○
낮: 왼쪽 천장, 밤: 오른쪽 천장

戊 貴申 勾	庚 陰戌 朱	壬 常子 貴
午	申	戌
丙 朱午空	戊 貴申勾	丁 蛇未青 己 后酉合
乙辰	午	巳 未

丁 蛇未巳	戊 貴申午	己 后酉未	庚 陰戌申 朱
丙 朱午辰 空			辛 玄亥酉 蛇
乙 合巳卯 白 ○			壬 常子戌 貴
甲 勾辰寅	○ 常卯丑	○ 青卯玄 空寅子 陰	癸 白丑亥 后

□ **과체**: 중심(重審), 진간전(進間傳), 섭삼연(涉三淵/申戌子) // 덕경(德慶), 복덕(福德), 인귀생신(引鬼生身), 귀덕(貴德/초전), 오양(五陽), 양귀수극(兩貴受剋), 귀인입옥(貴人入獄/밤), 탈상봉탈(脫上逢脫/밤), 강색귀호(罡塞鬼戶), 구탈(俱脫), 천을신기(天乙神祇/낮).

□ **핵심**: 양 귀인이 있지만 믿어서는 안 된다. 지출이 백가지이다. 이사해야 한다.

□ **분석**: ❶ 낮 귀인은 발용이 되었고 밤 귀인은 말전에 있으니 양 귀인에게 가치가 있다. 다만 申이 午에 임해서 패(敗)를 당하고, 子는 戌에 임해서 입옥(入獄)되며 극을 당하니 모든 것을 믿기에는 부족하다.

❷ 간상은 午이고 지상은 未이다. 간지가 모두 그 상신에게 탈기(脫氣)를 당하니 소모되는 지출이 많다.

❸ 지상의 未는 간상 午의 생을 받고 일지 巳는 일간 乙의 생을 받아서 집이 사람의 기운을 탈기하니, 집은 왕성하고 사람은 쇠약하다. 따라서 속히 이사해야 한다.

□ **정단** : ❶ 중심과이고 진간전(進間傳)이니, 모든 일의 처음에는 순조롭지 않고 나중에는 순조로우며 어려움 속에 쉬움이 생긴다. 강을 건너고 싶지만 장애가 생기고 체류하지만 뜻대로 되지 않으니 후회가 뒤따른다. 만약 나중에 움직이면 반드시 화합하게 되고 자연에 맡기면 나중에 큰 화가 생기지 않는다.
❷ 묘신인 未가 지상에 임하고 여기에 정마가 타니 장사를 하면 반드시 다른 곳에 있는 사람에게서 바보 취급을 당한다. 재물을 포기하고 싶지만 버리기 아깝고 구하고 싶지만 얻지 못하니, 이른바 "일지의 묘신과 재신이 나란히 보이면 여정을 다시 생각해야 된다."에 해당한다.
❸ 가택을 정단하면 반드시 괴물이 그 형체를 나타내니 꿈속의 혼령으로 인해 놀라게 된다. 만약 2월에 정단하면 더욱 불길하다.
→ 진년이나 진월이나 진월장(추분~상강) 기간에 정단하면 辰이 중전의 戌을 충해서 제거하여 수국이 일간을 생하니 나중에는 만사형통하다.

○ **날씨** : 오랫동안 맑은 뒤에 비가 온다.
→ 삼전이 섭삼연(涉三淵)이니 오랫동안 맑은 뒤에 비가 온다.
○ **가정** : 집이 가난하며 지출이 많아서 불안하다.
→ 일간은 사람이고 일지는 집, 간상은 午이고 지상은 未이다. 간지가 모두 그 상신에게 탈기를 당하여 소모되는 지출이 많아서 가난하니 불안하다. ● 지상의 未가 일간의 묘신 겸 재성이니 집에 적은 재물이 있을 뿐이다. ● 지상의 未는 간상 午의 생을 받고 일지 巳는 일간 乙의 생을 받아서 집이 사람의 기운을 탈기하여, 집은 왕성하고 사람은 쇠약하니 속히 이사해야 한다.
○ **혼인** : 화합이 가능하다. 처를 취하는 일로 인해 가정의 지출 과다가

우려된다.
→ 일간은 남자, 일지는 여자이다. 지상의 未는 간상 午의 생을 받고 일지 巳는 일간 乙의 생을 받아서 집이 사람의 기운을 탈기하니, 비록 화합은 가능하지만 여자에게 지출 과다가 우려된다. ● 궁합 : 일간 乙이 일지 巳를 생하고 간상의 午가 지상의 未를 생하니 좋다. ● 혼사 : 섭삼연(涉三淵)이니 혼사에서 전전긍긍하며 눈앞에 장애가 있다. ● 하가 상을 극하여 발용이 되었으니 여자의 성정이 유순하지 않다. ● 중심과이니 혼인을 여러 번 심사숙고해야 한다.

○ **임신·출산** : 태아는 안전하다. 낮에 점단하면 귀한 아들을 낳는다.
→ 일간은 태아, 일지는 임신부이다. 일간 乙이 일지 巳를 생하고 간상의 午가 지상의 未를 생하니 태아가 안전하다. 낮에 점단하면 초전의 申이 천을귀인과 일덕귀인이니 귀한 아들을 낳는다.

○ **구관** : 기회가 있지만 그 기회를 살리지 못한다.
→ 관성은 관직, 천을귀인과 일덕귀인은 공무원이다. 비록 초전의 申이 일덕귀인이고 특히 낮에는 천을귀인이 함께 하니 매우 길하지만, 아쉽게도 지반의 午와 간상의 午가 이것을 극하여 파손시키니 기회를 살리지 못하고, 다시 삼전이 연못 위의 얼음을 밟는 상의 '섭삼연(涉三淵)'이어서 퇴직한 뒤에 산림에서 은둔해야 하는 상이니 길하지 않다.

○ **구재** : 경미한 재물을 얻는다.
→ 지상의 未가 묘신을 겸한 재성이니 경미한 재물이다. 중전의 戌이 재성이지만 그 위의 庚이 귀살이니 이 재물을 취하면 화를 입는다.

○ **알현** : 귀인의 도움을 받지 못한다.
→ 천을귀인은 공무원이나 은인이다. 낮 귀인 申은 지반의 午로부터 극을 받아서 손상되었고, 밤 귀인 子는 지반의 戌로부터 극을 받고 다시 戌에 임하여 입옥이 되었으니 귀인의 도움을 받지 못한다.

○ **질병** : 기가 허해서 몸이 손상되었다. 낫는다.
→ 일간은 환자, 일지는 질병이다. 일간 乙이 일지 巳로 탈기를 당하고 간상의 午가 지상의 未로 탈기를 당하니, 내 몸의 기가 허해서 손상되었다. 그러나 말전의 부모효 子가 일간 乙을 생하여 오니 몸이 낫는다. 만약 겨울에 정단하면 부모효가 왕성하니 가장 길하며, 겨울이 되면 기운이 충만해진다. ● 천을신기 : 낮에 정단하면 천을귀인이 申에 타서 일간 乙을 극하여 귀수가 있으니, 수법을 행사할 수 있는 법사의 도움을 받아야 병이 낫는다.

○ **유실** : 늘 유실을 면할 수 없다.
→ 일간 乙이 일지 巳로 탈기를 당하고 간상의 午가 지상의 未로 탈기를 당하니 늘 유실을 면할 수 없다.

○ **출행** : 근행하면 편안하고, 원행하면 장애가 생긴다.
→ 삼전의 申戌子 섭삼연(涉三淵)은 '연못 위의 얼음을 밟는 상'이니 근행하면 편안하고 원행하면 장애가 생긴다.

○ **행인(귀가)** : 아직은 도착하지 않는다.
→ 삼전이 申戌子 섭삼연이니 아직은 도착하지 않는다.

○ **쟁송** : 화해를 해야 한다.
→ 일간 乙이 일지 巳로 생하고 간상의 午가 지상의 未를 생하니 화해를 해야 한다.

○ **도난** : 낮에는 동북방에 있고, 밤에는 동남방에 있다.
→ 도둑은 현무의 음신에 숨어 있다. 낮에는 현무의 음신이 丑이니 동북방에 있고, 밤에는 현무의 음신이 巳이니 동남방에 있다.

○ **전쟁** : 장군에게 권력이 없다. 비축한 식량이 바닥나는 것을 예방해야 한다.
→ 일간은 아군, 일지는 군영이다. 일간 乙이 일지 巳로 탈기를 당하고 간상의 午가 지상의 未로 탈기를 당하니 비축한 식량이 바닥나는 것을 예방해야 한다.

- □ 『필법부(畢法賦)』: 〈제66법〉 일지의 묘신과 재신이 나란히 보이면 여정을 다시 생각해야 된다.
  → 지상의 未는 일간의 재신 겸 묘신이다.
  〈제15법〉 (일간) 위에서 탈기하고 다시 그 위에서 탈기하면 헛된 속임을 예방해야 된다.
  → 밤에 정단하면 일간 乙목이 간상의 午화로 탈기되고 여기에 타고 있는 천공의 오행인 戌戌토가 다시 간상의 午를 탈기한다.
  〈제49법〉 양 귀인이 극을 받으면 귀인에게 아뢰는 일에서 뜻을 성취하기 어렵다.
  〈제52법〉 천강(辰)이 귀신문(寅)을 막으면 임의로 도모할 수 있다. 재난을 피하는 일, 음모, 사적인 기도, 문상, 문병, 약 짓기, 부적 쓰기에 좋다. 만약 甲·戌·庚일이면 더욱 좋다.
- □ 『과경(課經)』: 간상의 午가 일간 乙을 탈기하고 밤에는 천공이 타고 있으니 '탈공신(脫空神)'이다. 모든 정단에서 무(無)에서 유(有)를 생각하니 전혀 실속이 없고 믿기 어렵다. 그리고 未가 巳에 가해서 가택에 임하고, 일지 巳가 곧 등사이어서 두 마리의 뱀이 묘지에 앉아 있는 '양사협묘'이니 흉하다.
- □ 『지장부(指掌賦)』: 申戌子는 연못 위의 얼음을 밟는 상의 '섭삼연(涉三淵)'이니 산림에서 은둔해야 한다.
  → 음택 정단에서는 묘지 속에 뱀이 들어있다고 해석한다.

乙巳일   제 12 국

공망 : 寅·卯 ○
낮 : 왼쪽 천장, 밤 : 오른쪽 천장

丁	戊	己
蛇 未 白	貴 申 常	后 酉 玄
午	未	申
乙	丙	丙	丁
合 巳 青	朱 午 空	朱 午 空	蛇 未 白
乙 辰	巳	巳	午

丙午巳 朱空	丁未午 蛇白	戊申未 貴常	己酉申 后玄
乙巳辰 合青			庚戌酉 陰陰
甲辰卯 勾勾			辛亥戌 玄后
○卯寅 青合	○寅丑 空朱	癸丑子 白蛇	壬子亥 常貴

- □ **과체** : 탄사(彈射), 진여(進茹), 불비(不備), 맥월(驀越) // 회음(廻陰), 未申酉), 귀총(歸寵), 복덕(福德), 귀덕(貴德/낮), 재성정마(財星丁馬), 천라지망(天羅地網), 귀등천문(貴登天門/밤), 천을신기(天乙神祇).
- □ **핵심** : 진흙으로 만든 탄환이 돌로 변했으니 탄환을 쏘면 위력이 있다. 수비해야 한다. 전후에서 나를 핍박한다.
- □ **분석** : ❶ 탄사(彈射)가 토를 만나 발용이 되었으니 탄환이다. 진흙인 未에 밤에는 백호가 타고 중·말전이 모두 금이니 진흙으로 만든 탄환이 돌로 변했다. 비록 사과의 먼 곳에서 일간을 쏘지만 탄환에는 위력이 있다.

  ❷ 묘신 겸 재물인 未를 욕심내면 점차 귀살인 申酉로 들어가니 화가 얕지 않다. 만약 물러나면 공망인 寅卯를 만나고, 전진하면 극을 만나서 앞뒤에서 핍박하니 어찌 어렵지 않겠는가?

  ❸ 차라리 앉아서 기다리면 일지가 일간에 가한 것을 얻는다. 비록 일지 巳가 일간 乙을 탈기하지만 이곳에 타고 있는 천장이 청룡과 육합이어서 일간의 친구가 나를 도와서 귀살을 제압하니 재앙을 면

할 수 있다.
- □ **정단 :** ❶ 요극(遙剋)이고 진연여(進連茹)이니 모든 일에서 근심과 의혹이 많으며 전진 속에 후퇴가 있다.

  ❷ 사과가 불비(不備)이다. 두 음이 하나의 양을 다투니 손상의 결함이 있다.

  ❸ 재물이 움직여서 관성을 생하니 관직자가 정단하면 대단한 길조이고, 비 관직자가 정단하면 갑자기 놀란다.

  ❹ 일지 巳가 일간에 임해서 일간을 탈기하니 낭비와 유실이 있다. 오직 만족하면서 준수해야 하며, 진퇴를 함부로 하지 않으면 재앙이 가고 복이 온다.

- ○ **날씨 :** 갑자기 바람이 불고 갑자기 비가 온다. 수시로 쾌청하다.

  → 초전에 백호가 타고 있으니 갑자기 바람이 불고, 중전이 수모(水母)이고 말전에 수의 천장인 현무와 천후가 타고 있으니 갑자기 비가 오며, 중전과 말전의 둔반이 모두 토이니 수시로 쾌청하다.

- ○ **가정 :** 구설수가 있다. 서남방에서 출발해서 내 집에 도착하는 손님을 머물게 하면 안 된다.

  → 일지는 집, 주작은 구설수를 주관하는 천장이다. ● 낮에 정단하면 지상에 주작이 타고 있으니 집에 구설수가 생기는 것을 예방해야 한다. ● 천공은 공허의 천장이다. 밤에 정단하면 천공이 지상의 午에 타서 일간 乙을 탈기하니 사기를 당해서 가정이 공허해지는 것을 예방해야 한다. ● 호시격이니 서남방에서 출발해서 온 손님을 내 집에 머물게 하면 안 된다.

- ○ **혼인 :** 불길하다.

  → 일간은 나, 일지는 상대방이다. 일지가 간상으로 와서 일간의 기운을 훔치니 혼인이 불길하고 다시 요극과의 호시(蒿矢)여서 상대방

으로부터 해를 입으니 더욱 불길하다. 또한 불비 곧 사과가 하나의 양과 두 음이니 남녀가 정숙하지 않다. ● 간상은 일간의 천라, 지상은 일지의 지망이니 혼인에 장애가 많다. ● 궁합 : 사과가 불비이니 나쁘다. ● 성정 : 일지는 상대이다. 지상에 흉장이 타고 있으니 주야 모두 좋은 상대가 아니다. ● 요극과이고 간상과 지상에 천라지망(天羅地網)이 쳐져 있으니 상대에게 속을 우려가 있다.

○ **임신·출산** : 귀한 딸을 낳는다.
→ 태신인 酉가 일덕귀인 申에 임하고 다시 낮에는 길장인 천후가 타니 귀한 딸을 낳는다. ● 밤에 정단하면 태신인 酉에 현무가 타니 사생아이다.

○ **구관** : 크게 이롭다. 혹은 재물로 관직을 얻는다.
→ 재성은 재물, 관성은 관직이다. 재성인 초전의 未가 관성인 중전의 申을 생하니 구관에 이롭고 또는 돈을 써서 승진하면 된다. ● 밤에 정단하면 귀인이 子에 타서 천문인 亥에 드니 승진에 매우 이롭다.

○ **구재** : 뜻대로 된다. 다만 시비를 예방해야 한다.
→ 자손효는 투자이고 처재효는 재물, 일간은 나, 일지는 사업장이다. 간상의 巳가 초전 천반의 未와 중·말전 둔반의 戊己를 생하니 투자하면 돈을 벌며, 재성이 왕성해지는 토왕절에 정단하면 재물이 생동하니 최길하다. 다만 지상에 주작이 타고 있으니 구설이 생기는 것을 예방해야 한다.

○ **질병** : 흉하다. 음식과 일상생활을 조심해야 한다.
→ 귀살은 병재이다. 초전의 재성 未가 중·말전의 귀살 申酉를 생해서 귀살이 왕성해졌으니 흉하다. 다행히 간상과 지상의 의약신 巳午가 귀살을 제압하니 병재가 풀린다. ● 치료방위 : 의약신 巳午가 辰巳에 가했으니, 동남방에서 명의와 명약을 구하면 된다. ● 천을신기 : 낮에 정단하면 천을귀인이 申에 타서 일간 乙을 극하여 귀수가

있으니, 수법을 행사할 수 있는 법사의 도움을 받아야 병이 낫는다.
- ○ **유실** : 유실물을 나태하게 찾는다.
  - → 탈기는 곧 유실물이다. 간지상에 탈기가 많으니 유실물이 많고 또한 유실물을 나태하게 찾는다.
- ○ **출행** : 동북방은 이롭고 서남방은 불리하다. 관직자는 이것과 반대이다.
  - → 요극과의 호시(蒿矢)는 동북방은 이롭고 서남방은 불리하다.
- ○ **행인(귀가)** : 길에서 놀란다.
  - → 일간은 여행객, 일지는 여행지, 삼전은 여정이다. 낮에 정단하면 초전에 등사가 타고 있으니 길에서 놀란다.
- ○ **쟁송** : 재물을 다투다가 발생했다. 거듭하여 귀살이 보인다.
  - → 초전의 未가 재성이고 중·말전의 申酉가 귀살이니 재물을 다투다가 쟁송이 발생했다. 요극과이고 간지상에 복덕신 巳午가 임했으니 쟁송이 가벼워진다.
- ○ **전쟁** : 근신해야 한다.
  - → 일간은 아군, 일지는 적군, 삼전은 행군노선이다. 간상의 巳와 지상의 午가 일간 乙을 탈기하고 중·말전이 일간의 귀살이니 근신해야 한다.

- □ **『필법부(畢法賦)』** : 〈제27법〉 삼전의 재신이 귀살로 변하면 재물을 구하면 안 된다.
  〈제73법〉 전후에서 핍박하면 전진과 후퇴 모두 어렵다.
- □ **『증문경(會門經)』** : 이 과전은 백호가 사람을 무는 격이다. 〈결〉에서 말하기를 맹호가 와서 해칠 때에, 활짱에 활시위를 메우면 화앙을 면할 수 있지만, 가슴이 두근거리고 손이 안정되지 않아서 남을 다치게 한다.

□ 『**지장부(指掌賦)**』: 삼전의 未申酉는 '회음(廻陰)'이다. 한밤중에 등불이 꺼지려고 하는 것은 동남방의 기운이 감소했기 때문이다.

병오일

丙午日의 길신(구보)과 흉살(팔살)

일덕	巳	형	
일록	巳	충	
역마	申	파	
장생	寅	해	
제왕	午	귀살	亥子
순기	亥	묘신	戌
육의(六儀)	甲辰	패신 / 도화	卯 / 卯
귀인	주	酉	공망	寅卯
	야	亥	탈(脫)	辰戌丑未
합(合)		사(死)	酉
태(胎)	子	절(絶)	亥

| 갑진순 | 병오일 | 1국 |

丙午일 제 1국

공망 : 寅·卯
낮 : 왼쪽 천장, 밤 : 오른쪽 천장

乙	戊	○
勾巳	空申蛇	白寅合
巳	申	寅 ○

乙	乙	丙	丙
勾巳	空巳	合午	白合午
丙巳	巳	午	午

勾乙巳巳	空丙午午	白丁未未	蛇戊申玄
青甲辰辰			貴己酉陰
空○卯卯勾			后庚戌戌
白○寅寅合常	癸丑丑朱	玄壬子子蛇	貴辛亥亥陰

□ **과체** : 복음(伏吟), 자임(自任), 원태(元胎), 여덕(勵德/낮) // 덕경(德慶), 형상(刑傷), 나거취재(懶去取財), 간지동류(干支同類), 귀등천문(貴登天門/밤).

□ **핵심** : 일록과 재성과 장생이 나타났지만 밤에는 이루는 것이 없다. 시작은 마치 꽃과 비단 같지만 나중에는 마치 부평초와 같다.

□ **분석** : ❶ 초전의 巳는 일록이고 중전의 申은 재성이며 말전의 寅은 장생이니, 삼전을 언뜻 보면 마치 꽃과 비단 같다.

❷ 밤에는 巳에 천공이 타고, 申에는 현무가 타며, 寅은 공망되어 좋은 일은 없고 나쁜 일만 있어서 마치 부평초와 같으니 아무런 성과도 없다.

□ **정단** : ❶ 원태(元胎)에서 일록 巳와 역마 申이 교제한다. 만약 인년(寅年)과 인월(寅月)에 정단하면 취하는 것을 쉬는 상황이다. 다만 간상과 초전의 巳가 일지의 파쇄(破碎)이고 양인(羊刃)인 午가 지상에 앉아 있으니 형상(刑傷)과 깨지고 소모되는 것이 없을 수 없다.

❷ 복음과의 자신격(自信格)은 엎드려서 일어나지 못하는 상이니,

모든 정단에서 움직이면 지체되고 가만히 있으면 형통하다. 더군다나 말전의 寅이 공망되었으니 모든 일의 끝이 없다.

───────────────────────

○ **날씨** : 일간이 발용이 되어 순수한 화이니 크게 맑은 날씨이다.
  → 일간은 하늘, 초전은 현재의 날씨이다. 간상의 巳화가 발용이 되었으니 현재의 날씨가 맑다.
○ **가정** : 장생이 공망되었으니 웃어른에게 재난이 생기는 것을 예방해야 한다. 삼전이 원태이니 집에 임신부가 있다.
  → 장생은 부모, 원태(元胎)는 태아이다. 일간의 장생인 寅이 공망되었으니 부모에게 우환이 생기는 것을 예방해야 한다.
  ● 삼전이 모두 사맹이어서 '원태'이니 집에 태아를 임신한 임신부가 있다. ● 태아를 뜻하는 간상의 巳가 중·말전의 申·寅으로부터 형을 당하니 태아가 상하는 것을 예방해야 하고, 삼전이 삼형이니 가족의 불화를 예방해야 한다. ● 일지는 집이다. 밤에 정단하면 지상에 백호가 타고 있으니 가정에 환자가 있다.
○ **혼인** : 일간과 일지가 비화하여 남녀가 화합하지만 백년해로하지 못할 우려가 있다.
  → 일간은 나이고 일지는 배우자, 삼전은 혼인생활, 형(刑)에는 싸움의 뜻이 있다. 일간인 丙과 일지인 午가 비화(比和)하고 간상의 巳와 지상의 午가 비화하니 남녀가 화합한다. 그러나 삼전의 巳申寅이 삼형이니 부부가 일평생 싸우고 이혼하게 된다. ● 지상이 양인인 午이니 상대의 성정이 드세고, 밤에는 이곳에 백호가 타고 있으니 몸에 질병이 있다.
○ **임신·출산** : 태신이 양에 속하니 아들이다.
  → 태신은 태아이다. 병일(丙日)의 태신인 子가 중남을 뜻하니 아들이다. ● 일간은 태아, 일지는 임신부이다. 삼전이 삼형이다. 중전의

申과 간상의 巳가 삼형이고 다시 말전의 寅과 간상의 巳가 삼형이니 태아가 유산될 우려가 있다. ● 천반의 신과 지반의 신이 붙어 있는 복음과이니 언어발달장애가 우려된다.

○ **구관** : 삼전에 일록과 역마가 있으니 이직하고 관직을 바꾼다.
→ 일록은 관청에서 받는 급여, 역마는 이동과 승진의 신이다. 초전에는 일록인 巳가 나타났고 중전에는 역마인 申이 나타났으니 이직 또는 승진해서 관직을 바꾼다. ● 권력을 뜻하는 삼전의 삼형이 완성되는 인년(寅年)이나 인월(寅月)이나 인월장(寅月將) 기간에 정단하면 관직에 더욱 길해져서 승진하거나 발탁된다. ● 연명이 亥이면 연명상의 귀인이 亥에 타서 천문을 뜻하는 亥에 임하니 승진 혹은 발탁된다.

○ **구재** : 일간과 일지가 동일한 오행이니 재물을 빼앗길 우려가 있다.
→ 일간은 나, 일지는 상대이다. 일간인 丙과 일지인 午가 동일한 오행이다. 중전에 재성인 申은 있지만 간지가 동일하면 내가 취해야 할 재물을 타인이 뺏어가니 사업에서 불리한데, 다시 사과의 천반에 형제효가 지나치게 많으니 사업에서 백패한다. ● 삼전이 삼형이니 재물로 인해 사고나 쟁송이 발생할 우려가 있다. ● 일록인 巳가 일간에 임했으니, 신규 사업을 하거나 사업을 확장하면 안 된다.

○ **질병** : 심경의 병이다. 부모의 질병을 정단하면 불길하다.
→ 지상은 병증, 장생은 부모이다. 지상이 午이니 심경의 병이다. 일간의 장생인 寅이 말전에서 공망되었으니 부모의 질병을 정단하면 사망할 우려가 있다. ● 중전에 역마인 申이 나타났으니 질병이 확산되며, 천지가 부동한 복음과(伏吟課)이니 오랫동안 지속되어 낫는 데에 시일이 많이 소요된다. ● 삼전이 상형이니 수술할 우려가 있다.

○ **출행** : 출행하는 것에 비해 집에 있는 것이 낫다.
→ 일록은 식록, 양인은 사고를 뜻한다. 왕신 겸 일록은 일간에 임

하고 양인은 일지에 임하고, 말전이 다시 공망되었으니 출행하는 것에 비해 집에 있는 것이 낫다. ● 복음과는 근행한 사람은 바로 귀가하고, 원행한 사람은 귀가를 기약할 수 없다.

○ **귀가** : 천강이 사계에 가했으니 즉시 도착한다.
  → 천강(辰)은 동신, 사계는 여행의 말기이다. 천강이 사계에 가했으니 출행한 사람이 즉시 온다.

○ **쟁송** : 가택에 양인이 임하니 형벌을 받는다.
  → 양인(羊刃)은 구속의 혈광의 신이다. 지상에 일간의 양인인 午가 임했으니 형벌을 받는다.

○ **전쟁** : 전진은 좋고 후퇴는 나쁘다.
  → 복음과는 가만히 있는 것이 좋은 과이지만 중전에 역마가 임했으니 전진하는 것이 좋다.

□ 『**필법부(畢法賦)**』 : 〈제75법〉 손님과 주인이 다투지 않아도 형벌이 이미 있다.
  → 삼전이 삼형이고 다시 중전의 申과 간상의 巳, 말전의 寅과 간상의 巳가 삼형이니 주객이 서로 다툰다. 삼전이 삼형이니 주객이 서로 다툰다. 주로 혼인, 매매, 교역, 계약, 동업, 국제회담 등에서 양측 모두에게 이롭지 않다.
  〈제7법〉 왕록(旺祿)이 일간에 임하면 망령된 행동을 해서는 안 된다.
  → 일록은 식록이다. 일록인 巳가 일간에 임했으니, 이직하거나 신규사업을 하면 안 된다.

□ 『**과경(課經)**』 : 여섯 병일(丙日)의 복음과에는 일록인 巳와 역마인 申이 있다. 일록과 역마는 공망되는 것을 싫어한다.

□ 『**천관회함(天官匯函)**』 : 천관(天官)이 巳에 임하면 수층(水蟲)이 있다. 구진이 巳에 임하면 궁이나 성의 문을 여는 열쇠를 뜻하는 '관약신

(管鑰神)'인데, 만약 수감을 정단하면 출옥하는 상이다.

□ 『**옥성가(玉成歌)**』: 덕신이 움직인 곳에 길한 기운이 뒤따른다. 다시 말하기를 복음은 거동하는 것이 마음에 내키지 않고, 출행한 사람은 집의 뜰에 도착한다.

→ 복덕신은 백 가지의 흉을 없애고 천 가지의 길을 부르는 신이다.

● 복음과는 출행하지 않는 상이지만 삼전에 동신인 역마나 천마나 정마가 타면 출행한다. ● 복음과는 근행한 사람은 바로 귀가하고, 원행한 사람은 귀가를 기약할 수 없다.

丙午일 제 2 국

공망 : 寅·卯
낮 : 왼쪽 천장, 밤 : 오른쪽 천장

		癸
空 卯 勾	白 寅 合	常 丑 朱
辰	卯 ○	寅 ○
甲	○ 乙	甲
青 辰 青	空 卯 勾	勾 巳 空 青 辰 青
丙 巳	辰	午	巳

甲辰巳 青	乙巳午 勾	丙午未 空 合	丁未申 朱 常
空 卯辰 ○ 勾			戊申酉 蛇 玄
白 寅卯 ○ 合			己酉戌 貴 陰
常 癸丑寅 ○ 朱	壬子丑 玄 蛇	辛亥子 陰 貴	庚戌亥 后 后

- □ **과체** : 원수(元首), 퇴여(退茹), 불비(不備), 무음(蕪淫) // 연방(聯芳/卯寅丑), 침해(侵害), 덕경(德慶), 권섭부정(權攝不正), 복덕(福德), 간지동류(干支同類), 참관(斬關), 귀인입옥(貴人入獄/낮), 과수(寡宿), 삼전개공(三傳皆空), 장생공망(長生空亡), 췌서(贅婿), 답각공망(踏脚空亡).

- □ **핵심** : 삼전이 갑진순과 갑인순의 공망이 되었으니, 공망되어 일간을 생하는 신을 아쉬워하면 안 된다. 앞을 향해서 한 걸음 내딛으면 식록이 창성한다.

- □ **분석** : 삼전이 비록 일간을 생하는 기운이지만 모두 공함되어 생을 하지 못하니 오히려 생이 없는 것만 못하다. 만약 생을 그리워하면 삼전이 갑진순과 갑인순의 공망이 되었으니 흉을 말로 다 표현할 수 없다. 오직 앞을 향해 한 걸음을 내딛어서 할 수 없이 지상의 왕신과 일록인 巳를 취하면 식록이 창성한다.

- □ **정단** : ❶ 삼전이 퇴여(退茹)이고 공망(空亡)과 탈기(脫氣)이니 불필요하게 소모한다.

  ❷ 하괴(戌)가 천문(亥)을 건너는 '괴도천문(魁度天門)'이고 다시 사

과가 불비(不備)이니, 모든 일에서 장애가 많아서 아직은 거동할 수 없다.

❸ 천강(辰)이 일간에 임하면 평안을 누리기 어렵다. 일록이 지상에 가하면 보좌관이거나 혹은 급여를 나누어서 받거나 혹은 타인에 의해 일이 성사된다. 독단하고 독행하면 안 된다.

→ 삼전이 모두 공망되었으니 만사 지체되고 이루지 못한다.

○ **날씨** : 우사(雨師)가 이미 물러나고 공망되었으니 날이 맑다.
→ 우사(雨師)인 丑이 공망되었고 다시 삼전이 모두 공망되었으니 날이 맑다.

○ **가정** : 일덕과 일록이 일지를 지키고 있으니 가택을 정단하면 매우 길하다.
→ 일덕은 군자 및 천 가지의 복을 부르는 신, 일록은 식록이다. 지상에 일록인 巳가 임했으니 양식과 돈이 있고. 지상에 일덕인 巳가 임했으니 백 가지의 흉을 없애고 천 가지의 복이 오니 매우 길하다. 다만 밤에 정단하면 지상에 천공이 타고 있으니 천 가지의 길상한 기운이 사라진다.

○ **혼인** : 삼전이 퇴여(退茹)이고 사과가 불비(不備)이니 이루지 못한다.
→ 삼전은 혼담이 진행되는 과정이다. 삼전이 퇴여이고 다시 공망이 되었으니 혼담이 진행되지 않는다. 그리고 사과가 하나의 양과 두 음이어서 남녀가 음란하니 혼인을 이루지 못한다. ● **궁합** : 사과가 불비이니 나쁘다. ● 일지는 상대방이다. 주야 모두 지상에 흉장인 구진과 천공이 타고 있으니 좋지 않은 사람이다.

○ **임신·출산** : 두 음이 하나의 양을 감싸고 있으니 임신하면 아들이다. 간상이 지상을 탈기하니 출산을 정단하면 반드시 쉽게 출산한다.

→ 삼전은 태아가 성장하는 과정이다. 삼전의 두 음인 卯와 丑이 하나의 양인 寅을 감싸고 있으니 아들이고, 위가 아래를 극해서 발용이 된 원수과이니 다시 아들이다. ● 일간은 태아, 일지는 임신부이다. 간지의 상신인 辰巳가 상생하니, 임신부와 태아 모두 건강하며 쉽게 출산한다.

○ **구관** : 퇴여(退茹)가 공망되어 힘차니 공무원의 전정이 있다.

→ 퇴여는 본래 물러나는 상이지만 퇴여가 공망되면 오히려 전진하는 뜻이 되어 공무원의 전정이 힘차다.

○ **구재** : 애만 쓴다.

→ 재성은 돈이다. 과전에 재성이 없으니 돈을 벌지 못하는데, 삼전이 공망되었으니 앞으로 계속하여 돈을 벌지 못하고 애만 쓴다. 연명이 酉와 戌이면 그 상신이 申酉이니 노력한 만큼의 소득이 있다.

○ **질병** : 화증(火症)과 치통이 있고 토혈을 하지만 무방하다.

→ 지상은 병증이다. 지상이 巳이니 화증(火症)과 치통이 있고 토혈을 하지만 삼전이 모두 공망되어 질병이 사라지는 상이니 무방하다.

○ **모망** : 전진해야 도모할 것이 있다. 노력을 많이 해야 한다.

→ 삼전의 퇴여가 모두 공망되었으니 전진해야 도모할 것이 있다. 다만 노력을 많이 해야 한다.

○ **출행** : 짝을 지어서 동행해야 장애와 지체를 면할 수 있다.

→ 일간은 나, 일지는 여행지, 삼전은 여정이다. 삼전이 모두 공망되어 흉하니 동반자와 짝을 지어서 가야 장애와 지체를 면하여 출행이 순조롭다.

○ **귀가** : 역마가 문에 임했으니 즉시 귀가한다.

→ 일지는 집이다. 지상이 역마의 하나인 巳이니 차를 타고서 즉시 귀가한다.

○ **도난** : 밤에 정단하면 도둑이 곤방(坤方, 未申方)의 술집 안에 있다.

→ 도둑은 현무의 음신에 있다. 밤에 정단하면 현무음신이 未이니 未가 뜻하는 서남방의 술집 안에 있고, 낮에 정단하면 현무음신이 亥이니 亥가 뜻하는 서북방의 변방에 있다.

○ **쟁송** : 화해를 해야 한다.

→ 구진은 판사, 일간은 나이다. 밤에 정단하면 구진이 공망되고 낮에 정단하면 구진이 일간과 비화하니 주야 모두 화해해야 한다. 원수과이니 먼저 기소하는 것이 유리하며 또한 단기전이 유리하다.

○ **전쟁** : 물러나면 지킬 수 없으니 전진해야 한다. 적진이 정비되지 않았을 때에 공격해야 한다.

→ 퇴여가 공망되면 오히려 전진해야 한다. 사과가 불비여서 적진이 정비되어 있지 않으니 이때 전진하여 공격해야 한다.

□ 『**필법부(畢法賦)**』: 〈제8법〉 일록이 일지에 임하면 임시직으로서 정당한 자리가 아니다.

→ 일록은 관록이다. 일록인 巳가 일지에 임했으니 임시직이다. 위와 같은 이론이 성립되는 이유는 일간은 나이고 일지는 상대 혹은 타향 혹은 하위를 뜻하기 때문이다.

〈제18법〉 답각공망(踏脚空亡)은 나아감이 옳다.

→ 초·중전의 卯寅은 갑진순의 공망, 말전의 丑은 갑인순의 공망이다.

〈제90법〉 오고 감이 모두 공망이니 어찌 움직이는 것이 옳겠는가?

→ 삼전이 모두 공망되었다.

〈제51법〉 하괴(戌)가 천문(亥)을 건너면 관문이 막힌다. 戌이 亥에 가하여 발용이 되면 모망사는 모두 막히고 불통한다. 질병 정단을 하면 기운이 크게 막혀 있거나, 또는 음식이 뭉쳐서 막혀있거나, 또는 신을 잘 모시지 못해서 생긴 재앙이다. 약을 복용하여 내려 보내는 것이 좋다.

- 『**지장부(支掌賦)**』: 삼전이 卯寅丑으로 이어졌다. 인색한 것을 뉘우치면 고생 끝에 낙이 오는 것을 알 수 있다.

    → 퇴여가 공망된 경우에 전진하면 오히려 이익이 있다.

- 『**정온(精蘊)**』: 卯寅丑이 모두 공망되면 부모와 웃어른의 질병을 정단하면 가장 불길하지만 자식의 질병을 정단하면 두려울 것이 없다. 소송을 정단하면 나의 진실한 이유가 충분하지 않아서, 법조인이 내 주장을 수긍하지 않는데, 그 이유는 나를 생하는 오행이 공망되었기 때문이다.

    → 삼전의 卯寅丑은 부모효로서 부모효가 공망된 경우에 부모의 질병을 정단하면 부모가 사망할 우려가 있다.

| 갑진순 | 병오일 | 3국 |

丙午日　제 3국

공망 : 寅·卯
낮 : 왼쪽 천장, 밤 : 오른쪽 천장

癸	辛	己
勾丑朱	朱亥貴	貴酉陰
卯 ○	丑	亥
○	癸	甲	○
空卯勾	勾丑朱	白辰青	青寅合
丙巳	卯 ○	午	辰

空卯巳	甲辰午 勾白青	乙巳未 空常玄	丙午申 白
青寅辰 合			丁未酉 陰常
勾癸丑卯 朱○			戊申戌 后玄
壬子寅 合蛇	辛亥丑 蛇朱貴	庚戌子 蛇后貴	己酉亥 陰

□ **과체** : 중심(重審), 퇴간전(退間傳), 극음(極陰/丑亥酉) // 침해(侵害), 고진(孤辰), 삼기(三奇), 복덕(福德), 오음(五陰), 간지동류(干支同類), 신장·귀등천문(神藏·貴登天門/낮).

□ **핵심** : 생기가 공망되어 패신으로 변했다. 사람과 집이 육해이고, 낮 귀인은 재물을 베풀지만 밤 귀인은 믿기 어렵다.

□ **분석** : ❶ 화의 생은 목이고 화의 패기(敗氣)는 卯이다. 일간을 생하는 寅은 공망되고, 간상의 卯는 패기로 돌변하며, 지상의 辰과 간상의 卯는 육해이다.

❷ 말전의 낮 귀인 酉가 재성인 酉에 타고 있으니 귀인의 은혜를 입지만, 중전의 밤 귀인 亥는 丑에 앉아서 극을 받았으니 귀인에게 기대하지 않아야 한다.

□ **정단** : ❶ 퇴간전을 하는 과전이니 모든 일에서 의혹과 장애가 생기며, 격명이 '극음(極陰)'이니 사적인 일에는 이롭고 공적인 일에는 이롭지 않다.

❷ 지상의 辰은 일간을 탈기하고 일간에는 공망된 생(生)만 있으니

이름만 있을 뿐이고 실속은 없다.

❸ 밤에는 주작이 癸丑에 타고 있어서 주작이 둥지에 날아들고 다시 폐구(閉口)와 공망이 되었으니, 문서에 관한 정단을 하면 불길하다.

❹ 낮 정단에서 말전의 귀인승신 酉가 일상의 卯를 극하니 만약 왕상한 연월에 정단하면 한몫 잡는다.

→ 문서에 관한 것에는 국가고시와 지방고시 혹은 일반 직장 취직시험과 승진시험 및 문학작품이나 예술작품 등이 있다.

○ **날씨** : 수의 오행이 극을 하는 지반에 앉아 있으니 흐리기만 하고 비는 오지 않는다.

→ 오행의 수는 비(雨)이다. 수의 오행인 亥수가 이 오행을 극하는 丑토에 앉아 있으니 흐리기만 하고 비는 오지 않는다.

○ **가정** : 간지의 상신이 육해(六害)이니 사람과 집이 불안하다.

→ 일간은 사람, 일지는 집이다. 간상의 卯와 지상의 辰이 서로 해(害)를 하니 사람과 집이 불안하다. ● 일지는 집이다. 일간 丙화가 지상의 辰토로 탈기되니 가정에 지출이 많다. 낮에 정단하면 지상에 백호가 타고 있으니 의료비가 많이 들고, 밤에 정단하면 지상에 청룡이 타고 있으니 돈이 많이 지출된다.

● 일간은 사람이다. 간상의 卯가 일간의 패신이고 다시 일지의 도화이니 매사에서 실패를 예방해야 하고 다시 공망이 되었으니 더욱 조심해야 한다. 그리고 삼전의 丑亥酉가 모두 밤의 십이지인 '극음(極陰)'이니 주색에 빠지는 것을 예방해야 한다.

○ **혼인** : 낮에 정단하면 지상이 천강(辰)이고 이곳에 백호가 타고 있으니 여자의 성정이 악하고 외모는 추한데, 다시 간상과는 육해이니 혼인이 성사되지 않아야 한다.

→ 일간은 남자, 일지는 여자이다. 지상에 포악의 천장인 辰이 임했

으니 여자의 성정이 포악하다. 밤에는 길장인 청룡이 타고 있으니 덜 포악한 상이지만 낮에는 백호가 타고 있으니 매우 포악하다. ● 간상의 卯가 일간의 패기(敗氣)이고 다시 일지의 도화이니 남자의 성정이 음란한데, 다시 삼전이 극음이니 주색을 좋아하지 않아야 한다. ● 간상의 卯와 지상의 辰이 육해여서 만약 혼인하면 서로에게 해로우니 혼인하지 않아야 한다.

○ **임신·출산** : 간지의 상신이 육해이다. 딸이다. 임신부의 건강이 우려된다.

→ 일간은 태아, 일지는 임신부이다. 간지의 상신이 육해이니 임신부와 태아의 건강이 모두 나빠질 우려가 있다. 특히 임신정단을 하면 일간이 공망되었으니 유산될 우려가 있다. ● 하에서 상을 극해서 발용이 된 중심과이니 딸이다.

○ **구관** : 관귀효가 관귀효를 극하는 지반에 앉아 있고 청룡이 공망된 지반에 앉아 있으니 불리하다.

→ 관귀효는 관직, 청룡은 문관이다. 관귀효인 亥가 亥를 극하는 丑에 앉아 있으니 관직이 손상되고, 낮에는 청룡승신인 寅의 지반이 공망되었으니 관직에 불리하다. ● 초전이 공망되고 다시 일간이 공망되었으니 승진과 고시를 희망할 수 없다.

○ **구재** : 귀인의 재물을 구해야 한다. 개업하면 이익을 얻는다.

→ 귀인은 관청과 공무원, 재성은 재물이다. 낮에는 귀인이 재성인 酉에 타고 있으니 관청을 상대로 사업하면 돈을 벌고, 밤에는 태음이 재성인 酉에 타고 있으니 아가씨를 상대로 사업하면 돈을 번다.

○ **질병** : 신장경락의 병이다. 12운성의 사(死)인 말전의 酉가 공망된 간상의 卯목을 극하고 충하니 흉하다.

→ 백호로부터 극을 받은 오행의 장부에 병이 든다. 백호가 辰토에 타서 오행의 수를 극하니 수의 장부인 신장경락에 병이 든다. ● 부모효는 생기이다. 말전의 酉가 간상에 있는 일간의 생기인 卯를 극

하고 충을 해서 생기가 일간을 생하지 못하니 건강이 나쁘다.
● 일간은 환자, 일지는 질병이다. 일간은 공허하고 일지는 튼실하니 흉하다. 구병(久病)을 정단하면 일간과 초전이 공망되었으니 생명이 위독하다. ● 삼전이 극음(極陰)이니 주색으로 인한 질병을 예방해야 한다.

O **알현** : '음귀인'의 집에서 귀인을 본다.
→ 낮에는 중전의 亥가 '음귀인', 밤에는 말전의 酉가 '음귀인'이다. 주야 모두 음귀인이 삼전에 있으니 음귀인의 집에서 귀인을 만난다.

O **모망** : 두 귀인에게 일을 부탁하면 된다.
→ 삼전에 두 귀인이 있으니 귀인에게 일을 청탁하면 된다.

O **출행** : 일정에 차질이 생긴다.
※ 『육임직지』 원문에서는 "역마가 묘지에 드니 아직 출발하지 않았다."고 하였다.
→ 일간은 여행객, 일지는 여행지이다. 일간이 공망되었으니 일정에 차질이 생기고, 지상의 辰이 일간을 설기하니 여행지에서 손실이 발생한다.

O **귀가** : 아직 귀가하지 않는다.
→ 초전이 공망되어 장애가 생겼으니 아직 귀가하지 않는다.

↑ **쟁송** : 내가 불리하다.
→ 일간은 나, 일지는 상대이다. 일간은 공허하고 일지는 튼실하니 내가 불리하다. ● 중심과이니 재심(再審)이 유리하다.

O **전쟁** : 불리하다.
→ 일간은 아군, 일지는 적군이다. 간상이 패가망신의 뜻이 있는 卯이니 아군이 불리하다.

□ 『필법부(畢法賦)』: 〈제16법〉 천공 위에 공망이 타면 모든 일을 이룰 수 없다.
　➔ 낮에 정단하면 간상에 천공이 타고 다시 천반이 공망되었다.
　〈제76법〉 서로 시기하여 모두에게 화가 미친다.
　➔ 간상의 卯와 지상의 辰이 육해이니, 혼인과 동업을 비롯한 모든 교제사는 맺어지지 않고 주객 모두에게 화가 미친다.
　〈제45법〉 주야의 귀인이 서로 가하면 양 귀인에게서 구하면 된다.
　➔ 공무원이나 직장인이 상급의 귀인에게 요청하여 일을 구하는 정단에서는 반드시 양 귀인의 도움을 받아 뜻을 이룬다. 그러나 서민이 귀인을 알현하는 정단에서는 반드시 귀인을 만나지 못한다.
□ 『지장부(指掌賦)』: 삼전의 丑亥酉는 극음(極陰)이다. 달이 서산에 숨는 것과 같다.
　➔ 관직을 정단하면 은퇴를 고려해야 한다.
□ 『임수경(壬髓經)』: 문 앞에 높고 평평한 흙이 쌓여져 있으니 출행하면 장애가 생긴다.
　➔ 초전이 丑토이고 다시 낮에는 토의 오행인 구진이 타고 있으니 문 앞에 높고 평평한 흙이 쌓여 있다.
□ 『찬의(纂義)』: 공망이 와서 일간을 도우니 묘월(卯月)에는 길하다. 이때가 지나가면 변경이 하나가 아니다.
　➔ 공망을 메우는 때는 묘월 외에도 묘년(卯年)이나 묘월장(卯月將)도 있다.
□ 『점험(占險)』: 辰에 백호가 타서 지상에 임하니 이사해야 한다.
　➔ 집을 뜻하는 지상에 백호가 타고 있어서 가정에 질병이 발생하는 가상이니 이사해야 한다.

丙午일 제 4 국

공망 : 寅·卯
낮 : 왼쪽 천장, 밤 : 오른쪽 천장

壬	己	丙
合 子 蛇	貴 酉 陰	玄 午 白
卯 ○	子	酉
○	辛	○ 壬
青 寅 合 朱 亥 貴	空 卯 勾	合 子 蛇
丙 巳	寅 ○	午	卯 ○

青 寅 巳 ○	合 卯 午 ○	空 甲 辰 未 勾	白 辰 未 青	常 乙 巳 申 ○ 空
勾 癸 丑 辰 朱				玄 丙 午 酉 白
合 壬 子 卯 蛇				陰 丁 未 戌 常
朱 辛 亥 寅 ○ 貴	蛇 庚 戌 丑 后	貴 己 酉 子 陰	后 戊 申 亥 玄

- **과체** : 호시(蒿矢), 삼교(三校) // 침해(侵害), 구생(俱生/공망), 호생(互生), 가귀(家鬼), 우로균점(雨露均霑/공망), 맥월(驀越), 장생공망(長生空亡), 고진(孤辰), 사과개공(四課皆空), 간지동류(干支同類), 귀인공망(貴人空亡/밤).

- **핵심** : 사과의 형체가 없으니 오히려 생하지 않는 것만 못하다. 요극과의 사과가 공망되었으니 길사와 흉사 모두 이루는 것이 없다.

- **분석** : 寅卯는 공망이 되었고, 亥子는 공망에 앉아 있으며, 사과는 형체가 없다. 寅卯가 일간의 생기이지만 갑진순의 공망이 되었으니 일간을 생하지 못하고, 亥子는 모두 귀살이어서 먼 곳에서 일간을 극하려고 하지만 공망된 지반에 앉아 있으니 길사와 흉사 모두 이루지 못한다.

- **정단** : ❶ 호시(蒿矢)는 본래 화와 복이 모두 가벼운데 다시 사과가 모두 공망되었으니 실상이 없다. 우환과 의혹을 해소하는 일에는 이롭지만, 만약 일이 성사되기를 바라면 갑진순을 지나서 다시 꾀해야 가능하다.

❷ 중전의 재성 酉가 귀살의 지반에 앉아 있고 말전이 양인인 午이니 일이 성사되지 않을 뿐만 아니라 오히려 재물이 훼손된다. 『필법부』(제57법)에서는 "비용을 많이 들였으나 대가는 부족하다."고 하였다.

→ 사과가 공망되었으니 허성이고 실제하지 않는다.

○ **날씨** : 오행의 수가 공망에 앉아 있으니 비가 오지 않는다.
→ 오행의 수는 비(雨)이다. 子수가 임한 초전의 지반이 공망되었으니 비가 오지 않는다.

○ **가정** : 웃어른은 일상생활에서 신중해야 하며 재물의 허비를 면하기 어렵다.
→ 부모효는 부모나 조부모 등의 웃어른이다. 부모효인 寅卯가 간상과 지상에서 공망되어 생명이 위독하니 일상생활에서 신중해야 한다. ● 일간은 나, 일지는 가정이다. 일간이 공망되었으니 내가 하는 일이 공허하고, 일지가 공망되었으니 가정사가 공허하다.

○ **혼인** : 불길하다. 이루지 못한다.
→ 일간은 나, 일지는 상대이다. 일간이 공망되었으니 나의 신상이 공허하고 일지가 공망되었으니 상대의 신상도 공허하니, 혼인이 불길하며 또한 이루지 못한다. ● 요극과이고 다시 사과가 모두 공망되었으며 또다시 초전이 공망되었으니 상대로부터 속임을 당할 우려가 있다. ● 지상에 주야 모두 흉장인 천공과 구진이 타고 있으니 선한 상대가 아니고, 특히 과전이 삼교이니 상대의 음란을 예방해야 한다.

○ **임신·출산** : 태아와 임신부가 모두 공망되었으니 보호되기 어렵고 무익하다.
→ 일간은 태아, 일지는 임신부이다. 일간이 공망되었으니 태아가

사망하는 상이고 일지가 공망되었으니 임신부가 사망하는 상이니, 어머니와 자식 모두 보호받기 어렵다.

○ **구관** : 관효가 공함되었으니 예상하지 못했던 우환을 예방해야 한다.

→ 관효는 관직이다. 관효인 초전의 子가 공망된 지반에 앉아 있으니 승진되지 않거나 혹은 관직을 잃는 것을 예방해야 한다. 또한 일지인 午가 패기(敗氣)이고 지상의 卯가 패기이며 삼전이 모두 패기인 子酉午이고, 초전에 卯목의 천장인 육합이 타고 있어서 '삼교(三交)'이니 관로가 어두워지는 것을 예방해야 한다.

○ **구재** : 재성이 귀살의 지반에 앉아 있으니 재물을 구하더라도 이익이 없다.

→ 재성은 재물, 귀살은 재앙이다. 재성인 酉가 일간의 귀살인 子에 앉아 있으니 재물을 구하려고 하다가 오히려 재앙을 만나고 재물을 득하지도 못한다. 연명이 亥인 사람이 낮에 정단하면 재성인 申에 길장인 천후가 타고 있으니 구재에서 이익이 있다.

○ **질병** : 신병은 즉시 편안해지고, 구병은 난치이다.

→ 초전이 공망되었으니 신병은 즉시 편안해진다. 그러나 구병을 정단하면 초전이 공망되고 다시 사과가 모두 공망되었으니 난치이다. ● 삼전에서 일간의 양인인 말전의 午에 흉장인 백호가 타고 있으니 질병이 심해진다.

○ **도망** : 북방으로 가서 찾더라도 잡기 어렵다.

→ 귀살은 도둑이다. 귀살인 초전의 子가 공망되었으니 잡기 어렵다.

○ **출행** : 아직은 출발하지 않는다.

→ 일간은 여행객, 일지는 여행지이다. 일간이 공망된 것은 준비가 되지 않았다는 뜻이니 아직 출발하지 못하고, 일지가 공망되었으니 여행지에서 뜻을 이루지 못한다.

○ **귀가** : 음란을 끊지 못하니 귀가를 생각하지 않는다.

→ 일간은 여행객, 일지는 여행지, 삼전은 여정이다. 지상이 도화이니 여행지에서 음란사가 있고, 삼전이 삼교격이니 여정에서 음란사가 있다.
↑ **쟁송** : 사라진다.
→ 초전이 공망되었으니 쟁송이 사라지고, 사과가 공망되었으니 다시 쟁송이 사라진다. ● **관재** : 사라진다.
○ **전쟁** : 많은 군사를 잃는 상이다.
→ 일간은 아군이다. 일간의 음양이 공망되었으니 많은 군사를 잃는 상이다.

□ 『**필법부(畢法賦)**』 : 〈제57법〉 비용을 많이 들였으나 대가는 부족하다.
→ 재성인 중전의 酉가 귀살 지반에 앉아 있고, 말전이 양인과 겁재인 午이며, 다시 사과가 모두 공망되고 초전이 다시 공망되었으니, 투자를 많이 하더라도 소득이 없다.
〈제74법〉 거듭하여 공망되면 일을 추구하면 안 된다. 우환사와 의혹사는 풀리지만 성취하려고 하는 일은 얻을 수 없다. 특히 귀살이 공망되었으니 신묘하다. 만약 질병을 정단하면 구병은 사망하고 신병은 낫는다.
→ 이 과전에서는 사과가 모두 공망이 되었다.
□ 『**과경(課經)**』 : 寅이 巳에 가한 뒤에 천지반도를 조식하면 점시와 간상의 寅에 낮에는 청룡이 타고 있다. 3월에 정단하면 청룡이 일간을 생하고 다시 진월(辰月)의 생기이니 서서히 발복한다. 이른바 "청룡이 생기에 타면 길한 작용이 늦게 나타난다."에 해당하지만, 애석하게도 청룡승신이 공망되었으니 오래가지 못한다.
□ 『**증문경(曾門經)**』 : 삼교(三交)가 겹겹이 쌓여 있으니 집에 죄인을 숨겨두었다.

→ 삼교(三交)는 일지가 패신이고, 지상이 패신이며, 삼전이 모두 패신이고, 초전에 패신의 천장인 육합이나 태음이 타는 격이다. 위와 같이 과전이 패신 곧 도화일색이니 가정에 간음이 발생한다.

□ 『옥성가(玉成歌)』: 삼교의 길흉은 모두 안에서 발생한다.

→ 일지는 내사문이다. 일지가 패신이고 지상이 도화인데 일지가 발용이 되어 삼전이 모두 패신이니 가정에 음란이 발생한다.

□ 『찬의(纂義)』: 子가 卯에 가해서 발용이 되고 낮에는 육합이 타고 있으니 간음과 구설수가 생긴다.

→ 子에는 도화의 기운이 있고 육합에도 도화의 기운이 있으니, 子에 육합이 타면 주로 간음이 발생한다.

| 갑진순 | 병오일 | 5국 |

丙午일   제 5 국

공망 : 寅·卯
낮 : 왼쪽 천장, 밤 : 오른쪽 천장

	庚		丙		
蛇	戌	后	玄	午	白	青	寅	合
	寅		戌		午	
	癸		己		庚	
勾	丑	朱	貴	酉	陰	青	寅	合	蛇	戌	后
	丙巳		丑		午		寅	

勾 癸 丑 巳	朱 青 寅 合 空 午	勾 卯 未	甲辰申 青 白
合 壬子辰 蛇 朱 辛亥卯 貴			常 乙巳酉 空 玄 丙午戌 白
蛇 庚戌寅 后	貴 己酉丑 陰	后 戊申子 玄 陰	常 丁未亥

□ **과체** : 중심(重審), 염상(炎上), 일녀(泆女/밤) // 형상(刑傷), 전국(全局), 화미(和美), 여덕(勵德/밤), 복덕(福德), 맥월(驀越), 오양(五陽), 간지동류(干支同類), 귀인공망(貴人空亡), 고진(孤辰), 형제효현괘.

□ **핵심** : 묘신이 장생으로 전해지고, 둔반이 甲戌庚이니 유유자적하다.

□ **분석** : ❶ 초전의 戌은 丙의 묘신이고 말전의 寅은 丙의 장생이다. 삼전이 戌午寅이니 묘신에서 장생으로 전해진다.

❷ 오호원둔으로 戌의 둔간은 戊이고, 午의 둔간은 甲이며, 寅의 둔간은 庚이어서 삼기이니 최길한 과이다. 다만 삼합한 중전의 午와 간상의 丑이 서로 육해여서 합 속에 살을 범하니, 일상의 모든 일에서 왕성할 때에 기회를 봐서 유유자적하게 가야 한다.

□ **정단** : ❶ 염상(炎上)은 불길이 올라가는 상이고 둔반에 삼기를 갖춰서 흉이 길로 변하니, 시작은 비록 억제를 받아 답답하지만 종국에는 반드시 형통하다.

❷ 다만 일간인 丙(巳)과 지상의 寅이 육해하고 일지 午와 간상의 丑이 육해를 해서 일간과 일지가 교차육해를 하고, 간상의 丑은 튼실

하고 지상의 寅은 공허하며, 중전의 양인 午에 밤에는 백호가 타서 간상의 丑을 육해하며, 말전이 다시 공망되었으니, 나아가고 물러날 때를 알아야 하고, 망상하거나 많은 것을 탐하면 안 되며 또한 화를 자초하면 안 된다.

○ **날씨** : 화가 공망되어 밝으니 날씨가 맑다.
　→ 삼전이 화국이니 밝고 화국이 공망되었으니 날씨가 맑다.
○ **가정** : 지상은 장생이고 이곳에 청룡과 육합이 타고 있으니 봄에 점단하면 재물의 기쁨이 있다.
　→ 일지는 가정, 장생에는 생업의 뜻이 있다. 지상이 일간의 장생인 寅이니 생업이 활발한데 낮에는 재물의 뜻이 있는 청룡이 타고 있으니 재운이 일어나고, 밤에는 화합과 자녀의 뜻이 있는 육합이 타고 있으니 가정에 재운이 일어나며 가족이 화합하고 식구가 늘어난다. 다만 공망된 寅이 메워지는 인년(寅年)이나 인월(寅月)이나 인월장(寅月將) 기간에 점단하거나 혹은 이 시기가 되면 발복한다. ● 밤에 점단하면 초전에 천후가 타고 말전에 육합이 타고 있어서 '일녀(淫女)'이니 부녀자의 음란을 예방해야 한다.
○ **혼인** : 여자가 음란하고 흉악하니 남녀가 서로 존경하고 사랑하지 못한다.
　→ 일간은 남자, 일지는 여자이다. 일지의 음신이 하괴(戌)이니 여자의 성정이 흉악하며, 밤에 점단하면 초전에 천후가 타고 말전에 육합이 타서 '일녀(淫女)'여서 여자가 음란하니 남녀가 서로 존경하고 사랑하지 못한다. ● 궁합 : 나쁘다. 기궁인 巳는 지상의 寅과 육해이고 일지 午는 간상의 丑과 육해이니 나쁘다. ● 중심과이니 드센 여자이고, 중심과이니 혼인을 재고해야 한다. ● 지상이 공망되었으니 여자에게 혼인할 의사가 없거나 혹은 혼인할 형편이 되지 못한다.

○ **임신·출산** : 태신이 양이니 임신하면 반드시 아들이다. 지상신이 공망되었으니 반드시 쉽게 출산한다.
→ 태신은 태아이다. 태신인 子가 주역의 감괘에 속하니 아들이고, 삼전이 화국이니 다시 아들이다. 출산부를 뜻하는 일지가 공망되었으니 쉽게 출산한다.

○ **구관** : 낙방한다.
※ 『육임직지』 원문에서는 "밤에 정단하면 주작이 날고 염막귀인이 사과에 드니 시험에 반드시 합격한다."고 하였다.
→ 주작은 문장, 염막귀인은 공무원을 뜻한다. 밤에 정단하면 문장의 천장인 주작이 폐구되었으니 시험에 낙방하고 다시 염막귀인 酉가 일간을 생하지 않으니 낙방하며, 다시 초전이 공망되었으니 낙방한다.

○ **구재** : 많은 재물을 욕심내면 안 된다.
→ 처재효는 재물, 형재효는 겁재의 신이다. 비록 일간음신에 재성인 酉가 있지만 일지의 음양이 형제국이 되었고 삼전이 다시 삼합해서 형제국이 되었으니 많은 재물을 욕심내면 안 된다. ● **개업** : 실패한다.

○ **질병** : 간병이거나 혹은 두통이나 복통이다. 신병은 즉시 낫는다.
→ 삼전이 염상이니 심장병이거나 혹은 화의 극을 받은 폐에 병이 든다. 특히 밤에는 백호가 午화에 타서 오행의 금을 극하니 폐병이 확실하다. ● 지상은 병증이다. 지상이 午이니 복통이거나 혹은 비위가 상한 병이다. ● 신병이면 초전이 공망되었으니 즉시 낫는다. ● 의약신인 丑 아래의 사방(巳方, 동남방)에 명의와 명약이 있다.

○ **도망** : 참관(斬關)이니 반드시 먼 곳으로 갔다.
→ 戌이나 辰이 간상과 지상과 초전에 보이면 참관이다. 참관은 도둑이 반드시 먼 곳으로 갔다.

○ **출행** : 여행지가 불길하다.

→ 일간은 여행객, 일지는 여행지, 삼전은 여정이다. 일지가 공망되었으니 불길한 여행지이고, 삼전이 겁재국이니 여정에서 손재수가 있다.

○ **귀가**: 천강이 사맹에 가했으니 아직 출발하지 않았다.
→ 천강(辰)은 동신(動神), 사맹은 초기이다. 천강이 사맹의 하나인 申에 가했으니 아직 출발하지 않았다.

↑ **관재**: 내가 유리하다.
→ 일간은 나, 일지는 상대이다. 일간은 튼실하고 일지는 공허하니, 나는 유리하고 상대는 불리하다. ● **관재**: 초전이 공망되었으니 관재가 사라지고, 삼전의 초전이 묘신인 戌이고 말전이 장생인 寅이니, 처음에는 해롭지만 나중에는 이롭다.

○ **전쟁**: 나는 튼실하고 상대는 공허하니 아군이 적군을 이긴다.
→ 일간과 구진은 아군, 일지와 현무는 적군이다. 일간은 튼실하고 일지는 공허하니 아군이 적군을 이긴다.

□ 『**필법부(畢法賦)**』: 〈제42법〉 삼전 내에서 삼기를 만나면 명예가 높아진다. 군자가 정단하면 일품의 높고 귀한 벼슬아치가 되고 의정부에 들어간다. 만약 일반인이 정단하면 비록 길하고 태평한 조짐은 없지만 재앙은 사라진다.

〈제65법〉 일간의 묘신이 관신을 아우르면 사람과 가택이 황폐해지는 허물이 있다. 관신은 봄에는 丑, 여름에는 辰, 가을에는 未, 겨울에는 戌이다.
→ 초전의 戌은 일간의 묘신인데, 만약 겨울에 정단하면 관신에도 해당된다.

〈제84법〉 합 속에 살을 범하면 꿀 속에 비상이 있다.
→ 삼전의 戌午寅이 비록 삼합을 하지만, 초전의 戌과 간상의 丑이

삼형이고 중전의 午는 간상의 丑과 육해이니 합 속에 살을 범한다.

- 『**찬의(纂義)**』: 삼전이 염상이고 다시 공망이 되었으니 여름에 정단하면 처첩에게 흉하다.

  → 삼전의 戌午寅이 형제국이니 이것의 극을 받는 처첩에게는 흉하다. 특히 여름에 정단하면 화국이 왕성하니 처첩에게 흉한 것이 확실하다.

- 『**지장부(指掌賦)**』: 戌午寅은 '취조(就燥)'이다. 행사하고 화합하는 가운데에서 중용이 있다.

- 『**요람(要覽)**』: 戌에 천후가 타서 寅에 임하면 노비(남자종업원, 여자종업원)가 달아난 뒤에 찾지 못한다.

  → 戌은 노비(종업원)와 동신, 寅은 그물을 찢는 작용을 하니 종업원이 도망친 뒤에 그를 찾지 못한다.

丙午일   제 6 국

공망 : 寅·卯
낮 : 왼쪽 천장, 밤 : 오른쪽 천장

壬	丁	○
合子蛇	陰未常	青寅合
巳	子	未
壬	丁	癸	戊
合子蛇	陰未常	勾丑朱	后申玄
丙巳	子	午	丑

壬子巳 合蛇朱	癸丑午 勾青	○寅未 合空	卯申 勾
辛亥辰 朱貴			甲辰酉 白青
庚戌卯 蛇后 ○			乙巳戌 常空
己酉寅 貴陰 ○	戊申丑 后玄	丁未子 陰常	丙午亥 玄白

- □ **과체** : 지일(知一), 사절(四絶) // 앙구(昂咎), 체극(逓剋), 인종지신(引從支神), 태수극절(胎受剋絶), 간지동류(干支同類), 귀인공망(貴人空亡/낮), 귀인입옥(貴人入獄/밤), 명암이귀(明暗二鬼), 자가사(子加巳).

- □ **핵심** : 삼전이 내전되었다. 밤에 정단하면 재난이 끝난다. 귀인에게 부탁해도 소용이 없다. 교관(交關)에 미련을 둔다.

- □ **분석** : ❶ 삼전의 모든 상(上)이 하(下)를 극했으니 '내전(內戰)'되었다. 삼전이 이미 내전되었고 밤에 정단하면 등사귀살이 발용이 되었으니 어찌 재난이 끝나겠는가?

  ❷ 밤 귀인은 입옥(入獄)되었고 낮 귀인은 공망에 앉아 있으니 귀인에게 부탁을 하더라도 무익하다.

  ❸ 간지상의 子와 丑이 상합하니 그리워하는 정이 있다.

- □ **정단** : ❶ 지일과는 모든 일에서 한결같아야 하는 과로서 두 가지를 취할 수 없다.

  ❷ 삼전이 일간을 체극(逓剋)한다. 따라서 반드시 여러 사람이 나를 공격하니 본래는 흉한 상이다. 간상의 귀살 子가 발용이 되어 말전

에 있는 장생 寅을 생하니 귀살을 인도하여 일간을 생한다. 그리고 지상의 丑이 초전의 귀살을 극하여 일간의 흉을 구하니 두렵지 않다.

❸ 다만 말전의 寅이 공망되어 문서가 무력한 것이 걱정이다.

○ **날씨** : 신후가 일간에 임한 뒤에 발용이 되었으니 구름이 짙게 끼고 비가 적게 온다.

➜ 신후(神后, 子)는 비를 부르는 신이다. 신후가 일간에 임한 뒤에 발용이 되었으니 하늘에서 비가 온다.

○ **가택** : 용신과 일지가 충(冲)과 극(尅)을 하니 이사하지 않으면 집을 수리하거나 짓는다.

➜ 발용은 현재의 기운, 일지는 집이다. 발용의 子와 말전의 寅이 지상의 丑을 인종하니 이사하지 않으면 집을 수리하거나 집을 짓는다. 혹은 발용의 子가 일지인 午를 충과 극을 하니 가정이 동요하여 불안하다. 만약 이사할 경우에는 지일과이니 가급적 가까운 곳으로 이사하는 것이 좋다.

● 일간은 부모, 일지는 자녀이다. 간지의 상신인 子와 丑이 상합(相合)하니 부모와 자식이 화목하다. 일간이 지상의 丑으로 탈기되니 가정으로 손실이 발생한다. 낮에는 구진이 타고 있으니 쟁투로 인한 손실이고, 밤에는 주작이 타고 있으니 구설이나 쟁투로 인한 손실이다.

○ **혼인** : 간지의 상신이 상합(相合)하니 성사되고 길하다.

➜ 일간은 나, 일지는 배우자감이다. 간상의 子와 지상의 丑이 상합하여 견우와 직녀가 상봉하는 상이니 혼인이 성사되고 또한 길하다. ● 다만 일간이 지상의 丑으로 설기되니 배우자감으로 인해 손실이 발생한다. ● 지상에 흉장이 타고 있으니 선한 배우자감은 아

니다. 낮에는 구진이 타고 있으니 쟁투를 좋아하는 사람이고, 밤에는 주작이 타고 있으니 말이 많은 사람이다.

○ **임신·출산** : 두 양이 하나의 음을 감싸고 있으니 임신을 정단하면 반드시 딸이다. 자식과 어머니가 상합하니 출산이 길하지 않다.

→ 삼전은 태아가 생육되는 과정이다. 삼전의 두 양인 子와 寅이 하나의 음인 未를 감싸고 있으니 여아이다. ● 일간은 태아, 일지는 임신부이다. 간상의 子와 지상의 丑이 상합하는 것은 태아가 어머니의 뱃속을 떠나는 것을 싫어하므로 난산이다.

○ **구관** : 일간과 일지가 일록과 제왕을 만났으니 관직자의 직위와 관록이 높은 상이다.

→ 일간은 나이고 일지는 근무지, 일록은 관록이고 제왕은 권력이다. 일간(기궁)이 일록인 巳이고 일지가 제왕인 수이니 관직자의 직위와 관록이 높다. 만약 겨울이나 가을에 정단하면 관직을 뜻하는 초전의 子가 왕성하니 더욱 좋고, 다른 계절에 정단하면 관성인 子가 절지(絕地)에 임했으니 직위가 불안하다. 구관에 가장 좋은 해는 자년(子年)이나 자월(子月)에 정단하는 경우이다.

○ **구재** : 한마음으로 재물을 추구하면 얻는다.

→ 낮에 정단하면 재성인 일지음신의 申에 길장이 타고 있으니 일심으로 재물을 추구하면 재물을 얻는다. 그리고 연명이 寅인 사람은 그 상신이 재성인 酉이니 재물을 추구하면 얻는다.

○ **질병** : 신장이 허하다.

※ 『육임직지』 원문에서는 "비장과 위장에 병이 들었다. 속히 낫기는 어렵다."고 하였다.

→ 병증을 뜻하는 지상이 丑이니 신장이 허하다. ● 귀살은 병인이다. 귀살의 오행이 수이니 수의 극을 받는 심장에 병이 들고, 더욱이 子가 巳에 가하여 발용이 되었으니 사망할 위험이 있다. ● 의약신 戌이 임한 묘방(卯方, 정동방)에 명의와 명약이 있다.

○ **출행** : 수로가 좋다.

→ 현대에서는 일간은 여행객, 일지는 여행지이다. 일간에 귀살인 子가 임했으니 불길하고, 지상의 丑이 일간 丙을 설기하니 여행지에서 손실이 발생한다. ● 낮에는 구진이 타고 있으니 싸우는 일이 발생하고, 밤에는 주작이 타고 있으니 구설수가 생긴다.

○ **귀가** : 즉시 귀가할 수 있다.

→ 일간은 귀가할 사람, 일지는 집이다. 간지의 상신이 상합하니 즉시 귀가할 수 있다.

○ **쟁송** : 간상의 子가 발용이 되었으니 주(主)가 이기고 객(客)이 진다.

→ 일간은 나, 일지는 상대이다. 지상의 丑이 간상의 子를 극하니 내가 불리하다. ● 관재 : 비록 초전의 子가 귀살이지만 절지(絶地)인 巳에 임했고 다시 중전의 복덕신인 未가 귀살인 子를 제압하니 형량이 가벼워지거나 사라진다.

○ **도난** : 도신(盜神)이 卯이니 동방의 대나무 숲에 있다. 사찰의 가까운 곳에서 보면 배나 차가 왕래하는 곳이다.

→ 현무의 음신이 '도신(盜神)'이고, 도신 방위에 도둑이 숨어 있다. 밤에 점단하면 도신이 卯이니 동방의 대나무 숲에 도둑이 있고, 낮에 점단하면 도신이 丑이니 동북방의 식료품 창고 옆이나 혹은 무덤 근처에 도둑이 있다.

○ **전쟁** : 승전하고 상을 받는다.

→ 귀살은 적군이다. 초전의 귀살 子를 중전의 未토가 제압하니 승전한다. 그리고 일간의 장생인 말전의 寅이 일간을 생하여 오니 국가로부터 상을 받는다.

□ **『필법부(畢法賦)』** : 〈제11법〉 비록 귀살이 무리를 짓더라도 전혀 두렵지 않다.

→ 간상 및 초전의 子가 비록 일간의 귀살이지만 중전의 未와 지상의 丑이 제압하니 귀살이 두렵지 않다.

〈제68법〉 귀살을 제압하는 자리가 곧 훌륭한 의사가 있는 곳이다.

→ 초전의 귀살의 오행인 子를 戌토가 제압하니 戌이 임한 묘방(卯方, 정동)이 훌륭한 의사가 있는 방위이다.

☐ 〈산음도사(山陰道士)〉가 말하기를 병일(丙日)의 태신은 子이다. 정월에 정단하면 처가 임신한거나 혹은 첩이 임신한다. 현무가 타고 있으니 사사롭게 임신한 것이다. 만약 공망되면 부모를 닮지 않은 자식이다.

☐ 『과경(課經)』: 병일(丙日)의 태신은 子이고 양신은 丑이다. 정월에는 혈지와 혈기에 해당하고 양신이 태신을 극하니 출산을 정단하면 출산이 신속하다. 태아를 정단하면 태아가 상하고 12월에 정단해도 마찬가지이다.

갑진순 | 병오일 | 7국

丙午일 제7국

공망 : 寅·卯
낮 : 왼쪽 천장, 밤 : 오른쪽 천장

- **과체** : 반음(返吟), 삼교(三校) // 무의(無依), 형상(刑傷), 덕경(德慶), 회환(回還), 무음(蕪淫), 교차상극(交叉相剋), 맥월(驀越), 오양(五陽), 간지동류(干支同類), 명암이귀(明暗二鬼), 여덕(勵德/낮), 천을신기(天乙神祇/밤), 록절(祿絶).

- **핵심** : 일간을 지키면 귀살을 만난다. 서로 불미스럽다. 壬子가 중전에 있으니 관직자에게 좋다.

- **분석** : ❶ 일간 丙은 亥로부터 극을 당하고 일지 午는 간상의 子로부터 극을 당하니, 일간과 일지를 지키면 모두 귀살일 뿐이다. 子는 丙을 극하고 亥는 午를 극하니 서로 불미스럽다.
  ❷ 중전의 천반이 子이고 다시 그 둔반이 壬이어서 관성이 매우 왕성하니, 관직자는 길하지만 일반인은 좋지 않다.

- **정단** : ❶ 반음과는 감괘(坎卦)와 리괘(離卦)가 뒤바뀌니 일상의 모든 일에서 변덕스럽다.
  ❷ 양인(羊刃)인 午가 초전과 말전에 보이지만, 이것을 중전의 子가 제압하니 흉하지 않다.

❸ 낮에는 午에 현무가 타고 있으니 재물을 물으면 매우 나쁘고, 만약 관직을 구하는 정단을 하면 천을귀인이 보이고 인월, 신월, 사월, 해월에는 子와 午가 천마이니 길하다.

※ 천마

월건 신살	寅	卯	辰	巳	午	未	申	酉	戌	亥	子	丑
천마 (天馬)	午	申	戌	子	寅	辰	午	申	戌	子	寅	辰

○ **날씨** : 수는 상이고 화는 하이니 비가 온다. 만약 오랫동안 비가 왔다면 오히려 갠다.
　→ 일간은 하늘이다. 일간의 천반이 亥수이고 지반이 巳화이니 비가 온다. 반음과이니 만약 오랫동안 비가 왔다면 오히려 갠다.
○ **가정** : 밤에 정단하면 가택신이 불안하다. 집에 귀신이 있다.
　→ 밤에 정단하면 귀인승신 亥가 일지 午를 극하니 가택신이 불안하고, 일간의 귀살인 子가 지상에 임하니 집에 귀신이 있다. ● 가상 : 나쁘다. 일간 丙화는 간상의 亥수로부터 극을 받으니 사람에게 우환이 발생하는 가상이고, 일지 午화는 지상의 子수로부터 극을 받으니 집에 우환이 발생하는 가상이다. 낮에 정단하면 지상에 육합이 타고 있으니 자녀에게 우환이 발생하고, 밤에는 천후가 타고 있으니 부녀자에게 우환이 발생한다.
　● 일간 丙은 지상의 子로부터 극을 받고 일지 午는 간상의 亥로부터 극을 받아서 교차상극(交叉相剋)하니 가족이 서로 화목하지 않다. ● 일간은 지상의 극을 당하고, 일지는 간상의 극을 당하니 부부가 간통하여 부부가 불화한다.
○ **혼인** : 일간과 일지의 상신이 교차상극(交叉相剋)하니 혼인이 성사되지 않는다.

→ 일간 丙은 지상의 子로부터 극을 받고 일지 午는 간상의 亥로부터 극을 받아서 교차상극하니 혼인이 성사되지 않는다. 반음과이니 설령 혼인을 약속했거나 약혼을 했더라도 약속이 번복된다.

○ **임신·출산** : 삼전이 모두 양이고 간상이 음에 속하니 임신하면 딸이다. 일간과 일지가 비화한다.

→ 삼전은 태아가 생육되는 과정으로서 삼전이 모두 양이다. 양이 극에 이르면 음이 되니 딸이고, 지반이 천반을 극해서 발용이 되었으니 다시 딸이다. ● 반음과이니 임신을 정단하면 태아가 상하고, 출산을 정단하면 속히 출산한다.

○ **구관** : 주작귀살이 일간에 임하니 탄핵을 예방해야 한다.

→ 주작은 언어와 문서, 귀인은 관청의 공무원이다. 낮에 정단하면 주작이 귀살에 타서 일간을 극하여 오니 탄핵을 당한다. 밤에 정단하면 귀인이 관성에 타고 있으니 관직에 길하지만, 만약 임명직 공무원이나 공기업 직원은 퇴임할 우려가 있다. 또한 일반 회사의 직원이 정단하면 만임하지 못할 우려가 있다. ● 구관 : 낮에는 주작귀살이 일간을 극하니 낙방한다.

○ **질병** : 巳午가 亥子에 가하니 한열격(寒熱格)이다. 주로 폐병이거나 심장병이다. 반복되는 것을 예방해야 한다.

→ 巳午는 열, 亥子는 한이다. 과전의 巳午가 亥子에 가했으니 열로 인해 폐병이 생기거나 심장병이다. 반음과이니 이러한 질병이 반복되는 것을 예방해야 한다. ● 천을신기 : 밤에 정단하면 천을귀인이 亥에 타서 일간 丙을 극하여 '귀수(鬼祟)'가 있으니, 수법을 행사할 수 있는 법사의 도움을 받아야 병이 낫는다.

○ **도망** : 낮에 정단하면 잡을 수 있다.

→ 낮에 정단하면 현무승신 午가 중전의 子로부터 충과 극을 당했으니 도둑을 잡을 수 있다.

○ **유실** : 장물이 아직 이동하지 않았다. 중전이 현무를 제극하니 도둑

이 발각된다.

→ 현무는 도둑이다. 현무승신인 午화가 중전의 子수로부터 충과 극을 받으니 장물이 다른 곳으로 이동되지도 않고 도둑은 잡힌다.

○ **출행** : 일진에 관귀가 임하니 수로와 육로가 모두 나쁘다.

→ 현대에서는 일간은 여행객, 일지는 여행지이다. 일간인 丙이 간상의 亥로부터 극을 받으니 신상에 해를 입고 다시 지상의 子로부터 극을 받으니 여행지에서 흉한 일을 당한다. 낮에는 간상에 주작이 타고 있으니 구설수가 생기고 밤에는 귀인이 타고 있으니 공무원으로부터 해를 입는다.

○ **귀가** : 낮에 정단하면 먼저 소식이 도착한다.

→ 주작은 소식, 일간은 기다리는 사람이다. 주작이 일간에 임했으니 먼저 소식이 온다. 주작이 귀살인 亥에 타고 있으니 나쁜 소식이다.

↑ **쟁송** : 나와 상대 모두 흉하다.

→ 나를 뜻하는 일간 丙은 간상의 子로부터 극을 받았고, 상대를 뜻하는 일지 午는 지상의 子로부터 극을 받았으니 나와 상대 모두 흉하다.

○ **전쟁** : 주(主)는 강하고 객(客)은 약하다.

→ 하적상을 한 과가 발용이 된 중심과의 상이니 주는 강하고 객은 약하다. ● 전쟁에서 수성하는 전술이 요구된다. ● 참고로 주는 수성하는 군대, 객은 공격하는 군대이다.

□ 『**필법부(畢法賦)**』 : 〈제48법〉 귀살에 천을귀인이 타면 곧 하늘 귀신과 땅 귀신의 해가 있다.

→ 밤에 정단하면 천을귀인이 일간의 귀살인 亥에 타고 있으니 신의 해코지가 있다.

〈제63법〉 서로 상하니 양쪽 모두 손상을 방비해야 한다.

→ 일간은 나, 일지는 상대이다. 일간은 간상의 亥로부터 극을 받고 일지는 지상의 子로부터 극을 받으니 나와 상대 모두 손상을 받는 것을 예방해야 한다. 주로 주객과 관련이 있는 가정, 쟁송, 동업, 쟁송 등에서 활용된다.

〈제64법〉 부부가 음란하여 각기 사통하는 일이 있다.

→ 일간은 지상의 극을 당하고, 일지는 간상의 극을 당하면 '무음(蕪淫)'이다. 반드시 사적으로 간통하여 부부 불화의 뜻이 있다.

□ 『과경(課經)』: 亥가 丙에 가했으니 드러난 귀살이고 지상의 둔반이 壬이니 드러나지 않은 귀살이다. 일간과 일지가 각각의 상신으로부터 극을 당하고 다시 각각 극하는 지반에 앉아 있으니 모두 상한다. 일반인이 정단하면 반드시 질병과 소송이 생긴다. 만약 이미 흉한 재앙이 지나갔다면 옛일을 매듭짓는 일에서 좋다.

□ 『육임심경(六壬心鏡)』: 무의이고 반음이다. 먼 곳으로 도망친 사람을 쫓아가서 찾아야 한다. 공무원은 쉽게 직위를 옮기고, 맺었던 친구와는 이별한다. 중복이 많아서 질병을 정단하면 두 가지의 질병이 생긴다.

丙午일 제 8 국

공망 : 寅·卯
낮 : 왼쪽 천장, 밤 : 오른쪽 천장

甲	己	○	
白 辰 白	貴 酉 朱	青 寅 玄	
亥	辰	酉	
庚	○	辛	甲
蛇 戌 蛇	空 卯 常	朱 亥 貴	白 辰 白
丙 巳	戌	午	亥

庚 蛇 戌 巳	辛 朱 亥 午	壬 合 子 未	癸 陰 丑 申
己 貴 酉 辰 朱			○ 青 寅 酉 玄
戌 后 申 卯 合			○ 空 卯 戌 常
丁 陰 未 寅	丙 勾 午 丑 玄	乙 常 巳 子 空	甲 白 辰 亥 白

□ **과체** : 육의(六儀), 참관(斬關), 비용(比用) // 지일(知一), 덕경(德慶), 복덕(福德), 유도액(幼度厄), 간지동류(干支同類), 양사협묘(兩蛇夾墓), 묘신부일(墓神覆日), 육편판(六片板/밤), 귀인입옥(貴人入獄/낮), 천을신기(天乙神祇/밤).

□ **핵심** : 두 마리의 뱀이 묘지를 타고 있으니 흉한 재액으로 인해 흉악하다. 일간의 귀살은 일지에 임했고, 장생을 좀 벌레가 갉아 먹는다.

□ **분석** : ❶ 丙의 묘신인 戌에 주야 모두 등사가 타고 있다. 지반의 巳가 등사의 본궁인데, 두 마리의 뱀이 묘지를 타고 일간에 임했으니 흉하고 어두운 상이다.

❷ 일지에 임한 일간의 귀살 亥가 일지 午를 극하지만 다행히 발용이 된 천강(辰)이 지상의 귀살을 제압하고 간상의 묘신을 깨트리니 서민에게는 구제신이 된다.

❸ 말전의 寅이 다시 구제신을 극한다. 戌과 亥가 제멋대로 행동한다. 寅이 일간과 일지의 장생이니 간지의 좀 벌레가 아니겠는가?

□ **정단** : ❶ 순수(旬首)가 발용이 되어 격명이 '육의(六儀)'이니 백사를

꾀하여 마음먹은 대로 획득할 수 있다. 다만 재성인 중전의 酉에 밤에는 주작이 타고 지망(辰)에 들어가니 재물로 인해 화가 생긴다.
❷ 말전의 寅이 공망되었으니 시작을 하더라도 결실이 없으니 반드시 갑진순을 지나서 공망이 메워져야 구제가 된다.

○ **날씨** : 수는 오르고 화는 내리며, 귀살인 亥가 일간과 일지를 극하니 반드시 비가 온다.
  → 일간은 하늘, 일지는 땅이다. 일지의 상하가 亥수와 午화이니 수는 오르고 화는 내린다. 그리고 亥가 일간인 丙과 일지인 午를 극하니 비가 온다.
○ **가정** : 밤에 정단하면 천을귀인이 귀살에 타서 가택에 앉아 있으니 가택이 불안하고, 묘신이 일간을 덮고 있으니 사람에게 어두운 일이 많다. 낮에 정단하면 주작이 가택에 드니 관재구설이 생길 우려가 있다.
  → 일지는 집, 귀살은 재앙이다. 낮에는 주작이 귀살인 亥에 타서 일지를 극하니 집에 구설수가 닥치고, 밤에는 천을귀인이 귀살인 亥에 타서 일지를 극하니 집에 관재가 닥친다. ● 일간은 집에 사는 사람, 묘신은 어둠의 신이다. 주야 모두 등사가 묘지에 타고 있으니 이 집에 거주하는 사람에게 어두운 일이 닥친다. 만약 오월(午月)에 정단하면 戌이 묘신이니 암을 예방해야 한다.
○ **혼인** : 간지의 상신이 상극(相剋)하고 청룡과 천후가 상극하니 길하지 않다.
  → 일간은 나, 일지는 배우자감이다. 간상의 戌이 지상의 亥를 극하니 혼인과 궁합이 나쁘다. 일간은 '양사협묘(兩蛇夾墓)'가 되었고 지상은 귀살이어서 나와 상대 모두 어려움에 봉착해 있어서 혼인할 상황이 아니니 길하지 않다. ● 상대방 : 낮에는 지상에 주작이 타고

있으니 말이 많은 사람이고, 밤에는 지상에 귀인이 타고 있으니 귀한 사람이다. ● 지일과 : 혼처를 구할 경우에는 가까운 사람이나 장소에서 구하면 되고, 배우자를 결정할 경우에는 가까운 사람이나 장소에 있는 사람을 선택하면 된다.

○ **임신·출산** : 일간이 일지를 극하니 흉하다.

→ 일간은 태아, 일지는 임신부이다. 지상의 亥수가 간상의 戌토로부터 극을 당하니 임신부의 몸이 상할 우려가 있고, 다시 일지 午화가 지상의 亥수로부터 극을 당하니 임신부의 몸이 상할 우려가 있다. ● 일간의 상하가 모두 양이니 아들이고, 삼전의 두 양이 하나의 음을 감싸고 있으니 다시 아들이다. ● 제2과에서 손을 뜻하는 卯가 발을 뜻하는 戌에 가했으니 역산(逆産)을 예방해야 한다.

○ **질병** : 양사협묘(兩蛇夾墓)여서 적괴(암)가 있으니 구제할 수 없고, 자꾸 머리를 흔드는 병이 있다.

→ 간상의 戌은 일간의 묘신이다. 이 묘신에 등사가 타고 그 지반이 다시 巳(등사)이니 양사협묘이다. 양사협묘는 암으로서 낫기 어렵다. 진년(辰年)이나 진월(辰月)에는 묘신인 戌을 충을 하니 다소 호전된다. ● 지상이 亥이니 머리에 병이 있다. 병증을 뜻하는 亥가 사람을 뜻하는 일간을 극하여 오니 중증이다. 의약신 辰이 亥에 가했으니 해방(亥方, 서북방)에 명의와 명약이 있다. ● 연명이 卯인 사람이 밤에 정단하면 칠성판을 뜻하는 육합이 몸을 뜻하는 申에 타서 관(널)을 뜻하는 卯에 임한다. 만약 진월(辰月)에 정단하면 申이 사기이니 필사한다. ● 천을신기 : 밤에 정단하면 천을귀인이 亥에 타서 일간 丙을 극하여 귀수가 있으니, 수법을 행사할 수 있는 법사의 도움을 받아야 병이 낫는다.

○ **귀가** : 주작이 가택에 드니 먼저 소식이 있다.

→ 주작은 소식이다. 낮에 정단하면 소식을 뜻하는 주작이 집을 뜻하는 지상에 타고 있으니 먼저 소식이 온다. ● 지일과이니 출행한

사람이 근처에 있다.
- **쟁송** : 귀인이 감옥에 갇혔으니 수감되는 것을 벗어나기 어렵다.

  → 귀인은 공무원, 辰은 감옥이다. 공무원이 낮에 정단하면 귀인이 辰에 임했으니 공무원이 수감되는 것을 벗어나기 어렵다. ● 서민이 정단하면 일간이 양사협묘(兩蛇夾墓)이니 주야 모두 수감되는 것을 벗어나기 어렵다. ● 복역 중인 사람을 정단하면 묘신이 충(沖)이 되어 깨지는 진년(辰年)이나 진월(辰月)이나 진일(辰日)에 석방된다.
- **전쟁** : 일간에는 묘신이 임하고 일지에는 귀살이 임하니 주객이 모두 흉하다.

  → 일간은 아군, 일지는 적군이다. 일간에는 암흑을 뜻하는 묘신 戌이 임하니 아군에게 어둡고, 일지에는 일지의 귀살인 亥가 임하니 적군에게 재액이 있으니 아군과 적군 모두 흉하다.

□ 『**필법부(畢法賦)**』: 〈제48법〉 귀살에 천을귀인이 타면 곧 하늘 귀신과 땅 귀신의 해가 있다. 질병정단을 하면 반드시 하늘 신과 땅 신의 해코지가 있다. 공을 닦고 덕을 베풀어서 가택신을 편안하게 위로하면 일반인에게 거의 모든 재앙이 사라진다.

〈제53법〉 양 쪽의 등사에서 묘신을 끼면 흉을 면하기 어렵다. 질병정단을 하면 반드시 배 속에 적괴(癌)가 있고, 이로 인하여 이 질병을 치료하지 못한다.

→ 만약 본명이나 행년이 亥이면 그 상신인 辰이 묘신을 깨트리니 수명이 조금은 연장된다.

□ 『**육임지남(六壬指南)**』: 2월에 월장 戌을 점시 巳에 가한 뒤에 陳(진)과 蔡(채) 두 성씨가 '총융(總戎)' 관직자의 승진을 정단한다. 먼저 진씨가 추천을 받고 나중에 채씨가 추천을 받는다. 진씨의 본명은 亥이고 채씨의 본명은 辰이다. 지금 귀인이 亥에 타서 관성이 되어 일

지에 임했고, 일지의 음신이 발용이 되었으니 본명이 亥인 사람이 추천되는 것을 알 수 있고, 나중에 본명이 辰인 사람이 추천을 받는 것을 알 수 있다. 과연 정단이 적중했다.

→ 사과는 천지반도 열 두 궁의 대표가 선발된 상이고, 발용은 사과의 내 궁의 대표가 선발된 상이다. 따라서 발용이 된 본명이 사람이 먼저 추천을 받아 승진한다.

※ 이우산, 『육임실전』 2, 대유학당, 2014, 91쪽~92쪽 참조.

□ 『**옥력경(玉歷經)**』: 귀인을 만나서 귀인에게 부탁하는 모든 일은 반드시 세 번을 만나서 요청해야만 뜻을 이룬다.

→ 낮에 정단하면 천을귀인이 辰(나망)에 임하여 입옥되어 귀인이 나에게 화를 내니 여러 번 만나서 요청해야 되고, 밤에 정단하면 귀인이 타고 있는 亥가 일간 丙을 극하여 오니 낮과 마찬가지로 여러 번 귀인을 만나서 요청해야만 내 뜻을 이룬다.

| 丙午일 | 제 9 국 |

공망 : 寅·卯
낮 : 왼쪽 천장, 밤 : 오른쪽 천장

己 貴 酉 朱	癸 常 丑 陰	乙 勾 巳 空	
巳		酉		丑
己 貴 酉 朱	癸 常 丑 陰	庚 后 戌 蛇	○ 白 寅 玄
丙 巳	酉	午	戌

己 貴 酉 巳 朱	庚 后 戌 午	辛 蛇 亥 未 陰 貴	壬 玄 子 申 后
戊 蛇 申 辰 合			癸 常 丑 酉 陰
丁 朱 未 卯 勾			○ 白 寅 戌 玄
丙 合 午 寅 青 ○	乙 勾 巳 丑 空 青	甲 空 辰 子 白	○ 卯 亥 常

□ **과체** : 중심(重審), 종혁(從革), 참관(斬關) // 형상(刑傷), 침해(侵害), 앙구(怏咎), 초전협극(初傳夾剋), 전국(全局), 화미(和美), 합중범살(合中犯殺), 삼전재효태왕(三傳財爻太旺), 복덕(福德), 오음(五陰), 아괴성(亞魁星), 간지동류(干支同類), 양귀수극(兩貴受剋), 처재효현괘.

□ **핵심** : 양 귀인이 의기소침하다. 낮 천장은 재물을 돕는다. 일록은 파쇄되었고, 집에는 먼지가 흩날린다.

□ **분석** : ❶ 밤 귀인 亥는 未에 임하고 낮 귀인 酉는 巳에 임해서 모두 지반으로부터 극을 당하니 귀인이 의기소침하다.
❷ 낮에는 삼전의 모든 천장오행인 토가 삼전의 금국을 도와서 일간의 재물을 도우니 재물을 탐할 수 있을 것 같다. 일록인 巳는 파쇄(破碎)되고 묘신인 戌이 다시 가택을 덮쳤으니, 사업을 경영하여 낭비되고 모든 것이 신기루처럼 사라진다.

□ **정단** : ❶ 삼전의 재물이 매우 왕성하니 오히려 재물이 훼손된다. 기이하게 돈을 벌더라도 횡포를 부려서 번 돈으로서 정당한 방법으로 번 돈이 아니다.

❷ 寅이 일간의 장생이지만 낮에는 백호가 타서 묘지에 들고 다시 왕성한 재물이 寅을 극하니 부모에게 이롭지 않다.
❸ 삼전이 삼합하여 금국을 이루어서 동류가 하나가 아니므로 여러 명이 동업자가 되어 생계를 꾸리는 것이 이롭다.

○ **날씨** : 맑은 날씨를 원하는 정단을 하면 비가 오고, 비를 원하는 정단을 하면 맑다.
→ 삼전이 종혁이니 비가 오고, 일간의 오행인 丙화가 종혁(從革)인 금국을 극하니 맑다.
○ **가정** : 지상에 묘신이 앉아 있다. 등사가 타고 있는 밤 정단에서는 귀신이 식구에게 해를 끼치니 사람과 집이 모두 안전하지 않다.
→ 묘신은 암매의 신, 등사는 혈광의 천장, 일지는 가정이다. 밤에 정단하면 등사가 묘신인 戌에 타서 지상에 임하니 식구가 해를 입는다. 낮에 정단하면 천후가 묘신에 타니 부녀자에게 우환이 생기는 것을 예방해야 하고, 밤에 정단하면 등사가 타니 가정에 사고나 질병으로 인한 우환이 발생하는 것을 예방해야 한다. 만약 오월에 정단하면 묘신인 戌이 오월의 사기이니 집에서 상(喪)을 당하는 일을 예방해야 한다. ● 장생은 부모, 백호는 질병이다. 낮에 정단하면 일지음신의 寅에 백호가 타고 다시 금국이 지나치게 강하니 부모의 건강이 매우 우려되며, 구병일 경우에는 부모상을 조심해야 한다.
○ **구관** : 밤에 정단하면 주작이 땅을 박차 비상하고, 염막귀인이 일간에 임한 뒤에 발용이 되었으며, 말전의 일덕과 일록이 체생하니 고시에 매우 이롭다.
→ 주작은 문장의 신, 염막귀인은 숨은 공무원, 일덕은 공무원, 일록은 공무원이 관청에서 받는 급여이다. 밤에 정단하면 주작승신인 酉가 발용이 되었으니 고시에 이롭고, 염막귀인이 일간에 임했으니

고시에 이로우며, 말전의 巳가 일덕귀인이니 공무원이 되는 상이고 또한 일록이어서 관청으로부터 급여를 받는 상이니 고시에 다시 이롭다.

○ **혼인** : 재성이 왕성하니 맞선을 봐도 된다.

➔ 일간은 나, 재성은 여자이다. 삼전의 재성이 왕성하니 맞선을 봐도 된다. ● 일지는 상대이다. 지상의 戌이 일간의 묘신이니 암매한 사람이다. ● 낮에는 지상에 천후가 타고 있으니 선량한 사람이고, 밤에는 지상에 등사가 타고 있으니 선량하지 않은 사람이다. ● 궁합 : 간상의 酉와 지상의 戌이 육해하니 나쁘다. ● 삼전이 종혁(從革)이니 배우자감을 바꾸는 상이다. 만약 지금의 여자와 혼인할 경우, 재국이 인성을 극하니 혼인한 뒤에 부모의 건강이 나빠지고 또한 생명이 준다.

○ **임신·출산** : 태신이 장생에 앉아 있으니, 임신은 길하고 출산은 이롭지 않다.

➔ 태신은 태아이다. 태신인 子가 子의 장생인 申에 앉아서 생을 받으니 임신을 정단하면 태아가 성장하는 상이니 길하고, 출산을 정단하면 이롭지 않다. 그리고 과전이 삼합하니 임신은 길하고, 출산은 이롭지 않다.

○ **구재** : 재물을 얻는다.

➔ 삼전의 酉丑巳가 일간의 재국이어서 삼전의 재물이 지나치게 많으니 오히려 재물이 훼손된다. 다만 일간 丙이 왕성해지는 여름과 봄에 정단하면 일간이 왕성하고 재성도 왕성하니 큰돈을 번다. ● 삼전이 삼합하여 재국을 이루어서 동류가 하나가 아니므로, 여러 명이 동업해서 생계를 꾸리는 것이 이롭다. ● 중심과(重審課)이니 심사숙고해서 동업해야 한다.

○ **질병** : 사신이 일간에 임한 뒤에 발용이 되었고, 지상의 묘신이 육해(六害)하니 흉이 심하다.

→ 12운성의 사(死)는 사망, 묘신은 매장의 상이다. 일간의 사신인 酉가 간상에서 발용이 되었으니 사망하는 상이고, 다시 일간의 묘신인 戌이 지상에 임하니 흉이 심하다. 다행히 과전의 천반에 귀살과 백호가 나타나지 않았다. ● 밤에는 등사가 묘신에 타니 암을 예방해야 한다. ● 삼전이 재국이니 위장병이 있고 요각통이 있다. ● 만약 부모의 질병을 정단하면 일간의 장생인 寅이 공망되었으니 사망할 우려가 있다.

○ **출행** : 여러 명이 함께 여행하는 것이 좋다.

→ 일간의 음양과 일지의 음양과 삼전이 삼합하니 여러 명이 함께 여행하는 것이 좋다.

○ **귀가** : 주작이 일간에 임한 뒤에 발용이 되었으니 며칠 안에 소식이 도착한다.

→ 주작은 통신의 천장이다. 주작이 일간에 임했으니 며칠 안에 소식이 온다. ● 여정을 뜻하는 삼전이 삼합하니 여행지에서 여러 사람과 어울리고 있다.

○ **쟁송** : 밤에 정단하면 관귀효가 협극(夾剋)되고 구진이 일간의 자손효인 未에 타서 문에 임하니 쟁송이 풀린다.

→ 귀살은 재앙, 구진은 관재이다. 밤에 정단하면 관귀효인 亥수가 지반의 未토와 귀인의 오행인 未토로부터 협극되었으니 우환이 사라지고, 다시 구진이 문을 뜻하는 卯에 임하니 쟁송이 풀린다.

○ **전쟁** : 戌이 일간의 묘신인데 酉가 戌을 육해하니 나에게는 이롭고 상대에게는 이롭지 않다.

→ 일간은 아군, 일지는 적군이다. 지상이 일간의 묘신이니 적에게 이롭지 않은데, 간상의 酉가 발용이 되어 지상의 戌을 육해하니 아군에게는 이롭고 적군에게는 이롭지 않다.

○ **분묘** : 용(龍)의 기운이 매우 왕성한 묘지의 상이다. 다만 재물을 소모할 우려가 있다.

→ 일지는 묘지이다. 지상의 戌이 북두칠성을 뜻하는 괴강이니 용의 기상이 강하다. 다만 지상의 戌이 일간을 설기하니 재물을 소모할 우려가 있다.

□ 『**필법부(畢法賦)**』: 〈제49법〉 양 귀인이 극을 받으면 귀인에게 아뢰는 일에서 뜻을 성취하기 어렵다.
　→ 낮 귀인 酉는 지반의 巳로부터 극을 받고 밤 귀인 亥는 지반의 未로부터 극을 받아 두 귀인이 모두 상했으니, 귀인에게 청탁하면 나의 요청을 들어주지 못한다.
〈제76법〉 서로 시기하여 모두에게 화가 미친다.
　→ 간상의 酉와 지상의 戌은 서로 육해한다.
〈제84법〉 합 속에 살을 범하면 꿀 속에 비상이 있다.
　→ 비록 삼전이 삼합하지만 초전의 酉와 간상의 酉가 육해이고, 중전의 丑과 지상의 戌이 형을 한다.

□ 『**과경(課經)**』: 戌이 午에 가했으니 묘신이 가택을 덮쳤다. 만약 戌이 월장이면 태양이 집을 비춰서 가옥이 반드시 양으로 향하니 길경한 일이 많다.

□ 『**과경(課經)**』: 월장 子를 점시 申에 가한 뒤에 '유주'가 포위된 것에 대해 정단한다. 과전이 종혁(從革)인데 종혁이 일간을 형(刑)하고 일지를 해(害)한다. 봄에 정단하면 금국인 숙살지기가 반사(返射)된다. 본명인 戌이 장생인 寅으로부터 극을 당하니 전혀 풀리지 않는데, 일간에는 사기인 酉가 타고 일지에는 묘신인 戌이 타고 있다. 일간과 일지와 연명상신이 모두 형·극·묘·해(刑·克·墓·害)를 당하니 죽임을 당하는 것을 어찌 의심하겠는가? 나중에 정단한 것과 결과가 같았다.

丙午일 제 10 국

공망 : 寅·卯 ○
낮 : 왼쪽 천장, 밤 : 오른쪽 천장

戊	辛	○	
蛇申合	陰亥貴	白寅玄	
巳	申	亥	

戊	辛	己	壬
蛇申合	陰亥貴	貴酉朱	玄子后
丙巳	申	午	酉

戊蛇申巳	己貴酉午 朱	庚后戌未 蛇	辛陰亥申 貴
朱 丁未辰			玄壬子酉 后
合 丙午卯 青			常癸丑戌 陰
勾 乙巳寅 ○	甲空辰丑 青	○ 白卯子 常	○ 白寅亥 玄

□ **과체** : 원태(元胎), 생태(生胎), 비용(比用) // 삼기(三奇), 형통(亨通), 체생(遞生), 무음(蕪淫), 교차상극(交叉相剋), 신입상여(身入喪輿), 백호입상여, 절신가생(絶神加生), 간지동류(干支同類), 귀인수극(貴人受剋/낮), 명암이귀(明暗二鬼), 천을신기(天乙神祇/밤).

□ **핵심** : 밤 귀인은 악마와 귀살이고 낮 귀인은 지나쳐도 된다. 재성 겸 역마가 과전이 드니 나를 추천하는 사람이 많다.

□ **분석** : ❶ 밤 귀인 亥가 일간의 관귀효이니 악마와 귀살이다. 처재효인 낮 귀인 酉가 일지에 임하니 반드시 귀인이 보이지 않게 나에게 은혜를 베푼다.
❷ 간상의 申이 발용이 되어 처재효와 역마이고 다시 삼전이 일간을 체생(遞生)하니 나를 추천하는 사람이 많지 않겠는가?

□ **정단** : ❶ 지일과는 해결되지 않는 일이 많다.
❷ 육합이 역마인 申에 타서 스스로 간상에서 발용이 되어 재성이고, 중전은 관성이며, 말전은 장생이니, 관직을 정단하면 모든 일에서 좋다. 말전의 寅이 비록 초전의 申으로부터 드러나게는 극을 당

하지만 몰래는 도움을 받으니 큰 이익이 있다. 다만 寅이 갑진순의 공망이 되었으니 반드시 공망이 메워져야 완전히 좋다.

→ 삼전이 일지를 체생(遞生)하지만 말전이 공망되었으니 체생이 불발한다. 설령 공망된 말전의 寅이 튼실해지더라도 나를 뜻하는 간상의 申을 충하니 완전히 길하지는 않다.

○ **날씨** : 수는 장생에 앉아 있고 천강은 음을 가리키니 반드시 비가 온다.

→ 오행의 수는 비(雨)이다. 亥수가 초전의 申으로부터 생을 받고 다시 지반의 申으로부터 생을 받으니 비가 온다. 다시 대각성(辰)이 음의 12지인 丑에 임했으니 비가 온다.

○ **가정** : 사람과 집이 평안하다. 다만 '해리격(解離格)'이니 부부가 반목할 우려가 있다.

→ 일간은 사람, 일지는 집이다. 초전의 申이 중전의 亥를 생하고, 중전이 말전의 寅을 생하며, 말전이 일간 丙을 생해서 '형통격'이니 사람과 집이 평안하다. 다만 일간 丙이 지상의 酉를 극하고, 일지 午가 간상의 申을 극해서 해리격이니 부부가 반목하고 헤어질 우려가 있다. ● 지상이 재성인 酉이니 집에 재물이 넉넉하다.

○ **혼인** : 불길하다.

→ 일간 丙이 지상의 酉를 극하고, 일지 午가 간상의 申을 극해서 해리격이니 혼인이 불길하다. ● **궁합** : 해리격(解離格)이니 나쁘다. ● **혼처** : 지일과이니 가까운 사람이나 장소에서 구하면 된다. 둘 이상의 배우자감이 있을 경우에는 오랫동안 사귄 사람이나 친한 사람을 선택하면 된다. ● **상대** : 낮에는 지상에 귀인이 타고 있으니 귀한 사람이고, 밤에는 지상에 주작이 타고 있으니 말이 많은 사람이다.

○ **임신·출산** : 딸이다. 태신이 사지에 앉아 있고 일간과 일지가 상극하

니 출산은 흉하다.

→ 지반은 음, 천반은 양이다. 지반이 천반을 극하여 발용이 되었으니 딸이고, 삼전의 두 양이 하나의 음을 감싸고 있으니 다시 딸이다. ● 일간은 태아, 일지는 임신부이다. 일간과 일지가 교차상극(交叉相剋)해서 태아와 임신부의 몸이 모두 상하는 상이니 출산이 흉하다.

○ **구관** : 염막귀인이 삼전으로 나아가고 다시 삼전이 체생하니 반드시 시험에 합격한다.

→ 삼전이 일간을 체생한다. 즉 초전의 申이 중전의 亥를 생하고, 중전이 말전의 寅을 생하며, 말전이 일간 丙을 생하니 시험에 합격한다. ● 지일과이다. 가까운 곳에 지원하는 것이 좋다.

○ **구재** : 원행해서 구재하면 이익이 있다.

→ 재성은 재물, 역마는 원행을 뜻한다. 초전의 申이 재성과 역마이니 원행해서 구재하면 이익이 있다. ● 교차재성이다. 즉 지상의 酉는 일간의 재성, 간상의 申은 일지의 재성이다. 따라서 구재하면 안팎에서 돈을 번다. 만약 가을에 정단하면 재성이 왕성하니 가장 좋다.

○ **질병** : 폐경에 병이 들었다. 일간과 일지가 비화하니 낫기 어렵다.

→ 지상은 병증이다. 지상이 酉이니 폐경에 병이 들었다. ● 환자를 뜻하는 일간과 질병을 뜻하는 일지가 동일한 오행이어서 비화(比和)하여 친하니 병이 낫기 어려워 보이지만, 말전의 백호가 공망되었으니 결국 병이 낫는다. ● 부모의 질병을 정단하면 장생이 공망되었으니 위독하다. ● 지일과이다. 의약을 구할 경우 근처에서 구하면 된다. ● 申은 백호, 巳는 상여이다. 초전에서 申이 巳에 가했으니 상(喪)을 조심해야 한다. ● 천을신기 : 밤에 정단하면 천을귀인이 亥에 타서 일간 丙을 극하여 귀수가 있으니, 수법을 행사할 수 있는 법사의 도움을 받아야 병이 낫는다.

| 갑진순 | 병오일 | 10국 |

○ **출행** : 역마가 곧 재성이니 움직이면 재물이 생긴다.
　→ 역마는 이동의 신, 재성은 돈이다. 초전의 申이 재성과 역마이니 움직이면 재물이 생긴다.

○ **귀가** : 낮에는 주작이 丁에 타고, 밤에는 주작이 가택에 드니 소식이 온다.
　→ 주작은 소식, 일지는 집이다. 낮에는 주작이 정마에 타고 있으니 온다는 소식이 오고, 밤에는 주작이 지상에 임하니 집에 온다는 소식이 온다.

○ **도난** : 낮에 정단하면 동방의 부엌에 도둑이 숨어 있다.
　→ 도둑은 현무의 음신(도신)에 숨어 있다. 낮에는 현무의 음신이 卯이니 동방의 부엌에 숨어 있고, 밤에는 현무의 음신이 巳이니 동남방의 화장실이나 욕실이나 담장에 숨어 있다.

○ **쟁송** : 일간과 일지가 교차상극(交叉相剋)하지만 육합이 발용이 되었으니 결국 화해한다.
　→ 일간은 나이고 일지는 상대, 육합은 화합의 천장이다. 비록 일간과 일지가 교차상극해서 서로 싸우는 상이지만, 밤에는 발용에 육합이 타고 있으니 결국 화해한다. 다만 낮에는 화해하지 않는다.

○ **전쟁** : 아군과 적군의 승률이 각각 반반이다.
　→ 일간은 아군, 일지는 적군이다. 일간과 일지가 동일한 오행이고 다시 간지의 상신이 동일한 오행이니 승률이 각각 반반이다.

□ 『**필법부(畢法賦)**』 : 〈제64법〉 부부가 음란하여 각기 사통하는 일이 생긴다. 반드시 사적으로 간통하여 부부 불화의 뜻이 있다.
　→ 일간인 丙은 지상의 酉를 극하고 일지인 午는 간상의 申을 극하니 부부 불화의 뜻이 있다.

□ 『**과경(課經)**』 : 간상의 申은 해리격(解離格)이다. 만약 남자의 연명이

午이고 그 위가 寅이며 아내의 연명이 子이고 그 위가 申이면, 천반과 지반에서 남녀의 연명이 극을 해서 하늘과 땅이 이별하는 상이니 부부가 서로 다른 마음을 품는다.

□ 『**육임지남(六壬指南)**』: 甲申년 유월의 丙午일에 월장 戌을 점시 未에 가한 뒤에 전쟁을 정단한다. 내변으로 인해 성이 파괴될 뿐만 아니라, 연경에 다시 근심이 있다. 초전의 처재효가 내전하고 여기에 상기가 타서 순공(旬空)이 되어 있는 말전을 충극하고, 일간과 일지가 다시 음신으로부터 극을 당하며, 일지가 다시 지상신을 극하므로 살고 있는 백성의 민심이 흩어진다.

병사와 말은 식량과 풀로 인해 내변이 일어났으니 좌우의 성을 헌납하고 성주를 죽이는 상이다. 그리고 말전의 寅은 '유연'인데, 초전의 역마인 申으로부터 충극을 당하므로, 어찌 연경이 안전하고 근심이 없겠는가? 곧 이날 경성이 또한 적에 의해 파괴를 당한다. 한 달여 만에 들은 소식과 뒤의 소식도 모두 이러하였다.

※ 이우산, 『육임실전』 2, 대유학당, 2014, 176쪽~177쪽 참조.

丙午일 제 11 국

공망 : 寅·卯 ○
낮 : 왼쪽 천장, 밤 : 오른쪽 천장

戊	庚	壬
蛇 申 合	后 戌 蛇	玄 子 后
午	申	戌
丁	己	戊	庚
朱 未 勾	貴 酉 朱	蛇 申 合	后 戌 蛇
丙 巳	未	午	申

丁未巳 朱	戊申午 勾蛇合貴	己酉未 貴朱	庚戌申 后蛇
丙午辰 合 青			辛亥酉 陰貴
乙巳卯 勾 空 ○			壬子戌 玄后
甲辰寅 青 白 ○	卯丑 空常	寅子 白玄 ○	癸丑亥 常陰

□ **과체** : 중심(重審), 진간전(進間傳), 섭삼연(涉三淵/申戌子), 사기(死奇)
// 여덕(勵德/밤), 복덕(福德), 오양(五陽), 강색귀호(罡塞鬼戶), 간지동류(干支同類), 교동(狡童/밤), 교차상합(交叉相合).

□ **핵심** : 일지는 역마이고 일간은 丁이니 주객이 환영한다. 귀살이 병을 부른다. 동정 모두 무성하다.

□ **분석** : ❶ 지상의 申은 역마이고 간상의 未는 정마이다. 역마와 정마가 과전에 있으니 반드시 움직이게 된다.

❷ 午未와 巳申이 교차상합(交叉相合)하니 주객이 환영하는 상이다. 다만 중전은 묘신인 戌이고 말전은 귀살인 子이다. 만약 귀살이 묘신에 있으면 흉을 부른다.

❸ 질병을 정단하면 나쁘다. 가만히 있으면 未에게 탈기(脫氣)를 당하고 움직이면 묘신 겸 귀살로 들어가니, 동정 모두 어찌 좋겠는가?

□ **정단** : ❶ 삼전이 간전(間傳)이니 전진해서 일이 막히고 지체된다.

❷ 간지가 교차상합(交叉相合)하니 서로 의기투합한다. 다만 격명이 섭삼연(涉三淵)이니 반드시 재물을 추구해서 혼미해진다. 이른바 이

로움을 쫓는 욕심이 사람의 밝은 지혜를 어둡게 만든다고 한다.

――――――――――――――――――――

○ **날씨** : 오행의 수가 극지에 앉아 있으니 구름이 많이 끼지만 비는 오지 않는다.
→ 오행의 수는 비(雨)이다. 子수가 戌토에 앉아 있으니 구름은 끼지만 비는 오지 않는다.

○ **가정** : 일간과 일지가 생합(生合)하니 사람과 집이 평안하다.
→ 일간은 사람, 일지는 집이다. 일간(기궁) 巳와 지상의 申이 상합하고, 일지 午와 간상의 未가 상합하니 사람과 집이 평안하다. ● 일간은 부모, 일지는 자식이다. 간지가 교차상합(交叉相合)하니 부모와 자식이 유정하다. ● 처재효인 지상의 申금이 일지인 午화로부터 극을 받아 상했으니 부녀자의 건강이 우려된다. 낮에는 지상에 등사가 타고 있으니 놀랄 일이 생기고, 밤에는 지상에 육합이 타고 있으니 화합사가 생긴다.

○ **혼인** : 천장이 불길하니 좋은 배필이 아니다.
→ 일지는 배우자감이다. 낮에는 지상에 등사가 타고 있으니 좋은 배우자감이 아니다. 다만 밤에는 지상에 육합이 타고 있으니 무방하다. ● 일간은 남자이다. 낮에는 간상에 주작이 타고 있으니 말이 많은 남자이고, 밤에는 간상에 구진이 타고 있으니 싸우기를 좋아하는 남자이다. ● 궁합 : 좋다. 일간(기궁) 巳와 지상의 申이 상합하고, 일지 午와 간상의 未가 상합하니 좋다. ● 아래가 위를 극해서 발용이 되었으니 온순한 여자가 아니다. ● 삼전이 섭삼연(涉三淵)이니 혼담이 지체되는 것을 예방해야 한다.

○ **임신·출산** : 태신이 묘지에 앉아 있으니 태아가 불안하다. 태아가 어머니의 배를 떠나지 않으려고 하니 출산이 불길하다.
→ 子는 일간의 태신이다. 子가 일간의 묘신인 戌에 앉아 있으니 나

쁘다. ● 일간은 태아, 일지는 어머니이다. 일간과 일지가 교차상합해서 태아가 어머니의 배를 떠나지 않으려고 하는 것이니 출산을 정단하면 불길하다.

○ **구관** : 관성이 묘신에 드니 은퇴하는 상이다.
→ 관성은 관직, 묘신은 암매의 천장이다. 관성인 子가 일간의 묘지인 戌로 들어가니 관직을 떠나 은퇴하는 상이다. 더군다나 관성인 子가 간상의 未와는 육해(六害)하니 더욱 불길하다.

○ **구재** : 많이 취하기 위해 욕심을 부리면 안 된다.
→ 재성은 재물, 묘신은 암매, 귀살은 재앙이다. 초전이 재성이니 재물을 취할 수 있다, 그러나 중전이 묘신인 戌이니 어둡고, 말전의 子가 일간을 극하여 오니 결국 재앙이 닥친다.

○ **질병** : 매우 흉하다.
→ 삼전이 섭삼연(涉三淵)이니 병환이 심하다. ● 일간은 사람, 일지는 질병이다. 일간과 일지가 교차상합(交叉相合)해서 병이 사람의 몸을 떠나지 않는 상이니 다시 흉하다. ● 비록 귀살인 子가 말전에 임하지만 의약신 戌이 바로 옆에서 제압하니 병이 낫는다. ● 의약신 戌이 임한 신방(申方, 동남방)에 명의와 명약이 있다. ● 천강(辰)이 寅을 막고 있어서 '강색귀호(罡塞鬼戶)'이니 점차 낫는다.

○ **출행** : 출행이 이롭다.
→ 일간은 여행객, 일지는 여행지이다. 일간과 일지가 교차상합하니 출행이 이롭다. ● 구재를 위해 출행할 경우에는 지상이 재성인 申이니 소득이 있다.

○ **귀가** : 역마가 집으로 왔으니 즉시 귀가한다.
→ 일지는 집, 역마는 자동차이다. 역마인 申이 일지에 임했으니 차를 타고 즉시 귀가한다.

○ **쟁송** : 육합이 역마에 타서 발용이 되었으니 중개하는 사람이 있다.
→ 육합은 중개하는 사람이다. 밤에 정단하면 육합이 역마를 타고

발용이 되었으니 중개하는 사람이 있다. ● 삼전이 섭삼연(涉三淵)이니 쟁송에서 전전긍긍하지만 간지가 교차상합(交叉相合)하니 화해가 가능하다. 만약 화해하지 않으면 말전의 둔간이 귀살이니 음해를 예방해야 한다. ● 중심과이니 재심(再審)이 유리하고 또한 장기전이 유리하다.

○ **도망** : 현무가 묘지에 임하고 간상의 구진이 현무를 제극하니 잡을 수 있다.

→ 현무는 도둑, 구진은 경찰이다. 낮에 정단하면 구진승신 未토가 현무승신 子수를 극하니 잡을 수 있다.

○ **전쟁** : 간상이 지상을 생하고 밤에는 육합이 역마에 타서 일지에 가한 뒤에 발용이 되었으니 적의 사신이 와서 강화한다.

→ 일간은 아군, 일지는 적군이다. 간상의 未가 지상의 申을 생하니 아군이 적군에게 은혜를 베푸는 상이고 다시 이곳에 화합의 천장인 육합이 타서 발용이 되었으니 아군과 적군이 강화하게 된다.

□ 『**필법부(畢法賦)**』 : 〈제85법〉 초전이 협극(夾剋)되면 모든 일이 뜻대로 되지 않는다.

→ 협극은 천반의 12신이 지반 및 천반에 타고 있는 천장오행으로부터 동시에 극을 받는 것이다. 낮에 정단하면 초전 천반의 申금이 지반의 午화 및 申에 타고 있는 등사의 오행인 丁巳화로부터 동시에 극을 받고 있다.

〈제40법〉 천후와 육합은 혼인 정단에서 중매인을 쓰지 않아도 된다.

→ 밤에 정단하면 초전에는 육합이 타고 말전에는 천후가 탄다. 미혼 남녀는 연애혼인하고, 기혼 남녀는 간음한다.

□ 『**과경(課經)**』 : 천상삼기는 일월성이다. 일(日)은 '복덕(福德)'이고 월(月)은 '형(刑)'이다. 일기(日奇)는 월장이고 월기(月奇)는 월수(月宿)

이다. 해가 나오면 간음과 도둑이 멈추고 귀신은 숨으며, 악한 짐승은 숨고 환자는 나으니 복(福)되다. 달밤에는 간음과 도둑이 멈추지 않고 귀신이 숨지 않으며, 악한 짐승들이 숨지 않으니 형(刑)이다. 성(星)은 '사기(死奇)'이고 북두이다. 이들이 서로 가하면 각각 영(靈)이 있다. 사맹(寅申巳亥)에 가하면 부모에게 근심이 생기고, 사중(子午卯酉)에 가하면 나와 형제가 근심이 생기며, 사계(辰戌丑未)에 가하면 처와 자식에게 근심이 생긴다. 또 일지에 가하면 월(月) 내에 흉과 길이 있고, 일간에 가하면 순(旬) 안에 흉과 길이 있다.

기(奇)가 일간에 가하면 흉과 길이 순(旬) 안에 있고, 일지에 가하면 월(月) 안에 흉과 길이 있다. 기가 태세에 가하면 길흉은 그 해에 있다. 기(奇)가 태세에 가하면 길흉은 연내에 있다. 임종 때에 태양(월장)이 비치면 기우는 액을 면한다.

丙午일 제 12 국

공망 : 寅·卯
낮 : 왼쪽 천장, 밤 : 오른쪽 천장

□ **과체** : 탄사(彈射), 진여(進茹), 불비(不備) // 주인(鑄刃/申酉戌), 간지상회(干支相會), 복덕(福德), 맥월(驀越), 간지동류(干支同類), 귀인입옥(貴人入獄/밤), 천라지망(天羅地網).

□ **핵심** : 午未는 새의 재물이다. 처첩이 임신한다. 음식으로 인해 병이 생긴다. 위경의 경락을 열어야 한다.

□ **분석** : ❶ 종괴인 酉에 주작이 타니 새의 재물이다. 午未는 모두 화이고 酉는 재물이니, 나와 경쟁자가 경쟁해서 얻은 재물이다.

❷ 申은 처이고 丑이 子에 가해서 '복태(腹胎)'이니, 나를 방문한 목적은 반드시 처의 임신을 정단하기 위해서이다.

❸ 삼전에 거듭하여 금이 있으니 삼전의 재성이 지나치게 왕성하다. 질병을 정단하면 음식으로 인해 질병이 발생했으니 위장을 열어야 한다.

□ **정단** : ❶ 진여(進茹)의 간지상에 천라지망(天羅地網)이 임하니 격명이 '장기(壯基)'이다. 모든 일은 가만히 고수하는 것이 이롭고 움직이면 그물과 양인(羊刃)으로 변한다.

❷ 요극과의 탄사(彈射)로서 申이 발용이 되었고, 일지와 일간과 초전이 모두 고을에서 합쳤다.
❸ 말전이 초전의 재성을 도우니 혼인과 임신과 재물을 정단하면 모두 길하다.

○ **날씨** : 나중에는 갠다.
  ※ 『육임직지』 원문에서는 "화는 상이고 수는 하이니 맑다."고 하였다.
  → 오행의 토는 수를 몰아낸다. 말전이 戌토이니 나중에 갠다.
○ **가정** : 사과의 재성이 발용이 되었다. 가을이 오면 재물을 얻는다.
  → 주작은 구설수, 구진은 쟁투의 신이다. 낮에는 주작이 지상에 타니 구설수를 예방해야 하고, 밤에는 구진이 지상에 타니 쟁투를 예방해야 한다.
○ **혼인** : 성사된다.
  → 일간은 나, 일지는 배우자감이다. 일간 丙과 일지 午가 비화(比和)하고 다시 간상의 午와 지상의 未가 서로 결합하는 상이니 혼인이 성사된다. ● **상대방** : 지상의 未가 일간 丙을 탈기하니 상대로 인해 손실을 입는다. 낮에는 지상에 주작이 타고 있으니 말이 많은 사람이고, 밤에는 지상에 구진이 타고 있으니 다투기를 좋아하는 사람이다. ● 사과가 하나의 음과 두 양이다. 한 여자가 두 남자와 교제하는 상이니 음란한 여자이다.
○ **임신·출산** : 딸을 임신한다. 간지가 상합하니 출산이 늦어진다.
  → 삼전은 임신된 태아가 생육되는 과정이다. 삼전의 두 양인 申과 戌이 하나의 음인 酉를 감싸고 있으니 딸을 임신한다.
○ **구관** : 한림원(翰林院)에 들어간다.
  → 중전의 酉에 귀인과 주작이 타고 있으니 흰옷을 입고 한림원에

들어간다.
○ **구재** : 삼전의 재성이 왕성하니 재물을 득할 수 있다.

→ 일지음신의 申은 재성이다. 가을이 오면 일지음신과 발용의 申이 왕성해지니 재물을 얻는다. 여름에 정단하면 재국인 삼전의 申酉戌이 왕성하니 일간 丙이 왕성해지는 여름에 큰 재물을 얻는다.

○ **질병** : 음식으로 인해 몸에 상했고, 오랫동안 병이 낫지 않는다.

→ 재성에는 재물과 음식의 뜻이 있다. 삼전이 재국을 이루었으니 음식을 많이 먹은 뒤에 병을 얻었다. 위기가 소통될 수 있도록 위기를 열어야 병이 낫는다. ● 삼전의 申酉戌이 각각 병, 사, 묘이니 위독하다. ● 삼전이 모두 재성이니 부모의 질병을 정단하면 낫기 어렵다.

○ **출행** : 사람과 집이 서로 합을 하니 움직이지 못한다.

→ 일간은 여행객, 일지는 집이다. 간상의 午와 지상의 未가 상합하니, 사람이 집을 그리워하여 오히려 집으로 귀가하는 상이니 출행하지 않는다.

○ **귀가** : 말전이 일간의 묘신이니 즉시 도착한다.

→ 묘신은 계절의 끝으로서 여행의 끝이기도 하다. 따라서 출행한 사람이 즉시 귀가한다.

○ **귀가** : 구진의 음신이 현무를 제압하니 잡을 수 있다.

→ 구진과 구진의 음신은 도둑을 잡는 사람, 현무는 도둑이다. 밤에 정단하면 구진의 음신인 未토가 현무승신 寅목을 제압하니 도둑을 잡을 수 있다.

○ **쟁송** : 간지의 상신이 상합하고 관귀효가 나타나지 않았으니 화해한다.

→ 일간은 나, 일지는 상대이다. 간상의 午와 지상의 未가 상합하니 양측이 화해하는 상이며, 다시 일지인 午가 간상으로 와서 일간과 서로 만나는 상이니 화해한다. ● 관재를 뜻하는 관귀효인 亥子가 과

전에 나타나지 않았으니 다행이다.
- **전쟁** : 이롭다.
  → 간지의 상신이 상합하니 화해가 가능하니 이롭다.

- □ 『**필법부(畢法賦)**』: 〈제55법〉 천라지망(天羅地網)을 만나면 모망사가 보잘 것이 없게 된다.
  → 매일의 제12국은 천라지망이다. 간상은 일간의 전1위, 지상은 일지의 전1위이니 천라지망이다.

  〈제68-2법〉 병든 몸으로는 큰 짐을 맡아 지기 어려운 격.
  → 삼전의 申酉戌은 재왕하고 일간은 쇠약하니 큰 재물을 얻지 못한다.

- □ 『**과경(課經)**』: 丙과 午는 본래 서로 이웃이고 간지의 상신이 육합하니 변환이 있다. 상대와 내가 함께 도모하며 의기가 투합하고 지향하는 것이 같은 상이다.

- □ 『**비요(秘要)**』: 丙午일의 간지는 동일한 종류이다. 재물을 물으면 나쁜데, 그 이유는 간지가 비견과 겁재이기 때문이다.
  → 이 과전에서는 삼전의 재국이 지나치게 왕성하다. 일지가 일간과 동일한 오행이어서 일간을 부조하니 삼전의 재국을 취하는 일에서 오히려 길하다고 해석한다.

- □ 『**임수경(壬髓經)**』: 삼전이 모두 재성이니 부모가 걱정된다.
  → 재성은 인성을 극한다. 삼전의 재국이 인성을 극하니 만약 부모의 질병을 정단하면 부모의 병이 낫기 어렵다.

- □ 『**지장부(指掌賦)**』: 삼전이 申酉戌이니 유금(流金)이다. 마치 서리가 내린 다리 위를 말을 타고 달리는 것과 흡사하다.

정미일

丁未日의 길신(구보)과 흉살(팔살)			
일덕	亥	형	
일록	午	충	
역마	巳	파	
장생	寅	해	
제왕	午	귀살	亥子
순기	亥	묘신	戌
육의(六儀)	甲辰	패신 / 도화	卯 / 子
귀인	주	亥	공망	寅卯
	야	酉	탈(脫)	辰戌丑未
합(合)		사(死)	酉
태(胎)	子	절(絶)	亥

대육임직지

| 갑진순 | 정미일 | 1국 |

丁未일 제1국

공망 : 寅·卯
낮 : 왼쪽 천장, 밤 : 오른쪽 천장

丁	癸	庚
常 未 朱	朱 丑 常	后 戌 后
未	丑	戌
丁	丁	丁	丁
常 未 朱	常 未 朱	常 未 朱	常 未 朱
丁 未	未	未	未

乙巳 空	丙午 勾	丁未 合	戊申 常 蛇
巳	午	未	申
甲辰 青			己酉 陰 貴
辰			酉
卯 空 勾			庚戌 戌 后 后
卯 ○			
寅 合	癸丑 白 朱	壬子 常 蛇	辛亥 玄 貴 陰
寅 ○	丑	子	亥

정미일 1국

□ **과체** : 복음(伏吟), 자신(自信), 가색(稼穡) // 유자(遊子/3·9월), 전국(全局), 간지상회(干支相會), 귀총(歸寵), 복덕(福德), 맥월(驀越), 신임정마(信任丁馬), 주객형상(主客刑傷), 귀등천문(貴登天門/낮), 여덕(勵德/밤).

□ **핵심** : 고요한 상태에서 움직인다. 노비(종업원)를 총애하면 안 된다. 낮에 정단하면 혼인으로 인한 지출이 생긴다. 출행인은 귀가한다.

□ **분석** : ❶ 초전과 간지에 정마가 셋이다. 복음과에 정마가 나타났으니 고요한 상황에서 움직인다.

❷ 묘신인 戌과 未가 있으니 세력을 형성해서 일간을 형(刑)한다. 戌은 노비(종업원)이다. 이곳에 천후가 타고 있으니 노비를 총애하면 안 된다.

❸ 일간이 태상승신과 천후승신으로 탈기(脫氣)가 되니 반드시 혼인으로 인한 지출이 있고, 묘신이 말전에 임하니 출행한 사람이 속히 귀가한다.

□ **정단** : ❶ 자신(自信)에 정마가 타니 오래 머무는 상이 아니고, 삼전

이 핍박하여 조화로운 기운이 전혀 없으니 꾀하는 일이 뜻대로 되지 않는다.
❷ 낮에 정단하면 연회가 있고 밤에 정단하면 문서가 있다. ❸ 만약 축월(丑月)에 정단하면 태상이 월파에 타고 있으니 상복을 입은 사람이 있고, 재물을 득해서 성사되며 관직에 있는 사람이 정단하면 매우 길하다.
→ 일간이 과전의 일곱 도둑으로부터 도난을 당하는 상이다. 일을 꾀하면 손실이 크니 꾀하지 않아야 한다.

○ **날씨** : 복음에 정마가 타니 흐리고 맑은 날씨가 일정하지 않다.
→ 복음과는 부동의 상, 정마는 변동의 상이다. 복음과의 사과와 삼전이 모두 가색이니 오랫동안 흐린 상이지만 정마가 발용이 되었으니 맑은 날씨이다.
○ **가정** : 택상이 불안하다. 낮에 정단하면 상복을 입고, 밤에 정단하면 화재를 예방해야 한다.
→ 태상이 귀살이나 형살에 타면 '상(喪)', 화의 천장인 주작이 지상에 타면 집에 화재가 발생한다. 따라서 낮에 정단하면 집에서 상을 당하고, 밤에 정단하면 집에 화재가 발생한다. 과전이 자손국이니 남편의 일과 관직에 매우 불리하다.
○ **혼인** : 삼전이 삼형(三刑)이니 불길하다.
→ 삼전은 연애나 혼담이 진행되는 과정이다. 삼전이 삼형이어서 연애나 혼담 과정에서 싸움이 발생하는 상이니 혼인이 성사되지 않는다. 만약 혼인하면 평생 싸우고 다투는 일이 끊어지지 않으니 흉하다. ● 특히 과전이 박관살이니 남편이 천수를 누리지 못하고 비명횡사 할 우려가 있다. ● 궁합 : 대흉하다. ● 성정 : 일지는 상대방이다. 낮에는 지상에 태상이 타고 있으니 음식과 음악과 바느질에

조예가 있고, 밤에는 지상에 주작이 타고 있으니 말이 많은 여자이다. ● 손익 : 일간 丁이 지상의 未로 탈기되니 상대는 나에게 손실을 입히는 사람이다.

○ **임신·출산** : 아들이다. 출산이 늦어진다.

→ 음이 극에 이르면 양이 된다. 과전의 12신이 모두 음이니 아들이다. ● 일간은 태아, 정마는 동요의 신이다. 일간에 정마가 임하니 태아가 움직여서 낙태 혹은 조기 출산할 우려가 있다. ● 삼전이 삼형이니 인공분만 할 우려가 있다. ● 복음과는 부동의 상이니 집 근처의 산부인과에서 분만하는 것이 이롭다.

○ **구관** : 분수에 만족하고 조용히 현 직위를 유지하는 것이 이로우며 경거망동하면 해롭다.

→ 사과와 삼전이 모두 상관국이다. 관직에 불리하니 분수에 만족하고 현 직위를 유지하는 것이 이롭다. ● 고시 : 상관은 관직을 파손시킨다. 과전이 상관국이니 나쁘다.

○ **구재** : 보내오는 곡식을 많이 얻는다.

→ 가색은 논밭과 곡식이다. 관직자가 정단하면 사과와 삼전이 모두 가색이니 타인이 나에게 보내오는 곡식이 많다. ● 그러나 비 관직자가 정단하면 과전이 가색이니 부동산업이나 농업에 종사하는 상이다. 과전이 자손국이고 말전의 둔반이 겨우 庚이니 투자는 많고 소득은 적은 상이다.

○ **질병** : 음식으로 인해 몸이 상한 병이고 구역질하고 구토한다. 치료가 가능하다.

→ 일간은 환자이다. 낮에 정단하면 음식을 뜻하는 태상이 일간에 임하니 음식으로 인해 병이 왔고, 과전이 토로만 구성되어 있으니 구역질하고 구토하는 등의 위장에 탈이 났다. 다행히 의약신이 있으니 치료가 가능하다. ● 과전이 토로만 구성되어 있으니 적체되어 있는 위장의 음식을 아래로 통과시켜야 한다. 만약 위장병을 수수

방관하면 위장이 굳어져서 위암이 될 우려가 있다.
○ **출행** : 삼전이 불길하니 출행하는 것이 출행하지 않는 것에 비해 나쁘다.

➜ 일간은 여행객, 일지는 여행지, 삼전은 여정이다. 일간이 지상으로 탈기되니 여행지에서 손실이 많고, 삼전이 삼형이며 자손국이니 여정에서 손실사고가 발생한다. 특히 말전이 일간의 묘신이니 최종 목적지에서 어두운 일이 발생한다. 만약 부녀자와 함께 여행할 경우, 천후승신이 묘신이니 부녀자의 생명이 위험한데, 만약 오월(午月)에 정단하면 더욱 나쁘다. ● 복음과이니 근행은 좋고 원행은 나쁘다.

○ **귀가** : 먼저 소식이 오고, 머지않아 귀가한다.

➜ 주작은 소식, 일지는 집이다. 밤에 정단하면 주작이 지상에 날아오니 소식이 온다. 복음과이니 근행한 사람은 곧 돌아온다. 그러나 원행한 사람은 귀가를 기약할 수 없다.

○ **쟁송** : 서로 이롭지 않다.

➜ 일간은 나, 일지는 상대이다. 삼전이 삼형(三刑)이니 양측 모두 형(刑)을 받을 우려가 있으니 서로 이롭지 않다. ● 승패 : 일간이 과전의 토국으로 탈기되니 내가 불리하다.

○ **유실** : 집을 벗어나지 않았다.

➜ 복음과는 유실물이 집을 벗어나지 않았다.

○ **도난** : 마을을 벗어나지 않았다.

➜ 복음과는 주역의 간괘(艮卦)로서 산을 뜻하고, 산이 앞을 가로막고 있는 상이니 도둑이나 도난품이 마을을 벗어나지 않았다.

○ **전쟁** : 서로 엇비슷하다.

➜ 일간은 아군, 일지는 적군이다. 일간인 丁(未)과 일지인 未가 동일하고 다시 그 상신이 동일한 오행인 未이니 아군과 적군의 전력이 엇비슷하다.

- 『**필법부(畢法賦)**』: 〈제89법〉 자임과 자신에 정마가 타면 모름지기 행동을 한다.
  ➜ 자임과 자신은 곧 복음과를 뜻하며, 복음과는 천반의 12신이 지반에 엎드려 있는 상이니 가만히 머무는 과이다. 그러나 복음과에 이동의 신인 역마나 정마나 천마가 임하면 이동을 하게 된다. 지금은 정마가 사과의 네 곳에 임하고 다시 발용에 임했으니 이동한다.
- 『**요결(訣要)**』: 일진이 형(刑)과 충(沖)을 하니 일이 흐릿하여 분명하지 않다.
  ➜ 이 과전에서는 일진이 서로 형과 충을 하지는 않지만 삼전이 형과 충을 하니 일이 성사되는지가 분명하지 않고 흐릿하다.
- 『**지장부(指掌賦)**』: 삼전이 순수한 자손이니 재물을 구하지 않아도 재물이 저절로 온다.
  ➜ 사업정단에서의 자손효에는 투자의 뜻이 있다. 만약 육처에 자손효만 있고 처재효가 나타나지 않으면 투자만 하고 소득은 없다. 이 과전에서는 연명이 申酉이면 투자해서 돈을 벌고, 나머지의 연명은 돈을 거의 벌지 못한다.
- 『**옥성가(玉成歌)**』: 복음과는 거동해서 마음먹은 대로 되는 것이 없으니 출장을 갔던 가족이 문 앞에 도착한다.
  ➜ 복음과의 삼전이 대부분 삼형이니, 하려고 했던 일에서 사고가 발생해서 마음먹은 일이 성사되지 않으니 집으로 곧 귀가한다.

丁未일 제 2 국

공망 : 寅·卯
낮 : 왼쪽 천장, 밤 : 오른쪽 천장

	○	丙	丙
	勾卯空	白午合	白午合
	辰	未	未
	丙	乙	丙	乙
	白午合	空巳勾	白午合	空巳勾
	丁未	午	未	午

甲辰巳 青	乙巳午 空	丙午未 勾白	丁未申 合常朱
青勾卯辰 ○	空		白玄戌申 蛇
合寅卯 ○ 白			陰己酉戌 貴
朱癸丑寅 ○	常壬子 蛇	蛇子丑 玄貴	貴辛亥子 陰后 庚戌亥 后

- **과체** : 팔전(八專), 유박불수(帷薄不修格) // 형상(刑傷), 침해(侵害), 과수(寡宿), 왕록임신(旺祿臨身), 록현탈(祿玄脫/낮), 권섭부정(權攝不正), 구왕(俱旺), 귀인입옥(貴人入獄/밤).
- **핵심** : 사과에 네 마리의 백호가 있으니 놀라며 두렵다. 애쓰는 것이 일천이지만 본래와 같은 것을 면하지 못한다.
- **분석** : ❶ 네 마리의 백호가 사과에 진을 치니 놀라고 두려운 것을 말로 표현할 수 없다.
  ❷ 초전이 공망된 卯와 일간의 패기(敗氣)여서 무(無)에서 유(有)가 생기는 상이니, 사업 경영에서 애만 쓴다.
  ❸ 삼전이 전해지지 못하니 다시 간상으로 되돌아가서 놀라고 두려운 곳으로 향하면, 그것이 풀리니 여전히 본래와 같을 뿐이다.
- **정단** : ❶ 팔전과는 일의 정황이 한결같다.
  ❷ 간지의 상신인 午와 午가 모두 자형(自刑)이니, 모든 일에서 언행을 조심하는 자세를 취해야 하고 무례하면 안 된다.
  ❸ 왕신 겸 일록이 일간에 임했다. 비록 낮에 정단하면 백호가 타고

있다. 백호가 午화로부터 극을 당하고 다시 둔간의 丙화로부터 협극(夾剋)을 당해 두렵지만 나에게 해가 되지는 않는다. 오직 현재의 지위나 환경에 맞게 행동하면 세상이 태평성대라 백성이 행복을 누린다.

○ **날씨** : 과전이 모두 화이니 크게 맑다.
→ 오행의 화는 맑은 날씨이다. 초전의 卯는 공망이 되었고 중·말전이 午이니 크게 맑다.
○ **가정** : 왕신 겸 일록이 일지에 임하고 다시 자형(自刑)이다. 낮에 정단하면 백호가 타고 있으니 형제의 상(喪)을 예방해야 한다.
→ 형제효는 형제, 백호는 질병, 형(刑)에는 사상, 일지는 가정이다. 낮에 정단하면 형제효가 지상에 임하고 양인인 午이며 이곳에 백호가 타고 있으니, 형제가 변을 당하거나 혹은 병이 들거나 혹은 사망하는 일을 예방해야 한다. ● 지상이 겁재(劫財)인 午와 丙과 巳이니 가정에 소비가 많다.
● 부모효인 卯가 공망되었으니 부모가 생존할 경우, 부모가 사망하는 것을 예방해야 한다. ● **근친상간** : 팔전과이다. 밤에 정단하면 음란의 천장인 육합이 지상과 중·말전에 거듭 보이니 가정에서 근친상간이 발생하는 것을 예방해야 한다. ● 일간은 사람이다. 일록에 백호가 타고 있고 다시 일록이 지상으로 갔으니 직장에서 불이익이 발생하는 것을 예방해야 한다.
○ **혼인** : 남녀가 형상(刑傷)을 면하기 어려우니 혼인이 성사되지 않아야 한다.
→ 일간은 나, 일지는 배우자감이다. 일간(기궁)인 未와 지상의 午가 상합하고 일지인 未와 간상의 午가 상합하니 혼인이 성사되는 상이다. 그러나 간상의 午가 자형(自刑)이고 다시 지상의 午가 자형이어

서 남녀가 혼인할 경우 싸우고 상하는 것을 면하기 어려우니 혼인이 성사되지 않는 것이 이롭다. ● 초전이 과수(寡宿)이니 혼인이 성사되지 않는 상이다. 만약 혼인하면 과부가 되거나 이혼녀가 될 우려가 있다. ● 궁합 : 간지가 교차상합하지만 간지의 상신이 자형이니 보통이다.

○ **임신·출산** : 남자를 임신한다. 태아와 임신부 모두 손상될 우려가 있다.

→ 일간은 태아, 일지는 임신부이다. 일간의 음양에서 하나의 양을 두 음이 감싸고 있으니 남자를 임신한다. ● 형(刑)에는 상잔(相殘)의 뜻이 있다. 간지의 상신이 자형이니 태아와 임신부 모두 상할 우려가 있다.

○ **구관** : 일록이 백호가 타니 가만히 지켜야 길하다.

→ 일록은 공무원이 국가로부터 받는 급여이다. 낮에 정단하면 일록인 수가 백호를 꿰찼으니 가만히 있어야 길하다. ● 일록이 지상으로 갔으니 명예직 공무원이나 죄를 지은 공무원은 퇴직하게 되고, 현직 공무원은 지방으로 파견을 가며, 일반 회사의 신입사원은 임시직을 맡는다.

○ **구재** : 분수에 맞게 본분을 지켜야 한다. 오랜 시간이 지난 뒤에 이익이 있다.

→ 일록은 직업이고 왕신은 양인, 일간은 나이고 일지는 상대방이다. 일록 겸 왕신이 일간에 임했으니 현직에 만족해야 한다. 만약 승진하려고 하거나 사업을 확장하면 양인(羊刃)인 수의 해를 입는다. ● 록현탈격(祿玄脫格) : 특히 낮에 정단하면 일록에 백호가 타고 있으니 사업이나 직장을 잃는 상이니, 더욱 더 현재의 직장과 직업에 충실히 근무해야 한다.

○ **질병** : 심장에 병이 들었다. 고질병이 될 우려가 있다.

→ 일간은 환자, 일지는 질병이다. 지상이 수이니 심장병이다. 일간

과 일지가 교차육합(交叉六合)해서 질병이 환자의 몸에서 나가지 않는 상이니 고질병이 될 우려가 있다. 특히 낮에 정단하면 간상의 午에 백호가 타고 있으니 더욱 흉하다.

O **출행** : 수로와 육로 모두 마땅하지 않다.

※ 『육임직지』 원문에서는 "수로와 육로 모두 마땅하지 않다."고 하였다.

→ 현대에서는 일간은 여행객, 일지는 여행지, 삼전은 여정이다. 간상의 午가 형살이니 여행객에게 우환이 있고, 지상의 午가 형살이니 여행지에서 우환이 있다. ● 초전이 공망되었으니 기일에 출발하지 못하고, 중·말전이 형살이니 여정에서 사고가 발생할 우려가 있다.

O **귀가** : 머지않아 돌아온다.

→ 말·중전과 지상이 같은 것은 사람이 귀가하는 상이니 곧 돌아온다.

O **도난** : 현무가 구진을 극하니 도둑을 잡으려고 하다가 오히려 도둑에게 몸을 다친다.

→ 현무는 도둑, 구진은 경찰이다. 낮에 정단하면 현무승신인 申금이 구진승신인 卯목을 극하고, 밤에 정단하면 현무승신인 子수가 구진승신인 巳화를 극하니, 경찰이 도둑을 잡으려고 하다가 오히려 도둑에게 몸을 다친다.

O **쟁송** : 양측이 엇비슷하다. 원고와 피고 쌍방이 화해해야 한다.

→ 일간은 나, 일지는 상대이다. 간상과 지상이 모두 午이니 양측이 엇비슷하다. 따라서 양측이 합의해야 한다.

O **전쟁** : 서로 대립하고 있으니 승부가 나지 않는다.

→ 일간은 아군, 일지는 적군이다. 간상이 午이고 지상도 午이니 승부가 나지 않는다.

O **분묘** : 자손 중에서 무신(武臣)이 나오지만 형벌을 면하지 못한다.

→ 일지는 묘지, 일록은 국록, 백호는 무장, 자형은 형벌이다. 일록

인 지상의 午에 백호가 타고 있고 다시 자형이니, 자손 중에 무신(武臣)이 나오지만 형벌을 면하지 못한다.

□ 『필법부(畢法賦)』: 〈제8법〉 일록이 일지에 임하면 임시직으로서 정당한 자리가 아니다.
→ 일록인 午가 지상에 임한다.
〈제51법〉 하괴가 천문을 건너면 관문이 막힌다.
→ 과전에서는 하괴(戌)가 천문(亥)을 건너지 않는다. 다만 연명이 亥이면 그 위에 하괴가 임했으니 이 이론이 성립한다.
〈제7법〉 왕신 겸 일록이 일간에 임하면 망령된 행동을 해서는 안 된다.
→ 왕신에는 양인, 일록에는 식록의 뜻이 있다. 왕신 겸 일록인 오가 일간에 임했으니, 가만히 현재의 직업에 충실해야 해를 입지 않는다.

□ 『정온(精蘊)』: 卯는 갑진순의 공망이 되었고 밤에는 천공이 타고 있으니 공망 위에 공망을 만났으니 모든 일에서 만족하기 어렵다. 다만 묘월(卯月)에 정단하면 공망이 메워지니 길하다.
→ 공망이 메워지는 시기는 묘년(卯年) 혹은 묘월(卯月) 혹은 묘월장(卯月將) 기간이다.

□ 『육임심경(六壬心鏡)』: 丁未 일진의 팔전과는 두 개의 과가 된다. 음양이 분명하지 않아서 '유박불수(帷簿不修)'이니 어찌 예의가 있겠는가? 부부를 정단하면 정조를 지키지 않으니 행실이 바르지 않다.

丁未일 제3국

공망 : 寅·卯
낮 : 왼쪽 천장, 밤 : 오른쪽 천장

癸	乙	乙
朱 丑 勾	空 巳 常	空 巳 常
卯 ○	未	未
乙	乙 ○	○
空 巳 常	勾 卯 空	空 巳 常 勾 卯 空
丁未	巳	未 巳

	勾 卯 ○ 巳 空	甲 辰 青 午	乙 巳 空 未 常	丙 午 白 申 玄
	合 寅 ○ 辰 青			常 丁 陰 未 酉
	朱 癸 勾 丑 卯			戌 玄 申 后 戌
	蛇 壬 合 子 貴 寅	辛 亥 朱 丑 后	庚 戌 蛇 子 陰	己 貴 酉 亥

- **과체** : 팔전(八專), 유박불수(帷薄不修格) // 형상(刑傷), 복덕(福德), 고진(孤辰), 귀인수극(貴人受剋/낮), 신장·귀등천문(神藏·貴登天門/밤), 육음(六陰), 우로균점(雨露均霑/공망), 주작폐구(朱雀閉口).
- **핵심** : 파쇄(破碎)의 위는 둔귀이다. 네 개의 역마를 태우고 있다. 낮에 정단하면 삼전이 모두 공함이었다.
- **분석** : ❶ 초전의 丑이 일지의 파쇄(破碎)이고 그의 둔간 癸가 일간을 상하게 한다.
  ❷ 중·말전이 간지와 동일하여 巳가 네 곳이다. 그곳에 역마가 임하지만 움직일 수 없다.
  ❸ 초전의 丑이 공망된 卯에 빠진다. 만약 낮에 정단하면 巳에 천공이 타고 삼전이 모두 함몰되니 전혀 종적이 없고, 비록 주야로 바쁘게 객지살이를 하지만 이리저리 돌아다니고 한곳에 정착하지 못한다.
- **정단** : ❶ 팔전과의 음일이므로 역수로 발용이 되었다. 본래 스스로 무에서 유를 창조하는 상이며 다시 공함이 되었으니 근거가 없다.

❷ 초전의 丑이 일지 未와 형(刑)과 충(沖)을 한다. 낮에는 주작이 타고 있으니 반드시 구설로 인해 일이 생기고, 밤에는 구진이 타고 있으니 반드시 토지로 인해 소송에 이른다.

○ **날씨** : 과전이 모두 화이니 크게 맑다.
→ 오행의 화는 맑은 날씨이다. 초전은 공망되었고 중전과 말전이 모두 화이니 크게 맑다.

○ **가정** : 이동하는 일이 있다.
→ 일간은 사람, 일지는 가정, 역마는 이동이다. 간상과 지상과 중·말전에 역마가 달리고 있으니 사람과 집이 이동하는 일이 있다. ● 낮에는 겁재(劫財)와 역마인 巳에 천공이 타고 있으니 형제나 지인에게 공허한 일을 당하는 것을 예방해야 하고, 밤에는 겁재와 역마인 巳에 태상이 타고 있으니 지인에게 음식에 관련된 일로 움직여서 손실을 입는 것을 예방해야 한다. ● 가정을 뜻하는 지상의 巳가 일간의 겁재(劫財)이니 가정에서 손실을 예방해야 한다.

○ **혼인** : 팔전과의 '유박불수(帷薄不修格)'이니 성사되지 않아야 한다.
→ 팔전과의 음일은 여자의 행실이 음란하다는 뜻이 있는 '유박불수'이니 혼인하지 않아야 한다. ● 초전의 지반이 공망되어 '고진(孤辰)'이니 혼인이 불성하며, 만약 혼인하면 상처하니 혼인하지 않아야 한다. ● 낮에는 지상에 천공이 타고 있으니 진실하지 않은 여자이고, 밤에는 지상에 태상이 타고 있으니 음악과 음식을 잘하는 여자이다.

○ **임신·출산** : 임신하면 남자이다. 출산이 쉽지 않다.
→ 음이 극에 이르면 양이 된다. 과전이 모두 음이니 임신하면 남자가 된다. ● 卯는 이미 공망되었고 과전에 巳만 가득하니 일종의 '독족(獨足)'이다. 임신을 정단하면 태아의 건강이 우려된다.

○ **구관** : 일간과 일지가 곧 중전과 말전이고 이들이 초전을 도와서 관성을 극하며, 부모상으로 인해 파직을 예방해야 한다.
  → 간지상과 중·말전에 있는 다수의 형제효인 巳가 초전에 있는 丑을 도와 관성을 극하니 파직당하는 것을 예방해야 한다. ● 부모효는 부모이다. 부모효인 卯가 공망되었으니 부모상을 당한다. ● 전통사회에서는 부모가 사망하면 관직을 그만 두고 고향으로 가서 삼년상을 지낸다.
↑ **구재** : 매우 불리하다.
  → 재성은 재물, 겁재는 파재의 신이다. 과전에 재성은 없고 겁재인 巳만 가득하니 구재에서 최흉하다.
○ **질병** : 구병(久病)은 매우 흉하고, 신병(新病)은 곧 낫는다.
  → 초전이 공망되면 구병은 사망하고 신병은 곧 낫는다. ● 과전에 오행의 화가 매우 강하니 이것의 극을 받는 폐·대장에 질병이 발생한다. ● 의약신인 未가 酉에 임했으니 유방(酉方, 정서)에 명의와 명약이 있다.
○ **출행** : 유도(游都)가 정마 및 역마에 타서 간지에 임했으니 수로와 육로 모두 도둑을 예방해야 한다.
  → 일간은 여행객, 일지는 여행지, 삼전은 여정이다. 간상의 巳가 유도이니 여행객이 도난을 당하고 지상이 유도인 巳이니 여행지에서 도난을 당하며, 중·말전이 유도인 巳이니 여정에서 다시 도난을 당한다.
  ※ 유도(游都) : 甲己일 丑, 乙庚일 子, 丙辛일 寅, 丁壬일 巳, 戊癸일 申. 유도는 도적이 오는 길이다.
○ **귀가** : 축일(丑日)에 소식이 온다.
  → 주작은 소식의 신이다. 낮에 정단하면 주작이 丑에 타고 있으니 축일에 소식이 온다.
○ **도난** : 낮에 정단하면 정서에 도둑이 있고, 밤에 정단하면 동남방에

도둑이 있다.

→ 도둑이 숨어 있는 방위는 현무의 음신으로 알 수 있다. 낮에 정단하면 현무의 음신이 午이니 정남에 도둑이 숨어 있고, 밤에 정단하면 현무의 음신이 辰이니 동남방에 도둑이 숨어 있다.

O **쟁송** : 서로 손상을 입는다.

→ 일간은 나, 일지는 상대이다. 일간과 일지가 동일한 오행이고 다시 간지의 상신이 동일한 오행이어서 결론이 쉽게 나지 않으니 서로 손상을 입는다. ● 과전에 겁재(劫財)가 많아서 파재(破財)하니, 소송으로 인해 손재수가 발생하는 것을 예방해야 한다.

O **전쟁** : 출전하면 많은 군사를 잃으니 근신해야 한다.

→ 유도가 과전에 많으니 적군을 많이 만나서 많은 군사를 잃는 것을 예방해야 한다.

※ 유도(游都) : 위의 도난 정단 참조.

O **분묘** : 파쇄가 발용이 되었고 지상에 다시 정마와 역마가 타고 있으니 이장하고 수리하는 일이 생긴다.

→ 일지 未의 파쇄는 丑이다. 묘지를 뜻하는 일지음신의 후3위인 丑이 발용이 되었으니 묘지가 파손되는 상이고, 다시 지상에 역마와 정마이니 묘지를 이장하거나 혹은 수리하게 된다. ● 미좌축향(未坐丑向)으로 묘를 쓰면, 未에 태상과 태음이 타고 丑에는 주작과 구진이 타니 쟁송사가 발생한다. 만약 해좌사향(亥坐巳向)의 땅으로 이장하면, 亥에는 귀인과 주작이 타고 巳에는 천공과 태상이 탄다. 이와 같이 귀인이 타니 문관이 되는 경사가 생긴다.

□ 『**필법부**(畢法賦)』 : 〈제74법〉 거듭하여 공망되면 일을 추구하지 않아야 한다.

→ 이 과전에서는 초전이 공망되고 중전과 말전이 동일한 오행이니

육임의 기초 이해

【1】 천지반도 조식 순서

점시 위에 월장을 올린 뒤에 ⋯ 12지 순포 ⋯ 10둔간(공망)
⋯ 귀인 접지 ⋯ 12천장 접지

【2】 과전도 조식 순서

1) 정단하는 날의 일진 ⋯ 기궁 ⋯ 12지 ⋯ 12천장 ⋯ 10둔간(공망)
2) 사과에서 발용(초전) ⋯ 중전 ⋯ 말전

【3】 월장 적용기간

월장	기간	월장	기간	월장	기간	월장	기간
亥	우수~춘분	申	소만~하지	巳	처서~추분	寅	소설~동지
戌	춘분~곡우	未	하지~대서	辰	추분~상강	丑	동지~대한
酉	곡우~소만	午	대서~처서	卯	상강~소설	子	대한~우수

【4】 10일의 귀인 접지

각일 귀인	甲	戊·庚	乙	己	丙	丁	辛	壬	癸
낮 귀인	未	丑	申	子	酉	亥	寅	卯	巳
밤 귀인	丑	未	子	申	亥	酉	午	巳	卯

【5】 12천장 순서

貴 ⋯ 蛇 ⋯ 朱 ⋯ 合 ⋯ 勾 ⋯ 靑 ⋯ 空 ⋯ 白 ⋯ 常 ⋯ 玄 ⋯ 陰 ⋯ 后

【6】 10일의 기궁

10간 기궁	甲	乙	丙	丁	戊	己	庚	辛	壬	癸
기궁	寅	辰	巳	未	巳	未	申	戌	亥	丑

【7】 12천장

천반 12지에 붙는 12천장으로 구체적인 뜻을 알 수 있다.

12천장	약자	천장 고유오행	의미	길흉장
귀인(貴人) ➡	귀	己丑 土	국가원수, 관청, 관리(공무원), 은인, 존장	길장
등사(螣蛇) ➡	사	丁巳 火	사고, 혈광사, 놀람, 괴이, 향과 촛불	흉장
주작(朱雀) ➡	주	丙午 火	문서, 소식, 구설수, 공소장(公訴狀)	흉장
육합(六合) ➡	합	乙卯 木	혼인, 자손, 매매, 계약, 중개사, 중매인	길장
구진(勾陳) ➡	구	戊辰 土	부동산, 싸움, 소송, 경찰, 군인, 아군	흉장
청룡(靑龍) ➡	청	甲寅 木	돈(재백), 남편(夫), 문관, 희경사	길장
천공(天空) ➡	공	戊戌 土	종업원, 문서(시험), 사기, 기만	흉장
백호(白虎) ➡	백	庚申 金	질병, 혈광, 형륙, 도로, 위험, 권위	흉장
태상(太常) ➡	상	己未 土	의식(衣食), 의관(衣冠), 연회, 재백	길장
현무(玄武) ➡	현	癸亥 水	도적, 도난, 적군, 도망, 가출, 속임	흉장
태음(太陰) ➡	음	辛酉 金	여종업원, 자매, 아가씨, 정부(情婦)	길장
천후(天后) ➡	후	壬子 水	여자친구, 신부, 아내(婦), 부인	길장

【8】 육임의 길신과 흉살

육임 길신	장생	제왕	일덕	일록	역마	삼기	육의	지합	천을
육임 흉살	형	충	파	해	관귀	日墓	支墓	패신	공망
기타 요소	死神	絶神	태신	脫泄	정마	괴강 戊辰	遁財	遁鬼	겁살

대유학당 도서목록 **주역** ▌주역입문, 대산주역강의, 대산주역강해, 주역전의대전역해, 주역인해 **주역활용** ▌황극경세, 하락리수, 매화역수, 대산주역점해, 육효증산복역, 주역신기묘산, 대산석과, 우리의 미래, 후천을 연 대한민국, 시의적절 주역이야기 **자미두수** ▌자미두수입문, 자미두수전서, 중급자미두수123, 실전자미두수 **육임** ▌육임입문123, 육임실전1, 육임실전2, 육임필법부, 대육임직지 **음양오행** ▌오행대의, 연해자평, 기문둔갑신수결, 동이음부경강해 **전문가용 프로그램** ▌하락리수, 자미두수, 육임

◯서적구매 www.daeyou.or.kr
◯계좌번호 국민 807-21-0290-497(윤상철) ◯연락처 02-2249-5630
◯프로그램 다운 받는 곳 www.webhard.co.kr 아이디 daeyoudang 패스워드 9966699

육임 720과 삼전

대유학당 도서목록 육임 ▌육임입문(123), 육임을 알면 미래가 보인다, 대육임필법부, 대육임직지(1~6), 육임전문가용 CD,

제1순	제1국	제2국	제3국	제4국	제5국	제6국	제7국	제8국	제9국	10국	11국	12국
갑자	寅巳申	子亥戌	戌午午	午卯子	戌午寅	寅辰辰	寅申寅	子巳戌	辰申子	申寅寅	辰午申	辰巳午
을축	辰丑戌	子亥戌	酉戌未	丑戌未	巳丑酉	卯戌辰	戌辰戌	寅未子	酉丑巳	未戌丑	申戌子	寅卯辰
병인	巳申寅	子亥戌	丑亥酉	亥申巳	戌午寅	子未寅	寅申寅	子巳戌	酉丑巳	申亥寅	辰午申	辰巳午
정묘	卯子午	丑子亥	亥酉未	子酉午	未卯亥	戌巳子	卯酉卯	巳戌卯	亥卯未	子酉卯	酉亥丑	辰巳午
무진	巳申寅	卯寅丑	亥戌酉	寅亥申	子申辰	子未寅	戌巳亥	寅未子	子辰申	亥寅巳	申戌子	寅午申
기사	巳寅寅	卯寅丑	丑亥酉	寅亥申	卯亥未	酉辰亥	巳亥巳	巳戌卯	酉丑巳	申亥寅	亥丑卯	申申寅
경오	申寅巳	午辰辰	寅子戌	巳寅亥	子申辰	子未子	寅申寅	辰酉寅	辰申子	酉卯卯	申戌子	戌未酉
신미	未丑戌	巳辰卯	午辰寅	亥未戌	卯亥未	酉辰亥	巳丑辰	巳戌卯	卯卯未	戌丑巳	寅辰午	申亥申
임신	亥寅寅	戌酉申	午辰寅	巳寅亥	子申辰	午丑申	寅申寅	辰酉寅	未亥卯	巳申亥	子寅辰	丑寅卯
계유	丑戌未	未午巳	未午巳	午卯子	巳丑酉	亥午丑	卯酉卯	未子巳	酉丑巳	辰未戌	丑卯巳	亥子戌

제2순	제1국	제2국	제3국	제4국	제5국	제6국	제7국	제8국	제9국	10국	11국	12국
갑술	寅巳申	子亥戌	午辰寅	申巳寅	戌午寅	子申寅	寅申寅	子巳戌	寅午戌	申寅寅	辰午申	辰巳午
을해	辰亥巳	戌酉申	酉未巳	丑戌未	未卯亥	午丑申	巳亥巳	寅未子	未戌丑	申戌子	申戌子	丑寅卯
병자	巳申寅	戌酉申	丑亥酉	午卯子	申辰子	子未寅	午子午	巳戌卯	酉丑巳	申亥寅	辰午申	寅卯辰
정축	丑戌未	子亥戌	亥酉未	子辰戌	巳丑酉	卯戌巳	未丑未	巳戌卯	酉丑巳	午戌辰	酉亥丑	申酉戌
무인	巳申寅	子亥戌	亥酉未	寅亥申	戌午寅	子未寅	寅申寅	子巳戌	丑午酉	申亥寅	亥丑卯	巳巳亥
기묘	卯子午	丑子亥	亥酉未	子酉午	未卯亥	戌巳子	卯酉卯	巳戌卯	亥卯未	子酉卯	亥丑卯	辰巳午
경진	申寅巳	卯寅丑	寅子戌	巳寅亥	子申辰	午丑申	寅申寅	寅未子	辰申子	巳巳酉	申戌子	午未申
신사	巳寅寅	卯寅丑	丑亥酉	寅亥申	午寅戌	未寅酉	巳亥巳	卯申丑	酉丑巳	申亥寅	寅辰午	午未申
임오	亥午子	戌酉申	寅子戌	巳寅亥	巳寅亥	戌寅戌	午丑申	午子午	辰酉寅	未亥卯	子酉卯	申戌子	丑寅卯
계미	丑戌未	巳辰卯	巳卯丑	戌未辰	卯亥未	卯戌巳	未丑未	巳戌卯	酉丑巳	辰未戌	巳未酉	申寅申

제3순	제1국	제2국	제3국	제4국	제5국	제6국	제7국	제8국	제9국	10국	11국	12국
갑신	寅巳申	子亥戌	午辰寅	巳寅亥	子申辰	戌巳子	寅申寅	子巳戌	辰申子	申亥寅	辰午申	辰巳午
을유	辰酉卯	申午午	未巳卯	丑戌未	巳丑酉	亥午丑	卯酉卯	未子巳	申子辰	未戌丑	申戌子	亥子丑
병술	巳申寅	卯寅丑	丑亥酉	亥申巳	酉巳丑	子未寅	巳亥巳	申丑午	酉丑巳	申亥寅	子寅辰	亥子丑
정해	亥未丑	戌酉申	酉未巳	巳寅亥	未卯亥	午丑申	巳戌巳	巳戌卯	未戌丑	午戌寅	酉亥丑	申酉戌
무자	巳申寅	戌酉申	丑亥酉	寅亥申	巳申巳	子未寅	午子午	巳戌卯	辰申子	卯午酉	辰午申	寅卯辰
기축	丑戌未	子亥戌	亥酉未	子辰戌	卯亥未	卯戌巳	未丑未	巳戌卯	酉丑巳	午戌辰	卯巳未	寅卯辰
경인	申寅巳	子亥戌	午辰寅	巳寅亥	子申辰	戌巳子	寅申寅	子巳戌	辰申子	申亥寅	辰午申	辰巳午
신묘	卯子午	丑子亥	亥酉未	子未卯	未卯亥	巳丑戌	卯酉卯	卯申丑	亥卯未	子酉卯	巳未酉	辰巳午
임진	亥辰戌	戌酉申	寅子戌	巳寅亥	子申辰	午丑申	寅申寅	寅未子	未亥卯	戌丑辰	申戌子	丑寅卯
계사	丑戌未	卯寅丑	丑亥酉	戌未辰	巳丑酉	巳戌巳	巳亥巳	午亥辰	酉丑巳	申亥寅	未酉亥	未申申

- 대유학당 블로그 https://blog.naver.com/daeyoudang
- 서적구매 www.daeyou.or.kr 계좌번호 국민 807-21-0290-497(윤상철)
- 연락처 02-2249-5630

제4순	제1국	제2국	제3국	제4국	제5국	제6국	제7국	제8국	제9국	10국	11국	12국
갑오	寅巳申	子亥戌	寅子戌	申巳寅	戌寅午	酉辰亥	寅申寅	子巳戌	寅午戌	申亥寅	辰午申	辰巳午
을미	辰未丑	戌卯午	亥寅巳	丑戌未	卯亥未	午丑申	戌辰戌	巳戌卯	卯戌未	未戌丑	申戌子	酉戌亥
병신	巳申寅	卯寅丑	丑亥酉	巳寅亥	子申辰	戌巳子	寅申寅	卯申巳	酉巳巳	申亥寅	子寅辰	酉戌亥
정유	酉未丑	申未午	丑巳巳	午卯子	巳酉丑	亥午丑	卯酉卯	未子巳	亥卯未	子卯午	酉亥丑	亥子丑
무술	巳申寅	卯寅丑	丑亥酉	寅亥申	戌寅午	子未寅	亥巳亥	申申午	寅午戌	亥寅巳	子寅辰	亥子丑
기해	亥未丑	戌酉申	卯丑亥	巳寅亥	未卯未	午丑申	巳亥巳	巳戌卯	亥卯未	寅巳申	丑卯巳	丑寅卯
경자	申寅巳	戌申申	午辰寅	午卯子	子申辰	戌巳子	寅申寅	巳戌卯	辰申子	午酉子	辰午申	寅卯辰
신축	丑戌未	子亥戌	亥酉未	巳未未	丑丑酉	卯戌巳	亥未辰	卯申丑	酉丑巳	巳丑丑	卯巳未	寅卯辰
임인	亥巳巳	子亥戌	戌申午	巳寅亥	戌午申	午丑申	寅申寅	子巳戌	未亥卯	申亥寅	辰午申	辰巳午
계묘	丑戌未	丑子亥	亥酉未	戌未辰	未卯亥	卯戌巳	卯酉卯	卯酉卯	午亥辰	酉子辰	未酉亥	辰巳午

제5순	제1국	제2국	제3국	제4국	제5국	제6국	제7국	제8국	제9국	10국	11국	12국
갑진	寅巳申	子亥戌	寅子戌	申巳寅	子申辰	午丑申	寅申寅	子巳戌	申子辰	申亥寅	辰午申	辰巳午
을사	辰申丑	卯寅丑	丑亥酉	丑戌未	酉巳丑	午丑申	巳亥巳	寅未子	酉丑巳	未戌丑	申戌子	未申酉
병오	巳申寅	卯寅丑	丑亥酉	子酉午	戌午申	子未寅	午子午	辰酉寅	酉丑巳	申亥寅	申戌子	申酉戌
정미	未丑戌	卯午午	丑巳巳	亥辰辰	亥辰未	卯亥未	巳丑丑	巳戌卯	亥卯未	亥戌巳	酉亥丑	申酉戌
무신	巳申寅	卯寅丑	丑亥酉	寅亥申	子申辰	子未寅	寅申寅	卯申丑	辰申子	寅巳申	子寅辰	戌酉申
기유	酉未丑	戌申申	卯丑亥	午卯子	卯亥未	午丑申	卯酉卯	未子巳	亥卯未	午卯酉	丑卯巳	亥子丑
경술	申寅巳	午巳辰	午辰寅	巳寅亥	子申辰	戌巳子	寅申寅	申丑午	辰申子	寅巳申	子寅辰	亥子丑
신해	亥戌未	戌酉申	午辰寅	巳寅亥	未卯亥	午丑申	巳亥巳	卯申丑	未亥卯	巳申亥	丑卯巳	丑寅卯
임자	亥子卯	戌酉申	戌申午	午卯子	未卯亥	午丑申	午子午	巳戌卯	未亥卯	午酉子	辰午申	寅卯辰
계축	丑戌未	子亥戌	亥酉未	戌未辰	巳丑酉	卯戌巳	未丑未	午亥辰	酉丑巳	辰未戌	卯巳未	寅卯辰

제6순	제1국	제2국	제3국	제4국	제5국	제6국	제7국	제8국	제9국	10국	11국	12국
갑인	寅巳申	子亥戌	戌申午	丑亥亥	戌寅午	酉辰亥	寅申寅	子巳戌	申午午	申亥寅	辰午申	辰巳午
을묘	辰卯子	丑子亥	亥酉未	丑戌未	未卯亥	午丑申	卯酉卯	寅未子	亥卯未	酉子卯	申戌子	辰巳午
병진	巳申寅	卯寅丑	丑亥酉	亥申巳	子申辰	午丑申	巳亥巳	寅未子	酉丑巳	申亥寅	申戌子	亥午午
정사	巳申寅	卯寅丑	丑亥酉	亥申巳	未卯卯	酉辰亥	巳亥巳	巳戌卯	酉丑巳	申亥寅	酉亥丑	申酉戌
무오	巳申寅	卯寅丑	丑亥酉	寅亥申	戌寅午	子未寅	午子午	辰酉寅	寅午戌	子酉午	申戌子	寅午午
기미	未丑戌	卯午午	丑巳巳	亥辰辰	卯亥未	酉辰亥	巳丑丑	巳戌卯	亥卯未	亥戌戌	酉酉酉	未申申
경신	申寅巳	酉未未	午辰寅	巳寅亥	子申辰	戌巳子	寅申寅	卯丑丑	辰申子	丑亥亥	子寅辰	亥酉酉
신유	酉戌未	酉酉酉	午辰寅	午卯子	巳丑酉	亥午丑	卯酉卯	未子巳	寅午戌	卯午酉	丑卯巳	亥子丑
임술	亥戌未	戌酉申	午辰寅	巳寅亥	未卯亥	午丑申	巳亥巳	辰酉寅	未亥卯	辰未戌	子寅辰	亥子丑
계해	丑戌未	戌酉申	未巳卯	巳寅亥	未卯亥	卯戌巳	巳亥巳	午亥辰	酉丑巳	辰未戌	丑卯巳	丑寅卯

거동하더라도 이익이 없다.
- 『과경(課經)』: 천화격(天禍格)이다. 입동일이 丁이다. 앞의 하루는 丙일로서 丙은 금이 끊기는 말일(末日)이다. 丙의 과(課)는 巳이고, 丁일에 정단하면 未 위에 巳가 보이니 未일에 巳가 임한다.

→ 천화격은 입동, 입춘, 일하, 입추에 정단해서, 어제의 일간지가 오늘의 일간지에 가하거나 혹은 오늘의 일간지가 어제의 일간지에 가하면 천화격이다. 만약 사립일이 초하루나 보름에 해당되면 그 흉이 더욱 심하다. 천화격의 처세술로는 망동하면 흉화가 생기니 근신하면 우환이 없다. 따라서 출행하지 않아야 한다.

- 『관월경(觀月經)』: 사립일의 간상이 巳인데 巳가 未일에 임하는 것이 분명하다. 이 격의 이름은 '천화격(天禍格)'으로서 어긋나고 서로 침략한다. 화가 움직이면 사람이 타죽고, 수가 임하면 도난이 심하다. 목이 임하면 주택 때문이고, 토가 움직이면 논쟁한다. 금이 움직이면 전란이고, 시끄러운 곳은 쇠해진다.

| 丁未일 | 제 4 국 |

공망 : 寅·卯 ○
낮 : 왼쪽 천장, 밤 : 오른쪽 천장

辛	甲	甲
貴亥朱	青辰白	青辰白
寅○	未	未
甲	癸	甲	癸
青辰白	朱丑勾	青辰白	朱丑勾
丁未	辰	未	辰

○合寅巳青	○勾卯午空青	甲辰未白空	乙巳申常
朱癸丑辰勾			白丙午酉玄
蛇壬子卯合○			常丁未戌陰
貴辛亥寅朱○	后庚戌丑蛇	陰己酉子貴玄	戌申亥后

□ **과체** : 팔전(八專), 유박불수(帷薄不修格), 참관(斬關) // 앙구(怏咎), 덕경(德慶), 삼기(三奇), 육의(六儀), 복덕(福德), 귀인공망(貴人空亡/낮), 고진(孤辰), 천을신기(天乙神祇/낮).

□ **핵심** : 화가 네 토를 생하는데 밤에는 辰토에 백호가 탄다. 낮에는 귀인에게 의지하기 어렵다. 집은 어둡고 사람은 고통스럽다.

□ **분석** : ❶ 하나의 丁화가 네 개의 辰토를 생한다. 밤에는 백호가 타고 있으니 손실로 인해 놀라고 두려우니 어찌 그것을 감당할 수 있겠는가?

❷ 초전의 낮 귀인은 공망된 지반에 빠지고 다시 寅으로부터 탈기(脫氣)를 당하니 힘이 약하고 작아서 의지하기 어렵다.

❸ 일지가 묘지에 묻혔으니 집이 어둡고, 일간이 탈기를 당하니 사람이 괴롭다.

□ **정단** : ❶ 사과에 극이 없으니 '유박불수(帷薄不修)'이다.

❷ 관귀효인 亥가 함몰되었고 밤에는 다시 백호가 타고 있는 辰으로부터 亥가 제극을 당하니, 일반인에게는 이롭고 관직자에게는 불리

하다.

❸ 천강(辰)에 낮에는 청룡이 타고 다시 참관(斬關)이니 원행에 이로워서 서남에서 친구를 얻는다.

❹ 초전이 비록 재성이지만 중·말전의 자손이 일간의 기운을 빼앗고 훔치니 구재가 길하지 않다. 덕신인 亥에 밤에는 주작이 타고 있으니 소식을 정단하면 반드시 소식이 온다.

○ **날씨** : 청룡이 승천하니 비가 온다.
→ 청룡은 감우의 천장이다. 낮에 정단하면 청룡이 중·말전에 타고 있으니 비가 온다. ● 백호는 바람의 천장이다. 밤에 정단하면 백호가 중·말전에 타고 있으니 바람이 분다.

○ **가정** : 백호가 일지의 묘신인 辰에 타고 있으니 사람과 집이 모두 불안하다.
→ 일간은 사람, 일지는 집, 백호는 질병의 천장이다. 밤에 정단하면 간상에 백호가 타고 있으니 가장에게 질병이 발생하며, 간상신이 일간을 탈기하니 체력이 크게 손실되며, 지상에는 일지의 묘신인 辰에 백호가 타고 있으니 가족에게 질병이 발생하니 대흉하다. 낮에 정단하면 청룡이 간상과 지상에 타서 일간의 기운을 설기하고 훔치니 재물을 많이 잃는다.

○ **혼인** : 일지의 묘신이 가택과 일간을 덮었으니 혼인이 불길하다.
→ 묘신은 폐색(閉塞)의 천장, 일간은 나이고 일지는 상대이다. 묘신이 일간과 일지를 덮었으니 남녀의 혼인이 불길하다. 특히 밤에는 백호가 일지의 묘신인 辰에 타고 있어서 상대에게 질병이 있으니 매우 흉하다. 낮에는 탈기신 辰에 청룡이 타고 있으니 남녀 모두 손재수가 있다.

○ **임신·출산** : 임신하면 남자가 된다. 출산을 정단하면 임신부와 태아

모두 손상되는 것을 예방해야 한다.

→ 일간은 태아, 일지는 임신부이다. 일간의 음양에서 두 음이 하나의 양을 감싸고 있으니 임신하면 남자가 된다. ● 간상과 지상이 모두 자형살인 辰이니 태아와 임신부 모두 몸을 상할 우려가 있다.

○ **구관** : 관성이 공망되고 일록이 현무를 만났으니 좌절을 면하기 어렵다.

→ 관성은 관직, 일록은 국가에서 받는 급여이다. 관성인 亥는 초전에서 공망에 떨어졌고 일록인 午에 낮에는 백호가 타고 밤에는 현무가 타고 있어서 일록을 뺏기는 상이니 좌절을 면하기 어렵다. ● 더군다나 과전에 상관살인 辰이 지나치게 왕성하니 더욱 불길하다.

○ **구재** : 먼 곳으로 가서 재물을 구하는 것이 이롭다.

→ 辰이 동신이니 곧 참관격(斬關格)이다. 과전에 辰이 많으니 먼 곳으로 가서 구재하는 것이 이롭다. 그러나 과전에 재성이 나타나지 않았으므로 재물을 득하지 못한다. ● 연명이 亥子이면 그 상신이 재성인 申酉이니 득재한다. 다만 연명이 亥인 사람이 낮에 정단하면 연명상의 재성에 현무가 타고 있으니 불길하다.

○ **질병** : 주로 정(精)이 새며 중풍이다. 낫기 어렵다.

→ 지상은 병증이다. 지상이 辰이니 남자는 정이 새고 여자는 하혈하며 또한 중풍이다. 일간 丁이 과전의 여섯 토로 탈기되어 체력이 크게 손실되었으니 낫기 어렵다. ● 질병정단을 하면 반드시 하늘 신과 땅 신의 해코지가 있다. 법사의 도움을 받아 치료해야 한다.

○ **출행** : 출행하면 이롭다.

→ 일간은 여행객, 일지는 여행지이다. 간상과 지상에 동신인 辰이 임하여 '참관(斬關)'이니 출행이 이롭다. 다만 일간인 丁이 여섯 토로 크게 탈기되니 여행에서 큰 손실을 입을 우려가 있다.

○ **귀가** : 덕신이 발용이 되었고 다시 밤에 정단하면 주작이 타고 있으니 먼저 소식이 온다.

→ 덕신인 亥가 일지인 未와 삼합하고 다시 여기에 주작이 타고 있으니 먼저 소식이 온다. 소식이 오는 날짜는 공망된 주작승신 亥가 메워지는 해일(亥日)이다.

○ **쟁송** : 양쪽 모두 패소하고 상한다.

→ 일간은 나, 일지는 상대이다. 간상과 지상에 자형인 辰이 동시에 임했으니 양쪽 모두 패소하고 상할 우려가 있다. ● 일간 丁이 여섯 토로 크게 탈기되니 내가 쟁송으로 인해 큰 손실을 입고 또한 패소할 우려가 있다.

○ **전쟁** : 지키면 이롭고, 출전하면 이롭지 않다.

→ 일간은 아군이고 일지는 적군, 형(刑)에는 형상(刑傷)의 뜻이 있다. 간상과 지상이 형이니 아군과 적군 모두 형상(刑傷)을 당하니 지키면 이롭고 출전하면 이롭지 않다.

○ **분묘** : 일지의 묘신이 일지를 덮고 다시 일간을 탈기하니 손실이 많다.

→ 일지는 묘지, 묘신은 암매의 신이다. 지상에 묘신인 辰이 임하니 묘지가 길하지 않고 다시 일간을 탈기하니 후손에게 이롭지 않은 묘지이다.

□ 『**필법부(畢法賦)**』 : 〈제48법〉 귀살에 천을귀인이 타면 곧 하늘 귀신과 땅 귀신의 해가 있다. 질병정단을 하면 반드시 하늘 신과 땅 신의 해코지가 있다.

→ 낮에 이 과전으로 정단하면 천을귀인이 귀살인 亥에 타고 있다.

□ 『**육임지남(六壬指南)**』 : 1. 성씨는 '盛(성)'이고 본명이 寅인 사람이 丁未일에 월장 辰을 점시 未에 가한 뒤에 정단한다. 월장인 辰에 청룡이 타서 일간과 일지에 임했고 구진승신 卯가 일간 丁을 생하고 관귀효가 공함되었으니 반드시 억울한 일이 밝혀져서 서울에 도착하

면 그것이 저절로 풀린다.

성씨가 주(周)인 사람이 정단하여 이 과전을 얻었다. 본명인 己丑 위에 일간의 묘신인 戌이 보이고 행년상에는 삼형이 임하니 본명이 寅인 사람과는 경우가 다르니 어찌 무죄이겠는가? 나중에 주씨(周氏)는 임금으로부터의 사약을 받아먹었고, 성씨(盛氏)는 적에 의해 파괴된 성을 빠져 나와 돌아왔다.

→ 구진은 관재를 뜻한다. 성씨의 경우에는 부모효인 卯에 구진이 타서 일간인 丁을 생해서 죄가 사라지니 억울한 일이 풀린다. 그러나 주씨의 경우에는 본명상에 묘신인 戌이 임하여 사망하는 상이니 나쁘다.

※ 이우산, 『육임실전』 2, 대유학당, 2014, 206쪽~207쪽 참조.

| 갑진순 | 정미일 | 5국 |

丁未일 제5국

공망 : 寅·卯
낮 : 왼쪽 천장, 밤 : 오른쪽 천장

	辛	丁	
勾 卯 空	貴 亥 朱	常 未 陰	
未	卯 ○	亥	
○	辛	○	辛
勾 卯 空 貴 亥 朱	勾 卯 空 貴 亥 朱
丁 未	卯 ○	未	卯 ○

癸丑 朱巳	勾合 寅 午	合 卯 空 未	甲辰 青申 白
壬子 蛇辰 貴			乙巳 空酉 常
辛亥 貴卯 朱○			丙午 白戌 玄
庚戌 后寅 蛇○	己 陰酉 貴 丑	戊 玄申 后 子	丁 常未 陰 亥

□ **과체** : 원수(元首), 곡직(曲直) // 화미(和美), 전국(全局), 삼기(三奇), 여덕(勵德/낮), 과수(寡宿), 귀인공망(貴人空亡/낮), 복덕(福德), 인귀생신(引鬼生身), 육음(六陰), 공상공(空上空), 사과개공(四課皆空), 회환(回還), 천을신기(天乙神祇/낮), 부모효현괘.

□ **핵심** : 낮 천장이 일간을 탈기하니 선악이 반반이다. 삼전의 생을 기대하면 안 된다. 변경하고 바꿔야 한다.

□ **분석** : ❶ 삼전의 목국이 일간을 생하고, 삼전의 낮 천장의 모든 토가 일간을 탈기(脫氣)를 하지만, 발용의 卯가 낮 천장을 극하니 선악이 병존한다.

❷ 다만 초·중전과 간상의 卯목이 공함되었으니, 비록 생이 나타났지만 생을 하지 못하고 오히려 일간의 패기(敗氣)이니 어찌 생을 바라겠는가? 따라서 변경하고 바꿔야 한다.

□ **정단** : ❶ 삼전이 삼합하니 여러 사람들과 관련이 있는 일이며 모든 정단에서 순조롭다. 시작할 때에는 곡직격이니 장애가 조금 있다.

❷ 삼전이 사과를 떠나지 않아서 회환(回還)이니 길흉을 벗어나기

어렵다.

❸ 일간을 생하는 신이 공망되었으니 존장의 은혜를 받지 못하고, 귀인 겸 일덕이 다시 공함되었으니 친구와 서로 도울 수 없으며, 허명이 사람들 입에 회자될 뿐이고 실제로는 조용하다.

○ **날씨** : 삼전이 삼합했으니 흐리다.
　→ 곡직(曲直)이 공망되었으니 바람이 불지 않고 맑다.
○ **가정** : 사람은 왕성하고 집은 좁다. 이사하기 어렵다.
　→ 일간은 사람, 일지는 집이다. 삼전의 곡직이 일간을 생하니 사람은 왕성하고, 삼전의 곡직이 일간을 극하니 집은 좁다. 곡직이 일지를 극해서 가정에 우환이 닥치는 상이니 이사해야 한다. 지금은 삼전이 공망되어 곡직이 불성하니 이러한 일이 발생하지 않지만, 자년과 자월과 자월장(대한~우수)에 정단하면 공망이 메워지니 이러한 일이 발생한다.
　● 지상의 卯가 일지 未를 극하니 가정에 우환이 발생한다. 낮에는 구진이 타고 있으니 쟁투와 관재를 예방해야 하고, 밤에는 천공이 타고 있으니 타인으로부터의 기만과 속임을 예방해야 한다. ● 가정에 부모님이 생존할 경우, 부모효인 卯가 공망되었으니 부모상을 당하는 것을 예방해야 한다.
○ **혼인** : 관성은 공망에 앉아 있고 일지는 卯목으로부터 극을 받았으니 백년해로하지 못한다.
　→ 관성은 남자, 일지는 여자이다. 관성인 亥가 공망된 지반에 앉아 있으니 남편을 잃는 상이고, 일지인 未가 그 위의 卯목으로부터 극을 받아 아내가 상하는 상이니 남녀가 백년해로하지 못한다. ● 낮에는 지상에 구진이 타고 있으니 쟁투를 일삼는 여자이고, 밤에는 천공이 타고 있으니 거짓을 일삼는 여자이다. ● 일간의 음양이 곡

직이고 일지의 음양이 곡직이니 두 집안이 엇비슷하다.
- **임신·출산** : 삼전사과가 모두 음이니 임신하면 남자가 된다. 삼합하고 귀인이 순행하니 출산이 늦어지지만 쉽게 낳는다.

  → 음이 극에 이르면 양이 되니 임신하면 남자가 된다. ● 일간음양과 일지음양과 삼전이 모두 삼합하니 출산을 정단하면 출산이 늦어진다. 그러나 주야 모두 귀인이 순행하니 출산이 순조롭다.

- **구관** : 일덕이 곧 관성이고 밤에는 청룡과 상합한다. 공망이 메워지면 더욱 좋다.

  → 일덕귀인은 공무원, 관성은 관직, 청룡은 문관이다. 일덕귀인과 관성인 중전의 亥가 청룡승신인 寅과 상합하니 매우 좋다. 다만 묘년(卯年)이나 묘월(卯月)이나 묘월장(卯月將)에 정단하면 공망된 亥가 메워지니 길하다. ● 공망이 메워지면 길한 원수과가 되고, 다시 중전의 亥가 삼기(三奇)이니 더욱 좋다.

- **구재** : 무리를 이루어서 동업으로 경영하면 좋다.

  → 삼합에는 여러 사람이 화합하는 뜻이 있으니 무리를 지어서 경영하면 좋다.

- **질병** : 가슴과 옆구리에 바람이 많다. 구병은 낫기 어렵고 신병은 낫는다.

  → 지상은 병증이다. 지상이 卯이니 가슴과 옆구리에 바람이 있고 아프다. ● 일간은 환자이다. 일간이 공망되었으니 구병은 사망하고 신병은 낫는다. ● 일간과 일지와 삼전 세 곳이 삼합했으니 병이 오래가고, 격명이 회환(回還)이니 병을 벗어나기 어렵다. ● 천을신기 : 낮에 정단하면 천을귀인이 亥에 타서 일간 丁을 극하여 귀수가 있으니, 수법을 행사할 수 있는 법사의 도움을 받아야 병이 낫는다.

- **출행** : 과체가 회환(回還)이니 가지 못한다.

  → 삼전의 12신이 사과로 모두 되돌아오는 회환이니 집을 나선 뒤에 귀가하는 상이니 가지 못한다.

↑ **귀가** : 곧 귀가한다.
> ➔ 삼전의 십이신이 사과로 모두 되돌아오는 회환(回還)이니 곧 귀가한다.

O **관재** : 먼저 소송을 거는 쪽이 승소한다.
> ➔ 원수과이니 먼저 소송을 걸어야 승소한다. 과전이 삼합하니 소송이 오래가고, 회환격이니 쟁송을 벗어나기 어렵다. ● **승패** : 일간은 나, 일지는 상대이다. 삼전의 곡직이 일간을 생하고 일지를 극하니, 나는 승소하고 상대는 패소한다.

O **전쟁** : 객에게는 이롭고 주에게는 불리하다.
> ➔ 객(客)은 공격하는 군대, 주(主)는 수성하는 군대이다. 원수과이니 공격하는 군대가 승전한다.

□ 『**필법부(畢法賦)**』 : 〈제16법〉 천공 위에 공망이 타면 일을 이룰 수 없다.
> ➔ 밤에 점단하면 간상이 공망되었고 천공이 타고 있다.

〈제29법〉 식구는 많고 거주하는 집은 좁다.
> ➔ 이 과전에서는 삼전의 목국이 일간인 丁을 생하지만 일지인 未를 극하고 있다.

□ 『**과경(課經)**』 : 卯가 亥에 가하며 삼전이 일간을 생하고 일지를 극하니, 사람은 왕성하고 집은 포기하는 상이니, 거주할만한 제대로 된 집이 없다. 공무원은 사택에 기거하는 경우가 많고 집을 버리고 도망치려고 한다.
> ➔ 이사해야 한다.

□ 『**조담비결(照膽秘訣)**』 : 발용이 공망되었고 다시 일지와 일간으로 전해졌으니, 낡고 오래된 것은 새롭게 해야 하고, 폐(廢)한 것은 끝내 버려야 한다.

□ 『**지장부**』: 삼전의 卯亥未는 이른 봄이다. 싹이 트지 않았는데 먼저 움직이니 시간이 흐른다.

丁未일 제 6 국

공망 : 寅·卯
낮 : 왼쪽 천장, 밤 : 오른쪽 천장

己	甲	辛
陰 酉 貴	青 辰 白	貴 亥 朱
寅 ○	酉	辰
○	己	○ 己
合 寅 青	陰 酉 貴	合 寅 青 陰 酉 貴
丁 未	寅 ○	未 寅 ○

壬子巳 蛇合	癸丑午 朱	○寅未 勾合青	○卯申 勾空
辛亥辰 貴朱			甲辰酉 青白
庚戌卯 后蛇			乙巳戌 空常
己酉寅 陰貴	戊申丑 玄常	丁未子 后常陰	丙午亥 白玄

□ **과체** : 비용(比用), 지일(知一), 고진(孤辰) // 멸덕(滅德), 삼기(三奇/말전), 육의(六儀/중전), 복덕(福德), 사절(死絕), 유도액(幼度厄), 맥월(驀越), 사과개공(四課皆空).

□ **핵심** : 낮 귀인은 천강에 임하고 밤 귀인은 공망된 지반에 앉아 있다. 寅이 비록 일간을 생하지만 눈여겨서 자세히 보니 착하지 않다.

□ **분석** : ❶ 초전의 밤 귀인 酉가 절지(絕地)와 공망된 지반에 앉으며, 말전의 낮 귀인 亥가 천강(辰)인 묘지로부터 극을 받으니, 주야 모두 귀인을 만나는 일에서 이롭지 않다.

❷ 간상의 寅이 비록 일간의 장생이지만 갑진순의 공망이 되었고 다시 寅의 묘지인 未에 임했다. 생이 보이더라도 생을 하지 못하니, 눈여겨서 자세히 보지만 무슨 이익이 있겠는가?

□ **정단** : ❶ 재신인 酉가 발용이 되었고, 귀인 겸 덕신이 입전(入傳)하며, 청룡이 생기에 타서 일간에 가했지만 공망되었다. 갑진순을 벗어나면 공망이 메워지니 재물을 취할 수 있고 귀인에게 희망할 수 있다.

❷ 삼전의 酉辰亥가 모두 자형(自刑)에 속해서, 스스로 괴로워하며 잔재주를 부리다가 일을 망친다. 오직 편안하게 운명에 맡기고 공(功)과 이익을 서두르지 않으면 잘못되지 않는다.

○ **날씨** : 낮에 정단하면 亥가 협극되고, 밤에 정단하면 亥가 내전되니 흐리고 비가 오지 않는 상이다.

→ 오행의 수는 비(雨)이다. 낮에 정단하면 말전의 亥수가 지반의 辰토와 亥에 타고 있는 귀인의 오행인 己丑토로부터 협극을 당하니 흐리기만 하고 비가 오지 않고, 밤에 정단하면 말전의 亥수가 亥에 타고 있는 주작의 오행인 丙午화를 극하여 내전되니 흐리기만 하고 비가 오지 않는다.

○ **가정** : 청룡과 육합이 장생에 타서 간지에 임하니 사람과 집이 두루 형통하다.

→ 일간은 사람, 일지는 집이다. 육합은 자녀와 매매의 류신, 청룡은 재물과 문관의 류신이다. 낮에 정단하면 일간의 장생인 寅에 육합이 타고 있으니 자녀를 얻고 매매가 되는 상이며, 밤에 정단하면 일간의 장생인 寅에 청룡이 타고 있으니 재물이 생기고 문관직을 득하는 상이다. 다만 공망된 寅이 메워지는 인년이나 인월이나 인월장 기간에 정단해야 이러한 것들을 성취한다.

● 만약 부모가 생존할 경우, 장생이면서 부모효인 寅이 공망되었으니 부모를 잃을 우려가 있다. ● 일간의 재성인 일간음신과 일지음신의 酉가 공망되었으니 가정 내외에서 재물을 잃는 것을 예방해야 한다.

○ **혼인** : 일간과 일지가 상생하고 비화(比和)하니 대길하다.

→ 일간은 나, 일지는 상대이다. 일간 丁이 일지 未를 생하고 간상의 寅과 지상의 寅이 비화하니 혼인에 대길하다. 오직 공망된 寅이 메

워지는 인년이나 인월이나 인월장 기간에 정단해야 대길하다. ● 혼인 : 사과가 모두 공망되고 초전이 공망되어 '과수(寡宿)'이니 혼인을 이루지 못한다. ● 궁합 : 일간과 일지가 공망되었으니 나쁘다. ● 상대방 : 주야 모두 지상에 길장이 타고 있어서 좋아 보인다. 다만 지상이 공망되었으니 좋은 뜻이 사라졌다. ● 혼처 : 지일과이니 가까운 사람이나 장소에서 구하면 된다.

○ **임신·출산** : 임신하면 남자이다. 출산이 쉽지 않다.

→ 일간은 태아이다. 일간음양에서 두 음이 하나의 양을 감싸고 있고 다시 삼전에서도 두 음이 하나의 양을 감싸고 있으니 남자이다. ● 일간이 공망되었으니 임신의 안부를 정단하면 유산될 우려가 있다.

○ **구관** : 삼전이 자형(自刑)이고 귀인은 입옥(入獄)이 되었으며 일록은 협극(夾克)을 당했으니 파면을 의심할 수 없다.

→ 자형은 형살, 귀인은 공무원, 일록은 국가에서 받는 급여이다. 삼전이 모두 삼형(三刑)이니 관재를 당하는 상이다. 낮에 정단하면 천을귀인 亥가 辰에 임하여 입옥되었으며, 일록인 午에 낮에는 백호가 타고 있으니 관록을 잃는 상이고 밤에는 현무가 타고 다시 현무승신 癸亥수로부터 극을 당했으니 관록을 잃는 상이다. 따라서 파면을 예방해야 한다. ● 사과가 모두 공망되어 체가 없으므로 구관에 매우 불리하다. ● 고시 : 사과가 모두 공망되었고 다시 초전이 공망되었으니 낙방한다.

○ **구재** : 득재하기 어렵다.

→ 재성은 재물이다. 유일하게 초전에 있는 재성 酉가 공망되었으니 재물을 득하기 어렵고, 다시 사과가 모두 공망되었으니 반드시 사업에서 실패한다. 중전과 말전이 형살(刑殺)이니 사업을 하다가 계속하여 사고가 생기는 상이니 흉하다.

○ **질병** : 간담과 비위에 병이 들었거나 혹은 눈이 아프고 복통이 있다.

구병은 낫기 어렵고 신병은 쉽게 낫는다.

→ 지상은 병증이다. 지상이 寅이니 간담과 비위에 병이 들었고 또한 눈이 아프고 복통이 있다. ● 초전이 공망되었으니, 구병은 낫기 어렵고 신병은 낫는다.

○ **출행** : 수로와 육로 모두 가능하다.

→ 현대에서는 일간은 여행객, 일지는 여행지이다. 일간이 공망되었으니 기일에 떠나지 못하고, 일지가 공망되었으니 흉지이다. 공망된 寅이 메워지는 시기에 출행이 가능하다.

○ **귀가** : 역마가 묘지에 들었으니 아직 돌아오지 않는다.

→ 역마는 사람이 타고 다니는 자동차이다. 일지의 역마인 巳가 묘지인 戌에 임했으니 아직 돌아오지 않는다.

○ **도난** : 낮에 정단하면 20리 밖에 있는 토문(土門)에서 도둑을 잡는다.

→ 낮에 정단하면 현무의 음신이 卯이니 동방에 있는 나무 근처에서 도둑을 잡고, 밤에 정단하면 현무의 음신이 丑이니 동북방에 있는 토문에서 도둑을 잡는다.

○ **쟁송** : 모두 흉하다.

→ 일간은 나, 일지는 상대이다. 일간과 일지가 모두 공망되었으니 주객 모두 흉하다.

○ **전쟁** : 객에게는 이롭고 주에게는 이롭지 않다.

→ 객(客)은 공격하는 군대, 주(主)는 수성하는 군대이다. 위가 아래를 극하여 발용이 되었으니, 객에게는 이롭고 주에게는 이롭지 않다.

○ **분묘** : 초기에는 이롭지 않지만 나중에는 발복한다.

→ 일지는 묘지이다. 지상이 공망되었으니 초기에는 이롭지 않지만 일간의 장생인 청룡이 지상에 타서 일간을 생하니 나중에는 발복한다.

□ 『필법부(畢法賦)』: ⟨제92법⟩ 청룡이 생기에 타면 길한 작용이 늦게 나타난다. 청룡이 일간을 생하는 신에 타고 다시 월내의 생기에 해당하는 것이다. 비록 당장에는 드러나지 않더라도 서서히 발복하게 된다.

→ 밤에 정단하면 청룡승신이 일간을 생한다. 寅이 생기가 되는 달은 진월(辰月)이다.

□ 『점험(占驗)』: 월장 戌을 점시 卯에 가한 뒤에 질병을 정단한다. 이 병은 수족을 들지 못하는 병으로서 과전에 한 점의 생기도 없다. 그 이유는 일록인 午가 절지인 亥에 임하고 다시 역마가 묘지로 들어갔기 때문이다. 그리고 행년상에 유혼이 있고 子와 巳가 서로 가했으니 합하면 죽을 '死'글자가 된다. 삼전이 12운성의 사와 묘와 절이니 어찌 목숨을 구할 수 있겠는가? ● 그에게 병이 수족에 있는 것을 어떻게 알았는가? 그 이유는 卯가 申에 가하고 戌이 卯에 가했으니 풍(風)으로 인해 쥐가 나는 증상이다. ● 며칠에 사망하는가? 대답하기를 구병은 '卯' 글자에 작용한다. 卯가 申에 가했으니 신일(申日)의 자시(子時)에 절명한다. 과연 정단한 바와 같았다.

| 갑진순 | 정미일 | 7국 | 233 |

丁未일 제 7 국

공망 : 寅·卯
낮 : 왼쪽 천장, 밤 : 오른쪽 천장

乙	癸	癸
空 巳 常	陰 丑 勾	陰 丑 勾
亥	未	未
癸	丁	癸	丁
陰丑勾	勾未陰	陰丑勾	勾未陰
丁未	丑	未	丑

辛 亥 巳 貴 朱	壬 子 午 后 合	癸 丑 未 陰 勾 玄	○ 寅 申 青
庚 戌 辰 蛇 蛇			○ 卯 酉 常 空
己 酉 卯 朱 貴 ○			甲 辰 戌 白 白
戊 申 寅 合 后 ○	丁 未 丑 勾 陰 青	丙 午 子 玄 空	乙 巳 亥 白 常

□ **과체** : 반음(返吟), 팔전(八專), 정란사(井欄射), 여덕(勵德/밤) // 교차상형(交叉相刑), 교차상충(交叉相沖), 복덕(福德), 두괴상가(斗魁相加), 귀인공망(貴人空亡/밤), 구진폐구(勾陳閉口/밤), 탈상봉탈(脫上逢脫).

→ 과전의 모든 천반과 지반이 상충하니 반음과이다. 다만 일간과 일지가 동일한 신이고 다시 간지의 음양과 그 상신이 동일한 신이니 팔전과의 상이 병존한다.

□ **핵심** : 丁이 네 丑을 생하니 모든 일에서 재앙과 화가 생긴다. 네 癸가 나에게 암해를 가한다. 입을 다물어야 한다.

□ **분석** : ❶ 하나의 丁화가 네 개의 丑토를 생하니 도난과 손실이 매우 심해서 모든 정단에서 재앙이 많다.

❷ 丑의 둔간 癸가 몰래 丁화를 극하니 입을 다물어야 화를 면할 수 있다.

→ 과전에 일간을 설기하는 토가 지나치게 많다. 일간이 왕성해지는 봄과 여름에 정단하면 그나마 길하지만 일간이 쇠약해지는 계절에 정단하면 대흉하다. 그리고 네 곳의 둔반에 일간의 귀살인 癸가

임하지만 여섯 곳의 토가 이것을 제극하니 무방하다.
- □ **정단 :** ❶ 정란사(井欄射)와 무의(無依)이며 발용의 巳는 역마이다.

  ❷ 巳에 낮에는 천공이 타고, 중전의 丑은 파쇄(破碎)이며 丑의 둔반의 癸가 귀살이니 겉으로는 일간을 탈기(脫氣)하고 속으로는 일간을 극한다. 낮에는 丑에 금의 천장인 태음이 타고 있어서 '탈상봉탈(脫上逢脫)'이니 모든 일에서 속임을 예방해야 한다. 밤에는 구진이 丑에 타서 모두 여덟 개의 토를 만나니 우환이 닥치는 것이 한두 가지가 아니다.

  ❸ 만약 연명이 卯이면 그 위의 酉가 삼전과 재국을 이루고, 연월이 공망된 寅卯를 메워서 토를 제극하고 수를 설기하니 흉이 길로 바뀐다.

  → 과전에 탈설(脫泄)이 많다. 봄과 여름에 정단하면 일간이 왕성하니 무방하지만, 가을과 겨울에 정단하면 성취되는 것이 없다.

- ○ **날씨 :** 맑은 날씨를 원하는 정단을 하면 흐리고, 비를 원하는 정단을 하면 갠다.

  → 중전과 말전이 모두 토이니 맑은 날씨를 원하는 정단을 하면 흐리고, 비를 원하는 정단을 하면 갠다.
- ○ **가정 :** 집은 왕성하고 사람은 쇠해진다.

  → 일간은 사람, 일지는 집이다. 과전의 네 토가 일간을 설기하니 사람은 쇠해지고 일지와는 비화(比和)하니 집은 왕성하다. ● 또한 일간 丁화가 지상의 丑토로 탈기되니 가정으로의 지출이 많고, 지상 둔반의 癸가 일간을 극해오니 가정사로 인한 암해가 있다. ● 일간의 상하와 일지의 상하가 상충하니 가정의 내외사 모두 깨지고, 일간과 일지가 교차 상충하고 상형하니 가정이 화목하지 않아서 가족이 흩어지는 상이다. ● 과전의 여섯 토가 일간을 설기하니 사람이

하는 일에서 손실이 크다. 다만 봄과 여름에는 일간이 왕상하니 해가 작다.

○ **혼인** : 여자가 지나치게 강하니 혼인이 길하지 않다.

➜ 일간 丁은 남자, 일지 未는 여자이다. 일지 未가 여섯 토와 토국을 이루어서 여자가 지나치게 강하니 혼인이 길하지 않다. ● 일간이 일지와 동일한 오행인 과전의 여섯 토로 탈기되어 손실이 많으니 혼인이 불길하다. ● 일간이 지상으로 탈기되니 여자에게 손실이 많고 다시 지상 둔반의 癸수가 일간을 극하니 여자로부터 암해를 받는다.

○ **임신·출산** : 과전이 육음이고 태신이 양이니 아들이다. 출산을 정단하면 출산이 쉽다.

➜ 과전이 육음이다. 음이 극에 이르면 양이 되니 아들이 된다. 또한 태신인 子가 중남의 상인 감괘에 속하니 아들이다. 출산을 정단하면 천지반과 간지가 상충하여 임신부와 태아가 이별하는 상이니 출산이 쉽다.

○ **구관** : 이롭지 않다.

➜ 자손효는 파관의 신이다. 과전의 천반에 관성은 없고 자손효만 가득하니 구관에 이롭지 않다. ● 고시 : 일간의 상하가 丑未이다. 丑과 未가 서로 가하면 '괴(魁)'가 되니 고시에 합격한다. 만약 본명이나 행년이 丑이나 未이면 연명에서 丑과 未가 서로 가하니 합격할 가능성이 더욱 높아진다. 丑에는 斗가 배속되어 있고 未에는 鬼가 배속되어 있으니, 丑未가 상가하면 '魁'가 된다.

○ **구재** : 인년(寅年)과 묘년(卯年)에 출생한 사람은 구재에 이롭다.

➜ 자손효는 투자, 재성은 돈이다. 자손효는 이미 과전에 있고, 寅의 위는 재성인 申이고 卯의 위는 재성인 酉이니 본명과 행년이 寅이나 卯이면 돈을 번다.

○ **질병** : 병이 몸의 겉에 있다. 숨이 차고 몸이 상했다. 낫더라도 재발

하고 오랜 병이 낫지 않고 끊지 못한다.

→ 일간은 환자이다. 일간이 과전의 여섯 토로 탈기되니 원기가 소진되었고, 초전에서 巳가 亥에 가해서 '한열(寒熱)'이니 숨이 차다. 병이 위중해서 병이 낫지 않는다. ● 반음과이니 병이 재발한다. ● 초전이 쌍의 뜻이 있는 巳와 亥이니 두 가지 이상의 병이다.

○ **출행** : 역마가 절지에 임하고 간지가 파쇄를 만났으니 이롭지 않다.

→ 역마는 자동차, 파쇄는 파손이다. 역마인 巳가 절지인 亥에 임하고 다시 충지인 巳에 임하니 교통사고나 나고, 일지 未의 파쇄인 丑이 과전의 여섯 곳에 보이니 교통사고로 인해 차와 몸이 파손되는 상이니 여행이 길하지 않다. ● 맹일(寅申巳亥)의 파쇄는 酉, 중일(子午卯酉)의 파쇄는 巳, 계일(辰戌丑未)의 파쇄는 丑이다. ● 과전의 여섯 토가 일간을 설기하니 여행으로 인한 손실이 매우 크다.

○ **귀가** : 천공이 타고 있는 역마가 절지에 임했다. 밖에서 타인에게서 속임을 당하고 어디를 가나 의지할 곳이 없다.

→ 역마는 자동차, 천공은 공허의 천장이다. 역마에 천공이 타고 있으니 오나가나 타인으로부터 속임을 당한다.

○ **쟁송** : 나와 상대 모두 해롭다.

→ 일간은 나, 일지는 상대이다. 일간과 일지가 교차상형(交叉相刑)을 하니 서로 싸우고 교차상충(交叉相沖)을 하니 서로 충돌한다. ● 승패 : 일간이 여섯 토로 탈기되니 내가 불리하고, 일간이 여섯 토로 탈기되니 쟁송으로 인해 손실이 많다. ● 여섯 丑의 둔간이 귀살인 癸이니 암해를 예방해야 한다.

○ **전쟁** : 주(主)에게는 이롭고 객(客)에게는 이롭지 않다. 인일(寅日)과 묘일(卯日)에는 적의 진영을 기습할 수 있다.

→ 주는 수성하는 군, 객은 공격하는 군이다. 발용의 지반이 천반을 극하여 중심과의 상이니 주에게는 이롭고 객에게는 이롭지 않다. 인일과 묘일에는 공망된 寅과 卯가 메워지니 적의 진영을 기습할 수

있다. ● 과전의 여섯 토가 일간을 설기하니 전쟁으로 인한 손실이 매우 크다.

□ 『필법부(畢法賦)』: 〈제15법〉 (일간) 위에서 (일간을) 탈기하고 다시 탈기하면 헛된 속임을 예방해야 된다.
→ 낮에 정단하면 간상의 丑토가 일간 丁화를 탈기하고 이곳에 타고 있는 태음의 천장 오행인 辛酉금이 丑토를 다시 설기한다. 이 과전에서는 과전의 여섯 토가 일간을 설기하니 손실이 매우 크다.

□ 『과경(課經)』: 丑이 未에 가하거나 혹은 未가 丑에 가하는 것이 연명이나 일간에 보이면 시험에 반드시 합격한다. 그 이유는 丑에는 斗가 있고 未에는 鬼가 있어서 이 둘을 합치면 '魁' 글자가 되기 때문이다. 巳午가 亥子에 가하거나 혹은 일간을 극하면 '한열격'으로서 주로 폐병이다.
→ 반음과는 대체로 길사가 달성되지 않는 과이다. 다만 고시에서는 일간과 본명과 행년의 상하가 丑未이면 시험에 합격한다.

□ 『찬의(纂義)』: 연명이 亥이면 피고름이 섞인 변을 본다. 巳에 천공이 타면 주로 눈이나 목이 부어서 아픈 병이다.
→ 亥는 한이고 巳는 열이다. 巳와 亥가 서로 가하면 한열이 반복되는 상이니 더웠다 추워지는 증상이 반복되는 병이거나 혹은 한열왕래로 인한 폐병이다.

丁未일 제8국

공망 : 寅·卯
낮 : 왼쪽 천장, 밤 : 오른쪽 천장

乙	庚	○
空 巳 常	蛇 戌 蛇	常 卯 空
子	巳	戌
壬	乙	壬	乙
后 子 合	空 巳 常	后 子 合	空 巳 常
丁 未	子	未	子

庚戌巳 蛇貴	辛亥午 蛇貴	壬子未 后合	癸丑申 陰勾
己酉辰戌 朱貴合申卯 后○			○寅酉 玄青
			○卯戌 常空
丁未寅 勾陰	丙午丑 青玄	乙巳子 空常	甲辰亥 白白

- **과체** : 비용(比用), 지일(知一), 주인(鑄印) // 침해(侵害), 덕경(德慶), 복덕(福德), 인귀생신(引鬼生身), 장도액(長度厄), 맥월(驀越), 양사협묘(兩蛇夾墓/연명:巳), 명암이귀(明暗二鬼), 무음(蕪淫), 교차상극(交叉相剋).

- **핵심** : 일간을 극하고 일지를 두렵게 한다. 남의 권세를 빌려서 위세를 부린다. 한걸음을 내딛으면 재앙이 숨어 있다.

- **분석** : ❶ 子의 둔간이 壬이고 낮에는 천후가 타고 있으니 힘껏 일간을 상하게 한다. 未土가 子水를 극해서 해를 입히니 일간이 상하지 않는다.

  ❷ 子가 일간을 극하고 일지를 두렵게 한다. 未는 백호와 같고 丁은 여우와 같으니, 앉아서 유지하는 것은 이롭고 움직여서 도모하는 것은 불리하다. 만약 丁이 未土를 떠나면 바로 子로부터 극을 받아 움직이는 찰라에 화가 생기니 이 어찌 두렵지 않겠는가?

- **정단** : ❶ 주인(鑄印)은 흉사에는 공망이 이롭다. 다만 길사에는 공망이 이롭지 않다. 그 이유는 관인(官印)을 만드는 틀이 깨지고 화로가

사라졌기 때문이다.

❷ 삼전이 묘신으로 전해지고 다시 묘신으로 들어가니 모든 일이 어둡고 지체된다.

❸ 만약 묘년(卯年)과 묘월(卯月)에 정단하면 卯를 공망으로 논하지 않으며, '왕로(王路)'로 가서 직위를 득하고 관직이 오르는 상이다.

○ **날씨** : 비가 올 기세이지만 비가 오지 않는다.
→ 삼전의 巳戌卯 주인격은 대장간에서 철을 녹여서 관인(官印)을 만들고 도장의 끈으로 된 장식물을 다는 상이니 비가 오지 않는다.

○ **가정** : 귀살과 육합이 일지에 임하니 식구가 불안하다.
→ 일간은 식구, 일지는 집이다. 지상의 귀살이 일간을 극하니 식구가 불안하다. 밤에는 子에 육합이 타서 일지에 임하니 사특하고 나쁜 악마가 가족에게 해를 끼친다. 만약 신월(申月)에 정단하면 더욱 나쁘다. ● 일간은 부모, 일지는 자녀이다. 일간과 일지가 교차상극(交叉相剋)하고 교차육해(交叉六害)하니 가족이 화목하지 않다. ● 천반은 부모, 지반은 자녀이다. 사과의 천반이 지반으로부터 극을 당하니 자녀가 부모에게 불효한다.

○ **혼인** : 성사된다. 다만 건(乾)이 곤(坤)으로부터 제극을 당하니 반드시 처가 마음대로 휘두른다.
→ 천반은 건이며 남자, 지반은 곤이며 여자이다. 사과 네 곳의 지반이 그 천반을 극하니 여자가 마음대로 권한을 휘두른다. ● 궁합 : 사과 네 곳의 지반이 그 천반을 극하니 나쁘고 일간과 일지가 교차상극(交叉相剋)하니 더욱 나쁘다. ● 혼처를 구할 경우에는 지일과이니 가까운 사람이나 장소에서 구하면 된다. ● 신혼여행 : 지일과이니 가까운 곳으로 가는 것이 좋다.

○ **임신·출산** : 아들이다. 태아가 상하는 것을 예방해야 한다. 출산을 정

단하면 출산이 빠르다.

→ 일간은 태아, 삼전은 태아의 생육과정이다. 일간의 음양에서 두 음인 巳와 丁이 하나의 양인 子를 감싸고 있으니 아들이고, 삼전에서도 두 음인 巳와 卯가 하나의 양인 戌을 감싸고 있으니 다시 아들이다. ● 삼전의 주인(鑄印)은 대장간에서 철을 녹여서 관인(官印)을 만드는 상이니 태아가 상할 우려가 있고, 일간과 일지가 교차육해하니 다시 태아가 상할 우려가 있다. ● 말전에서 손을 뜻하는 卯가 발을 뜻하는 戌에 가했으니 역산(逆産)을 예방해야 한다.

○ **구관** : 주인승헌(鑄印乘軒)이 공망된 卯를 만났으니 공망이 메워지면 매우 좋다.

→ 삼전에서 巳戌卯를 모두 갖추면 주인승헌이다. 그러나 말전이 공망되어 격이 불성하니 나쁘다. 다만 묘년이나 묘월이나 묘월장 기간에 정단하면 공망된 卯가 매워져서 주인격이 완성되니 구관에 매우 이롭다. ● 고시 : 불합격한다. 다만 묘년이나 묘월이나 묘월장 기간에 정단하면 합격한다. ● 승진 : 안 된다. 다만 묘년이나 묘월이나 묘월장 기간에 정단하면 승진한다.

○ **구재** : 이롭지 않다.

→ 재성은 재물이다. 과전의 천반에 재성인 申酉가 나타나지 않았으니 사업에 이롭지 않다. 오히려 간지상의 귀살이 일간을 극하니 우환을 예방해야 한다. 만약 연명이 卯辰이면 그 상신이 재성인 申酉이니 구재가 가능하다.

○ **질병** : 주로 신장의 기능이 다한 병이다. 묘년과 묘월에 정단하면 흉하다.

→ 지상은 병증이다. 지상이 子이니 신수가 마른 병이다. 묘년이나 묘월이나 묘월장 기간에 정단하면 주인격의 말전이 메워져서 주인격이 완성되니 매우 흉하다. 주인격은 대장간의 불로 철을 녹이는 상으로서 인체가 녹는 상이니 대흉하다. ● 연명 巳 : 두 마리의 뱀

이 묘신을 타고 있으니 암 검진을 받아야 한다. ● 卯는 손, 戌은 발이다. 말전의 상하가 卯와 戌이니 중풍이 우려된다.
- **출행** : 출행하지 않는 것이 좋다.
    ※ 『육임직지』에서는 "반드시 가는 것은 아니다."라고 하였다.
    → 일간은 여행객, 일지는 여행지이다. 일간 및 일지 천반과 둔반의 귀살이 일간이 극하여오니 여행을 하면 크고 작은 해를 입으니 가지 않는 것이 좋다. 꼭 가야 할 경우에는 지일과이니 가까운 곳으로 가야 한다.
- **귀가** : 돌아오려고 하다가 돌아오지 않는다.
    → 말전은 사람이 머물고 있는 장소이다. 말전이 공망되어 출발하지 못한 상이니 돌아오지 않는다.
- **쟁송** : 귀살이 왕성하니 쟁송이 흉하다.
    → 귀살은 쟁송과 관재이다. 천반의 귀살인 子와 둔반의 귀살인 丑이 과전에 많으니 쟁송이 흉하다. 지일과이니 합의가 가능하다. 만약 합의하지 않으면 삼전이 주인격이니 대흉하다. ● **승패** : 일간이 간상의 子로부터 극을 받았으니 내가 불리하고, 일지 未가 지상의 子를 극하여 일지가 상하지 않았으니 상대가 유리하다.
- **도난** : 도신(盜神)이 未이니 서남방의 술집이나 음식점에 있다. 혹은 본가의 사람이 도둑이다.
    → 현무의 음신이 도신이고 도둑은 도신에 숨어 있다. 낮에 정단하면 도신이 未이니 서남방의 술집이나 음식점에 숨어 있고, 밤에 정단하면 도신이 亥이니 서북방의 물가에 숨어 있다.
- **전쟁** : 객(客)에게 이롭다.
    → 일간은 아군, 일지는 적군이다. 일간이 간상의 子로부터 극을 받았으니 아군이 불리하고, 일지인 未가 지상의 子를 극하여 일지가 상하지 않았으니 적군이 유리하다.

□ 『**필법부(畢法賦)**』: 〈제12-1법〉 여우가 호랑이의 위엄을 빌린 격. 丁화를 여우에 비유했고 未토는 호랑이에 비유했기 때문에 '호가호위'라고 이름해서 예를 든 것일 것이다. 모든 정단에서는 움직여서 도모해서는 절대로 안 된다.

〈제53법〉 양 쪽의 등사에서 묘신을 끼면 흉을 면하기 어렵다. 질병 정단이면 반드시 뱃속에 적괴(癌)가 있고, 이로 인하여 이 질병을 치료하지 못한다.

□ 『**과경(課經)**』: 태신이 일간과 일지에 임했다. 정월에 정단하면 처가 임신하거나 첩이 임신한다. 만약 공망되고 사기가 타면 반드시 '귀태(鬼胎)'이다. 귀태는 자궁 속의 태아를 싸고 있는 맥락막이 이상 발육하여 생기는 병으로서 태아의 형체가 사라진다. 〈천관론(天官論)〉에서 말하기를, 巳에 천공이 타서 子에 가하면 아궁이가 깨져서 사람이 놀란다. ● 子에 육합이 타서 일지에 임하면 사특하고 나쁜 악마가 사람에게 해를 끼친다. ● 子에 육합이 타서 未에 가하면 나무의 그림자가 우물에 들어가니 재앙이 되는 괴이한 일이 사람에게 닥친다.

→ 육합은 나무, 未는 우물(井)이다. 子가 未에 가하면 나무의 그림자가 우물 속의 물에 비치는 상이다.

丁未일 제 9 국

공망 : 寅·卯
낮 : 왼쪽 천장, 밤 : 오른쪽 천장

辛	○	丁
貴亥陰	常卯空	勾未朱
未	亥	卯 ○
辛	○	辛 ○
貴亥陰 常卯空	貴亥陰 常卯空	
丁未 亥	未	亥

己酉巳 朱貴	庚戌午 蛇后貴	辛亥未 后貴陰	壬子申 陰玄
戌申辰 合蛇			癸丑酉 陰常
丁未卯 勾朱			○寅戌 玄白
丙午寅 青○	乙巳丑 合空	甲辰子 勾白青	○卯亥 常空

□ **과체** : 중심(重審), 곡직(曲直), 회환(回還) // 구절(俱絶), 교차절신(交叉絶神), 양귀수극(兩貴受剋), 불행전(不行傳), 형상(刑傷), 앙구(怏咎), 초전협극(初傳夾剋), 복덕(福德), 멸덕(滅德), 화미(和美), 전국(全局), 삼기(三奇), 가귀(家鬼), 일귀생신(日鬼生身), 천을신기(天乙神祇/낮), 부모효현괘, 귀덕임신(貴德臨身/낮).

□ **핵심** : 삼전 낮 천장의 오행이 일간을 탈기한다. 삼전의 도움에 의지한다. 귀인과 일덕이 삼전에 있다. 밤에 정단하면 어떤 이익이 있겠는가?

□ **분석** : ❶ 낮에 정단하면 삼전의 천장오행이 모두 토이어서 일간의 기운을 훔치고 빼앗는다. 다행히 귀인과 일덕이 일간에 임하여 목국을 형성해서 그것을 제극한다.

❷ 밤에 정단하면 태음이 귀살에 타서 발용이 되었지만 중·말전이 공함되었으니 어떤 이익이 있겠는가?

□ **정단** : ❶ 곡직(曲直)은 처음에는 굽고 나중에는 바르다.

❷ 간지상에 낮에는 귀인과 일덕이 임하고 삼전이 삼합하니 모든

정단에서 이롭다. 그러나 애석하게도 중·말전이 갑진순의 공함이 되었으니 반드시 공망이 메워져야 묘하다.

❸ 가을에 정단하면 진정한 공망이니 매우 불길하고, 봄에 정단하면 타인에게 몰래 부탁하는 일에서 이롭고 성사된다.

❹ 회환(回還)이니 마음은 오나라에 있고 몸은 월나라에 있어서 비상하지 못하는 상이다.

○ **날씨** : 비가 오는 상이다.
→ 오행의 수는 비(雨)이다. 과전이 육음이고 수가 발용이 되었으니 비가 오는 상이다.
○ **가정** : 귀인과 일덕이 가택과 일간에 임하니 만 가지 일에서 화합한다.
→ 귀인은 공무원, 일덕은 백 가지의 흉을 없애고 천 가지의 길을 부르는 신이다. 이들이 일간과 일지 위에 임하니 만 가지 일에서 화합한다. 또한 비록 卯가 공망은 되었지만 일간음양과 일지음양과 삼전이 삼합해서 인성국을 형성하니 더욱 화합한다. 공망이 메워지는 묘년이나 묘월이나 묘월장 기간에 정단하면 더욱 좋다.
● 낮에는 귀인이 귀살인 亥에 타서 일간 丁을 극하여 '천을신기(天乙神祇)'이니 조상과 신에게 기도해야 한다. 특히 가정에 환자가 있을 경우에는 반드시 기도해야 한다. ● 일간과 일지가 교차절신(交叉絶神)이니 이사해서 집을 바꿔야 한다.
○ **혼인** : 일간 위에는 관성이 타고 일지 위에는 재성이 타니 집안은 엇비슷하지만 백년해로하지 못할 우려가 있다.
→ 관성은 남자, 재성은 여자이다. 간상의 亥는 일간의 관성, 지상의 亥는 일지의 재성이다. 일간음양과 일지음양과 삼전이 삼합해서 인성국을 형성하니 혼인이 성사되는 상이지만, 간상과 지상이 모두

자형(自刑)이고 다시 일간과 일지가 교차상극(交叉相剋)하고, 일간과 일지가 교차절신(交叉絶神)이니 혼인이 맺어지지 않는다. 만약 혼인하면 오래가지 않아서 이혼할 우려가 있다.

○ **임신·출산** : 남자이다. 출산은 안전하고 길하다.
→ 음이 극에 이르면 양이 된다. 과전이 모두 음이니 남자가 된다.
● 子가 申에 가하여 태신이 장생에 앉아 있으니 임신 정단에는 이롭고 출산정단에는 불리하다.

○ **구관** : 관성이 귀인과 일덕을 겸해서 발용이 되었으니 대길하다.
→ 관성은 관직, 천을귀인과 일덕귀인은 공무원이다. 관성이 귀인과 일덕을 데리고 발용이 되었으니 대길하다. 만약 묘년이나 묘월이나 묘월장 기간의 봄에 정단하면 공망된 卯가 풀리고 다시 인성이 왕성하니 더욱 대길하다. 그러나 이 외의 시기에 정단하면 중·말전이 공망되었으니 나중에 파관이 우려된다. ● **직장** : 일간과 일지가 교차절신(交叉絶神)이니 직장이나 부서를 바꿀 우려가 있다.

○ **구재** : 봄에 정단하면 타인의 도움을 받는다.
→ 봄의 묘월(卯月)에 정단하면 공망된 卯가 메워지고 인성국이 성왕하니 타인의 도움을 받는다. 그러나 과전에 재성이 없으니 장사해서 돈을 벌지는 못한다. 다만 연명이 辰巳이면 그 상신이 재성인 申酉이니 장사해서 돈을 번다.

○ **질병** : 병이 머리와 얼굴에 있다. 지상의 일귀에 귀인이 타고 있으니 가택신이 해를 입히니 기도해서 물리쳐야 한다.
→ 지상은 병증이다. 지상의 亥가 천두(天頭)이니 머리와 얼굴에 병이 있다. ● **비위** : 목국이 지나치게 왕성하니 목의 극을 받는 비위가 약하다. ● **자녀** : 과전의 인성국이 지나치게 왕성하니 자식의 질병을 정단하면 낫기 어렵다. ● **천을신기** : 낮에 정단하면 천을귀인이 亥에 타서 일간 丁을 극하여 귀수가 있으니, 수법을 행사할 수 있는 법사의 도움을 받아야 병이 낫는다.

○ **출행** : 가지 못한다. 가더라도 도중에 되돌아온다.
　→ 회환이니 가지 못한다. 가더라도 도중에 되돌아온다.
○ **귀가** : 귀인과 일덕이 발용이 되었으니 뜻을 이룬 뒤에 온다.
　→ 귀인은 공무원, 일덕은 백 가지의 흉을 없애고 천 가지의 복을 부르는 신이다. 낮에는 초전에 귀인이 타고 다시 일덕귀인이니 뜻을 얻은 뒤에 돌아온다.
○ **쟁송** : 처음에는 굽고 나중에는 바르다.
　→ 과전이 곡직(曲直)이니 처음에는 굽고 나중에는 바르다.
　● 승패 : 삼전의 목국이 일간 丁은 생하고 일지 未는 극하니 내가 유리하다.
○ **모망** : 갑진순을 벗어나면 성사된다.
　→ 일간음양과 일지음양과 삼전이 삼합해서 일간을 생해오니 모망사가 성사되는 상이지만, 갑진순에 공망이 되어 이루지 못한다. 다만 갑진순을 벗어나면 공망이 메워져서 인성국이 완성되니 모망사가 성사된다.
○ **전쟁** : 아군이 승전한다.
　※ 『육임직지』 원문에서는 "주객의 강약이 대등하다. 주(主)에게 불리하다."고 하였다.
　→ 일간은 아군, 일지는 적군이다. 삼전의 목국이 일간 丁을 생하고 일지 未를 극하니 아군이 승전한다.

□ 『**필법부(畢法賦)**』 : 〈제48법〉 귀살에 천을귀인이 타면 곧 하늘 귀신과 땅 귀신의 해가 있다. 질병 정단을 하면 반드시 하늘 신과 땅 신의 해코지가 있다. 만약 가택 위에 임하면 반드시 가정 내 사당의 신상에게 엄숙하지 못해서 병환이 온 것이다. 따라서 공을 닦고 덕을 베풀어서 가택신을 편안하게 위로하면 일반인에게 거의 모든 재앙이

사라진다.

〈제49법〉 양 귀인이 극을 받으면 귀인에게 아뢰는 일에서 뜻을 성취하기 어렵다.

→ 낮 귀인 亥수는 지반의 未토로부터 극을 받,고 밤 귀인 酉는 지반의 巳화로부터 극을 받는다.

〈제79법〉 일간과 일지가 절신이면 모든 모망사는 끊긴다.

→ 간상의 亥는 일간 丁화의 절신이고, 지상의 亥는 일지 未토의 절신이다. 낮에 정단하면 귀인이 일간의 절신인 亥에 타고 있으니, 귀인에게 부탁하는 결절사는 이치대로 된다.

□ 『과경(課經)』 : 子가 申에 가해서 태신이 장생에 앉아 있으니 임신 정단에는 이롭고 출산정단에는 불리하다.

□ 『찬요(纂要)』 : 일간과 일지 위에 亥가 임하여 모두 절신이니, 이른바 일간과 일지가 절에 임하면 식록사 정단에 나쁘다. 일간과 일지가 서로 같고 다시 서로가 절이면 가옥을 바꾸거나 혹은 직임을 교대하는 일이 있다.

丁未일 제 10국

공망 : 寅·卯
낮 : 왼쪽 천장, 밤 : 오른쪽 천장

- **과체** : 팔전(八專), 유박불수(帷薄不修格), 참관(斬關) // 교차상형(交叉相刑), 교차상파(交叉相破), 앙구(怏咎), 구묘(俱墓), 덕경(德慶), 복덕(福德), 절신가생(絶神加生), 천을신기(天乙神祇/낮).
- **핵심** : 밤에는 묘신을 구하는 작용이 있으니 불행 중 다행이고, 낮에는 귀인으로부터 일간이 상하니 다행 중 불행이다.
- **분석** : 간지와 중·말전에 네 개의 戌이 있다. 이 묘신이 일간을 매장하고 다시 일지를 형(刑)을 해서 흉하니 불행이 심하다. 다행히 묘신이 귀살을 제압해서 구신의 작용을 하니 불행 중 다행이고, 밤에 정단하면 귀인이 타고 있는 亥를 상하게 하니 다행 중 불행이다.
- **정단** : ❶ 간지가 동일한 위치이니 '팔전(八專)'이다. 여덟 글자가 동일한 우물을 쓰며 제후를 만나 서로 맹약을 맺는다.

 ❷ 양 귀인이 간상의 戌을 인종하고 덕신인 亥가 발용이 되었으니, 비록 묘신이 일간과 일지를 매장하지만 둔간이 재성인 庚이고 다시 丑 속의 재고(財庫)를 형(刑)을 해서 여니 만약 구재를 하면 돈을 취할 수 있다.

❸ 모든 일은 중첩되고 우환과 즐거움이 동시에 온다.
→ 일간과 일지가 동일하니 모든 일이 중첩된다.
❹ 戌이 未에 가하고 이곳에 등사가 타고 있으니 서남방에 있는 무덤으로 인해 놀란다. 등사가 타고 있는 戌이 지상에 임하니 유월(酉月)에 정단하면 혈광사가 있고, 묘신인 戌이 귀인승신 亥를 극하니 움직이면 반드시 귀인이 추구하는 일이 어두워진다.
→ 유월에 정단하면 유월의 혈기인 戌이 지상에 임하니 가정에 혈광사가 있다.

○ **날씨** : 수가 장생에 앉아 있으니 비가 온다.
→ 오행의 수는 비(雨)이다. 亥수가 해의 장생인 申에 앉아 있으니 비가 온다. 중·말전이 모두 토의 오행인 戌이니 나중에는 흐리다.
○ **가정** : 간지를 묘신이 덮쳤으니 사람과 집이 모두 어둡다.
→ 일간은 사람이고 일지는 집, 묘신은 암매의 신이다. 일간과 일지 모두 묘신인 戌에 의해 매장되었으니 사람과 집이 모두 어둡다. 특히 오월(午月)의 낮에 정단하면 혈광의 천장인 등사가 묘신에 타서 일간과 일지에 임하므로 교통사고 혹은 병으로 인해 목숨이 위험하다.
○ **혼인** : 유박불수(帷簿不修)이니 좋은 배필이 아니다.
→ 팔전과의 음일은 여자의 품행이 바르지 않다는 뜻의 유박불수이니 좋은 배필이 아니다. 특히 밤에 정단하면 네 곳의 戌에 음란의 천장인 천후가 타고 있으니 음란이 더욱 심하다.
● 궁합 : 일간과 일지가 교차해서 묘신이 임하여, 남녀 모두 상대로 인해 앞날이 어두워지니 좋은 배필이 아니다.
○ **임신·출산** : 태신이 음이니 여자를 임신한다. 태아와 임신부 모두 몸이 상한다.

※ 『육임직지』 원문에서는 "태상신이 음이니 여자를 임신한다. 쉽게 출산한다."고 하였다.

→ 일간은 태아이다. 일간음양의 두 음인 丁과 丑이 하나의 양인 戌을 감싸고 있으니 남자를 임신한다. 일간과 일지에 묘신인 戌이 임하지만 이것을 충(沖)을 해서 깨지지 않으니 태아와 임신부 모두 몸이 상한다.

○ 구관 : 나쁘다.

※ 『육임직지』 원문에서는 "다른 방법으로 공(功)을 이룬다. 학계에 있다가 공무원으로 발탁된다."고 하였다.

→ 일간과 일지는 물론이고 중·말전에 묘신이 임하니 구관에 나쁘다. ● 고시 : 낮에 정단하면 천을귀인이 관성인 亥에 타고 있지만 여섯 곳의 상관(傷官)으로부터 극을 당했으니 떨어진다. 밤에 정단하면 더욱 나쁘다. ● 승진 : 불가하다.

○ 구재 : '음귀인(陰貴人)'의 재물을 취득해야 한다.

→ 재성은 재물, 귀인은 공무원이나 관청이다. 낮에 정단하면 염막귀인이 재성인 酉에 타고 있으니 '음귀인'으로부터 재물을 득하면 되고, 밤에 정단하면 귀인이 酉에 타고 있으니 공무원이나 관청을 통해 재물을 득하면 된다.

○ 질병 : 복통과 설사이다. 낫기 어렵다.

→ 일간은 환자, 지상은 병증이다. 지상이 戌이니 복통과 설사이다. 일간과 일지를 비롯하여 중전과 말전에 묘신 戌이 임했으니 낫기 어렵다. 특히 오월(午月)의 낮에 정단하면 등사가 타고 있는 일간의 묘신인 戌이 오월(午月)의 사기이니 생명이 위독하다. ● 천을신기(天乙神祇) : 낮에 정단하면 천을귀인이 亥에 타서 일간 丁을 극하여 귀수가 있으니, 수법을 행사할 수 있는 법사의 도움을 받아야 병이 낫는다.

○ 출행 : 집에 기거하는 것이 이롭다

→ 일간은 여행객, 일지는 여행지이다. 일간에 묘신이 임하니 여행이 흉하고, 지상에 묘신이 다시 임하니 여행할 곳이 사지이며, 삼전이 귀살과 묘지로 이어지니 대흉하다.

○ **귀가**: 아직은 돌아오지 않는다.
→ 일간은 여행객, 일지는 여행지이다. 말전과 중전이 묘신이니 여행지에서 어려움이 많은 상이니 아직 돌아오지 않는다.

○ **쟁송**: 감금되어야 쟁송이 끝난다.
→ 일간은 나이고 쟁송정단에서는 묘신이 교도소이다. 일간이 묘지에 매장되었으니 교도소에 수감된다. ● **승패**: 내가 패소한다.

○ **전쟁**: 아군이 불리하다.
→ 일간은 아군, 일지는 적군이다. 간지상에 묘신인 戌이 임하니 아군과 적군 모두 전쟁이 캄캄하지만 일간 丁이 일지 未로 탈기되니 아군이 다소 불리하다.

□ 『**필법부(畢法賦)**』: 〈제59법〉 화개가 일간을 덮으면 혼미해진다.
→ 화개는 未이다. 화개가 일간을 덮지 않았다. 다만 일간의 묘신 戌이 일간을 덮었으니 혼미해진다.

□ 『**과경(課經)**』: 모든 팔전과의 삼전에 천후나 육합이나 현무가 들면 '유박불수(帷薄不修格)'이다. 이중으로 문을 만들고 나무로 막아서 출입을 제한해야 하고, 강당에 천막을 치고 남녀를 구별하더라도 음양이 공존하니 남녀가 혼잡하고 다시 음란의 신을 만나면 벽에 풀이 자라는 조짐이다.

□ 『**점험(占驗)**』: 庚午년에 월장 丑을 점시 戌에 가한 뒤에 정단하다. 반드시 명성이 있는 벼슬이다. 그 이유는 관성과 귀인과 일덕이 발용이 되었고 다시 귀인이 태세과 일록과 성한 지반에 거주하니 평범한 벼슬이 아니다. 그러나 애석하게도 간지에 묘신이 임하고 일록과 역

마가 공함되었으며 태양이 산으로 드니 어찌 오래 근무할 수 있겠는가? 나중에 과연 굉장한 벼슬아치로 있다가 이듬해에 퇴직을 청한 뒤에 고향으로 돌아갔다.

| 丁未일 | 제 11 국 |

공망 : 寅·卯
낮 : 왼쪽 천장, 밤 : 오른쪽 천장

己	辛	癸
朱酉貴	貴亥陰	陰丑常
未	酉	亥
己	辛	己	辛
朱酉貴	貴亥陰	朱酉貴	貴亥陰
丁未	酉	未	酉

- **과체** : 중심(重審), 진간전(進間傳), 응음(凝陰/酉亥丑) // 삼기(三奇), 강색귀호(罡塞鬼戶), 아괴성(亞魁星), 막귀임간(幕貴臨干/낮), 형상(刑傷), 복덕(福德), 가중사거(家中死去), 육음(六陰), 여덕(勵德/낮), 천을신기(天乙神祇/낮), 귀인만반(貴人滿盤).
- **핵심** : 丁의 사(死)는 酉이고 일지의 파쇄(破碎)는 癸丑이다. 양 귀인이 서로 가한다. 폐구(閉口)가 되었으니 모든 일에서 액이 있다.
- **분석** : ❶ 丁의 사(死)인 酉가 초전에 머물고, 일지의 파쇄인 丑이 말전에 머물며, 말전 둔반의 癸가 일간을 극하니 매우 흉한 상이다.
❷ 비록 두 귀인이 삼전에 들고 다시 간지상에 보여서 소위 귀인이 지나치게 많으니 오히려 의지할 곳이 없고, 파쇄가 폐구(閉口) 되었으니 위험한 상황에서 말을 삼가야 한다.
- **정단** : ❶ 삼전의 酉亥丑은 응음(凝陰)이다. 소인에게는 이롭지만 군자에게는 불리하고, 사적으로 경영하는 것은 이롭고 공무는 이롭지 않다.
❷ 말전의 丑이 초전의 재성 酉를 도우니 남몰래 타인의 도움으로

돈을 번다. 다만 간지에 자형(自刑)인 酉가 타니 비록 변신하여 덕신으로 중전에 출현하더라도 결국은 일간의 귀살이다. 사람이 교대할 때에 재물로 인해 화가 일어나거나 혹은 오히려 입을 열기가 부끄러워서 피차 의심하여 염려하는 마음을 품게 되는데, 오직 공명 정단에는 이러한 예가 없다.

○ **날씨** : 과상이 극음(極陰)이니 비가 온다.
→ 음은 비(雨), 양은 맑음이다. 삼전이 극음인 酉亥丑이고 다시 과전이 모두 음이니 비가 온다.

○ **가정** : 재성인 酉가 가택과 일간에 임한 뒤에 발용이 되었으니 가정이 번창하는 가상이다.
→ 일간은 사람이고 일지는 집, 재성은 재물이다. 간상과 지상에 재성인 酉가 임했으니 가정 내외에 재물이 많고 재성이 발용이 되었으니 현재 재운이 좋다. 다만 삼전이 '응음(凝陰)'이어서 간음과 도난을 당하는 상이니 앞으로의 운은 어둡다.
● 만약 사월(巳月)에 정단하면 간지상의 酉가 12운성의 사신과 사월의 사기이니 상(喪)을 당하는 것을 예방해야 한다.

○ **혼인** : 좋은 인연을 맺는다.
→ 일간은 나, 일지는 상대이다. 지상의 酉가 일간의 재성이니 좋은 인연을 맺는다. ● **여자** : 낮에는 지상에 주작이 타고 있으니 말이 많은 여자이며 머리숱이 적고, 밤에는 지상에 귀인이 타고 있으니 귀한 여자이다. ● **남자** : 낮에는 간상에 주작이 타고 있으니 말이 많은 남자이며 머리숱이 적고, 밤에는 간상에 귀인이 타고 있으니 귀한 남자이다. ● **궁합** : 간지의 상신이 모두 자형(自刑)이어서 남녀 모두 독선적인 성격이니 좋은 편이 아니다. ● **혼인생활** : 만약 혼인하면 삼전이 응음(應陰)이니 미래가 어둡다. ● **중심과** : 특히 여름에

정단하면 여자의 성장이 드세다.
○ **임신·출산** : 태신에 현무가 타고 있으니 사사로운 임신(私孕)이다. 출산을 정단하면 출산이 쉽지 않다.

→ 태신은 태아, 현무는 음란의 천장이다. 태신인 子에 밤에는 현무가 타고 있으니 정실 외의 임신이다. 또한 과전이 육음이고 다시 삼전이 '응음(凝陰)'이어서 간음의 상이니 정실 외의 임신이다. ● 간상과 지상의 酉가 자형이니 태아와 임신부 모두 몸을 상할 우려가 있고 출산이 쉽지 않다.

○ **구관** : 귀인이 일덕을 꿰차니 매우 이롭다. 염막귀인과 일덕과 주작이 동시에 보이니 시험에서 반드시 좋은 성적으로 합격한다.

→ 귀인·염막귀인·일덕은 공무원, 주작은 학문이다. 낮에 정단하면 귀인 亥는 중전, 염막귀인 酉는 초전, 일덕은 亥, 주작은 초전의 酉에 타고 있다. 그리고 밤에 정단하면 귀인 酉는 초전에 보이고, 일덕 亥는 중전에 보이며, 염막귀인은 초전에 보인다. 따라서 고시에 합격한다.

○ **구재** : 천을귀인의 재물을 얻는다.

→ 재성은 재물, 천을귀인은 귀인·공무원·관청이다. 밤에 정단하면 귀인이 재성인 酉에 타고 있으니 귀인·공무원·관청을 통해서 득재하거나 혹은 酉가 금은보석을 뜻하니 금은보석으로 득재한다. ● 주작은 문학·예술·상담·학문이다. 낮에 정단하면 재성에 주작이 타고 있으니 문학·예술·상담·학문으로 득재하거나 혹은 酉가 금은보석을 뜻하니 금은보석으로 득재한다.

○ **질병** : 폐쪽에 병이 들었다. 오랜 병으로 인해 낫기 어렵다.

→ 일간은 환자, 일지는 병증이다. 지상이 酉이니 해수와 폐결핵 등의 폐병이다. ● 과전이 육음(六陰)이고 삼전이 응음(應陰)이니 낫기 어렵다. ● 간지상의 酉가 12운성의 사신이고 사월(巳月)에 정단하면 과 사월의 사기이니 상(喪)을 당하는 것을 예방해야 한다. ● 천을신

기(天乙神祇) : 낮에 정단하면 천을귀인이 亥에 타서 일간 丁을 극하여 귀수가 있으니, 수법을 행사할 수 있는 법사의 도움을 받아야 병이 낫는다.

○ **출행** : 위험하다.

※ 『육임직지』 원문에서는 "동방으로 가면 길하다."고 하였다.

→ 일간은 여행객, 일지는 여행지이다. 간지의 상신이 모두 12운성의 사신이니 여행하지 않는 것이 이롭다.

○ **귀가** : 바로 소식이 온다.

→ 낮에 정단하면 소식을 뜻하는 주작이 집을 뜻하는 지상으로 왔으니 바로 소식이 온다.

○ **도난** : 눈썹은 길고 수염은 거칠며 노란 옷을 입었고 어부 혹은 사냥꾼이다.

→ 낮에 정단하면 도신(盜神) 곧 현무음신이 辰이니 눈썹이 크고 수염은 거칠며 노란 옷을 입었고 어부 혹은 사냥꾼 혹은 폭력배 혹은 군인 혹은 경찰이다. 밤에 정단하면 도신 곧 현무음신이 寅이니 얼굴에 수염이 많은 사람이거나 수도하는 사람이다.

○ **쟁송** : 중심과이니 재심(再審)해야 한다.

→ 중심과는 심사숙고하는 상이니 재심 혹은 고등법원에서 다시 심리해야 이롭다. ● **승패** : 삼전이 응음이니 내가 불리하다.

○ **전쟁** : 주(主)가 객(客)에게 이롭다. 다만 간지가 모두 사인 酉이니 매우 근신해야 한다.

→ 주는 수성하는 군대, 객은 공격하는 군대이다. 곤괘의 상인 중심과이니 주가 객에게 이롭고 간지의 상신이 12운성의 사신이니 매우 근신해야 한다.

□ 『**필법부(畢法賦)**』 : 〈제44법〉 과전이 모두 귀인이면 도리어 의지할 곳

이 없게 된다.
→ 주야의 귀인이 열 곳에 보인다.
〈제45법〉 주야귀인이 서로 가하면 양 귀인에게서 구하면 된다.
→ 공무원이 귀인에게 요청하여 일을 구하는 정단에서는 반드시 양 귀인이 참견하여 성취한다. 그러나 귀인을 알현하는 정단에서는 반드시 귀인을 만나지 못한다.
〈제75법〉 손님과 주인이 다투지 않아도 형벌이 이미 있다. 도모하는 교섭사에서 반드시 각각에게 다른 마음이 있다. 삼전이 삼형이니 주객이 서로 다툰다. 주로 혼인, 매매, 교역, 계약, 동업, 국제회담 등에서 양측 모두에게 이롭지 않다.

- 『과경(課經)』: 酉가 연명이나 일간에 임하면 시험에 반드시 합격한다. 그 이유는 酉가 염막귀인이고 다시 종괴(從魁)이기 때문이다.
- 『지장부(指掌賦)』: 酉亥丑은 음기가 엉기었다는 뜻의 '응음(凝陰)'이니 근심이 풀리지 않는다.
- 『옥성가(玉成歌)』: 주야의 귀인이 삼전에 들어 모두 보이니 일덕귀인처럼 높은 직위가 된다.

丁未일   제 12국

공망 : 寅·卯 ○
낮 : 왼쪽 천장, 밤 : 오른쪽 천장

戊	己	庚
合 申 蛇	朱 酉 貴	蛇 戌 后
未	申	酉
戊	己	戊	己
合 申 蛇	朱 酉 貴	合 申 蛇	朱 酉 貴
丁 未	申	未	申

丙午巳 青合	丁未午 勾朱	戊申未 合蛇	己酉申 朱貴
乙巳辰 空勾			庚戌酉 蛇后
甲辰卯 白青			辛亥戌 貴陰
○卯寅 常○	○寅丑 玄白	癸丑子 陰常	壬子亥 后玄

- □ **과체** : 중심(重審), 진여(進茹) // 주인(鑄刃/申酉戌), 복덕(福德), 천라지망(天羅地網), 상호나망(相好羅網), 귀인입옥(貴人入獄/낮).
- □ **핵심** : 재물을 얻고 재물을 잃는다. 술월(戌月)에 정단하면 임신하고, 폐병으로 숨을 헐떡인다. 끝났던 소송이 다시 온다.
- □ **분석** : ❶ 간상과 지상과 초·중전이 모두 재물이며 재물의 창고인 戌로 재물이 들어갔다. 일간이 왕성하고 재물이 약하면 구할 수 있고, 재물이 왕하고 몸이 약하면 재물을 잃는다.

❷ 申은 처이고 9월에 정단하면 申이 9월의 생기이니 반드시 처가 임신한다.

❸ 申은 백호의 본가이고 금은 폐에 속한다. 밤에는 등사의 오행인 丁巳화가 申을 협극(夾克)하니 폐병으로 숨을 헐떡인다.

❹ 연여(連茹)의 말전이 초전을 돕는다. 만약 움직이면 이미 끝났던 소송이 재발한다.

- □ **정단** : ❶ 삼전이 연여(連茹)이며 일간에는 하늘그물(天羅)이 타고 일지에는 땅그물(地網)이 타니 꾀하는 일이 순탄하지 않다.

❷ 초전은 재성인 申이다. 밤에는 협극(夾剋)되고 낮에는 내전(內戰)된다. 하물며 과전의 모든 재성이 왕성해서 귀살로 변하니 재물로 인해 화가 닥치는 것을 예방해야 한다.
❸ 말전의 戌에 천후가 타고 사지에 임했다. 만약 여자의 병을 정단하면 반드시 악화된다.
❹ 모든 정단에서 옛일이 거듭되고 만연되어 끊어지지 않는 상이다.

○ **날씨** : 흐리다.
→ 삼전의 申酉戌 금국이 왕성하니 흐리다.
○ **가정** : 봄과 여름에 정단하면 재물의 기쁨이 있고, 겨울과 가을에 정단하면 사람에게 재난이 닥친다.
→ 봄과 여름에는 재국과 일간이 모두 왕성하니 재물을 득하는 기쁨이 있고, 가을과 겨울에는 재국이 왕성하지만 일간이 쇠약하니 재난이 닥친다. ● 특히 초전의 申이 병이고, 중전의 酉는 사이며, 말전의 戌이 묘이니, 운세가 매우 나빠서 몸이 상할 우려가 있다. 만약 연명이 戌과 亥이면 그 상신이 귀살인 亥와 子이니 대흉하다. ● 지상에 재성이 있으니 집에 재물이 풍족하다. 그러나 일간과 일지에 천라지망(天羅地網)이 둘러쳐져 있으니 가정 내외의 일에서 장애가 발생한다. ● 일지는 가정이다. 일지 未가 일지음양의 申과 酉로 탈기되니 가정에 손실사가 많다.
○ **혼인** : 처재효가 지나치게 왕성하니 여자는 강하고 남자는 유하다.
→ 처재효는 여자, 일간은 남자이다. 일간음양과 일지음양과 삼전이 모두 재국이어서 처재효가 지나치게 왕성하니 여자는 강하고 남자는 유하다. ● 지상은 일간의 지망(地網)이고 간상은 일지의 천라(天羅)이니, 남자와 여자가 모두 상대를 속인다. ● 성정 : 낮에는 지

상에 육합이 타고 있으니 사교적인 여자이고, 밤에는 지상에 등사가 타고 있으니 간교한 여자이다. 만약 혼인하면 재국이 인성을 극하니 부모의 수명이 준다.

○ **임신·출산** : 9월에 정단하면 임신의 기쁨이 있다.
→ 申은 처이고 9월에 정단하면 申이 9월의 생기이니 반드시 처가 임신한다.

○ **구관** : 공무원에게 가장 이롭다.
→ 일간음양과 일지음양과 삼전이 모두 재국이어서 처재효가 매우 왕성하니, 만약 연명이 戌과 亥이면 그 상신이 관성인 亥와 子이니 가장 이롭다. 만약 가을과 겨울에 정단하면 재성과 관성이 모두 왕성하니 더욱 길하다.

○ **구재** : 재물을 취득하더라도 다시 잃는 것을 예방해야 한다.
→ 봄과 여름에는 재국과 일간이 모두 왕성하니 재물을 득하는 기쁨이 있고, 가을과 겨울에는 재국이 왕성하지만 일간이 쇠약하니 오히려 재난(財難)이 닥친다.

○ **질병** : 폐병이다. 가을에 정단하면 흉하다.
→ 申은 백호의 본가이고 금은 폐에 속한다. 밤에 정단하면 등사 오행 화와 지반 丁화가 申을 협극(夾克)하니 폐병으로 숨을 헐떡인다. 그리고 말전의 戌에는 천후가 타고 사지에 임했다. 만약 여자의 병을 정단하면 반드시 악화된다. ● 반드시 상한 음식으로 질병을 얻었고, 치료할 수 없는 지경에 이른다. 그 이유는 丁화가 12운성의 병신과 사신과 묘신을 만났기 때문이다. 더욱이 가을과 겨울에 정단하면 의심의 여지가 없다.

○ **도난** : 밤에 정단하면 도신(盜神)이 丑이니 북방의 음귀인(陰貴人)의 집에 있다.
→ 낮에 정단하면 도신이 卯이니 동방의 숲속에 있다.

○ **출행** : 명예와 경제적인 이익을 모두 이룰 수 있다. 다만 조금 지체된

다.
→ 재성은 재물, 일간은 여행객이고 일지는 여행지이다. 간상과 지상에 재성인 申이 가했으니 출행해서 재물을 얻는다. 다만 간상과 지상에 천라와 지망이 둘러쳐져 있으니 다소 지체된다.

○ **귀가** : 지체된다. 머지않아 먼저 소식이 온다.
→ 일간과 일지에 천라지망(天羅地網)이 둘러쳐져 있으니 귀가가 지체된다. 申에는 우편의 뜻이 있다. ● 초전은 귀가 근처, 일지는 집이다. 초전과 지상이 申이니 소식이 먼저 온다.

○ **쟁송** : 이미 끝난 쟁송이 재발한다. 오랜 세월이 경과한다.
→ 삼전의 재국이 귀살을 생하니 쟁송이 오래가고 이미 종료되었던 소송이 다시 온다. ● **승패** : 일간은 나, 일지는 상대이다. 삼전의 금국이 일지를 탈기하니 상대가 불리하다. ● **관재** : 삼전의 재국이 귀살을 생하고 말전이 묘신이니 어둡다.

○ **전쟁** : 일지가 간상을 생하고 일간은 지상을 극하니, 객(客)에게는 이롭고 주(主)에게는 불리하다.
→ 일간은 아군, 일지는 적군이다. 일지인 未가 간상의 申을 생하고 일간인 丁이 지상의 申을 극하니, 아군에게는 이롭고, 적군에게는 불리하다.

○ **분묘** : 일간과 일지가 상생하고 간상과 지상이 비화(比和)하니 길지이다.
※『육임직지』원문에서는 "일덕과 귀인이 묘지에 임했으니 혈(穴)로 인해 귀(貴)가 발현된다."고 하였다.
→ 일지는 묘지, 일간은 후손이다. 일간인 丁화가 일지인 未토를 생하고 간상의 申금과 지상의 申금이 비화하니 길지이다. 다만 묘지인 未가 지상의 申으로 탈기되고 밤에는 등사가 타니 묘지의 기운이 탈기되는 것이 두렵다.

□ 『**필법부(畢法賦)**』: 〈제55법〉 천라지망(天羅地網)을 만나면 모망사가 보잘 것이 없게 된다.
　➜ □ 분석 참조.
〈제68-2법〉 병든 몸으로는 짐을 맡아 지기 어려운 격.
　➜ ○ 구재 참조.
〈제85법〉 초전이 협극(夾剋)되면 매사 뜻대로 되지 않는다.
　➜ 이 과전의 초전은 협극되지 않는다. 밤에 정단하면 등사의 오행인 丁巳화가 천반의 申금을 극하였으니 외전일 뿐이다.
〈제86〉 내전(內戰)을 만나면 꾀하는 일에서 재앙이 생긴다.
　➜ 앞의 제85법 참조.
□ 『**과경(課經)**』: 丑이 子에 가하면 '복태(腹胎)'이다. 찾아 온 뜻은 처의 임신 때문이다. 만약 천반의 丑이 공망에 떨어지거나 혹은 공망에 앉으면 출산을 정단하면 반드시 속히 출산하는데, 그 이유는 복부가 비어있는 상이기 때문이며, 만약 임신을 정단하면 태아가 손상된다.
□ 『**옥성가(玉成歌)**』: 子와 丑이 서로 가했으니 반드시 일이 이뤄진다.
　➜ 丁未일 제12국의 과전에서는 子와 丑이 서로 가한 것이 나타나지 않았으니, 연명이 子인 경우에만 이러한 작용이 나타난다.

무신일

戊申日의 길신(구보)과 흉살(팔살)

일덕	巳		형	
일록	巳		충	
역마	寅		파	
장생	寅		해	
제왕	午		귀살	寅卯
순기	亥		묘신	戌
육의(六儀)	甲辰		패신 / 도화	卯 / 酉
귀인	주	丑	공망	寅卯
	야	未	탈(脫)	申酉
합(合)			사(死)	酉
태(胎)	子		절(絶)	亥

戊申일 제 1 국

공망 : 寅·卯 ○
낮 : 왼쪽 천장, 밤 : 오른쪽 천장

乙	戊	○
勾巳朱	白申后	蛇寅青
巳	申	寅 ○

乙	乙	戊	戊
勾巳朱	勾巳朱	白申后	白申后
戊巳	巳	申	申

	乙巳巳	丙午午	丁未未	戊申申	
	勾朱	青蛇	空貴	白后	
	甲辰辰 合合			己酉酉 常陰	
	○卯卯 朱勾			庚戌戌 玄玄	
	○寅寅 蛇青	癸丑丑 貴空	壬子子 后白	辛亥亥 陰常	

□ **과체** : 복음(伏吟), 자임(自任), 원태(元胎) // 형상(刑傷), 나거취재(懶去取財), 앙구(怏咎), 양면도격(兩面刀格), 삼전체극(三傳遞剋), 덕경(德慶), 교차상합(交叉相合), 복덕(福德), 인귀생신(引鬼生身), 일희일비(一喜一悲), 교차장생(交叉長生), 말조초혜(末助初惠).

□ **핵심** : 삼전이 일간을 체극(遞剋)하니 이롭지 않아서 실패하는 것이 한나라의 소하에 달려 있고, 말전이 초전의 장생을 도우니 이루는 것이 소하에게 달려 있다.

※ 소하(蕭何) : 한나라의 정치가. 유방(劉邦)을 도와 한나라를 건국했다.

□ **분석** : 寅이 말전에 있으니 성공과 실패가 소하에게 달려 있다고 하였다. 실패한다는 것은, 초전의 巳가 중전의 申을 극하고, 중전이 말전의 寅을 극하며, 말전이 일간 戊를 극하기 때문이다. 성사한다는 것은, 말전이 초전을 도와 일간을 생하기 때문이다.

□ **정단** : ❶ 간지의 상하가 교차상합(交叉相合)을 한다.
❷ 일덕과 일록인 巳가 발용이 되었고, 중전의 申은 일간의 장생이

며, 말전의 寅은 일지의 역마여서, 드러난 것으로는 巳화를 도우니 생기이다. 비록 삼형이 차례로 극을 하지만 하나의 일덕으로 만 가지의 근심을 충분히 해소되어 모든 정단에서 길하니 모든 일에서 남이 몰래 나를 돕는다. 또한 나를 돕지만 나를 극하기도 하여 양날의 칼이니, 흉금을 털어놔야 좋게 쓰인다. ❸ 과전에서 천리(寅)와 천성(申)을 모두 만나고 일록인 巳와 역마인 寅이 움직이니 구관에 가장 이롭다. 다만 공망된 寅이 메워지는 봄에 정단하면 길하다.

○ **날씨** : 화가 발용이 되었으니 크게 맑다.
→ 처음에는 巳화가 발용이 되었으니 맑고, 나중에는 중전이 수모(水母)인 申이고 밤에는 천후가 타고 있으니 비가 오며, 마지막에는 말전이 공망되었으니 크게 맑다.

○ **가정** : 격명이 원태(元胎)이니 집에 임신부가 있다. 일간과 일지가 생합하니 사람과 집이 편안하다.
→ 원태는 네 계절의 사맹으로서 만물의 시초를 뜻하니 '태아'에 해당한다. 삼전이 모두 사맹이니 태아를 가지는 임신의 뜻이 있다. ● 일간은 사람, 일지는 집이다. 일간(기궁) 巳와 지상의 申이 상합하고 일지 申과 간상의 巳가 상합하니 사람과 집이 화목하다. 다만 일간과 일지가 교차상형(交叉相刑)하고 교차상극(交叉相剋)하여 좋다가도 나쁜 점이 있다.
● 낮에는 지상의 申에 백호가 타고 있으니 자식에게 병이 생기고, 밤에는 지상에 천후가 타서 일간을 탈기하니 부녀자로 인해 손실이 발생한다. ● 말전의 장생이 공망되었으니 부모의 질병을 물으면 부모가 사망할 위험이 있다.

○ **혼인** : 길하지만 이루기 어렵다.
→ 일간은 나, 일지는 상대이다. 일간(기궁) 巳와 지상의 申이 상합

(相合)하고 일지 申과 간상의 巳가 상합하니 혼인이 길하다. 다만 일간과 일지가 교차상형(交叉相刑)하고 교차상극(交叉相剋)하니 이루기 어렵다. 만약 혼인하면 삼전이 형(刑)을 하고 다시 삼전이 일간을 차례로 극(剋)을 하여 오니 평생 싸운다.

○ **임신·출산** : 남자를 임신한다. 출산이 신속하다.

→ 일간은 태아이다. 일간음양에서 두 음인 巳가 하나의 양인 戊를 감싸니 남자이고, 복음과의 양일에 일간이 발용이 되었으니 다시 남자이다. ● 간지와 삼전이 모두 삼형이니 인공분만 할 우려가 있다.

○ **구관** : 수험생은 관직을 얻고 공무원은 승진한다.

→ 복음과는 구관에 대체로 이롭다. 일덕과 일록이 일간에 임하고, 밤에는 청룡 겸 관성이 역마를 타고 있으니, 수험생은 관직을 득하고 관직에 몸담고 있는 공무원은 승진한다. 다만 공망된 寅이 메워지는 인년(寅年)이나 인월(寅月)이나 인월장(寅月將) 기간에 정단해야 이러한 작용이 발현된다. ● 합격시기나 승진시기를 정단하면, 역시 인년이나 인월이나 인월장이 와야 합격하고 승진한다.

○ **구재** : 합자해서 생계를 꾸릴 경우, 봄에 정단하면 길하다.

→ 장생은 생업과 생계, 간지 교차육합(交叉六合)에는 주객이 합자하는 뜻이 있다. 봄에 정단하면 공망된 말전의 장생이 메워져서 생업이 활발해지니 길하다.

○ **질병** : 간병이 들었지만 무방하다. 비록 위험하지만 구해진다.

※ 『육임직지』 원문에서는 "폐병이 들었지만 괜찮다."고 하였다.

→ 백호는 질병의 원인이다. 낮에 정단하면 백호가 申에 타서 오행의 목을 극하니 간에 병이 든다. 백호승신 申을 초전의 巳가 제압하니 위험하지만 병이 낫고 말전의 귀살이 공망되었으니 불행 중 다행이다. ● 만약 부모의 질병을 정단하면 장생이 공망되었으니 위독하다.

○ **출행** : 출행이 길하다.

　→ 일덕은 흉화위길의 신이다. 비록 사람을 뜻하는 일간과 여행지를 뜻하는 일지가 상형이고 다시 그 상신이 삼형이며 간지가 교차 삼형이며 삼전이 삼형이지만 일덕이 간상과 발용에 임하니 여행에서 큰 장애는 없다.

○ **귀가** : 밤에 정단하면 주작이 발용이 되었으니 먼저 소식이 오며 머지않아 의기양양하게 돌아온다.

　→ 주작은 소식의 천장이다. 주작이 귀가의 종착지인 초전에 타고 있으니 머지않아 곧 소식이 온다. 그리고 초전이 일록인 巳이니 식록의 기쁜 소식을 가지고 돌아온다.

○ **도난** : 마을을 벗어나지 않았다. 도둑은 건장한 남종(奴)이거나 군인이거나 공무원이다.

　→ 복음과는 도둑이 마을을 벗어나지 않았다. 그리고 주야 모두 현무의 음신이 戌이니 도둑의 신분은 남자종업원이거나 군인이거나 경찰이거나 폭력배이다.

○ **쟁송** : 내가 유리하다.

　→ 일간은 나, 일지는 상대이다. 일간이 일지를 극하고 다시 간상이 지상을 극하니 나는 유리하고 상대는 불리하다. ● **관재** : 귀살이 공망되었으니 가벼워진다.

○ **전쟁** : 아군에게 유리하다.

　※『육임직지』원문에서는 "객(客)에게는 유리하고 주(主)에게는 불리하다."고 하였다.

　→ 일간은 아군, 일지는 적군이다. 일간(기궁)인 巳가 일지인 申을 극하고 간상의 巳가 지상의 申을 극하니 아군이 유리하다.

○ **분묘** : 일지에 장생이 타서 상하가 육합하니 흥왕한 묘지로서 자손이 장수한다.

　→ 일지는 묘지이다. 일간의 장생인 申이 일지의 음양에 타서 지반

인 申과 비화하니 흥왕한 터이며 자손이 장수한다.

□ 『필법부(畢法賦)』: 〈제21법〉 교차상합(交叉相合)하면 왕래에 이롭다.
→ 일간인 巳와 지상의 申이 상합하고 일지인 申과 간상의 巳가 교차상합을 한다.
〈제75법〉 손님과 주인이 다투지 않아도 형벌이 이미 있다.
→ 일간과 일지가 서로 형을 하고 간상과 지상이 서로 형을 하며 다시 일간과 일지가 교차상형하니 주객이 화합하지 않는다. 주로 혼인, 매매, 교역, 계약, 동업, 국제회담 등에서 양측 모두에게 이롭지 않다.
〈제22법〉 상하가 모두 화합하면 서로의 마음이 같다.
→ 지간의 상신인 申과 巳가 서로 육합하고 간지의 지반인 巳와 申이 다시 서로 육합한다.
〈제32법〉 삼전이 차례로 나를 극하면 대중이 나를 기만한다.
→ 초전의 巳가 중전의 申을 극하고, 중전이 말전의 寅을 극하며, 말전이 일간 戊를 차례로 극하니 많은 사람들이 나를 속이며 관직자인 경우에는 탄핵을 당한다.

□ 『과경(課經)』: 교차장생(交叉長生)은 자본을 합쳐서 장사하면 매우 좋다.
→ 지상의 申은 일간의 장생, 간상의 巳는 일지의 장생이다.

□ 『찬요(纂要)』: 낮에 정단하면 백호가 장생에 타서 세 번이나 나타났으니 불행 중 다행이고, 밤에 정단하면 청룡이 일간의 귀살에 타서 세 번이나 보이니 다행 중 불행이다. 그리고 여섯 戊일의 복음과는 삼전이 체극하여 화합하는 기운이 전혀 없으며 甲戊庚 삼기가 되지 못한다.

戊申일 　제 2 국

공망 : 寅·卯
낮 : 왼쪽 천장, 밤 : 오른쪽 천장

		癸
朱 卯 勾	蛇 寅 青	貴 丑 空
辰	卯 ○	寅 ○
甲	丁	丙
合 辰 合	朱 卯 勾	空 未 貴　青 午 蛇
戊 巳	辰	申　未

甲辰巳 合	乙巳午 勾朱	丙午未 青蛇	丁未申 空貴
○ 朱 卯 辰			戊申酉 白后
○ 蛇 寅 卯 ○			己酉戌 常陰
癸丑寅 ○ 貴	壬子丑 空后	辛亥子 白陰 常	庚戌亥 玄玄

- □ **과체** : 원수(元首), 퇴여(退茹), 참관(斬關) // 연방(聯芳/卯寅丑), 침해(侵害), 과수(寡宿), 삼전개공(三傳皆空), 답각공망(踏脚空亡), 귀살국(鬼殺局).

- □ **핵심** : 삼전이 갑진순과 갑인순의 공망이 되었으니 어찌 물러날 수 있겠는가? 위험과 의혹을 버리면 높은 벼슬길을 가게 된다.

- □ **분석** : ❶ 寅卯는 갑진순의 공망이고 子丑은 다음 순의 공망이어서 '답각공망(踏脚空亡)'이다. 다시 일간의 묘신인 辰이 일간을 덮쳤으니 위험과 의혹이 심하다.

  → 수토동궁설을 적용하면 간상의 辰은 일간의 묘신이다.

  ❷ 물러나면 백호귀살의 해를 입고 나아가면 삼전이 공함되었으니 어찌 함정에 빠지지 않겠는가? 위험하고 의혹이 있는 묘신을 뒤로 하고 앞으로 한 발 나가면 화를 입지 않고 식록인 巳를 얻어서 높은 벼슬의 길을 가게 된다.

- □ **정단** : ❶ 격명이 참관(斬關)이니 본래는 움직이는 상이지만, 진퇴여가 공망되었으니 나아가서 취해야 한다.

❷ 일록인 巳가 왕지인 午에 거주하고 다시 巳가 덕신이다. 앞으로 한 발을 내딛으면 상봉할 수 있으니 용기와 힘을 내서 전진해야 후회하지 않는다. 오직 관귀효가 공망되었으니 구관(求官)하기 위해서 귀인을 만나면 원하는 것을 성취하지 못한다. 다만 봄에 정단하거나 혹은 연명이나 태세나 월건이 공망을 메우면 길한 상이다.

○ **날씨** : 맑다.
  ※『육임직지』원문에서는 "화는 위이고 수는 아래이니 맑고 작은 바람이 분다."고 하였다.
  → 삼전이 모두 공망되었으니 하늘이 맑다.
○ **가정** : 주작이 발용이 되었으니 구설수를 예방해야 한다.
  → 일간은 사람, 주작은 구설이다. 일간음신의 주귀(朱鬼)가 발용이 되었으니 구설수가 발생하는 것을 예방해야 한다. ● 일지는 집이다. 지상의 未에 형제효가 임했으니 소비가 많은 집이다. ● 삼전이 모두 공망되어 미래가 공허하다. 움직여서 이익이 없으니 현재의 상황을 고수해야 한다. ● 지상에 이동의 신인 정마(丁馬)가 타고 있으니 이사수가 있다. ● 식록을 뜻하는 일록인 巳가 지반의 午에 임했으니 오방(午方, 정남)으로 이사하면 된다.
○ **혼인** : 삼전이 공망되었으니 이루지 못한다.
  → 삼전은 혼담이 진행되는 과정이다. 삼전이 모두 공망되어 혼담이 진행되지 않으니 혼인을 이루지 못한다. ● 궁합 : 일간 戊가 일지 申을 생하고 간상의 辰이 지상의 未와 비화(比和)하니 대체로 좋은 궁합이다. ● 성정 : 일지는 상대이다. 낮에는 지상에 천공이 타고 있으니 공허한 사람이고, 밤에는 지상에 천을귀인이 타고 있으니 귀한 사람이다.
○ **임신·출산** : 두 음이 하나의 양을 감싸고 있으니 아들의 상이다. 신속

하게 출산한다. 출산이 쉽지는 않지만 괜찮다.

→ 삼전은 태아가 생육되는 과정이다. 삼전의 두 음인 卯와 丑이 하나의 양인 寅을 감싸고 있으니 아들의 상이고 다시 원수과이니 아들의 상이다. 낮에 정단하면 지상에 천공이 타고 있어서 임신부의 배가 비어 있는 상이니 신속하게 출산한다. 간상에 천라인 辰이 있어서 출산이 쉽지는 않지만 무방한 편이다.

○ **구관** : 관성이 공망되었으니 이롭지 않다.

→ 관성은 관직이다. 관성인 寅卯가 공망되었으니 구관에 이롭지 않다. 이 과전에서는 경쟁자인 辰未丑이 여럿 있으니 더욱 이롭지 않다. 만약 봄에 정단하거나 혹은 연명 혹은 태세나 월건이 공망을 메우면 길하다. ● 고시 : 낙방한다. ● 승진 : 안 된다.

○ **구재** : 먼 곳으로 가서 재물을 구해야 한다.

→ 재성은 재물이다. 겨우 말전의 둔반에 암재가 있으니 작은 재물을 구할 수 있다. 그러나 과전의 천반에 재성이 없으니 제대로 재물을 구할 수 없다. 만약 연명이 子丑이면 그 상신이 재성인 亥子이니 재물을 제대로 얻는다.

○ **질병** : 급병은 낫고 구병은 흉하다.

→ 초전이 공망되었다. 따라서 급병은 낫고, 구병은 흉하다.

○ **출행** : 묘신이 일간을 덮쳤고 낮에 정단하면 역마에 등사가 타고 있으니 가더라도 결과가 없으니 이롭지 않다.

→ 일간은 여행객, 일지는 여행지, 삼전은 여정이다. 일간이 묘지인 辰에 매장되어 지금은 갈 수 없고 또한 삼전이 모두 공망되었으니 출행할 수 없고 설령 가더라도 결실이 없다.

○ **귀가** : 근처로 나간 사람은 즉시 돌아오고 먼 곳으로 나간 사람은 아직 돌아오지 않는다.

→ 말전과 중전과 초전은 귀가하는 일정이다. 지금은 삼전이 모두 공망되었으니, 가까운 곳으로 간 사람은 즉시 돌아올 수 있지만 먼

곳으로 간 사람은 아직 돌아오지 않는다.
○ **쟁송** : 아직 발생하지 않은 소송은 불성하고, 이미 진행된 소송은 풀리니 결국 소송이 되지 않는다.
→ 삼전은 소송의 진행과정이다. 삼전이 모두 공망되었으니 소송이 발생하지 않는다. ● 원수과 : 소송을 먼저 거는 쪽이 이롭고 또한 신속하게 승부를 걸어야 이롭다. ● 관재 : 삼전에서 발이 없는 귀살을 만났으므로 재앙을 벗어나서 피난할 수 있다.
○ **도난** : 서방의 여종(여종업원, 첩)의 집에 있다.
→ 도둑은 현무의 음신(도신)에 숨어 있고, 酉는 여종과 아가씨와 윤락녀이다. 주야 모두 현무의 음신이 酉이니 서방에 있는 여종업원이나 아가씨나 윤락녀의 집에 숨어 있다.
○ **전쟁** : 삼전이 공망되었으니 뜻대로 되지 않는다.
→ 삼전은 전쟁이 진행되는 과정이다. 삼전이 공망되었으니 전쟁이 뜻대로 되지 않는다.

□ 『**필법부(畢法賦)**』: 〈제18법〉 답각공망(踏脚空亡)은 나아감이 옳다. 이미 물러난 뒤에 공망을 만나면 나아감은 옳고 물러남은 그르다.
→ 초전과 중전의 卯寅은 갑진순의 공망이고, 말전의 丑은 갑인순의 공망이다.
〈제90법〉 삼전이 모두 공망이니 어찌 움직이는 것이 옳겠는가?
→ 삼전이 모두 공망되었다.
□ 『**신정경(神定經)**』: 괴강인 辰戌이 순수이고 이것이 연명이나 일간에 임하면 고시에서 수석으로 합격한다. 이러한 예는 오직 갑술순과 갑진순 두 순에만 있다.
□ 『**삼거일람(三車一覽)**』: 삼전의 卯寅丑은 모두 일간의 귀살이다. 다행히 귀살이 공망되었으니 재앙을 벗어나서 피난할 수 있다. 그러나

옛것을 지키는 것은 좋지 않다. 간상에 묘신이 타고 있으니 삼전의 밖으로 나가서 식록을 찾아야 한다.

戊申일 제 3 국

공망 : 寅·卯
낮 : 왼쪽 천장, 밤 : 오른쪽 천장

癸	辛	己
貴丑空	陰亥常	常酉陰
卯 ○	丑	亥

	癸	丙	甲
○	貴丑空	青午	合辰合
朱卯勾		蛇	
戊巳	卯 ○	申	午

	甲辰午 合	乙巳未 勾	丙午申 蛇
朱卯巳 勾			青
○			
蛇寅辰 青			丁未酉 貴
貴癸丑卯 空 ○			空
			白 戊申戌 后
后壬子寅	辛亥丑 陰常	庚戌子 玄常	己酉亥 玄常陰

□ **과체** : 중심(重審), 퇴간전(退間傳), 극음(極陰/丑亥酉), 여덕(勵德) // 고진(孤辰), 침해(侵害), 오음(五陰), 간지개패(干支皆敗), 복덕(福德), 삼기(三奇), 구귀(俱鬼), 화귀살등사주작극택격(봄/밤), 답각공망(踏脚空亡).

□ **핵심** : 사람과 가택을 정단하면 간지가 그 상신으로부터 극을 받으니, 일반인은 화를 입고 관직자는 뜻을 얻는다.

□ **분석** : 일간은 몸, 일지는 가택이다. 몸은 卯의 극을 받고 가택은 午의 극을 받아서 모두 위로부터 극을 받는다. 따라서 일반인은 관청으로부터의 시비와 우환을 면할 수 없고, 관직자는 관성이 일간에 임하니 매우 좋다. 그리고 낮에는 주작이 타고 있으니 오히려 문서가 길하지 않다.

□ **정단** : ❶ 삼전이 丑亥酉이니 '극음(極陰)'이고 일진에 각각 관귀효가 타고 있어서 서로에게 재앙이 생기니 예측하지 못했던 우환을 예방해야 한다.

❷ 간상의 卯목이 비록 공망되었지만 말전의 酉금이 亥수를 생하고

중전의 亥수가 卯목을 생하니, 몰래 귀신의 도움을 받아 관직을 정단하면 길하고 나머지의 것을 정단하면 좋지 않다.

❸ 만약 봄에 정단하면 午가 화귀(火鬼)이고 밤에는 등사가 타서 가택을 극하니 화재로 인한 놀람을 예방해야 한다.

○ **날씨** : 날이 흐리고 구름이 끼는 상이다.
→ 과체가 극음(極陰)이니 날이 흐리고 구름이 끼는 상이다.
○ **가정** : 사람과 집에 재앙이 있다.
→ 일간은 사람, 일지는 집이다. 일간에는 일간의 귀살인 卯가 임하고 지상에는 일지의 귀살인 午가 임하니 사람과 집에 재앙이 닥친다. 다만 간상의 귀살이 공망되어 재앙이 불발하니 다행이다. ● 지상의 午에 낮에는 청룡이 타고 있으니 경제적인 고통이 있고, 밤에는 등사가 타고 있으니 교통사고와 같은 혈광사가 발생하는 것을 예방해야 하는데, 만약 인월(寅月)에 정단하면 지상의 午가 인월의 사기이니 대흉하다.
● 여덕(勵德) : 주야 모두 귀인이 卯酉에 임하여 '여덕'이니 조상을 공경하고 선행을 쌓아야 복이 온다. ● 중심과 : 아랫사람이 윗사람에게 불효하는 것을 예방해야 한다. ● 가상 : 봄의 밤에 정단하면 봄의 화귀살인 午에 등사가 타서 일지를 극한다. 따라서 집에 화재가 발생하니 화재보험을 들어야 한다.
○ **혼인** : 일간과 일지가 모두 간지의 상신으로부터 극을 받으니 길하지 않다.
→ 일간은 나, 일지는 상대이다. 일간은 간상의 卯로부터 극을 받고, 일지는 지상의 午로부터 극을 받으니 혼인이 길하지 않다. 또한 간상의 卯는 일간의 패기(敗氣)이고 지상의 午는 일지의 패기(敗氣)이어서 혼인이 실패하는 상이니 더욱 길하지 않다. ● 성정 : 일지는

상대이다. 지상이 일지의 패신이니 좋지 않은 사람이다. 밤에는 등사가 타고 있으니 더욱 좋지 않은 사람이다.

○ **임신·출산** : 남자를 임신한다.

→ 과전이 모두 음이다. 음이 극에 이르면 양이 생기니 남자를 임신한다. ● 임신 : 태아를 뜻하는 일간이 공망되었고 다시 간지의 상신인 卯와 午가 서로 파(破)를 하니 임신을 정단하면 유산할 우려가 있고 다시 초전이 공망되었으니 유산할 우려가 있다.

○ **구관** : 관성이 공망되었으니 길하지 않다.

→ 관직을 뜻하는 관성인 卯가 공망되었고 지상의 午와는 파(破)를 하며 다시 말전의 酉가 卯를 충산(沖散)하니 불리하다. 또한 초전이 공망되었고 다시 삼전이 극음(剋陰)이니 관로가 순탄하지 않다. ● 고시 : 과전이 육음이고, 삼전이 극음이며, 초전이 공망되었으며, 관성이 공망되었으니 불리하다.

↑ **구재** : 가능하다.

→ 재성은 돈이다. 중전에 재성이 있으니 구재가 가능하다. 특히 겨울과 가을에 정단하면 중전의 亥가 왕성하니 가장 이롭다.

○ **질병** : 마음의 울화가 병의 원인이다. 가슴이 아프거나 눈이 침침하다. 오랫동안 병이 낫기 어렵다.

→ 간상은 병의 원인, 주작의 오행은 화이다. 낮에는 간상에 주작이 타고 있으니 심화가 병의 원인이다. 지상은 병증이다. 지상이 午이니 가슴이 아프고 눈이 침침하다. ● 삼전이 극음이니 주색으로 인한 질병도 있다. ● 과전이 육음이고 삼전이 극음이니 오랫동안 병이 낫기 어렵다.

○ **출행** : 막힘이 있으니 갈 수 없다.

→ 일간은 여행객, 일지는 여행지, 삼전은 여정이다. 일간이 공망되어 장애가 있으니 갈 수 없다. 지상이 혈광의 뜻이 있는 양인이니 위험한 여행지이고, 삼전이 밤의 12지로 이어진 극음이니 또한 길

한 여정이 아니다.
O **귀가** : 역마가 묘지에 앉아 있으니 아직은 돌아오지 못한다.

→ 역마는 자동차이다. 역마인 寅이 공망되어 교통에 문제가 있으니 아직은 돌아오지 못하고 간지의 상신이 모두 패신인 卯와 午이니 다시 아직은 돌아오지 못한다.

O **쟁송** : 풀린다. 내가 불리하다.

→ 삼전이 극음(極陰)이니 쟁송이 깊다. 주작승신 卯와 구진승신 卯가 공망되었으니 쟁송이 풀린다. ● 승패 : 일간은 나, 일지는 상대이다. 일간은 공망되고 일지는 튼실하니, 나는 불리하고 상대는 유리하다.

O **도난** : 35리의 남서방에 도둑이 숨어 있다.

※ 『육임직지』에서는 "서방 24리 혹은 42리의 길옆에 있다."고 하였다.

→ 현무의 음신에 도둑이 숨어 있다. 주야 모두 현무의 음신이 申이니 남서방에 숨어 있다. ● 도둑이 있는 거리는 현무양신과 현무음신으로 알 수 있다. 현무양신 戌이 6이고 현무음신 申이 7이니 이 둘을 곱셈하면 35이니 35리의 거리에 도둑이 숨어 있다. ※ 선천대연수는 갑진일 제9국 『과경』의 해설 참조.

O **전쟁** : 부실하다.

→ 일간은 아군, 일지는 적군이다. 일간이 공망되어 무기력하니 부실하다.

O **분묘** : 저지대의 양지바른 묘지이다.

※ 『육임직지』 원문에서는 건룡(乾龍)이 낙맥(落脈)이며 금국을 이루었으니 관직(貴)이 발현된다."고 하였다.

→ 일지는 묘지이다. 중심과이니 저지대이고 지상이 丙午이니 햇볕이 잘 드는 묘지이다.

- □ 『필법부(畢法賦)』: 〈제63법〉 피차 모두 상하니 양쪽 모두 손상을 방비해야 한다.
  - ➜ 일간인 戊는 간상의 卯로부터 극을 받고 일지인 申은 지상의 午로부터 극을 받으니, 나와 상대 모두 손상을 예방해야 한다.
- □ 『과경(課經)』: 간상의 卯에 주작이 타고 있고 일간의 귀살이 되어 일간을 극하니, 고위직 공무원은 탄핵당하는 상소를 예방해야 한다. 연명에 임하는 경우에도 마찬가지이다.
- □ 『지장부(指掌賦)』: 丑亥酉가 극음(剋陰)이니 마치 달이 서산에 숨은 것과 같다.
  - ➜ 달이 서산에 숨었으니 관직자와 직장인은 퇴직하여 산림에 숨는 상이니 이롭지 않다.
- □ 『임수경(壬髓經)』: 문 앞에 높고 평평한 흙으로 만든 담이 있으니 출행에 장애가 있다.
  - ➜ 초전이 丑토이고 이곳에 타고 있는 천장이 토의 천장인 귀인(己丑토)과 천공(戊戌토)이니 흙을 쌓아서 만든 담의 상이다.
- □ 『심기독오(心機獨悟)』: 천을귀인이 발용이 되었으니 귀한 사람이며, 귀인을 알현하면 재물의 기쁨이 있다. 군자는 공직에 임명되어 먼 곳으로 발령이 나고, 소인은 다툼으로 인해 관청에 들어간다.
  - ➜ 낮에는 초전에 천을귀인이 타고 있으니 귀인이고 다시 초전의 丑이 귀인의 본가이니 다시 귀인의 상이다. 서민이 귀인을 만나면 귀인의 음신이 재성인 亥이니 재물을 취득하는 기쁨이 있다.

戊申일 　제 4 국

공망 : 寅·卯
낮 : 왼쪽 천장, 밤 : 오른쪽 천장

	辛	戊
蛇 寅 靑	陰 亥 常	白 申 后
巳	寅 ○	亥
○	辛	乙	○
蛇 寅 靑	陰 亥 常	勾 巳 朱	蛇 寅 靑
戊 巳	寅 ○	申	巳

蛇 ○寅巳 貴	青 ○卯午 空	朱 甲辰未	勾 合	合 勾	乙巳申	朱
癸丑辰					丙午酉	青 蛇
壬子卯 后	白				丁未戌	空 貴
辛亥寅 陰	庚戌丑 常 玄	己酉子 玄 常	戊申亥 陰 白 后

- **과체** : 지일(知一), 비용(比用), 불비(不備), 원태(元胎) // 병태(病胎), 과숙(寡宿), 형상(刑傷), 침해(侵害), 권섭부정(權攝不正), 무음(蕪淫), 췌서(贅婿), 명암이귀(明暗二鬼), 덕경(德慶), 간지록마(干支祿馬/부귀), 삼기(三奇), 간지구극(干支俱剋), 화귀살등사주작극택격(봄/밤).

- **핵심** : 존귀한 것이 비천한 것에 옆에 있다. 서로가 감추지 않고, 양 귀인은 모두 분노한다. 흉한 재앙으로부터 벗어날 수 있다.

- **분석** : ❶ 일간은 존장(尊長), 일지는 비유(卑幼)이다. 일간(기궁)인 巳가 지상으로 갔으니 존귀한 사람이 비천한 사람을 취한다.

  ❷ 戊는 寅으로부터 극을 당하고 申은 巳로부터 극을 당하니, 서로 감추지 않는다.

  ❸ 주야의 귀인이 입옥(入獄)이 되었으니 두 귀인이 모두 분노한다.

  ❹ 귀살인 寅이 갑진순의 공망이 되었으니 비록 일간에 임한 뒤에 발용이 되어 난(難)이 있지만 재앙을 피할 수 있고, 난이 있지만 도망갈 수 있으니 흉한 재앙으로부터 벗어날 수 있다.

- **정단** : 일간에는 극이 있고 일지에는 육합이 있으니, 나는 고생하고

남은 안락한 상이다. 다만 삼전이 관귀효를 체생(遞生)하고 초전과 중전이 공망되었다. 따라서 나를 사랑하는 기운이 끝까지 가지 못할 우려가 있고, 나를 해치는 기운은 비록 칼은 들었지만 나를 해치지 못한다.

○ **날씨** : 초전과 중전이 공망되고 말전의 申이 수의 장생이니 해일(亥日)에 바람이 불며 비가 온다.
　→ 亥는 비(雨), 申은 수모(水母)이다. 백호가 申에 타서 亥를 생하니 해일(亥日)에 비가 온다.
○ **가정** : 일간과 일지가 상합하니 사람과 집이 평안하다.
　→ 일간은 사람, 일지는 집이다. 일간 戊(巳)와 일지 申이 상합하니 사람과 집이 대체로 평안하다. 그러나 간지의 상신인 寅과 巳가 서로 형(刑)을 하니 가족이 화목하지 않다. ● 일간(기궁) 巳가 지상으로 갔으니 새집으로 들어가는 상이며, 지상으로 간 기궁 巳가 일지 申을 극하니 대체로 좋은 가상이다.
　● 부모가 생존할 경우, 부모를 뜻하는 장생 寅이 공망되었으니 건강검진을 받아야 한다. ● 사과가 하나의 양과 두 음이어서 '불비(不備)'이니 가정에 음란이 발생하는 것을 예방해야 한다. ● 가상 : 봄의 낮에 정단하면 봄의 화귀살인 午에 주작이 타서 일지를 극하여서 집에 화재가 발생하니 화재보험을 들어야 한다.
○ **혼인** : 매우 좋다. 좋은 중매인을 찾아야 한다.
　→ 일간은 나, 일지는 상대이다. 일간(기궁) 巳가 지상으로 간 것은 남자가 여자에게 장가드는 상이니 매우 좋다. ● 중전은 중매인이다. 중전이 공망되어 지금의 중매인은 무능력하니, 새로운 중매인을 찾아야 한다. ● 지일과이니 가까운 사람이나 장소에서 배우자감을 물색하는 것이 좋다. ● 궁합 : 비록 일간과 일지가 상합하지만, 간

상의 寅과 지상의 巳가 서로 형(刑)을 하고 해(害)를 하니 보통이다.

○ **임신·출산** : 태아가 손상되거나 혹은 '귀태(鬼胎)'이다. 출산을 정단하면 난산이다.

→ 일간은 태아, 일지는 임신부이다. 일간과 일지가 서로 형을 하고 간상과 지상이 서로 형(刑)과 해(害)를 하니 태아가 손상되고 또한 임신부의 몸도 손상된다. 그리고 일간의 태신인 子가 공함되었고 다시 삼전이 병태이니 태아가 어머니의 뱃속에서 점차 작아져서 사라지는 '귀태'가 된다. ● 지일과이니 집 근처에 있는 산부인과에서 출산해야 한다. ● 기궁이 지상으로 간 것은 태아가 어머니의 뱃속을 떠나기를 싫어하는 뜻이 되니 출산을 정단하면 난산이다.

○ **구관** : 천리와 천성을 모두 만났고 관성이 역마에 타고 있으니 승진하는 상이다.

→ 寅은 임금이 임명하는 관리라는 뜻의 '천리(天吏)', 申은 임금이 임명한 성주라는 뜻의 '천성(天城)'이다. 삼전에 천리와 천성을 모두 만났으니 승진하는 상이다. ● 관직을 뜻하는 초전이 관성인 寅이고 다시 일지의 역마이니 승진하는 상이지만, 천리와 관성과 역마 寅이 공망되었고 또한 말전의 申이 초전의 寅을 충하니 불발한다. ● 고시 : 낙방한다. ● 승진 : 안 된다. ● 권섭부정(權攝不正) : 일록인 巳가 일지에 임했으니 강등되거나 혹은 다른 곳으로 발령이 나거나 혹은 만임에 가까운 사람은 퇴직하거나 혹은 신입사원은 임시직으로서 옳은 직위가 아니다.

○ **구재** : 인년이나 인월이나 인월장 기간에 재물을 얻는다.

→ 재성은 재물이다. 재성인 亥가 공망된 寅에 앉아서 공망되었으니, 공망이 메워지는 인년이나 인월이나 인월장 기간에 재물을 얻는다.

○ **질병** : 치통 혹은 피를 토한다.

→ 지상은 병증이다. 지상이 巳이니 치통 혹은 피를 토한다. 그리고

삼전이 병태(病胎)이니 병으로 인해 건강이 나날이 나빠지는 것을 예방해야 하며, 다시 역마인 寅이 일간에 임하니 병이 확대되는 것을 예방해야 한다. ● 치료 : 지일과이니 근처에서 명의와 명약을 구하는 것이 좋다.

○ 출행 : 과전이 생합하니 매우 길하다.

→ 일간은 여행객, 일지는 여행지, 삼전은 여정이다. 일간과 초전이 공망되어 지금은 출행하지 못하지만 공망이 메워지면 출행할 수 있다. ● 삼전이 병태이니 병으로 고생하는 것을 예방해야 한다. ● 지일과이니 원행보다는 근행이 좋다.

○ 귀가 : 즉시 돌아온다.

→ 일간(기궁)은 출행인, 일지는 집이다. 일간(기궁)이 지상으로 왔으니 출행한 사람이 집으로 온다.

○ 쟁송 : 구제된다. 쟁송이 풀린다.

→ 귀살은 관재이다. 귀살인 寅이 공망되었고 초전과 중전이 공망되었으니 쟁송이 풀린다. ● 승패 : 일간인 戊는 간상의 寅으로부터 극을 당하고 일지 申은 지상의 巳로부터 극을 당하니 나와 상대 모두 소송의 해를 입는다. 다만 일간은 공허하고 일지는 튼실하니, 나는 불리하고 상대는 유리하다.

○ 도난 : 남서방에 있는 식당의 빈방에 있다.

※『육임직지』원문에서는 "서북방에 있는 식당의 빈방에 있다."고 하였다.

→ 도둑은 현무의 음신에 있고, 未는 남서방과 식당을 뜻한다. 현무의 음신이 未이니 남서방에 있는 식당에 있다.

○ 전쟁 : 피난도생(避難逃生)이다. 불리하다.

→ 일간은 아군, 일지는 적군이다. 일간(기궁)인 巳가 지상으로 간 것은 아군이 적진에 뛰어드는 상이니 불리하다.

□ 『**필법부(畢法賦)**』: 〈제8법〉 일록이 일지에 임하면 임시직으로서 정당한 직위가 아니다.
  → 구관 참조.
  〈제9법〉 옛 터전을 버리고 난을 피해 도망가서 산다.
  〈제63법〉 피차 모두 상하니 양쪽 모두 손상을 방비해야 한다.
  → 쟁송 참조.
□ 『**고감(古鑑)**』: 월장 酉를 점시 子에 가한 뒤에 부임정단을 한다. 청룡이 타고 있는 寅이 관성이지만 공망되었다. 일간인 巳가 핍박을 받으므로 가택을 취하는데, 이곳에 밤에는 주작이 타고 있다. 그러나 가택신인 申이 亥에 가하여 말전이 되었으니 부임은 헛일이 된다. 기궁인 巳와 일지인 申이 상합하고 일록이 일지인 申의 위로 가서 임시직이니 정식적인 부임을 하지 못한다. 진씨(陳氏) 성인 사람이 가야 실질적인 부임이 된다. 행년인 酉 위의 午에 등사가 타고 있으니 떠날 무렵에 부인에게 중병이 걸린다. 모두 적중했다.
  → 하늘은 높고 땅은 낮으며, 천간은 높고 지지는 낮다. 일간(기궁)이 지상으로 간 것은 내가 낮은 곳으로 간 것이니 내가 맡은 직무는 낮은 직무이다.

| 갑진순 | 무신일 | 5국 |

戊申일 제5국

공망 : 寅·卯
낮 : 왼쪽 천장, 밤 : 오른쪽 천장

壬	戊		甲
蛇 子 青	青 申 蛇	玄 辰 玄
辰	子		申
癸	己	甲	壬
貴 丑 空	勾 酉 朱	玄 辰 玄	蛇 子 青
戊 巳	丑	申	辰

癸丑巳 貴空	○寅午 后白	○卯未 陰常	甲辰申 玄玄
壬子辰 蛇青			乙巳酉 常陰
辛亥卯 朱勾			丙午戌 白后
庚戌寅 合合	己酉丑 勾朱	戊申子 青蛇	丁未亥 空貴

□ **과체** : 중심(重審), 윤하(潤下), 참관(斬關) // 가귀(家鬼), 맥월(驀越), 나거취재(懶去取財), 오양(五陽), 합환(合歡), 화미(和美), 복덕(福德), 육의(六儀), 삼전재효태왕(三傳財爻太旺), 일순주편(一旬週遍), 수미상견(首尾相見), 교차묘신(交叉墓神), 일덕(연명:酉), 처재효현괘, 백의식시(白蟻食尸/낮).

□ **핵심** : 일간에는 순미(旬尾)가 타고, 지상에는 순수(旬首)가 탄다. 계속하여 몰래 음모를 꾸민다. 토왕절에 재물의 기쁨이 있다.

□ **분석** : ❶ 간상은 癸丑, 지상은 甲辰이다. 순수와 순미가 모두 보이니, 꾀하는 일은 이루고 풀려야 할 일은 풀기 어렵다.

❷ 丑은 일지의 묘신이고 辰은 일간의 묘신이어서 서로 묘신이 타고 있으니, 내가 남을 낚으려고 하다가 오히려 남에게 낚이니 어찌 몰래 음모를 꾸미겠는가?

❸ 삼전이 삼합하여 재국이다. 가을과 겨울에는 재성이 왕성해서 일간이 약하니 재물을 맡기 어렵다. 사계에는 오행의 토가 왕성하다. 이 시기에 정단하면 이 재물을 감당할 수 있으니 즐겁다.

→ 사계(토왕) : 토가 왕기가 되는 시기이다. 대략 사립(입춘, 입하, 입추, 입동)이 시작되기 18일 전부터 사립일이 사계이다. 뒤집어서 말하면 봄의 75일째부터 입하, 여름의 75일째부터 입추, 가을의 75일째부터 입동, 겨울의 75일째부터 입춘이다.

□ **정단** : ❶ 윤하(潤下)이니 순조로움이 많다. 다시 격이 하나의 순(旬)이 두루 미친다는 뜻이 있는 '일순주편(一旬週遍)'이고 다시 과전이 삼합과 육합해서 만사 좋으니 어찌 추구하는 일을 이루지 못하겠는가? 다만 수국에 타고 있는 천장이 모두 물짐승이고 삼전의 재성이 지나치게 왕성하니 오히려 재물이 훼손되는 것과 웃어른의 질환이 우려된다.

❷ 말전의 辰이 자형(自刑)이니 모든 일을 성질대로 하면 안 된다.

❸ 子가 발용이 된 곳에 등사가 타고 있으니 부인에게 흐느낄 일이 있다.

→ 子는 자식이다. 등사승신 子가 등사의 오행인 丁巳화를 내전(內戰)하고 다시 등사승신 子가 子의 묘신인 辰에 임하여 자식이 사망하는 상이니 부인에게 통곡할 일이 있다.

────────────────

○ **날씨** : 대우(大雨)가 쏟아진다.

→ 과체가 윤하이니 맑은 날씨를 원하는 정단을 하면 비가 오고, 비를 원하는 정단을 하면 많은 비가 온다.

○ **가정** : 사람과 집에 서로의 묘신이 임하니, 비록 순조로운 환경일지라도 쾌적하지는 않다.

→ 일간은 사람, 일지는 집이다. 간상의 丑은 일지 申의 묘신, 지상의 辰은 일간 戌의 묘신이다. 사람과 가정 모두 어둡고 쾌적하지 않다. ● 도난 : 지상에 주야 모두 겁재(劫財)가 임하고 다시 여기에 현무가 타고 있으니 가까운 사람으로 인해 도난을 당하고 손재수가

발생하는 것을 예방해야 한다. 더욱이 지상의 둔간이 일간의 귀살이니 이러한 흉이 더욱 심하다. ● 삼전의 재국이 인성을 제극하니 부모가 생존할 경우 부모의 건강을 보살펴야 한다.

○ **혼인** : 금실이 좋다.

→ 일간은 나, 일지는 상대이다.

일간음양과 일지음양과 삼전이 각각 삼합하고 다시 일간은 일지를 생하고 간상은 지상을 생하니 혼인이 원만하게 이뤄지고 부부의 금실이 좋다. 또한 간상은 癸丑, 지상은 甲辰이다. 간지상에 순수와 순미가 모두 보이니 더욱 좋다. ● 다만 간상의 丑이 일지의 묘신이고 지상의 辰이 일간의 묘신이니 남녀 모두 상대에게 속는 것을 예방해야 한다. ● 사정(私情) : 지상에 관귀효인 甲이 숨어 있으니 숨겨둔 남자가 있는지를 몰래 살펴야 한다. ● 가운 : 간상의 丑은 일지의 묘신이고 지상의 辰은 일간의 묘신인 가운이 막혀 있다. ● 성정 : 중심과이니 유순하지 못한 여자이다. 일지는 상대이다. 지상이 괴강살인 辰이니 포악한 사람이며 다시 주야 모두 현무가 타고 있으니 올바르지 못한 사람이다.

○ **임신·출산** : 남자를 임신한다. 난산이다.

→ 일간은 태아이다. 일간의 음양에서 두 음(丑酉)이 하나의 양(戌)을 감싸고 있으니 남자를 임신한다. 삼전이 삼합하여 태아가 어머니의 자궁을 떠나지 않는 상이니 난산이고, 간지의 상신이 교차묘신이니 출산이 더욱 어둡다. ● 태아를 뜻하는 일간이 폐구되었으니 말이 늦는 아이가 될 우려가 있다.

○ **구관** : 왕성한 재성이 관성을 생하니 크게 이롭다.

→ 재성은 관성을 돕는 기운, 관성은 관직이다. 비록 삼전이 왕성한 재성이지만 관성인 寅卯가 없으니 불발하며 설령 연명상신이 寅卯일지라도 관성이 공망되었으니 역시 불발한다. 다만 인년이나 인월이나 인월장 기간 혹은 묘년이나 묘월이나 묘월장 기간에 정단하면

공망된 寅卯가 매워지니 구관에 이롭다. ● 고시 : 낙방한다. ● 승진 : 불발한다.
○ **구재** : 재성에 청룡이 타고 있으니 취득할 수 있다.
→ 삼전이 삼합하여 재국이다. 가을과 겨울에는 신약재왕하여 재물을 취득하지 못한다. 그러나 토왕절과 여름에 정단하면 일간이 왕성하고 재물도 왕성하니 큰 재물을 취득할 수 있다.
○ **질병 : 비위의 병이다**. 자식의 병과 부모의 병은 낫기 어렵다.
→ 삼전의 재성이 지나치게 왕성하니 비위의 병이고, 자식의 병과 부모의 병은 낫기 어렵다. ● 子는 자식이다. 등사승신 子가 등사의 오행인 丁巳화를 내전(內戰)하고 다시 등사승신 子가 子의 묘신인 辰에 임하여 자식이 사망하는 상이니 부인에게 통곡할 일이 있다. ● 삼전의 재성이 지나치게 왕성하니 웃어른(부모)의 질환을 정단하면 낫기 어렵다. 일간의 음양과 일지의 음양과 삼전이 각각 삼합하니 질병이 오래간다.
○ **출행** : 소인의 해를 예방해야 한다.
→ 일간은 여행객, 일지는 여행지이다. 일간이 폐구되었으니 출행하기 어렵고, 지상에는 辰과 현무가 타고 있으니 강도와 도둑의 해를 예방해야 한다.
○ **귀가** : 뜻한 것을 얻는다. 부녀자와 동행하면 부녀자가 나의 재물이 되기는 하지만 또한 나를 병이 들게도 한다.
→ 삼전이 일간의 재국이니 경제적인 출장이면 뜻한 것을 얻는다. 삼전이 세 글자의 합인 '삼합'이니 일정이 늦어질 우려가 있다. 혹은 삼전이 재국이니 과다한 음식을 취할 우려가 있다.
○ **쟁송** : 승부가 나지 않는다. 결론이 나지 않는다.
→ 일간은 나, 일지는 상대이다. 간상의 丑과 지상의 辰이 비화(比和)하니 승부가 나지 않는다. 그리고 과전이 삼합하는 기운이니 서로 합의하는 것이 이롭지만 만약 합의하지 않으면 쟁송이 장기화되

어 오래 끌게 되니 서로에게 이롭지 않다. ● 일지 둔반의 甲이 일간 戊를 극하니 상대로부터의 암해를 예방해야 하고, 다시 간지가 교차 묘신이니 서로 속이는 것을 예방해야 한다.

○ **도난** : 정북방의 물가에 숨어 있다.

※ 『육임직지』 원문에서는 "정남방의 마구간에 있거나 대장간의 대장장이의 장소에 있다."고 하였다.

→ 도둑은 현무의 음신에 숨어 있다. 주야 모두 현무의 음신이 子이니 북방에 숨어 있다. 子가 물가를 뜻하니 북방에 있는 강가나 호수가나 바닷가에 숨어 있다.

○ **전쟁** : 많은 군인을 득하는 상이다.

→ 삼전이 삼합과 육합하여 윤하국을 형성하니 많은 군사를 득하는 상이다.

□ 『**필법부(畢法賦)**』 : 〈제2법〉 순수(旬首)와 순미(旬尾)가 간지상에 모두 보이면 처음부터 끝까지 좋다. 정단하는 일은 일탈되지 않고 도모하는 일은 모두 이루어진다.

〈제14법〉 삼전의 재물이 태왕하면 오히려 재물이 훼손된다.

〈제83법〉 삼합과 육합을 하면 만사 기쁘다.

〈제88법〉 간지에 묘신이 타면 모두 혼미해진다.

→ 분석 ② 참조.

□ 『**요결(要訣)**』 : 낮에는 부모효에 백호가 타서 묘신에 앉아 있으니 반드시 부모의 묘지에 흰 개미가 생기거나 혹은 부모가 생존할 경우에는 부모에게 병재가 있는데 만약 월건의 사기나 사신에 해당하면 부모가 매우 위독하다.

□ 『**천관론(天官論)**』 : 간상이 丑이고 이곳에 귀인이 타서 일간에 임했으니 귀인에게 부탁하면 성사된다.

戊申일 제 6국

공망 : 寅·卯
낮 : 왼쪽 천장, 밤 : 오른쪽 천장

壬	丁	○	
蛇子靑	空未貴	后寅白	
巳	子	未	
壬	丁	○	庚
蛇子靑	空未貴	陰卯常	合戌合
戌	子	申	卯

壬子巳 蛇靑	癸丑午 貴空	○寅未 后白	○卯申 陰常
辛亥辰 朱勾			甲辰酉 玄玄
庚戌卯 合合			乙巳戌 常陰
己酉寅 勾朱	戊申丑 靑蛇	丁未子 空貴	丙午亥 白后

□ **과체** : 섭해(涉害), 장도액(長度厄) // 형상(刑傷), 사절(四絶), 삼전체극 (三傳遞剋), 자가사(子加巳).

□ **핵심** : 巳와 申은 좋지만 무례에 이른다. 험한 곳으로 진입하고 위태 한 곳으로 오르더라도 전혀 두렵지 않다.

□ **분석** : ❶ 戌의 과는 巳에 있다. 일간(기궁) 巳와 일지 申이 상합하니 좋다. 그 위에 있는 子와 卯가 서로 형을 하니 화합을 하다가 나중에 무례에 이른다.

❷ 삼전이 차례로 극을 하고 초전의 子는 간상으로 와서 일간으로 부터 극을 당하니 구재의 위험이 매우 심하다. 다행히 말전의 백호 귀살이 공망되었고, 다시 묘지인 未에 앉아 있어서 백호귀살의 위력 이 전혀 없으니, 어찌 위험을 겪어 두렵다고 할 수 있겠는가?

❸ 子는 강호(江湖)로서 일간에 임했고, 卯는 배나 차로서 가택에 임 했으니 오르고 건너는 것에 비유된다.

□ **정단** : ❶ 섭해과(涉害課)는 모든 일에서 곤란하고 위험하고, 사과 세 곳의 하가 상을 극하니 웃어른에게 재앙이 생긴다.

❷ 초전이 협극(夾剋)되니 구재가 뜻대로 되지 않는다.
❸ 말전의 역마가 백호귀살을 태우고 있으니 문상과 문병을 가장 꺼린다.
❹ 초전과 말전이 귀인을 인종(引從)하니 귀인에게 덕은 입지만 과실은 없다.

○ **날씨** : 청룡이 子에 타고는 있지만 극을 당하니 적은 비가 오고 큰 바람은 그친다.
→ 청룡은 감우의 천장, 오행의 수는 비의 신, 寅은 바람을 주관하는 신이다. 청룡이 초전의 子에 타고는 있지만 지반의 戌(巳)로부터 극을 당했으니 적은 비만 오며, 말전의 寅이 공망되었으니 큰 바람은 불지 않는다.
○ **가정** : 집은 파손되고 사람은 쇠해진다.
→ 일지는 집, 일간은 사람이다. 지상의 卯목이 그 지반의 申금으로부터 극을 받았으니 집이 파손되고, 간상의 子수가 그 지반의 戌토로부터 극을 받았으니 사람이 상한다. ● 사과 세 곳의 천반이 지반으로부터 극을 받았으니 장도액(長度厄)이다. 부모나 남편을 뜻하는 상(上)이 자식과 아내를 뜻하는 하(下)의 극을 받았고 다시 간지의 상신이 무례지형이니 무례한 가정이다. ● 섭해과이니 가정에 어려움이 많고, 가정을 뜻하는 일지가 공망되었으니 공허한 가정이다.
○ **혼인** : 간지의 상신이 서로 형(刑)을 하니 불길하다.
→ 일간은 나, 일지는 상대이다. 간지의 상신인 子와 卯가 무례지형이니 불길하다. ● 간상과 초전의 재성 子가 절지에 임했으니 여자와의 인연이 끝난다. ● 섭해과이니 혼인에서 장애가 많고, 지상이 공망되었으니 혼인이 불성할 우려가 있다. ● 궁합 : 간지의 상신이 서로 형(刑)을 하니 나쁘다. ● 성정 : 지상이 12운성의 욕(浴)이며

패기(敗氣)이니 음란하다. 낮에는 음란의 천장인 태음이 타고 있으니 더욱 음란하다.

○ **임신·출산** : 태아가 손상된다. 출산을 정단하면 재앙을 예방해야 한다.

→ 태신인 子가 절지인 巳에 앉아 있고 다시 戌로부터 극을 받으니 태아가 손상되며 다시 간지의 상신이 형을 하니 태아가 손상된다.

● 일간은 태아, 일지는 임신부이다. 출산을 정단하면 간지의 상신이 형을 하니 임신부의 몸이 상하는 것을 예방해야 한다.

○ **구관** : 관성이 공망되었으니 이롭지 않다.

→ 관성은 관직이다. 관성인 寅이 공망되었으니 이롭지 않다. 다만 공망이 메워지는 인년이나 인월이나 인월장 기간에 정단하면 좋다. 만약 연명이 午이면 초전의 子와 말전의 寅이 귀인 丑을 인종하니 승진 혹은 발탁된다. ● 고시 : 낙방한다. ● 승진 : 불발한다.

↑ **구재** : 나쁘다.

→ 재성은 재물이다. 초전의 子가 子의 절지(絶地)인 巳에 임했으니 구재가 나쁘다. 다만 겨울에 정단하면 재성이 왕성하고 다시 절지의 영향이 적으니 구재가 길하다.

○ **질병** : 비위에 병이 있지만 귀살이 공망되었으니 무해하다.

→ 백호는 병인이다. 백호가 寅에 타서 오행의 토를 극하니 비위에 병이 든다. ● 섭해과이니 오래된 위장병이고 오래간다. ● 子가 巳에 가하여 발용이 되었으니 사망할 위험이 있다. ● 부모의 질병을 정단하면 부모효 寅이 공망되었고 다시 장도액(長度厄)이니 생명이 위독하다.

○ **출행** : 집에 있는 것이 낫다.

→ 일간은 나, 일지는 여행지이다. 지상이 공망되어 흉한 여행지이니 출행하지 않아야 한다. 설령 공망이 메워지더라도 지상이 일간의 귀살이니 역시 흉지이다.

○ **귀가** : 밤에 정단하면 몸에 병이 있다. 인월(寅月)이나 유월(酉月), 인일(寅日)이나 유일(酉日)에 소식이 도착한다.

→ 말전은 행인이 머무는 지역이다. 백호가 말전에 타고 있으니 몸에 병이 있다.

○ **쟁송** : 반드시 고문을 당한다.

→ 말전의 寅목이 중전의 未토를 극하고 중전이 초전의 子수를 극하여 삼전이 체극(遞剋)하고 다시 백호귀살의 흉이 심하니 반드시 고문을 당한다. 다만 공망된 寅이 메워지는 인년이나 인월이나 인일에 정단한 경우에만 이러한 고문을 당한다. ● 섭해과이니 쟁송이 오래 가고, 간지의 상신이 서로 형을 하니 합의하기 어렵다. ● **승패** : 일간은 나, 일지는 상대이다. 일간은 튼실하고 일지는 공허하니 내가 유리하다. ● **중심과** : 상급의 법원에서 재심(再審)해야 유리하다.

○ **도난** : 북방의 물에서 가까운 누각 안에 있거나 혹은 '水' 글자가 들어있는 지명에 있다.

→ 현무의 음신이 도신이다. 주야 모두 도신이 亥이니 북방의 물에서 가까운 누각 안에 있거나 혹은 '水' 글자가 들어있는 지명에 있다.

○ **전쟁** : 아군이 유리하다.

※ 『육임직지』 원문에서는 "불리하다."고 하였다.

→ 일간은 아군, 일지는 적군이다. 일간은 튼실하고 일지는 공허하니 아군이 유리하다. 고 하였다.

□ 『**필법부(畢法賦)**』 : 〈제75법〉 손님과 주인이 다투지 않아도 형벌이 이미 있다.

→ 간지의 상신이 서로 형을 하고 있다. 삼전이 삼형이니 주객이 서로 다툰다. 주로 혼인, 매매, 교역, 계약, 동업, 국제회담 등에서 양

측 모두에게 이롭지 않다.

〈제80법〉 사람과 가택이 모두 사신이면 사람과 가택이 쇠해지고 파리해진다.

→ 이 과전은 이 격에 해당하지 않는다.

〈제32법〉 삼전이 차례로 나를 극하면 대중이 나를 기만한다.

→ 이 과전은 이 격에 해당하지 않는다. 단지 말전 → 중전 → 초전으로의 극을 할 뿐이다.

□ 『과경(課經)』: 간상이 子이니 정월에 정단하면 임신이다. 土의 장생은 寅이고 일간의 태신이 월의 생기이면 임신된다. 만약 태신이 처의 연명과 일지에 임하면 더욱 길하다.

□ 『비요(秘要)』: 백호귀살이 역마를 타고 있으니 그 화가 매우 신속해서, 소송을 정단하면 반드시 먼 곳으로 유배를 가는 벌을 받는다. 이 과전에서는 다행히 寅이 공망되었으니 무해하다.

| 갑진순 | 무신일 | 7국 |

戊申日　제 7 국

공망 : 寅·卯
낮 : 왼쪽 천장, 밤 : 오른쪽 천장

○	戊	○
后寅白	青申蛇	后寅白
申	寅○	申
辛	乙	○	戊
朱亥勾	常巳陰	后寅白	青申蛇
戊巳	亥	申	寅○

辛亥 朱巳	壬子 蛇午	癸丑 貴未	○寅 后申白
庚戌 合辰			○卯 陰酉常
己酉 勾卯朱			甲辰 玄戌玄
戊申 青寅蛇	丁未 空丑貴	丙午 白子后	乙巳 常亥陰

□ **과체** : 반음(返吟), 원태(元胎), 절태(絶胎) // 무의(無依), 과수(寡宿), 충파(沖破), 가귀(家鬼), 장생공망(長生空亡), 구절(俱絶), 간지봉절(干支逢絶), 장도액(長度厄), 삼전개공(三傳皆空), 복덕(福德), 회환(回還), 교차육해(交叉六害).

□ **핵심** : 백호귀살이 공망되었다. 재물을 절대로 탐내면 안 된다. 만약 亥를 탐하면 생을 받은 백호귀살이 나에게로 달려온다.

□ **분석** : ❶ 간상의 亥는 일간의 재성이고 지상의 寅은 백호귀살이다. 간지의 상하에서 기궁 巳와 일지 申이 서로 합을 하고 일간과 일지는 교차육해(交叉六害)를 한다.

❷ 다행히 귀살인 寅이 공망되고 절지인 申에 앉아 있으니 화가 되지 않고 오히려 허언에 불과하다.

❸ 亥가 비록 일간의 재성이지만 寅과는 육합하니 백호와 표범이 산에 있는 기세이다. 만약 이 재물을 탐내면 亥수가 寅목을 생해서 백호귀살로 변하니 반드시 재앙이 닥친다. 정단하는 사람은 탐하는 재물로 인해 화를 입는 것을 두려워해야 한다.

□ **정단 :** ❶ 반음과이다. 삼전이 모두 공망되었으니 길은 불성하고 흉은 없다.

　❷ 간상과 지상이 일간과 일지의 절(絶)이니 재물을 결절하는 일에서 좋고 또한 재물을 써서 귀인에게 청탁하는 일 혹은 질병정단에서 신에게 비는 일에서 좋다.

　❸ 모든 일이 반복되고 빈부에는 흥망성쇠가 있으며 화복은 서로 맞물려서 돌고 돈다.

　❹ 한때의 이로움이 장래에는 도리어 해가 되기도 하고, 화가 도리어 복이 되기도 하니 이 교훈을 마다하지 않아야 한다.

○ **날씨 :** 바람은 많이 불고 비는 적게 온다.

　→ 청룡은 감우의 천장이다. 청룡이 지반의 寅에 임하여 사당에 들었으니 청룡의 작용을 하지 못하여 바람은 많이 불지만 비는 적게 온다.

○ **가정 :** 백호귀살이 가택에 있으니 상(喪)을 예방해야 한다.

　→ 백호귀살은 사람을 해치는 작용을 하고, 일지는 집이다. 백호귀살이 지상에 임했으니 집에 환자가 발생하여 죽는 일을 예방해야 하지만 지금은 공망이 되었으니 다행이다. 만약 공망된 寅이 메워지는 인년이나 인월이나 인월장 기간에 정단하면 이러한 흉을 예방해야 한다. ● 장생은 부모이다. 부모가 생존할 경우, 일간의 장생 寅이 공망되었고 다시 절지 申에 임했으니 부모상을 예방해야 하며, 특히 술월에 정단하면 寅이 사기이니 대흉하다.

○ **혼인 :** 간지가 절(絶)에 있으니 불길하다.

　→ 일간은 남자, 일지는 여자이다. 간상의 亥와 지상의 寅이 각각 그의 절지(絶地)인 巳와 申에 임하여 남녀의 인연이 절연되는 뜻이 되니 혼인이 불길하다. ● 천반은 남자, 지반은 여자의 상

이다. 과전의 모든 천반이 절지에 가하고 다시 상하 상충하여 남녀의 인연이 절연되니 불길하다. 지상이 공망되었으니 혼인을 이루지 못한다. ● 궁합 : 과전의 천지반이 상충하고 다시 천반이 절지에 임하니 궁합이 나쁘고, 간지상의 亥와 寅이 서로 파(破)를 하니 다시 나쁘다.

○ **임신·출산** : 여자가 된다. 출산이 흉하다.

→ 반음과이지만 지반이 천반을 극하여 발용이 되었으니 중심과의 상이니 임신하면 여자가 된다. ● 임신 : 과전의 천지반이 상충하여 유산되는 상이니 흉하다. ● 임신을 희망하는 점단을 하면 반음과이고 태아의 뜻이 있는 삼전의 사맹이 공망되었으니 임신되기 어렵다. ● 출산 : 간지의 천반은 서로 파(破)를 하고 지반은 합을 하니 출산이 흉하다.

○ **구관** : 천리(寅)와 천성(申)을 모두 만나고 '최관(催官)'이 발용이 되었으니 매우 길하다. 반드시 공망이 메워져야 비로소 작용한다.

→ 비록 천리(寅)와 천성(申)을 모두 만나고 백호가 타고 있는 관성 寅이 발용이 되었지만 공망되었으니 불발한다. ● 만약 인년이나 인월이나 인월장 기간에 점단하면 공망이 메워지니 구관에 이롭다. 인년의 인월에 점단하면 공망이 메워지고 천반의 寅이 왕성하니 구관에 가장 좋다.

○ **구재** : 빚 독촉에 좋다.

→ 재성은 돈이다. 재성인 간상의 亥가 그의 절지인 巳에 임하여 빚을 받는 일이 결절되니 빚 독촉에 좋다.

○ **질병** : 구역질하고 토한다. 반복되는 것을 예방해야 한다.

→ 천지반이 상충하는 반음과에는 뒤집히는 뜻이 있으니 구역질하고 토한다. 그리고 초전의 천반이 중전의 지반에 숨었다가 다시 말전의 천반에 나타나니 병이 재발하는 특징이 있다.

● 장생은 부모이다. 부모가 생존할 경우, 일간의 장생 寅이 공망되

없고 다시 절지(絶地)인 申에 임했으니 부모상을 예방해야 하며, 특히 술월에 정단하면 寅이 사기이니 대흉하다.

O **출행** : 출행하지 않아야 한다.
→ 역마는 자동차이다. 역마인 寅이 공망되어 교통사고가 나는 상이고 다시 역마가 역마를 충하는 지반에 앉아 있으니 다시 사고가 발생하는 상이니 출행이 나쁘다.

O **귀가** : 바로 도착한다.
→ 역마는 자동차, 일지는 집이다. 역마인 寅이 지상에 왔으니 출행한 사람이 집으로 온다.

O **쟁송** : 내가 유리하다.
→ 일간은 나, 일지는 상대이다. 일간은 튼실하고 일지는 공허하니, 나는 유리하고 상대는 불리하다.

O **도난** : 도망친 노비 혹은 탈영병이 도둑이다. 서북방에 흙을 쌓은 곳에 있다.
→ 戌은 노비(남자종업원)와 군인이고 도둑은 현무의 음신에 숨어 있다. 현무의 음신이 戌이니 남자종업원이나 군인이 도둑이고, 숨어 있는 장소는 현무의 음신이 戌이니 서북방에 있는 흙을 쌓아 놓은 곳에 도둑이 숨어 있다.

O **전쟁** : 많은 군사를 잃는 것을 예방해야 한다.
→ 일간은 아군이다. 일간 천반의 亥가 절신 巳에 임하니 많은 군사를 잃는 것을 예방해야 한다.

□ 『**필법부(畢法賦)**』 : 〈제22법〉 상하가 모두 화합하면 서로의 마음이 같다. 지간상신이 육합하고 간지의 지반이 다시 육합하는 것이다.
→ 주객(主客)에서 일간은 나이고 일지는 상대이다. 따라서 모든 대인관계에서의 이해득실에 적용이 가능하다.

〈제79법〉 일간과 일지가 절신이면 모든 모망사는 끊긴다.

→ 흉사를 끊고 끝맺는 일에 좋아서 관송사를 푸는 일에 좋고 질병 정단을 하면 낫는다.

〈제90법〉 오고 감이 모두 공망이니 어찌 움직이는 것이 옳겠는가? 반음과를 얻으면 매사에서 왕래하여 움직이고 이동하라고 말해서는 안 된다.

→ 반음과에서 삼전이 모두 공망되면, 비록 움직이려는 뜻은 있지만 실제로는 절대로 움직이지 못한다.

〈제45법〉 주야귀인이 서로 가하면 양 귀인에게서 구하면 된다.

→ (공무원이) 귀인에게 요청하여 일을 구하는 정단에서는 반드시 양 귀인이 참견하여 성취한다. 그러나 귀인을 알현하는 정단에서는 반드시 귀인을 만나지 못한다.

□ 『과경(課經)』: 戊일의 반음과이다. 3월에 정단하면 생기인 寅이 일간을 극하니 다행 중의 불행이고, 만약 사기가 일간을 생하면 불행 중의 다행이다. 만약 간지의 상신이 월건의 사기인 경우에 처의 질병을 정단하면 더욱 빨리 죽는다. 〈소강절〉이 말하기를 공망이 발용이 되면 일으키는 일은 성취되지 않는다. 이루기 위해서는 반드시 순(旬)이 지나야 된다.

→ 가장 나쁜 경우는 백호가 월건의 사기에 해당하여 귀살이 되어 일간을 극하는 경우이다.

戊申일   제 8 국

공망 : 寅·卯
낮 : 왼쪽 천장, 밤 : 오른쪽 천장

○	戊		癸
陰 卯 常	青 申 蛇		貴 丑 空
戊	卯 ○		申
庚	○	癸	丙
合 戌 合	陰 卯 常	貴 丑 空	白 午 后
戌	巳	戌	申	丑

庚戌巳	辛亥午	壬子未	癸丑申
合 朱	朱 勾	蛇 青	貴 空
勾 酉辰戌 朱			后 ○寅酉 白
青 戌申卯 蛇			陰 卯戌 常
空 丁未寅○ 貴	白 丙午丑 后	常 乙巳子 陰	玄 甲辰亥 玄

□ **과체** : 원수(元首), 참관(斬關) // 과수(寡宿), 앙구(怏咎), 구묘(俱墓), 묘신부일(墓神覆日), 귀인공망(貴人空亡/밤), 육편판(六片板).

□ **핵심** : 발용이 흉하지만 공망에 의지한다. 만약 밤에 논하면 삼전은 종적이 없다.

□ **분석** : ❶ 관귀효가 발용이 되었지만 공망이 되었고 다시 申으로부터 제극당하니 매우 무기력하다. 비록 처음에는 흉하지만 나중에는 흉하지 않다.

❷ 밤에 정단하면 초전과 중전이 공함되었고 말전의 丑에 다시 천공이 타니 어느 곳에서도 종적을 찾을 수 없다.

□ **정단** : ❶ 원수과는 처음에는 근심이 있고 나중에는 기쁨이 있다.

❷ 참관(斬關)은 편안하게 거주하는 상이 아니다. 발용이 공망되었으니 장애와 지체될 우려가 있다. 대개 흉사는 흩어지고 길사는 이루기 어려우니, 반드시 은거하여 덕을 쌓으며 시기를 기다려야 한다.

| 갑진순 | 무신일 | 8국 | 301 |

○ **날씨** : 주로 맑은 날씨이다.
→ 초전과 중전이 공망되어 공허한 하늘의 상이니 날이 맑고 말전의 토가 수를 몰아내니 계속하여 맑다.

○ **가정** : 가족이 상하는 것을 예방해야 한다.
→ 일간은 나, 일지는 가족이다. 간상의 戌과 지상의 丑이 서로 형(刑)을 하니 나와 가족이 상하는 것을 예방해야 하고 또한 가족의 불화를 예방해야 한다. ● 일간은 사람이다. 일간이 일간의 묘지인 戌에 묻혔으니 사람이 하는 모든 일이 어둡다. 만약 오월(午月)에 정단하면 간상의 戌이 사기에 해당하니 죽음을 예방해야 한다. ● 일지는 집이다. 일지가 일지의 묘지인 丑에 묻혔으니 집의 운세가 어둡다. 만약 유월(酉月)에 정단하면 지상의 丑이 사기에 해당하니 집에서 상을 당하는 것을 예방해야 한다.

○ **혼인** : 여자가 남편을 해치는 것을 예방해야 한다. 불길하다.
→ 일간은 남자, 일지는 여자이다. 지상의 丑이 간상의 戌을 형을 하니 여자가 남자를 해치는 것을 예방해야 한다. ● 상대방 : 일지는 여자이다. 지상이 일지의 묘신이니 미래가 어두운 여자이다. 낮에는 지상에 귀인이 타고 있으니 그런대로 귀한 여자이고, 밤에는 지상에 천공이 타고 있으니 허언을 좋아하는 여자이다. ● 일지음양의 丑과 午가 해(害)를 하니 여자와 여자의 집안이 화목하지 않다. ● 궁합 : 간지의 상신이 서로 형을 하니 나쁘다.

○ **임신·출산** : 아들이다. 키우기 어려울 우려가 있다. 출산은 매우 쉽다.
※ 『육임직지』 원문에서는 "진(震)이 발용이 되었으니 장남"이라고 하였다.
→ 상이 하를 극하여 발용이 되었으니 아들이고, 삼전의 두 음인 卯와 丑이 하나의 양인 申을 껴안고 있으니 다시 아들이다. 그러나 초전과 중전이 공망되어 태아가 사라지는 상이니 키우지 못할 우려가 있다. ● 초전에서 손을 뜻하는 卯가 발을 뜻하는 戌에 가했으니 역

산(逆産)을 예방해야 한다.
- **구관** : 관성이 공망되었으니 해임을 예방해야 한다. 공망이 메워지면 길하다.
  → 관성은 관직이다. 관성인 卯가 발용이 되어 공망되었으니 해임을 예방해야 한다. ● 고시 : 관성이 공망되고 다시 일간이 묘지에 묻혔으니 낙방한다. ● 승진 : 관성이 공망되고 다시 일간이 묘지에 묻혔으니 승진하지 못한다.
- **구재** : 실패한다.
  → 재성은 재물, 형제효는 경쟁자이다. 과전에 재성은 없고 경쟁자를 뜻하는 형제효인 戌과 丑과 戌가 과전에 많으니 실패한다. 일간이 묘지인 戌에 묻혔으니 사업이 어둡다.
- **질병** : 비위가 허하며 허리와 다리가 허약하다. 나을 수 있다.
  → 귀살이 卯목에 타서 오행의 토를 극하니 비위가 허약하다. 지상은 병증이다. 지상이 丑이니 신장이 허해서 허리와 다리가 아프다. ● 卯는 손, 戌은 발이다. 초전의 상하가 卯와 戌이니 중풍이 우려된다. ● 발용의 귀살이 공망되었으니 병이 나을 수 있다. 다만 진월(辰月)에 정단하면 죽은 몸(身)이 관 속으로 들어가는 상이니 사망한다.
- **출행** : 출행하지 못한다.
  → 일간은 여행객, 일지는 여행지이다. 일간이 묘지에 묻혔으니 가지 못한다. 다만 묘지인 戌을 충을 하여 묘지문이 열리는 진월(辰月)이나 진일(辰日)에 갈 수 있다. ● 지상이 일지의 묘지인 丑이니 흉한 여행지이다.
- **귀가** : 머지않아 돌아온다. 돌아온 뒤에 다시 출행한다.
  → 일간은 나, 일지는 집이다. 간상이 참관(斬關)이니 돌아오지만 집을 뜻하는 일지가 묘지에 묻혀서 집이 어두우니 다시 출행한다.
- **쟁송** : 먼저 일으킨 사람이 형사책임을 당한다.

➜ 일간은 나, 일지는 상대이다. 간상의 戌과 지상의 丑이 형을 하니 쟁송한다. 묘신은 감옥이다. 일간과 일지가 모두 묘지에 묻혔으니 먼저 기소하는 사람이 감옥에 갇힌다.

○ **전쟁** : 모두 살상을 당한다.
  ➜ 일간은 아군, 일지는 적군이다. 간상의 戌과 지상의 丑이 서로 형을 하니 아군과 적군이 모두 살상을 당한다.

□ 『**필법부(畢法賦)**』: 〈제88법〉 간지에 묘신이 타면 모두 혼미해진다. 마치 운무 속을 걸어가는 것과 같고, 그 가택은 피폐해져서 저절로 먼지와 어둠에 더럽혀진다. 묘신이 일진을 덮으면 사람과 가택이 모두 혼침해진다
  ➜ 간상의 戌은 일간의 묘신, 지상의 丑은 일지의 묘신이다.

□ 『**육임지남(六壬指南)**』: 월장 丑을 점시 申에 가한 뒤에 전정을 정단한다. 卯와 戌이 합을 하니 대육합이고, 육합이 戌에 가하니 소육합이다. 좋은 것은 말전의 월장과 귀인이므로, 한마디로 말하면 재상으로 정해지는 것이다. 내가 이러한 뜻과는 반대로 말하기를 태음이 卯에 임하여서 공망이므로 공명을 이루지 못한다. 이는 옛일이 다시 일어나니 행하는 사람은 2월이 돌아오면 마땅히 신중해야 한다. 말하기를 어떻게 구사임을 알았는가? 내가 말하기를 옛 태세가 발용이고, 다시 네 묘신이 장생을 덮으므로 이미 닫혔던 것이 다시 행하니 가라앉았던 것이 일어나게 되는 것이다. 꺼리는 것은 초전과 중전의 청룡이 공망과 내전이 되며, 주작의 음신에는 묘신에 탄 현무가 보이므로 만약 상소를 하면 임금의 교지는 좋지 못하다. 나중에 과연 상소를 다시 받았는데 어긋났다. 거의 이러한 상황에 이르렀다.

  ※ 이우산, 『육임실전2』, 대유학당, 2014, 241~242쪽 참조.

戊申일　제 9 국

공망 : 寅·卯
낮 : 왼쪽 천장, 밤 : 오른쪽 천장

甲	戊	壬
玄辰玄	青申蛇	蛇子青
子	辰	申

己	癸	壬	甲
勾酉朱	貴丑空	蛇子青	玄辰玄
戊巳	酉	申	子

己酉巳	庚戌午	辛亥未	壬子申
勾朱	合合	朱勾	蛇青
戊申辰 青			癸丑酉 貴空
丁未卯 空貴			○寅戌 后白
丙午寅 白后	乙巳丑 常陰	甲辰子 玄玄	○卯亥 陰常

□ **과체** : 원수(元首), 윤하(潤下), 여덕(勵德), 육의(六儀) // 화미(和美), 전국(全局), 삼전재효태왕(三傳財爻太旺), 복덕(福德), 오양(五陽), 맥월(驀越), 수혼신(收魂神), 아괴성(亞魁星), 처재효현괘, 구사(俱死).

□ **핵심** : 비록 파쇄(破碎)를 만났지만 돈과 재물이 길에 가득하다. 간상과 지상에 탈기(脫氣)가 타고, 간지가 상대의 묘지에 앉아 있다.

　※ **파쇄(破碎)** : 맹일(寅申巳亥)의 파쇄는 酉, 중일(子午卯酉)의 파쇄는 巳, 계일(辰戌丑未)의 파쇄는 丑.

□ **분석** : ❶ 간상에 비록 파쇄가 타지만 삼전이 수국이니 돈과 재물이 길에 가득하다.

❷ 戊는 간상의 酉로 기운이 설기되고 申은 지상의 子로 기운이 설기되며, 사람인 戊(巳)는 가택의 묘지인 丑에 앉아 있고 가택인 申은 사람의 묘지인 辰에 앉아 있으니, 가정 내외에 근심과 의혹이 사라지지 않는다.

□ **정단** : ❶ 삼전이 윤하(潤下)이다. 여러 사람이 일을 꾀하면 일이 시작되거나 혹은 타인에게 의지하면 합쳐진다.

❷ 육의(六儀)가 발용이 되었고 삼전이 체생하니 반드시 어른의 도움을 받는다.
❸ 패신(敗神)이 일간에 임했으니 가정을 파탄시키는 자식이 있다.

○ **날씨** : 비가 온다.
→ 오행의 수는 비(雨)이다. 삼전이 수국이니 비가 온다.
○ **가정** : 현무가 발용이 되었으니 물에서 가까운 집에 도적이 온다.
→ 일지의 음양은 집, 현무는 도적이다. 일지음신에 현무가 타고 있으니 집에 도적이 든다. ● 일간은 사람이다. 일간 戊가 간상의 酉로 설기되니 손실이 많다. 낮에는 간상에 구진이 타고 있으니 쟁송이 발생하고, 밤에는 간상에 주작이 타고 있으니 구설수가 발생한다. ● 간상의 酉는 일간의 자손효와 십이운성의 패신이며 다시 일지의 파쇄이니 집안을 망치는 자식이 있다. 간상의 酉가 일지의 파쇄(破碎)이니 망신수를 예방해야 한다. ● 일지는 집이다. 일지 申이 지상의 子로 탈기(脫氣)되니 가정 내외에 손실이 많다. 낮에는 지상에 등사가 타고 있으니 경공사가 발생하고, 밤에는 지상에 청룡이 타고 있으니 손재수가 발생한다.
○ **혼인** : 간지의 상신이 모두 패신(敗神)이니 부모가 오더라도 길하지 않다.
→ 일간은 나이고 일지는 상대, 패신에는 실패의 뜻이 있다. 간상의 酉는 일간의 패신이고 지상의 子는 일지의 패신이니 혼인이 길하지 않다. ● 궁합 : 보통이다. 과전의 세 곳이 삼합하지만 간상의 酉와 지상의 子가 서로 파(破)를 하니 보통의 궁합이다. ● 일지는 상대이다. 낮에는 지상에 등사가 타고 있으니 간교한 사람이고, 밤에는 지상에 청룡이 타고 있으니 훌륭한 사람이다. ● 재성은 여자이다. 여름에 정단하면 일간이 삼전의 재국을 감당할 수 있으니 처를 취하

는 일이 순탄하다. 다만 혼인 후에 부모의 수명이 줄어드는 우환이 있다.
○ **임신·출산** : 딸을 임신한다. 윤하이니 순산한다.
→ 오행의 수는 음이다. 일지의 음양과 삼전이 수국이니 딸을 임신한다. ● 윤하(潤下)는 개울물이 개울에 흐르는 상이다. 일지의 음양과 삼전이 윤하이니 순산한다. 다만 삼전이 삼합하였으니 출산이 다소 지체될 수 있다.
⬆ **구관 : 나쁘다.**
→ 일록은 관록, 관성은 관직이다. 과전에 일록인 巳와 관성인 寅卯가 나타나지 않았으니 관직에 나쁘다. 설령 연명이 戌亥일지라도 연명 위의 관성인 寅卯가 공망되었으니 나쁘다. ● 만약 공망된 寅卯가 메워지는 인년이나 인월이나 인월장 기간의 봄과 묘년이나 묘월이나 묘월장 기간의 봄에 정단하면 삼전의 재성이 관성을 생하고 관성은 왕성하니 대길하다.
○ **구재** : 여름과 토왕절에만 얻는다.
→ 재성은 재물이다. 일지음양과 삼전이 재국이다. 여름과 토왕절에 정단하면 일간이 왕성해지고 재국은 이미 왕성하니 재물을 얻는다. 그러나 가을과 겨울에 정단하면 일간은 더욱 약해지고 재국은 더욱 왕성해지니 재물을 취득하지 못한다.
● 간상의 酉에 낮에는 구진이 타니 부동산에 투자하면 돈을 벌고, 밤에는 주작이 타니 학문과 언어와 홍보에 투자하면 돈을 번다.
○ **질병** : 감기와 신장의 기능이 고갈된 증상이다. 낫기 어렵다.
→ 지상은 병증이다. 지상이 子이니 신수(腎水)가 마른 병이다. 일간인 戊土가 일간음신의 금국으로 크게 탈기되고 다시 금국은 삼전의 수국으로 크게 탈기되어 체력이 고갈되었으니 낫기 어렵다. ● 수혼신 : 초전의 辰은 일간의 묘신이고 이곳에 주야 모두 현무가 타고 있어서 혼을 거두어들인다는 뜻의 '수혼신'이니 중병인 경우에는 낫기

어렵다.
※ 수토동궁을 적용하면 초전의 辰은 일간의 묘신이다.
○ **출행** : 현무가 발용이 되었고 중전이 '유도(遊都)'이니 도적을 예방해야 한다.

→ 일간은 여행객, 일지는 여행지, 삼전은 여정이다. 도적을 뜻하는 현무가 일지음신과 초전에 타고 있으니 여행길에서 도적을 예방해야 하며, 다시 戊일의 유도인 申이 중전에 있으니 도적을 예방해야 한다.

※ 유도(游都) : 甲己일 丑, 乙庚일 子, 丙辛일 寅, 丁壬일 巳, 戊癸일 申. 유도는 도적이 오는 길이다.

○ **알현** : 이롭지 않다.

→ 천을귀인은 공무원, 은인, 사회 저명인 등이다. 낮 귀인 丑은 酉에 임하여 '사문(私門)'에 서 있으니 귀인에게 사욕이 있으니 이롭지 않고, 밤 귀인 未 또한 사문인 卯에 서 있어서 귀인에게 사욕이 있고 다시 공망이 되었으니 이롭지 않다.

○ **쟁송** : 아랫사람과 연루되어 있다. 풀리지 않는다.

→ 구진은 관재, 주작은 구설이다. 간상의 구진과 주작이 일간의 자손효에 타고 있으니 자손이나 아랫사람으로 인해 발생한 쟁송으로서, 과전의 세 곳이 삼합하였으니 쟁송이 장기간 풀리기 어렵다. 다행히 과전에 귀살이 나타나지 않았으니 큰 화는 없다. ● **승패** : 일간은 나, 일지는 상대이다. 삼전의 수국이 일지를 탈기해서 일간의 재성이니 내가 유리하다.

○ **도난** : 도둑은 정서방의 도로가에 있다.

※『육임직지』원문에서는 "도둑은 정서방의 도로가에 있다."고 하였다.

→ 현무의 음신에 도둑이 숨어 있다. 주야 모두 현무의 음신이 申이니 서남방의 도로가에 숨어 있다.

○ **전쟁** : 파쇄가 일간에 임했으니 불길하다.
→ 일간은 아군, 일지는 적군이다. 파쇄는 깨트리고 부수는 작용을 한다. 일지 申의 파쇄인 酉가 일간에 임한 것은 아군이 패전하는 상이니 불길하다.

□ 『**필법부(畢法賦)**』 : 〈제65법〉 일간의 묘신이 관신(關神)을 아우르면 사람과 가택이 황폐해지는 허물이 있다. 관신은 봄에는 丑, 여름에는 辰, 가을에는 未, 겨울에는 戌이다.
→ 수토동궁을 적용하면 초전의 辰은 일간의 묘신이고 여름에는 관신이 된다. 일지음신이 발용이 되었으니 가택이 황폐해지는 허물이 있다.
〈제87법〉 사람과 가택이 묘신에 앉으면 좋은 것이 불행을 부른다.
→ 분석 ② 참조.

□ 『**점험(占驗)**』 : 寅을 戌에 가한 뒤에 질병을 정단한다. 酉가 일간에 임하고 패기이니 이 병의 원인은 소음(少陰)이다. 오행의 목과 화는 백호이다. 폐와 비장의 두 경락에 병이 들었고 현무가 묘신에 타서 발용이 되었으니 혼을 거두어 들인다는 뜻의 '수혼살(收魂煞)'이고, 순수한 재성(재국)이 卯를 생하니 사기가 일간을 극하니 甲戌년 겨울을 넘기기 어렵다. 그리고 현무가 발용이 되어 상기이고 삼전이 택상으로 돌아가니, 북방에 사는 진씨(陳氏) 소년이 와서 도둑질 하는 것을 예방해야 한다. 나중에 모두 적중했다.
→ 辰과 관련된 성씨는 '陳'이다.

□ 『**고감(古鑑)**』 : 가택을 정단한다. 한 명의 첩을 연모하여 한 명의 첩을 다시 두었으니 신장의 정기가 쇠약해지고, 집안에 도둑이 들어 재물을 훔쳐간다. 그리고 택상의 子수에 등사가 타고 있으니 자식이 횡포를 부린다. 초전의 辰토가 子수를 소모시키니 많은 시비를 초래

한다. 간상의 酉는 지독하게 더럽다. 금년의 태세 酉는 수의 패신이다. 내년의 巳월에 파쇄가 다시 보이면 죽는다. 과연 그러하였다.

戊申일   제 10 국

공망 : 寅·卯
낮 : 왼쪽 천장, 밤 : 오른쪽 천장

	乙	戊
后 寅 白	常 巳 陰	青 申 蛇
亥	寅 ○	巳
戊	辛	辛 ○
青 申 蛇	朱 亥 勾	朱 亥 勾	后 寅 白
戊 巳	申	申	亥

戊申巳 青蛇	己酉午 勾朱	庚戌未 合合	辛亥申 朱勾
丁未辰 空貴			壬子酉 蛇青
丙午卯 白后			癸丑戌 貴空
乙巳寅 常陰	甲辰丑 玄玄	○卯子 陰常	○寅亥 后白

□ **과체** : 호시(蒿矢), 요극(遙尅), 원태(元胎), 생태(生胎), 불비(不備) //
과수(寡宿), 귀총(歸寵), 형상(刑傷), 복덕(福德), 가귀(家鬼), 인귀생신(引鬼生身), 근단원소(根斷源消), 맥월(驀越), 절신가생(絶神加生), 귀인입옥(貴人入獄), 간지상회(干支相會), 록공망(祿空亡).

□ **핵심** : 쑥대는 썩은 나무에 속한다. 申을 만났지만 약한 화살촉을 만났다. 양 귀인이 감옥에 갇혔다.

□ **분석** : ❶ 초전의 寅이 공망되어 목이 비었으니 썩은 나무이다. 따라서 발용의 호시(蒿矢)는 썩은 나무로 만든 화살이다.

❷ 간상의 申이 말전이 되었고 申은 화살촉이다. 만약 화살을 쏘면 상하지 않을 수 없다.

❸ 일지가 일간으로 와서 일간에 가했고, 말전이 다시 간상으로 돌아와서 세 번 만난다는 뜻의 '삼회격(三會格)'이니 길흉 모두 이뤄진다.

❹ 丑未 양 귀인이 辰戌에 임했으니 귀인이 입옥되었다. 귀인에게 부탁을 하더라도 이익이 없다.

□ **정단** : ❶ 호시(蒿矢)는 화와 복이 모두 가볍다.
　❷ 간지의 아래는 합(合)을 하고 위는 해(害)를 하며 간지상에는 탈기가 탄다. 삼전이 서로 형(刑)을 하고 일덕과 일록인 巳가 공함되었으니, 일상의 모든 일에서 반드시 속임이 많고 크다.
　❸ 격명이 '불비(不備)'이니 길흉 모두 완전하지 않다.
　❹ 말전의 申이 초전의 寅을 극하지만, 가을에 정단하면 걱정할 일이 없다. 다만 공무원이 정단하면 좋지 않다.

○ **날씨** : 대풍이 분다.
　→ 寅과 백호는 바람, 역마는 발동의 신이다. 초전의 寅이 역마이고 이곳에 백호가 타고 있으니 대풍이 분다.
○ **가정** : 평안하다. 다만 재물이 소모되며 '원태(元胎)'이니 집에 임신부가 있다.
　→ 재성은 재물, 원태(元胎)에는 태아의 뜻이 있다. 지상이 재성인 亥이니 집에 재물이 있고, 삼전이 원태이니 집에 임신부가 있다. ● 일간 戊토가 간상의 申금으로 탈기되니 재물이 나간다. ● 사과가 불비(不備)이니 부부에게 음란이 발생하는 것을 예방해야 한다. ● 사과의 지반이 그 천반으로 모두 탈기되는 '근단원소(根斷源消)'이니 가정 내외에서 지출을 삼가야 한다. ● 봄과 여름에 정단하면 요극과의 간지상신이 실령(사수휴)하니 속임을 예방해야 한다.
○ **혼인** : 간지상신이 서로 육해(六害)이고 다시 불비(不備)이니 좋지 않다.
　→ 일간은 나, 일지는 상대이다. 간지의 지반은 합(合)과 형(刑)을 하고 간지의 상신은 육해하니 길하지 않고, 다시 사과가 하나의 음과 두 음이어서 사과가 '불비(不備)'여서 외도하는 상이니 길하지 않으며, 다시 남자를 뜻하는 초전의 관성 寅이 공망되었으니 혼인이 길

하지 않다.
- 혼인 : 이루지 못한다. ● 궁합 : 간지의 상신이 육해하고 삼전이 형(刑)을 하니 나쁘다. ● 삼전이 삼형이니 만약 혼인하면 부부가 평생 싸운다. ● 과체가 요극(遙剋)이니 배우자감을 지나치게 기대하지 않아야 한다. 특히 봄과 여름에 정단하면 간지의 상신이 실령했으니 더욱 기대하지 않아야 한다. ● 일지는 상대이다. 낮에는 지상에 주작이 타고 있으니 말이 많은 사람이고, 밤에는 지상에 구진이 타고 있으니 쟁투를 일삼는 사람이다.

○ **임신·출산** : 여자를 임신한다. 출산을 정단하면 안전하게 출산한다.
※ 『육임직지』원문에서는 "난산"이라고 하였다.
→ 양은 남자, 음은 여자이다. 두 양이 하나의 음을 감싸고 있으니 여자를 임신한다. ● 일간은 태아, 일지는 임신부이다. 출산을 정단하면 일지가 간상으로 와서 아기를 보살피는 상이니 안전하게 출산한다.

○ **구관** : 관성은 공망되었고 일록은 공함되었다. 다행히 청룡이 장생에 타고 있으니 당장은 불리하지만 나중에는 길하다.
→ 관성은 관직, 일록은 국가에서 받는 급여, 청룡은 문관이다. 비록 관성인 寅과 일록인 巳가 모두 공망되었지만 낮에 정단하면 청룡이 일간의 장생인 申에 타고 있으니 나중에는 뜻을 얻는다. ● 만약 인년이나 인월이나 인월장 기간에 정단하면 관성과 일록이 살아나고 청룡이 말전에 있으니 구관에 매우 이로운데, 삼전이 권력을 뜻하는 삼형(寅巳申)을 갖추니 더욱 좋다.

○ **구재** : 오랜 시간이 지난 뒤에 저절로 재물이 생긴다.
→ 재성은 재물이다. 지상이 재성인 亥이니 저절로 재물이 생긴다.

○ **질병** : 간과 비장 경락에 병이 있고 또한 두통이 있다. 낫기 어렵다.
→ 백호는 병인이다. 백호가 寅에 타서 오행의 토를 극하니 비위경락에 병이 든다. 그리고 지상은 병증이다. 지상이 천두(天頭)인 亥이

니 두통이 있다. ● 초전이 공망되면 신병은 낫고, 구병은 낫기 어렵다. ● 申은 백호, 巳는 상여이다. 말전에서 申이 巳에 가했으니 상(喪)을 조심해야 한다.

○ 출행 : 이롭지 않다.

→ 일간은 여행객, 일지는 여행지, 삼전은 여정이다. 일간이 간상으로 탈기되니 여행에서 경비가 많이 지출되고, 초전이 공망되었으니 지금은 출발하지 못하며, 삼전이 삼형을 하여 사고가 나는 상이니 불길하다. 역마인 寅이 공망되었으니 특히 불길하다.

○ 귀가 : 삼회격이니 즉시 도착한다.

→ 일지가 일간으로 와서 일간에 가했고, 말전이 다시 간상으로 돌아와서 세 번 만난다는 뜻의 '삼회격(三會格)'이니 즉시 도착한다.

○ 쟁송 : 소송이 해결된다. 먼저 고소한 쪽이 패소한다.

→ 요극과의 호시(蒿矢)이다. 고소한 쪽은 패소하고, 고소를 당한 쪽은 승소한다. ● 사과가 '근단원소(根斷源消)'이니 쟁송이 길어지면 재산을 모두 날린다. ● 관재 : 관재를 뜻하는 삼전의 삼형(寅巳申)이 공망되었으니 관재가 사라지거나 약화된다.

○ 도난 : 서남방 우물 옆의 음식점에 도둑이 숨어 있다.

→ 현무의 음신에 도둑이 숨어 있다. 현무의 음신이 未이니 서남방이고, 未가 우물과 음식을 뜻하니 우물 옆의 음식점에 숨어 있다.

○ 전쟁 : 군사를 잃을 우려가 있다.

→ 일간은 아군이다. 일간이 간상으로 탈기되고 다시 사과의 지반이 천반으로 탈기되니 군사를 잃을 우려가 있다.

○ 분묘 : 묘지가 도굴되는 것을 예방해야 한다.

※ 『육임직지』 원문에서는 "술방(戌方)에서 물이 나온다. 간곤(艮坤) 방위로 묘를 쓰면 부(富)를 쌓는다. 훗날 무덤에 도둑을 오는 것을 예방해야 한다."고 하였다.

→ 일지양신(제3과)은 묘지, 일지음신(제4과)은 혈(穴)이다. 일지음

신이 공망된 것은 혈에 구멍이 나는 상이니 도적이 혈을 도굴하는 것을 예방해야 한다. ● 사과가 불비(不備)이니 흠이 있는 산소이다. ● 간지의 상신인 申亥가 상생하니 산소의 음덕을 받는 묘지이다.

□ 『필법부(畢法賦)』: 〈제75법〉 손님과 주인이 다투지 않아도 형벌이 이미 있다.

→ 삼전이 삼형이니 주객이 서로 다툰다. 주로 혼인, 매매, 교역, 계약, 동업, 국제회담 등에서 양측 모두에게 이롭지 않다.

〈제76법〉 서로 시기하여 모두에게 화가 미친다.

→ 간상의 申과 지상의 亥가 서로 육해이다. 서로가 서로에게 해를 끼치니 모두에게 해가 미친다.

〈제22법〉 상하가 모두 화합하면 서로의 마음이 같다.

→ 이 과전에서는 일간(기궁)인 巳와 일지인 申이 합(合)을 할 뿐이다.

□ 『과경(課經)』: 간상의 申에 청룡이 타서 일간을 생한다. 만약 월건의 생기이면 서서히 발복한다.

□ 『집요(集要)』: 일지가 일간에 임하여 일간을 생하면, 일상의 모든 일에서 내가 구하지 않더라도 저절로 구해지며, 상대가 스스로 나를 방문하여 나에게 순응하니 내가 수고스럽지 않으며 또한 여력이 있다.

| 갑진순 | 무신일 | 11국 |

戊申일   제 11국

공망 : 寅·卯
낮 : 왼쪽 천장, 밤 : 오른쪽 천장

	壬	○	甲
后子白	蛇寅靑	合辰合
戌	子	寅○
丁	己	庚	壬
空未貴	常酉陰	玄戌玄	后子白
戌 巳	未	申	戌

丁空未巳	戊貴申午	己常酉未	庚玄戌申
丙靑午辰	蛇		辛陰亥酉常
乙勾巳卯○	朱		壬后子戌白
甲合辰寅○	合朱卯丑○	勾蛇寅子○	癸靑貴丑亥空

□ **과체** : 중심(重審), 진간전(進間傳), 향삼양(向三陽/子寅辰), 일녀(泆女)
// 형상(刑傷), 침해(侵害), 육의(六儀), 맥월(驀越), 오양(五陽), 강색귀호(罡塞鬼戶), 나거취재(懶去取財), 불행전(不行傳), 막귀임간(幕貴臨干), 신장·살몰·귀등천문(神藏·殺沒·貴登天門/낮).

□ **핵심** : 백호가 재물을 싣고 가버렸으니 손에 쥘 수 없다. 나는 힘들고 상대는 그렇지 않으니, 타인이 입이 째지게 웃는다.

□ **분석** : 발용의 子는 일간의 재물이다. 그 위에는 백호가 타고 있어서 크게 놀랄 액이 있으니 감히 취하지 못한다. 만약 이 재물을 취하려고 하면 반드시 귀살과 묘지에 들며, 이 재물을 오히려 지상의 戌土가 가져갔으니 어찌 내 손에 넣을 수 있겠는가? 내 심정은 원통하여 가슴이 찢어지지만 구제받지 못하는데, 타인은 오히려 터럭만큼도 정력을 쏟지 않고 마음 놓고 기쁨을 누리고 있으니, 이 어찌 사람들의 웃음거리가 되지 않겠는가?

□ **정단** : ❶ 향삼양(向三陽)이고 낮에는 귀등천문(貴登天門)과 강색귀호(罡塞鬼戶)와 신장·살몰(神藏·殺沒)이니 도모하는 일이 뜻대로 되지

않는 것이 없다.

❷ 재성인 子가 발용이 되었으니 재물을 물으면 가능하고, 중전의 관성 寅에 백호가 타고 일지의 역마여서 최고관리자가 되는 뜻이 있는 '최관사자(催官使者)'이니 관직을 물으면 가능하다. 다만 공망에 드니 공망을 메워야만 길하다.

❸ 간지의 아래는 합(合)을 하지만 위는 형(刑)을 하니 주객이 통하지 않고, 택상에는 주야에 현무가 타고 있으니 도난을 예방해야 한다.

❹ 초전에는 천후가 타고 말전에는 육합이 타고 있으니 낮에 정단하면 '일녀(泆女)'가 되어 여자가 예의를 잃으니 남녀가 부정한 상이다. 따라서 음란한 풍조가 있으니 이것을 막지 않으면 안 된다.

○ **날씨** : 격명이 향삼양이니 바람은 불지만 비는 오지 않는다.
  ➔ 삼전의 子寅辰은 음에서 양으로 나아가는 상이니 바람만 불지만 비는 오지 않는다.

○ **가정** : 택상의 현무가 일간을 형(刑)을 하니 도난을 예방해야 한다. 가을에는 더욱 심하다.
  ➔ 현무는 도둑, 일지는 가정이다. 현무가 택상에 있으니 도난을 예방해야 한다. ● 중심과이니 가정에 예의가 없고, 간지의 상신인 未와 戌이 서로 형(刑)을 하니 가족이 화목하지 않으며, 간지의 상신이 서로 파(破)를 하니 가족이 분리되는 상이니 나쁘다. ● 묘신 : 묘신에는 암매의 뜻이 있다. 지상이 묘신이니 가정이 암매하다. ● 음란 : 낮에 정단하면 초전에는 천후가 타고 말전에는 육합이 타고 있어서 부인이 음란하다는 뜻이 있는 '일녀(泆女)'이니 부녀자의 음란을 막아야 한다.

○ **혼인** : 나쁘다.

→ 일간은 나, 일지는 상대이다. ● 궁합 : 간지의 상신인 未와 戌이 서로 형(刑)을 하여 싸우는 상이니 나쁘고, 간지의 상신이 서로 파(破)를 하여 파혼하는 상이니 다시 나쁘다. ● 중심과 : 하가 상을 극하여 발용이 되었으니 여자의 성정이 드세다. ● 음란 : 낮에 정단하면 초전에는 천후가 타고 말전에는 육합이 타고 있어서 여자가 음란하다는 뜻이 있는 '일녀(泆女)'이니 음란한 여자이다. ● 성품 : 지상에 주야 모두 현무가 타고 있으니 바르지 못한 사람이다.

○ **임신·출산** : 여자를 임신한다.
→ 지반은 여자, 천반은 남자이다. 지반의 戌이 천반의 子를 극하여 발용이 되었으니 임신하면 여자이다. 만약 여름과 토왕절에 정단하면 초전의 지반이 왕성하니 여자가 확실하다. ● 일간은 태아, 일지는 임신부이다. 일간과 일지가 서로 형을 하고 다시 간상과 지상이 서로 형을 하니 태아와 임신부 모두 몸을 상하는 것을 예방해야 한다.

○ **구관** : 관성이 공망되고 삼전이 묘지로 이어지니 좋지 않다.
→ 관직을 뜻하는 중전의 관성 寅이 공망되었고 말전의 辰이 일간의 묘지로 이어지니 구관이 어렵다. ● 다만 낮에 정단하여 연명이 亥인 경우에만 귀인이 천문에 들어 '귀등천문'이니 고시생은 합격하고 공무원은 승진한다.

○ **구재** : 간지의 상신이 서로 형(刑)을 하니 재물을 빼앗긴다.
→ 재성은 재물, 형제효는 겁재의 작용을 한다. 비록 재성이 초전에 있지만 겁재인 간상과 지상의 未와 戌이 이 재물을 먼저 가져가니 재물을 빼앗긴다.

○ **질병** : 비위에 통증이 있고 설사한다. 낫기 어렵다.
→ 지상은 병증이다. 지상이 戌이니 비위에 통증이 있고 설사를 한다. ● 사람을 뜻하는 일간과 질병을 뜻하는 일지의 상하가 각각 형을 하니 병이 심하다. ● 밤에 정단하면 처효인 子에 백호가 타고

있으니 처에게 병이 있다. 여름과 토왕절에 정단하면 子수가 손상을 크게 당하니 낫기 어렵다. ● 장생은 부모이다. 장생인 寅이 공망되었으니 부모의 질병을 정단하면 사망할 우려가 있다. 만약 戌월에 정단하면 寅이 사기이니 더욱 위독하다. ● 묘신인 지상의 戌에 현무가 타니 염라대왕이 혼을 거두어들인다.

○ **출행** : 손실을 예방해야 한다.
→ 일지는 여행지이다. 지상에 겁재가 있으니 나의 재물을 빼앗기는 것을 예방해야 한다.

○ **귀가** : 아직은 돌아오지 않는다.
→ 말전과 중전이 공망되어 귀가에 장애가 있으니 아직은 돌아오지 않는다.

○ **쟁송** : 후(後)가 선(先)에 비해 강하다. 결국은 화해한다.
→ 지반은 땅, 천반은 하늘이다. 지반이 천반을 극하여 발용이 되어 땅이 강하니 주역 '곤괘'의 상이다. 중심과는 후(後)가 선(先)에 비해 강하니 나중에 대응하는 것이 유리하고, 상급의 법원에서 재심해야 유리하다.

○ **도난** : 북방의 물 가까이에 사는 사람이 도둑이다.
→ 도둑은 현무의 음신에 숨어 있다. 주야 모두 현무의 음신이 子이니, 북방에 있는 물가에 거주하는 사람이 도둑이다.

○ **전쟁** : 아군의 군영을 기습을 당해서 군량미를 도난당하는 것을 예방해야 한다.
→ 재성은 군량미, 일간은 아군이고 일지는 적군, 겁재는 도난이다. 초전에 있는 군량미를 지상의 戌이 초전의 재성을 탈취해가는 상이니, 적에게 기습을 당해서 적에게 군량미를 도난당하는 것을 예방해야 한다.

□ 『필법부(畢法賦)』: 〈제58법〉 용신이 일간을 깨트리면 돌아갈 곳이 없다.
→ 이 과전에서는 초전의 子가 간상의 未와 해(害)를 끼치니 돌아갈 곳이 없다. 구재 정단에서는 초전이 비록 일간의 재성이지만 간상과 육해이니 이 재물을 취하는 데에 장애가 있다고 해석한다.
□ 『정온(精蘊)』: 초전의 재성 子수가 戌토에 앉아서 戌토로부터 극을 당하였으므로 이 재물에 미련을 갖지 않고 중전으로 갔더니 재물이 귀살로 들어간 것이 나쁘지만 다행히 공망이 되었다. 〈속담〉에서 "다퉈서 가지도 않고 오지도 않는다. 기쁨도 없고 슬픔도 없다"는 것은 바로 이것을 보고 하는 이야기이다.

戊申일 제 12국

공망 : 寅·卯
낮 : 왼쪽 천장, 밤 : 오른쪽 천장

庚 玄戌玄	己 常酉陰	丙 青午蛇
酉	申	巳
丙 青午蛇	丁 空未貴	己 常酉陰	庚 玄戌玄
戌巳	午	申	酉

丙青午巳	丁空未午	戊白申未	己常酉陰申
勾乙巳辰朱			玄庚戌酉玄
甲合辰卯○			陰辛亥戌常
○朱卯寅	○勾蛇寅丑	癸青貴丑子	壬后子亥白

- □ **과체** : 묘성(昴星), 호시(虎視) // 침해(侵害), 구왕(俱旺), 복덕(福德), 회환(回還), 맥월(驀越), 천라지망(天羅地網), 파패신임택(破敗神臨宅), 사승살(四勝殺).

- □ **핵심** : 현무가 戌에 타서 酉에 가했으니 남종이 여종과 함께 도주한다. 오랏줄에 이들이 잡혀서 손이 묶인다.

- □ **분석** : 戌은 남종, 酉는 여종이다. 戌이 酉에 가한 곳에 주야 모두 현무가 타고 있으니 반드시 남종과 여종이 간통한 뒤에 도망친다. 그러나 간지에 각각 전1위의 12지가 타고 있고 다시 12운성의 왕기여서 천라지망(天羅地網)이니 손이 묶여서 사로잡힌다. 그리고 공무원이 정단하면 부모상을 예방해야 한다.

- □ **정단** : ❶ 묘성과(昴星課)의 호시전봉(虎視轉蓬)이다. 도로가 막히고 여행에서 계류되는 상이다. 화가 밖에서 일어나니 집에서 머물러야 하며 조용히 있으면 길조이다.

  ❷ 중전과 말전이 일지와 일간으로 돌아오니, 의당 사람을 기다렸다가 세 번이나 자책하여 타인에게 소송을 걸지 않으면 이 어찌

진실하고 너그럽게 대하는 도가 아니겠는가?

○ **날씨** : 크게 맑다.
  → 초전이 토이고 말전이 화이니 크게 맑다.
○ **가정** : 현무가 일지의 음신에 있으니 식구가 물건을 훔쳐서 도망가는 것을 예방해야 한다.
  → 戌은 남종이고 酉는 여종이다. 戌이 酉에 가한 곳에 주야 모두 현무가 타고 있으니 반드시 남종과 여종이 간통한 뒤에 도망치는 것을 예방해야 한다. ● 만약 회사나 가게를 정단하면 남녀 종업원이 재물을 훔쳐서 도망치는 것을 예방해야 한다. ● 가상 : 묘성과이니 질병과 관재가 발생하는 살벌한 가상이다.
○ **혼인** : 간지의 상신이 천라지망(天羅地網)이니 불길하다.
  → 간지에 각각 전1위의 십이지가 타고 다시 십이운성의 왕기여서 천라지망이니 혼인이 불길하다. ● 궁합 : 묘성과이니 나쁘고, 간상의 午가 지상의 酉를 극하니 다시 나쁘다. ● 일지는 상대이다. 지상의 酉금이 일간 戌토를 탈기하니 나에게 손실을 입히는 사람이다. ● 낮에 정단하면 지상의 酉에 태상이 타고 있으니 음식을 잘하며 음악을 즐기는 사람이고, 밤에 정단하면 지상의 酉가 도화이고 여기에 음란의 천장인 태음이 타고 있으니 음란한 사람이다.
○ **임신·출산** : 여자를 임신한다. 쉽게 출산하지 못한다.
  ※ 『육임직지』 원문에서는 "남자를 임신한다. 쉽게 출산한다."고 하였다.
  → 삼전은 태아가 생육되는 과정이다. 삼전의 두 양인 戌과 午가 하나의 음인 酉를 껴안고 있으니 여자를 임신한다. 일간은 태아 일지는 임신부이다. ● 간지에 각각 전1위의 12지가 타고 있어서 간지에 천라지망(天羅地網)이 둘러쳐져 있어서 출산문을 막는 상이니 출산

이 순조롭지 못하다.
- ○ **구관**: 풍파를 면하기 어렵고 항상 의혹과 두려워하는 마음을 품고 있다.

    → 공무원이 정단하면 천라지망(天羅地網)이 간지를 덮쳤으니 부모상을 예방해야 한다. ● 나를 뜻하는 일간 위에 혈광의 뜻이 있는 양인이 임했으니 현재의 직위를 고수해야 한다. ● 고시: 묘신에는 암매의 뜻이 있다. 묘신이 발용이 되었으니 고시에 낙방한다. ● 승진: 위와 같은 이유로 안 된다.

- ○ **구재**: 재물을 잃는 것을 예방해야 한다.

    → 재성은 재물이다. 과전에 재성이 나타나지 않았으니 재물을 취득하지 못한다. 다만 연명이 戌亥이면 그 상신이 재성인 亥子이니 재물을 얻는다.

- ○ **질병**: 폐경에 속한 증상이다. 놀람이 많고 액이 있다.

    → 지상은 병증이다. 지상이 酉이니 해수를 비롯한 폐경의 병이다. 묘성과이니 병으로 인해 놀라지만 밤에는 흉장인 등사가 타고 있으니 낮에 비해 흉하다. ● 천라지망(天羅地網)이 일간과 일지를 씌웠으니 병을 벗어나기가 쉽지 않다. ● 초전이 일간의 묘신인 戌이니 병이 위중하지만 연명이 卯이면 그 위의 辰이 충(沖)을 하여 묘신을 벗어나니 흉이 가벼워진다. ● 묘신인 초전의 戌에 현무가 타니 염라대왕이 혼을 거두어들인다.

- ○ **알현**: 형(刑)이 위에 있으니 나쁘다.

    → 일지는 상대방이다. 지상이 자형이어서 다투는 상이니 귀인을 만나는 일이 좋지 않다.

- ○ **출행**: 이롭지 않다.

    → 간지상에 그물이 둘러쳐져 있어서 도로가 막히고 여행용 짐이 계류되는 상이니 이롭지 않다. 화가 밖에서 일어나니 집에서 머물러야 하며 조용히 있으면 길하다.

○ **귀가** : 돌아오지 못한다.
　→ 간지상에 그물이 둘러쳐져 있어서 도로가 막히고 여행용 짐이 계류되는 상이니 돌아오지 못한다.
○ **관재** : 감금된다.
　→ 간지상에 그물이 있으니 형사책임을 당하여 교도소에 감금된다. 또한 간상이 양인(羊刃)이니 더욱 나쁘다. ● **승패** : 일간은 나, 일지는 상대이다. 간상의 午가 지상의 酉를 극하니 내가 유리하다.
○ **전쟁** : 지켜야 하고 진진하면 안 된다.
　→ 간지상에 그물이 있으니 지켜야 하고 진진하면 안 된다.

―――――――――――――――

□ 『**필법부(畢法賦)**』 : 〈제55법〉 천라지망(天羅地網)을 만나면 모망사가 보잘 것이 없게 된다.
　→ 매일의 제12국은 이 법에 해당한다.
　〈제75법〉 손님과 주인이 다투지 않아도 형벌이 이미 있다.
　→ 간상의 午와 지상의 酉는 자형이다. 주로 혼인, 매매, 교역, 계약, 동업, 국제회담 등에서 양측 모두에게 이롭지 않다.
□ 『**과경(課經)**』 : 월장 酉를 점시 申에 가한 뒤에 궁마(弓馬) 고시를 정단한다. 午는 말이고 申은 화살이며 巳는 활이니 모두를 갖췄으니 길하다. 몸에 말(馬)은 있는데 활이 없고, 말에 양인이 있으니 노랑말을 타면 안 된다. 하물며 달려가는 곳이 더러우니 새 옷을 입은 사람을 곁에 있지 못하게 해야 하며 가장 먼저 더러운 것을 없애야 한다. 일지와 일간 위가 자형인 午와 酉이니 나와 상대 모두 점수를 받지 못하고, 행년 위에 申이 보이지만 화살을 얻지 못한다. 하물며 午가 酉를 보고 酉가 午를 보아서 '사승살(四勝煞)'이니 서로 위세를 과시한다. 午에 청룡이 타고 있으니 병부(국방부)의 총애를 받지만, 묘신인 초전의 戌에 현무가 타고 다시 해기(害氣)가 타고 있으니 어찌 합

격하겠는가?

기유일

己酉日의 길신(구보)과 흉살(팔살)

일덕	寅	형	
일록	午	충	
역마	亥	파	
장생	寅	해	
제왕	午	귀살	寅卯
순기	亥	묘신	戌
육의(六儀)	甲辰	패신 / 도화	卯 / 午
귀인	주	子	공망	寅卯
	야	申	탈(脫)	申酉
합(合)		사(死)	酉
태(胎)	子	절(絶)	亥

己酉일 　제 1 국				공망 : 寅·卯 ○ 낮 : 왼쪽 천장, 밤 : 오른쪽 천장

己	丁	癸	
玄 酉 后	白 未 蛇	蛇 丑 白	
酉	未	丑	
丁	丁	己	己
白 未 蛇	白 未 蛇	玄 酉 后	玄 酉 后
己 未	未	酉	酉

乙巳巳 青合	丙午午 合空 朱	丁未未 朱蛇	戊申申 蛇貴 常 貴
甲辰辰 勾勾			己酉酉 玄后 玄 后
○卯卯 合青			庚戌戌 陰陰
○寅寅 朱空 蛇	癸丑丑 空白 蛇 貴	壬子子 白常 貴 常	辛亥亥 常玄 后 玄

□ **과체** : 복음(伏吟), 두전(杜傳), 용전호투(龍戰虎鬪) // 신임정마(信任丁馬), 형상(刑傷), 복덕(福德), 맥월(驀越), 육음(六陰).

□ **핵심** : 동정(動靜)이 일정하지 않다. 손실을 예방해야 한다. 움직이면 백호를 만난다. 입을 닫으면 재운이 좋아진다.

□ **분석** : ❶ 복음과는 잠잠하다. 다만 일간 및 중전의 未의 둔간이 丁이다. 말전의 丑이 未를 충하여 오니 움직이는 상이다.

❷ 현무가 타고 있는 酉가 일지에서 발용이 되어 손실의 우려가 있으니 예방하지 않으면 안 된다. 낮에는 중전의 未에 백호가 타고 있으니 움직이면 반드시 화근이 된다. 말전의 丑은 갑진순의 끝 글자이다. 둔간의 癸가 재성이지만 입을 닫고 근신하면서 가만히 재물을 취하면 놀라지 않고 번창하지 않을 수 없다.

□ **정단** : ❶ 용전(龍戰)은 개혁하는 일이 많지만 모든 일이 어긋난다. 밤에는 초전에 천후가 타니 모든 일이 부인에게서 일어난다. 낮에는 삼전에 현무와 백호와 등사가 타니 더욱 놀라고 무서워서 행동하고 싶지만 행동하기 어렵고 멈추고 싶지만 멈추기 어렵다. 따라서 모든

일이 반복되어 정해지는 것이 없으며 재앙이 하나가 아니다.

❷ 일간과 일지가 염막귀인을 공협(拱夾)하니, 만약 밤에 정단하면 귀인에게 보고하여 부탁할 수 있으니 가장 좋다.

→ 일간 未와 일지 酉의 사이에 있는 申을 공협한다. 밤에는 천을귀인을 공협하고 낮에는 염막귀인을 공협한다.

○ **날씨** : 맑은 날씨를 구하는 정단을 하면 장차 흐리고, 비를 구하는 정단을 하면 장차 갠다.

→ 오행의 토는 비를 쫓는 작용을 한다. 비록 초전이 비를 생하는 오행이지만 중전과 말전이 모두 토이니 흐리고 갠다.

○ **가정** : 부부가 이별하거나 형제가 분가해서 산다.

→ '용전호투(龍戰虎鬪)'에는 용과 호랑이가 서로 다투는 뜻이 있다. 용전호투이니 부부는 이별하고 형제는 재물로 인해 다툰 뒤에 한 집에서 살지 않고 분가해서 산다. 만약 부부의 행년이나 형제의 행년이 유이면 더욱 확실하다.

● 일지는 가정이다. 일간이 지상으로 탈기(脫氣)되니 가정에 손실이 많다. 낮에는 지상에 현무가 타니 도난이 발생하는 것을 예방해야 하고, 밤에는 지상에 천후가 타니 부인을 잃는 것을 예방해야 한다. 또한 지상의 둔반이 일간의 형제효이니 형제나 친구로 인한 손실을 예방해야 한다. ● 가상 : 용전호투이니 부부와 부자가 불화하는 가상이고 가정에 손실이 많은 가상이다.

○ **혼인** : 장애가 있다.

→ 용전호투(龍戰虎鬪)는 남녀가 혈투하는 상이다. 유일(酉日)에 정단하여 酉가 발용이 되었으니 혼인에 장애가 있다. 또한 중전과 말전이 형(刑)을 하고 다시 충(沖)을 하니 혼인에서 장애가 있다. ● 궁합 : 일간이 일지를 생하고 간상이 지상을 생하니 좋아 보이지만, 용

전호투이고 중전과 말전이 형과 충을 하여 나쁘니 결과적으로 보통이다. ● 일지는 상대이다. 낮에는 지상에 현무가 타고 있으니 속이 검은 사람이고, 밤에는 지상에 천후가 타고 있으니 여성적인 사람이다.

○ **임신·출산** : 남자를 임신한다. 불안하다. 출산이 쉽지 않다.

→ 음이 극에 이르면 양이 되니 임신하면 남자가 된다. ● 일간은 태아이다. 간상에 동요의 신인 정마가 타고 있어서 유산할 우려가 있으니 불안하다. ● 복음과는 자궁이 좁아진 상이니 태아의 생육이 순조롭지 못해서 선천성 장애자를 출산할 우려가 있다.

○ **구관** : 변동이 있다.

→ 일간은 나, 정마는 이동의 신이니 먼 곳으로 발령이 나서 변동이 있다. ● **고시·승진** : 과전에 관성과 일록이 없고 박관살이 세 곳에 있으며 형제효만 가득하니 고시에 불리하다.

○ **구재** : 재물을 취득하지 못한다.

→ 재성은 재물이다. 과전에 재성은 없고 형제효만 가득하니 재물을 취득하지 못하고 만약 개업하면 실패한다. ● **가게터** : 일지는 가게 터이다. 지상에 재성은 없고 탈기(脫氣)가 많으니 돈을 잃는 터이다. 특히 낮에는 도둑이 들거나 사기를 당하는 터이니 유의해야 한다.

○ **질병** : 폐병에 속하며 헐떡이며 기침을 하며 과로의 증세이다. 병이 반복되고 낫기 어렵다.

→ 지상은 병증이다. 지상이 酉이니 폐병에 속하며 헐떡이며 기침을 하며 과로의 증세이다. 복음과는 산(山)의 상인 주역의 간괘에 해당하여 병이 오랫동안 지속되며 낫기 어려운데 다시 과전이 모두 음이니 더욱 더 낫기 어렵다.

○ **출행** : 유도(游都)와 노도(魯都)가 丁에 타서 충과 형을 하니 도둑이 우려된다.

※ 유도(游都) : 甲己일 丑, 乙庚일 子, 丙辛일 寅, 丁壬일 巳, 戊癸일 申.
유도는 도적이 오는 길이다.

※ 노도(魯導)

일간 신살	甲	乙	丙	丁	戊	己	庚	辛	壬	癸
노도 (魯導)	未	午	申	亥	寅	未	午	申	亥	寅

→ 유도와 노도는 도둑이 다니는 길이다. 己일의 노도인 未와 己일의 유도인 丑이 중전과 말전에 나란히 있으니 여행길에서 도둑을 만난다.

○ **귀가** : 즉시 도착한다.
→ 간상에 정마가 보이니 즉시 도착한다.

○ **쟁송** : 억울한 일을 밝힐 수 없다.
→ 복음과는 하늘과 땅이 맞닿은 상이다. 더욱이 음일의 복음과이니 유약해서 억울한 일을 펴지 못한다. 그러나 나중에는 형(刑)을 하고 있는 중전의 未와 말전의 丑이 충(沖)을 해서 형(刑)이 사라지니 억울한 일을 밝힐 수 있다.

○ **도난** : 낮에 정단하면 가족이 도둑이다.
→ 낮에 정단하면 현무가 택상에 타고 있으니 가족이 도둑이다. 가족 중 행년이 酉인 사람이 도둑이다.

○ **전쟁** : 이롭지 않다.
→ 복음과는 수성하는 상이다. 만약 움직이면 중전과 말전에서 노도와 유도를 만나니 이롭지 않고 다시 중전과 말전이 삼형이니 유혈이 낭자해지니 이롭지 않다.

───────────────────────

□ 『**필법부(畢法賦)**』: 〈제1법〉 앞과 뒤에서 이끌고 따르면 승진과 추천

에 길하다.

→ 낮에 정단하면 일간 未와 일지 酉가 밤 귀인 申을 인종하니 승진과 발탁과 추천에 이롭고, 밤에 정단하면 일간 未와 일지 酉가 염막귀인 申을 인종하니 승진과 발탁과 추천에 이롭다.

〈제89법〉 자임과 자신에 정마가 타면 모름지기 행동을 한다.

※ 천마(天馬)

월건 \ 신살	寅	卯	辰	巳	午	未	申	酉	戌	亥	子	丑
천마(天馬)	午	申	戌	子	寅	辰	午	申	戌	子	寅	辰

→ 복음과의 천반과 지반이 동일하므로 엎드린 상태에서 움직이지 못하는 상이지만 과전에 정마나 역마나 천마가 타면 움직일 수 있다. 정마는 순의 정마를 찾으면 되고, 역마는 일지의 역마를 찾으면 되며, 천마는 월건 신살에서 찾으면 된다.

□ 『삼거일람(三車一覽)』: 己일의 밤 귀인 申은 역행하며 백호가 丑에 타고 있으니 귀인이 화를 내는 상으로서 귀인과 공무원이 정단하면 반드시 귀인의 노여움을 사며 백호가 丑에 타더라도 마찬가지이다. 그 이유는 丑이 천을귀인의 본가이기 때문으로서 백호를 보는 것이 마땅하지 않기 때문이다.

己酉일 제2국

공망 : 寅·卯
낮 : 왼쪽 천장, 밤 : 오른쪽 천장

庚 陰 戌 陰	丙 空 午 朱	戊 常 申 貴
亥	未	酉
丙 空 午 朱	乙 青 巳 合	戊 丁 常 申 貴 白 未 蛇
己 未	午	酉 申

甲辰 勾巳	乙 勾	丙午 青午合	空	丁未 空未朱	白	蛇
合 ○卯 辰	青				常 戌申 酉	貴
朱 ○寅 卯 ○	空				玄 己酉 戌	后
蛇 癸丑 寅	白 貴	壬子 貴丑常	后	辛亥 后亥玄	陰	庚戌 陰戌亥

□ **과체** : 묘성(昴星), 여덕(勵德/밤) // 퇴여(退茹), 왕록임신(旺祿臨身), 복덕(福德), 오양(五陽), 괴도천문(魁度天門).

□ **핵심** : 일지음신에 백호가 있고, 과전에는 두 申이 있다. 네 마리의 호랑이가 모여 있다. 관록과 직위가 형편없다.

□ **분석** : 낮에는 일지음신(제4과)에 백호가 타고 과명이 호시(蒿矢)이니 두 마리의 백호가 있다. 다시 지상이 申이고 말전이 申이니 네 마리의 백호가 있다. 네 마리의 백호가 모였으니 놀라는 액과 재앙과 화가 어찌 가볍겠는가? 하물며 일록이 일간에 임하고 여기에 천공이 타고 있어서 공허하고 부실하니 어찌 일록을 지키겠는가?

□ **정단** : ❶ 음일의 묘성이고 다시 괴도천문(魁度天門)이니 모든 정단에서 늦어지고 허둥대는 상이다. 좋은 것은 삼전의 도움을 받으니 흉이 변해서 길이 된다. 장생이 일지에 임하고 낮에는 그 위에 태상이 타니 집에 혼인의 경사가 있다.

→ 수토동궁설을 적용하면 일간 己의 장생은 申이다.

❸ 발용의 戌은 남종이고, 타고 있는 태음은 여종이다. 일지와 육해

(六害)하니 남종과 여종이 가택을 해친다.
→ 인년이나 인월이나 인월장에 삼전에서 염상이 완성되니 모든 일이 성취된다.

○ 날씨 : 매우 맑다.
→ 초전의 戌이 비를 몰아내고 중전이 午이니 매우 맑다.
○ 가정 : 장생에 탄 밤 귀인이 가택에 앉아 있다. 왕록이 일간에 임하니 대길하다.
→ 12운성의 제왕은 왕성, 일록은 관록을 뜻한다. 왕신 겸 일록이 일간에 임했으니 대길한데, 왕록이 일간을 생하여 오니 사람이 하는 일이 번창한다. 만약 여름과 봄에 정단하면 왕록이 왕상하니 생계가 왕성하다. 지상의 申이 일간의 장생인 이유는 수토동궁설을 적용했기 때문이다.
● 장생이 일지에 임하고 낮에는 이곳에 태상이 타니 집에 혼인하는 경사가 있지만 일간이 간상으로 탈기되니 가정으로 지출이 많다. ● 가상 : 묘성과이니 안전하지 않고 다시 지상의 申이 일간 己를 탈기(脫氣)하니 손실이 많은 상이다.
○ 혼인 : 간상이 일록이고 지상이 장생이니 길하다.
→ 일간은 나, 일지는 배우자감이다. 간상이 일록이니 직업이 있는 사람이고, 지상이 장생이니 생업이 있는 사람이다. 따라서 남녀 모두 길하다. ● 궁합 : 간상의 午가 지상의 申을 극하니 궁합이 나쁘고, 지상이 일간을 설기하니 궁합이 나쁘다. ● 일지는 배우자감이다. 낮에는 지상에 태상이 타고 있으니 음악과 음식에 능숙한 사람이고, 밤에는 지상에 귀인이 타고 있으니 품격이 있는 사람이다. ● 초전이 괴도천문(魁度天門)이니 혼인에서 풍파가 발생한다.
○ 임신·출산 : 삼전이 모두 양이니 딸을 임신한다. 출산이 지체된다.

※ 『육임직지』 원문에서는 "출산이 쉽다."고 하였다.
→ 삼전은 태아가 생육되는 과정이고 양이 극에 이르면 음이 된다. 삼전이 모두 양이니 여자를 임신한다. ● 삼전이 퇴여이니 출산이 지체되고 다시 초전이 괴도천문(魁度天門)이니 출산이 지체된다.

○ **구관** : 호시(蒿矢)가 백호를 만났으니 길하다.
※ 『육임직지』 원문에서는 "호시(虎視)가 백호를 만났으니 불길하다."고 하였다.
→ 묘성과는 공무원 임용고시와 공무원의 승진에서 대길한 과이다. 묘성과의 과전에 괴강의 하나인 戌과 권위의 천장인 백호와 무관의 류신인 태상이 보이니 더욱 길하다. ● 고시 : 합격한다. ● 승진 : 승진한다. ● 이직 : 왕록이 일간에 임하니 나쁘다.

↑ **구재** : 소득이 없다.
→ 재성은 재물이다. 과전에 재성이 없으니 소득이 없다. 만약 연명이 子와 丑이면 그 상신이 일간의 재성인 亥子이니 소득이 있다.

○ **질병** : 음식으로 인해 발생한 병이다. 지극히 위험하다.
→ 戌이 亥에 가한 '괴도천문(魁度天門)'은 기도와 식도와 위장이 막혀 있다. 주로 위장의 체기와 인후에 관련된 병이고, 초전의 戌이 일간의 묘신이니 지극히 위험하다. 만약 연명이 巳이면 그 위의 辰이 묘신을 충(沖)을 하니 구사일생한다.

○ **알현** : 낮 정단은 좋고 밤 정단은 나쁘다.
※ 『육임직지』 원문에서는 "나와 상대가 불화한다."고 하였다.
→ 낮에는 천을귀인이 일간의 재성인 子에 타고 있으니 귀인의 도움으로 재물을 득하고, 밤에는 천을귀인이 일간의 탈기인 申에 타고 있으니 귀인에게 손실을 당한다.

○ **출행** : 육로는 가능하다.
→ 일간은 여행객, 일지는 여행지이다. 지상의 申이 일간을 설기하니 여행지에서 손실이 발생한다. 낮에는 지상에 태상이 타고 있으

니 의류와 음식과 연회로 인한 손실이고, 밤에는 지상에 귀인이 타고 있으니 귀인에 의한 손실이다.

○ **귀가** : 소식이 온다.
→ 申은 전송(傳送)으로서 통신이다. 따라서 소식이 온다.

○ **도난** : 밤에 정단하면 잡을 수 있다. 낮에 정단하면 경찰이 도둑을 놔준다.
→ 밤에 정단하면 구진승신 辰이 현무승신 亥를 극하니 잡을 수 있다. 낮에 정단하면 구진승신 辰이 현무승신 酉를 생하니 경찰이 도둑을 놔준다.

○ **쟁송** : 기소(起訴)한 쪽이 승소한다.
→ 일간은 나, 일지는 상대이다. 간상의 午가 지상의 申을 극하니 내가 승소한다. 다만 戌이 亥에 가해서 발용이 되었으니 쟁송에서 장애가 많다. ● **관재** : 묘성과이고 초전이 일간의 묘신이니 수감될 우려가 있다. 다만 연명이 巳이면 연명상의 辰이 묘신인 戌을 충해서 깨트리니 관재가 약해지거나 사라진다.

○ **전쟁** : 놀라운 위험이 있으니 근신해야 한다.
→ 묘성과는 전쟁에서 위험하니 근신해야 한다. 더욱이 제3과와 말전의 申이 백호이고 제4과에 다시 백호가 타고 있으니 더욱 위험하다.

○ **분묘** : 지상에 장생이 있으니 대길하다.
※ 『육임직지』 원문에서는 "용호가 상생하고 그 상신이 장생이니 길하다."고 하였다.
→ 수토동궁설을 적용하면 지상의 申이 일간의 장생이니 대길하다.

□ 『**필법부(畢法賦)**』: 〈제7법〉 왕록이 일간에 임하면 망령된 행동을 해서는 안 된다.

→ 전직·이직·신규창업에서 흉하다.

〈제54법〉 호시(蒿矢)에서 백호를 만나면 힘이 있어도 쓰기 어렵다. 모든 정단에서 지극히 큰 놀람과 액을 면할 수 없다.

→ □ 분석 참조.

〈제3법〉 염막귀인은 높은 성적으로 장원급제를 한다.

→ 연명이 酉인 사람이 낮에 정단하면 연명상에 염막귀인이 타고 있다.

□ 『집요(集要)』: 이 과는 허일대용격(虛一待用格)에 해당한다. 戌과 午는 본래 화국으로서 하나의 寅이 모자란다. 길흉사는 반드시 인일(寅日)에 발현된다.

□ 『과경(課經)』: 낮에 정단하면 염막귀인이 일지에 임하니 고시에서 합격한다.

→ 낮에 정단하면 밤 귀인이 염막귀인이고, 밤에 정단하면 낮 귀인이 염막귀인이다. 낮에 정단하면 염막귀인 申이 일지에 임하니 시험에 합격한다.

□ 『찬의(纂義)』: 申이 일지에 임하니 반드시 타인이 나의 집으로 물건을 보낸다.

→ 장생은 은혜, 태상은 옷과 음식이다. 태상이 장생인 申에 타서 집을 뜻하는 일지에 임하니 타인이 나의 집으로 옷과 음식을 보낸다.

己酉일 제 3 국

공망 : 寅·卯
낮 : 왼쪽 천장, 밤 : 오른쪽 천장

	癸	辛	
合 卯 青	蛇 丑 白	后 亥 玄	
巳	卯 ○	丑	
乙	○	丁	乙
青 巳 合	合 卯 青	白 未 蛇	青 巳 合
己 未	巳	酉	未

	甲	乙	丙
合 卯 巳	勾 辰 午	青 巳 未	空 午 申 朱
○ 朱 寅 辰	空		丁 未 酉 蛇 白
蛇 癸 丑 卯	白		戌 申 戌 貴 常
壬 子 寅 貴	辛 亥 丑 后 常	庚 戌 子 陰	己 酉 亥 后 玄

□ **과체** : 호시(蒿矢), 교동(狡童), 불비(不備) // 퇴간전(退間傳), 단간(斷澗/卯丑亥), 과수(寡宿), 육음(六陰), 삼기(三奇), 구생(俱生), 역허(曆虛), 간지공공일록, 우로균점(雨露均霑), 귀인입옥(貴人入獄/밤), 귀인공망(貴人空亡/낮), 답각공망(踏脚空亡).

□ **핵심** : 파쇄(破碎)가 巳에 타고 삼전은 무익하다. 이것을 포기하고 귀가하면 나중에 피곤해진다.

□ **분석** : ❶ 간상의 巳화가 비록 생기이지만 일지의 파쇄(破碎)이다.
❷ 발용은 공망되었고, 중전은 공망된 지반에 빠지며, 말전의 재성 亥는 초전의 귀살을 돕는다. 밤에 정단하면 현무가 말전에 타니 어찌 재물을 취하겠는가? 이 재물을 포기하고 본가로 돌아가면 일간(기궁) 未가 일지 酉에 가해서 일지로 탈기를 당해 손실이 발생하니 시종 매우 피곤해진다.

□ **정단** : ❶ 호시(蒿矢)가 발용이 되어 공망되었으니 복은 적고 화는 가볍다.
❷ 과전이 육음(六陰)이고 삼전이 낮에서 밤으로 이어지니 혼미하

다. 과전의 천장이 천후와 등사와 육합과 현무이니 소인에게는 유리하고 군자에게는 불리하다.
❸ 낮에 정단하면 교동(狡童)이니 부부에게 다른 마음이 있어서 부부가 음란하고 망령된 마음을 품는다. 오직 좋은 것은 상신의 청룡이 일간을 생하니 우환이 풀리고 놀람이 사라진다.

○ **날씨** : 과전이 모두 음이니 흐리다.
→ 음은 흐리고 양은 맑다. 과전이 모두 음이니 흐리다.
○ **가정** : 일간이 일지에 임하여 패신(敗神)과 탈기(脫氣)를 당하니 사람은 쇠하고 집은 왕성한 상이다. 머리에 다시 파쇄(破碎)가 임하니 공연한 소모가 있다.
→ 패신은 패가망신, 탈기는 손실을 뜻한다. 또한 일간은 사람, 일지는 가정이다. 기궁이 지상으로 가서 일간의 패신과 탈기인 酉에 임했으니, 만약 이 집으로 이사하면 패가망신한다. 그리고 일간에 일지의 파쇄(破碎)인 巳가 임하니 사람이 하는 모든 일이 깨지고 파쇄된다. 다행한 것은 간상의 巳가 일간의 생기이니 흉이 적다.
● 요극과이고 과전이 육음(六陰)이니 가정이 어두워지는 것을 예방해야 한다. ● 낮에는 지상에 백호가 타고 있으니 가족에게 질병이 발생하는 것을 예방해야 하고, 밤에는 지상에 등사가 타고 있으니 집에 괴이한 일이 발생하는 것을 예방해야 한다. ● 낮에 정단하면 삼전이 교동(狡童)이니 부부의 음란을 예방해야 한다.
○ **혼인** : 사과가 불비(不備)이고 과전이 순음(純陰)이니 불길하다.
→ 사과에서 제1과와 제4과가 동일한 글자이니 '불비(不備)'이다. 불비를 '무음(蕪淫)'이라고도 하여 남녀에게 음란이 발생하며, 과전이 모두 음으로 구성되어 있어서 이러한 뜻이 더욱 강하니 혼인이 매우 흉하다. ● **궁합** : 처가로 장가를 들 경우에는 기궁이 지상으로

가서 일지와 상생하니 좋다. 다만 지상으로 간 未가 일지로 탈기되니 손실이 많다. ● 일지는 상대이다. 낮에는 지상에 백호가 타고 있으니 병이 있고, 밤에는 지상에 등사가 타고 있으니 간사한 성품의 소유자이다.

○ **임신·출산** : 음이 극에 이르면 양이 생기니 남자를 출산한다. 액이 있다.

→ 과전이 모두 음이니 남자를 출산한다. 일간은 태아, 일지는 임신부이다. 지상에 간 기궁에 백호가 타고 있으니 태아에게 병이 있으니 액이 있다.

○ **구관** : 이롭지 않다.

→ 관성은 관직이다. 관성인 초전의 卯가 공망되었으니 이롭지 않은데, 다시 요극과의 초전이 공망되었으니 더욱 이롭지 않다. ● 고시 : 낙방한다. ● 승진 : 안 된다.

○ **구재** : 무익하다.

→ 재성은 재물이다. 비록 말전에 재성인 亥가 보이지만 지반의 丑으로부터 극상을 당했으니 무익하다. 낮에 정단하면 간상에 청룡이 타서 일간을 생하니 재물이 생긴다.

○ **질병** : 비장경락의 질병이거나 혹은 음식으로 인해 발생한 병으로서 놀라게 되고 허탈에 이른다. 그러나 병재가 풀린다.

→ 지상은 병증이다. 지상이 未이니 위장이 더부룩하고 소화불량의 비장경락의 질병이다. ● 과전이 모두 음이니 허탈증에 이르지만 요극과이니 질병의 위세가 점차 약해져서 풀린다.

○ **출행** : 낮에는 청룡이 생기에 타서 일간에 임하니 육로가 길하다.

→ 일간은 여행객, 일지는 여행지이다. 낮에 정단하면 청룡이 巳에 타서 일간을 생하니 여행에서의 신상이 안전하다. 그러나 기궁 未가 지상으로 가서 일지 酉로 탈기되니 여행지에서 지출이 많다.

○ **귀가** : 일간이 입택하니 즉시 돌아온다.

→ 일간은 출행한 사람, 일지는 집이다. 기궁이 지상으로 오니 출행한 사람이 집으로 돌아온다.

O **쟁송** : 화해가 가능하다.

→ 일간은 나, 일지는 상대이다. 간상의 巳가 지상의 未를 생하니 화해가 가능하다. ● **승패** : 일간이 일지로 탈기되고 간상이 지상으로 탈기되니 내가 불리하다. ● **관재** : 요극과이며 초전과 중전이 공망되었으니 관재가 약해지거나 사라진다.

O **도난** : 낮에 정단하면 도신(盜神)이 未이니, 서남방에서 물건을 매매하는 사람의 집에 있다.

→ 밤에 정단하면 도신이 酉이니, 술을 파는 술집이나 윤락가에 있다.

O **전쟁** : 아군에게 이롭지 않다.

→ 일간이 일지에 임하여 일지로 탈기를 당하고 다시 '음불비(陰不備)'이니 아군에게 이롭지 않다.

□ 『**필법부(畢法賦)**』 : 〈제6법〉 육음(陰)이 서로 이어지면 혼미해진다.

→ 과전이 모두 음이다. 모든 일에서 이롭지 않다.

〈제92법〉 청룡이 생기에 타면 길한 작용이 서서히 나타난다.

→ 간상에 청룡이 생기인 巳에 타고 있다.

□ 『**과경(課經)**』 : 간상의 巳는 6월의 생기(生氣)이고 낮에 정단하면 청룡이 일간을 생하는 신에 타고 있으니 서서히 복을 누린다.

□ 『**지장부**』 : 삼전의 卯丑亥는 '단간(斷澗)'이다. 의리가 분명하다.

□ 『**집의(集義)**』 : 삼전의 卯丑亥가 세 순의 공망이니 이익을 포기하고 손실을 구하는 상이다. 닭을 안고서는 싸울 수 없는 격이다.

공망 : 寅·卯
낮 : 왼쪽 천장, 밤 : 오른쪽 천장

□ **과체** : 원수(元首), 고개승헌(高蓋乘軒, 軒蓋) // 삼교(三校), 권섭부정(權攝不正), 형통(亨通/공망), 호생(互生), 불행전(不行傳), 나거취재(懶去取財), 참관(斬關), 주객형상(主客刑傷).

□ **핵심** : 일록이 일간을 생하여 오니 기쁘다. 밤의 삼전은 쓸 수 있고 낮의 천장은 순이 바뀐다.

□ **분석** : ❶ 일간의 왕록인 午가 일지에 임하고, 간지가 교차해서 상합하며 삼전이 일간을 체생하니 어찌 기쁘지 않겠는가?
→ 중전과 말전이 공함되었으니 실제로는 체생하지 못한다. 만약 묘년이나 묘월이나 묘월장 기간에 정단하면 공함이 메워지니 체생한다.

❷ 밤에는 일록인 午에 태음이 타고 있으니 좋다. 그러나 낮에는 중전과 말전이 공함되고 발용에 천공이 타고 있으니 반드시 순이 바뀌어야 쓸 수 있다.

□ **정단** : ❶ 삼전이 고개승헌(高蓋乘軒)이니 부귀영화의 상이다. 삼전이

스스로 일간을 생해오니 도모하는 모든 일이 길하다. 다만 일지 酉는 지상의 午로부터 극을 받고, 일간 己는 묘지인 辰에 묻힌다.
❷ 辰과 午는 자형(自刑)이다. 밤에 정단하면 두 구진이 일간을 공협(拱夾)하고 삼전은 형(刑)과 충(沖)을 하며 다시 공함된다. 처음에는 화목하지만 나중에는 이롭지 않다.

○ **날씨** : 화가 공망되었으니 밝고 매우 맑다.
→ 초전의 午화에 낮에는 천공이 타고 있으니 밝고 매우 맑다.
○ **가정** : 택상에서 일록과 생기를 얻었으니 형통하고 길하다.
→ 일지는 가택이다. 택상의 午가 일록이니 가정에 재산이 있고, 지상의 午가 일간을 생하니 형통하고 길하다. 다만 낮에는 지상의 午에 천공이 타고 있으니 좋은 기운이 없다.
● 일간은 사람이다. 일간 己가 묘지인 辰에 묻히니 사람이 하는 모든 일에서 막힘이 많다. 낮에는 구진이 타고 있으니 쟁투를 예방해야 하고, 밤에는 태상이 타고 있으니 음주로 인해 어두워지는 것을 예방해야 한다.
● 일지는 가택이다. 일지인 酉가 지상의 午로부터 극을 받으니 우환을 예방해야 한다. 낮에는 천공이 타고 있으니 사기를 예방해야 하고, 밤에는 태음이 타고 있으니 음인에 의한 해를 예방해야 한다.
○ **혼인** : 백년해로 한다.
→ 일간은 나, 일지는 배우자감이다. 지상의 午가 일간 己를 생하고 간상의 辰이 일지 酉를 생하니 부부가 백년해로한다. ● 원수과이니 가정이 원만하다. ● 궁합 : 간지가 교차상생(交叉相生)하니 좋지만 간지의 상신이 모두 자형(自刑)이니 보통이다. ● 성정 : 간상의 辰과 지상의 午가 모두 자형이니 남녀 모두 독선적이다. ● 일지는 상대이다. 낮에는 지상에 천공이 타고 있으니 공허한 말을 하는 사람이

고, 밤에는 지상에 태음이 타고 있으니 음란한 사람이다.
○ **임신·출산** : 딸을 임신한다. 난산이다.
   ※ 『육임직지』 원문에서는 "쉽게 출산한다."고 하였다.
   ➔ 삼전은 태아가 생육되는 과정이다. 삼전의 두 양(午,子)이 하나의 음(卯)을 감싸고 있으니 딸을 임신한다. 일간은 태아, 일지는 임신부이다. 간지가 교차삼합하고 다시 간상에 그물을 뜻하는 辰이 일간을 옭아매니 난산이다.
○ **구관** : 대길하다.
   ➔ 발용의 왕록이 일간을 생하여 오고 다시 삼전이 헌개(軒蓋)이니 대길하다. 다만 이 과전에서는 중전과 말전이 공망되었으니 헌개격이 불성하지만, 공망이 메워지는 묘년이나 묘월이나 묘월장 기간에 정단하면 대길하다. ● 권섭부정(權攝不正) : 일록이 지상으로 갔으니 타향으로 발령이 나거나 혹은 다른 부서로 이동을 한다. 명예직 혹은 임명직 공무원은 퇴임한다. ● 고시 : 원수과이니 대길하고 낮에는 천공이 午에 타서 일간을 생하니 합격한다. ● 승진 : 원수과이니 대길하고 낮에는 천공이 午에 타서 일간을 생하니 승진한다.
○ **구재** : 갑진순을 벗어난 뒤에 다시 도모해야 한다. 쉽게 취득하지 못한다.
   ➔ 재성은 재물이다. 재성인 말전의 子가 공망되어 지금은 재물을 득하지 못하므로 갑진순을 벗어나서 다시 도모해야 하지만 갑진순을 벗어나서 구재를 도모하더라도 쉽게 재물을 득하지는 못한다. 만약 겨울의 갑인순에 정단하면 재성인 子가 왕성하니 재물을 취득할 수 있다.
○ **질병** : 심장병이다. 낫기 어렵다.
   ➔ 지상은 병증이다. 지상이 午이니 심장병이다. 삼전의 헌개격은 환자의 혼이 떠돌아다니는 상이니 낫기 어렵다. 그리고 밤에는 일지음신에 백호가 卯에 타서 오행의 토를 극하니 위장병이 있지만,

다행히 백호승신이 공망되었으니 저절로 위장병이 낫는다.
○ **방문** : 주객이 서로 어긋난다.

➜ 일간은 나, 일지는 상대이다. 비록 간지가 교차상합하지만 간상의 辰과 지상의 午가 자형이니 나와 상대의 뜻이 서로 어긋난다.

○ **출행** : 수로가 육로에 비해 낫다.

➜ 현대에서는 일간은 여행객, 일지는 여행지이다. 지상의 午가 일간을 생하니 안전한 여행지이다.

○ **귀가** : 아직은 돌아오지 않는다.

➜ 말전은 귀가의 초기, 중전은 중기, 초전은 말기이다. 말전과 중전이 공망되어 장애가 있으니 아직은 돌아오지 않는다. 공망된 卯가 메워지는 날짜에 돌아온다.

○ **쟁송** : 소송이 끝나지 않는다.

➜ 삼전의 '헌개'는 자동차가 달리는 상이어서 소송이 끝나지 않는 상이지만, 지금은 중전과 말전이 공망되었으니 소송이 오래가지 않는다. ● 원수과이니 속전속결로 소송을 진행해야 이롭다.

○ **도난** : 밤에 정단하면 도신(盜神)이 寅이니 동방의 숲 속의 공터에 도둑이 숨어 있다.

➜ 도신은 현무의 음신이고, 도신 방위에 도둑이 숨어 있다. 밤에 정단하면 도신이 寅이니 도둑이 인방(寅方, 동북방)의 숲속에 숨어 있고, 낮에 정단하면 도신이 午이니 도둑이 오방(午方, 정남방)의 마방(馬房)에 숨어 있다.

○ **전쟁** : 주객 모두 이롭지 않다.

➜ 형(刑)에는 상잔(相殘)의 뜻이 있다. 간상의 辰과 지상의 午가 자형이니 주객 모두에게 이롭지 않다.

□ 『**필법부(畢法賦)**』 : 〈제8법〉 일록이 일지에 임하면 임시직으로서 정당

한 직위가 아니다. 사람을 파견하는 점단을 하면 임시직을 맡은 것으로서 정당한 자리가 아니고 먼 곳으로 직록이 주어진다.

〈제82법〉 삼전이 나아가지 못하는 불행전(不行傳)은 초전을 살펴야 한다.

→ 중전과 말전의 卯子가 공망되었고 초전의 午는 공망되지 않았으니 초전으로 길흉을 정해야 한다.

□ 『과경(課經)』: 辰이 일간에 가하고 간지가 교차삼합하니 모든 교관사에서 반드시 사적으로 은밀한 일이 있거나 혹은 서너 가지의 일과 관련이 있다.

□ 『신정경(神定經)』: 간상의 辰이 비록 일지 酉와 생합하지만 일간의 묘신이고, 지상의 午가 비록 일간(기궁) 未과 생합하지만 일지 酉를 극하니, 생왕하지만 오히려 쇠하며 패하고 공허해진다.

□ 『임수경(壬髓經)』: 초전이 말전을 극하면 성사되는 것이 드물다. 말전이 초전을 극하면 성사가 가능하다.

→ 말전의 子가 초전의 午를 극하니 성사가 가능하다.

기유일 제 5국

공망 : 寅·卯
낮 : 왼쪽 천장, 밤 : 오른쪽 천장

○	辛	丁
合 卯 白	后 亥 合	白 未 后
未	卯 ○	亥
○	辛	乙	癸
合 卯 白	后 亥 合	青 巳 玄	蛇 丑 青
己 未	卯 ○	酉	巳

癸 蛇 丑 巳	青 ○ 朱 寅 午	○ 空 合 卯 未	甲 勾 辰 常
壬 貴 子 辰			乙 青 巳 玄 酉
辛 后 亥 合 卯			丙 空 午 陰 戌
陰 庚 朱 戌 寅	玄 己 蛇 酉 丑	戊 常 貴 申 子	丁 白 未 后 亥

□ **과체** : 섭해(涉害), 곡직(曲直) // 과수(寡宿), 화미(和美), 전국(全局), 삼기(三奇), 명암이귀(明暗二鬼), 호귀임간(虎鬼臨干), 귀인입옥(貴人入獄/낮), 구극(俱剋), 관귀효현괘.

→ 『대육임입성대전검』·『육임직지』·『육임요결』 등에는 기유일 제5국의 삼전이 巳丑酉이다. 사과의 제1과는 네 번 극하였고 제3과는 두 번 극하였다. 섭해법을 따르면 극의 수가 많은 제1과가 발용이 된다. 따라서 삼전은 卯亥未이다.

□ **핵심** : 사람은 극을 받고 파쇄(破碎)는 가택을 손상시킨다. 삼전이 모두 탈기(脫氣)이니 애를 많이 쓴다.

□ **분석** : ❶ 간상의 귀살 卯가 일간을 극하고, 지상의 파쇄살 巳가 일지를 극하니, 나와 가정이 모두 상한다.

❷ 삼전의 모든 목이 일간을 극하니 심신이 피곤하다. 이 과는 간상이 귀살이지만 공망이 되었으니 귀살의 작용을 하지 못한다.

□ **정단** : ❶ 과전이 삼합하니 모든 일이 여러 사람과 관련되어 있고, 과명이 곡직(曲直)이니 곡절이 생긴다.

❷ 간상의 卯는 드러난 귀살이고, 일지 둔반의 乙은 숨어 있는 귀살이다. 만약 움직이면 귀살을 만나 무익할 뿐만 아니라 여러 사람들로부터 해를 입을 우려가 있다.

❸ 교역을 정단하면 처음에는 불화하지만 과전이 합을 하니 나중에는 반드시 합친다.

○ **날씨** : 바람이 많이 분다.
→ 오행의 목은 바람이다. 삼전이 곡직이니 바람이 많이 분다.

○ **가정** : 파쇄(破碎)가 집을 극하니 집이 무너지고 훼손된다. 일간이 공망되고 귀살이 일간에 임하니 가족에게 허(虛)한 병이 많다.
→ 파쇄에는 깨트리고 분쇄하는 뜻이 있다. 파쇄인 巳가 지상에 가했으니 집이 무너지고 훼손된다. ● 특히 밤에는 지상의 巳에 현무가 타서 일지 酉를 극하니 도난이나 사기를 예방해야 한다. ● 일간이 공망되었으니 사람이 하는 모든 일이 공허하고, 간상의 귀살이 일간을 극하니 우환이 닥친다. ● 특히 밤에는 백호가 귀살에 타서 일간을 극하니 질병을 예방해야 한다. 다행히 귀살이 공망되었으니 큰 화는 면한다. ● 섭해과 : 가정의 내외에 가로막힘이 많다.

○ **혼인** : 불길하다.
→ 섭해과여서 혼인에 장애가 많으니 불길하다. ● 일간은 나, 일지는 배우자감이다. 일간이 공망되었으니 혼인할 형편이 되지 않거나 혹은 혼인할 의사가 없다. ● 궁합 : 비록 일간 己가 일지 酉를 생하고 다시 간상의 卯가 지상의 巳를 생하지만 일간이 공망되었으니 좋지 않다. ● 성정 : 일지는 상대이다. 낮에는 지상에 길장인 청룡이 타고 있으니 좋고, 밤에는 지상에 현무가 타고 있으니 바르지 못하다. ● 섭해과이니 연애, 혼담, 혼인에서 장애가 많다.

○ **임신·출산** : 낙태되는 우환이 있다.

➔ 일간은 태아이다. 일간이 공망되었으니 낙태되는 우환을 예방해야 하고, 지상의 巳가 일지의 파쇄이니 임신부의 몸이 상하는 것을 예방해야 한다. ● 임신 : 섭해과이니 속히 임신되지 않는다. ● 출산 : 섭해과이니 늦어진다.

○ **구관** : 관성이 공망되었으니 불길하다.

➔ 관성은 관직이다. 관성인 卯가 공망되었으니 불길하고 일지의 상하가 삼합하여 '상관살(傷官殺)'을 형성하여 관성을 극하니 더욱 불길하다. ● 고시 : 묘년이나 묘월이나 묘월장 기간의 여름에 정단하면 여름의 화기가 관성국을 인도하여 일간을 생하니 좋다. ● 승진 : 묘년이나 묘월이나 묘월장 기간의 여름에 정단하면 관성국을 형성하고 다시 관성국이 일간을 생하여 오니 승진운이 좋다.

○ **구재** : 애만 쓰고 헛수고를 한다.

➔ 재성은 재물이다. 중전의 재성이 공망되었으니 애만 쓰고 헛수고를 한다. 설령 재성이 공망되지 않았더라도 재성이 귀살을 생하여 일간을 극하니 오히려 화를 입는다. 또한 섭해과이니 사업 경영에서 장애가 많다.

○ **질병** : 소화기 질환이다. 질병의 초기이면 고칠 수 있고 오래된 질병이면 매우 흉하다.

➔ 일간음양과 삼전이 목국을 형성하여 오행의 토를 극하니 토의 장부에 해당하는 소화기 질환이 발생한다. ● 섭해과이니 낫기 어렵고, 일간이 공망되었으니 구병은 위험하다. 만약 겨울에 정단하면 겨울의 수기가 귀살을 생하여 일간을 극하니 사망할 우려가 있다. ● 지상은 병증이다. 지상이 巳이니 치통이 있다.

○ **알현** : 주야 모두 귀인의 도움을 받지 못한다.

➔ 귀인은 관청의 공무원이나 귀인이나 은인이다. 낮 귀인 子는 辰에 임하여 입옥되었으니 귀인의 도움을 받지 못하고, 밤 귀인 申은 일간을 탈기하니 귀인에게 손실을 입는다.

○ **출행** : 출행하려는 뜻이 정해지지 않았다.
➔ 일간은 여행객, 일지는 여행지이다. 일간이 공망되었으니 출행하려는 뜻이 정해지지 않았다. 밤에는 지상에 현무가 타고 있으니 여행지에서 도난이나 소매치기를 조심해야 한다. ● 섭해과이니 여행에 장애가 많다.

○ **귀가** : 장기간의 출행인 경우에는 여색으로 인해 목숨을 잃는 것을 예방해야 한다.
➔ 일지는 여행지이다. 지상의 巳가 일지의 파쇄이니 장기간의 여행인 경우에는 목숨을 잃는 것을 예방해야 하며, 섭해과이니 귀가에 장애가 많다.

○ **쟁송** : 일간과 일지가 그 상신으로부터 극을 당하니 양측 모두 형을 선고받는 것을 예방해야 한다.
➔ 일간은 나, 일지는 상대이다. 일간은 간상의 卯로부터 극을 받고 일지는 지상의 巳로부터 극을 받으니, 양측 모두 형을 선고 받는 것을 예방해야 한다. ● 섭해과이니 쟁송과 관재가 오래간다. ● 승패 : 일간은 공허하고 일지는 튼실하니, 나는 불리하고 상대는 유리하다.

○ **도난** : 낮에 정단하면 도신(盜神)이 巳이니 대장장이이거나 혹은 무속인이며 도적이 여러 명이다.
➔ 밤에 정단하면 도신이 丑이니 무덤이나 밭 근처에 있다.

○ **전쟁** : 이롭지 않다.
➔ 일간은 아군, 일지는 적군이다. 일간이 공망되어 전쟁할 준비가 되어 있지 않으니 이롭지 않고, 일간음양과 삼전이 삼합해서 일간을 극하니 다시 전쟁이 이롭지 않다. ● 섭해과이니 전쟁에서 어려움이 많고 전쟁이 장기화된다.

□ 『**필법부(畢法賦)**』: 〈제63법〉 피차 모두 상하니 양쪽 모두 손상을 방비해야 한다.

　→ ○ 쟁송 참조.

〈제91법〉 백호가 귀살에 타면 귀살의 흉이 대단히 빠르다.

　→ 밤에 정단하면 백호가 일간의 귀살인 卯에 탄다. 질병과 관재와 여행을 정단하면 최흉하고, 관직을 정단하면 대길하다.

□ 『**과경(課經)**』: 일간의 귀살에 백호가 타면 모든 정단에서 흉한 화가 매우 빠르게 나타난다. 그러나 귀살이 공망되거나 귀살 방위에 앉아 있거나 혹은 생하는 방위에 앉아 있더라도 백호의 음신이 백호를 제극하면 비록 당장은 재앙이 있더라도 나중에는 두려움이 없다.

　→ 밤에 정단하면 백호가 귀살에 타고 있지만 이것이 공망되었으니 귀살의 해가 없다. 그리고 백호귀살의 음신인 亥가 귀살백호인 卯를 생하므로 음신이 나쁜 작용을 한다.

| 갑진순 | 기유일 | 6국 |

己酉일 제6국

공망 : 寅·卯 ○
낮 : 왼쪽 천장, 밤 : 오른쪽 천장

辛	丙	癸
蛇 亥 合	空 午 陰	后 丑 青
辰	亥	午

○	己	甲	辛
陰 寅 空	合 酉 蛇	常 辰 常	蛇 亥 合
己 未	寅 ○	酉	辰

壬子巳 貴	癸丑午 勾后 青	○寅未 陰 空	○卯申 玄 白
辛亥辰 蛇 合			甲辰酉 常 常
庚戌卯 朱 朱			乙巳戌 白 玄
己酉寅 合 蛇	戊申丑 勾 貴	丁未子 青 后	丙午亥 空 陰

□ **과체** : 중심(重審), 맥월(驀越), 참관(斬關) // 덕경(德慶/공망), 삼기(三奇), 장생공망(長生空亡), 록절(祿絶), 백의식시(白蟻食尸/낮).

□ **핵심** : 초전은 재성이고 중전은 일록이다. 일이 뜻대로 되지 않는다. 폐구(閉口)되고 일록은 절지(絶地)에 임한다. 보이지 않는 재물을 구할 수 있다.

□ **분석** : ❶ 일간의 재성인 초전의 亥가 묘지에 들고, 낮에는 여기에 등사가 타니 내전(內戰)이다.

❷ 중전의 午는 일록이다. 절지에 임하여 극을 받고 다시 천공이 타고 있으니 모든 일이 뜻대로 되지 않는다.

❸ 말전의 丑은 순미(旬尾)이고 둔간의 癸는 재성이다. 만약 입을 다물면 숨겨져 있는 재물을 구할 수 있다.

□ **정단** : ❶ 제4과가 발용이 되었으니 맥월(驀越)이다. 발용의 亥가 亥의 묘지로 들어가니, 시름을 들고 의혹을 풀어야 하는 일을 끝맺을 수 있다.

❷ 일덕이 일간에 임하지만 공망된 일덕이다. 밤에는 이곳에 천공

이 타니 이른바 공망 위에 다시 공망이다.
❸ 천강(辰)이 일지에 임해서 일지와 생합하지만 묘신이 가택을 덮고 있으므로 생을 구하더라도 허무해진다.

○ **날씨** : 오행이 묘지로 들어가니 맑다.
→ 초전의 亥는 오행의 수이다. 이 亥가 亥의 묘지인 辰으로 드니 비가 오지 않고 맑다.

○ **가정** : 지상의 태상승신 辰이 일지를 생하니 가정에 음식과 의복이 풍족하다.
※ 『육임직지』 원문에서는 "묘신은 가택을 덮고 그 음신의 재성은 내전된다. 술과 음식으로 인해 놀란다."고 하였다.
→ 일지는 가정, 태상은 재백이다. 지상에 있는 태상승신 辰이 일지 酉를 생하니 가정에 재백이 풍족하다. ● 장생은 부모와 생업이다. 간상에 있는 장생 寅이 공망되었으니 부모가 생존할 경우 사망할 우려가 있다. 혹은 생업의 뜻이 있는 간상의 장생 寅이 공망되었으니 생계에 어려움이 있다.

○ **혼인** : 이루지 못한다.
→ 일간은 나, 일지는 배우자감이다. 일간이 공망되었으니 혼인을 이루지 못한다. ● 처재효는 여자이다. 초전의 亥가 亥의 묘지인 辰으로 드니 장래가 어두운 여자이고, 중심과이니 드센 여자이다. ● 궁합 : 간상의 寅이 지상의 辰을 극하니 나쁘다. ● 일지는 상대이다. 주야 모두 지상에 태상이 타고 있으니 음식과 기예에 능숙한 사람이다.

○ **임신·출산** : 두 음이 하나의 양을 감싸고 있으니 아들이다. 난산이다.
→ 일간은 태아, 일지는 임신부, 삼전은 태아가 생육되는 과정이다. 일간음양에서 두 음(己,酉)이 하나의 양(寅)을 감싸고 있으니 아들이

고, 삼전에서 두 음(亥,丑)이 하나의 양(午)을 감싸고 있으니 다시 아들이다. ● 출산 : 그물을 뜻하는 辰이 지상에 가했으니 난산이다.
○ 구관 : 관성이 공망되었으니 이롭지 않다.
　➔ 관성은 관직이다. 관성인 寅이 공망되었으니 이롭지 않다. ● 일록은 공무원이 관청에서 받는 급여로서 중전의 午는 일록이다. 일록이 절지에 임하고 다시 극을 받으며 다시 천공이 타고 있으니 구관이 뜻대로 되지 않는다. 비록 초전의 亥가 삼기이지만 묘지에 들었으니 좋은 작용을 하지 못한다. ● 고시 : 떨어진다. ● 승진 : 안 된다.
○ 구재 : 이롭지 않다.
　➔ 재성은 재물이다. 재성인 亥가 묘지인 辰에 들었으니 이롭지 않다. 말전의 丑은 순미이고 둔간의 癸는 재성이다. 숨겨져 있는 재물을 취할 수 있다. ● 폐업 : 장생은 생업이다. 간상의 장생이 공망되었으니 폐업운이다. ● 창업 : 인년이나 인월이나 인월장 기간에 정단하면 공망이 메워지니 이 시기에 창업하면 된다. 낮에는 寅에 태음이 타고 있으니 금은보석 상품으로 창업하면 되고, 밤에는 寅에 천공이 타고 있으니 깃발이나 간판이나 도자기 상품으로 창업하면 된다.
○ 질병 : 낮에 정단하면 폐경락에 병이 들었으니 심장의 화기를 설기해야 한다. 밤에 정단하면 비장에 병이 들었으니 간의 목기를 설기해야 한다.
　➔ 백호의 극을 받는 장부에 병이 든다. 낮에 정단하면 백호가 巳화에 타서 오행의 금을 극해서 폐경락에 병이 들었으니 심장의 화기를 설기해야 병이 낫는다. 밤에 정단하면 백호가 卯목에 타서 오행의 토를 극해서 비장에 병이 들었으니 간의 목기를 설기해야 병이 낫는다. ● 밤에 정단하면 백호승신인 卯가 공망되어 병이 사라지는 상이니 병이 쉽게 낫는다.

○ **출행** : 수로와 육로 모두 나쁘다.
  → 현대에서는 일간은 여행객, 일지는 여행지이다. 일간이 공망되었으니 기일에 떠나지 못하지만, 갑진순을 벗어나면 공망이 메워지니 갈 수 있다. 지상의 둔간이 암귀이니 여행지에서 암해를 입는 것을 예방해야 한다.

○ **귀가** : 중도이다.
  ※ 『육임직지』 원문에서는 "즉시 돌아온다."고 하였다.
  → 천강(辰)은 동신이다. 천강이 사중의 하나인 酉에 가했으니 중도이다.

○ **관재** : 즉시 풀린다.
  → 귀살은 관재이다. 일간의 귀살 寅이 공망되었으니 즉시 관재가 풀린다. ● **승패** : 일간은 나, 일지는 상대이다. 일간은 공허하고 일지는 튼실하니, 나는 불리하고 상대는 유리하다. ● 중심과이니 고등법원에서 재심(再審)해야 유리하다.

○ **도난** : 정동방에 도둑이 있다. 사람과 입씨름하고 있다.
  → 현무의 음신에 도둑이 있다. 낮에 정단하면 현무의 음신이 戌이니 서북방에 있고, 밤에 정단하면 현무의 음신이 子이니 정북방에 있다.

○ **전쟁** : 서로 이롭지 않다.
  → 일간은 아군, 일지는 적군이다. 일간이 공망되었으니 아군에게 이롭지 않고, 일지에 묘신 辰이 임하니 적군도 이롭지 않다.

□ 『**필법부(畢法賦)**』 : 〈제16법〉 천공 위에 공망이 타면 모든 일을 이룰 수 없다.
  → 밤에 정단하면 일간이 공망되었고 여기에 천공이 타고 있어서 공망이 중복되었으니 모든 일을 이룰 수 없다.

□ 『육임지남』: 丙子년 3월에 월장 戌을 점시 卯에 가한 뒤에 형부에 잡혀간 사람의 출옥을 정단한다. ① 당장 석방되지는 않지만 4월 甲戌일 巳시가 되면 출옥한다. ② 모든 관직자들이 이구동성으로 말하기를 곧 출옥한다고 하였다. 내가 말하기를 그렇지 않다. 그것은 발용의 역마가 묘신에 앉고, 적조(赤鳥)인 주작이 세군을 극하여 범하므로 상소에 의한 교지의 뜻이 반드시 어긋나게 된다. ③ 그들의 그 말은 그렇지 않다. 진월(辰月)에 (형조판서인) 대사구가 올린 상소로 인해 임금의 교지가 잘못되지만, 4월의 상소로는 출옥하게 된다. 그 이유는 4월의 월건인 巳가 초전에 있는 묘지 위의 역마 亥를 충을 하므로 이때 출옥하게 되는 것이다.

※ 이우산, 『육임실전』 2, 대유학당, 2014, 194쪽~195쪽 참조.

己酉일 제7국

공망 : 寅·卯
낮 : 왼쪽 천장, 밤 : 오른쪽 천장

	己	
玄卯白	合酉蛇	玄卯白
酉	卯 ○	酉
癸	丁	○ 己
后丑青	青未后	玄卯白 合酉蛇
己未	丑	酉	卯 ○

辛亥 蛇巳合	壬子 貴午	癸丑 勾未青	陰 寅申 空
庚戌 朱辰 朱			○ 玄卯白 酉
己酉 合卯 蛇 ○			甲辰 常戌 常
勾申貴寅 ○	丁未 青丑后	丙午 空子陰	乙巳 白亥玄

□ **과체** : 반음(返吟), 용전(龍戰) // 무의(無依), 과수(寡宿), 복덕(福德), 가귀(家鬼), 회환(回還), 착륜(斲輪/공망), 육음(六陰), 삼전개공(三傳皆空), 귀인공망(貴人空亡/밤).

□ **핵심** : 삼전이 모두 공망되었다. 모두가 귀살이니 금으로 제극하는 것이 무슨 소용이 있겠는가? 낮에는 삼전에 현무와 육합이 타니 사사롭게 만나서 입을 닫는다.

□ **분석** : ❶ 초전과 말전이 모두 귀살이다. 다행히 공망되었으니 금이 제극하지 않더라도 저절로 귀살이 소멸된다.
❷ 낮에 정단하면 현무와 육합이 문을 뜻하는 酉와 卯에 임하고 천후는 일간에 거주하니 반드시 음란사가 발생하여 일간을 홀린다.
❸ 폐구(閉口)인 癸丑이 간상에 있으니 오직 입을 닫아야만 재앙이 닥치는 것을 모면할 수 있다.

□ **정단** : ❶ 음일의 반음과이니 하나의 일이 아니며, 삼전이 卯酉이니 가정이 동요한다. 재앙은 밖에서 안으로 들어오고 모든 일은 아래에서 일어나며 왕래하면 공허하다. 안전하지 않은 일이 반복되며 움직

이고 싶지만 움직이지 못하는 상이다.
→ 卯는 앞문, 酉는 뒷문이니 卯酉에는 가정의 뜻이 있다.
❷ 비 관직자에게는 좋고 관직자에게는 매우 나쁘다.
→ 관귀효가 공망되었으니 비관직자에게는 좋고 관직자에게는 매우 나쁘다.

○ 날씨 : 비가 오지 않는다.
→ 과전이 모두 음이니 흐리기만 하고 비가 오지 않는다.
○ 가정 : 일지가 공망되고 여기에 현무가 타고 있으니 손실을 면하기 어렵다.
→ 일지는 집이다. 일지가 공망되었으니 가정이 공허하고 낮에는 지상에 현무가 타고 있으니 도둑이나 사기로 인한 손실을 예방해야 한다. 밤에 정단하면 백호승신이 귀살에 타고 있어서 가정에 환자가 발생하지만 이것이 공망되었으니 병이 쉽게 낫는다. ● '용전호투(龍戰虎鬪)'이다. 유일(酉日)에 정단해서 酉가 발용이 되었으니 부부가 다투고 이별하는 것을 예방해야 한다. ● 가상 : 지상이 귀살이고 주야 모두 흉장이 타고 있으니 가상이 나쁘다.
○ 혼인 : 낮에는 천후와 육합과 현무가 타고 있으니 정숙하지 않은 여자이다.
→ 일간은 나, 일지는 배우자감이다. 낮에는 지상에 현무가 타고 있으니 정숙하지 않은 여자이고, 밤에는 지상에 백호가 타고 있으니 병이 있는 여자이다. 지상의 卯가 일간의 패신 곧 12운성의 욕(浴)이니 낮에는 더욱 더 정숙하지 않은 여자이다. ● 궁합 : 천반은 남자, 지반은 여자이다. 과전의 모든 천지반이 상충하니 나쁘고, 다시 지상의 卯가 간상의 丑을 극하니 나쁘다. ● 혼인 : 과전의 천지반이 상충하니 불성하고, 초전의 천반이 공망되어 과수(寡宿)이니 다시 이

루지 못한다. 만약 혼인하면 나중에 이혼한다.
○ **임신·출산** : 아들이다. 출산을 정단하면 산액을 예방해야 한다.
→ 음이 극에 이르면 양이 발생한다. 과전이 모두 음이고 태신 卯가 양이니 임신하면 아들이다. 출산을 정단하면 지상의 卯가 간상의 丑을 극하니 산액을 예방해야 한다. ● 일간에 癸가 임하니 선천성 언어장애를 예방해야 한다.
○ **구관** : 후퇴해야 하고 전진하지 않아야 않. 동요하여 안정되지 않을 우려가 있다.
→ 삼전이 공망되었으니 후퇴해야 한다. 과전의 천지반이 상충하고 다시 중전이 관성을 극하는 '박관살(剝官殺)'이니 관직이 불안정하다. 초전에서 卯가 酉에 가해서 '착륜(斲輪)'이지만 아쉽게도 공망되었으니 고시와 승진 모두 불리하다.
○ **구재** : 간상에 둔재가 임하니 작은 재물을 얻는다.
→ 재성은 재물이다. 간상의 둔간이 일간의 재성인 癸이니 작은 재물을 얻는다.
○ **질병** : 두 가지의 질병이 몸에 침입한다. 구병은 대흉하다.
→ 삼전의 상하가 卯와 酉 두 글자이니 두 가지의 병이 몸에 침입한다. 초전의 천반이 공망되어 '과수(寡宿)'이니 만약 남편의 질병을 정단하면 사망한다.
○ **출행** : 무의(無依)는 길하지 않다.
→ 과전의 천지반이 상충하니 출행이 길하지 않다. ● 일간은 여행객, 일지는 여행지이다. 지상이 공망되었으니 여행지에서 공허한 일이 생긴다. 낮에는 현무가 타고 있으니 도난을 예방해야 하고, 밤에는 백호가 타고 있으니 질병을 예방해야 한다.
○ **귀가** : 즉시 돌아온다.
→ 천강(辰)은 동신, 사계는 끝이다, 천강이 사계인 戌에 가했으니 즉시 돌아온다.

○ **쟁송** : 성립되지 않는다.
  → 관재정단에서 귀살은 관재이다. 초전의 귀살이 공망되었으니 소송이 사라지고 다시 중전과 말전이 공망되었으니 소송이 성립되지 않는다. ● 승패 : 일간은 나, 일지는 상대이다. 일간은 튼실하고 일지는 공허하니, 나는 유리하고 상대는 불리하다.
○ **도난** : 낮에 정단하면 酉가 '도신(盜神)'이다. 서방의 여인이 망을 보니 잡기 어렵다.
  → 밤에 정단하면 亥가 '도신(盜神)'이니 물가에 숨어 있다.
○ **전쟁** : 삼전이 모두 공망되었으니 이롭지 않다.
  → 초전은 전쟁의 초기, 중전은 중기, 말전은 말기이다. 삼전이 모두 공망되었으니 시종 이롭지 않다.

□ 『**필법부(畢法賦)**』 : 〈제90법〉 오고 감이 모두 공망이니 어찌 움직이는 것이 옳겠는가?
  → 삼전이 모두 공망되었다.
□ 『**찬요(纂要)**』 : 반음과이다. 만약 진월(辰月)에 정단하면 생기 寅이 일간을 극하니 '병(病)'이 되어 다행 중의 불행이고, 사기 申이 일간을 생하니 '생(生)'이 되어 불행 중의 다행이다. 다시 말하기를 卯가 酉에 가하는데, 낮에 정단하여 귀살에 현무가 타거나 탈기에 현무가 타서 발용이 되면 타인이 나를 찾아온 목적은 반드시 유실물 때문이다.
□ 『**과경(課經)**』 : 己酉일에 정단하여 丑이 일간에 가하고 사중이 발용이 되었다. 사중의 시간에 정단하여 丑이 일간에 임하고 사중상신이 발용이 되었으니 '구추(九醜)'이다.

己酉일 제8국

공망 : 寅·卯
낮 : 왼쪽 천장, 밤 : 오른쪽 천장

丁 青 未 后	壬 貴 子 勾	乙 白 巳 玄
寅 ○	未	子
壬 貴 子 勾	乙 白 巳 玄	○ 丁 陰 寅 空 青 未 后
己 未	子	酉	寅 ○

庚 朱 戌 巳 合 己 酉 辰 勾 戌 申 卯 青 未 寅	辛 朱 亥 午 蛇 貴 丙 空 午 陰 丑	壬 合 子 未 貴 乙 白 巳 子	癸 勾 丑 申 青 ○ 陰 寅 空 酉 ○ 玄 卯 白 戌 甲 常 辰 亥 常

□ **과체** : 섭해(涉害), 무록(無祿) // 고진(孤辰), 침해(侵害), 덕경(德慶/공망), 여덕(勵德/밤), 회환(回還), 귀인수극(貴人受剋/낮), 귀인공망(貴人空亡/밤).

□ **핵심** : 과전은 내전되고 낮 귀인이 나에게 도움을 준다. 낮에는 백호가 둔귀에 타고 있다. 무록이니 존장은 병이 든다.

□ **분석** : ❶ 과전의 모든 천반이 아래로부터 극을 당하고 협극(夾剋)되며 내전(內戰)되어 가정을 침범하니 가정에 반드시 소송이 발생한다.

❷ 낮 귀인이 일간에 임해서 재성이니 귀인의 보살핌을 받는다. 다만 말전의 巳에 둔귀 乙이 임하고 여기에 낮에는 백호가 타고 있으니 반드시 재앙이 심하다.

❸ 격명이 '무록(無祿)'이니 존장이 병든다.

□ **정단** : ❶ 섭해과는 모든 일에서 어려우니 반드시 고단한 세월을 보내고 풍상을 겪는 과이다. 섭해과로 정단하면 이른바 고진감래한다.

❷ 삼전이 사과를 벗어나지 않으니 과전이 순환한다. 덕신이 가택

에 임하고 낮 귀인이 일간에 임하니 흉이 길로 바뀐다.
→ 己의 일덕귀인 寅이 가택에 임하지만 공망되었으니 흉함을 길하게 만들지는 못한다.
❸ 관직을 정단하면 낮은 직위에서 출발해서 점차 승진한다. 다만 한 번에 승진하기는 어렵다.

○ **날씨** : 흐리다.
→ 과전의 지반이 그 천반을 극하니 흐리다.
○ **가정** : 일덕은 일지, 재성은 일간에 임했으니 사람과 집 모두 평안하다.
→ 일지는 가정, 일덕은 백 가지의 흉을 없애고 천 가지의 길을 부르는 신이다. 일덕귀인 寅이 가정에 임했으니 가정이 평안하다. 다만 지상의 일덕귀인이 공망되었으니 이러한 작용이 나타나지 않고 오히려 일지가 공망되었으니 가정이 공허하고 쓸쓸하다. ● 천반은 부모이고 지반은 자녀, 천반은 남편이고 지반은 아내이다. 사과의 지반이 그 천반을 모두 극하니 자녀는 부모에게 불효하고, 아내는 남편에게 드세다.
● 부모효는 부모이다. 일간음신의 巳에 낮에는 백호가 타고 있으니 부모에게 병이 발생하는 것을 예방해야 하고, 밤에는 현무가 타고 있으니 부모의 가출을 예방해야 한다. ● **가상** : 나쁘다.
○ **혼인** : 나쁘다.
※ 『육임직지』 원문에서는 "청룡과 천후가 비화하고 과전이 모두 길하다. 낮에 정단하면 더욱 기묘하다."고 하였다.
→ 일간은 나, 일지는 배우자감이다. 지상의 寅이 공망되었으니 혼인이 불성하고 섭해과이니 연애나 혼담이나 혼인에서 장애가 많다.
● 일지는 상대이다. 낮에는 지상에 태음이 타고 있으니 소인이고,

밤에는 지상에 천공이 타고 있으니 허언을 하는 사람이다. ● 궁합 : 천반은 남자, 지반은 여자이다. 사과의 지반이 그 천반을 극하는 것은 남자가 여자로부터 극상(剋傷)을 당하는 상이니 궁합이 나쁘다.

○ **임신·출산** : 임신하면 아들이다. 쉽게 출산한다.

→ 일간은 태아, 삼전은 태아가 생육되는 과정이다. 일간음양에서 두 음(己,巳)이 하나의 양(子)을 감싸고 있으니 아들이고, 삼전에서도 두 음(未,巳)이 하나의 양(子)을 감싸고 있으니 다시 아들이다. ● 일지는 임신부이다. 지상이 공망된 것은 출산 후 어머니의 배가 비어 있는 상이니 쉽게 출산한다.

○ **구관** : 직위를 옮긴다.

→ 삼전이 모두 그 천반을 극하니 직위를 옮긴다. 명예직과 임명직 공무원 그리고 명예퇴직 시기에 있는 사람은 사과가 무록이니 퇴직한다. ● 고시 : 관성이 공망되고 다시 무록이니 떨어진다. ● 승진 : 관성이 공망되고 다시 무록이니 안 된다. ● 밤에 정단하면 염막귀인이 일간에 임하니 공무원은 퇴직할 우려가 있다.

○ **구재** : 낮에 정단하면 귀인의 재물을 얻는다. 다만 재성이 협극(夾剋)되었으니 많지 않다.

→ 천을귀인은 공무원과 관청, 구진은 부동산, 재성은 재물이다. ● 낮에 정단하면 천을귀인이 재성인 子에 타고 있으니 공무원과 관청을 통해 재물을 취득하면 된다. 다만 재성인 子가 지반의 己土와 타고 있는 천장오행 丑토로부터 극을 받아 상했으니 적은 재물이다. ● 밤에 정단하면 구진이 재성인 子에 타고 있으니 부동산으로 재물을 취득하면 된다.

○ **질병** : 백호가 둔귀에 타고 있으니 매우 위험하다. 寅이 공망되었으니 구병은 낫기 어렵고 신병은 무방하다.

→ 낮에 정단하면 巳 위의 乙이 둔귀(遁鬼)이고 여기에 백호가 타서

일간을 극하니 매우 위험하다. 밤에는 백호승신 卯가 오행의 토를 극하니 위장병이다. ● 백호가 부모효에 타고 있으니 부모의 병을 예방해야 한다. ● 섭해과이니 구병이다. ● 초전의 지반이 공망되어 '고진(孤辰)'이니 만약 아내의 질병을 정단하면 사망할 우려가 있다. ● 의약신인 酉가 辰에 임하니 진방(辰方, 동남방)에서 양의와 양약을 구하면 된다.

○ **출행** : 장애가 많다.

→ 섭해과이다. 천반의 未가 지반의 未로 가면서 네 번의 극을 당하여 네 번 몸이 상했으니 여행에서 장애가 많다. 일지는 여행지이다. 지상의 寅이 공망되었으니 공허한 여행지이다. 관광을 갔다면 볼 것이 없고, 사업 목적의 여행이라면 원하는 것을 성취하지 못한다.

↑ **귀가** : 귀가한다.

→ 삼전이 사과로 모두 귀환하는 뜻의 '회환(回還)'이니 무사히 귀가한다.

○ **도난** : 낮에 정단하면 서방의 우체국 좌우에 있다. 자동차를 제조하는 사람의 집에 숨어 있다.

→ 현무의 음신에 도둑이 숨어 있고, 申은 우체국이다. 낮에 정단하면 현무의 음신이 申이니 서방의 우체국 좌우에 있거나 혹은 자동차를 제조하는 사람의 집에 숨어 있다. ● 戌은 군인과 군영이다. 밤에 정단하면 현무의 음신이 戌이니 서북방의 군영에 도둑이 숨어 있다.

○ **쟁송** : 풀린다.

→ 귀살은 관재이다. 귀살 寅이 공망되었으니 관재가 풀린다. ● 승패 : 일간은 튼실하고 지상은 공허하니, 나는 유리하고 상대는 불리하다. ● 낮에 정단하면 초전의 未와 간상의 귀인승신 子가 육해이니 불리한 판결을 받고, 또한 백호가 귀살인 乙에 타서 일간을 극하여 오니 매우 흉하다.

○ **전쟁** : 낮에 정단하면 길하고 밤에 정단하면 흉하다.
→ 일간은 아군이다. 낮에 정단하면 간상에 길장인 귀인이 타고 있으니 길하고, 밤에 정단하면 간상에 흉장인 구진이 타고 있으니 흉하다.

□ 『**필법부(畢法賦)**』 : 〈제69법〉 백호가 둔간귀살에 타면 재앙이 얕지 않다.
→ ● 질병, ● 쟁송 참조.
□ 『**과경(課經)**』 : 낮 귀인 子가 일간에 임하는데 주작이 戌에 타서 귀인 승신 子를 극하니 귀인에게 부탁하면 안 된다. 반드시 귀인이 꺼려해서 부탁하는 일을 들어주지 않는데, 만약 문서사를 정단하면 더욱 나쁘다.
□ 『**증문경(曾門經)**』 : 네 곳이 하적상을 하니 '절사(絶嗣)'이다. 선조가 죽은 뒤에 고독하고 후계자가 없다. 이로움이 나중에 일어난다. 〈소강절〉이 그의 시에서 말하기를, "귀살이 귀살의 방위에 있으면 두렵지 않고, 귀살이 귀살 위에 거주하면 우려하지 않아도 된다."고 하였다.
→ 이 과전은 이 설명에 부합하지 않는다.

갑진순 | 기유일 | 9국

己酉일 제 9 국

공망 : 寅·卯 ○
낮 : 왼쪽 천장, 밤 : 오른쪽 천장

辛	○	丁
蛇亥合	玄卯白	青未后
未	亥	卯 ○

辛	○	癸	乙
蛇亥合	玄卯白	后丑青	白巳玄
己 未	亥	酉	丑

己酉巳 合蛇	庚戌午 朱朱	辛亥未 蛇合	壬子申 貴勾
戊申辰 勾貴			癸丑酉 后青
丁未卯 青后			○寅戌 陰空
丙午寅 空陰	乙巳丑 白玄	甲辰子 常常	○卯亥 玄白

- □ **과체** : 중심(重審), 곡직(曲直), 교동(狡童/밤) // 육음(六陰), 형상(刑傷), 구추(九醜), 화미(和美), 전국(全局), 삼기(三奇), 불행전(不行傳), 귀인입옥(貴人入獄/밤), 명암이귀(明暗二鬼), 관귀효현괘.
- □ **핵심** : 예리한 칼날에 꿀이 발라져 있으니 그것을 핥으면 무익하다. 후하게 대해야 이로워서 흉한 재액이 저절로 풀린다.
- □ **분석** : ❶ 일간의 亥가 일간에 임하니 부럽다. 삼전은 모두 목이고 이 亥는 목의 장생이다. 장생을 취하면 여러 귀살을 끌어들이는 꼴이 되어 꿀이 칼끝에 묻어 있어서 칼끝을 핥으면 반드시 몸에 해로우니 차라리 卯에게 후하게 주는 것이 낫다.

   ❷ 귀살이 섞여 있지만 화를 면할 수 있다. 돈을 들고 가서 귀인에게 주고 재물을 백성에게 나눠져서 백성을 구제하면 흉한 재액이 풀린다.
- □ **정단** : ❶ 곡직격이니 번거로운 일이 많고, 삼전이 모두 관귀효이니 관직정단에만 이롭다.

   ❷ 재성인 亥를 탐하니 속임을 예방해야 하고, 중전과 말전이 공함

되었으니 결실이 적다.

❸ 밤에 정단하면 초전에는 육합이 타고 말전에는 천후가 타고 있어서 '교동(童)'이니 남자가 여자를 유혹하는 상이다.

→ 가정과 혼인을 정단하면 음란한 남자이다.

❹ 이 과전으로 여름에 정단하면 음란의 부정(不正)한 일이 있고, 봄에 정단하면 목이 왕성하니 공망되더라도 무방하다.

O **날씨** : 과전이 모두 음이지만 중·말전이 공함되었으니 흐리고 비가 오지 않는다.

→ 음양의 음은 흐리고 비 오는 날씨이다. 삼전이 비록 육음이지만 중·말전이 공함되었으니 비가 오지 않는다.

O **가정** : 사람은 평안하다. 다만 재물이 모이지 않는다.

→ 일간은 사람이다. 일간에 재성인 亥가 임하니 재물이 생긴다. 다만 지상의 丑이 재물을 소비하는 형제효이니 집에 돈이 모이지 않는다. ● 일지는 집이다. 지상이 일지의 묘신이니 집에 우환이 닥친다. 낮에 정단하면 지상에 천후가 타고 있으니 부녀자에게 어두운 일이 발생하고, 밤에 정단하면 지상에 청룡이 타고 있으니 재운이 나쁘다. ● 가상 : 지상이 일지의 묘신이니 나쁘고 다시 폐구되었으니 나쁘다.

O **혼인** : 나쁘다.

→ 일지는 배우자감, 묘신은 어둠의 신이다. 지상의 丑이 일지의 묘신이니 배우자감으로서 좋지 않다. ● 궁합 : 지상의 丑이 간상의 亥를 극하니 나쁘고, 중심과이니 드센 여자이다. ● 일지는 상대이다. 낮에는 지상에 천후가 타고 있으니 여성적이고, 밤에는 지상에 청룡이 타고 있으니 귀격의 여성이다.

O **임신·출산** : 태신이 장생에 앉아 있고 다시 낮 귀인이 타고 있으니 임

신하여 귀한 아들을 출산한다. 다만 속히 출산하지 않는다.

→ 태신은 태아이다. 己일의 태신인 子가 申에 앉아 있으니 임신을 정단하면 태아가 무럭무럭 자라고 출산을 정단하면 출산이 늦어진다. ● 음이 극에 이르면 양이 생기니 임신하면 아들이고 여기에 귀인이 타고 있으니 귀한 아들이다.

○ **구관** : 목국이 일간을 상하게 한다. 곡식을 상납하고 관직을 구하는 상이다.

→ 관성은 관직이다. 일간의 음양과 삼전이 관성국이니 구관에 길하지만 중전과 말전이 공함되어 관성국이 불성하니 좋지 않다. 다만 공망이 메워지는 묘년이나 묘월이나 묘월장 기간에 정단하면 좋고, 특히 묘년의 여름에 정단하면 공망된 관성 卯가 메워지고 여름의 화기가 관성을 인도해서 일간을 생하니 더욱 좋다.

↑ **구재** : 득재할 수 있다.

→ 재성은 재물이다. 간상과 초전의 亥가 재성이니 득재한다. 다만 삼전이 귀살국이니 위험성이 있는 재물을 구할 경우에는 재앙을 예방해야 한다.

○ **질병** : 비위에 병이 들었거나 혹은 사지가 마비된 병이다.

→ 백호는 병인이다. 낮에는 백호승신 巳화의 극을 받는 폐대장에 병이 들고, 밤에는 백호승신 卯목의 극을 받는 비위에 병이 든다. ● 지상은 병증이다. 밤에 정단하면 지상의 丑에 천을귀인이 타고 있으니 사지가 마비된 병이다. 비록 삼전이 목국을 형성하였지만 중·말전이 공망되었고 백호 또한 공망되었으니 점차 병이 호전된다. ● 낮에 부모의 질병을 정단하면 부모효인 巳에 백호가 타니 부모에게 병이 있고, 만약 유월에 정단하면 巳가 유월의 사기이니 병이 낫기 어렵다. ● 의약신이 酉이니 침이나 수술요법이 좋고 酉가 巳에 가했으니 사방 곧 동남방에서 양의와 양약을 구하면 된다.

○ **출행** : 육로가 좀 더 길하다.

→ 현대에서는 일간은 여행객, 일지는 여행지이다. 간상에 재성이 있으니 여비가 넉넉하고, 지상이 형제효이니 돈이 많이 지출된다.
● 지상의 丑이 일지 酉의 묘신이니 위험한 여행지이다.

○ **귀가** : 삼합하니 즉시 귀가한다.
→ 삼전이 삼합하니 여행지에서 화합사가 있고, 말전과 중전이 공망되었으니 귀가에서 장애가 발생한다.

○ **관재** : 처음에는 공정하지 않지만 나중에는 공정해진다. 구속되는 것을 예방해야 한다.
→ 처음에는 공정하지 않지만 삼전의 亥卯未가 '순곡직'이니 나중에는 공정해진다. 삼전이 삼합해서 국을 형성하니 관재를 벗어나기 어렵다. ● 중심과이니 장기전과 재심(再審)이 유리하다. ● 승패 : 일간은 나, 일지는 상대이다. 삼전의 목국이 일간을 극하고 지상의 丑 토가 간상의 亥수를 극하니 상대가 유리하다.

○ **도난** : 낮에 정단하면 도둑이 서남방에 있으니 기쁘고 경사스러운 연회를 하는 집에 있다.
→ 도둑은 현무의 음신에 있다. 낮에 정단하면 현무의 음신이 未이니 도둑이 서남방에 있으며, 未에는 연회의 뜻이 있으니 기쁘고 경사스러운 연회를 하는 집에 있다. 밤에 정단하면 현무의 음신이 酉이니 도둑이 서방에 있으며, 酉에는 술의 뜻이 있으니 술집에 있다.

○ **전쟁** : 이롭지 않다.
→ 일간의 음양과 삼전이 삼합해서 귀살국을 형성하니 전쟁이 이롭지 않다.

□ 『**필법부(畢法賦)**』 : 〈제58법〉 용신이 일간을 깨트리면 돌아갈 곳이 없다.
→ 발용의 亥와 간상의 亥가 자형이니 신상이 불안하다.

〈제6법〉 육음이 이어지면 혼미해진다. 음으로 꾀하고 사적으로 보고하는 일은 이롭지만, 공적으로 아뢰는 일은 불리해서 오히려 혼미하다.

→ 과전이 음의 십이지로만 구성되었으니 육음이 이어졌다.

□ 『지장부』 : 亥卯未는 곡직이다. 정직한 사람은 임용되고 교활한 사람은 해임된다.

→ 나무가 곧게 자라는 '순곡직'의 상이니 정직한 사람은 임용되고 '역곡직'은 해임된다.

□ 『운소부(雲霄賦)』 : 卯가 亥에 가했으니 천문(天門)과 목호(木戶)가 서로 화합하고, 未가 亥에 가했으니 주향(酒香)이 달콤하니 서로 조화롭고 편안하다.

己酉일　제 10 국

공망 : 寅·卯
낮 : 왼쪽 천장, 밤 : 오른쪽 천장

	丙	己
玄 卯 靑	空 午 朱	合 酉 后
子	卯 ○	午
庚	癸	壬	○
朱 戌 陰	后 丑 白	貴 子 常	玄 卯 靑
己 未	戌	酉	子

戊 勾申 貴巳	己 合酉 朱午	庚 后戌 陰未	辛 蛇亥 玄申
靑丁未辰 蛇			貴壬子 常酉
空丙午卯 朱			后癸丑 白戌
白乙巳寅 合	常甲辰 勾丑	玄○卯 靑子	陰○寅 空亥

□ **과체** : 호시(蒿矢), 삼교(三交), 참관(斬關) // 요극(遙剋), 과수(寡宿), 복덕(福德), 가귀(家鬼), 인귀생신(引鬼生身), 절신가생(絶神加生/연명: 申), 묘신부일(墓神覆日), 여덕(勵德/낮), 귀인수극(貴人受剋/밤), 교차육해(交叉六害), 록공망(祿空亡).

□ **핵심** : 활과 화살의 성능이 좋으니 쑥대로 만든 화살일지라도 그것을 어찌 막겠는가? 떨어지는 화살을 어찌 막겠는가? 비록 놀라기는 해도 다치지는 않는다.

□ **분석** : 요극의 호시(蒿矢)가 발용이 되었지만 공망이 되었으니 이미 화살이 땅에 떨어졌다. 일간의 왕록인 중전의 午가 공망된 지반에 앉아 있으니 화살촉인 말전의 酉가 상하지 않는다.

□ **정단** : ❶ 쑥대로 만들어진 화살인 호시(蒿矢)는 화와 복이 모두 가볍다.

❷ 간지가 교차육해(交叉六害)를 한다. 일간의 상하는 형(刑)을 하고 일지는 지상으로 탈기(脫氣)를 당한다. 위와 같이 간지가 교차육해 하니 위험하지만 위험을 구할 수 있다.

❸ 발용의 관귀효가 子에 임하니 봄을 만나거나 혹은 순이 바뀌면 재물을 써서 관직을 구하는 일에서 매우 길하다.

○ **날씨** : 매우 맑다.
→ 초전과 중전이 비어서 하늘에 구름이 없으니 매우 맑다.
○ **가정** : 일간의 귀살인 일지의 음신이 발용이 되었으니 가정이 불안하다.
→ 귀살은 재액이다. 일지음신의 귀살 卯가 발용이 되었으니 귀살의 해가 나타난다. 이곳에 낮에는 현무가 타고 있으니 도난을 예방해야 하고, 밤에는 청룡이 타고 있으니 가계난을 예방해야 한다. ● 일지는 집이다. 지상이 재성인 子이니 집에 재산이 있다. ● 일간은 부모이고 일지는 자녀, 일간은 남편이고 일지는 아내이다. 간지가 교차육해(交叉六害)하니 부모와 자식, 남편과 아내가 화목하지 않다.
○ **혼인** : 낮에 정단하면 좋고, 밤에 정단하면 더욱 좋다.
→ 일간은 나, 일지는 배우자감이다. 지상에 낮에는 귀인이 타고 있으니 귀한 규수이고, 지상에 밤에는 태상이 타고 있으니 음식을 잘하고 예술에 밝은 사람이다. ● 궁합 : 간상의 戌이 지상의 子를 극하니 나쁘고, 일간과 일지가 교차육해(交叉六害)하니 더욱 나쁘다. ● 혼인 : 관귀효가 공망되었으니 불성할 우려가 있고, 요극과이니 기대에 미치지 못하는 사람이다.
○ **임신·출산** : 두 음이 하나의 양을 감싸고 있으니 임신하면 아들이다. 신속하게 출산한다.
→ 일간은 태아, 삼전은 태아가 생육되는 과정이다. 일간음양의 두 음(己,丑)이 하나의 양(戌)을 감싸고 있으니 아들이고, 삼전의 두 음(卯,酉)이 하나의 양(午)을 감싸고 있으니 다시 아들이다. ● 초전이 공망되었으니 출산을 정단하면 신속하게 출산한다.

○ **구관** : 나쁘다.

※ 『육임직지』 원문에서는 "헛 놀란다."고 하였다.

→ 요극과이니 나쁘고 관성이 공망되었으니 더욱 나쁘다. 설령 공망이 메워지더라도 말전이 초전의 관성을 극하는 박관살이니 나쁘다. ● 고시 : 떨어진다. ● 승진 : 안 된다.

○ **구재** : 갑진순을 벗어난 뒤에 구재해야 한다.

→ 재성은 재물이다. 지상이 壬子이니 현재의 사업을 고수하면 돈을 번다. 만약 신규 투자하면 삼전이 나쁘니 소득이 없다.

○ **질병** : 신장경락에 병이 들었다. 혹은 음식에서 기인한 병이니 비장을 치료해야 한다.

→ 지상은 병증이다. 지상이 子이니 신장경락에 병이 들었다. ● 귀살은 병인이다. 귀살인 卯목이 오행의 토를 극해서 토의 장부인 비위에 병이 들었으니 비위의 병을 고쳐야 한다. 의약신인 酉가 午에 가했으니 정남방에서 명의와 명약을 구하면 된다. ● 묘신인 戌이 일간을 덮었으니 생명이 위험하다. 만약 오월(午月)에 정단하면 戌이 오월의 사기이니 매우 위독하다.

○ **출행** : 역마가 장생에 가했으니 출행하지 못할 우려가 있다. 육로행이 길하다.

→ 일간은 여행객, 일지는 여행지이다. 일지의 역마인 亥가 장생인 申에 가했으니 움직이지 못하는 상이다. 지상이 재성인 子이니 안전한 여행지이다.

○ **귀가** : 천강(辰)이 사계에 가했으니 즉시 도착한다.

→ 천강은 동신, 사계는 끝이다. 천강이 사계의 하나인 丑에 가했으니 즉시 도착한다.

○ **관재** : 귀살이 공망되었으니 관재가 풀린다.

→ 귀살은 관재정단에서 관재를 뜻한다. 귀살인 卯가 공망되었으니 관재가 풀린다. ● 승패 : 일간이 묘지인 戌에 묻혔으니 내가 불리하

다.
○ **도난** : 낮에 정단하면 도둑이 정남방의 텅 빈 마방에 숨어 있다.
  ➔ 도둑은 현무의 음신에 숨어 있다. 낮에 정단하면 현무의 음신이 午이니 마방에 숨어 있고, 밤에 정단하면 현무의 음신이 寅이니 숲 속에 숨어 있다.
○ **전쟁** : 이롭지 않다.
  ➔ 일간은 아군, 묘신은 어둠의 신이다. 일간이 묘지에 묻힌 상이니 이롭지 않다.
○ **분묘** : 겨울에 정단하면 부(富)가 일어나고 귀(貴)가 일어난다.
  ➔ 겨울에 정단하면 지상의 재성이 왕상하니 부(富)가 일어나고 다시 귀인승신 亥가 왕상하니 귀(貴)가 일어난다.

□ **『필법부(畢法賦)』** : 〈제16법〉 천공 위에 공망이 타면 일을 이룰 수 없다.
  ➔ 중전의 지반이 공망되었고 다시 천반에 천공이 타고 있어서 공망되었다. 午가 일록이니 직업운이 나쁘다.
□ **『육임지남(六壬指南)』** : 己卯년 酉월에 월장 未를 점시 辰에 가한 뒤에 질병을 정단한다.
  ❶ 질병이 금년에는 무방하지만 두세 번 살펴보니, 흑마인 壬午가 스스로 卯년에 와서 서방으로 가니 곧 사망한다. 수도 장생의 술법인 현문과 공문을 조기에 구하고 가르쳐서 수명을 연장하여, 가택 위에 태아가 보이면 하나의 음에 두개의 양이다.
  ❷ 태세신이 발용이지만 일파(日破)가 되고 다시 갑진순의 공망이니 금년에는 무방하다. 다만 꺼리는 것은 의신이 발용이 되어서 일간을 극하므로, 의인과 약을 쓰는 것이 합당하지 않다. 다만 木火가 백호 귀살이므로 비장과 폐장이 병사를 받아서 몸을 벗어나지 못하므로,

동남방에 있는 전씨(全氏)와 류씨(柳氏) 의사를 구하여서 간을 평하게 하고 심장을 맑게 하면 그 병이 점차 낫는다.

❸ 왜 그렇게 말하는가? 문인 卯는 내가 죽이고, 문인 酉는 나를 살린다. 현공으로는 장생인 酉가 삼전에 있다. 마땅히 초전의 귀살을 피하고 말전의 생을 취하면, 모름지기 현공의 문을 향하여서 구하며 수명을 길게 하는 술법을 접한다.

❹ 그렇지 않으면 壬午년 봄에 반드시 다른 근심이 생긴다.

❺ 태신이 있는 것은 어떤가? 내가 말하기를 지상에는 태신이 보인다.

❻ 세 아이와 부인은 모두 임신하였다. 내가 말하기를 무슨 띠인가?

❼ 말하기를 丁未, 壬子, 甲寅을 나머지로써 행년을 추리하면 丁未생 여자이고 나머지 둘은 모두 남자이다.

❽ 나중에 과연 그러하였고 편안하게 壬午년 봄에 사망하였다.

※ 이우산,『육임실전』2, 대유학당, 2014, 245쪽~246쪽 참조.

己酉일 제 11 국

공망 : 寅·卯
낮 : 왼쪽 천장, 밤 : 오른쪽 천장

	癸 ○		乙
后 丑 白	玄 卯 青	白 巳 合	
亥	丑	卯 ○	
己	辛	辛	癸
合 酉 后	蛇 亥 玄	蛇 亥 玄	后 丑 白
己 未	酉	酉	亥

丁未巳 青蛇	戊申午 勾貴	己酉未 合后	庚戌申 朱陰
丙午辰 空朱			辛亥酉 蛇玄
乙巳卯 白合○			壬子戌 貴常
甲辰寅 常○勾	卯丑 玄青	寅子 陰空○	癸丑亥 后白

- □ **과체** : 원수(元首), 불비(不備), 진간전(進間傳), 폐구(閉口), 출호(出戶/丑卯巳) // 형상(刑傷), 귀총(歸寵), 복덕(福德), 인귀생신(引鬼生身), 무음(蕪淫), 맥월(驀越), 양귀수극(兩貴受剋), 귀인입옥(貴人入獄/낮), 불행전(不行傳), 아괴성(亞魁星), 강색귀호(罡塞鬼戶), 구탈(俱脫).

- □ **핵심** : 음적인 일이 중첩되고 폐구(閉口)만 홀로 있다. 낮에는 백호가 둔반의 귀살에 탄다. 양 귀인은 모두 丑이다.

- □ **분석** : ❶ 과전이 순음(純陰)이고 천후와 육합과 현무가 거듭 보이니 반드시 음란한 일이 하나가 아니다.
  ❷ 중·말전이 공망되었지만 오직 초전의 癸丑만이 공망되지 않았고, 초전이 폐구(閉口) 되었으니 말하기 어려운 일이 있다.
  ❸ 낮에 정단하면 말전의 巳화에 백호가 타고 둔반의 천간이 乙이니 재앙이 반드시 무겁고, 설령 공망이 되더라도 풀리기 어렵다.
  ❹ 낮 귀인 子는 감옥에 갇히고 밤 귀인 申은 지반의 午로부터 극을 받아서 양 귀인이 모두 상했으니 귀인에게 부탁하면 미움을 산다.

- □ **정단** : ❶ 간전격(間傳格)은 전진하기 어렵다.

❷ 오음(五陰)이 이어졌으니 공적으로 부탁하는 일에서 불리하다.
❸ 간상의 酉가 일간을 탈기해서 亥수를 생하여 己토가 오히려 재물을 생하니 이른바 '전생의 빚을 돌려받는다.' 이것을 득하면 옛날에 빌려주었던 돈을 취하는 일에서 이롭다. 다만 일간이 탈기(脫氣)되고 다시 공망되었으니 손실을 면하지 못한다.

○ **날씨** : 흐리다.
  → 과전이 모두 음이니 흐리다.
○ **가정** : 일간과 일지에 탈기가 타고 다시 현무가 타서 활동하니 괜한 손실과 도적을 예방해야 한다.
  → 일간은 사람, 일지는 집, 탈기는 자손효이다. 일간 己는 간상의 酉로 탈기되고 일지인 酉는 지상의 亥로 탈기되니 사람과 집에 손실이 발생한다. 밤에 정단하면 지상에 현무가 타고 있으니 도난을 예방해야 한다. ● 일간이 간상으로 온 酉로 탈기되니 손실이 많다. ● 제2과와 제3과가 동일한 글자여서 '불비(不備)'이니 가정에 부족한 점이 많고 또한 간음이 있다.
○ **혼인** : 천후와 육합이 거듭 삼전에 드니 불길하다.
  → 천후와 육합은 음란의 천장이다. 초전과 말전에 이들이 보여서 음란한 상이니 불길하다. ● 일간은 나, 일지는 배우자감이다. 일지 酉가 간상으로 와서 일간 己를 설기한다. 배우자감이 나에게 와서 큰 손실을 입히는 상이다. ● 궁합 : 간상의 酉가 지상의 亥를 생하니 좋다. ● 일지는 상대이다. 낮에는 지상에 등사가 타고 있으니 간교한 사람이고, 밤에는 지상에 현무가 타고 있으니 도심(盜心)이 있는 사람이다.
○ **임신·출산** : 임신을 정단하면 손상을 예방해야 하고, 출산을 정단하면 출산이 빠르다.

※ 『육임직지』 원문에서는 "출산이 불리하다."고 하였다.

→ 일간은 태아, 일지는 임신부, 삼전은 태아가 생육되는 과정이다. 사과가 불비(不備)이니 미숙아가 될 우려가 있다. 출산을 정단하면 어머니를 뜻하는 일지가 강상으로 와서 태아를 돌보는 상이니 출산이 빠르다.

○ **구관** : 불리하다. 말을 삼가야 한다.

→ 관성은 관직이다. 관성인 卯가 공망되었으니 관직에 불리하고 과전이 순음이니 관직에 다시 불리하다. 초전이 폐구되었으니 관운이 막혀 있다. ● 고시 : 떨어진다. ● 승진 : 안 된다.

○ **구재** : 빚을 독촉하면 돌려받는다. 다만 힘이 든다.

→ 재성은 재물이다. 간상의 申이 일간을 탈기해서 재성 亥를 생하니 빚을 독촉하면 돌려받고, 신규 투자하면 돈을 번다.

○ **질병** : 매우 흉하다. 낮에 정단하면 낫지 않는다.

→ '폐구(閉口)'는 입이 닫혀서 음식을 먹지 못하는 상이니 흉하고, 삼전이 출호(出戶)이니 매우 흉하다. 낮에 정단하면 백호가 둔반의 귀살에 타고 다시 일록에는 천공이 타고 있으니 반드시 낫지 않는다.

○ **출행** : 이롭지 않다.

→ 일간은 여행객, 일지는 여행지이다. 일간이 간상으로 탈기되니 출행이 이롭지 않고, 다시 중전과 말전이 공망되었으니 출행에서 장애가 많다.

○ **귀가** : 역마가 가택에 드니 즉시 도착한다. 원행한 사람은 유월이나 해월에 도착한다.

→ 역마는 자동차이다. 일지의 역마인 亥가 가택에 들었으니 출행한 사람이 자동차를 타고 집으로 들어온다. 원행한 사람은 발용과의 삼합하는 날이나 달에 오니 유월이나 해월에 도착하거나 혹은 유일이나 해일에 도착한다.

○ **쟁송** : 화해가 가능하다.
   → 일간은 나, 일지는 상대이다. 일지가 간상으로 와서 일간과 상생하니 화해가 가능하고 다시 간상의 酉가 지상의 亥를 생하니 다시 화해가 가능하다. ● **승패** : 일간이 간상으로 온 일지로 탈기되니, 나는 불리하고 상대는 유리하다.
○ **도난** : 밤에 정단하면 동남방에 있는 무관직자의 집에 있다.
   → 도둑은 현무의 음신에 있다. 낮에 정단하면 현무의 음신이 巳이니 동남방에 있는 무관직자의 집에 있고, 밤에 정단하면 현무의 음신이 丑이니 동남방에 있는 무관직자의 집에 있다.
○ **전쟁** : 속이는 일에는 이롭고, 성토(聲討)하는 일에는 이롭지 않다.
   → 일지가 간상으로 와서 일간을 탈기하니 속이는 일에는 이롭고 성토하는 일에는 이롭지 않다.

□ 『**필법부(畢法賦)**』 : 〈제49법〉 양 귀인이 극을 받으면 귀인에게 부탁하는 일에서 뜻을 성취하기 어렵다.
   → 낮 귀인 子는 지반의 戌로부터 극을 받고, 밤 귀인 申은 지반의 午로부터 극을 받는다. 여기에서의 귀인은 공무원과 관청 그리고 사회에서 신분이 있는 사람을 뜻한다. 이러한 사람들에게 부탁하면 귀인이 나의 부탁을 들어주지 않는다.
〈제69법〉 백호가 둔간귀살에 타면 재앙이 얕지 않다.
   → 낮에 정단하면 백호가 일간의 귀살인 乙에 타고 있다.
〈제15법〉 (일간) 위에서 탈기하고 다시 탈기하면 헛된 속임을 예방해야 된다.
   → 밤에 정단하면 간상의 酉가 일간을 탈기하고 여기에 타고 있는 천후의 오행인 壬子수가 酉의 기운을 탈기한다.
□ 『**지장부**』 : 삼전의 丑卯巳는 집을 나선다는 뜻의 '출호(出戶)'이다. 봄

에 우레와 번개가 치니 개구리가 뛰쳐나온다.
□ 『비요(秘要)』: 모든 정단은 유일(酉日)에 작용한다.
→ 삼전은 丑卯巳이다. 종혁(從革)에서의 酉가 빠져 있다. 유년이나 유월이나 유일에 모든 일이 발현된다.

己酉일 제 12국

공망 : 寅·卯
낮 : 왼쪽 천장, 밤 : 오른쪽 천장

辛	壬	癸
后亥玄	貴子常	蛇丑白
戊	亥	子
戊	己	庚	辛
常申貴	玄酉后	陰戌陰	后亥玄
己未	申	酉	戌

丙午空 朱	丁未白 蛇	戊申常 貴	己酉玄 后
乙巳青 合			庚戌陰 陰
甲辰勾 勾			辛亥后 玄
○卯寅合	○寅丑朱青 空	癸丑子蛇 白	壬子亥貴 常

- **과체** : 중심(重審), 삼기(三奇), 진여(進茹) // 용잠(龍潛/亥子丑), 침해(侵害), 인중삼기(人中三奇), 연주삼기(連珠三奇), 복덕(福德), 맥월(驀越), 삼전재효태왕(三傳財爻太旺), 복태(腹胎), 견재무재(見財無財), 막귀임간(幕貴臨干/낮), 천라지망(天羅地網).

- **핵심** : 전진하고 후퇴한다. 먼저는 나쁘고 나중은 좋다. 소송을 예방해야 하고 질병은 비장에 있다. 구재는 가능하다.

- **분석** : ❶ 삼전의 수국이 일지를 탈기(脫氣)하고 지상의 戌土가 일간(기궁)을 형(刑)하니 나아가고 물러나는 것이 어렵다. 다만 일간에 장생이 타고 있어서 결국 재물을 취득하니 먼저는 나쁘고 나중은 좋다.

  ❷ 말전이 폐구(閉口) 되었으니 소송에서 나쁘다.

  ❸ 삼전의 재물이 지나치게 왕성하니, 질병이 비위에 있고 구재를 하면 재물을 많이 얻는다.

- **정단** : ❶ 과전이 삼기(三奇)이니 만 가지의 일에서 화합하며 형살조차 꺼리지 않으니 최길한 과이다. 주로 뜻밖의 기이한 조화로 공무

원은 반드시 승진하고 일반인은 화가 사라지며 복을 누린다. 오직 일지 상하의 戌과 酉가 육해하니 남종과 여종(奴婢)의 음란사로 인해 동요한다.
❷ 간상의 장생에 낮에는 태상이 타니 나를 찾아온 사람은 반드시 혼인하는 일 혹은 재백을 취득하는 일이다.

○ 날씨 : 수가 발용이 되었으니 비가 온다.
　→ 오행의 수는 비(雨)이다. 삼전이 모두 수이니 비가 온다.
○ 가정 : 사람은 손재하고 집은 어둡다.
　※『육임직지』원문에서는 "사람과 집 모두 평안하다. 남종과 여종(奴婢)이 간음하고 도망치는 것을 예방해야 한다."고 하였다.
　→ 묘신은 암매의 신이다. 지상이 묘신이니 가정이 암매하다. 낮에는 일지음신 亥에 천후가 타니 부인의 내조가 있고, 밤에는 일지음신 亥에 현무가 타니 재물과 처를 잃는 것을 예방해야 한다. ● 오월에 정단하면 지상의 戌이 오월의 사기이니 집에 위독한 환자가 발생하는 것을 예방해야 한다. ● 간상이 일간을 탈기하니 손재수가 있다. 낮에 정단하면 태상이 타니 음식비나 의류비이고, 밤에 정단하면 귀인이 타니 귀인으로 인한 손재수이다.
○ 혼인 : 좋은 인연으로 백년해로한다.
　→ 일간은 나, 일지는 배우자감이다. 일간은 일지를 생하고 지상은 간상을 생하니 부부가 화목해서 좋은 인연으로 백년해로한다. 더군다나 삼전이 연주삼기이니 혼인이 더욱 길하다. ● 궁합 : 좋다. ● 일지는 상대이다. 주야 모두 지상의 戌이 일간의 묘신이니 미래가 밝지 않은 사람이고, 일간과 일지가 천라지망(天羅地網)에 걸려 있으니 혼인에 장애가 생기는 것을 예방해야 한다.
○ 임신·출산 : 임신과 출산 모두 순조롭다.

→ 일간은 태아, 일지는 임신부, 삼전은 태아가 생육되는 과정이다. 일간과 일지가 모두 그 상신으로부터 생을 받고 삼전이 연주삼기이니 임신과 출산 모두 순조롭다. ● 말전은 복태이다. 즉 丑은 자궁이고 그 지반의 子는 일간의 태신이다. 丑이 子에 가했으니 임신의 기쁨이 있다.

○ **구관** : 연주삼기는 직급을 뛰어 넘어 특별히 발탁된다.
→ 삼전의 亥子丑은 연주삼기이고 둔반의 辛壬癸가 인중삼기이니 직급을 뛰어 넘어 특별히 발탁된다. 특히 낮에 정단하면 천을귀인이 亥에 타서 하늘로 오르니 더욱 좋다. ● 고시 : 겨울에 정단하면 반드시 합격한다. ● 승진 : 겨울에 정단하면 반드시 승진한다.

○ **구재** : 삼전이 모두 재성이니 재물을 구하면 반드시 얻는다.
→ 재성은 재물이다. 여름에 정단하면 일간이 왕성하고 재국도 왕성하니 큰돈을 번다.

○ **질병** : 주로 복통이나 설사이다. 양의를 얻는다.
→ 지상은 병증이다. 지상이 戌이니 복통과 비장 이상에서 온 설사증이고, 삼전의 재물이 지나치게 왕성하니 다시 비위의 병이다. ● 간상에 의약신 申이 있으니 양의를 얻는다.

○ **출행** : 수로와 육로 모두 이롭다.
→ 현대에서는 일간은 여행객, 일지는 여행지이다. 지상이 일간의 묘신인 戌이니 안전한 여행지가 아니므로 주의해야 한다.

○ **귀가** : 즉시 귀가한다.
→ 삼전이 삼기이니 즉시 귀가한다.

○ **쟁송** : 풀려서 사라진다.
→ 과전에 귀살이 없고 복덕신은 일간에 임하며 삼전이 연주삼기이니 쟁송이 풀려서 사라진다. ● 중심과이니 장기전이 유리하고, 나중이 유리하며, 재심(再審)이 유리하다. ● 승패 : 일간은 나, 일지는 상대이다. 삼전의 수국이 일지를 탈기해서 일간의 재성을 생하니

내가 유리하다.
- **도난** : 북방에서 찾으면 잡는다.
  → 도둑은 현무의 음신에 숨어 있다. 낮에는 현무의 음신이 戌이니 서북방에 숨어 있고, 밤에는 현무의 음신이 子이니 정북방에 숨어 있다.
- **전쟁** : 기습하는 군대를 이용하면 승전한다.
  → 삼전의 삼기는 특별한 인연이나 군대이다. 삼전이 삼기이니 기습군을 이용하면 승전한다.

- □ 『**필법부(畢法賦)**』 : 〈제42법〉 삼전 내에서 삼기를 만나면 명예가 높아진다.
  → 주로 고시와 관직 정단에서 쓰인다.
- □ 『**과경(課經)**』 : 丑이 子에 가하면 '복태(腹胎)'로서 태아가 뱃속에 있다. 만약 천반의 丑이 공망에 앉은 경우, 출산을 정단하면 빨리 출산하고 임신을 정단하면 반드시 태아가 손상된다.
- □ 『**찬요(纂要)**』 : 밤 귀인 申이 일간에 가했는데, 주작이 午에 타서 밤 귀인을 극하니 귀인에게 부탁하면 안 된다. 귀인이 반드시 싫어하며 문서사는 더욱 나쁘다.
- □ 『**찬의(纂義)**』 : 축월과 유월에는 태아에게 재앙이 있다.
  → 유월에 정단하면 임신부의 자궁을 뜻하는 丑이 사기에 해당하니 뱃속의 태아에게 재앙이 생긴다.

대육임직지

경술일

庚戌日의 길신(구보)과 흉살(팔살)			
일덕	申	형	
일록	申	충	
역마	申	파	
장생	巳	해	
제왕	酉	귀살	巳午
순기	亥	묘신	丑
육의(六儀)	甲辰	패신 / 도화	午 / 卯
귀인	주	丑	공망	寅卯
	야	未	탈(脫)	亥子
합(合)		사(死)	子
태(胎)	卯	절(絶)	寅

대육임직지

庚戌일 제 1 국

공망 : 寅·卯 ○
낮 : 왼쪽 천장, 밤 : 오른쪽 천장

戊	○	乙
白申后	蛇寅青	勾巳朱
申	寅 ○	巳
戊	戊	庚	庚
白申后	白申后	玄戌玄	玄戌玄
庚申	申	戌	戌

乙巳 勾巳 朱	丙午 青午 蛇	丁未 空未 貴	戊申 白申 后
甲辰 合辰 合			己酉 常酉 陰
○卯 朱卯 勾			庚戌 玄戌 玄
○寅 蛇寅 青	癸丑 貴丑 空	壬子 后子 白	辛亥 陰亥 常

□ **과체** : 복음(伏吟), 자임(自任), 원태(元胎) // 덕경(德慶), 록현탈(祿玄脫) : 낮), 신임정마(信任丁馬), 나거취재(懶去取財), 주객형상(主客刑傷), 괴도천문(연명:亥).

□ **핵심** : 백호는 낮의 식록을 물어가고, 귀인에게 부탁할 일은 말을 꺼내기조차 어렵다. 움직이면 귀살의 지반으로 들어가고, 잔재주를 피우면 일을 망친다.

□ **분석** : ❶ 申에 낮에는 백호가 타서 식록과 역마를 집어삼키니 일록을 지킬 수 없다. 중전으로 가서 재물을 취하려고 하니 재성이 공망되었고 다시 등사가 타고 있어서 재물이 오히려 말전의 관귀효를 도우니 결국 귀살의 지반으로 들어가서 잔재주를 부리려고 하다가 일을 망친다.

❷ 귀인이 丑에 타고 있어서 태산이 험준한 상이니 귀인을 만나기 어려운데, 하물며 丑이 폐구되었으니 어찌 말을 꺼낼 수 있겠는가?

□ **정단** : ❶ 복음과이니 천지가 동일하다. 그러나 간상의 일덕과 일록이 역마를 타고 백호를 끼고서 발용이 되었으니 고요한 가운데에서

움직이게 된다.

❷ 삼전에 천리(寅)와 천성(申)을 모두 만나고 말전의 장생이 곧 관성이어서 명리(名利)가 합당하니 움직이면 모두 길하다. 그러나 아쉽게도 중전이 공망되어 끊겼으니 모든 일을 중단하거나 혹은 방법을 바꿀 우려가 있다.

○ **날씨** : 수모(水母)가 역마를 타고서 발용이 되었으니 바람이 불고 비가 온다.

→ 수모(申)는 수를 생하는 오행, 역마는 발동의 신이다. 수모가 역마를 타고 있으니 비가 온다.

○ **가정** : 사람은 형통하고 집은 왕성하다. 소인의 해를 막아야 한다.

→ 일간은 사람이고 일지는 집, 일록은 직업이고 부모효는 생기이다. 일간에 일록이 임하니 직업이 있고 지상이 일간을 생하니 가정이 평안하다. 다만 낮에는 간상의 일록에 백호가 타고 있으니 직업운이 나쁘고, 지상에는 현무가 타고 있으니 집에 도둑이나 사기꾼 등 소인으로부터의 해코지를 예방해야 한다. ● 가상 : 지상에 현무가 타니 집에 도둑이 드는 가상이다.

○ **혼인** : 단교격(斷橋格)은 혼인을 이루지 못한다.

→ 삼전은 혼담의 진행과정이다. 중전이 공망되어 다리가 절단된 상이니 혼담이 중단되어 혼인을 이루지 못한다. ● 궁합 : 비록 지상의 戌이 간상의 申을 생하지만 삼전이 삼형을 지어 남녀가 싸우는 상이니 궁합이 나쁘다. ● 일지는 상대이다. 지상에 주야 모두 흉장인 현무가 타고 있으니 흉하다.

○ **임신·출산** : 여자를 임신한다. 속히 출산한다.

→ 과전이 육양이다. 양이 극에 이르면 음이 발생하니 여자를 임신한다. 간상과 초전이 역마인 申이니 속히 출산한다. 다만 복음과이

니 선천성 언어장애를 예방해야 한다.
- **구관** : 일덕과 일록과 역마가 일간에 임한 뒤에 발용이 되었으니 직위가 오른다.
  → 일덕은 공무원, 일록은 관록, 역마는 승진의 신이다. 세 가지가 일간에 임한 뒤에 발용이 되었으니 승진한다. ● 고시 : 합격한다. ● 승진 : 승진한다.
- **구재** : 힘만 든다.
  → 재성은 재물이다. 중전의 재성이 공망되었으니 돈을 벌지 못하고 오히려 힘만 든다. 만약 인년이나 인월이나 인월장(소설~동지) 기간에 정단하면 공망이 메워지니 돈을 번다.
- **질병** : 간경락에 병이 들었거나 혹은 복부질환이다. 오랫동안 병이 낫지 않을 우려가 있다.
  → 백호승신은 병인이고 이것의 극을 받는 장부에 병이 든다. 낮에 정단하면 백호가 申에 타서 오행의 목을 극하니 목의 장부인 간경락에 병이 들었다. 그리고 지상은 병증이다. 지상이 戌이니 복부질환이다. ● 복음과는 산을 뜻하는 간괘에 해당하니 오랫동안 병이 낫지 않을 우려가 있다.
- **출행** : 수로와 육로 모두 이롭고 시종일관 상합한다. 다만 중전의 재성이 공망되었으니 공망이 메워져야 좋다.
  → 일간은 여행객, 일지는 여행지, 삼전은 여정이다. 일간에는 일록과 일덕이 임하고 일지에는 일간의 생기가 임하니 여행객과 여행지 모두 좋다. 다만 여정을 뜻하는 중전이 공망되었으니 여정에서 차질이 생기는 것을 예방해야 한다.
- **귀가** : 참관(斬關)은 출행하는 상이고 백호는 도로의 신이다. 이것이 역마에 타서 일간에 임한 뒤에 발용이 되었으니 즉시 돌아오지는 못한다.
  → 辰과 戌은 동신, 백호에는 도로의 뜻이 있으며, 역마는 자동차이

다. 이들이 과전에 있으니 오히려 여행하는 상이다.
- ○ 쟁송 : 이롭지 않다.
  - → 간상의 申과 삼전이 삼형(三刑)을 하니 쟁송이 이롭지 않고, 간괘(艮卦)에 해당하는 복음과이어서 쟁송이 오래가니 다시 이롭지 않다. ● 승패 : 일간이 일지의 생을 받고 간상이 일지의 생을 받으니 내가 유리하다.
- ○ 도난 : 본가의 남종(奴)·여종(婢)이거나 혹은 군인이고 입은 옷의 반은 노란색이고 반은 흰색이다.
  - → 현무가 타고 있는 십이지로 도둑이 입고 있는 옷의 색깔을 알 수 있다. 현무가 戌토에 타고 이 戌토가 가을에 해당하니 옷의 반은 노란색이고 반은 흰색이다.
- ○ 전쟁 : 삼전이 '절요(切腰)'이니 불리하다.
  - → 삼전은 출전의 과정이다. 중전이 공망되면 허리가 부러졌다는 뜻의 절요이니 중도에 장애가 발생한다.

- □ 『필법부(畢法賦)』: 〈제75법〉 손님과 주인이 다투지 않아도 형벌이 이미 있다.
  - → 삼전이 申寅巳의 삼형이니 주객이 서로 다툰다. 주로 혼인, 매매, 교역, 계약, 동업, 국제회담 등에서 양측 모두에게 이롭지 않다.
- □ 『과경(課經)』: 己丑년 未월 庚戌일 壬午시 午월장으로 질병을 정단한다. ① 이 과는 질병정단에서 불리해서 丁巳일에 반드시 사망한다. ② 그 이유는 일록과 역마가 발용이 되어 삼전에 들고, 중전이 공망되며 일간의 절신이기 때문이다. 병자가 역마를 보면 혼이 나가는 상이고, 과전이 원태이니 다른 몸에 입태되는 상이다. ③ 백호귀살이 임한 곳이 위험한 시기이다. 삼전에는 천의(天醫)가 없고 말전의 巳화가 일간을 극하니 며칠 안에 절명한다.

庚戌일 제 2 국

공망 : 寅·卯
낮 : 왼쪽 천장, 밤 : 오른쪽 천장

丙 青午蛇	乙 勾巳朱		甲 合辰合
未	午		巳
丁 空未貴	丙 青午蛇	己 常酉陰	戊 白申后
庚申	未	戌	酉

甲辰合巳	乙巳勾午	丙午朱未	丁未貴
朱卯辰			白申戌酉 后
蛇寅卯			常酉戌 陰
貴丑寅	壬子丑 后	辛亥子 陰	庚戌亥 玄
	空	常	玄

□ **과체** : 요극(遙剋), 호시(蒿矢), 퇴여(退茹) // 발생(發生/午巳辰), 육의(六儀), 록현탈(祿玄脫), 금일정신(金日丁神), 막귀임간(幕貴臨干/낮), 명암이귀(明暗二鬼).

□ **핵심** : 未午巳辰 모든 화가 일간을 극하니, 비 관직자는 매우 두렵고 관직자는 기쁘다.

□ **분석** : 午巳辰은 화국이다. 未가 비록 일간을 생하지만 그 위에 丁이 타고 있어서 흉이 발생하니 많은 사람들이 나를 극한다. 비 관직자가 정단하면 질병과 소송이 이어지니 매우 두렵지 않겠는가? 그러나 관직자가 정단하면 관효가 중첩되어 일록과 직위가 오르니 기쁘다.

□ **정단** : ❶ 쑥대로 만든 호시(蒿矢)가 발용이 되었다. 삼전이 쇠로 만들어진 화살촉을 극하지만 삼전이 시종 상생하니 모든 일에서 우환이 변해서 기쁨이 된다.

❷ 금일의 丁未가 일지인 戌과 형을 하고, 삼전이 일덕인 申을 극하며, 양인인 지상의 酉가 일지를 탈기하고 해치니, 정단하는 사람에게 음사(陰私)가 닥치고, 어린이에게 재앙이 닥치며, 화재를 당하는

우환이 발생한다.

○ **날씨** : 과전이 모두 화이니 매우 맑다.
　→ 화는 맑은 날씨를 뜻한다. 삼전이 모두 화이니 매우 맑다.
○ **가정** : 금일에 丁을 만나면 질병과 소송을 면하기 어렵다. 형상(刑傷)을 예방해야 하고 어머니의 형상을 더욱 더 예방해야 한다.
　→ 금일의 丁은 귀살이다. 간상의 천반이 부모효인 未이고 그 위의 둔간이 귀살이니 부모로 인해 재앙이 닥친다. 낮에는 천공이 타고 있으니 거짓과 속임에 의한 재앙을 예방해야 하고, 밤에는 귀인이 타고 있으니 관공서로 인한 재앙을 예방해야 한다. ● 일지음양 酉申이 겁재이니 가정에 지출이 많다.
○ **혼인** : 길하다. 여자의 용모는 희고 예쁘며 술을 좋아한다.
　→ 일간은 나, 일지는 배우자감이다. 간상의 未가 지상의 酉를 생하니 길상하다. 낮에는 지상에 태상이 타고 있으니 술을 좋아하며 예술에 조예가 있고, 밤에는 지상에 태음이 도화의 하나인 酉에 타고 있으니 이성을 좋아한다. ● 궁합 : 일지가 일간을 생하고 간상이 지상을 생하니 좋다. ● 삼전이 퇴여서 사랑과 혼담이 지체될 우려가 있으니 혼사를 서두르는 것이 이롭다.
○ **임신·출산** : 여자를 임신한다. 출산할 때 놀라지만 무방하다.
　→ 일간은 태아, 일지는 임신부, 삼전은 태아가 생육되는 과정이다. 일간음양의 두 양(庚,午)이 하나의 음(未)을 감싸며 다시 삼전의 두 양(午,辰)이 하나의 음(巳)을 감싸니 여자이다.
○ **구관** : 관성이 중첩되어 보이고 일덕과 일록이 역마에 타고 있으니 관직에 대길하다.
　→ 관성은 관직, 일덕귀인은 공무원, 역마는 승진의 신이다. 관성인 午와 巳가 중첩되어 관성이 단단하니 길하고, 일덕귀인과 역마인 申

이 일지음신에 있으니 승진에 길하며, 다시 말전의 辰이 중·말전의 관성을 설기하여 일간을 생하여오니 더욱 길하다. 다만 낮에 정단하면 일간에 염막귀인이 임하니 임명직이나 명예직 혹은 퇴임기의 사람은 이롭지 않다.

○ **구재** : 청룡과 육합이 나란히 보이니 최길하다. 다만 이익이 생기더라도 사회적인 도의를 생각해야 한다.

→ 청룡은 재물, 육합은 상업이다. 낮에는 초전에 청룡이 타고, 말전에는 육합이 타니 상업에 최길하다. 돈을 벌더라도 과전에 귀살이 왕성하니 도의를 생각해야 재앙이 생기지 않는다.

○ **질병** : 간경락과 심장경락의 병이다. 속히 치료해야 한다.

→ 낮에 정단하면 백호가 申에 타서 목을 극하니 간경락에 병이 들고, 밤에 정단하면 백호가 子에 타서 화를 극하니 심장경락에 병이 든다. ● 지상은 병증이다. 지상이 酉이니 해수와 폐결핵 증상이다. ● 의약신 亥子가 子丑에 가하니 정북과 동북방에서 명의와 명약을 구하면 되고, 과전에 귀살이 지나치게 많으니 신속하게 치료해야 한다.

○ **출행** : 수로가 길하다.

→ 현대에서는 일간은 여행객, 일지는 여행지이다. 간상에 귀살이 임하니 신상에 해가 닥치는 것을 예방해야 하고, 지상이 일간의 양인이니 사고를 예방해야 한다.

○ **귀가** : 역마가 문에 임하니 즉시 돌아온다.

→ 역마는 자동차, 酉는 대문이다. 역마인 申이 酉에 가했으니 출행한 사람이 차를 타고 집으로 온다.

○ **쟁송** : 매우 흉하다. 다행히 풀린다.

→ 과전에 귀살이 지나치게 많으니 대흉하다. 다행히 요극과이니 쟁송이 점차 약화되고 말전이 일간을 생하여 오니 쟁송과 관재가 풀린다. 만약 연명이 子丑이면 그 위의 자손효 亥子가 귀살을 제압하

니 더욱 쉽게 쟁송과 관재가 풀린다.
- ○ **도난**: 정서의 술집에 있다. 여자는 부자이다.
  → 도둑은 현무의 음신에 숨어 있다. 주야 모두 현무의 음신이 酉이니 정서방의 술집에 도둑이 숨어 있다.
- ○ **전쟁**: 정마가 일간에 임하고 화가 申을 극하니 불리하다.
  → 일간은 아군이다. 간상의 정마가 일간을 극하니 불리하고, 다시 과전의 많은 화가 일간 庚금을 극하여 화살과 총탄이 녹는 상이니 불리하다.
- ○ **분묘**: 형상(刑傷)을 예방해야 한다. 사람이 번창(發丁)한다.
  → 일지는 묘지이다. 일지에 양인이 임하니 형상(刑傷)을 예방해야 한다. 간상이 일간을 생하니 사람이 번창한다.

- □ 『**필법부(畢法賦)**』: 〈제25법〉 금일(金日)에 정마(丁馬)를 만나면 흉화가 일어난다.
  → 일간이 庚이니 금일이고 간상에 丁이 임하니 정마이다.
- □ 『**삼거일람(三車一覽)**』: ❶ 유씨(喩氏) 성을 가진 승려가 '상부사(祥符寺)'라는 절에서 酉를 戌에 가한 뒤에 의문을 정단한다. 庚일의 양인은 酉이다. 酉는 금이고 戌은 발(足)이니 도끼에 발을 다친다. 그 사람은 수재이고 독서로 명성이 있지만 사실은 도적이다. 나중에 도적이라는 사실이 탄로가 나서 태수가 그의 발을 자르는 형벌을 가했다.

  ❷ 어느 한 사람이 출입을 정단한다. 酉가 卯에 가했고 酉가 그의 행년이다. 말하기를 양인(羊刃)을 손에 쥐니 몸을 상하는 일이 이번 달 안에 발생한다. 그 사람은 과연 손이 잘렸다. 그 이유는 酉는 칼이고 卯는 손이기 때문이다.

庚戌일 제 3 국

공망 : 寅·卯
낮 : 왼쪽 천장, 밤 : 오른쪽 천장

丙	甲	○
青午蛇	合辰合	蛇寅青
申	午	辰
丙	甲	戊	丙
青午蛇	合辰合	白申后	青辰蛇
庚申	午	戌	申

○朱卯巳	勾合辰午	甲合乙朱 辰 巳 午 未	丙蛇午申
○蛇寅辰 青			空丁未貴 酉
貴癸丑 空 卯			白戊申后 戌
后壬子 寅○	白辛陰 亥丑	常庚玄 戌子	陰己酉 亥常

□ **과체** : 원수(元首), 불비(不備), 무음(蕪淫), 여덕(勵德) // 퇴간전(退間傳), 고조(顧祖/午辰寅), 육양(六陽), 형상(刑傷), 재공(財空), 덕경(德慶), 육의(六儀), 록현탈(祿玄脫), 권섭부정(權攝不正), 왕래수생(往來受生), 가귀(家鬼), 용화사(龍化蛇/낮), 주작공망(낮), 귀립사문(貴立私門), 귀인공망(貴人空亡), 허일대용(虛一待用).

□ **핵심** : 말전이 초전을 돕지만 원망과 증오만 쌓인다. 높은 위치에 있더라도 몸을 낮춰야 한다. 난을 피해 도망가서 살아야 한다.

□ **분석** : ❶ 간상과 초전의 午는 일간의 귀살이다. 寅은 午의 장생으로서 일간을 극하는 초전을 도우니 말전은 사람을 부추기는 사람이다. 다행히 寅이 공망이 되어 힘이 약해서 귀살을 돕지 못하니 원망과 증오만 쌓인다.

❷ 庚(申)이 몸을 낮춰서 지상으로 간다. 일지의 생을 취해서 피난을 가니 이른바 '피난도생'이라고 한다.

□ **정단** : ❶ 원수과는 존귀한 사람이 비천한 사람을 통제해서 크게 순조로운 상이다. 모든 일은 밖에서 오고 남자에게서 일어난다.

❷ 일록이 일지에 임하여 자신을 굽혀서 남을 따르니 내가 그에게 굴복당하는 것을 면하지 못한다.
❸ 사과가 음불비(陰不備)이다. 만물에 반드시 결함이 있고 모든 일이 불완전하다.
❹ 과전이 육양(六陽)이니 공적인 일에는 이롭고 사적인 일에는 이롭지 않다.
→ 술년이나 술월이나 술월장 기간에는 삼전에서 염상격이 완성되니 모든 일이 성취된다.

○ **날씨** : 과전이 모두 양이니 매우 맑다.
→ 음은 흐린 날씨, 양은 맑은 날씨이다. 과전이 모두 양이니 매우 맑다.
○ **가정** : 일덕과 일록이 가택에 앉아 있으니 집은 왕성하고 사람은 형통한 상이다.
→ 일덕은 공무원이며 백가지 흉을 없애는 작용을 하고, 일록은 식록이다. 일덕과 일록인 申이 일지에 임하니 만사형통하고 집에 식록이 가득히 쌓여 있다. ● 낮에 정단하면 지상에 백호가 타고 있으니 가족의 질병을 예방해야 하고, 밤에 정단하면 간상의 귀살에 등사가 타고 있으니 경공사를 예방해야 한다.
○ **혼인** : 음불비(陰不備)이니 나쁘다.
→ 일간은 나, 일지는 배우자감이다. 제1과와 제4과가 동일한 글자이니 불비이다. 남녀가 음란한 상이니 혼인에 좋지 않다. ● 궁합 : 음불비이며 간상의 午가 지상의 申을 극하니 나쁘다. ● 일지는 상대이다. 낮에는 지상에 백호가 타고 있으니 드세고, 밤에는 지상에 천후가 타고 있으니 여성적이다. ● 만약 혼인하면 말전의 재성이 공망되었으니 혼인의 말기에 상처한다.

○ **임신·출산** : 태신이 공망되었으니 태아가 손상되는 것을 예방해야 한다. 일간이 일지를 탈기하니 출산을 점단하면 속히 출산한다.
→ 일간의 태신은 卯이다. 卯가 공망되었으니 임신을 점단하면 유산되는 것을 예방해야 한다. 일간은 태아, 일지는 임신부이다. 일간 庚금이 일지 戌토를 설기하니 속히 출산한다.

○ **구관** : 청룡이 관성에 타고 있다. 말전의 장생이 재성을 도우니 대길하다.
→ 청룡은 문관, 관성은 관직이다. 낮에 점단하면 초전의 청룡이 관성에 타고 있으니 문관직이다. 말전이 초전의 관성을 도우니 대길하다. 인년이나 인월이나 인월장(소설~동지) 기간에 점단하면 공망된 말전의 재성 寅이 메워져서 관성을 생하니 더욱 길하다. ● 일록이 일지에 임하니 임시직으로서 정당한 직위가 아니다. 만약 전근을 물으면 전근을 가고, 퇴임의 유무를 물으면 퇴임한다. ● 고시·승진 : 여름에 점단하면 관성인 午가 왕성하니 수험생은 시험에 합격하고 공무원은 승진한다.

○ **구재** : 이익이 전혀 없다.
→ 재성은 재물이다. 말전의 재성 寅이 공망되었으니 재물의 이익이 전혀 없다. 다만 인년이나 인월이나 인월장 기간에 점단하면 공망이 메워지니 득재한다.

○ **질병** : 간경락에 병이 들었다. 신에게 기도하면 낫는다.
→ 백호의 극을 받는 장부에 병이 든다. 낮에 점단하면 백호가 申에 타서 오행의 목을 극하니 목의 장부인 간경락에 병이 든다. 그리고 낮에는 천을귀인이 공망되었고 밤에는 귀인이 둔귀인 丁에 타서 천을신기(天乙神祇)이니 신에게 기도해야 병이 낫는다.

○ **알현** : 은혜 속에 해가 있으니 완전무결하지 않다.
→ 주야 모두 귀인이 사문인 卯酉에 서면 귀인이 사문에 섰다는 뜻의 '귀립사문'이라고 하여 귀인에게 사심이 있는 상이니 은혜 속에

해가 있다.
- ○ **출행** : 일록과 일덕이 역마를 타고 있으니 관직을 구하기 위해 가는 여행에서 이롭고 수로가 더욱 길하다.
    - → 일지는 여행지이다. 식록과 일덕인 申이 곧 역마이니, 관직이나 식록을 구하기 위한 여행이라면 길하다.
- ○ **귀가** : 역마가 가택에 드니 즉시 돌아온다.
    - → 역마는 자동차, 일지는 집이다. 역마가 가택에 드니 출행한 사람이 차를 타고 집으로 온다.
- ○ **쟁송** : 소송을 먼저 건 사람에게 이롭다.
    - → 원수과이니 소송을 먼저 건 사람에게 이롭다. ● **승패** : 일간은 나, 일지는 상대이다. 일간이 일지의 생을 받고 다시 간상의 午가 지상의 申을 극하니 내가 승소한다.
- ○ **도난** : 서방에 있는 무속인이나 도사 혹은 의사이고 안에는 여인이 있고 그 뒷집은 술집이다.
    - → 도둑은 현무의 음신에 숨어 있다. 주야 모두 현무의 음신이 申이니 서남방에 있는 무속인이거나 혹은 수도하는 사람이거나 혹은 의사이다.
- ○ **전쟁** : 객(客)에게는 이롭고 주(主)에게는 불리하다.
    - → 원수과는 객에게는 이롭고 주에게는 불리하다. 여기서의 객은 공격하는 군대, 주는 수비하는 군대이다.

□ 『**필법부(畢法賦)**』: 〈제8법〉 일록이 일지에 임하면 임시직으로서 정당한 직위가 아니다.
   → ○ **구관** 참조.
   〈제5법〉 육양수가 갖춰지면 모름지기 공적으로 써야 한다.
   → 과전이 모두 양의 십이지이니 육양격이다. 따라서 고시와 승진

에 이롭다.

〈제9법〉 옛 터전을 버리고 난을 피해 도망가서 산다.

➔ □ 분석 ❷ 참조.

□ 『과경(課經)』: 말전이 초전의 극을 돕고 공망에 드니 사람을 부추기면 반드시 신원이 탄로가 나며 악인이 된다.

□ 『要覽』: 삼전의 午辰寅이 상합하니 성사되는 시기는 반드시 술월과 술일이다.

➔ 이 이론을 '허일대용격'이라고도 한다. 삼전에서 戌이 빠져 있으므로 이것이 채워지는 술년이나 술월이나 술월장 기간에 작용한다. 큰 일은 술년이나 술월에 작용하고, 작은 일은 술일이나 술시에 작용한다.

□ 『찬의(纂義)』: 청룡이 午에 타서 일간에 임한다. 자월이나 미월에 정단하면 첩이 임신하거나 혹은 집에 임신부가 있다.

庚戌일 제4국

공망 : 寅·卯
낮 : 왼쪽 천장, 밤 : 오른쪽 천장

乙 勾巳朱	○ 蛇寅靑	辛 陰亥常	
申	巳	寅 ○	
乙 勾巳朱	○ 蛇寅靑	丁 空未貴	甲 合辰
庚 申	巳	戌	未

蛇○寅巳 貴癸丑辰 空	靑朱卯午 空	勾合甲辰未 白	乙巳申丙午酉 蛇
后壬子卯 白			空丁未戌 貴
陰辛亥寅○ 常	玄庚戌丑 玄	常己酉子 陰	白戊申亥 后

- **과체** : 원수(元首), 원태(元胎), 병태(病胎) // 재공(財空), 삼기(三奇), 호생(互生), 복덕(福德), 명암작귀(明暗作鬼), 금일정신(金日丁神), 불행전(不行傳), 작귀(雀鬼), 귀인입옥(貴人入獄).

- **핵심** : 하나는 훼손되고 하나는 명예롭다. 모두 亥수이다. 아침에는 장생에 속하고 밤에는 귀살에 속한다.

- **분석** : ❶ 말전의 亥수가 겉으로는 귀살인 巳화를 극하니 구신이지만 먼 곳에서 차례로 귀살을 생하니 한편으로는 화근이지만 하나의 亥가 명예를 망친다.

  ❷ 간상의 巳화에 낮에는 구진 토가 타니 일간의 장생이고, 밤에는 주작 화가 관귀효에 타고 있으니 하나의 巳가 생사를 판가름을 한다.

  → 낮에는 구진의 오행인 토가 귀살 巳의 기운을 설기해서 일간을 생하고, 밤에는 주작의 오행인 화가 巳와 동류가 되어 일간을 극한다.

- **정단** : ❶ 삼전이 원태(元胎)이고 중·말전이 공함되었으며 말전의 亥

는 자손효이다. 자손효가 공망되었으니 태아를 키울 수 없고 모든 일에서 도움이 되지 않는다.

❷ 간상의 巳는 庚의 장생으로서 일간에 임한 뒤에 발용이 되었고 삼전이 초전의 관성을 체생(遞生)하니 만약 관직을 점단하면 반드시 천거를 받는다.

❸ 간지가 서로 생을 하니 자본금을 합쳐서 장사하면 최적이다. 다만 인년이나 인월이나 인월장(소설~동지)이나 인일에 공망이 메워져야만 한다.

○ **날씨** : 화의 오행이 발용이 되었고 수 오행은 공함되었으니 맑다.
  → 오행의 화는 맑음, 수는 비를 뜻한다. 초전의 巳화는 튼실하고 말전의 亥수는 공허하니 맑다.
○ **가정** : 사람과 집이 서로 생을 하니 가정이 평안한 상이다.
  → 일간은 사람, 일지는 집이다. 지상의 未는 일간 庚을 생하고 간상의 巳는 일지 戌을 생하니 사람과 집이 평안하다. ● 지상의 정마가 일간을 극하니 집에 우환이 속히 닥치는 것을 예방해야 한다. 낮에는 천공이 타고 있으니 거짓과 사기를 예방해야 하고, 밤에는 귀인이 타고 있으니 관재를 예방해야 한다. ● 일간은 사람, 귀살은 재앙이다. 낮에는 구진이 간상의 귀살에 타서 일간을 극하니 관재를 예방해야 하고, 밤에는 주작이 간상의 귀살에 타서 일간을 극하니 구설수나 탄핵을 예방해야 한다.
○ **혼인** : 매우 좋다. 다만 혼인하기 어렵다.
  → 일간은 나, 일지는 배우자감이다. 지상의 未는 일간 庚을 생하고 간상의 巳는 일지 戌을 생하니 매우 좋다. 다만 간상에는 명귀가 있고 지상에는 암귀가 있으니 혼인하기 어렵다. ● **궁합** : 좋은 편이다. ● 일지는 상대이다. 낮에는 지상에 천공이 타고 있으니 헛말을

일삼는 사람이고, 밤에는 지상에 귀인이 타고 있으니 귀한 사람이다. ● 만약 혼인하면 중전의 재성이 공망되었으니 혼인 중기에 상처를 예방해야 한다.

○ **임신·출산** : 아들이다. 간지가 서로 생하니 난산이다.

※ 『육임직지』 원문에서는 "태신상신이 음에 속하니 임신하면 여자이다." 라고 하였다.

→ 일간은 태아, 일지는 임신부, 삼전은 태아가 생육되는 과정이다. 원수과이니 아들이고, 삼전의 두 음(巳, 亥)이 하나의 양(寅)을 감싸고 있으니 아들이다. ● 지상의 未는 일간 庚을 생하고 간상의 巳는 일지 戌을 생하니 출산을 정단하면 난산이다.

○ **구관** : 홀로 있는 관성이 곧 일간의 장생이다. 먼저는 길하고 나중에는 쇠한다.

→ 관성은 관직이다. 초전의 巳가 일간의 관성이니 먼저는 길하지만 중·말전이 공함되어 나중에는 쇠하니 관로가 밝지 않다.

○ **구재** : 쉽게 취득하지 못한다.

→ 재성은 재물이다. 재성 寅이 공망되었으니 재물을 쉽게 얻지 못한다. 다만 인년이나 인월이나 인월장(소설~동지) 기간에 정단하면 공망된 寅이 메워지니 득재한다.

○ **질병** : 지상에 未가 보이니 배탈이 나고 위장은 뒤집히며 구토하는 증상이다. 오랫동안 기다려야 낫는다.

→ 지상은 병증이다. 지상이 未이니 이러한 병증이 나타난다.

○ **출행** : 수로는 조금 길하다.

→ 현대에서는 일간은 여행객, 일지는 여행지이다. 비록 지상의 未가 일간을 생하지만 그 위의 丁이 암귀이니 여행지에서의 암해를 예방해야 한다. 그리고 간상의 巳에 구진과 주작이 타서 일간을 극하니 여행 중 말다툼이나 싸움이 발생하는 것을 예방해야 한다.

○ **쟁송** : 이롭지 않다. 타인이 나를 업신여기는 것을 예방해야 한다.

→ 주작과 구진이 귀살에 타서 일간을 극하니 쟁송에서 이롭지 않고, 타인이 나를 업신여기는 것을 예방해야 한다. ● 원수과이니 먼저 기소하는 것이 이롭다. 만약 쟁송이 오래가면 불리하다.

O **도난** : 서남방에 있는 우물에서 가까운 곳의 술집이나 음식점 안에서 잡을 수 있다.

→ 도둑은 현무의 음신에 숨어 있다. 주야 모두 현무의 음신이 未이니 우물에서 가까운 곳에 있는 술집이나 음식점에 숨어 있다.

O **전쟁** : 이롭지 않다.

→ 간상에는 명귀인 巳가 있고 지상에는 암귀인 丁이 있으니 전쟁이 이롭지 않다.

O **분묘** : 무덤 속에 뱀굴이나 혹은 빈 공간이 있다.

→ 일지는 분묘이다. 낮에 정단하면 지상에 천공이 타고 있으니 뱀굴이나 혹은 빈 공간이 있다. ● 지상이 정마이니 이장할 우려가 있는 터이다.

□ 『**필법부(畢法賦)**』: 〈제31법〉 삼전이 차례로 일간을 생해 오면 타인의 추천을 받는다.

→ 이 과전에서는 말전 亥 ⋯ 중전 寅 ⋯ 초전 巳를 차례로 생한다. 공망된 寅이 매워지는 인년이나 인월이나 인월장(소설~동지) 기간에 추천이 가능하다.

〈제82법〉 삼전이 앞으로 나아가지 못하는 불행전(不行傳)은 초전을 살펴야 한다.

→ 초전의 巳는 튼실하고 중·말전의 寅·亥는 공함되었다.

□ 『**신정경(神定經)**』: 말전의 亥수가 관귀효인 초전의 巳를 극하지만 한편으로는 巳를 생해서 일간을 극하니 '이중인격'이다. 사람의 앞에 양면의 칼이 있으니 명예가 뒤집힌다.

□ 『찬요(纂要)』: 일간의 귀살에 주작이 타서 일간에 가했으니 조정의 공무원은 관청으로부터 탄핵당하는 것을 예방해야 한다. 만약 상부에 건의하면 파면을 당하는데 연명에 임해도 동일하게 해석한다.

| 갑진순 | 경술일 | 5국 |

庚戌일 제 5 국

공망 : 寅·卯
낮 : 왼쪽 천장, 밤 : 오른쪽 천장

壬	戊	甲	
蛇子青	青申蛇	玄辰玄	
辰	子	申	
甲	壬	丙	○
玄辰玄	蛇子青	白午后	后寅白
庚申	辰	戊	午

癸丑巳 貴空	○后寅午	白陰卯未	甲辰申 玄
壬子辰 蛇青			乙巳酉 常陰
辛亥卯 朱勾			丙午戌 白后
庚戌寅 合合	己酉丑 勾朱	戊申子 青蛇	丁未亥 空貴

□ **과체** : 중심(重審), 윤하(潤下) // 육양(六陽), 앙구(昻咎), 삼전내전, 낮), 전국(全局), 화미(和美), 합중범살(合中犯殺), 육의(六儀/말전), 구생(俱生), 복덕(福德), 인귀생신(引鬼生身), 참관(斬關), 명암이귀(明暗二鬼), 신장·살몰·귀등천문(神藏·殺沒·貴登天門/밤), 자손효현괘.

□ **핵심** : 낮에는 백호가 丙午에 탄다. 삼전의 수에 의지할 수 있다. 재발을 예방해야 한다. 후환을 없애야 한다.

□ **분석** : 지상의 丙午가 일간을 극하지만 자손효인 삼전의 수국이 이 우환을 구하고, 간상의 辰이 삼전의 수국을 제어하지만 일지의 묘신인 辰이 일간에 임하니 묘신의 우환을 막아야 한다.

□ **정단** : ❶ 윤하(潤下)는 유동(流動)해야 이롭다. 간상과 지상에 생이 타고 있어서 일간과 일지에 생기가 있다. 다만 간지상의 辰과 午가 모두 자형이니 스스로 괴로워한다.

❷ 일간의 귀살이 지상에 임했다. 밤에는 천후가 타고 있으니 처첩에게 자그마한 재앙이 생기는 것을 면하지 못한다. 낮에는 백호가 타고 있어서 '최관(催官)'이니 부임이 매우 신속한데, 택상에 임했으

니 곧 부임한다.

❸ 삼전의 천장이 주야 모두 수신에 속해서 관성을 제극하니 여러 사람들로부터의 불만이 있고, 간상의 辰이 묘신이니 심신이 기쁘지 않다.

○ **날씨** : 윤하이니 비가 온다.
  → 윤하는 수국이다. 삼전이 수국이니 많은 비가 온다.
○ **가정** : 백호가 가택의 중앙에 앉아 있다. 다행히 삼전이 백호승신을 제극하지만, 현무가 일간을 덮쳐서 손실과 도난이 끝이 없으니 불안하다.
  → 백호는 질병과 사고의 천장, 일지는 가정이다. 백호가 지상에 앉아 있으니 집에 사고가 나고 질병이 발생한다. 다행히 삼전의 수국이 백호승신 午화를 제극하니 큰 화는 면한다. 일간은 사람이다. 간상에 현무가 타고 있으니 도난이나 사기를 예방해야 한다. ● 다행히 간상은 일간을 생하고 지상은 일지를 생하니 가정의 내외 모두 대체로 형통하다.
○ **혼인** : 불길하다.
  → 일간은 나, 일지는 배우자감이다. 간지상신이 모두 자형이니 불길한데, 다시 지상의 丙午가 명암으로 일간을 극하여 오니 더욱 불길하다. ● 궁합 : 간지의 상신이 모두 자형이니 나쁘다. ● 일지는 상대이다. 낮에는 지상에 백호가 타고 있으니 몸에 병이 있거나 성질이 포악하고, 밤에는 지상에 천후가 타고 있으니 여성적이다.
○ **임신·출산** : 과전이 모두 양이니 여자이다. 일간이 일지를 탈기하니 출산이 신속하고 쉽다.
  → 과전이 육양이다. 양이 극에 이르면 음이 발생하니 여자가 된다. 태아를 뜻하는 일간이 어머니를 뜻하는 일지를 탈기하니 속히 그리

고 쉽게 출산한다.
○ **구관** : 관성이 삼전의 수국으로부터 극을 받고 묘신이 일간을 덮고 있으니 관직이 어둡다. 다행히 중전에 일덕과 일록과 역마가 있으니 무방하다.
→ 관성은 관직이다. 지상의 관성이 삼전의 수국으로부터 극을 받으니 최흉하다. ● 일덕은 군자, 일록은 관록, 역마는 승진과 발탁의 신이다. 이들이 중전에 있으니 나중에는 좋은 편이다.
○ **구재** : 적다. 지체된다.
→ 재성은 재물이다. 천반에는 재성이 없지만 말전의 둔반에 재성인 甲이 있으니 작은 재물을 나중에 얻는다.
○ **질병** : 폐경에 병이 들었지만 구해지니 무방하다.
→ 백호의 극을 받는 장부에 병이 든다. 낮에 정단하면 백호가 午에 타서 오행의 금을 극하니 금의 장부인 폐에 병이 들지만 삼전의 수국이 백호승신을 제압하니 질병이 낫는다. 만약 구병이면 간상의 辰이 묘신이고 다시 여기에 현무가 타니 위독하다. ● 일간이 일간음양과 삼전으로 탈기되니 원기가 쇠약하다.
○ **출행** : 삼전이 비록 삼합하지만 묘신은 귀계(歸計)이고 다시 간지의 상신이 자형이니 좋지 않다.
→ 일간은 여행객, 일지는 여행지이다. 간상과 지상이 자형이어서 형상(刑傷)을 당할 우려가 있으니 좋지 않다.
○ **귀가** : 즉시 돌아온다.
→ 삼전이 점차 물러나고 다시 삼전이 '화미(華美)'이니 즉시 돌아온다.
○ **쟁송** : 낮에 정단하면 십이신이 십이천장을 극하니 흉하다.
→ 낮에 정단하면 초전의 子수가 子에 타고 있는 등사의 오행인 丁巳화를 극하고, 중전의 申금이 申에 타고 있는 청룡의 오행인 甲寅목을 극하며, 말전의 辰토가 辰에 타고 있는 현무의 오행인 癸亥수를

극해서 쟁송이 계속 이어지는 상이니 흉하다. ● 승패 : 일간은 나, 일지는 상대이다. 일간이 일간음양 및 삼전의 수국으로 탈기되니 내가 불리하다.

○ **도난** : 북방에 있는 어부이거나 혹은 백정이거나 혹은 같은 성씨의 자식과 조카이다.

→ 도둑은 현무의 음신에 숨어 있다. 주야 모두 현무의 음신이 子이니 정북에 있는 물가의 어부가 도둑이다.

○ **전쟁** : 낮에 정단하면 흉하고 밤에 정단하면 길하다.

→ 초전은 출병의 초기이다. 낮에는 초전에 흉장인 등사가 타고 있으니 흉하고, 밤에는 초전에 길장인 청룡이 타고 있으니 길하다.

□ 『**필법부(畢法賦)**』 : 〈제69법〉 백호가 둔간귀살에 타면 재앙이 얕지 않다.

→ 명암이귀(明暗二鬼)인 지상의 丙午에 백호가 탄다. 질병과 소송 정단에서 특히 흉하다.

〈제77법〉 호생(互生)과 구생(俱生)은 모든 일에서 유익하다.

→ 간상의 辰이 일간 庚의 생기이고 지상의 午가 일지 戌의 생기이다. 따라서 이 과전은 구생에 해당하다.

〈제84법〉 합 속에 살을 범하면 꿀 속에 비상이 있다.

→ 삼합한 말전의 辰이 간상의 辰과 형을 하니 합 속에 살을 범한다.

〈제31법〉 삼전이 차례로 일간을 생하면 타인의 추천을 받는다.

→ 말전 辰이 중전의 申을 생하고 중전이 초전의 子를 생한다.

〈제75법〉 손님과 주인이 다투지 않아도 형벌이 이미 있다.

→ 간상이 자형인 辰이고 지상이 자형인 午이다. 주로 혼인, 매매, 교역, 계약, 동업, 국제회담 등에서 양측 모두에게 이롭지 않다.

〈제5법〉 육양수가 갖춰지면 모름지기 공적으로 써야 한다.

➔ 과전의 십이지는 모두 양의 십이지이다. 따라서 과전에서 육양수가 갖춰졌다.

□ **과경(課經)**: 삼합이 살을 범하면 웃음 속에 칼이 숨어 있다. 주로 은혜 속에 변동이 있고 합 속에 파(破)가 있다. 타인으로 인해 방해를 받는다.

➔ 『필법부(畢法賦)』〈제84법〉 참조.

庚戌일 제 6 국

공망 : 寅·卯
낮 : 왼쪽 천장, 밤 : 오른쪽 천장

庚 合 戌 合	乙 常 巳 陰	壬 蛇 子 青
卯 ○	戌	巳
○	庚	乙	壬
陰 卯 常	合 戌 合	常 巳 陰	蛇 子 青
庚 申	卯 ○	戌	巳

壬 蛇 子 巳	癸 貴 丑 午	○ 后 寅 未	○ 白 卯 申	常
辛 朱 亥 辰	勾		甲 玄 辰 酉	玄
庚 合 戌 卯 ○	合		乙 常 巳 戌	陰
己 勾 酉 寅	戊 朱 申 丑 青	丁 蛇 未 子 空	丙 貴 午 亥 白	后

- **과체** : 비용(比用), 지일(知一), 무음(蕪淫), 교차상극(交叉相剋) // 고진(孤辰), 재공(財空), 복덕(福德), 인귀생신(引鬼生身), 회환(回還), 태상지생(太常支生), 손잉(損孕), 태수극절(胎受剋絶), 자가사(子加巳).

- **핵심** : 교섭하는 일은 화를 부른다. 巳는 나를 생하지 않는다. 썩은 나무로 수레를 만든다. 삼전은 모두 화이다.

- **분석** : ❶ 간상의 卯는 일지를 극하고 지상의 巳는 일간을 극해서 간지가 교차상극하니 교섭하면 화를 부른다. 巳는 庚의 장생이지만 子로부터 극을 당하고 다시 묘지 戌에 의해 묘지에 묻히니 어찌 나를 생할 수 있겠는가?

❷ 卯가 庚(申)에 가했으니 착륜(斲輪)이다. 비록 卯가 오행의 목이지만 공망되어 썩은 나무에 불과하니 쓰지 못한다.

❸ 戌은 화의 묘고이다. 巳는 화의 오행이고 子를 원둔하면 丙인데 子가 지반 巳에 앉아 있고 낮에는 화의 천장인 등사가 타고 있으며 삼전이 모두 화이니 庚금이 어찌 감당할 수 있겠는가?

- **정단** : ❶ 일간과 일지가 교차상극하니 무음격(蕪淫格)이다. 무음격의

간지의 상신이 상생하고 다시 교차상합하니 허물이 없어 보인다. 다만 庚은 戌을 따르고 巳를 꺼린다.

❷ 戌이 와서 庚을 생하지만 卯로부터의 극을 두려워한다. 간지가 서로 좋아하면서 서로 등을 돌리니 은혜 속에 해가 생기는 상이다.

❸ 초전의 戌이 육합의 오행인 乙卯목으로부터 협극(夾剋)을 당하니 일이 뜻대로 되지 않고 허하고 부실하다.

○ **날씨** : 크게 맑다.
→ 초전은 공망되고 중전이 巳이니 크게 맑다.
○ **가정** : 태상이 가택에 드니 낮에 정단하면 상을 예방해야 한다.
→ 태상이 귀살에 타면 상(喪)이다. 만약 축월에 정단하면 태상이 타고 있는 巳가 사기이니 상을 당하는 것이 확실시된다. 낮에는 태음이 귀살인 巳에 타서 일간을 극하니 음인에 의한 해를 예방해야 한다. ● 일간은 나이다. 간상의 재성이 공망되었으니 손재수를 예방해야 한다.
○ **혼인** : 해로하지 못한다.
→ 일간은 나, 일지는 배우자감이다. 간상의 卯는 일지를 극하고 지상의 巳는 일간을 극해서 간지가 교차상극(交叉相剋)하니 만약 혼인하면 해로하지 못한다. 초전과 간상의 재성이 공망되었으니 혼인이 성사되지 않는다. ● 궁합 : 일간과 일지가 교차상극하니 궁합이 나쁘다. ● 일지는 상대이다. 낮에는 지상에 태상이 타고 있으니 음식과 예술에 재능이 있고, 밤에는 지상에 태음이 타고 있으니 소인배이다. ● 혼처를 구할 경우에는 지일과이니 가까운 사람이나 장소에서 구하면 된다.
○ **임신·출산** : 태신이 절지에 임하고 극을 받으니, 임신을 정단하면 손상을 예방해야 하고 출산을 정단하면 즉시 출산한다.

➔ 태신은 태아이다. 일간의 태신인 卯가 태신의 절지인 申에 앉아 있으니, 임신을 정단하면 유산하고 출산을 정단하면 즉시 출산한다.
○ **구관** : 낮에 정단하면 길하다.
➔ 관성은 관직, 태상은 무관이다. 낮에 정단하면 태상이 관성인 巳에 타고 있으니 길하다. ● 고시 : 착륜이 공망되어 고시와 인연이 없으니 직종을 바꿔야 한다.
○ **구재** : 취득하기 어렵다.
➔ 재성은 재물이다. 재성인 卯가 공망되었으니 재물을 취득하기 어렵다. 다만 공망된 卯가 메워지는 묘년이나 묘월이나 묘월장(상강~소설) 기간에 정단하면 득재한다.
○ **질병** : 심장경락에 병이 들었다. 치통이 있고 토혈한다. 급병은 무방하고 구병은 흉하다.
➔ 지상은 병증이다. 지상이 巳이니 치통이 있고 토혈한다. 착륜격이고 다시 일간이 공망되었으니 구병은 위험하다. ● 子가 巳에 가했으니 사망할 위험이 있다.
○ **모망** : 경영하여 이루는 것이 없다. 우환사와 희경사 모두 실재하지 않는다. 경영책을 바꿔야 한다.
➔ 재성은 재물이다. 재성인 卯가 공망되어 경영하여 이루는 것이 없으니 경영정책을 바꿔야 한다.
○ **출행** : 막힘이 있다. 말전의 유도(遊都)가 일간을 탈기하고 원둔의 丙이 일간을 극하니 도적이 우려된다.

※ 유도(遊都)

일간 신살	甲	乙	丙	丁	戊	己	庚	申	壬	癸
유도 (遊都)	丑	子	寅	巳	申	丑	子	寅	巳	申
	甲일부터 丑子寅巳申 두 번 ●도적이 오는 길이다.									

→ 일간은 여행객, 일지는 여행지이다. 일간이 공망되었으니 기일에 떠나지 못하고, 지상의 巳가 일간을 극하여 여행지에서 흉변을 당하니 장애가 많다.

○ **귀가** : 아직 도착하지 않는다.
→ 천강(辰)은 동신, 사중은 중도이다. 천강이 사중에 가했으니 아직 도착하지 않는다.

○ **쟁송** : 매우 흉하지만 풀린다.
→ 지상과 중전의 귀살이 일간을 극하므로 매우 흉하지만 그 음신에서 귀살을 제압하니 쟁송이 풀린다. ● 승패 : 일간은 나, 일지는 상대이다. 일간은 공허하고 일지는 튼실하니 내가 불리하다.

○ **도난** : 도적은 서북방에 있는 수루 가까운 곳에 있고 소송 혹은 상(喪)과 관련되어 있다.
→ 현무의 음신이 亥이니 서북방의 물가에 숨어 있다.

○ **전쟁** : 불리하니 근신해야 한다.
→ 일간은 아군, 일지는 적군이다. 일간은 공허하고 일지는 튼실하니, 아군은 불리하고 적군은 유리하니 근신해야 한다.

□ 『**필법부(畢法賦)**』: 〈제10법〉 썩은 나무로는 조각하기 어려우니 별도로 도모해야 된다.
→ 庚에 가한 卯목이 공망되었다.
〈제85법〉 초전이 협극(夾剋)되면 뜻대로 되지 않는다.
→ 주야 모두 천반의 戌이 지반의 卯목과 戌에 타고 있는 천장의 오행인 卯목으로부터 협극을 당하고 있다.

□ 『**과경(課經)**』: 卯가 일간 庚에 가하면 웃음 속에 칼이 있다. 원한을 감추고 친구가 되는 것을 교섭하면 반드시 쟁송에 이른다.

□ 『**삼재부(三才賦)**』: 하괴(戌)와 종괴(酉)가 육합하면 노비(남종, 여종)

가 도망친다.

→ 일지음신과 초전의 戌은 남자종업원의 류신이다. 이곳에 문과 도로를 뜻하는 육합이 타니 남자종업원이 도망친다. 주로 종업원 고용정단에서 쓰인다.

| 甲辰순 | 경술일 | 7국 |

庚戌일 제7국

공망 : 寅·卯
낮 : 왼쪽 천장, 밤 : 오른쪽 천장

○	戊	○
后 寅 白	青 申 蛇	后 寅 白
申	寅 ○	申

○	戊	甲	庚
后 寅 白	青 申 蛇	玄 辰 玄	合 戌 合
庚 申	寅 ○	戌	辰

辛亥巳 朱 勾	壬子午 蛇 青 貴	癸丑未 空 后	○寅申 白
庚戌辰 合 合			○卯酉 陰 常
己酉卯 勾 朱 ○			甲辰戌 玄 玄
戊申寅 ○ 青 蛇	丁未丑 空 貴	丙午子 白 后	乙巳亥 常 陰

□ **과체** : 반음(返吟), 원태(元胎), 절태(絶胎), 참관(斬關) // 무의(無依), 과수(寡宿), 재공(財空), 관성공망(官星空亡), 회환(回還), 삼전개공(三傳皆空), 귀인상가(貴人相加), 록공망(祿空亡).

□ **핵심** : 밤에 일곱 마리의 호랑이를 만나지만 재액과 흉이 사라진다. 일간은 공망되며 절신이 타고, 일간이 절신과 공망에 앉아 있다.

□ **분석** : ❶ 간상의 寅에 밤에는 호랑이가 타고 제2과가 申이니 다시 호랑이다. 삼전과 간지에 모두 일곱 호랑이를 만나지만 왕래하면서 보니 모두 공망되었으니 흉이 사라진다.

❷ 금의 장생은 巳이고 절은 寅, 목의 장생은 亥이고 절은 申이다. 일간(기궁)과 일지가 각각 공망과 절(絶), 절과 공망이 타고 있으니, 일상의 모든 일을 도모하는 데에 있어서 어찌 이롭겠는가?

□ **정단** : ❶ 참관(斬關)은 편안하게 거주하는 상이 아니고, 무의(無依)는 반복되는 상이다. 일상의 모든 일은 근거가 없고 성패가 무상하니, 이른바 높은 언덕이 계곡이 되고 깊은 계곡이 높은 언덕이 된다.

❷ 중전의 일덕은 죽고 일록은 끊기며 역마는 공함되었으니 후회를

면할 수 없다. 어질고 현명한 선비는 기미를 알아차리고, 달인(達人)은 천명을 알고 분수를 지킨다.

───────────────────

○ **날씨** : 맑다. 신일(申日)에 바람이 분다.
→ 삼전이 공망되어 하늘에 구름 한 점 없으니 맑다. 바람을 일으키는 백호의 오행이 申이니 신일에 바람이 분다.

○ **가정** : 현무가 일지에 임하니 반드시 가정이 편안하지 않은 흠이 있다.
→ 일지는 가정이다. 지상에 현무가 타고 있어서 도난이 있거나 사기가 있으니 가정이 편안하지 않은 흠이 있다. ● 일간은 사람이다. 간상의 재성이 공망되었으니 손재수를 예방해야 한다. 낮에는 천후가 타고 있으니 부녀자의 도망이나 사망을 예방해야 하고, 밤에는 백호가 타고 있으니 부녀자의 질병을 예방해야 한다. ● 가상 : 일지의 천지반이 상충하고 다시 일지의 음양이 상충하니 불안한 가상이다.

○ **혼인** : 반음과이니 나쁘다. 이루지 못한다.
→ 천반은 남자, 지반은 여자이다. 과전의 모든 천반과 지반이 상충하여 남녀가 이별하는 상이니 혼인이 나쁘고 이루지 못한다. ● 궁합 : 나쁘다. ● 일지는 상대이다. 주야 모두 지상에 현무가 타고 있으니 정직하지 않은 사람이다.

○ **임신·출산** : 태신이 공망되었으니 임신을 정단하면 태아가 손상되고 출산을 정단하면 재앙이 있다.
→ 태신은 태아이다. 일간의 태신인 卯가 공망되었으니 임신과 출산 정단 모두 태아가 사망하니 나쁘다.

○ **구관** : 일덕은 죽고 일록은 절명하며 왕래하면서 모두가 공망되었으니 이롭지 않다.

→ 일덕은 공무원, 역마는 승진의 신, 일록은 공무원이 받는 급여이다. 일덕과 일록과 역마인 申이 공망되고 다시 절지에 앉아 있으니 구관에 이롭지 않다. ● 고시 : 떨어진다. ● 승진 : 안 된다.

○ **구재** : 보이는 재물이 이미 공망되었으니 밖에서 오는 재물을 어찌 구할 수 있겠는가? 만약 반드시 재물을 구하려고 하면 오히려 자신의 재물이 나간다.

→ 재성은 재물이다. 초전과 말전에 있는 재성이 이미 공망되었으니 밖에서 재물을 구할 수 없다. 간상의 寅은 현재 소유하고 있는 재물이다. 이것이 공망되었으니 오히려 지니고 있는 재물을 잃는다.

○ **질병** : 비위에 병이 있다. 두 가지의 병이 몸을 침범했다.

→ 백호는 병을 일으키는 작용을 한다. 밤에 정단하면 백호가 寅에 타서 오행의 토를 극하니 토의 장부인 비위에 병이 든다. ● 초전의 寅이 중전의 지반에 잠복했다가 말전의 천반에 다시 나타났으니 병이 재발하고, 초전의 천반과 지반이 중전에 다시 나타났으니 두 가지의 병이 나타난다. ● 본명이 申인 사람은 본명이 귀호(鬼戶)인 寅에 임하니 사망한다.

○ **출행** : 역마가 절지에 임하니 가만히 있어야 하고 움직이면 안 된다.

→ 역마는 자동차이다. 역마인 申이 공망되었으니 사고가 나고 절지에 임했으니 다시 사고가 나니 출행하지 않아야 한다. ● 일간은 여행객, 일지는 여행지이다. 지상에 현무가 타고 있으니 출행하면 도난을 당한다.

○ **귀가** : 반음과는 오랫동안 출행한 뒤에 돌아오며, 돌아오면서 지체된다.

→ 천반은 하늘, 지반은 땅이다. 반음과는 하늘이 높은 상이니 오랫동안 출행한 뒤에 돌아온다. 돌아오면서 삼전이 공망되고 절지에 앉아 있으니 귀가에 장애가 많다.

○ **쟁송** : 먼저 고소하는 사람이 승소한다. 쟁송이 사라진다.

➜ 일간은 객, 일지는 주이다. 일간이 발용이 되었으니 먼저 기소하는 사람이 승소한다. ● 일간은 나, 일지는 상대이다. 일간은 공허하고 일지는 튼실하니, 나는 패소하고 상대는 승소한다. 반음과이니 쟁송의 승패가 번복되는 것을 예방해야 한다.

○ **도난** : 서방에 있고 건장한 남종(奴)이나 군인이 도둑이다. 혹은 개를 데리고 놀고 있는 거지이다.

➜ 도둑은 현무의 음신에 있다. 주야 모두 현무의 음신이 戌이니 서북방에 있고, 戌이 남종과 군인을 뜻하니 이러한 사람이 도둑이다. 혹은 戌이 개를 뜻하니 개를 가지고 노는 사람이 도둑이다.

○ **전쟁** : 이롭지 않다.

➜ 일간은 아군, 삼전은 출병이다. 간상의 재성이 공망되어 군량미가 없으니 이롭지 않고, 삼전이 모두 공망되어 출병이 공허하니 이롭지 않다.

□ 『**필법부(畢法賦)**』: 〈제90법〉 오고 감이 모두 공망이니 어찌 움직이는 것이 옳겠는가?

➜ 삼전이 모두 공망되었으니 움직이면 허탕을 친다.

〈제45법〉 주야귀인이 서로 가하면 양 귀인에게서 구하면 된다.

➜ 낮 귀인 丑이 밤 귀인 未에 가했다. 공무원이 귀인에게 요청하는 정단에서는 양 귀인이 참견하여 반드시 뜻을 성취한다. 그러나 서민이 귀인을 알현하는 정단을 하면 반드시 귀인을 만나지 못한다.

□ 『**비요**』: 신년(申年)에 출생한 사람이 질병을 정단하면 사람(申)이 귀신문(寅)으로 들어가니 흉은 많고 길은 적다.

➜ 여기에서의 申은 몸(身)의 뜻으로 사용되었다.

□ 『**심경**』: 무의(無依)는 도망친 사람을 먼 곳으로 가서 찾아야 하고, 온 사람은 떠나간다. 새가 둥지를 옮겨서 숲을 떠나고 공무원은 직

위를 바꾼다.
- 『**수중경**』: 반음과는 주로 두 길이다. 낮에는 申에 청룡이 타고 있으니 담을 사이에 두고 화가 생기고, 寅에 천후가 타고 있으니 먼 길에서 문서가 왕래하는 일이 생긴다.

庚戌일	제 8 국

공망 : 寅·卯
낮 : 왼쪽 천장, 밤 : 오른쪽 천장

戊	癸	丙
青 申 蛇	貴 丑 空	白 午 后
卯 ○	申	丑
癸	丙	○	戊
貴 丑 空	白 午 后	陰 卯 常	青 申 蛇
庚 申	丑	戌	卯 ○

| 庚戌
合 巳
勾 酉
青 辰
戌
申
卯
空 未
貴 寅 ○ | 辛亥
朱 午
朱
丙午
白 丑
后 | 壬子
蛇 未
乙巳
子
常 陰 玄 | 癸丑
貴 申
空
后 寅 ○
白 酉
陰 卯
戌 常
甲辰
玄 亥 |

- **과체** : 지일(知一) // 고진(孤辰), 재공(財空), 덕경(德慶/공망), 회환(回還), 맥월(驀越), 묘신부일(墓神覆日), 일록전묘(日祿傳墓), 막귀임간(幕貴臨干/밤), 귀인공망(貴人空亡/밤), 육편판(六片板), 록공망(祿空亡).
- **핵심** : 형제나 본인이 질병을 정단하면 필사한다. 낮에는 丙과 백호를 만나니 몸이 관 속으로 들어간다.
- **분석** : 발용의 申금은 庚의 본신(本身)이며 庚의 형제이다. 말전의 午 화의 둔간이 丙이고 낮에는 백호가 타서 일간을 극하니 흉한 재액이 반드시 중하다. 하물며 묘신인 丑이 일간을 덮고 申이 공망된 卯에 앉아 있으니, 만약 진월에 질병을 정단하면 申이 사기이니 시신이 되어 입관되는 것을 어찌 면하겠는가?
- **정단** : ❶ 지일과는 갈등이 있다.

❷ 낮에는 귀인이 일간에 임하여 일간을 생하고 삼전은 체생(遞生)하며 일덕과 역마가 발용이 되었으니, 귀인에게 부탁하여 관직을 구하는데 가장 형통하고 이롭다.

❸ 다만 초전의 申이 묘지인 丑으로 전해지고 말전에서 다시 묘지로

들며, 중전의 丑이 일지의 파쇄와 순미이고 묘지인 丑이 일간을 덮고 있으니, 자신의 마음이 몽매하고 조목이 합당하지 못한 것으로 인해 귀인이 입을 닫을 수 있으니, 말로 실수를 하지 않고 얼굴을 잘 살펴서 실언하지 않아서 귀인과의 교의를 돈독하게 해야 한다.

O **날씨** : 청룡이 묘지로 드니 맑다.
  → 청룡은 감우의 천장이다. 청룡승신 申이 申의 묘지인 중전의 丑으로 드니 맑다.

O **가정** : 지상에 공망된 卯가 타서 가택을 극하니, 음인과 소인(陰小)으로 인해 가정이 불안하다. 만약 해월에 정단하면 卯가 사기이고 밤에는 태상이 타서 가택에 들어 가택을 극하니, 집에서 상(喪)을 당하는 일이 발생한다.
  → 일간은 사람, 일지는 집이다. 일간의 귀살과 일지의 도화인 지상의 卯가 일지를 극하니 집에 우환이 닥친다. 낮에는 태음이 타고 있으니 음란사가 발생하고, 밤에는 태상이 타고 있으니 상(喪)을 당한다. 만약 해월의 밤에 정단하면 지상의 卯가 해월의 사기이니 반드시 상을 당한다. ● 가상 : 지상이 공망되고 다시 도화이니 나쁘다.

O **혼인** : 재성이 공망되었으니 불길하다.
  → 재성은 여자이다. 재성인 卯가 공망되어 여자를 잃는 상이니 혼인이 불길하다. ● 일지는 배우자감이다. 지상의 卯가 일지의 도화이고 여기에 낮에 정단하면 태음이 타고 있으니 음란한 여자이고, 밤에 정단하면 지상에 태상이 타고 있으니 음식과 예술에 재능이 있는 사람이다. ● 궁합 : 지상의 卯가 간상의 丑을 극하니 나쁘다.

O **임신·출산** : 임신하면 여자가 된다. 태신이 공망되고 다시 묘지로 드니 태아가 손상될 우려가 있다.
  → 일간은 태아, 삼전은 태아가 생육되는 과정이다. 일간음양에서

두 양(庚,午)이 하나의 음(丑)을 감싸고 있으니 여자이고, 삼전에서도 두 양(申,午)이 하나의 음(丑)을 감싸고 있으니 다시 여자이다. ● 태신은 태아이다. 태신인 卯가 공망되고 다시 절지에 임했으니 유산될 우려가 있다. ● 일지에서 손을 뜻하는 卯가 발을 뜻하는 戌에 가했으니 역산(逆産)을 예방해야 한다.

○ **구관** : 일덕과 일록이 비록 공망되었지만 관귀효에 백호가 타서 체생하니 길하다.

→ 일덕은 공무원, 일록은 공무원이 받는 급여이다. 초전의 일덕과 일록이 공망되었지만 말전의 관성에 백호와 청룡이 타서 중전과 초전을 차례로 생하니 좋다. ● 초전의 일록이 공망되었고 다시 일록이 중전과 말전에서 묘신에 드니 관로가 밝지 못하다. ● 고시·승진 : 나쁘다.

○ **구재** : 재물의 이익이 적다.

→ 재성은 재물이다. 재성인 卯가 공망되었으니 재물의 이익이 적다. ● 일록은 사업이다. 초전의 일록이 공망되고 다시 중전에서 묘지로 드니 현재와 미래의 사업운이 매우 나쁘다.

○ **모망** : 흉사는 쉽게 흩어지고 길사는 이루기 어렵다.

→ 초전이 공망되었으니 흉사는 흩어지고 길사는 이루기 어렵다.

○ **질병** : 극흉하다. 구해진다.

→ 발용의 申금은 庚의 본신(本身)이고 庚의 형제이다. 말전 午의 둔간이 丙이고 낮에는 백호가 타서 일간을 극하니 흉한 재액이 반드시 중하다. 하물며 묘신인 丑이 일간을 덮고 申이 공망된 卯에 앉아 있다. 만약 진월(辰月)에 정단하면 申이 사기이니 병자가 시신이 되어 입관되는 것을 어찌 면하겠는가? 만약 나 혹은 형제의 질병을 정단하면 필사한다. ● 卯는 손, 戌은 발이다. 제3과의 상하가 卯와 戌이니 중풍이 우려된다.

○ **출행** : 비록 역마에 일덕과 일록이 타고 있지만 묘지로 전해지고 다

시 묘지로 드니 여행이 내키지 않는다.
→ 역마는 자동차이다. 역마인 申이 공망되고 다시 묘지로 이어지니 여행이 내키지 않는다. 그리고 여행지를 뜻하는 일지에 귀살이 임하니 안전하지 않은 여행지이다.

○ **귀가** : 역마가 발용이 되어 문에 임하니 즉시 온다.
→ 역마는 자동차, 卯와 酉는 대문이다. 역마가 卯에 임했으니 출행했던 사람이 차를 타고 집으로 온다.

○ **쟁송** : 서로 손실을 입는다.
→ 일간은 나, 일지는 상대이다. 일간에는 묘신이 임하고 일지에는 지귀(支鬼)가 임하니 서로 손실을 입는다.

○ **도난** : 서방에 있는 여종이 도둑이다. 닭의 울음소리를 들은 뒤에 도망쳤으니 도둑을 잡기 어렵다.
→ 도둑은 현무의 음신에 있다. 주야 모두 현무의 음신이 酉이니 서방에 있는 여종이 도둑이고, 닭소리를 들은 뒤에 도망갔으니 도둑을 잡기 어렵다.

○ **전쟁** : 이롭지 않다.
→ 일간은 아군이다. 일간이 묘지에 묻혔으니 이롭지 않고 오히려 어둡다.

□ **『필법부(畢法賦)』** : 〈제69법〉 백호가 둔간귀살에 타면 재앙이 얕지 않다.
→ 낮에 정단하면 제2과와 말전의 둔간이 일간 庚의 귀살인 丙이고 천반에는 백호가 타고 있다. 따라서 재앙이 깊다.
〈제31법〉 삼전이 차례로 일간을 생하면 타인의 추천을 받는다.
→ 말전의 午는 중전의 丑을 생하고, 중전은 초전의 申을 생한다.
〈제59법〉 화개가 일간을 덮으면 사람이 혼미해진다.

➜ 화개 戌이 일간을 덮지는 않았지만 묘신 丑이 일간을 덮었다.
□ 『**중황경**』: 丑이 午로 들면 저주가 많다.
  ➜ 중전의 丑이 말전의 午로 든다. 丑은 귀인, 午는 저주와 구설이다. 丑이 午로 드니 귀인에게 저주와 구설이 생긴다.
□ 『**지장부**』: 丑에 천공이 타면 난쟁이고, 申에 천공이 타면 승려이다.
□ 『**옥성가(玉成歌)**』: 천마와 역마가 초전이 되면 이십팔수의 삼성(參星) 백호가 움직인다. 그리고 묘신이 일간에 임하면 몸에 재난이 쌓인다.
  ➜ 2월과 8월에는 申이 천마이고 동시에 삼성(參星)이다.

| 甲辰순 | 경술일 | 9국 |

庚戌일 　제 9 국

공망 : 寅·卯
낮 : 왼쪽 천장, 밤 : 오른쪽 천장

甲	戊	壬
玄 辰 玄	青 申 蛇	蛇 子 青
子	辰	申
壬	甲	○丙
蛇 子 青	玄 辰 玄	后 寅 白 白 午 后
庚 申	子	戌	寅

己 酉 巳	庚 戌 午	辛 亥 未	壬 子 申
勾 朱	合	合 朱	勾 蛇
戊 申 辰			癸 丑 酉
青 蛇			貴 空
丁 未 卯			○寅 戌
空 貴			后 白
丙 午 寅	乙 巳 丑	甲 辰 子	○卯 亥
白 后	常	陰 玄	玄 陰 常

- **과체** : 섭해(涉害), 윤하(潤下), 여덕(勵德), 육의(六儀) // 육양(六陽), 재공(財空), 전국(全局), 화미(和美), 복덕(福德), 무음(蕪淫), 교차상극(交叉相剋), 탈상봉탈(脫上逢脫/밤), 간지공귀인(干支拱貴人), 귀인공망(貴人空亡/밤), 자손효현괘.
- **핵심** : 자식으로 인해 망친다. 성정이 나태하다. 움직이면 생방(生方)에 앉는다. '환혼채(還魂債)'를 얻는다.
- **분석** : ❶ 庚이 수국으로 탈기되고 수국이 寅목을 생해서 戌을 극하니 사람과 집 모두 자손으로 인해 망가진다. 기운은 텅텅 비고 피곤해지며 모든 일에서 나태하다.
  ❷ 다만 庚(申)이 가서 辰에 가하니 생하는 지반에 앉아 있다. 삼전이 비록 일간을 훔치지만 재성인 지상의 寅목을 생한다. 만약 타인에게 먼저 베풀면 뜻하지 않게 나중에 소득이 있으니 이것이 전생의 빚을 돌려받는다는 뜻의 '환혼채(還魂債)'이다.
- **정단** : ❶ 육의(六儀)는 본래 길조이고 다시 삼합하니 일이 성사된다.
  ❷ 귀인이 卯酉에 서면 덕을 권장한다는 뜻의 '여덕(勵德)'이다. 군자

에게는 이롭고 소인에게는 불리하다.

❸ 과전이 모두 육양이니, 공적인 일에는 이롭고 사적인 일에는 불리하다.

❹ 庚금이 삼전의 子수를 생하고 子수는 다시 子에 타고 있는 청룡을 생하여서 탈기 위에 다시 탈기가 가중되니 공허한 속임을 예방해야 하고, 간상에 등사가 타고 있으니 놀람과 의혹을 면하지 못한다.

○ **날씨** : 삼전이 윤하이니 비가 온다.
　→ 삼전이 비를 뜻하는 윤하이니 비가 온다.
○ **가정** : 사람은 겁이 많고 나약하다. 집에 낭비가 많다.
　→ 일간은 사람이다. 낮에는 간상에 등사가 타고 있으니 경공사가 있고 삼전의 수국이 일간을 설기하니 나약하다. ● 일지는 집이다. 재성이 지상에서 공망되었으니 집에 낭비가 많고 가난하다. 낮에는 재성에 타고 있는 천후가 공망되었으니 부녀자를 잃는 것을 예방해야 하고, 밤에는 재성에 백호가 타고 있으니 부녀자의 건강을 보살펴야 한다. ● 일간 庚은 지상의 寅을 극하고 일지 戌은 간상의 子를 극해서 간지가 교차상극(交叉相剋)하여 '무음'이니, 부부가 불화하여 다른 마음을 품는 것을 예방해야 한다.
○ **혼인** : 좋은 배필이고 어울린다. 다만 성사되기 어렵다.
　→ 일간은 나, 일지는 배우자감이다. 간상의 子가 지상의 寅을 생하고 삼전이 삼합해서 '화미격'이니 좋은 배필이고 남녀가 잘 어울린다. 다만 일간과 일지가 교차상극(交叉相剋)하고 다시 섭해과이니 혼인이 성사되기 어렵다. ● **궁합** : 일간과 일지가 교차상극하니 나쁘다. ● 일지는 상대이다. 낮에는 지상에 천후가 타고 있으니 여성적인 사람이고, 밤에는 지상에 백호가 타고 있으니 몸에 병이 있는 사람이다.

○ **임신·출산** : 태신이 장생에 앉아 있으니, 임신을 정단하면 이롭고 출산을 정단하면 불리하다.
➜ 태신인 卯가 장생인 亥에 앉아 있어서 태아가 무럭무럭 자라는 상이니, 임신은 이롭고 출산은 불리하다.

○ **구관** : 육의(六儀)가 발용이 되었고 중전의 일덕과 일록과 역마가 달리니 매우 길하다. 다만 삼전이 관성을 극하니 경거망동하면 안 된다.
➜ 육의(六儀)가 발용이 되면 고시생은 시험에 합격하고 공무원은 승진한다. 일덕은 공무원, 일록은 국록, 역마는 승진의 신이다. 중전의 申이 일덕과 일록과 역마이니 관직에 매우 길하다. ● **고시·승진** : 삼전의 수국이 관성인 화를 극하니 불리하다.

○ **구재** : 빚을 독촉하면 된다.
➜ 재성은 재물이다. 삼전이 비록 일간을 설기하지만 지상의 寅목을 생해서 재성이 탄탄하니 빚을 독촉하면 돌려받는다. 돌려받는 시기는 공망된 재성 寅이 메워지는 인년이나 인월이나 인월장(소설~동지) 기간이다.

○ **질병** : 허증의 병이거나 혹은 비장에 바람이 들었다. 초기의 병은 즉시 낫지만 구병은 낫기 어렵다.
➜ 일간은 환자이다. 일간이 삼전의 수국으로 탈기되니 허탈증이다. 일간이 크게 탈기되고 다시 음식을 뜻하는 재성이 공망되었으니, 신병은 낫고 구병은 낫기 어렵다.

○ **모망** : 일이 지체되고 우환이 있다. 풀리기 어렵다.
➜ 섭해과이니 일이 지체되고 풀리기 어렵다.

○ **출행** : 육의격이고 역마에 일덕과 일록과 역마가 같이 있으니 왕래에 이롭다.
➜ 역마는 자동차, 일덕은 백 가지의 흉을 없애고 천 가지의 길을 부르는 신이다. 중전이 역마와 일덕이니 여행이 길하다.

○ **귀가** : 길에 있다.
  ➜ 천강(辰)은 동신, 사중은 중도이다. 천강이 子에 가했으니 중도이다.
○ **쟁송** : 과전이 삼합하니 반드시 화해해야 한다.
  ➜ 삼합에는 화합의 뜻이 있으니 반드시 화합해야 한다. 만약 화합하지 않으면 쟁송이 오래가고 경제적인 손실이 매우 크다. ● 승패 : 일간은 튼실하고 일지는 공허하니, 나는 유리하고 상대는 불리하다. 또한 일간이 일간음양 및 삼전으로 탈기되니 내가 불리하다.
○ **도난** : 서남방의 길옆이나 대장간에 도둑이 숨어있다.
  ➜ 도둑은 현무의 음신에 숨어있다. 현무의 음신이 申이니 서남방의 길옆이나 혹은 대장간에 숨어 있다.
○ **전쟁** : 이롭지 않다.
  ➜ 일간은 아군, 삼전은 출군 과정이다. 일간의 음양과 삼전이 삼합해서 일간을 설기하니 전쟁에 이롭지 않다.

□ 『**필법부(畢法賦)**』 : 〈제5법〉 육양수가 갖춰지면 모름지기 공적으로 써야 한다.
  〈제15법〉 (일간) 위에서 탈기하고 다시 탈기하면 헛된 속임을 예방해야 된다.
  ➜ 낮에 정단하면 간상의 子가 일간을 탈기하고 여기에 타고 있는 청룡의 오행(甲寅목)이 子를 탈기하니 거듭 탈기된다.
□ 『**과경(課經)**』 : 庚戌일에 辰이 子에 가해서 발용이 되었으니 기미를 관찰하라는 뜻의 '찰미(察微)'이다. 구점하는 사람이 어질지 못해서 소인이 그에게 모해하려는 뜻이 있으니 이러한 우환을 예방해야 한다. 다만 일반인은 그것을 우려하지 않아도 된다.
□ 『**지장부**』 : 辰申子는 '정투(呈鬪)'이다. 음양이 천상(天象)이다.

| 갑진순 | 경술일 | 10국 |

庚戌일 제 10 국

공망 : 寅·卯
낮 : 왼쪽 천장, 밤 : 오른쪽 천장

	○	乙	戊
	后 寅 白	常 巳 陰	青 申 蛇
	亥	寅 ○	巳
	辛	○	癸	甲
	朱 亥 勾	后 寅 貴	丑 空	玄 辰 玄
	庚 申	亥	戌	丑

戊 申 巳 青	己 酉 午 勾 朱	庚 戌 未 合 朱	辛 亥 申 勾
丁 未 辰 空 貴			壬 子 酉 蛇 青
丙 午 卯 白 后			癸 丑 戌 貴 空
乙 巳 寅 常 陰	甲 辰 丑 玄	○ 卯 子 陰 常	○ 寅 亥 后 白

□ **과체** : 탄사(彈射), 원태(元胎), 과수(寡宿) // 요극(遙剋), 침해(侵害), 재공(財空), 복덕(福德), 절신가생(絶神加生), 형상(刑傷), 귀인입옥(貴人入獄).

□ **핵심** : 먼저 잃고 나중에 얻는다. 경비가 바닥나고 힘이 든다. 양 귀인이 화를 낸다. 좋고 나쁨은 자취가 없다.

□ **분석** : ❶ 간상의 亥수가 본래는 일간을 탈기하지만 초전의 재효를 생하니, 먼저 잃고 나중에 얻는다.

❷ 초전의 재물이 공망되고 중전의 관성은 공망된 지반에 들며, 말전 역마의 동정을 살피면 헛된 노력을 하고 힘만 드니 재물을 얻기 어렵다.

❸ 낮 귀인 丑은 일지에 앉아 있고 밤 귀인 未는 辰에 앉아 있어서 양 귀인이 입옥되었으니 귀인에게 부탁하면 반드시 화를 낸다.

❹ 발용이 공망되었으니 길흉 모두 불성하고 좋고 나쁨은 흔적이 없다.

□ **정단** : ❶ 탄사(彈射)는 본래 화와 복이 가벼운데, 발용이 다시 공망

되었으니 더욱 무력하다.

❷ 귀인이 가택을 형(刑)을 하고 간상에는 탈기가 타니 관사가 있지 않으면 도둑이 침입한다. 가택의 음신에는 현무가 천강(辰)에 타니 가정에서 유실을 예방해야 한다.

❸ 말전의 일덕과 일록이 장생인 巳에 앉아 있고 다시 역마이니, 만약 봄에 정단하면 목이 왕성하여 공망된 寅卯를 메우니 전정이 만리이고 왕래에 이롭다.

○ **날씨** : 亥수가 장생에 앉아 있으니 작게 내리는 비가 오랫동안 온다.
→ 亥는 비이다. 亥가 亥의 장생인 申에 앉아서 생을 받으니 작게 내리는 비가 오랫동안 온다.

○ **가정** : 밤에 정단하면 묘신이 가택에 엎드려 있으니 웃어른에게 불안하다.
→ 묘신은 어둠의 신, 일지는 가택이다. 일간의 묘신인 丑이 가택에 임했으니 가정에 어두운 일이 발생한다. 만약 유월에 정단하면 지상의 丑이 유월의 사기이니 가정에서 상(喪)을 당하는 일을 예방해야 한다. 그리고 일지가 폐구되었으니 가운이 나쁘다. ● 가상 : 일지가 묘지에 묻혔으니 나쁘다.

○ **혼인** : 재성이 공망되었으니 성사되면 안 된다.
→ 재성은 여자이다. 재성인 寅이 공망되어 여자를 잃는 상이니 혼인이 성사되면 안 된다. ● 궁합 : 일간은 나, 일지는 상대이다. 지상의 丑이 간상의 亥를 극하니 궁합이 나쁘다. ● 일지는 상대이다. 지상이 묘신이니 미래가 어두운 사람이다. 낮에는 지상에 귀인이 타고 있으니 그나마 좋고, 밤에는 지상에 천공이 타고 있으니 허언을 일삼으니 나쁘다. ● 만약 혼인하면 초전의 재성 寅이 공망되었으니 혼인 초기에 상처한다.

○ **임신·출산** : 두 양이 하나의 음을 감싸며 간상이 음에 속하니 임신하면 여자이다. 일간이 일지를 탈기하니 출산이 쉽다.

→ 일간은 태아, 삼전은 태아가 생육되는 과정이다. 일간음양에서 두 양(庚,寅)이 하나의 음(亥)을 감싸고 있으니 여자이고, 다시 삼전의 두 양(寅,申)이 하나의 음(巳)을 감싸고 있으니 다시 여자이다. ● 일간은 태아, 일지는 임신부이다. 일간 庚이 일지 戌을 탈기하니 순산한다.

○ **구관** : 관성이 공함되었으니 불리하다. 낮에 정단하면 조금 길하다.

→ 관성은 관직이다. 관성인 巳가 공함되었으니 관직에 나쁘다. 공무원을 뜻하는 일덕과 관록을 뜻하는 일록이 말전에 보이니 나중에는 희망이 있다.

○ **구재** : 재물이 매우 작다.

→ 재성은 재물이다. 초전의 재성이 공망되었으니 매우 작은 재물을 얻는다. 다만 공망된 재성 寅이 메워지는 인년이나 인월이나 인월장(소설~동지) 기간에 정단하면 크게 득재한다.

○ **질병** : 백호귀살이 공망되었다. 초기의 병은 즉시 낫고 오래된 병은 흉하다.

→ 백호는 질병, 귀살은 병재이다. 비록 백호귀살 午가 오행의 금을 극하여 폐에 병이 들었지만 다행히 午가 공함되었으니 병이 낫고, 일간 庚이 간상의 亥로 탈기되었으니 기력이 약하다. ● 申은 백호, 巳는 상여이다. 말전에서 申이 巳에 가했으니 나중에 상(喪)을 조심해야 한다. ● 의약신 亥가 申에 임하니 서남방에서 명의와 명약을 구해서 치료하면 된다.

○ **출행** : 도둑을 막아야 한다.

→ 일지는 여행지이다. 일지음신에 현무가 타고 있으니 여행지에서 도둑을 막아야 한다.

○ **귀가** : 즉시 돌아온다.

→ 귀인은 공무원이다. 만약 출행한 사람이 공무원이면 지상에 귀인이 타고 있으니 즉시 집으로 돌아온다.

○ **쟁송** : 낮 귀인이 입옥되었고 다시 낮 귀인이 일지를 형(刑)을 하며, 밤에는 구진승신 酉가 일간을 탈기하니 양측 모두에게 불리하다.

→ 일간은 나, 일지는 상대이다. 지상의 丑이 간상의 亥를 극하니, 상대는 유리하고 나는 불리하다.

○ **도난** : 서남방에 도둑이 있다.

→ 도둑은 현무의 음신에 있다. 주야 모두 현무의 음신이 未이니 서남방에 도둑이 숨어 있다.

○ **전쟁** : 불리하다.

→ 일간은 아군이다. 일간이 간상으로 탈기되니 불리하고 다시 초·중전이 공망되었으니 출전에 장애가 많다.

□ 『**필법부(畢法賦)**』 : 〈제75법〉 손님과 주인이 다투지 않아도 형벌이 이미 있다.

→ 삼형에는 쟁투의 뜻이 있다. 삼전이 삼형이니 주객이 서로 다툰다. 주로 혼인, 매매, 교역, 계약, 동업, 국제회담 등에서 양측 모두에게 이롭지 않다.

□ 『**수중금(袖中金)**』 : 일간이 십이신을 요극(遙剋)하면 '탄사(彈射)'이다. 제2과가 발용이 되어 외전을 당하니 무력해서 공허는 많고 실질은 적다.

□ 『**금궤경(金匱經)**』 : 교제해서 모두 들어오지 않으니 독립해야 한다. 주(注)를 달기를, 십이신이 와서 일간을 극하면 화가 밖에서 오고, 일간이 가서 십이신을 극하면 화가 안에서 일어난다.

→ 주(注)의 전자는 호시(蒿矢), 후자는 탄사(彈射)를 가리킨다.

| 갑진순 | 경술일 | 11국 |

庚戌일 제 11 국

공망 : 寅·卯
낮 : 왼쪽 천장, 밤 : 오른쪽 천장

	壬	○	甲
后子白	蛇寅青	合辰合
	戌	子	寅 ○
庚	壬	壬	○
玄戌玄	后子白	后子白	蛇寅青
庚申	戌	戌	子

丁空未巳	戊貴申午	己白未	庚玄戌申
丙青午辰	蛇		辛陰亥酉
乙勾巳卯	朱		壬后子戌
甲合辰寅	朱卯丑	勾蛇寅子	癸貴丑亥

- **과체** : 중심(重審), 진간전(進間傳), 불비(不備), 향삼양(向三陽/子寅辰), 췌서(贅婿) // 재공(財空), 육양(六陽), 육의(六儀), 왕래수생(往來受生/自在), 복덕(福德), 무음(蕪淫), 불행전(不行傳), 신장·살몰·귀등천문(神藏·殺沒·貴登天門/낮), 강색귀호(罡塞鬼戶).
- **핵심** : 일지인 戌이 와서 일간을 생하니 가만히 앉아 있으면 형통하다. 현무가 조금 두려우니 걸음을 멈추고 가지 않아야 한다.
- **분석** : ❶ 일지인 戌이 와서 일간 庚을 생하니 '자재격(自在格)'이다. 가만히 앉아 있어도 이익이 생기니 형통하고, 형통을 애써 구하지 않더라도 저절로 형통해진다.
  ❷ 주야에 현무가 타고 있어서 두렵지만 망동하지 않으면 안심하고 살 수 있다.
- **정단** : ❶ 향삼양(向三陽)이다. 어두운 곳에서 밝은 곳으로 드니 처음에는 흉하지만 나중에는 길한 상이다. 다만 초전은 일간을 탈기하고 밤에는 백호가 타고 있고, 중전의 재성은 공망되고 낮에는 등사가 타고 있으며, 말전이 생기이지만 공망된 지반에 들어간다.

❷ 비록 귀인이 천문인 亥에 가해서 '귀등천문(貴登天門)'이고 천강(辰)이 귀호(寅)에 가해서 '강색귀호(罡塞鬼戶)'이지만 도모해서 반드시 이익이 있는 것은 아니다.

❸ 일지가 일간에 가해서 일간을 생하지만 그 위에 현무가 타고 있으니 현무가 본 모습을 드러낸다. 언제나 운명을 하늘에 맡기면 서민에게 다른 걱정이 없다.

❹ 격명이 '췌서(贅婿)'이니 모든 일에서 자유롭지 못하다.

일간은 나, 일지는 상대이다. 일지가 간상으로 왔으니 '췌서'이다.

○ **날씨** : 보슬비가 오지만 향삼양(向三陽)이니 나중에는 갠다.

→ 초전이 子이니 처음에는 비가 오지만, 삼전이 향삼양이니 나중에는 갠다.

○ **가정** : 중심과는 불순한 경우가 많다. 지신에 현무가 타서 일간을 취하니 부인의 사통이 있다.

→ 지반은 자식이고 천반은 부모, 지반은 여자이고 천반은 남자이다. 하가 상을 극하여 발용이 된 중심과이다. 자식은 부모에게 불효하고 아내는 남편에게 드세니 가정에 불순한 일이 많다. ● 일지는 부인이다. 일지에 음란의 천장인 현무가 타서 일간에게 가니 부인에게 사통이 있고, 다시 사과가 불비이니 가정이 음란하며, 또다시 삼전의 전후에 천후와 육합이 있어서 일녀(泆女)이니 반드시 음란하다.

○ **혼인** : 남녀가 음란하니 혼인이 나쁘다.

→ 삼전의 초전에 천후가 있고 말전에 육합이 있어서 남녀가 음란하니 혼인이 나쁘고, 다시 사과가 불비여서 남녀가 음란하니 더욱 나쁘다. ● 중심과는 여자가 드세니 혼인이 나쁘다. 특히 여름과 토왕절에 정단하면 초전의 지반이 왕성하니 더욱 드센 여자이다. ●

궁합 : 일간은 나, 일지는 배우자감이다. 간상이 지상을 극하니 궁합이 나쁘다. ● 일지는 상대이다. 간상으로 온 일지에 현무가 타고 있으니 상대의 성정이 나쁘다.

○ **임신·출산** : 여자를 임신한다. 속히 출산한다.

→ 중심과이니 여자를 임신한다. 일지 戌토가 일간 庚금으로 탈기되니 속히 출산하고, 간상으로 온 일지가 일간을 보호하니 순산한다.

○ **구관** : 향삼양(向三陽)이니 이룬다.

→ 향삼양이니 뜻을 이루는 상이지만 중·말전이 공망되었으니 이루지 못한다. 인년이나 인월이나 인월장 기간에 점단하면 공망이 메워지니 뜻을 이룬다. ● 낮에는 귀인이 천문인 亥에 오름으로써 백 개의 살이 사람을 껴안고 보호하니 형통하고 이익이 있다.

○ **구재** : 재성에 청룡이 타고 있으니 인일(寅日)에 얻는다.

→ 재성과 청룡은 재물이다. 재성인 寅에 청룡이 타고 있지만 이것이 공망되었다. 공망이 메워지는 인일이나 인월장이나 인월이나 인년에 득재한다.

○ **질병** : 심장경락에 병이 들었다. 즉시 낫지는 않는다.

→ 백호의 극을 받는 장부에 병이 든다. 밤에 점단하면 백호가 子에 타서 오행의 화를 극하니 심장경락의 병이고, 백호승신 子를 극하는 戌 아래의 신방(申方, 서남방)에서 명의와 명약을 구해서 치료하면 빨리 낫는다.

○ **출행** : 육로는 덜 길하다. 유도가 발용이 되었으니 도적을 조심해야 한다.

→ 현대에서는 일간은 여행객, 일지는 여행지이다. 유도인 子가 발용이 되었고 다시 간상에 현무가 타고 있으니 도적을 예방해야 한다. ● 지상이 일간을 탈기하니 여행지에서 손실이 발생한다. 낮에는 천후가 타고 있으니 부녀자를 잃는 것을 예방해야 하고, 밤에는 지상에 백호가 타고 있으니 질병이 생기고 허약해지는 것을 예방해

야 한다.

　　※ 유도 : 甲일부터 丑子寅巳申 두 번. 경술일 제6국 신살표 참조.
○ **귀가** : 늦고 지체되니 아직은 돌아오지 않는다.

→ 말전은 귀가의 초기, 중전은 중기, 초전은 말기이다. 말전과 중전이 공망되었으니 귀가에 장애가 생겨서 아직은 돌아오지 않는다.

○ **쟁송** : 풀리기 어렵다.

→ 일간은 나이다. 간상에 그물을 뜻하는 천라지망(天羅地網)인 戌이 가했으니 쟁송이 풀리기 어렵다. 연명이 寅이면 그 위의 辰이 그물을 찢으니 쟁송이 풀린다. 혹은 진년이나 진월이 오면 辰이 천라지망을 찢으니 역시 쟁송이 풀린다. ● 승패 : 일간은 나, 일지는 상대이다. 일간이 일지의 생을 받고 다시 간상이 지상을 극하니 내가 유리하다.

○ **도난** : 본가의 자식이거나 혹은 어부나 백정이다. 북방에 있다.

→ 현무는 도둑이다. 현무가 일지인 戌에 타서 간상으로 왔으니 본가의 자녀가 도둑이거나 혹은 현무의 음신이 子이니 북방의 물가에 있는 어부가 도둑이다.

○ **전쟁** : 가만히 있어야 한다. 움직이면 안 된다.

→ 현무는 적군이다. 일지에 현무가 타서 간상으로 왔으니 침입한 적군을 소탕해야 하고, 삼전이 흉하니 움직여서 앞으로 진군하면 안 된다.

□ 『**필법부(畢法賦)**』 : 〈제82법〉 삼전이 나아가지 못하는 불행전(不行傳)은 초전을 살펴야 한다.

→ 초전의 子는 튼실하고 중·말전의 寅辰은 공함되었다.

□ 『**과경(課經)**』 : ❶ 辰은 천강(天罡)이고 寅은 귀호(鬼戶)이다. 辰이 寅에 가했으니 천강이 귀호를 막는다는 뜻의 '강색귀호(罡塞鬼戶)'이다.

삼전에 있고 없고를 막론하고 강색귀호가 되면 모든 귀신이 엿보지 못한다. 피난과 도망과 음모를 꾀하거나 혹은 문상과 문병과 부적을 그리는 일에서 이롭다. ❷ 일간이 甲戊庚이면 더욱 알맞다. 그 이유는 귀인이 하늘로 오르는 뜻의 귀등천문(貴登天門)이기 때문인데, 모든 정단에서 형통하지 않은 것이 없다. ❸ 《집의(集義)》에서 말하기를 "화국 월에 정단하면 분실된다. 만약 분실을 정단하면 반드시 실패해서 귀가한다."고 하였다.

→ ❸에서의 화국의 월은 여름을 가리킨다.

庚戌일 제 12 국

공망 : 寅·卯 ○
낮 : 왼쪽 천장, 밤 : 오른쪽 천장

辛	壬	癸
陰亥常	后子白	貴丑空
戌	亥	子
己	庚	辛	壬
常酉陰	玄戌玄	陰亥常	后子白
庚申	酉	戌	亥

丙午青	丁未空	戊申白	己酉常陰
巳蛇	午貴	未后	酉
乙巳辰勾朱			庚戌酉玄玄
甲辰卯合合○			辛亥戌陰常
卯寅朱○	寅丑蛇青○	丑子貴空癸	子亥后白壬

□ **과체** : 중심(重審), 진여(進茹), 삼기(三奇) **//** 용잠(龍潛/亥子丑), 인중삼기(人中三奇), 연주삼기(連珠三奇), 복덕(福德), 천라지망(天羅地網), 아괴성(亞魁星), 교차육해(交叉六害), 교차탈기(交叉脫氣).

□ **핵심** : 삼전이 일간을 탈기하니 도모하는 모든 일에서 힘이 든다. 질병은 액이 있고 소송은 형을 받는다. 자식과 여종(婢)으로 인해 괴롭다.

□ **분석** : ❶ 삼전이 일간을 도둑질하니 도모하는 일에서 소모와 지출을 면하기 어렵다. 간지의 상하가 교차육해하고 교차탈기하니 질병을 정단하면 액이 있고 소송을 정단하면 형을 선고받는다.
❷ 간상의 酉는 여종(婢女)으로서 천라에 묶이고, 지상의 亥는 자식으로서 지망에 묶이니, 반드시 자식과 여종으로 인해 고통에 이르는 것을 막을 수 없다.

□ **정단** : ❶ 삼전의 연주삼기가 왕상하니 모든 일이 길상으로 변하고 도모하는 일에서 이롭지 않은 것이 없다. 다만 간지상신이 모두 자형이고 다시 교차육해(交叉六害)하니 주객이 화합하기 어렵다.

❷ 발용의 亥는 일지의 겁살(劫殺)이다. 앞을 향해서 전진하니 모든 일이 신속하다. 말전 묘신 丑의 둔간은 癸이고 천반은 일지의 파쇄 살이니, 오직 입을 다물어야 누수를 막을 수 있다.

→ 주로 혼인, 매매, 계약, 동업 등에서 쓰인다.

○ **날씨** : 亥수가 발용이 되었으니 즉시 비가 온다.
  → 오행의 수는 비이다. 초전이 亥수이니 즉시 비가 온다.
○ **가정** : 사람과 집이 교차탈기하고 교차육해하니 안녕하지 못하다. 다행히 초전이 삼기이니 큰 허물은 없다.
  → 일간은 사람, 일지는 집, 탈기는 손실, 육해에는 상해의 뜻이 있다. 일간 庚(申)은 지상의 亥로 탈기되며 육해, 일지 戌은 간상의 酉로 탈기되며 육해이니, 사람과 집 모두 손실과 상해가 있고 가족이 화목하지 않다. 그나마 지상과 초전의 亥가 삼기이니 흉이 변하여 길이 된다.
○ **혼인** : 삼기(三奇)이니 성사된다.
  → 초전의 亥는 삼기이고, 삼전은 연주삼기이며, 삼전의 辛壬癸는 인중삼기이다. 삼기격은 만사 화합한다. 천가지 재앙을 만나더라도 그 흉이 풀리고, 삼기에는 기이한 조화가 있으니 혼인이 성사된다. ● 일간은 나, 일지는 배우자감이다. 간지가 교차육해하니 남녀가 보이지 않는 상해를 입는 것을 예방해야 한다. ● 궁합 : 보통이다. 간지가 교차육해하니 나쁘지만 삼전이 삼기이니 보통이다. ● 일지는 상대이다. 지상이 삼기이니 좋은 배우자감이다. 낮에는 지상에 흉장인 태음이 타고 밤에는 길장인 태상이 타니, 낮에 비해 밤이 좋다.
○ **임신·출산** : 임신하면 남자이다. 출산에서 산액이 있다.
  → 삼전이 亥子丑 연주삼기이니 아들을 낳고, 삼전 둔간의 辛壬癸가 인중삼기이니 다시 귀한 아들을 낳는다. 일간은 태아, 일지는 임신

부이다. 간지가 교차육해하니 태아와 임신부 모두 몸이 상할 우려가 있다.

○ **구관** : 삼기격이니 승진하는 기쁨이 있다.

→ 초전의 亥는 삼기이고, 삼전은 연주삼기이며, 삼전의 辛壬癸는 인중삼기이다. 따라서 승진하는 기쁨이 있다. ● 고시·승진 : 겨울에 정단하면 연주삼기가 왕성하니, 수험생은 합격하고 공무원은 승진한다.

○ **구재** : 얻는 것에 비해 잃는 것이 많다.

→ 자손효는 손실, 재성은 재물이다. 과전에 처재효가 없고 일간이 삼전으로 탈기되니, 얻는 것은 없고 잃는 것은 많다.

○ **질병** : 신장병과 두종(頭腫)이다. 전염되니 낫기 어렵다.

→ 밤에 정단하면 백호승신 子가 화를 극하니 심장질환이고 다시 일지의 음양과 삼전이 국을 이루어서 일간을 탈기하니 허탈증이다. ● 지상은 병증이다. 지상이 亥이니 풍습증이다. ● 일간이 일지음양과 삼전으로 크게 탈기된다. 따라서 원기가 허약하여 낫기 어렵지만 삼전이 삼기이니 좋은 의사를 만난다.

○ **출행** : 진여이지만 물러나야 한다.

→ '천라지망(天羅地網)'은 그물이다. 간상이 일간의 전일위이고 지상이 일지의 전일위여서 간지상에 천라지망(天羅地網)이 쳐졌으니 물러나야 한다. ● 삼전은 여정이다. 삼전이 탈기국이어서 여행에서 손실이 지나치게 많으니 물러나야 한다. 또한 일간과 일지가 교차육해하여 몸이 상하는 상이니 여행에서 해를 예방해야 한다.

○ **귀가** : 즉시 귀가한다.

→ 삼전이 연주삼기이니 즉시 귀가한다.

○ **쟁송** : 간지상의 亥와 酉는 자형이고 다시 간지가 교차육해를 하니 반드시 형벌을 면하기 어렵다.

→ 간상의 酉가 일간의 전일위이니 '양인(羊刃)'이다. 또한 간상이 일

간의 전일위이고 지상이 일지의 전일위여서 간지상에 천라지망(天羅地網)이 쳐졌으니 구속되는 것을 예방해야 한다. 그러나 삼전이 연주삼기이니 지은 죄에 비해 형량이 가벼워진다.

○ **도난** : 앞집의 돼지우리 혹은 화장실 옆에 있다. 도둑을 잡는 것을 조금이라도 늦추면 도둑이 도망친다.

→ 도둑은 현무의 음신에 있다. 주야 모두 현무의 음신이 亥이니 서북방에 있는 돼지우리 혹은 화장실 옆에 있다. 간지상신이 천라지망(天羅地網)이다. 만약 도둑 잡는 것을 조금이라도 늦추면 나의 발이 움직이지 않으니 잡기 어렵다.

○ **전쟁** : 수비해야 한다.

→ 간지상신이 천라지망(天羅地網)이니 움직이기 어렵다. 따라서 수비해야 한다.

○ **분묘** : 의총(義塚)이다. 미방(未方)에 물이 나오면 쓸 수 있다.

→ 의총은 무덤을 돌보는 후손이 없는 무연고의 죽은 사람을 위해서 남이 의로써 세운 무덤이다. ● 일지는 무덤이다. 일지의 음신이 수국이니 무덤에 물이 차는 것을 예방해야 하고, 간지가 교차탈기하니 무덤이 유실되는 것을 예방해야 한다.

□ 『**필법부(畢法賦)**』: 〈제55법〉 천라지망(天羅地網)을 만나면 모망사가 보잘 것이 없게 된다.

→ 간상의 酉는 일간의 그물(천라)이고 지상의 亥는 일지의 그물(지망)이다.

□ 『**지장부**』: 亥子丑은 햇빛이 아래에 있는 상이니 재능은 있지만 국가에 이바지하려고 하지 않는다.

→ 삼전은 亥子丑이다. 子에서 하나의 양이 처음 발생했지만 아직 亥를 벗어나지 못했으므로 용이 물에 잠겨 있어서 쓸 수 없다. 따라서

재능은 있지만 그 재능을 국가를 위해 쓰려고 하지 않는 상이다.
- 『수중금(袖中金)』 : 힘은 들고 남는 것이 적으며 얻는 것이 부족하다. 일간이 삼전으로 탈기되니 힘만 들고 여유가 없으며 꾀하는 일을 이루지 못하니 얻는 것이 부족하다.
- 『비요(秘要)』 : 지키면 왕성하고 움직이면 칼을 맞는다. 행동은 신중하게 해야 하고 언행은 조심해야 한다.
  → 간상의 酉는 일간의 제왕이고 지상의 亥는 일지의 제왕이니 가만히 있으면 저절로 왕성하지만, 만약 움직이면 간상이 양인으로 돌변하여 내 몸을 해친다.
- 『괄낭부(括囊賦)』 : 육해가 태상을 공격하니 행동거지에서 웃어른이 놀란다.
  → 태상은 웃어른이다. 낮에는 간상의 酉에 태상이 타고 밤에는 지상의 亥에 태상이 탄다. 간지가 교차육해하여 태상이 해를 입으니 웃어른이 놀란다.

신해일

辛亥日의 길신(구보)과 흉살(팔살)

일덕	巳	형	
일록	酉	충	
역마	巳	파	
장생	巳	해	
제왕	酉	귀살	巳午
순기	亥	묘신	丑
육의(六儀)	甲辰	패신 / 도화	午 / 子
귀인	주	寅	공망	寅卯
	야	午	탈(脫)	亥子
합(合)		사(死)	子
태(胎)	卯	절(絕)	寅

| 갑진순 | 신해일 | 1국 |

辛亥일 제 1국

공망 : 寅·卯
낮 : 왼쪽 천장, 밤 : 오른쪽 천장

辛	庚	丁
玄亥白	常戌常	青未后
亥	戌	未
庚	庚	辛	辛
常戌常	常戌常	玄亥白	玄亥白
辛戌	戌	亥	亥

乙巳巳合蛇	丙午午勾貴	丁未未青后	戊申申空陰
甲辰辰朱朱			己酉酉白玄
蛇卯卯○合○			庚戌戌常常
貴寅寅○勾	癸丑丑后青	壬子子陰空	辛亥亥玄白

- **과체** : 복음(伏吟), 두전(杜傳), 참관(斬關) // 형상(刑傷), 삼기(三奇), 복덕(福德), 맥월(驀越), 금일정신(金日丁神), 신임정마(信任丁馬), 귀인공망(貴人空亡/낮).
- **핵심** : 영업이 잘 되지만 초전으로 가면 손실을 입는다. 정마가 움직이니 흉이 발생하지만 가는 길을 막지 못한다.
- **분석** : ❶ 간상과 중·말전이 모두 일간을 생하니 영업이 잘 된다. 그러나 초전이 일간을 탈기하니 초전으로 가면 손실을 입는다.

  ❷ 자신격에 丁이 타니 정(靜) 속에 동(動)이 있고, 말전에서 丁未를 만나니 삼형이 된다.

  ❸ 극적(克賊)이 발용이 되었으니 화와 우환이 침입하는 것을 막을 수 없다. 다만 중전의 戌을 지키지 않고 말전으로 가서 丁을 만나는 것은, 반드시 장사하기 위해서 앞으로 가는 것으로서 그가 가는 길을 막지 못한다.
- **정단** : ❶ 복음과는 천지가 같다. 네 복신(四伏)이 일어나지 않아서 본래는 가만히 있는 상이지만 삼전에 丁이 타고 있으니 움직이게 된

다. 다만 '두전(杜傳)'에서 삼전이 자형과 삼형이어서 삼전에 온화한 기운이 적으니 꾀하는 일이 반드시 뜻대로 되지 않는다.

❷ 다행히 하괴(戌)는 관인(官印)이고 태상은 수(綬)이다. 인수가 일간에 임해서 일간을 생하고 택상의 삼기가 발용이 되었으며 말전에 천후와 청룡이 타고 있으니, 주로 부모나 관귀로 인하여 움직여서 처나 재물을 얻는 기쁨이 있다.

❸ 모든 일의 처음에는 흉하고 나중에는 길하며 화와 복이 같이 있다.

→ 초전이 자형과 탈설이니 모든 일의 처음에는 흉하고, 중·말전에 길장이 타서 일간을 생하니 나중에는 길하다.

○ **날씨** : 수가 발용이 되었지만 중·말전이 모두 토이니 흐리고 비가 오지 않는다.

→ 초전의 수가 중·말전의 두 토로부터 극을 받아 수의 오행이 제압당했으니 비가 오지 않는다.

○ **가정** : 식구는 평안하다. 다만 발용의 亥가 일간을 탈기하고 낮에는 현무가 타고 있으니 도적을 예방해야 한다.

→ 일간은 식구, 일지는 집이다. 일간이 간상의 戌토로부터 생을 받으니 식구는 평안하다. ● 지상과 발용의 亥가 일간을 설기하니 손실이 발생한다. 낮에는 현무가 타고 있으니 도적을 예방해야 하고, 밤에는 백호가 타고 있으니 질병으로 인해 의료비가 많이 지출되는 것을 예방해야 한다. 특히 지상의 亥가 어린이를 뜻하고 또한 亥가 자손효이니 자식의 질병을 예방해야 한다.

○ **혼인** : 청룡과 천후에 丁이 타고 있으니 불길하다.

→ 청룡은 남자, 천후는 여자이다. 청룡과 천후에 정마가 타고 있어서 남녀가 도망가는 상이니 혼인이 불길하다. ● 궁합 : 극에는 살

상, 형에는 쟁투의 뜻이 있다. 간상의 戌이 지상의 亥를 극하니 궁합이 나쁘고 다시 초전이 자형이고 중전과 말전이 삼형이니 더욱 나쁘다. ● 일지는 상대이다. 주야 모두 지상에 현무가 타고 있으니 성정이 좋지 않다.

○ **임신·출산** : 임신하면 남자이다. 어머니를 극하고 어머니가 탈기하니 난산이다
→ 삼전은 태아가 생육되는 과정이다. 삼전의 두 음(亥,未)이 하나의 양(戌)을 감싸고 있으니 남자이다. ● 일간은 태아, 일지는 임신부이다. 간상의 戌토가 지상의 亥수를 극하니 어머니의 몸이 상하고, 일지가 일간을 설기하니 난산이다.

○ **구관** : 금일에 丁을 만나지만 일록이 파쇄(破碎) 되었으니 불리하다.
→ 금일(庚辛)의 丁은 관성이다. 말전의 丁이 관성이니 부임에 길하지만 일록인 酉가 亥일의 파쇄이니 불길하다.

○ **구재** : 처음에는 이익이 있지만 나중에는 손해를 본다.
→ 처음에는 간상의 戌이 일간을 생하니 영업이 잘 된다. 그러나 일지와 초전의 亥가 일간을 탈기하니 나중에는 손실을 입는다.

○ **질병** : 심장경락의 병이다. 허겁이 있지만 낫는다.
→ 밤에 정단하면 백호가 亥에 타서 화를 극하니 심장경락에 병이 들었지만 중·말전의 두 토가 백호승신을 극하니 병이 낫는다. ● 지상은 병증이다. 지상이 亥이니 허겁이 있다.

○ **출행** : '두전(杜傳)'은 가만히 있어야 하고 움직이면 안 된다.
→ 초전이 자형인 亥이니 두전(杜傳)이다. 두전(杜傳)은 중전과 말전으로의 전달이 막혀서 출행이 막힌 상이니 출행을 멈춰야 한다. ● 불가피한 출행을 할 경우에는 복음과가 산을 뜻하는 주역의 간괘에 해당하니 가까운 곳으로 출행해야 한다.

○ **귀가** : 소식이 온다.
→ 복음과는 소식이 빨리 온다.

○ **유실** : 밤에는 현무가 문에 있고 낮에는 현무가 집에 있어서, 가족이 물건을 훔쳤으니 먼 곳에서 찾으면 안 된다.
→ 卯와 酉는 가정, 일지는 집, 현무는 도둑이다. 낮에는 현무가 지상에 타고 있으니 가족이 도둑이고, 밤에는 현무가 酉에 타고 있으니 역시 가족이 도둑이다.

○ **관재** : 금일에 정마를 만났으니 흉하다.
→ 금일의 정마는 일간의 귀살이다. 말전의 귀살이 일간을 극하니 흉하다. 형에는 형책(刑責)의 뜻이 있다. 초전이 자형이고 중전과 말전이 삼형이니 형책을 당할 우려가 있다. ● **승패** : 일간은 나, 일지는 상대이다. 간상과 중·말전의 戌이 일지는 극하고 일간은 생하니 내가 유리하다.

○ **도난** : 낮에는 서북방에 있고, 밤에는 정서에 있다.
→ 도둑은 현무의 음신에 있다. 낮에는 현무의 음신이 亥이니 서북방에 있고, 밤에는 현무의 음신이 酉이니 정서에 있다.

○ **전쟁** : 불리하다.
→ 일간은 아군, 삼전은 출군이다. 일간이 지상과 초전으로 탈기되니 불리하고, 말전의 둔간이 정귀(丁鬼)이니 다시 불리하다.

□ 『**필법부(畢法賦)**』 : 〈제89법〉 자임과 자신에 정마가 타면 모름지기 행동을 한다.
→ 복음과는 본래 부동의 상이지만 삼전에 정마가 임했으니 행동한다.
〈제25법〉 금일(金日)에 정마를 만나면 흉화가 일어난다.
→ 일간이 辛이니 금일이고 말전이 丁이니 정마이다.

□ 『**과경(課經)**』 : 복음과에 정마가 탄 경우에 타인을 방문하는 정단을 하면 반드시 중요한 일을 보기 위해 그가 밖으로 나가고 없다. 설령

먼저 약속을 했더라도 반드시 쉽게 바뀌므로 '무신무임(無信無任)'이라고 한다.

辛亥일 제 2 국

공망 : 寅·卯
낮 : 왼쪽 천장, 밤 : 오른쪽 천장

庚	己	戊
常 戌 常	白 酉 玄	空 申 陰
亥	戌	酉
己	戊	庚	己
白 酉 玄	空 申 陰	常 戌 常	白 酉 玄
辛 戌	酉	亥	戌

甲辰巳 朱	乙巳午 合	丙午未 勾	丁未申 青
朱巳	朱午	蛇未	貴申 后
蛇 卯辰 合			空酉 陰
貴 寅卯 勾			白戌 玄
后丑寅 青	陰子丑 空	玄亥子 白	常戌亥 常
癸丑	壬子	辛亥	庚戌

□ **과체** : 원수(元首), 참관(斬關), 퇴여(退茹), 불비(不備), 무음(蕪淫) // 반가(返駕/戌酉申), 침해(侵害), 췌서(贅壻), 왕록임신(旺祿臨身), 록현탈격(祿玄脫格), 호생(互生), 여덕(勵德/낮), 귀인공망(貴人空亡/낮), 회환(回還), 인종(引從), 괴도천문(魁度天門), 아괴성(亞魁星), 교차상생(交叉相生).

□ **핵심** : 일록에 현무와 백호가 타고 있다. 좋은 의(義)를 맺는다. 밤에는 남종여종(奴婢)을 잃는다. 간지가 서로 생한다.

□ **분석** : ❶ 왕록이 일간에 임한다. 밤에는 현무가 타고 낮에는 백호가 타니 놀람과 걱정과 지출을 면하기 어렵지만 다행히 금수가 상생하니 서로 의(義)를 맺는다.

❷ 戌은 남종(奴)이고 酉는 여종(婢)이다. 낮에는 천공이 말전에 있고 밤에는 현무가 중전에 있어서 남종이나 여종으로 인한 손실사가 있다. 다만 간상의 酉는 일지 亥를 생하고 지상의 戌은 기궁 酉를 생해서 간지가 서로 생을 하니 어찌 우환이 있겠는가?

□ **정단** : ❶ 격명이 퇴여(退茹)이고 '실우(失友)'이니 시행하려고 하면

안 되며 타인과의 정은 부족하다.
❷ 참관(斬關)이니 움직이는 상이지만 일간(기궁)이 일지에 가하고 과체가 순환하여 '회환(回環)'이며 또한 초전이 '괴도천문(魁度天門)'이고 간지의 상신이 서로 육해하니 막히는 일이 많다.
❸ 간상의 酉가 비록 일지를 생하지만 또한 일지의 패신이다. 지상의 戌도 비록 일간을 생하지만 또한 일지를 극한다. 비록 생왕한 격이지만 오히려 쇠패한 상이니 후퇴는 이롭고 전진은 불리하며, 정(靜)은 이롭고 동(動)은 나쁘다.

○ **날씨** : 필수(酉)가 일간에 임하니 흐리다.
  → 일간은 하늘이다. 간상이 필수(酉)이니 흐리다. 밤에 정단하면 酉에 수의 천장인 현무가 타고 있으니 비가 온다.
○ **가정** : 태상이 가택에 들어 가택을 극하니 화를 입는 재앙이 닥친다. 5월에 정단하면 戌이 사기이니 더욱 확실하다.
  → 태상이 귀살과 결합하면 '상(喪)'이 된다. 일지의 귀살인 戌에 태상이 타고 있으니 집에서 상을 당한다. 만약 5월에 정단하면 태상승신 戌이 사기이니 상이 확실하다. ● 일간은 가장, 일록은 직업이다. 간상의 일록에 백호와 현무가 타고 있어서 직업운이 나쁘다. ● 가상 : 상(喪)을 당하는 상이니 나쁘다.
○ **혼인** : 불길하다.
  → 일간은 나, 일지는 배우자감이다. 간상의 酉와 지상의 戌이 육해이니 혼인이 불길하고, 초전이 괴도천문이어서 풍파가 일어나니 혼인이 불길하며, 삼전이 퇴여이니 혼담이 더디니 다시 불길하다. ● 사과가 무음(蕪淫)이어서 음란한 상이니 혼인이 불길하다. ● 궁합 : 비록 일간과 일지가 교차상생하지만 간지의 상신이 육해하니 나쁘다. ● 일지는 상대이다. 주야 모두 지상에 태상이 타고 있으니 요리

와 예술에 능숙한 사람이다.
○ **임신·출산** : 두 양이 하나의 음을 감싸고 있으니 임신하면 여자이다. 일상의 酉가 지상의 戌을 탈기하니 신속하고 쉽게 출산한다.

→ 일간은 태아, 일지는 임신부, 삼전은 태아가 생육되는 과정이다. 일간의 상하가 모두 음이니 여자이고, 삼전의 두 양(戌,申)이 하나의 음(酉)을 감싸고 있으니 다시 여자이다.

○ **구관** : 酉는 아괴(亞魁)로서 일간에 임하니 고시에서 반드시 합격한다.

→ 酉를 아괴 혹은 '종괴(從魁)'라고 하여 일간이나 본명이나 행년에 임하면 두 번째로 좋은 성적으로 고시에 합격한다. 더욱이 원수과의 간상에 종괴가 있으니 더욱 좋다. ● 명예직공무원이나 임명직공무원은 '록현탈((祿玄脫)'이니 퇴직할 우려가 있다. 직장인은 현재의 직장에 만족해야 한다.

○ **구재** : 힘만 든다.

→ 재성은 재물이다. 재성이 과전에 나타나지 않았으니 득재하지 못하고 힘만 든다. 다만 연명이 卯辰인 사람이 寅卯년이나 寅卯월이나 寅卯월장 기간에 정단하면 공망된 재성이 메워지니 재물을 얻는다.

○ **질병** : 간경락과 심장경락에 병이 있다. 병이 오랫동안 낫지 않고 물러나지 않는다.

→ 낮에는 백호가 酉에 타서 오행의 목을 극하니 간경락에 병이 들고, 밤에는 백호가 亥에 타서 오행의 화를 극하니 심장경락에 병이 들며, 초전이 괴도천문이니 식도와 인후에 관련된 병이다. 그물을 뜻하는 하괴(戌)가 천문(亥)에 가했으니 병이 오랫동안 몸에 머물면서 물러나지 않는다.

○ **유실** : 밤에는 현무가 일간에 임하니 여종(婢)이 훔쳐갔다.

→ 현무는 도둑, 酉는 여종이다. 현무가 酉에 타고 있으니 여종이 물

건을 훔쳐 갔다.
- **출행** : 퇴여이며 관격(關隔)이니 가지 못한다.
  → 일간은 여행객, 일지는 여행지, 삼전은 여정이다. 삼전이 퇴여이니 오히려 귀가하는 상이고, 초전이 괴도천문이니 가지 못하는 상이며, 간상의 일록에 흉장이 타고 있으니 출행이 불길하다.
- **귀가** : '회환격'이니 돌아온다.
  → 삼전의 모든 글자가 사과로 되돌아오는 회환격은 출행했던 사람이 돌아온다.
- **쟁송** : 회환격이니 풀리지 않는다.
  → 삼전의 戌酉申이 사과로 되돌아오는 회환이니 쟁송이 풀리기 어렵다. ● **승패** : 일간은 나, 일지는 상대이다. 일간(기궁) 戌이 지상으로 가서 일지 亥를 극하니 내가 유리하다.
- **도난** : 참관(斬關)은 도둑의 도망에 이롭다. 반드시 먼 곳으로 가서 잡아야 한다.
  → 辰과 戌은 역마와 유사한 '동신(動神)'이다. 이들이 일간이나 일지나 초전에 있으면 참관이다. 참관은 도망이나 은둔에 이로워서 먼 곳으로 갈 수 있다.
- **전쟁** : 마땅하지 않다.
  → 일간은 아군, 삼전은 출군이다. 간상에 흉장인 백호와 현무가 타고 있으니 나쁘고, 초전이 괴도천문이니 출군에 장애가 생기며, 삼전이 퇴여이니 후퇴해야 한다.

□ 『**필법부(畢法賦)**』 : 〈제51법〉 하괴(戌)가 천문(亥)을 건너면 관문이 막힌다. 질병정단을 하면 기운이 크게 막혀 있거나, 또는 음식이 뭉쳐서 막혀있거나, 또는 신을 잘 모시지 못해서 생긴 재앙이 있다. 약을 복용하여 내려 보내야 한다. 만약 도적정단을 하면 잡기 어렵고, 타

인을 방문하는 정단을 하면 타인을 만나지 못한다.
〈제7법〉 왕록이 일간에 임하면 망령된 행동을 해서는 안 된다.
→ 직장인은 현재의 직장에 머물러야 한다.

□ 『지장부』: 戌酉申은 반가(返駕)이다. 스산한 길을 간다.
→ 戌은 지옥과 형옥을 뜻한다. 수레를 돌려서 돌아오는 것이 마땅하다.

□ 『괄낭부(括囊賦)』: 일간이 일지에 임하면 두 성씨가 동거한다.
→ 일간은 객, 일지는 주인이다. 지상에 일간(기궁)이 온 것은 객이 와서 나의 집에 머무는 상이니 두 성씨가 동거한다. 데릴사위가 오는 것이 이것에 해당한다.

갑진순 | 신해일 | 3국 | 455

辛亥일 제 3 국

공망 : 寅·卯
낮 : 왼쪽 천장, 밤 : 오른쪽 천장

	丙	甲	○
	勾午貴	朱辰朱	貴寅勾
	申	午	辰
	戌	丙	己	丁
	空申陰	勾午貴	白酉玄	青未后
	辛戌	申	亥	酉

蛇卯巳	甲合朱辰午	乙朱合蛇巳未	丙貴午申
○貴寅辰 后癸丑卯○			丁未后戌申陰
陰壬子寅○	辛玄亥丑	庚常戌子	己白酉玄亥

- **과체** : 원수(元首), 퇴간전(退間傳), 고조(顧祖/午辰寅) // 재공(財空), 육의(六儀/중전), 록현탈격(祿玄脫格), 권섭부정(權攝不正), 오양(五陽), 나거취재(懶去取財), 교차육해(交叉六害), 귀인공망(貴人空亡/낮), 귀인입옥(貴人入獄/낮), 천을신기(天乙神祇/밤).

- **핵심** : 말전이 비록 초전을 돕지만 갑진순의 공망이니 다행이며 원망과 증오만 산다. 생각해보니 허공을 잡을 뿐이다.

- **분석** : ❶ 초전의 午는 일간의 귀살이다. 말전이 초전을 돕고 초전이 일간을 극하니, 반드시 소송을 부추기는 사람이 있다. 다행히 말전이 갑진순의 공망이니 악행을 저지르지 못해서 소위 악인의 누명을 쓰는 격이니, 악인이 되려다가 원망과 증오만 사게 된다.

    ❷ 午는 관성이고 寅은 재성이다. 나에게 미치는 손익은 모두 공허할 뿐이고 예법에 관한 글 또한 공허하니 진실한 뜻이 어찌 있겠는가?

- **정단** : ❶ 원수(元首)이니 이치의 근본이 순리에 있지만 한편으로는 퇴간전이니 어려운 일이 많다.

❷ 관성인 午가 말전의 생을 받으니 공무원이 정단하면 윗사람을 만나는 일에서 이로운 조짐이다.

❸ 일록이 일지에 임해서 일지로 탈기를 당하니 일록이 집을 짓는 비용으로 쓰인다.

❹ 공망된 寅이 귀살을 생하니 내 재물이 아니다. 재물을 들고 가서 귀인을 만나거나 혹은 곡식을 상납해서 명예를 세우는 일에 이롭거나 혹은 신에게 질병을 낫게 해 달라는 기도를 하면 재앙을 면한다.

○ **날씨** : 대각성(辰)이 양을 가리키니 맑다.

→ 대각성은 辰이고 辰은 북두칠성의 자루(斗柄)이다. 대각성이 양의 십이지인 午를 가리키니 맑다.

○ **가정** : 사람과 집 모두 손실을 예방해야 한다. 불안하다.

→ 형제효는 재물을 뺏는 작용을 하고, 일록에 현무나 백호가 타면 식록을 빼앗긴다. 간상이 일간의 형제효인 申이니 나는 재물을 빼앗기고, 지상이 '록현탈격(祿玄脫格)'이니 집에서는 식록을 빼앗긴다. 따라서 사람과 집 모두 불안하다. ● 일지는 가정이다. 낮에는 지상에 백호가 타고 있으니 식록을 잃거나 집에 병자가 생기는 것을 예방해야 하고, 밤에는 지상에 현무가 타고 있으니 도둑을 예방해야 한다. ● 일간은 사람이다. 형제효인 申에 낮에는 천공이 타고 있으니 형제나 지인으로부터 공허한 일을 당하는 것을 예방해야 하고, 밤에는 현무가 타고 있으니 형제나 지인으로부터 사기나 도난 당하는 것을 예방해야 한다. ● 가상 : 재물이 흩어지는 가상이다.

○ **혼인** : 재성이 공망되었으니 불길하며 이루지 못한다.

→ 재성은 여자이다. 재성인 寅卯가 공망되어 여자를 잃는 상이니 혼인이 불길하며 이루지 못한다. ● 궁합 : 비록 간상의 申과 지상의 酉가 비화(比和)하지만 일간과 일지가 교차육해하니 궁합이 나쁘다.

● 일지는 상대이다. 낮에는 지상에 백호가 타고 있으니 드센 사람이고, 밤에는 현무가 타고 있으니 도심이 있는 사람이다.

○ **임신·출산** : 여자이다. 삼전이 역행하니 난산이다.

→ 일간은 태아이다. 일간음양에서 두 양(申,午)이 하나의 음(辛)을 감싸고 있으니 여자이다. 만약 여름과 봄에 정단하면 초전 천반의 午가 왕상하니 아들일 가능성이 있다. ● 출산을 정단하면 삼전이 퇴간전이니 출산이 지체되어 난산이다.

○ **구관** : 대길하다.

→ 원수과이니 길하고, 관직을 뜻하는 초전의 午가 관성이니 더욱 길하다. 만약 인년이나 인월이나 인월장에 정단하면 말전의 寅이 관성을 생하니 대길하고, 중전이 육의(六儀)이니 더욱 대길하다. ● 명예직이나 임명직 공무원은 삼전이 '고조(顧祖)'이고 다시 일록이 지상으로 간 '권섭부정(權攝不正)'이니 퇴임한다.

○ **구재** : 귀인에게 가진 것이 부족하니 재물을 취득하기 어렵다.

→ 재성은 재물, 귀인은 관청이다. 낮에 정단하면 귀인이 재성인 寅에 타고 있지만 공망되어 귀인에게 가진 것이 부족하니 관청에서 재물을 득하지 못한다. ● 말전의 寅이 초전의 구진과 귀인이 타고 있는 귀살을 생하니 공무원이 청탁성 재물을 취하면 관재를 당한다. ● 간상에 형제효가 있으니 나태하게 구재하면 재물을 득하지 못한다.

○ **질병** : 간경락에 병이 들었다. 동북방의 의사를 찾아서 치료해야 한다.

→ 낮에 정단하면 백호가 酉에 타서 오행의 목을 극하니 간경락에 병이 들고, 밤에 정단하면 백호가 亥에 타서 오행의 화를 극하니 심장경락에 병이 든다. ● 의약신 亥子가 임한 동북방의 의사를 찾아서 치료해야 한다. ● 밤에 정단하면 귀인승신 午가 일간을 극하니 신에게 빌어야 병이 쉽게 낫는다.

O **출행** : 지상에는 현무와 백호가 보이고 간상에는 태음과 천공이 보이니 원행에 불리하다.

→ 일간은 여행객이다. 낮에는 간상에 천공이 타고 있으니 사기를 예방해야 하고, 밤에는 간상에 태음이 타고 있으니 소인의 음해를 예방해야 한다. ● 일지는 여행지이다. 낮에는 지상에 백호가 타고 있으니 여행지에서 질병과 사고를 예방해야 하고, 밤에는 지상에 현무가 타고 있으니 도난을 예방해야 한다.

O **귀가** : 고조격이니 돌아온다.

→ 초전이 午이고 말전이 寅이니 고조격이다. 고조격은 부모가 있는 고향으로 돌아가는 상이니 출행한 사람이 돌아온다.

O **관재** : 부추기는 사람이 있다. 말전이 공망되고 다시 일지 亥가 귀살을 제압하니 목숨을 구한다.

→ 재성은 부추기는 사람, 자손효는 관재를 제압한다. 말전의 재성이 공망되었으니 관재가 가벼워지고, 일지 亥가 귀살 午를 제압하니 다시 관재가 가벼워진다. 일지 亥가 귀살 午를 제압하니 가족이 관재를 구한다. ● 승패 : 일간은 나, 일지는 상대이다. 처음에는 일간이 초전의 극을 받으니 불리하다. 그러나 나중에는 일간은 중전의 생을 받고 일지는 극을 당하니 내가 유리하다.

O **도난** : 도둑을 찾지 않더라도 도둑이 제 발로 돌아온다.

→ 삼전이 고조(顧祖)이니 도둑이 제 발로 돌아온다.

O **전쟁** : 낮에 정단하면 불리하고, 밤에 정단하면 덜 길하다.

→ 초전은 출병의 초기이다. 낮에 정단하면 초전의 귀살에 흉장이 타고 있으니 불리하고, 밤에 정단하면 초전의 귀살에 길장이 타고 있으니 조금 덜 길하다.

O **분묘** : 산이 높다. 백호가 득기(得氣)를 했지만 발복이 오래가지는 않는다.

→ 일지는 묘지이다. 낮에 정단하면 백호승신이 지반과 상생하니

좋지만 지반으로 탈기되니 발복이 오래가지는 않는다.

- 『필법부(畢法賦)』: 〈제8법〉 일록이 일지에 임하면 임시직으로서 정당한 자리가 아니다.
  일록은 관록, 일간은 높고 일지는 낮다. 일록이 일지에 임하면 낮은 직급 곧 임시직이다.
- 『과경(課經)』: 午는 寅의 자손효이고 寅은 午의 장생이다. 午가 寅으로 전해지는 것은 자식이 어머니를 돌보는 상이니 고조격(顧祖格)이다.
  → 구관 정단에서 불길하다.
- 『지장부(指掌賦)』: 午辰寅은 고조이다. 기쁜 기색이 있고 화평하다.
- 『찬의(纂義)』: 일이 성사된다. 합쳐지는 시기는 술월(戌月)과 술일(戌日)이다.
  → 허일대용격은 빠진 글자가 채워지는 때에 성사되고 합쳐진다. 삼전에서 戌이 빠져 있다. 술년이나 술월이나 술일에 성합된다. 작은 일은 술일이나 술월에 성합되고, 큰 일은 술월이나 술년에 성사된다.

辛亥일 제 4 국

공망 : 寅·卯 ○
낮 : 왼쪽 천장, 밤 : 오른쪽 천장

	乙	○	辛
玄	巳 蛇	貴 寅 勾	合 亥 白
	申	巳	寅 ○
	丁	甲	戊	乙
	白 未 后	陰 辰 朱	空 申 陰	玄 巳 蛇
	辛 戌	未	亥	申

○貴 寅巳	○勾 卯午	甲合 辰未 陰	乙朱 巳申 玄 蛇
蛇 癸丑辰 青			常 丙午酉 貴
朱 壬子卯○ 空			白 丁未戌 后
合 辛亥寅○	白 庚戌丑 勾	常 己酉子 青	玄 戊申亥 空 陰

□ **과체** : 원수(元首), 원태(元胎), 병태(病胎), 맥월(驀越), 여덕(勵德/밤) // 충파(沖破), 침해(侵害), 재공(財空), 덕경(德慶), 삼기(三奇), 구생(俱生), 복덕(福德), 가귀(家鬼), 맥월(驀越), 금일정신(金日丁神), 호승정귀(虎乘丁鬼), 불행전(不行傳), 귀인공망(貴人空亡/낮).

□ **핵심** : 초전은 역마이고 간상은 정신이니 번잡하다. 중전의 백호(寅)는 공망되고 말전은 일간을 탈기한다. 관직자는 곤란한 상황이고 비관직자는 살기 어렵다.

□ **분석** : ❶ 丁화가 일간에 임하고 귀살 겸 역마인 巳가 발용이 되었다. 금일(庚辛)에 이들을 만났으니 반드시 흉한 작용이 일어난다.
❷ 중전의 재물을 취한 뒤에 공망된 백호와 탈기인 亥로 들어간다. 이와 같으니 관직자에게 곤란한 상황인데, 하물며 비 관직자는 어찌 사망이나 형옥을 면할 수 있겠는가?

□ **정단** : ❶ 원태격이고 일간의 귀살이 역마를 타고 있다. 사과가 발용이 되어 '맥월(驀越)'이니 홀연히 사건이 발생하는데, 놀라며 의아스러운 일이 발생하거나 혹은 도난이 발생한다.

❷ 다행히 초전의 巳는 일간의 장생이며 덕신이다. 이른바 덕신이 앞에 있으니 만사에서 아무런 근심이 없다. 하물며 일간과 일지에 각각의 생기가 타고 있으니 흉이 풀린다.

❸ 격이 덕을 베풀어야 한다는 뜻의 '여덕(勵德)'이니 공무원은 수시로 성찰하고 마음에 부끄러움이 없어야 길하다.

○ **날씨** : 천강(天罡)이 음을 가리키니 흐리다.
→ 천강(辰)은 대각성이다. 천강이 음의 십이지에 가하면 흐리고 양의 십이지에 가하면 비가 온다. 지금은 천강이 음의 십이지인 未에 가했으니 흐리다.

○ **가정** : 未에 천후가 타서 戌에 가했으니 부인에게 질병이 있다.
→ 천후는 부인, 형(刑)에는 상잔의 뜻이 있다. 천후가 未에 타서 戌에 가했으니 부인의 몸이 상하는 뜻이 있다. 따라서 부인에게 병이 있거나 혹은 다툼이 있거나 혹은 관재가 있다. ● 부모효는 부모이다. 일간의 부모효인 未에 낮에는 백호가 타고 있으니 부모의 질병을 예방해야 한다. ● 일지는 가정이고, 지상의 申이 겁재이니 손실이 발생한다. 낮에는 천공이 타고 있으니 지인으로부터의 사기를 예방해야 하고, 밤에는 태음이 타고 있으니 소인으로부터의 암해를 예방해야 한다. ● 일지음신에는 일간의 귀살인 巳에 낮에는 현무가 타고 있으니 도난을 예방해야 하고 밤에는 등사가 타고 있으니 놀라는 일을 예방해야 한다.

○ **혼인** : 재성이 공망되었으니 이롭지 않다.
→ 재성은 여자이다. 재성인 중전의 寅이 공망되어 여자를 잃는 상이니 혼인이 이롭지 않다. 만약 혼인하면 혼인한 뒤의 중반기에 상처하니 혼인이 이롭지 않다. ● 궁합 : 일간은 나, 일지는 상대이다. 일간 辛은 일지 亥를 생하고 간상의 未는 지상의 申을 생하니 좋은

편이다. ● 일지는 상대이다. 낮에는 지상에 천공이 타고 있으니 허언을 일삼는 사람이고, 밤에는 지상에 태음이 타고 있으니 소인의 성정을 지닌 사람이다.

○ **임신·출산** : 음이 양을 감싸고 있으니 남자이다. 일간이 일지로 탈기를 당하니 출산이 쉽지 않다.

→ 삼전은 태아가 생육되는 과정이다. 삼전의 두 음(巳,亥)이 하나의 양(寅)을 감싸고 있으니 남자이고, 원수과이니 다시 남자이다. ● 일간은 태아, 일지는 임신부이다. 일간 辛이 일지 亥로 탈기되는 것은 태아의 기운이 임신부에게 뺏기는 상이니 출산이 쉽지 않다.

○ **구관** : 매우 이롭다.

→ 원수과는 만사형통한 과이고, 역마는 승진의 신, 일덕은 공무원과 군자이다. 천반이 지반을 극하여 발용이 된 원수과이니 구관에 이롭고, 초전이 역마여서 승진하는 상이니 이로우며, 초전이 일덕귀인이어서 공무원이 되는 상이니 다시 이롭다. 관성인 巳를 생하는 인년이나 인월이나 인월장 기간에 정단하면 관성이 생육되니 더욱 길하고, 일간의 둔반에 관성이 임하니 더욱 좋다. ● **고시** : 여름이나 봄에 정단하면 관성이 왕성해지니 합격한다. ● **승진** : 여름이나 봄에 정단하면 관성이 왕성해지니 승진한다.

○ **구재** : 재성이 부실하다. 지체하면 오히려 구재가 가능하다.

→ 재성은 재물이다. 재성인 寅이 중전에서 공망되어 부실하니 취득하지 못한다. 그러나 인년이나 인월이나 인월장 기간에 정단하면 공망된 재성이 메워지니 득재가 가능하다.

○ **질병** : 심장경락과 비장경락과 신장경락에 병이 들었고 '혼몽(魂夢)'으로 인해 불안하니 신에게 빌어야 한다.

→ 낮에 정단하면 백호승신 未가 오행의 수를 극하니 신장경락에 병이 들고, 밤에 정단하면 백호승신 亥가 오행의 화를 극하니 심장경락에 병이 든다. ● 낮에 정단하면 백호가 귀살인 丁에 타서 일간

을 극하니 수명이 길지 못하다. ● 신월에 구병을 정단하면 초전의
巳가 '비혼(飛魂)'이다. 이곳에서 일간을 극하니 혼몽을 꾸며 생명이
위독하다.

○ **출행** : 근신해야 한다.
→ 일간은 여행객, 일지는 여행지이다. 간상의 둔귀와 초전의 귀살
이 일간을 극하니 위험하고, 지상이 겁재여서 손재수가 많으니 근
신해야 한다. 낮에는 지상에 천공이 타고 있으니 여행지에서 사기
를 예방해야 하고, 밤에는 지상에 태음이 타고 있으니 소인에 의한
손재수를 예방해야 한다.

○ **귀가** : 즉시 귀가한다.
→ 역마는 자동차이다. 초전의 역마가 일지음신으로 귀환하니 즉시
귀가한다.

○ **쟁송** : 처음에는 관재의 기세가 세차다. 나중에는 풀린다.
→ 초전은 처음, 중전과 말전은 나중이다. 비록 초전이 귀살인 巳이
어서 쟁송의 기세가 세차지만, 중전과 말전이 공망되었으니 나중에
는 쟁송이 풀린다. ● 승패 : 일간은 나이고 일지는 상대, 초전은 나
이고 말전은 상대이다. 기궁 戌이 일지 亥를 극하고 간상의 未가 일
지 亥를 극하니 내가 유리하고, 또한 초전은 튼실하고 말전은 공허
하니 내가 유리하다.

○ **도난** : 잡기 어렵다.
→ 현무는 도둑이다. 현무승신 巳가 중·말전의 寅亥와 상생하니 도둑
을 잡기 어렵다.

○ **전쟁** : 근신해야 한다.
→ 간상의 둔귀와 초전 천반의 귀살이 일간을 극하니 근신해야 한
다.

□ 『**필법부(畢法賦)**』: 〈제25법〉 금일(金日)에 정마를 만나면 흉화가 일어난다.
　→ 일간이 辛이니 금일이다. 일간의 둔간이 정마이니 금일에 정마를 만났다. 따라서 흉화가 일어난다.
　〈제69법〉 백호가 둔간귀살에 타면 재앙이 얕지 않다.
　→ 낮에는 백호가 간상 둔반의 丁에 타고 있다. 모든 정단에서 두려운데 그 재앙이 매우 깊어서 사라지기 어렵다. 설령 공망 되더라도 여전히 구할 수 없다.

□ 『**육임지남**』: 乙丑년의 시월에 월장 卯를 점시 午에 가한 뒤에 음인의 질병을 정단했다. 심장과 비장 사이의 흉격이 넓지 못해서 음식물을 소화시키는 데에 오랜 시간이 걸리는 증상이다. 부인의 병세는 어떠할까? 삼전에서 병현태(病玄胎)를 득하였고, 다시 사과에서 덕심 겸 귀살이 발용이 되었다. 식신에 천공이 타고 있어서 가슴에서 막힌 병이니 음식을 먹지 못한다.
　※ 이우산, 『육임실전』 2, 대유학당, 2014, 251쪽~254쪽 참조.

| 갑진순 | 신해일 | 5국 | 465 |

辛亥일 제 5 국

공망: 寅·卯
낮: 왼쪽 천장, 밤: 오른쪽 천장

丁	○	辛
白未后	后卯合	合亥白
亥	未	卯
丙	○	丁	○
常午貴	貴寅勾	白未后	后卯合
辛戌	午	亥	未

癸丑 蛇巳	○ 青貴午	○ 勾寅后未	甲辰 陰申 朱
壬子 朱辰	空		乙巳 玄酉 蛇
辛亥 合卯	白		丙午 常戌 貴
庚戌 勾寅	己酉 常丑 青	戊申 玄子 空 陰	丁未 白亥 后

- **과체**: 섭해(涉害), 곡직(曲直), 유도액(幼度厄) // 재공(財空), 삼기(三奇), 삼전재효태왕(三傳財爻太旺), 복덕(福德), 인귀생신(引鬼生身), 유도액(幼度厄), 호승정귀(虎乘丁鬼), 명암작귀(明暗作鬼), 금일정신(金日丁神), 최관부(催官符), 불행전(不行傳), 구귀(俱鬼), 재화귀(財化鬼), 천을신기(天乙神祇/밤), 귀인입옥(貴人入獄/밤), 막귀임간(幕貴臨干/낮), 외효복(外孝服), 오음(五陰), 음일(淫泆), 일녀(泆女).

- **핵심**: 사람과 집에 재앙이 있고 귀살이 돈과 재물을 뺏는다. 돈을 들고 귀인에게 가서 그에게 부탁하는 일에 좋다.

- **분석**: ❶ 일간 辛은 午로부터 극을 당하고 일지 亥는 未로부터 극을 당한다. 낮에는 지상에 백호가 타고 있으니 가정 내외에 재앙이 닥친다.

❷ 삼전의 모든 목이 일간의 재성이지만 간상의 午화를 생해서 귀살로 변하니 재물을 귀살에게 뺏긴다. 다만 밤에 정단하면 간상의 午가 일간의 귀인이니 돈을 들고 가서 귀인을 만나면 중요한 시기에 형통해서 신상에 이롭다.

□ **정단 : ❶** 섭해과는 두 갈래의 일이다. 사과 세 곳의 위가 그 아래를 극하니 어린 사람에게 불리하다.

→ 섭해과는 지일과에서 나뉜 과이다. 따라서 지일과의 '두 갈래의 일'과 관련이 있다.

❷ 사과에서는 육합하고 삼전에서는 삼합해서 재신의 외관이 좋아 보이지만, 일간과 일지가 모두 그 상신으로부터 상하니 양쪽에서 손실이 발생한다.

❸ 정신(丁神)이 가택 위에서 발용이 되고 辛일에 丁을 만나니 이미 움직였다. 다행히 중·말전이 공함되었으니 흉이 사라진다.

❹ 비록 백호가 둔귀를 타고는 있지만 결국은 일간을 생하는 기운이고, 천을귀인이 일간에 임하니 귀인에게 선물하면 일이 타협된다.

○ **날씨 :** 午가 일간에 임하고 정신이 발용이 되었다. 모든 삼전이 午를 생하니 맑다.

→ 午는 오행의 화로서 맑음을 뜻하니 날이 맑고, 다시 삼전의 목국이 화를 생하니 매우 맑다.

○ **가정 :** 정신이 가택에 드니 동요하고 불안하다. 그리고 정월의 낮에 정단하면 간상의 午가 사기이고 이곳에 태상이 타고 있으며 다시 백호가 정신에 타서 일지를 극하니 반드시 상을 당한다.

→ 일간은 아버지이고 일지는 어머니, 태상은 상(喪)을 뜻하고 백호가 귀살에 타면 생명이 위험하다. 낮에 정단하면 간상에서 일간의 명암이귀(明暗二鬼) 午에 태상이 타고 있으니 상을 당하는 상인데, 만약 인월에 정단하면 午가 인월의 사기이니 부친상을 당한다. 그리고 낮에 정단하면 귀살인 지상 둔반의 丁에 백호가 타고 있으니 가족의 생명이 위험한데, 만약 묘월에 정단하면 지상의 未가 사기이니 매우 위험하다. ● 밤에 정단하면 '천을신기(天乙神祇)'이다. 귀인이

귀살에 타고 있어서 신의 해코지가 있으니 신에게 기도해야 한다.
● 가상 : 일간과 일지가 모두 그 천반으로부터 극을 당하니 흉한 가상이다.

○ **혼인** : 천후와 육합이 삼전에 있으니 나쁘다.

→ 천후와 육합은 음란의 천장이다. 밤에 정단하면 이들이 초전과 중전에 나란히 있어서 음란하니 혼인이 나쁘고, 다시 삼전의 재성이 공망되어 여자를 잃는 상이니 좋지 않다. ● 섭해과이니 혼인이 순조롭지 않다. ● 궁합 : 간지의 상신이 상합하고 다시 일간의 음양과 일지의 음양이 삼합하며 다시 삼전이 삼합하니 궁합이 좋아 보이지만 삼합이 공망되었으니 그렇지 않다. ● 일지는 상대이다. 지상에 낮에는 백호가 타고 있으니 병이 있는 사람이고, 밤에는 지상에 천후가 타고 있으니 여성적인 사람이다.

○ **임신·출산** : 남자이다. 삼합한 과이니 난산이다.

→ 삼전은 태아가 생육되는 과정이다. 목화는 양이고 금수는 음이다. 삼전의 목국이 양이니 임신하면 남자이다. 섭해과이니 출산이 순조롭지 않고, 과전이 삼합한 것은 태아가 어머니의 자궁을 떠나지 않는 상이니 오히려 난산이다.

○ **구관** : 관성이 일간에 임하고 지상과 초전에서 정관(丁官)을 만나며 다시 삼전의 재국이 관성을 생하니 크게 이롭다.

→ 관성은 관직, 재성은 관성을 생하는 오행이다. 간상에는 관성인 午가 임하고 지상에는 丁이 임하니 구관에 이로운데, 다시 일지음양과 삼전의 재국이 관성을 생하니 구관에 크게 이롭다. 공망된 卯가 메워지는 묘월(卯月)에 정단하면 더욱 확실하다. ● 관성인 午에 낮에는 태상이 타고 밤에는 귀인이 탄다. 고시를 준비할 경우, 낮에는 무관직을 지원하는 것이 좀더 이롭고 밤에는 행정직을 지원하는 것이 좀더 이롭다. ● 고시 : 봄에 정단하면 합격한다. ● 승진 : 봄에 정단하면 승진한다.

○ **구재** : 허탕을 칠 우려가 있다.
  → 재성은 재물이다. 삼전이 재국이니 규모가 큰 재물이지만 공망이 되었으니 허탕을 칠 우려가 있다. 만약 공망이 메워지는 묘년의 가을에 정단하면 신왕재왕하니 대재를 획득한다.
○ **질병** : 심장과 비장에 속한 병이다. 위독하니 신에게 기도해서 생명을 구해야 한다.
  → 낮에 정단하면 백호가 未에 타서 목국을 형성해서 오행의 토를 극하니 비위에 병이 들고, 밤에 정단하면 백호가 亥에 타서 오행의 화를 극하니 심장에 병이 든다. ● 특히 밤에 정단하면 귀인이 귀살인 午에 타고 있어서 '천을신기(天乙神祇)'이니 신에게 빌어서 생명을 구해야 한다. ● 낮에 정단하면 태상승신 午가 일간을 극하니 부친상을 예방해야 하고, 또한 낮에 정단하면 백호승신이 일지를 극하니 가족이 사망하는 것을 예방해야 한다.
○ **출행** : 이롭지 않다.
  → 일간은 여행객, 일지는 여행지이다. 간상에는 명귀가 타고 지상에는 둔귀가 타니 여행에 이롭지 않다. 낮에는 지상에 백호가 타니 여행지에서 질병을 예방해야 하고, 밤에는 지상에 천후가 타니 여행지에서 부녀자의 해를 예방해야 한다. ● 밤에 정단하면 초전이 천후이고 중전이 육합이어서 '일녀(泆女)'이니 부인의 음란을 예방해야 한다.
○ **귀가** : 늦게 귀가한다.
  → 삼전은 귀가하는 노선이다. 삼전이 삼합한 것은 사람들과 어울리는 상이니 늦게 귀가하고 다시 말전과 중전이 공망되었으니 늦게 귀가한다.
○ **쟁송** : 모든 재성이 귀살로 변하고 다시 정마가 발용이 되었으니 대흉하다. 다행히 쟁송이 풀린다.
  → 관재정단에서 귀살은 관재이다. 간상의 丙午가 귀살이고 지상과

초전의 丁이 귀살이니 대흉하지만, 귀살을 생하는 삼전의 재국이 공망되었으니 쟁송이 약해진다. 만약 연명이 辰이면 그 위의 子가 간상의 午를 충과 극을 하니 쟁송이 빨리 풀린다. ● 섭해과이니 쟁송이 오래간다. ● 과전이 삼합하니 화해가 가능하고 간지의 상신이 상합하니 더욱 화해가 가능하다. 만약 화해하지 않으면 과전이 삼합하니 쟁송이 오래가며 간지가 모두 극을 받으니 나와 상대 모두 해를 입는다.

○ **도난** : 밤에 정단하면 정서방에 도둑이 있고, 낮에 정단하면 동남방에 도둑이 있다.

→ 도둑은 현무의 음신에 있다. 밤에 정단하면 현무의 음신이 巳이니 동남방에 숨어 있고, 낮에 정단하면 현무의 음신이 丑이니 동북방에 숨어 있다.

○ **전쟁** : 놀라는 근심이 생긴다.

→ 귀살은 재앙이다. 간상에는 귀살인 丙午가 있고 초전에는 丁이 있으니 놀라는 근심이 생긴다.

○ **분묘** : 발재(發財)하는 땅이다.

→ 일지는 묘지이다. 일지의 음신이 재국이니 재운이 일어나는 묘지이다. 다만 공망되었으니 재운이 불발한다.

□ 『**필법부(畢法賦)**』 : 〈제47법〉 귀인이 비록 감옥에 있더라도 일간에 임하면 좋다.

→ 귀인이 辰이나 戌에 임하면 귀인입옥이다. 그러나 기궁이나 일지가 辰이나 戌이고 그 위에 귀인이 임하는 경우에는 귀인입옥으로 논하지 않는다.

〈제48법〉 질병을 정단하여 귀살에 천을귀인이 타면 곧 하늘 귀신과 땅 귀신의 해가 있다.

→ 밤에는 귀인이 午에 타서 일간을 극하니 귀수(鬼祟)가 있다.
〈제63법〉 피차 모두 상하니 양쪽 모두 손상을 방비해야 한다.
→ 일간은 간상의 午로부터 극을 당하여 상하고, 일지는 지상의 未로부터 극을 당하여 상한다. ○ 쟁송 참조.
〈제69법〉 백호가 둔간귀살에 타면 재앙이 얕지 않다.
→ 둔간 귀살인 지상의 丁에 백호가 타고 있다.
〈제82법〉 삼전이 나아가지 못하는 불행전(不行傳)은 초전을 살펴야 한다.

□ 『적요(摘要)』: 여섯 辛일에서 午가 일간에 가하면 비록 일간의 관귀 효이지만 귀인으로 보아야지 '귀수(鬼祟)'로 보면 안 된다. 오히려 신불(神佛)에 올리는 정신(正神)으로서 신불을 모신 큰 사당으로 보아야 한다. 밤에 정단하면 영이 나타나서 사람에게 해를 끼친다.
→ 질병정단에서 귀인이 귀살에 탔을 때에 신불에 의한 해로 보아야 한다. 『필법부』 〈제48법〉 참조.

| 辛亥일 | 제 6 국 |

공망 : 寅·卯
낮 : 왼쪽 천장, 밤 : 오른쪽 천장

□ **과체** : 중심(重審), 사절(四絶) // 덕경(德慶), 가귀(家鬼), 명암이귀(明暗二鬼), 호묘(虎墓), 사묘(蛇墓), 천을신기(天乙神祇/밤), 신장·귀등천문(神藏·貴登天門/밤), 체생(遞生), 귀인공망(貴人空亡/낮).

□ **핵심** : 칡을 캐서 뿌리를 찾는다. 감추어져서 나타나지 않았으니 찾기 어렵다. 낮에는 현무가 일간을 극하고 丙午가 다시 일간을 극한다.

□ **분석** : ❶ 간상의 巳는 귀살이고 낮에는 현무가 탄다. 지상의 丙은 암귀(暗鬼)이고 午는 명귀(明鬼)이다. 간상과 지상이 이러하니 그 해가 심하다.

❷ 자세히 살피면 巳의 해는 가볍고 午의 해는 매우 심하다. 그 이유는 관성인 午가 발용이 되어 먼 곳에서 생하면서 말전까지 가고 午가 묘신인 丑을 해치니 申금이 완전히 무력하다. 비유하면 칡을 캐서 그 뿌리를 찾는데 午가 재앙을 받을 빌미를 제공하여 감추어져서 나타나지 않았으니 찾기 어렵다.

□ **정단** : ❶ '사절(四絶)'이다. 오행이 절지에 드니 옛일을 끝맺는 일에

는 이롭고 새롭게 꾀하는 일에는 불리하다.

❷ 간상에 관성인 巳가 임하며 다시 일덕이고 귀인이 가택에 앉아 있으니 관직을 정단하면 최길하다.

❸ 말전의 申은 형제이고 중전은 묘지인 丑이다. 초전의 午가 말전의 申을 극하는데 申은 노도(魯都)와 겁살(劫煞)이다. 간상의 현무가 역마에 타니 도둑으로 인해 자신과 형제에게 반드시 관사가 일어난다.

※ 노도

일간 신살	甲	乙	丙	丁	戊	己	庚	辛	壬	癸
노도 (魯導)	未	午	申	亥	寅	未	午	申	亥	寅

○ **날씨** : 화가 발용이 되었으니 크게 맑다.
  → 오행의 화는 맑은 날씨이다. 초전이 午화이니 크게 맑다.
○ **가정** : 귀인승신 午가 가택에 가했다. 가정에 소원이 있지만 미완이다.
  → 밤에 정단하면 귀인승신 午가 귀살이 되어 지상에 가했으니 '귀수(鬼祟)' 혹은 관재를 예방해야 한다. 낮에 정단하면 태상승신 午가 귀살이 되어 지상에 가했으니 상(喪)을 예방해야 하며, 만약 인월에 정단하면 태상승신이 사기이니 반드시 상을 예방해야 하며, 지상의 둔간이 일간의 귀살이니 더욱 확실하다. ● 일간은 사람이다. 낮에는 간상의 귀살에 현무가 타고 있으니 도난을 예방해야 하고, 밤에는 천후가 타고 있으니 부녀자에 의한 화를 예방해야 한다.
○ **혼인** : 초전이 사절(四絶)이니 혼인 성사에 나쁘다.
  → 午가 午의 절지인 亥에 가해서 사절이니 남녀의 인연이 끊기는 것을 예방해야 한다. ● 중심과이니 드센 여자이다. 만약 초전의 지

반이 왕성해지는 겨울과 가을에 정단하면 더욱 드센 여자이다. ●
궁합 : 일간은 나, 일지는 배우자감이다. 간상의 巳와 지상의 午가
비화하니 좋다. 다만 지상의 午가 일간을 극하고 일지인 亥가 간상
의 巳를 극하니 좋다가도 나쁜 점이 있다. ● 일지는 상대이다. 낮에
는 지상에 태상이 타고 있으니 요리와 기예에 능숙한 사람이고, 밤
에는 지상에 귀인이 타고 있으니 귀격의 사람이다.

○ **임신·출산** : 여자이다. 태아가 유산될 우려가 있다.

※『육임직지』원문에서는 "태신이 가택에 임한 뒤에 극을 받고 갑
진순의 공망이 되었으니 임신과 출산 모두 두렵다."고 하였다.

→ 일간의 상하가 모두 음이니 여자이고, 삼전의 두 양(午,申)이 하
나의 음(丑)을 감싸고 있으니 다시 여자이며, 중심과이니 또다시 여
자이다. ● 일간은 태아이다. 일간이 간상의 巳로부터 극을 받는다.
그리고 일지 亥의 태신은 午이다. 午가 午의 지반에 있는 亥로부터
극을 받고 다시 절지에 임했으니 임신과 출산 모두 두렵다.

○ **구관** : 사절(四絶)이고 일록이 공함되었으니 불길하다.

→ 간상에 관성과 일덕과 장생인 巳가 임하고 귀인이 가택에 앉아
있으니 관직을 정단하면 길해 보인다. 그러나 낮에는 巳에 현무가
타니 나쁘고 이 관성이 일간음신의 子로부터 극을 받으니 더욱 나
쁘며 다시 지상 및 초전의 관성이 절지에 앉아 있으니 명예직이나
임명직공무원 그리고 일반회사원은 퇴직할 우려가 있다.

○ **구재** : 체납한 세금을 찾는 일에는 이롭다.

→ 재성은 재물이다. 재성인 寅卯가 갑진순의 공망이 되었으니 장사
를 시작하더라도 돈을 벌지 못한다.

○ **질병** : 심장과 신장 두 경락에 병이 들었다. 흉을 말로 다 표현할 수
없다.

→ 백호의 극을 받는 장부에 병이 들고 또한 지상은 병증이다. 주야
모두 백호가 丑未토에 타서 수를 극하니 신장에 병이 들었고 지상이

午이니 심장에 병이 들었다. 초전이 사절(四絶)이니 사망할 우려가 있고, 간상과 지상과 초전에 귀살이 있으니 더욱 위험한데, 만약 남편의 질병을 정단하면 관성이 절지에 가했으니 사망할 우려가 있고, 밤에 정단하면 '천을신기(天乙神祇)'이니 신에게 기도해야 병이 낫는다.

○ **출행** : 갑자기 결정된 출행이니 마음에 내키지 않는다. 현무가 역마에 타고 다시 노도(魯都)와 관귀를 만나니 소송이나 도적을 예방해야 한다.

→ 역마는 자동차이다. 역마가 일간에 임하니 갑자기 결정된 여행이니 출행이 마음에 들지 않는다. ● 일간은 여행객이다. 낮에 정단하면 간상에 도적을 뜻하는 현무가 귀살인 巳에 타고 있으니 도적을 예방해야 하고, 밤에 정단하면 간상에 부녀자를 뜻하는 천후가 귀살인 巳에 타고 있으니 부녀자로 인한 화를 예방해야 한다.

○ **귀가** : 늦게 귀가한다.

→ 삼전의 午丑申이 '진연주(進連珠)'이니 늦게 귀가한다.

○ **쟁송** : 관귀가 일간에 임하여 발용이 되었으니 그 기세가 지극히 흉하고 험하지만 다행히 일덕이니 해결된다.

→ 일덕은 백 가지의 흉을 없애고 천 가지의 길을 부르는 신으로서 일간에 임한 뒤에 발용이 되었으니 쟁송의 흉이 사라지고, 다시 초전의 귀살이 부모효와 형제효로 변화하니 해결된다. 중심과이니 장기전이 유리하고 또한 재심해야 이롭다.

○ **분묘** : 밤에는 서방에 있는 하급 경찰이 도둑이다. 낮에는 북방에 있다.

→ 도둑은 현무의 음신에 숨어 있다. 밤에는 현무의 음신이 戌이니 서북방에 숨어 있고 신분은 하급경찰관이다. 낮에는 현무의 음신이 子이니 북방에 숨어 있다.

○ **전쟁** : 주객 모두 이롭지 않다.

→ 일간은 아군, 일지는 적군이다. 일간 辛은 간상의 巳로부터 극을 당하고 일지 亥는 일지음신 丑으로부터 극을 당하니 주객 모두 이롭지 않다.

- 『**필법부(畢法賦)**』: 〈제48법〉 귀살에 천을귀인이 타면 곧 하늘 귀신과 땅 귀신의 해가 있다.
  → 밤에 점단하면 귀살 午에 천을귀인이 탄다.
- 『**찬의(纂義)**』: 모든 일에서 막힘이 많고 움직이면 막혀서 불통하지만, 오래된 현안을 매듭짓는 일에는 이로운 '사절(四絕)'이다.
  → 초전의 午가 午의 절지인 亥에 임하니 사절(四絕)이다.
- 『**지장부**』: 귀인과 태상이 관성의 방위에 동시에 들면 조정에서 재상이 되어 집정한다. 〈소강절〉이 말하기를, 귀살이 귀살의 방위에 앉아 있으면 두려울 것이 없으니 귀살은 원래 아무런 거리낌이 없다.
  → 태상과 귀인이 관성 午에 탄다.

辛亥일 제 7 국

공망 : 寅·卯
낮 : 왼쪽 천장, 밤 : 오른쪽 천장

乙	辛	乙
玄 巳 后	合 亥 青	玄 巳 后
亥	巳	亥
甲	庚	乙	辛
陰 辰 陰	勾 戌 勾	玄 巳 后	合 亥 青
辛 戌	辰	亥	巳

辛亥巳 合青	壬子午 朱空	癸丑未 蛇白	○寅申 貴常
庚戌辰 勾勾			○卯酉 后玄
己酉卯 青合			甲辰戌 陰陰
戊申寅 空○	丁未丑 朱白蛇	丙午子 常貴	乙巳亥 玄后

□ **과체** : 반음(返吟), 원태(元胎), 절태(絶胎), 참관(斬關) // 무의(無依), 멸덕(滅德), 복덕(福德), 덕입천문(德入天門), 삼기(三奇), 가귀(家鬼), 회환(回還), 교차상극(交叉相剋), 무음(蕪淫), 양귀수극(兩貴受剋).

□ **핵심** : 양 귀인이 극을 받고 생은 절지에 앉아 있으며 혼탁한 기운이 일간을 생한다.

□ **분석** : ❶ 낮 귀인 午는 子에 임하고 밤 귀인 寅은 申에 임하여 모두 아래로부터 극을 당하니 귀인이 무력하다. 그리고 巳가 辛의 장생이지만 절지인 亥에 앉아서 극을 당하고서 초전과 말전이 되었으니 모든 정단에서 불길하다.

❷ 오직 간상에 천강(天罡, 辰)의 탁한 기운이 간상으로 와서 일간을 생하는 것에 일간이 의지하지만 辰土가 생하는 것일 뿐이며, 실제로는 일간이 중전의 亥로 탈기를 당하니 열을 잃고 하나를 얻는다.

□ **정단** : ❶ 무의(無依)이니 반복하여 무상하다. 간지가 교차하여 상극하니 모든 일에서 실체가 없다.

❷ 택상의 巳는 본래 일덕이고 다시 장생이다. 발용의 巳가 역마이

고 둔반이 재성인 乙이니 만약 외출해서 구하면 재물의 양이 적다.

○ **날씨** : 오랫동안 비가 왔으면 변하여 맑은 상이고, 오랫동안 맑았다면 변하여 비가 오는 상이다.
  → 반음과는 산이 변하여 계곡이 되고 계곡이 변하여 산이 되는 상이니, 날씨 또한 오락가락하여 오랫동안 비가 왔다면 맑고 오랫동안 맑았다면 비가 온다.
○ **가정** : 택상의 귀살과 역마가 발용이 되었으니 이동하는 일이 있다. 낮에 정단하면 현무가 타고 있으니 여종(비, 婢)이 가출하는 것을 예방해야 하고, 밤에 정단하면 천후가 절지에 임하니 아내와 딸에게 재액이 닥치는 것을 예방해야 한다.
  → 일지는 가택, 역마는 자동차이다. 지상의 巳가 역마이니 이사나 이주하는 일이 발생한다. 혹은 택상의 巳가 귀살이고 여기에 낮에 정단하면 현무가 타고 있으니 도적이 드는 것을 예방해야 하고, 밤에 정단하면 천후가 타고 있으니 아내나 딸이 도망치는 것을 예방해야 한다. ● 천지반이 상충하는 '무의(無依)'이니 가족이 이별하는 일을 예방해야 한다. ● 가상 : 무의격이니 가족이 이별하는 가상이다.
○ **혼인** : 마땅하지 않다.
  → 천반은 남자, 지반은 여자의 상이다. 천반과 지반이 상충하여 남녀가 서로 충돌하는 상이니 혼인이 마땅하지 않다. ● 巳와 亥에는 쌍(双)의 뜻이 있다. 반음과의 천지반이 巳亥이니 혼인이 결정되지 않았다. ● 궁합 : 과전의 천반과 지반이 상충하니 나쁘다. ● 일지는 상대이다. 낮에는 지상에 현무가 타고 있으니 바르지 못한 사람이고, 밤에는 지상에 천후가 타고 있으니 여성적인 사람이다.
○ **임신·출산** : 절태(絶胎)이고 태신이 공망되었으니, 임신을 정단하면

태아의 손상을 예방해야 하고 출산을 정단하면 출산이 신속하다.
➜ 태아를 뜻하는 사맹인 巳와 亥가 절지에 가했고 다시 일간의 태신인 卯가 공망되었으니, 임신을 정단하면 유산되고 출산을 정단하면 출산이 신속하다.

○ **구관** : 일덕귀인과 천을귀인과 장생이 역마에 타고 있으니 크게 이롭다.
➜ 일덕귀인과 천을귀인은 공무원, 장생은 일간의 장생지, 역마는 승진의 신이다. 두 귀인과 장생이 역마에 타고 있어서 승진하는 상이니 크게 이롭다. 다만 이러한 길신이 절지에 앉아 있으니 길상한 기운이 오래가지는 않는다.

○ **구재** : 청룡이 장생에 앉아 있으니 크게 이롭다.
➜ 청룡은 재물이다. 밤에 정단하면 청룡의 오행인 甲寅목이 그의 장생지인 巳화에 앉아 있으니 이롭다. 다만 亥가 일간을 설기하니 재물이 유실되고 다시 청룡 둔반의 辛이 일간의 겁재이니 손재수가 있다.

○ **질병** : 심장과 신장 두 경락의 병이다. 여색으로 인해 병을 얻어서 비록 병이 오래가지만 낫는다.
➜ 백호의 극을 받는 오행의 장부에 병이 든다. 낮에 정단하면 백호승신 未가 오행의 수를 극하니 신장병이고, 밤에 정단하면 백호승신 丑이 오행의 수를 극하니 역시 신장병이다. ● 巳가 亥에 가해서 일간을 극하니 폐병 혹은 심장에 종기가 있다. ● 지상은 병증이다. 지상이 巳이니 치통이 있다. ● 의약신이 亥이니 亥가 임한 사방(巳方, 동남방)에서 명약과 명약을 구해서 치료하면 된다.

○ **출행** : 역마와 장생이 발용이 되었으니 출행하여 재물을 취득하는 기쁨이 있다.
➜ 역마는 출행, 장생은 생업과 생계이다. 역마가 발용이 되었으니 출행하고 초전이 장생이니 출행하여 재물을 취득하는 기쁨이 있다.

○ **귀가** : 아직 오지 않는다.
  → 반음과는 천반과 지반의 간격이 크니 출행한 사람이 아직 하늘과 땅 사이를 활보하는 상이며 다시 말전과 초전이 역마이니 아직 오지 않는다.
○ **쟁송** : 반복되고 오래간다.
  → 귀살은 관재와 쟁송을 뜻한다. 귀살인 초전의 巳가 절지에 임했으므로 쟁송이 끝난 것 같지만, 초전의 귀살이 중전의 지반에 숨은 뒤에 말전의 천반에 다시 나타났으니 쟁송이 재발하여 오래간다.
○ **도난** : 잡지 못한다.
  → 현무가 역마인 巳에 타고 있어서 먼 곳으로 도망치는 상이니 잡지 못한다.
○ **전쟁** : 이롭지 않다.
  → 현무는 적군이다. 현무가 귀살인 巳에 타서 일간을 극하니 이롭지 않다.

□ 『**필법부(畢法賦)**』 : 〈제49법〉 양 귀인이 극을 받으면 귀인에게 아뢰는 일에서 뜻을 성취하기 어렵다.
  → 낮 귀인 寅은 지반의 申으로부터 극을 받고, 밤 귀인 午는 지반의 子로부터 극을 받는다. 공무원이나 직장인이 상급자를 만나거나 혹은 일반인이 공무원을 만나거나 혹은 취직이나 입학시험에서 면접관으로부터 면접을 받거나 혹은 사회의 귀인을 만나는 일에서 활용된다.
□ 『**과경(課經)**』 : 巳午가 亥子에 가해서 일간을 극하면 폐병이거나 혹은 심장에 종기가 있다.
□ 『**극응경(克應經)**』 : 노소의 질병을 점단하여 원태(元胎)를 얻으면 후세에 입태되는 상이니 최흉하다.

→ 원태에는 세 가지가 있다. 이중의 절태에는 '절명(絶命)'하는 뜻이 있으니 최흉하다.
□ 『찬의(纂義)』: ① 현무가 역마에 타고 있다. 만약 수의 달에 정단하면 행방불명과 도망이 있다. ② 사시(巳時)에 정단하면 집을 이사하는 일이다. ③ 낮에 정단하면 천후가 巳에 타서 절지에 임하니 부녀자(陰人)에게 재앙이 발생한다.
→ ①에서 수의 달은 겨울을 뜻하고, ③에서 부녀자에게 발생하는 재앙은 주로 부녀자의 사망을 뜻한다.

| 辛亥일 | | 제 8 국 | | 공망 : 寅·卯 ○
낮 : 왼쪽 천장, 밤 : 오른쪽 천장 |

	○	戊	癸
后 卯 玄	空 申 朱	蛇 丑 白	
	戊	卯 ○	申
	○	戊	甲	己
后 卯 玄	空 申 朱	陰 辰 陰	青 酉 合
	辛 戌	卯 ○	亥	辰

庚戌巳 勾	辛亥午 勾合	壬子未 朱 青	癸丑申 蛇 白
己酉辰 青	合		○寅酉 貴 常
戊申卯 空 朱			○卯戌 后 玄
丁未寅 白 蛇	丙午丑 常 玄	乙巳子 貴 玄	甲辰亥 陰 陰

□ **과체** : 중심(重審), 여덕(勵德/낮), 과수(寡宿) // 침해(侵害), 재공(財空), 덕경(德慶), 착륜(斲輪), 손잉(損孕), 호묘(虎墓), 참관(斬關), 귀인공망(貴人空亡/낮), 육편판(六片板).

□ **핵심** : 래정은 분실물을 찾는 일이다. 낮 귀인은 무력하다. 썩은 나무로 수레를 만들려고 한다. 꾀하는 일이 음흉해지고 간특해진다.

□ **분석** : ❶ 일간의 재성인 卯가 일간에 임했다. 밤에 정단하면 현무가 타서 발용이 되었으니 재물의 핍박에서 기인한 것으로서 래정은 유실물이다.

❷ 낮 귀인이 무력하니 귀인에게 부탁하더라도 무익하다.

❸ 卯가 辛금에 가해서 발용이 되었으니 '착륜(斲輪)'이다. 그러나 卯가 갑진순의 공망이 되어 썩은 나무여서 조각하기 어려우니 과(科)를 변경해서 업종을 바꿔야 한다.

❹ 말전의 묘신에는 백호와 등사가 타고 간지의 상신에는 모두 현무와 태음과 천후가 타고 있어서 모든 꾀하는 일이 음흉하고 간특해지는 것을 어찌 의심하겠는가?

□ **정단 : ❶** 중심과는 반드시 모든 일을 세 번은 생각해야 한다. 발용이 공망되어 '고진(孤辰)'이니 이별을 예방해야 하며 대체로 공허한 명예만 있고 실제로는 명예가 없으니 오직 불가의 승려나 도가의 수도자에게만 좋다.

❷ 초전과 중전이 이미 공함되었고 묘신인 말전의 丑이 남았지만 말전의 둔반이 癸여서 폐구되었으니, 모든 꾀하는 일은 봄을 기다려야만 한다. 만약 묘년이나 묘월에 정단하면 더욱 좋다.

○ **날씨 :** 천강이 음을 가리키니 흐리다.
   → 천강[辰]은 대각성이다. 천강이 양지에 가하면 맑고 음지에 가하면 흐리다. 지금은 천강이 음의 십이지인 亥에 가했으니 흐리다.
○ **가정 :** 辰과 卯가 육해하니 사람과 집이 편안하지 않다.
   → 일간은 사람, 일지는 집이다. 간상의 卯와 지상의 辰이 육해하니 사람과 집이 편안하지 않다. 또한 부모와 자식이 화목하지 않고 남편과 아내가 화목하지 않다. ● 지상의 辰이 일지 기준의 귀살이니 재앙이 닥치고 묘신이니 가정이 어둡다. 만약 자월에 정단하면 지상의 辰이 자월의 사기이니 집에서 상을 당하며, 그 사람은 辰이 일간의 부모효이니 가장의 부모이다. ● 중심과 : 자식은 부모에게 불효하고 아내는 남편에게 유순하지 않다. ● 처재효가 공망되었으니 손재수를 예방해야 하고 또한 처가 도망가는 것을 예방해야 한다. 특히 밤에 정단하면 재성에 현무가 타니 이러한 특성이 더욱 강하다.
○ **혼인 :** 재성이 공망되었으니 불성할 우려가 있다.
   → 재성은 신부감이다. 재성인 卯가 공망된 것은 신부감을 잃는다는 뜻이니 혼인이 불성하고, 나를 뜻하는 일간이 공망되었으니 혼인이 불성하며, 또다시 중전이 공함(空陷)되었으니 혼담이 진행되지 않는

데, 말전의 丑이 일간의 묘신이니 혼담으로 인해 암울해진다. ● 궁합 : 일간은 나, 일지는 배우자감이다. 설령 공망된 재성이 매워지더라도 간지의 상신인 卯와 辰이 서로 육해하니 궁합이 나쁘다. ● 일지는 상대이다. 비록 지상이 괴강의 하나인 辰이여서 성정이 드센 사람이지만, 일간의 생기이니 남자를 내조하는 여자이다. 일지음신의 酉가 식록을 뜻하는 일록이니 여자집안은 부유하다.

○ **임신·출산 :** 두 음이 하나의 양을 감싸고 있으니 남자의 상이다. 태신이 공망되고 다시 극을 받으니 임신을 정단하면 반드시 손상되고, 출산을 정단하면 바로 출산한다.

→ 삼전은 태아가 생육되는 과정이다. 비록 중심과이지만 삼전의 두 음(卯,丑)이 하나의 양(申)을 감싸니 남자이다. ● 태신 卯는 태아이다. 卯가 공망되었으니 임신을 정단하면 유산될 우려가 있다. ● 임신되는 시기를 정단할 경우, 태신인 卯가 생기가 되는 사월에 임신된다. 또는 일지의 태신 午가 생기가 되는 신월에 임신된다. ● 초전에서 손을 뜻하는 卯가 발을 뜻하는 戌에 가했으니 역산(逆産)을 예방해야 한다.

○ **구관 :** 초전과 중전이 모두 공망되었으니 말전의 묘신만 남았다. 공망된 卯가 메워져서 관성을 생해서 일으켜야 하며, 未가 묘신인 丑을 충해야 좋아진다.

→ 관성은 관직, 재성은 관성을 생하여 일으키는 오행이다. 과전에 관성인 巳午가 없고 재성인 卯는 공망되었으니 구관이 요원한데, 말전이 묘신이니 더욱 나쁘다. ● 초전 천반이 卯이고 그 아래가 申이니 착륜이다. 그러나 卯가 공망되어 썩은 나무이니 관직에서 대흉하다. ● 고시 : 떨어진다. ● 승진 : 안 된다.

○ **구재 :** 재물을 취득한 뒤에 잃는다.

→ 재성은 재물이다. 재성인 卯가 공망되었으니 재물을 취득한 뒤에 잃는다. 다만 공망된 卯가 메워지는 묘년이나 묘월이나 묘월장(상

강~소설) 기간에 정단하면 재물을 얻는다. 낮에 정단하면 卯에 천후가 타니 천후가 뜻하는 여성용품을 취급해서 사업하면 돈을 번다.

○ **질병** : 초전과 중전이 공함되고 말전의 묘신에 백호가 타고 있으니 매우 꺼린다.

→ 묘신에는 시신을 매장하는 뜻이 있다. 말전의 丑이 일간의 묘신이니 사망할 우려가 있다. 만약 연명이 寅이면 연명상신 未가 묘신인 丑을 충하여 깨트리니 구사일생한다. ● 재성은 처이다. 재성인 卯가 공망되었으니 만약 처의 질병을 정단하면 사망할 우려가 있고, 초전의 천반이 공망되어 '과수격'이니 남편의 질병을 정단하면 남편이 사망할 우려가 있다. ● 申은 신(身), 卯는 관(棺)이다. 연명이 卯이면 그 상신 申이 관으로 들어가는 상이니 생명이 위험한데, 만약 진월에 정단하면 申이 진월의 사기이니 필사한다. ● 卯는 손, 戌은 발이다. 초전의 상하가 卯와 戌이니 중풍이 우려된다.

○ **출행** : 봄에 정단하면 길하다.

→ 일간은 여행객이다. 봄에 정단하면 공망된 간상의 卯가 메워지니 길하다. ● 중심과이니 부인이나 자녀나 아랫사람에 의한 출행이다. ● 일지는 여행지이다. 주야 정단 모두 지상에 태음이 타니 소인에 의한 해를 예방해야 한다.

○ **귀가** : 주작이 중전의 申에 타니 편지가 집으로 오고 있다.

→ 주작은 편지, 중전은 중도이다. 주작이 중전에 있으니 출행인과 관련된 편지가 집으로 오고 있다.

○ **도난** : 잡기 어렵다.

→ 현무는 도둑이다. 현무가 과전에 나타나지 않았으니 잡기 어렵다. ● 도둑은 현무의 음신에 있다. 낮에 정단하면 현무의 음신이 戌이니 서북방에 있고 도둑의 신분은 군인이며, 현무양신 巳가 4이고 현무음신 戌이 6이니 46리 거리에 있다. 밤에 정단하면 현무의 음신이 申이니 서남방에 있고 도둑의 신분은 승려나 수도자이며, 현무양

신 卯가 4이고 현무음신 申이 7이니 47리 거리에 도둑이 있다.
○ **쟁송** : 양쪽 모두 나쁘다.
→ 일간은 나, 일지는 상대이다. 일간이 공망되었으니 내가 패소하는 상이고 일지는 지상의 辰으로부터 극(剋)과 묘(墓)를 당하여서 패소하는 상이니 양측 모두 꺼린다. 거듭 심사숙고의 뜻이 있는 중심과이니 서류를 거듭 검토해야 하고 상급의 법원에서 재심하는 것이 이롭다. ● 하가 상을 극벌하는 중심과는 부인이나 자녀나 아랫사람에 의한 쟁송으로서 그들이 승소한다. ● 관재 : 말전이 감옥의 뜻이 있는 일간의 묘신이니 교도소에 수감되고 다시 일간이 공망되어 빈 방에 홀로 지내는 상이니 교도소에 수감된다.
○ **전쟁** : 경거망동하면 안 된다.
→ 일간은 아군, 재성은 군량미이다. 간상의 재성이 공망되어 군량미가 없으니 경거망동하면 안 된다.

□ 『**필법부(畢法賦)**』 : 〈제10법〉 썩은 나무로는 조각하기 어려우니 별도로 도모해야 된다. 과거 급제를 버리고 일반 직업으로 바꾸어서 별도로 경영하며 살아야 한다.
→ 초전의 卯는 목재, 지반의 辛은 톱과 도끼와 대패이다. 이 과전에서 초전의 卯목이 공망되어 썩은 나무여서 수레를 만들어서 탈 수 없으니, 구관(求官)을 포기하고 다른 일을 시도해야 한다.
〈제82법〉 삼전이 나아가지 못하는 불행전(不行傳)은 초전을 살펴야 한다.
→ 이 과전도의 삼전에서는 초전과 중전이 공망되었으니 앞으로 전진할 수 없고, 말전은 일간의 묘신이며 동시에 폐구되었으니 삼전 모두 무용지물이다. 따라서 도모하려고 하는 모든 일을 포기해야 한다.

□ 『괄낭부(括囊賦)』: 申에 주작이 타면 반드시 편지가 발송됐다.
→ 申은 도로, 주작은 편지이다. 밤에 정단하면 중전의 申에 주작이 타니 편지가 발송되었다.

□ 『금란략(金蘭略)』: 고신(孤神)의 상이 하를 극하니 반드시 외톨이다.
→ 초전이 공망되면 고신이고, 초전의 천반이 지반을 극한다. 만약 이혼을 정단하면 이혼하여 홀로 되고, 처의 질병을 정단하면 상처하여 홀아비가 되며, 남자가 교제하던 여자를 정단하면 여자와 절연되어 홀로 된다.

□ 『조담비결(照膽秘訣)』: 천후와 육합과 현무와 태음이 酉나 卯에 가하여 과전에 들면 반드시 강도를 만난다.
→ 이 과전은 이 이론에 해당하지 않는다.

辛亥일 제 9 국

공망 : 寅·卯
낮 : 왼쪽 천장, 밤 : 오른쪽 천장

丁	辛	○
白 未 蛇	合 亥 靑	后 卯 玄
卯 ○	未	亥
○	丙	○	丁
貴 寅 常	常 午 貴	后 卯 玄	白 未 蛇
辛 戌	寅 ○	亥	卯

己酉巳 青合	庚戌午 勾	辛亥未 勾合青	壬子申 朱空
戊申辰 空朱			癸丑酉 蛇白
丁未卯 白蛇			寅戌 貴常
丙午寅 常貴	乙巳丑 玄后	甲辰子 陰	卯亥 后玄

- **과체** : 지일(知一), 곡직(曲直) // 고진(孤辰), 재공(財空), 화미(和美), 삼기(三奇), 삼전재효태왕(三傳財爻太旺), 복덕(福德), 맥월(驀越), 오음(五陰), 금일정신(金日丁神), 이귀개공(二貴皆空), 재성공망(財星空亡), 사과개공(四課皆空), 간지구공(干支俱空), 태신좌장생(胎神坐長生), 태신공망(胎神空亡), 공합(空合), 막귀임간(幕貴臨干/밤), 사호둔귀(蛇虎遁鬼), 호승정귀(虎乘丁鬼), 명암이귀(明暗二鬼), 천을신기(天乙神祇/밤), 처재효현괘.

- **핵심** : 낮 백호가 丁화에 타고 있으니 과전에 의지하면 안 된다. 교합해서 무슨 이익이 있겠는가? 재성이 없더라도 화가 닥친다.

- **분석** : ❶ 발용의 未의 둔간이 丁이고 여기에 낮에는 백호가 타고 있다. 금일에 이것을 만났으니 흉화가 생긴다. 하물며 삼전이 모두 재물이고 이 모든 재물이 귀살로 변한다.

❷ 간상의 寅은 일지 亥와 상합하고 지상의 卯는 일간(기궁) 戌과 상합하지만 사과가 모두 공망되었으니 무슨 이익이 있겠는가? 만약 재물을 욕심내면 재물을 득하지 못할 뿐만 아니라 오히려 화가 뒤따른

다.
□ **정단 :** ❶ 곡직격이니 번잡한 일이 있고 지일과이니 의사가 분명하지 않으며 우유부단하다.

❷ 삼전이 삼합하고 다시 일간과 일지가 교차상합하며 일진의 음양이 스스로 합을 하여 화합하는 상이지만 아쉽게도 공망되어 중전에 하나의 亥만 남았다. 따라서 모든 꾀하는 일이 흉하면 흉이 사라지고 길하면 길사를 이루기 어렵다. 만약 봄에 정단하거나 혹은 묘년을 만나면 좋다.

○ **날씨 :** 용이 비록 승천하지만 대각성이 양을 가리키니 맑다.
→ 청룡은 감우의 천장이다. 청룡이 亥수에 타고 있지만 지반의 未토로부터 극을 당하고 다시 말전이 공망되었으니 비가 오지 않고 맑다. 또한 대각성인 辰이 양의 십이지인 子를 가리키니 맑다.

○ **가정 :** 사람과 집이 형통하고 즐겁다. 다만 정마가 스스로 제4과에서 발용이 되었으니 웃어른이나 문서의 일이다. 갑작스러운 헛된 놀람이 있다.
→ 과전이 상합하고 다시 일간과 일지가 교차상합하니 사람과 집이 형통하고 화목하며 즐겁다. ● 부모효는 주로 부모를 뜻한다. 귀살인 정마가 부모효에 타서 발용이 되었으니 부모로 인해 재앙이 닥친다. 낮에 정단하면 백호가 타고 있으니 부모에게 질병이 있고, 밤에 정단하면 등사가 타고 있으니 부모에게 사고나 질병 등으로 놀라는 일이 있다. ● 가상 : 재성이 공망되었으니 재물이 사라지는 가상이다. ● 묘월의 낮에 정단하면 처재효 겸 태신이 지상에 가하니 가정에 임신의 기쁨이 있다.

○ **혼인 :** 격명이 음일(淫泆)이니 나쁘다.
→ 낮에 정단하면 삼전의 앞에는 육합이 있고 뒤에는 천후가 있어

서 음란한 뜻이 있는 '음일격'이니 혼인이 나쁘다. 다만 연애결혼은 무방하다. 일간과 일지가 공망되었으니 혼인을 이루지 못한다. ●
궁합 : 일간은 나, 일지는 배우자감이다. 일간과 일지가 교차상합하니 좋아 보이지만 공망이 되었으니 그렇지 않다. 만약 묘년이나 묘월이나 묘월장 기간에 정단하면 공망이 메워지니 궁합이 좋다. ●
일지는 상대이다. 낮에는 지상에 천후가 타고 있으니 여성적이고, 밤에는 지상에 현무가 타고 있으니 흑심을 지닌 사람이다.

○ **임신·출산** : 간상신이 양에 속하니 남자이다. 태신이 장생에 가하니 임신은 길하고 출산은 늦어진다.

→ 오행의 목국과 화국은 남자, 금국과 수국은 여자이다. 삼전과 일지의 음양이 목국이고 일간의 음양이 화국이니 남자이다. ● 태신은 태아이다. 태신인 卯가 장생지인 亥에 앉아서 생을 받으니 임신은 길하고 출산은 흉하다. ● 임신을 정단하면 태신인 卯가 공망되었으니 유산될 우려가 있다.

○ **구관** : 이롭지 않다.

→ 관성은 관직이다. 관성인 午와 丁未가 공망되었으니 이롭지 않다. 또한 사과가 모두 공망되어 실체가 없으니 이롭지 않고, 삼전의 두 곳이 공망되었으니 다시 이롭지 않다. ● 고시 : 떨어진다. ● 승진 : 안 된다.

○ **구재** : 재성이 공망되었으니 구재하면 오히려 자신의 재물이 나간다.

→ 재성은 재물이다. 간지상과 말전의 재성이 공망되었으니 수입이 없을 뿐만 아니라 오히려 재물이 나간다.

○ **질병** : 과전이 모두 공망되었다. 신병은 즉시 낫고 구병은 위독하다.

→ 과전에 공망된 곳이 많으니 가벼운 병은 바로 낫는다. 그러나 구병을 정단하면 일간이 공망되었고 다시 초전이 공망되어 고진과수이니 위독하다.

○ **출행** : 근신해야 한다.

➜ 일간은 여행객, 일지는 여행지, 초전은 현재이다. 일간이 공망되었으니 갈 수 없고, 일지가 공망되었으니 갈 곳이 없으며, 초전이 공망되었으니 지금은 출행할 수 없으니 근신해야 한다. ● 불가피한 출행이라면 지일과이니 비교적 가까운 곳으로 가는 것이 좋다.

○ 귀가 : 즉시 귀가한다.
➜ '회환(回還)'이니 즉시 귀가한다.

○ 쟁송 : 재성과 귀살이 공함되었으니 바로 풀린다.
➜ 귀살은 관재, 재성은 관재를 생한다. 귀살인 午는 공망되었고 재성인 寅卯도 공망되었으니 쟁송과 관재가 바로 풀린다.

○ 도난 : 현무가 장생에 타서 가택에 앉아 있으니 쉽게 잡힌다.
➜ 현무가 卯에 타서 亥에 앉아 있으니 쉽게 잡힌다.

○ 전쟁 : 손실을 예방해야 한다.
➜ 사과가 모두 공망되고 삼전의 두 곳이 공망되었으니 손실을 예방해야 한다.

○ 분묘 : 장지로서 불길하다.
➜ 청룡은 좌청룡, 백호는 우백호, 현무는 주산이다. 청룡과 백호가 모두 공함되고 현무가 공망되었으니 이곳에 매장하는 것은 불길하다.

□ 『필법부(畢法賦)』 : 〈제25법〉 금일에 정마를 만나면 흉화가 일어난다.
➜ 일간이 辛이니 금일이고 초전에 丁이 보이니 정마를 만났다. 구관 정단은 좋고 이 외의 정단은 나쁘다.

〈제27법〉 삼전의 재신이 귀살로 변하는 경우에 재물을 구하면 안 된다.
➜ 삼전이 未亥卯 재국이다. 만약 재물을 구하면 재국이 귀살을 생하여 재앙을 초래하니 재물을 구하면 안 된다.

〈제21법〉 교차상합하면 교제에 이롭다.

→ □ **분석** ❷ 참조.

□ 『**육임지남(六壬指南)**』: 甲申년의 12월에 子를 酉에 가한 뒤에 관직을 정단한다.

❶ 이 과의 상에 근거하면, 나중에 번태직(성의 재무 담당)을 얻지 못한다.

❷ 어떻게 확신할 수 있는가? 그것은 과에서 일간에는 절신(絶神)이 타고 일지에는 사신(死神)이 타며, 양 귀인이 공망되고, 록신이 제극을 받으므로 어찌 공명을 오랫동안 안전하게 누리겠는가? 그리고 관성 午가 공망되니 어떻게 관직에 머물겠는가? 그리고 군영의 보루가 공망되니 누구와 더불어서 외부로부터의 침략을 막겠는가?

❸ 재성이 공망되니 누구와 더불어서 관성을 생하겠는가?

❹ 하물며 태양이 서산으로 졌으니, 해질 무렵에 지는 해가 비치는 것은 하나도 없고, 겨울나무가 공망을 만나니 썩고 부러져서 죽는다.

❺ 태세가 대량(酉)에 있는 경우에 한담을 하면 반드시 그렇다. 왜 그런가? 새해의 태세인 酉는 자형이 되어 목국을 파괴하므로 그 다음해 5월에 외적을 막다가 목을 찔러 자결했다.

※ 이우산, 『육임실전』 2, 대유학당, 2014, 54쪽~56쪽 참조.

辛亥일 제 10 국

공망 : 寅·卯
낮 : 왼쪽 천장, 밤 : 오른쪽 천장

乙 合 巳 后	戊 空 申 朱	辛 玄 亥 青
寅 ○	巳	申
癸 后 丑 白	甲 朱 辰 陰	○ 乙 貴 寅 常 合 巳 后
辛 戌	丑	亥	寅 ○

戊 空 申 朱 巳	己 白 酉 合 戌	庚 常 戌 勾 未	辛 青 亥 申
丁 青 未 蛇 辰			壬 陰 子 空 酉
丙 勾 午 貴 卯			癸 后 丑 白 戌
乙 合 巳 后 寅 ○	甲 朱 辰 陰 丑	○ 卯 蛇 玄 子 貴	○ 寅 常 亥

□ **과체** : 호시(蒿矢), 원태(元胎), 생태(生胎), 여덕(勵德/밤) // 고진(孤辰), 형상(刑傷), 침해(侵害), 덕경(德慶/공망), 삼기(三奇), 귀등천문(貴登天門), 가귀(家鬼/공망), 맥월(驀越), 절신가생(絶神加生/일지), 묘신부일(墓神覆日), 호묘(虎墓).

□ **핵심** : 말 위에서 활을 당기지만 화살이 공망되었다. 다행히 하나의 활을 잃었다. 백호묘신을 반드시 만난다.

□ **분석** : ❶ 巳는 활이다. 역마에 타서 먼 곳에서 일간을 극하니 말 위에서 활을 당긴다고 하였다. 申은 화살이다. 쑥대로 만든 화살에 금붙이가 붙었으니 화살촉이다. 다행히 巳가 공망된 지반에 앉아 있고 다시 말전의 亥수로부터 제극을 당했으니 완전히 무기력하다.

❷ 중전의 申에 낮에는 천공이 타고 있으니 걱정되지 않는다. 다행히 申이 활을 들고 있는 사람을 탈기한다.

❸ 간상에는 묘신백호가 임하니 흉악이 매우 심하지만 만약 연명상에 寅卯가 임하면 우환이 구해진다.

□ **정단** : ❶ 호시(蒿矢)는 화와 복이 모두 가벼운데, 제4과가 발용이 되

었으니 더욱 가볍다.

❷ 화개(華蓋)가 일간을 덮었으니 매사 혼미하다. 밤에는 간상에 백호가 탔으니 원수의 모해를 예방해야 한다.

→ 일지의 화개는 未, 일간의 묘신은 丑이다. 未가 일간을 덮지 않고, 일간의 묘신인 丑이 일간을 덮었다.

○ **날씨** : 아침에는 맑고 오후에는 바람이 불면서 비가 온다.

→ 삼전의 초전은 아침, 중전은 점심, 말전은 저녁이다. 초전이 巳화이니 아침에는 맑고, 중전이 申금이고 말전이 亥수이니 오후에는 비가 온다.

○ **가정** : 식구가 불안하다. 연명상신이 寅卯이고 寅卯년에 정단하면 길하다.

→ 일간은 식구, 일지는 집이다. 일간이 묘지 丑에 묻혔으니 식구가 불안하다. ● 유월의 밤에 정단하면 간상의 백호묘신이 사기에 해당하니 사망을 예방해야 한다. 그러나 만약 연명상신이 寅卯이고 寅卯년에 정단하면 공망된 寅卯가 메워져서 寅卯가 묘신인 丑을 제압하니 흉이 변하여 길하게 된다. ● 가상 : 지상의 재성이 공망되었으니 가난한 가상이다.

○ **혼인** : 나쁘다. 이루지 못한다.

→ 일간은 나, 일지는 배우자감이다. 일간이 묘지에 매장되었으니 혼인이 나쁘고, 일지가 공망되었으니 역시 이롭지 않다. 처를 뜻하는 일간의 재성 寅이 공망되었으니 혼인을 이루지 못한다. ● 궁합 : 일간의 상하인 丑戌은 삼형이고 일지의 상하인 寅亥는 육파이니 궁합이 나쁘다. ● 일지는 상대이다. 비록 공망은 되었지만 낮에는 지상에 귀인이 타고 있으니 귀인이고, 밤에는 지상에 태상이 타고 있으니 요리와 예능에 능숙한 사람이다.

○ **임신·출산** : 태신이 공망되었으니 보호받기 어렵다.
  → 태신은 태아이다. 태신인 卯가 공망되었으니 유산될 우려가 있다.
○ **구관** : 이미 관직을 득한 사람에게는 불리하고, 고시생은 관직을 득하지 못한다.
  → 관성은 관직이다. 이미 관직이 있는 사람은 초전의 관성이 공망되었으니 불리하고, 고시생은 관성이 공망되었으니 관직을 득하지 못한다. 또한 일간이 묘지에 묻혔으니 고시와 승진 모두 나쁘다. ● 고시 : 떨어진다. ● 승진 : 안 된다.
○ **구재** : 재물을 취득할 수 없다.
  → 재성은 재물이다. 재성 寅이 공망되었으니 득하지 못한다. 다만 인년이나 인월이나 인월장 기간에 정단하면 공망이 메워지니 재물을 얻는다.
○ **질병** : 묘신인 丑에 백호가 타서 일간에 임했고 역마가 초전에 임했으니 낫기 어렵다. 본명이 목이면 생명을 구한다.
  → 일간이 묘신에 묻혔으니 사람이 땅에 매장되는 상이다. 더군다나 밤에는 묘신에 백호가 타고 있으니 더욱 위험하며, 만약 유월에 정단하면 丑이 사기이니 더더욱 위험하다. 만약 연명이 辰이면 연명상의 未가 丑을 충하니 구사일생한다. ● 申은 백호, 巳는 상여이다. 중전에서 申이 巳에 가했으니 상(喪)을 예방해야 한다.
○ **출행** : 천후와 육합이 역마에 타서 일간을 극하니 몸조심을 해야 한다. 만약 여색을 가까이 하면 더욱 위험하다.
  → 역마는 자동차이다. 역마인 巳가 공망되고 다시 역마가 일간을 극하니 교통사고가 날 우려가 있다. 밤에는 역마에 천후가 타서 일간을 극하니 여자를 가까이하면 안 되고, 낮에는 역마에 육합이 타서 일간을 극하니 화합을 삼가야 한다.
○ **귀가** : 돌아오지 못한다.

➜ 역마는 자동차이다. 역마가 공망되었으니 돌아오지 못한다.
○ **쟁송** : 풀린다.
➜ 일간은 나, 귀살은 쟁송과 관재이다. 초전의 귀살이 공망되었으니 쟁송과 관재가 풀린다. 그러나 중형을 범한 경우에는 일간이 묘지에 묻혔으니 교도소에 수감된다. ● **승패** : 일간이 묘지에 묻혔으니 내가 불리하다.
○ **도난** : 잡기 어렵다.
➜ 현무는 도둑이다. 현무승신 亥가 득지했으니 도둑을 잡기 어렵다.
○ **전쟁** : 많은 군사를 잃는 것을 예방해야 한다.
➜ 일간은 아군, 묘신은 암매의 천장이다. 묘신이 일간에 임하니 많은 군사를 잃는 것을 예방해야 한다.

□ 『**필법부(畢法賦)**』 : 〈제61법〉 질병 정단에서 일간 위에 묘신백호가 없어야 한다.
➜ 밤에 정단하면 일간 위에 묘신백호가 임하니 나쁘다. 만약 유월에 정단하면 묘신백호 丑이 사기에 해당하니 사망할 우려가 있다.
□ **오월춘추(吳越春秋)**』 : 辛亥년 7월의 寅시에 오나라가 제나라를 공격한다. 과전에서 辛 위는 丑이고 亥 위는 寅이다. 巳가 일간을 극하여 발용이 되었다. 辛은 세위(歲位)이고 亥는 일간(戌) 앞의 십이지이며 丑은 辛의 근본이다. 대길(大吉)인 丑에 백호가 타서 일간에 임하고, 공조(寅)에는 태상이 타서 일지 亥에 임한다. 대길(丑)이 일간에 가했으니 '구추(九醜)'인데 다시 백호가 타고 있으니, 처음에는 승리하지만 나중에는 반드시 대패한다.

辛亥일 제 11 국

공망 : 寅·卯 ○
낮 : 왼쪽 천장, 밤 : 오른쪽 천장

癸	○	乙
后 丑 白	蛇 卯 玄	合 巳 后
亥	丑	卯 ○
壬 ○	癸 ○	
陰子空 貴寅常	后丑白 蛇卯玄	
辛 戌	子	亥 丑

丁青未巳	戊蛇申午	己朱酉未	庚常戌申勾
勾丙午貴辰			玄辛亥酉青
合乙巳后卯			陰壬子戌空
朱甲辰陰寅○	蛇卯玄丑	貴寅常子○	后丑白亥

□ **과체** : 섭해(涉害), 진간전(進間傳), 일녀(泆女/낮), 출호(出戶/丑卯巳), 폐구(閉口) // 재공(財空), 복덕(福德), 인귀생신(引鬼生身), 오음(五陰), 불행전(不行傳), 말조초혜(末祖初惠), 강색귀호(罡塞鬼戶), 호묘(虎墓/밤), 탈공(脫空).

□ **핵심** : 재성과 일덕이 공망되고 묘지에는 백호만 남아 있다. 병을 정단하면 약과 음식을 섭취하지 못하고 환자의 혼을 잃을 우려가 있다.

□ **분석** : 중전은 재성인 卯이고 말전은 일덕인 巳이지만 모두 공망되었다. 오직 초전의 백호묘신만이 남아서 폐구되었다. 따라서 질병을 정단하면 반드시 약과 음식을 먹지 못하고 환자의 혼을 잃을 우려가 있으니 반드시 사망한다.

□ **정단** : ❶ 섭해과는 모든 일에서 의혹스럽고 지체되며 행하려고 해도 행하지 못하고, 폐구가 발용이 되어 만물이 폐장(閉藏)되었으니 기미를 예측하기 어렵다.
❷ 간지의 상신이 육합하고, 삼전에서 묘신이 장생으로 전해지며,

말전이 다시 초전의 생기를 도우니, 처음에는 흉하고 나중에는 길하며 은혜 속에 해가 있는 상이다.

❸ 모든 정단에서 물러남을 전진으로 생각해야 하고, 어두운 것을 밝은 것으로 생각해야 하며, 나중에 후회하게 되니 재주를 믿고 모략을 부리면 안 된다.

○ **날씨** : 천강이 양을 가리키니 맑다.
 ➜ 천강(辰)은 대각성이다. 천강이 양의 십이지인 寅에 가했으니 맑다.

○ **가정** : 봄에 정단하면 지상이 일묘와 관신(關神)이니 집이 부서지고 닫힌다. 묘신백호가 일지를 극하니 집에 복시(伏屍)가 있거나 혹은 이웃집의 관(棺) 속의 귀신이 해를 끼친다.
 ➜ 집에 우환이 있다. 봄에 정단하면 일간의 묘신이 봄의 관신(關神)을 만들어서 발용이 되었으니 나쁜데, 지진의 양과에서 발용이 되었으니 가운이 닫힌다. ● 그리고 밤에 정단하면 묘신백호가 일지에 임하여서 복시가 있어서 집에 우환이 닥치니 이사해야 한다. 관신은 봄에는 丑, 여름에는 辰, 가을에는 未, 겨울에는 戌이다. ● **가상** : 묘신백호가 가택에 임하여 복시가 있으니 대흉한 가상이다.

○ **혼인** : 나쁘다.
 ➜ 비록 간지의 상신은 상합하지만 여자를 뜻하는 재성이 공망되었으니 나쁘고, 지상이 묘신인 丑이니 다시 나쁘며, 섭해과이니 또다시 나쁘다. 특히 낮에 정단하면 천후가 삼전의 앞에 있고 육합이 뒤에 있어서 음란한 상이니 더욱 나쁘다. ● **궁합** : 일간은 나, 일지는 배우자감이다. 간상의 子와 지상의 丑이 상합하니 대체로 좋다. ● 일지는 상대이다. 지상이 묘신이니 흉하다. 낮에는 길장인 천후가 타고 있으니 무방하지만 밤에는 흉장인 백호가 타고 있으니 나쁘

다.
- **임신·출산** : 섭해과이니 임신이 늦어진다. 폐구(閉口)되었으니 벙어리이다.
    → 섭해과이다. 임신을 정단하면 임신이 늦어지고, 출산을 정단하면 출산이 늦어진다. 초전이 폐구되었으니 선천성 언어장애자일 우려가 있다.
- **구관** : 寅卯년과 寅卯월에 가장 이롭다.
    → 관성은 관직, 재성은 관성을 생하는 오행이다. 인묘년과 인묘월에는 공망된 재성 寅卯가 메워져서 관성을 생하니 가장 이롭다. ● 고시 : 초전이 묘신이니 떨어진다. ● 승진 : 초전이 묘신이니 안 된다.
- **구재** : 이익이 없다.
    → 재성은 재물이다. 재성인 卯가 공망되었으니 이익이 없다.
- **질병** : 신장이 허하고 기가 부족하다. 혹은 가래가 목을 막아서 목소리가 나오지 않거나 혹은 입안이 헐었거나 목이 막혀서 음식을 삼키지 못한다.
    → 백호의 극을 받는 장부에 병이 든다. 밤에 정단하면 백호가 丑토에 타서 수를 극하니 신장이 허하며, 지상이 丑이니 신장이 허하다. 초전이 폐구되었으니 목구멍이 부어서 목소리가 나오지 않거나 혹은 음식을 삼키지 못한다.
- **유실** : 본 사람이 말을 하지 않는다.
    → 초전이 폐구되었으니 본 사람이 말을 하지 않는다.
- **출행** : 장애가 있다.
    → 섭해과이니 장애가 있다. 그리고 일간은 여행객, 일지는 여행지이다. 지상이 묘지인 丑이니 안전하지 않은 여행지이다. 밤에 정단하면 묘지에 백호가 타고 있으니 더욱 안전하지 않다.
- **귀가** : 귀가하지 않는다.

➜ 삼전의 丑卯巳는 집을 나선다는 뜻의 '출호(出戶)'이고 다시 말전과 중전이 공망되었으니 아직 귀가하지 않는다.
○ **쟁송** : 폐구이니 굴복한 상황이 펴지지 않는다.
➜ 십간의 끝인 癸에는 입이 닫힌다는 뜻이 있다. 변론에서 나의 진실을 판사에게 말하더라도 판사가 이것을 수용하지 않으니 손해를 보며 굴복한 상황이 펴지지 않는다. ● **승패** : 일간은 나, 일지는 상대이다. 일지가 지상의 극을 받았으니 상대가 불리하다.
○ **도난** : 도난품을 득하지 못한다.
➜ 재성이 공망되었으니 물건을 득하지 못한다.
○ **전쟁** : 근신해야 한다.
➜ 섭해과는 출군하면 어려움이 많으니 근신해야 하고, 간상이 일간을 설기하니 근신해야 하며, 초전이 일간의 묘신이니 다시 근신해야 한다.
○ **분묘** : 청룡과 백호가 공망되었지만 未가 완전히 길하고, 묘신이 일간의 생기인데 寅卯를 만나니 발복한다.
➜ 청룡은 묘지의 왼편, 백호는 묘지의 오른편이다. 寅卯가 묘신인 丑을 제압하니 발복한다.

□ 『**필법부(畢法賦)**』 : 〈제82법〉 삼전이 나아가지 못하는 불행전(不行傳)은 초전을 살펴야 한다.
➜ 초전은 튼실하지만 중전의 卯와 말전의 巳가 공망되었다.
〈제16법〉 천공 위에 공망이 타면 일을 이룰 수 없다.
➜ 이 과전에서는 간상의 子가 일간을 설기하고 밤에는 이곳에 천공이 타고 있다.
〈제62법〉 묘신백호가 일지에 임하면 복시(伏屍)가 있다.
➜ ○ 가정 참조.

〈제65법〉 일간의 묘신이 관신(關神)을 아우르면 사람과 가택이 황폐해지는 허물이 있다. 만약 일간의 양 과에서 발용이 되면 사람이 쇠패해지고 지진의 양 과에서 발용이 되면 가운이 닫힌다. 관신은 봄에는 丑, 여름에는 辰, 가을에는 未, 겨울에는 戌이다.

→ 봄에 정단하면 지상의 丑은 일간의 묘신 겸 봄의 관신(關神)이다. 이곳이 발용이 되었으니 가운이 닫힌다.

▫ 『과경(課經)』: 간상의 子는 일간의 탈기이다. 밤에는 이곳에 천공이 타고 있으니 '탈공신(脫空神)'이다. 모든 정단에서 억지로 말썽거리를 만들어 일으키거나 혹은 전혀 실적이 없다. 공망에 천공이 타고 있더라도 마찬가지이다.

▫ 『찬의(纂義)』: 백호가 묘지에 타서 지상에 가했으니 집에 엎드려 있는 시신을 뜻하는 '복시(伏屍)'가 있거나 혹은 이웃집의 관(棺) 속에 있는 시신이 나에게 해를 끼친다.

▫ 『지장부(指掌賦)』: 삼전의 丑卯巳는 '출호(出戶)'이다. 봄에 우레가 쳐서 겨울잠을 자고 있는 곤충을 놀라게 한다.

→ 卯는 진괘에 해당한다. 중전이 卯이니 우레가 치는 상이다.

갑진순 | 신해일 | 12국

辛亥일 제 12국

공망 : 寅·卯
낮 : 왼쪽 천장, 밤 : 오른쪽 천장

	癸	○	○
后丑青	貴寅勾	蛇卯合
子	丑	寅 ○
辛	壬	壬	癸
玄亥白	陰子空	陰子空	后丑青
辛戌	亥	亥	子

丙午勾	丁未貴	戊申青	己酉陰
乙巳蛇			庚戌常
甲辰朱			辛亥白
○卯蛇	○寅勾	癸丑青	壬子空

- **과체** : 원수(元首), 진여(進茹), 불비(不備), 무음(蕪淫), 폐구 // 장태(將泰/丑寅卯), 형상(刑傷), 재공(財空), 귀총(歸寵), 복덕(福德), 맥월(驀越), 탈상봉탈(脫上逢脫), 불행전(不行傳), 귀인공망(貴人空亡/낮).
- **핵심** : 고의로 손해를 본다. 여우가 호랑이의 위엄을 빌린다. 자신의 재물을 잃었으니 어찌 의외의 것을 더 바라겠는가?
- **분석** : ❶ 일지가 일간 위로 와서 일간을 탈기하지만 다행히 기궁인 戌토가 이것을 막으니 亥가 감히 일간을 탈기하지 못한다. 여기에서의 辛은 마치 여우와 같고 戌은 마치 호랑이와 같다. 즉 여우가 호랑이의 권세를 빌려 위세를 부리는 것에 비유된다.
  ❷ 중·말전의 寅卯가 자신의 재물이지만 공망되어 자신의 재물을 잃었으니 어찌 바라겠는가?
- **정단** : ❶ 퇴여(退茹)가 공망되었으니 전진하는 것이 바람직하지만 간지상이 그물과 칼(網刃)이니 전진하는 것이 결코 바람직하지 않다. 이와 같이 곤경에 빠져 있으니 동과 정 모두 어려운 상이다.
  ❷ 간상에서 탈기를 만나고 낮에는 현무가 타고 있으니 손실과 도

난을 당한다. 지상의 子도 일간을 탈기하니 모든 일에서 탈기를 당하여 공허하고 부실하다.

○ **날씨** : 흐리다.
→ 초전이 丑토이니 흐리다. 중전과 말전이 오행의 목이고 공망되었으니 나중에는 맑다.

○ **가정** : 사람이 쇠약해지고 무기력하며 재물을 손실당하는 우환이 있다.
→ 일간은 사람이다. 일간이 간상의 亥로 탈기(脫氣)되니 사람에게 손실이 많다. 낮에 정단하면 간상에 현무가 타고 있으니 도난이나 사기를 당하고, 밤에 정단하면 간상에 백호가 타고 있으니 의료비가 많이 든다. ● 일지는 가정이다. 일간이 지상의 子로 탈기되니 가정으로의 지출이 많다. 낮에 정단하면 도화인 子에 태음이 타고 있으니 불륜으로 인한 손실이고, 밤에 정단하면 지상에 천공이 타고 있으니 사기로 인한 손실이다. ● **가상** : 재물이 빠져나가니 가난한 가상이다.

○ **혼인** : 청룡과 천후가 묘지에 타고 있으니 좋지 않다.
→ 청룡은 남자, 천후는 여자이다. 낮에 정단하면 천후가 일간의 묘지인 丑에 타고 있으니 혼인이 불길하고, 밤에 정단하면 청룡이 일간의 묘지인 丑에 타고 있으니 혼인이 불길하다. ● 일간은 나, 일지는 배우자감이다. 지상의 子가 일간을 탈기(脫氣)하니 나에게 손실을 입히는 사람이다. ● **궁합** : 일간과 일지가 상생하고 간상과 지상이 비화(比和)하며 다시 간상의 둔간인 辛과 지상의 둔간인 壬이 상생하니 매우 좋다. ● 일지는 상대이다. 지상이 도화이고 낮에는 음란의 천장인 태음이 타고 있으니 음란한 사람이고, 밤에는 지상에 천공이 타고 있으니 허언을 하는 사람이다.

○ **임신·출산**: 임신하면 남자이다. 다만 폐구(閉口)되었으니 벙어리를 낳는다. 출산을 정단하면 순산하지 못한다.
  → 원수과는 주역의 건괘에 해당하니 남자이고, 다시 삼전의 두 음(丑,卯)이 하나의 양(寅)을 감싸고 있으니 남자이다. ● 폐구에는 입이 닫혔다는 뜻이 있다. 초전이 폐구되었으니 벙어리가 우려된다. ● 간상이 일간의 전일위이고 지상이 일지의 전일위이어서 '천라지망(天羅地網)'이고, 다시 과전이 지상 子 → 초전 丑 → 중전 寅 → 말전 卯로 쇠사슬이 연결된 상이니 난산이다.

○ **구관**: 재성이 공망되고 관성이 나타나지 않았으니 불길하다.
  → 재성은 관성을 생하는 오행, 관성은 관직이다. 재성인 寅卯는 공망되었고 관성인 巳午는 과전에 나타나지 않았으니 불길하다. 그리고 공무원이 정단하면 초전이 묘신이고 중·말전이 공망되었으니 관로가 밝지 못하다. ● 고시: 간지상의 상관살이 관성을 극하고 초전이 묘신이니 떨어진다. ● 승진: 간지상의 상관살이 관성을 극하고 초전이 묘신이니 안 된다.

○ **구재**: 자신의 재물을 잃는다. 어찌 밖의 재물을 구하겠는가?
  → 일간이 간상의 亥와 지상의 子로 탈기되었으니 자신의 재물을 잃는다. ● 삼전은 밖이고 재성은 재물이다. 삼전의 재성이 공망되었으니 밖의 재물을 구하지 못한다.

○ **질병**: 심장경락의 병으로 인해 음식을 먹지 못하거나 혹은 말을 하지 못한다. 흉하지만 생명을 구한다.
  → 밤에 정단하면 백호승신 亥가 오행의 화를 극하니 심장경락의 병이다. 초전이 폐구되었으니 음식을 먹지 못하거나 말을 하지 못할 정도로 아프다. 다행히 의약신인 亥가 일간에 임하니 병을 고칠 수 있다. ● 의약신 亥가 戌에 임하니 서북방에서 명의와 명약을 구해서 치료하면 낫는다.

○ **유실**: 본 사람이 말을 하지 않는다.

→ 초전이 폐구(閉口)되었으니 도둑을 본 사람이 말을 하지 않는다.
O **출행** : 진여가 공망되었으니 출행하면 안 된다.
→ 일간은 여행객, 일지는 여행지, 삼전은 여정이다. 삼전이 丑寅卯여서 전진하는 상이지만 중전과 말전이 공망되었으니 출행하면 안 된다. 삼전의 재성 寅卯가 공망되었고 지상의 子가 일간을 탈기하니 만약 출행하면 재물을 잃는다.
O **귀가** : 아직 돌아오지 않는다.
→ 말전과 중전이 공망되었으니 아직 돌아오지 않는다.
O **쟁송** : 억울한 일이 해명되지 않는다.
→ 초전이 폐구(閉口)되었으니 억울한 일이 해명되지 않는다. 다행히 중전과 말전이 공망되었으니 쟁송이 풀리지만 재성이 공망되었으니 재물을 잃는다.
O **도난** : 도둑을 잡기 어렵다.
→ 현무는 도둑, 태음은 도로이다. 낮에 정단하면 현무의 음신 子에 태음이 타고 있으니 잡기 어렵다.
O **전쟁** : 이롭지 않다.
→ 일간은 아군, 일지는 적군, 삼전은 출전이다. 일간이 간상과 지상으로 탈기되니 손실이 많고 다시 삼전의 재성이 공망되어 전리품이 없으니 이롭지 않다.
O **분묘** : 초목이 싹튼 뒤에 성장하지 못한다. 앞으로 점차 가난해진다.
→ 삼전의 寅卯는 초목이며 일간의 재성이다. 삼전의 재성이 공망되었으니 초목이 나서 자라지 못하고 재물이 사라져서 가난해진다.

□ 『**필법부**(畢法賦)』 : 〈제12법〉 근심되기는 하지만 여우가 호랑이의 위엄을 빌어 산다.
→ 일간인 辛은 여우, 기궁인 戌은 호랑이다. 간상의 亥를 기궁인 戌

이 극을 하여 물리치니 이 격에 합당하다.
〈제15법〉 (일간) 위에서 탈기하고 다시 탈기하면 헛된 속임을 예방해야 한다.

→ 일간이 간상의 亥로 탈기되고 낮에는 현무가 이곳에 타고 있으니 헛된 속임을 예방해야 한다.

〈제55법〉 '천라지망(天羅地網)'을 만나면 모망사가 보잘 것이 없게 된다.

→ 매일의 제12국은 '천라지망(天羅地網)'이다.

〈제65법〉 일간의 묘신이 관신(關神)을 아우르면 사람과 가택이 황폐해지는 허물이 있다.

→ 봄에 정단하면 초전의 丑은 일간의 묘신이면서 동시에 봄의 관신이다.

〈제82법〉 삼전이 나아가지 못하는 불행전(不行傳)은 초전을 살펴야 한다.

□ 『단경(斷鏡)』: 월장 亥를 점시 戌에 가한 뒤에 이 과전으로 정단하면 반드시 분실정단이다. 그 이유는 간상의 亥가 일간의 도둑신이고 이곳에 현무가 탔기 때문이다. 그리고 초전의 丑은 일간의 묘신이고 중·말전의 寅卯는 일간의 재성이지만 갑진순의 공망이 되었다. 비록 월장 곧 태양이 현무를 비추지만 술시(戌時)에는 태양이 서산에 져서 어두우니 도둑을 잡기 어렵다. 과연 그러하였다.

대육임직지

임자일

壬子日의 길신(구보)과 흉살(팔살)

일덕	亥	형	
일록	亥	충	
역마	寅	파	
장생	申	해	
제왕	子	귀살	辰戌丑未
순기	亥	묘신	辰
육의(六儀)	甲辰	패신 / 도화	酉 / 酉
귀인	주 卯	공망	寅卯
	야 巳	탈(脫)	寅卯
합(合)		사(死)	卯
태(胎)	午	절(絶)	巳

壬子일 제 1국

공망 : 寅·卯 ○
낮 : 왼쪽 천장, 밤 : 오른쪽 천장

辛	壬		○
常亥空	玄子青	貴卯朱	
亥	子	卯	○
辛	辛	壬	壬
常亥空	常亥空	玄子青	玄子青
壬亥	亥	子	子

	乙巳朱	丙午貴合	丁未后勾	戊申陰青	
乙巳朱巳					戊申玄申
甲辰蛇辰					己酉空酉
○ 貴卯朱卯					庚戌白戌
	后寅合寅○	癸丑陰丑	壬子勾玄子	辛亥青常亥	空

- **과체** : 복음(伏吟), 두전(杜傳), 여덕(勵德/낮), 삼기(三奇), // 형상(刑傷), 덕경(德慶), 덕입천문(德入天門), 간지동류(干支同類), 왕록임신(旺祿臨身), 귀인공망(貴人空亡/낮).

- **핵심** : 일덕과 일록이 일간에 임했으니 다행이다. 이루는 것을 더욱 욕심내어 흥성하려다가 무례를 범하여 형(刑)을 당한다.

- **분석** : ❶ 亥는 일덕(日德)과 일록(日祿)이다. 亥가 일간에 임한 뒤에 발용이 되었으니 다행이다.

  ❷ 만약 이 식록을 지키지 않고 욕심내서 중전으로 가서 子를 취하면 말전의 卯와 무례지형이 되니 형을 선고받아 수감생활을 면하기 어렵다.

- **정단** : ❶ 초전이 '삼기(三奇)'이니 화가 사라지고 복이 길게 이어지는 상이다. 과전에서 제왕인 子와 일록인 亥를 모두 만났으니 꾀하는 모든 일이 길하다. 그러나 말전이 공망되었으니 잘못 변경되어 꾀하는 일을 이루기 어렵다.

  ❷ 과체가 복음이니 정(靜)은 이롭고 동(動)은 불리하다.

○ **날씨** : 맑은 날씨를 원하는 정단을 하면 맑고, 비를 원하는 정단을 하면 다시 변경된다.

→ 초전과 중전이 수의 오행인 亥子이니 비가 오고, 말전의 卯가 공망되었으니 나중에는 변경되어 맑다.

○ **가정** : 일덕과 일록이 일간에 임하고 제왕이 일지에 앉아 있으니 사람과 집 모두 형통하다.

→ 일덕은 복을 부르는 신, 일록은 관록, 제왕은 왕성이다. 일덕과 일록이 간상과 초전에 머무니 복이 오고 식록이 생긴다. 지상이 제왕이니 가정이 왕성하다. 이와 같이 일간과 일지에 길신이 임하니 가정의 내외 모두 형통하다. ● 낮에는 지상에 현무가 타고 있으니 동류에 의한 도난을 예방해야 하고, 밤에는 지상에 청룡이 겁재에 타고 있으니 손재수를 예방해야 한다. ● 자식을 정단하면 자손효인 卯가 공망되었으니 흉하다.

○ **혼인** : 일지와 일간이 비화(比和)하고 다시 제왕과 일록이 간지상에 임하니 대길하다.

→ 일간은 나, 일지는 배우자감이다. 간상에 일덕이 임하니 군자이고 간상에 일록이 임하여 식록이 있으니 길한 남자이다. 지상에는 제왕이 임하여 번영을 누리는 상이니 길한 여자이다. ● 궁합 : 간지와 그 상신이 각각 비화(比和)하니 좋고 중전과 말전이 형(刑)을 하니 보통이다. ● 일지는 상대이다. 낮에는 지상에 현무가 타고 있으니 도심(盜心)이 있는 사람이고, 밤에는 지상에 청룡이 타고 있으니 고귀한 사람이다.

○ **임신·출산** : 남자이며 길상스럽다. 복음이니 출산을 정단하면 출산이 지체된다.

→ 일간은 태아이다. 간상이 일록과 일덕이어서 장차 관록이 있는

공무원이 되는 상이니 길상하다. 출산을 정단하면 천반과 지반이 맞붙어 있는 복음과이니 벙어리가 될 우려가 있고 출산은 늦어진다.

○ **구관** : 과전에서 왕록을 거듭 만나니 크게 이롭다.
→ 제왕은 왕성, 일록은 관록과 식록을 뜻한다. 제왕 子는 지상과 중전에 임하고 일록 亥는 간상과 초전에 임하니 관직에 크게 이롭다. 겨울에 정단하면 일록과 제왕이 왕성하니 더욱 이롭다. ● **고시** : 겨울에 정단하면 제왕과 일록이 왕성하니 합격한다. ● **승진** : 겨울에 정단하면 제왕과 일록이 왕성하니 승진한다.

○ **구재** : 일간과 일지가 동일한 오행이니 재물을 빼앗길 우려가 있다.
→ 재성은 재물이다. 과전에 재성이 없으니 수입이 없을 뿐만 아니라 또한 일간과 일지가 동일하고 다시 과전의 천반에 아홉 겁재가 있으니 개업하면 반드시 실패한다. ● 복음과이니 경거망동하면 안 되고, 초전이 '두전(杜傳)'이니 구재에 장애가 발생한다.

○ **질병** : 신장계통의 질병이다. 바로 낫지는 않는다.
→ 주야 모두 백호가 戌토에 타서 오행의 수를 극하니 신장계통의 질환이 발생하고, 복음과이니 병이 바로 낫지를 않고 오래간다.

○ **출행** : 결과가 없다.
→ 일간은 여행객, 일지는 여행지이다. 지상이 겁재 곧 형제효이고 과전에 겁재가 지나치게 많으니 출행해서 소득이 없다. 낮에는 지상의 겁재에 현무가 타고 있으니 여행지에서 도난을 예방해야 하고, 밤에는 지상의 겁재에 청룡이 타고 있으니 손재수를 예방해야 한다.

○ **귀가** : 아직은 움직이지 못한다.
→ 복음과는 하늘과 땅이 맞붙어있는 상이니 아직은 움직이지 못한다. 더군다나 초전이 자형인 亥이어서 '두전(杜傳)'이니 더욱 더 움직일 수 없다.

○ **쟁송** : 부동산으로 인해 소송이 닥친다. 화해가 가능하다.
　→ 일간은 나, 일지는 상대이다. 간괘에 해당하는 복음과이니 부동산으로 인한 소송이고, 일간과 일지가 비화(比和)하고 다시 간지의 상신이 비화하니 화해가 가능하다. ● **승패** : 간지와 간지의 상신이 동일한 오행이니 승패가 나지 않는다.

○ **도난** : 낮에 정단하면 집안의 식구가 도둑이다.
　→ 낮에 정단하면 현무가 지상에 타고 있으니 집안의 식구가 도둑이다.

○ **전쟁** : 속임수를 예방해야 한다.
　→ 일간은 아군, 일지는 적군이다. 낮에 정단하면 지상의 子에 현무가 타고 있으니 적으로부터의 속임수를 예방해야 한다.

□ 『**필법부(畢法賦)**』 : 〈제7법〉 왕록이 일간에 임하면 망령된 행동을 해서는 안 된다.
　→ 간상의 亥는 일록, 일간은 나이다. 일록이 일간에 임하면 현재의 직장이나 사업을 고수해야 한다.

□ 『**고감(古鑒)**』 : 辛卯년에 출생한 사람이 戊申년 11월에 월장 卯를 점시 卯에 가한 뒤에 가택을 정단한다. 가택 위가 제왕인 子이니 재운이 일어난다. ● 중전은 子이고 子 옆이 亥이니 이 둘을 합치면 '손(孫)' 글자가 되어 금년에 자(子)나 손(孫)이 진학한다. 말전이 가정을 뜻하는 卯이니 가정이 평안하지 않은데, 그 이유는 가정에서 공사를 하기 때문이다. ● 문 위의 그림이 풍수 이론에 맞지 않으므로 수시로 말다툼을 하며, 재물과 식록은 매우 안정되고 가축이 잘 사육된다. 다만 몸의 가슴과 방광에 통증이 있고 또한 여자의 바깥 음부가 부어오르면서 아픈 병이 있다. 4를 4로 곱셈하면 16이니, 16년을 살다가 바깥 음부가 부어오르면서 아픈 병으로 사망한다. 그 이유는

亥가 4이고 일간과 초전에 거듭하여 亥가 보이니 왕(旺)하면 곱해서 계산하니 16이 된다. ● 그의 집에는 과연 천사(天師) 그림을 걸어 놓았었고 수시로 괴상한 일이 발생했지만 그것을 없애고 나니 편안해졌다. 나머지도 모두 예측한 것과 같았다.

壬子일 제 2 국

공망 : 寅·卯 ○
낮 : 왼쪽 천장, 밤 : 오른쪽 천장

庚	己	戊	
白戌白	空酉常	青申玄	
亥	戌	酉	
庚	己	辛	庚
白戌白	空酉常	常亥空	白戌白
壬亥	戌	子	亥

甲蛇辰巳	乙蛇朱巳午	丙朱合午未	丁合勾未申
○貴卯辰			戌青申酉玄
○后寅卯○			己空酉戌常
癸陰丑寅	壬勾玄子丑	辛玄常亥子空	庚戌白亥白

- □ **과체** : 원수(元首), 퇴여(退茹), 참관(斬關), 불비(不備) // 반가(返駕/戌酉申), 간지동류(干支同類), 덕경(德慶), 권섭부정(權攝不正), 가귀(家鬼), 무음(蕪淫), 맥월(驀越), 괴도천문(魁度天門), 최관사자(催官使者), 양사협묘(兩蛇夾墓/연명:巳), 귀인공망(貴人空亡/낮), 귀인입옥(貴人入獄/낮), 췌서(贅婿).

- □ **핵심** : 처음에는 의혹이 있지만 나중에는 이룬다. 실패한 것으로 가장하고 물러난다. 질병과 소송은 주야 모두 어둡다.

- □ **분석** : 戌土가 일간에 임하여 발용이 되었다. 주야 모두 백호가 타고 있으니 壬수가 가장 두려워한다. 처음에는 놀라며 의아해하지만 나중에는 일간이 酉와 申의 생을 받으니 실패한 것으로 가장하고 물러난다. 만약 질병과 소송을 정단하면 주야에 백호귀살이 임하는 것을 어찌 감당하겠는가?

- □ **정단** : ❶ 삼전이 계속해서 물러난다. 모든 일에서 물러나는 것을 전진하는 것으로 여겨야 하니 어찌 이익을 얻겠는가? ❷ 하괴(戌)가 천문(亥)을 건너는 '괴도천문(魁度天門)'이니 매사 막히고 지체되며, 戌

이 일간에 임한 뒤에 발용이 되어 '참관(斬關)'이니 편안하게 거주하는 상이 아니다.

❸ 격명이 '실우(失友)'이고 '불비(不備)'이며 다시 백호가 일간의 귀살에 타고 있으니 반드시 타인과의 정이 부족하고 모든 일은 반드시 온전하지 않다. 행하고 싶지만 행하지 못하고 처음에는 어렵고 나중에는 쉬운 상이다.

○ **날씨** : 천강이 음을 가리키니 흐리다.
→ 천강(辰)은 대각성이다. 천강이 음의 십이지인 巳를 가리키니 흐리다.

○ **가정** : 일덕과 일록이 가택에 앉아 있으니 집이 왕성하지만 집은 비좁고 사람은 평안하다. 다만 크게 놀라는 일을 예방해야 한다.
→ 일록은 재산, 일덕은 복을 부르는 신, 일지는 집이다. 일록이 일지에 임하니 집에 재산이 있고, 일덕이 일지에 임하니 집에 복이 온다. ● 백호가 일지음신의 戌에 타서 일간과 일지를 극하니 집에 병자가 발생한다. 만약 오월에 정단하면 백호승신 戌이 사기이니 병으로 인해 크게 놀라는 일을 예방해야 한다. ● 사과가 불비(不備)와 '무음(蕪淫)'이다. 집에 완비하지 않은 곳과 또한 가정에 음란사가 발생하는 것을 예방해야 한다. ● 밤에 정단하면 지상의 亥에 천공이 타고 있으니 재산을 사기당하는 것을 예방해야 한다.

○ **혼인** : 불길하다.
→ 사과가 하나의 양과 두 음의 '무음(蕪淫)'이어서 음란하니 혼인이 불길하다. 초전이 '괴도천문(魁度天門)'이니 연애나 혼담에서 장애가 발생하고 다시 삼전이 퇴여(退茹)이니 혼인이 늦어지고 지체된다. ● 궁합 : 일간은 나, 일지는 상대이다. 간상의 戌이 지상의 亥를 극하니 궁합이 나쁘다. ● 일지는 상대이다. 낮에는 지상에 태상이 타고

있으니 음식을 잘하고 예능에 밝은 사람, 밤에는 지상에 천공이 타고 있으니 허언을 일삼는 사람이다.

O **임신·출산** : 남자이다. 출산이 늦어지고 난산이다.

→ 원수과이니 남자이고, 일간의 상하가 모두 양이니 다시 남자이다. 삼전이 차례로 물러나는 '퇴여(退茹)'이니 출산이 늦어지고 초전이 괴도천문(魁度天門)이니 난산이다. ● 사과가 불비(不備)이니 미숙아일 우려가 있다.

O **구관** : 청룡이 왕성하니 공무원은 반드시 승진하고, 시험에 합격한 사람은 곧 부임한다.

→ 청룡은 문관직 혹은 고위직공무원이다. 낮에 정단하면 청룡승신 申이 일간을 생하여 오니 승진하거나 발령을 받아 부임한다. ● 일록이 지상으로 갔으니 지방으로 파견을 가거나 혹은 좌천된다. ● 고시 : 초전이 '괴도천문(魁度天門)'이다. 응시 중에 정신이 산란하여 시험을 잘 보지 못했으니 떨어진다. ● 승진 : 초전이 '괴도천문'이니 안 된다.

O **구재** : 무익하다.

→ 재성은 재물이다. 과전에 재성이 없으니 개업하면 이익이 전혀 없다. 설령 연명이 卯와 辰이더라도 그 위의 재성이 공망되었으니 돈을 벌지 못한다.

O **질병** : 괴도천문(魁度天門)에 백호가 타고 귀살이다. 따라서 신장의 기운이 크게 비어서 음식을 먹지 못하고 기운이 막혔으니 비장을 먼저 다스려야 한다.

→ 만약 오월에 정단하면 백호승신 戌이 사기이니 생명이 위독하다. ● 백호승신의 극을 받은 장부에 병이 든다. 백호승신 戌토가 오행의 수를 극한다. 신장과 방광에 병이 들어 음식을 먹지 못하며, 기운이 막혔으니 비장과 위장을 다스려서 병을 고쳐야 한다. 만약 연명이 巳이면 그 위의 辰이 戌을 충(沖)을 하니 병이 쉽게 낫는다.

| 갑진순 | 임자일 | 2국 | 517 |

○ **알현** : 귀인을 만나는 일에서 장애가 생긴다.
 → 귀인은 관청과 공무원이다. 낮에 정단하면 귀인승신 卯가 공망되었고 다시 辰에 임하여 입옥(入獄)이 되었으니 귀인을 만나더라도 나의 뜻을 이루지 못한다.

○ **출행** : 뜻을 이루지 못한다.
 → 일간은 여행객, 일지는 여행지이다. 일간에 백호귀살이 임하니 병이 들어 뜻을 이루지 못한다. ● 초전이 괴도천문(魁度天門)이니 출행에서 장애가 생기고, 삼전이 퇴여(退茹)여서 오히려 귀가하는 상이니 여행이 뜻대로 되지 않는다.

○ **귀가** : 지체된다.
 → 초전이 괴도천문(魁度天門)이니 귀가가 지체된다.

○ **쟁송** : 나에게 이롭지 않다.
 → 일간은 나, 일지는 상대이다. 일간에 백호귀살이 임했으니 이롭지 않고 다시 발용이 되었으니 더욱 이롭지 않지만, 삼전이 퇴여(退茹)이니 쟁송이 점차 가벼워진다. ● 승패 : 일간이 간상의 백호귀살로부터 극을 받으니 내가 패소한다. ● 관재 : 중형을 범한 경우, 주야 모두 백호귀살이 일간에 임하여 일간을 극하니 중형이 선고된다.

○ **도난** : 밤에 정단하면 도둑이 서남방에 있고, 낮에 정단하면 서북방에 있다.
 → 도둑은 현무의 음신에 있다. 밤에 정단하면 현무의 음신이 未이니 서남방에 있고, 낮에 정단하면 현무의 음신이 亥이니 서북방에 있다.

○ **전쟁** : 많은 군사를 잃는다.
 → 혈광의 신인 백호가 귀살에 타니 많은 군사를 잃는다.

- 『필법부(畢法賦)』: 〈제8법〉 일록이 일지에 임하면 임시직으로서 정당한 자리가 아니다.
    → 일록인 亥가 일지에 임한다. O 구관 참조.
    〈제51법〉 하괴가 천문을 건너면 관문이 막힌다.
    → 하괴는 戌, 천문은 亥이다. 戌이 亥에 가했으니 만사 뜻대로 되지 않는다. 방문을 정단하면 만나지 못하고, 질병을 정단하면 기운은 불통하고 음식은 정체되어 있다.
    〈제61법〉 질병 정단에서 일간 위에 묘신백호가 없어야 좋다.
    → 지금은 귀살백호가 일간과 초전에 임한다. 역시 질병정단에서 흉하다.
    〈제91법〉 백호가 귀살에 타면 귀살의 흉이 매우 빠르다.
    → 백호귀살이 일간과 초전에 탄다. 질병과 관재와 여행을 정단하면 최흉하고, 관직을 정단하면 대길하다.
- 『과경(課經)』: 일간의 록신이 지상에 가임하면 모든 정단에서 스스로 존대해지지 못하고 타인에 의하여 굴복과 꺾임을 당한다. 이웃 나라의 여기저기를 떠돌아다니는 사람이거나 전쟁 중에 사무를 보는 곳의 외국의 사신이다.
- 『찬요(纂要)』: 壬수가 일지에 임하여 제왕을 취하면 집에서 거주하면서 식록을 받아야 한다.
    → 기궁 亥가 일지에 임한 뒤에 壬의 제왕인 子를 취했다.

공망 : 寅·卯
낮 : 왼쪽 천장, 밤 : 오른쪽 천장

壬子일 제 3국

庚 青戌 白	戊 白申 玄	丙 玄午 后
子	戌	申
己 空酉	丁 常未 陰	庚 青戌 白	戊 白申 玄
壬亥	酉	子	戌

○貴 卯 朱巳	甲 后辰 蛇午	乙 陰巳 貴未	丙 玄午 后申
○蛇 寅 合辰			丁 常未 陰酉
朱 癸 勾丑 卯			戊 白申 玄戌
合 壬 青 寅	辛 勾亥 空丑	庚 空戌 青子	己 白酉 常亥

□ **과체** : 원수(元首), 참관(斬關), 퇴간전(退間傳) // 패려(悖戾/戌申午), 간지동류(干支同類), 침해(侵害), 가귀(家鬼), 오양(五陽), 아괴성(亞魁星), 인재치화(因財致禍), 최관사자(催官使者/밤), 귀인공망(貴人空亡/낮), 명암이귀(明暗二鬼).

□ **핵심** : 택상이 발용이 되었다. 밤에는 거주하기 어렵다. 말전의 午를 용인할 수 없다. 말전이 귀살을 도우니 머뭇거린다.

□ **분석** : ❶ 戌이 가택에 임한 뒤에 발용이 되었고 밤에는 백호가 타고 있으니, 만약 가택을 점단하면 흉악하므로 거주하기 어렵다.

❷ 말전의 午가 비록 일간의 재성이지만 재성이 오히려 초전의 귀살을 도우니 머뭇거리면서 앞으로 나아가지 못한다.

□ **정단** : ❶ 퇴간전(退間傳)이니 전진하기 어렵고, 참관(斬關)이니 편안하기 어렵다. 간지의 상신이 육해한다. 간상의 酉는 일간의 패신이고, 일지 子는 戌로부터 극을 당하니 사람과 집이 모두 불안한 상이다.

❷ 말전의 재성 午가 초전의 귀살 戌을 생하여 도우니 재물을 들고

귀인에게 부탁하는 일에는 좋지만 망령된 생각으로 구재하면 반드시 나중에 화가 미친다.
❸ 밤에는 酉에 태상이 타서 일간을 생하니 혼인과 같은 희경사로 인해 재물이 나가거나 혹은 의류나 술집을 개업하면 생계가 된다.
→ 삼전에서 염상을 완성하는 인년이나 인월이나 인월장 기간에 길사가 이루어진다.

○ **날씨** : 맑다.
→ 초전이 토이니 흐리고, 중전이 수모인 申이니 비가 오며, 말전이 화이니 맑다.
○ **가정** : 백호귀살이 일지에 임하여 발용이 되었고 일간과 일지가 모두 극을 당했으니 사람과 집이 모두 불안하다. 어린이의 재앙은 더욱 심하다.
→ 일간은 나, 일지는 가정이다. 밤에 정단하면 지상에 있던 백호귀살 戌이 발용이 되어 일간 壬과 일지 子를 극하니 나와 가정에 우환이 닥치고, 낮에 정단하면 지상에 있던 청룡귀살이 발용이 되어 일간과 일지를 극하니 생계난이 닥친다. ● 간상과 지상이 육해(六害)하니 가족이 서로 화목하지 않다. ● 가상 : 지상의 귀살이 일간과 일지를 극하니 가정 내외에 우환이 닥치는 가상이다.
○ **혼인** : 간상과 지상이 서로 육해하니 불길하다.
→ 일간은 나, 일지는 배우자감이다. 간상의 酉와 지상의 戌이 서로 육해하는 것은 남자와 여자가 서로 상대를 해치는 상이니 혼인이 불길하다. ● 궁합 : 육해에는 상해의 뜻이 있다. 간지의 상신인 酉와 戌이 육해하니 나쁘다. ● 일지는 상대이다. 지상이 일간을 극하니 나에게 해를 입히는 사람이고, 지상의 戌이 간상의 酉를 육해하니 해로운 사람이다.

○ **임신·출산** : 삼전이 모두 양이니 여자이다. 간상이 지상을 탈기하니 신속하고 쉽게 출산한다.

→ 삼전은 태아가 생육되는 과정이다. 양이 극에 이르면 음이 된다. 삼전이 모두 양이니 여자가 된다. ● 여름과 토왕절에 정단하면 초전의 천반이 왕성하니 아들을 낳고, 다시 일간의 음양에서 두 음(酉, 未)이 하나의 양(壬)을 감싸고 있으니 다시 아들을 낳는다. ● 일간은 태아, 일지는 임신부이다. 지상의 戌이 간상의 酉를 생하여 아기를 출산하는 상이니 신속하고 쉽게 아기를 출산한다.

○ **구관** : '최관(催官)'이 발용이 되었고 다시 말전의 재성이 최관을 도우니, 이미 관직이 있는 사람은 승진하고 아직 관직을 얻지 못한 사람은 속히 부임한다.

→ 백호는 권위의 천장, 관성은 관직이다. 백호가 관성에 타서 발용이 되어 '최관(催官)'이니, 관직자는 승진하고 아직 관직을 얻지 못한 사람은 부임한다. 그리고 戌이 북두제일성인 괴강성이니 더욱 좋고, 다시 말전의 재성은 초전의 관성을 생하고 관성은 간상의 인성을 생하여 관인상생하니 대길하다. ● 고시생은 합격, 공무원은 승진한다.

○ **구재** : 무익하다.

→ 재성은 재물이다. 낮에는 재성 午에 현무가 타니 무익하다. 밤에는 재성 午에 천후가 타니 부녀자와 관련된 일로 득재한다. 다만 말전의 재성이 초전의 귀살을 생하니 화를 예방해야 한다. 더군다나 간지가 동일한 오행이니 더욱 무익하다.

○ **질병** : 간과 신장 두 경락의 병이다. 밤에는 매우 흉하고 낮에는 병이 해소된다. 신에게 복을 구해야 한다.

→ 백호의 극을 받는 장부에 병이 든다. 밤에 정단하면 백호승신 申이 목을 극하니 간병이고, 밤에 정단하면 백호승신 戌이 수를 극하니 신장에 병이 든다. 낮에 정단하면 귀인이 공망되어 신의 해코지

가 있으니 신에게 빌어야 병이 낫는다.
- ○ **출행** : 격명이 참관(斬關)이니 가장 이롭다.
  - → 戌은 동신(動神)이다. 그리고 삼전에 청룡과 백호와 천후가 있어서 더욱 좋은 참관격이니 출행에 가장 이롭다. ● 일간은 여행객, 일지는 여행지이다. 지상에 귀살이 임했으니 여행지에서 흉변을 당한다. 낮에는 청룡이 타고 있으니 여행경비에 문제가 생기는 것을 예방해야 하고, 밤에는 백호가 타고 있으니 질병이 발생하는 것을 예방해야 한다.
- ○ **귀가** : 아직 오지 않는다.
  - ※ 『육임직지』에서는 "즉시 도착한다."고 하였다.
  - → 삼전이 '패려(悖戾)'이니 아직 오지 않는다.
- ○ **쟁송** : 교사인이 있다. 선수를 쳐야 한다.
  - → 재성은 교사인이다. 귀살을 생하는 재성이 말전에 있으니 부추기는 사람이 있다. ● 원수과는 선수를 쳐야 유리하고 단기전이 이롭다. ● 일간은 나, 일지는 상대이다. 일간과 일지가 비화(比和)하고 간지의 상신이 상생하니 합의가 가능하다.
- ○ **도난** : 밤에 정단하면 도둑이 정남의 길옆 마구간에 있다.
  - → 도둑은 현무의 음신에 있다. 밤에 정단하면 현무의 음신이 午이니 정남의 길옆 말을 보관하는 마구간에 있고, 낮에 정단하면 현무의 음신이 申이니 서남방의 도로가에 있다.
- ○ **전쟁** : 이롭지 않다.
  - → 간상이 패신(敗神)이니 이롭지 않고, 초전이 귀살이니 다시 이롭지 않다.

□ **『필법부(畢法賦)』** : 〈제91법〉 백호가 일간의 귀살에 타면 귀살의 흉이 대단히 빠르다.

→ 밤에 정단하면 백호가 귀살인 戌에 탄다. 질병과 관재와 여행을 정단하면 최흉하고, 관직을 정단하면 대길하다.
〈제69법〉 백호가 둔간귀살에 타면 재앙이 얕지 않다.
→ 백호가 중전의 戌에 타고 있다.

□ 『과경(課經)』: 밤에 정단하면 戌이 子에 가해서 발용이 되었으니 한편으로는 기쁘고 한편으로는 슬프다. ● 간상의 酉에 천공이 타서 일간을 생하니 불행 중의 다행이고, 지상의 戌에 청룡이 타서 일간을 극하니 다행 중의 불행이다.
→ 백호가 관귀효에 탄 경우에 관직을 정단하면 기쁘고, 이 외의 정단을 하면 슬프다.

□ 『육임심경』: ❶ 백호가 戌에 타서 일지에 임했다. 인월에 집을 정단하면 불안하다.
→ 오월에 정단하면 지상의 戌이 사기이니 최흉하다.
❷ 백호가 사계(辰戌丑未)에 타서 子에 가하면 어린이에게 병으로 인한 재앙이 생기고, 소송을 정단하면 소송을 부추기는 사람이 있다.
❸ 연명상신이 말전을 제극하면 길하다. 만약 초전을 생하면 흉하다.
→ 말전은 초전의 귀살을 생조하는 오행이다. 연명상에서 재성을 제극하면 재성이 귀살을 생하지 못하니 길하다.

壬子일 제4국

공망 : 寅·卯
낮 : 왼쪽 천장, 밤 : 오른쪽 천장

	丙	○	壬
	玄午后	貴卯朱	合子青
	酉	午	卯 ○
	戊	乙	己	丙
	白申玄	陰巳貴	空酉常	玄午后
	壬亥	申	子	酉

○蛇寅巳	○合貴卯午	甲朱辰未	乙蛇陰申
朱癸丑辰	勾		陰丙玄午酉
合壬子卯○	青		常丁陰未戌
勾辛亥寅○	空庚戌丑	青己白酉子	常白戊申玄

- □ **과체** : 비용(比用), 지일(知一), 삼교(三交), 고개승헌(高蓋乘軒, 軒蓋) // 간지동류(干支同類), 구생(俱生), 호생(互生), 복덕(福德), 맥월(驀越), 불행전(不行傳), 귀인공망(貴人空亡/낮).

- □ **핵심** : 낮에는 백호가 둔간 戌에 타고 있다. 재물은 사라지고 처는 고생한다. 중전과 말전은 모두 공망되었고, 집은 손상된다.

- □ **분석** : ❶ 간상의 申이 일간의 장생이지만 장생의 둔간 戌에 낮에는 백호가 타서 일간을 극한다.

  ❷ 발용의 午에 밤에는 천후가 타고 낮에는 현무가 타서 말전의 子 수로부터 충과 제극을 당하니 처와 재물이 상한다.

  ❸ 중전과 말전은 공함되고 다시 子卯 무례지형이며, 壬의 패신인 酉가 지상에 타고 있으니 가정이 파괴된다.

- □ **정단** : ❶ 지일과를 '이웃'이라고도 한다. 모든 일에서 기로에 서 있고 모든 일은 동류(同類)에게서 일어나며, 시작은 있지만 결과는 없고 은혜 속에 해가 생기는 상이다.

  ❷ 삼전이 '삼교(三交)'이니 매사 연루되어 타인의 방해로 인해 망가

지는 것을 예방해야 한다. 비록 간지가 교차생을 하지만 분수를 지키는 것이 가장 안전하다.

○ **날씨** : 화는 발용이 되었고 수는 공망되었으니 맑다.
  ➜ 화는 맑음, 수는 비(雨)이다. 초전이 화이고 수는 공망되었으니 맑다.

○ **가정** : 패기(敗氣)가 일지에 임한다. 특히 낮에는 간상에 백호가 둔귀(遁鬼)에 타니 사람과 집 모두 불안하다. 집에 간음이 있다.
  ➜ 지상의 酉는 패가망신의 뜻이 있는 일간의 패신으로서 이것이 지상에 임하니 가정이 불안하다. 낮에는 백호가 둔귀인 戌에 타고 있으니 질병이 발생한다. ● 도화(子午卯酉)의 기운인 子가 일지이고, 지상이 다시 도화인 酉이며, 다시 삼전이 모두 도화인 午卯子이니 삼교격(三交格)이다. 따라서 간음을 예방해야 한다. ● 장생은 부모이다. 만약 부모가 생존할 경우, 백호가 장생에 타고 있으니 부모의 건강을 보살펴야 한다. 특히 진월(辰月)에 점단하면 申이 진월의 사기이니 위독하다. ● 가상 : 패가망신하는 가상이다.

○ **혼인** : 불길하다.
  ➜ 일간은 나, 일지는 배우자감이다. 지상이 일간의 패신인 酉이고 다시 도화(子午卯酉)의 기운인 子가 일지이며 지상이 다시 도화인 酉이며 다시 삼전이 모두 도화인 午卯子여서 삼교격(三交格)이니 혼인이 불길하다. ● 궁합 : 간상의 申과 지상의 酉가 비화(比和)하니 좋은 편이지만 삼교여서 상대가 음란하니 나쁘다. ● 일지는 상대이다. 지상이 패신이니 나쁘다. 낮에는 패기(敗氣)에 흉장인 천공이 타고 있으니 더욱 나쁘고, 밤에는 패신에 길장인 태상이 타고 있으니 낮에 비해 나은 편이다. ● 만약 혼처를 구한다면 '지일과'이니 가까운 사람이나 장소에서 구하면 된다.

○ **임신·출산** : 태신이 패지에 임하니 태아가 손상되는 것을 예방해야 한다. 양이 음을 감싸니 여자이다. 지상신이 일간을 탈기하니 속히 출산한다.

→ 태신은 태아이다. 태신인 午가 일간의 패지인 酉에 가했으니 태아가 손상되는 상이다. ● 삼전은 태아가 생육되는 과정이다. 두 양(午,子)이 하나의 음(卯)을 감싸고 있으니 여자이다.

○ **구관** : 헌개격(軒蓋格)이니 크게 이롭다.

→ 삼전이 午卯子이니 화려하게 치장한 수레를 타고 거리를 누비는 상의 헌개이니 크게 이롭다. 다만 중·말전이 공망되어 이러한 뜻이 사라졌으니 나쁘다. ● 고시 : 헌개격이 불성하니 떨어진다. ● 승진 : 헌개격이 불성하니 안 된다.

○ **구재** : 재물의 이익이 없다.

→ 재성은 재물이다. 초전의 재성이 일간의 패지(敗地)에 앉아 있고 또한 午의 사지(死地)에 앉아 있으니 이익이 없다. 특히 낮에는 현무가 타니 더욱 나쁘다.

○ **질병** : 간경락의 질병이거나 혹은 주식(酒食)으로 인해 생긴 질병이다. 매우 흉하다.

→ 백호로부터 극을 받은 오행의 장부에 병이 든다. 낮에 정단하면 백호승신 申이 목을 극하니 간경락의 병이고, 밤에 정단하면 백호승신 戌이 수를 극하니 신장경락의 병이다. 또한 지상이 패신이고 다시 삼교격이니 주색으로 인해 발생한 병이다. ● 헌개격이니 병이 오래 가며 환자의 혼이 떠돌아다니니 위독하다. ● 의약신인 寅卯가 공망되었으니 낫기 어렵다.

○ **알현** : 이웃사람은 만날 수 있다.

→ 지일과이니 이웃사람은 만날 수 있다.

○ **출행** : 장애가 생긴다.

→ 일간은 여행객, 일지는 여행지이다. 지상이 패신이니 여행지에

서 장애가 생긴다.
○ **귀가** : 아직 돌아오지 않는다.
  → 비록 삼전이 '헌개격'이지만 말전과 중전이 공망되어 귀가에 장애가 있으니 아직 돌아오지 않는다.
○ **도난** : 이웃에 도둑이 있다.
  → 지일과는 이웃에 도둑이 있다.
○ **쟁송** : 낮에 정단하면 백호에 둔귀가 타고 있어서 매우 흉하지만 화해할 수 있다.
  → 백호는 혈광의 천장, 귀살은 재앙이다. 낮에 정단하면 백호가 둔귀인 戌에 타서 일간을 극하니 대흉하지만, 간상의 申과 지상의 酉가 비화하니 화해가 가능하다. ● 지일과이니 형제나 친구나 동업자 등 동류로 인한 쟁송이다.
○ **전쟁** : 화해를 해야 한다. 전쟁하면 안 된다.
  → 지일과이니 화해가 가능하니 전쟁하면 안 된다.

□ 『**필법부(畢法賦)**』 : 〈제69법〉 백호가 둔간귀살에 타면 재앙이 작지 않다.
  → 낮에 정단하면 백호가 둔귀인 戌에 타서 일간을 극하니 재앙이 크다.
  〈제82법〉 삼전이 나아가지 못하는 불행전(不行傳)은 초전을 살펴야 한다.
  → 중전과 말전이 공망되었으니 초전으로 결정해야 한다.
□ 『**태을경(太乙經)**』 : ① 태을경에서 말하기를, "壬子일에 하괴(戌)가 辰에 가하였으며 승광(午)은 子에 가하여 발용이 되었다. 등사가 삼전에 나타났고 일진의 십이신과 십이천장이 모두 상했다. ② 다만 辰이 부인을 상하게 하니, 이른바 辰이 양신(陽神)의 신장을 상하게 한

다." ③다시 말하기를, "작은 기운(微氣)이 도우니 부인이 사망한다."
고 하였다.

→ 이 예는 임자일의 제7국에 해당한다. 천후는 부인이다. ②에서 부인이 상하는 이유는, 부인을 뜻하는 천후의 오행인 壬子수가 천후 승신인 辰토로부터 극살을 당하기 때문이다.

壬子일   제5국

공망 : 寅·卯
낮 : 왼쪽 천장, 밤 : 오른쪽 천장

丁	○	辛
常未陰	貴卯朱	勾亥空
亥	未	卯 ○
丁	○	戊　甲
常未陰	貴卯朱	白申玄　后辰蛇
壬亥	未	子　申

癸丑巳 朱	○勾寅午 蛇合	○貴卯未 朱后	甲辰申 蛇
壬子辰 合			乙巳酉 陰貴
辛亥卯 勾	青空○		丙午戌 玄后
庚戌寅 青白○	己酉丑 空常	戊申子 常白玄	丁未亥 常陰

□ **과체** : 섭해(涉害), 곡직(曲直), 여덕(勵德/밤) // 간지동류(干支同類), 교차육해(交叉六害), 전국(全局), 화미(和美), 삼기(三奇), 복덕(福德), 오음(五陰), 인재치화(因財致禍), 불행전(不行傳), 수일정신(水日丁神), 명암이귀(明暗二鬼), 외효복(外孝服/묘월/낮), 귀인공망(貴人空亡/낮), 록공망(祿空亡), 자손효현괘.

□ **핵심** : 정마귀살은 일간에 임하고 둔반의 귀살 戌는 일지에 가했으니, 재물은 흡사 칼에 묻은 꿀과 같다. 낮에는 곤란한 상황이다.

□ **분석** : ❶ 수일(水日)의 丁이 일간에 임하여 일간의 재물이니 매우 쉽게 재물을 취한다. 다만 未는 일간의 귀살이고 申은 장생으로서 일지에 임했으며 둔간의 戌에 백호가 타고 있어서, 두 가지 모두 훌륭한 가운데에서 조금 부족한 점이 있으니, 칼끝에 묻어 있는 꿀에 비유할 수 있다.

❷ 낮에는 삼전의 모든 천장(태상, 귀인, 구진)이 토에 속하고 이들이 일간을 극하니 매우 곤란한 상황이다.

□ **정단** : ❶ 견기(見機)이니 안전한 것을 추구하면서 액을 피해야 하고,

처음에는 어렵고 나중에는 쉬운 상이다. 모든 일에서 조짐을 살펴서 반드시 계획을 바꾸는 것을 생각해야 한다. 만약 옛것을 유지하고 계획을 바꾸지 않으면 더욱 지체되고 늦어진다. 하물며 곡직국을 이루었으니 움직이면 뜻대로 되고 가만히 있으면 편안하지 않다.

❷ 귀인이 酉 위에 서 있으면 덕을 권장해야 한다는 뜻의 '여덕(勵德)'이니 움직여서 덕행을 해야 한다. 다만 일간과 일지가 교차육해(交叉六害)하고 말전의 일덕과 일록이 공함되었으니 흉은 쉽게 풀리지만 길은 이루기 어렵다.

○ **날씨** : 곡직에 정마가 타고 있으니 대풍이 분다.
→ 곡직은 바람이고 정마는 동신이다. 삼전의 곡직에 정마가 타고 있으니 대풍이 분다.

○ **가정** : 일간과 일지가 교차육해(交叉六害)하고 삼전이 일간과 일지의 기운을 빼앗고 훔치니 사람과 집이 불안하다.
→ 일간은 사람, 일지는 집이다. 일간(기궁) 亥는 지상의 申과 육해하고 일지 子는 간상의 未와 육해하니 가족이 불화하고, 삼전의 목국이 일간과 일지를 탈기하고 훔쳐서 가정 내외에 손실이 많으니 사람과 집이 불안하다. ● 장생은 부모이다. 낮에는 지상의 장생에 백호가 타고 있으니 부모의 질병을 예방해야 하고, 밤에는 지상의 장생에 현무가 타고 있으니 생업의 곤란을 예방해야 한다.
● 묘월(卯月)의 낮에 정단하면 간상의 태상승신 未가 묘월의 사기이니 부친상이 우려되고, 진월의 낮에 정단하면 백호가 둔귀인 戊에 타고 申이 진월(辰月)의 사기이니 부모상을 예방해야 한다. ● 가상 : 자식은 부모에게 불효하고, 남편과 아내는 화목하지 않은 가상이다.

○ **혼인** : 수일에 丁을 만났으니 처와 재물이 움직인다. 봄에 정단하면

대길하고, 나머지 계절에 정단하면 매우 좋지 않다.

→ 일간은 나, 재성은 여자이다. 재성인 丁이 일간에 임했으니 처를 취하는 상이고, 봄에 정단하면 삼합하고 있는 삼전의 목국이 왕성하니 대길하다. ● 궁합 : 간상의 未가 지상의 申을 생하는 것은 남자가 여자를 아끼는 상이니 궁합이 좋지만, 일간과 일지가 교차육해하여 남녀가 서로 해치는 상이니 나쁜 점이 있다. 따라서 보통이다. ● 일지는 상대방이다. 지상이 장생이니 대체로 좋다. 낮에는 백호가 타고 있으니 좋다가도 성정이 드센 점이 있고, 밤에는 현무가 타고 있으니 좋다가도 흑심이 있는 나쁜 점이 있다. ● 섭해과이니 혼담이 순조롭지 않다.

○ **임신·출산** : 아들이다. 출산이 지체된다.

※ 『육임직지』 원문에서는 "태상신이 양에 속하니 아들이다."라고 하였다.

→ 일간은 태아, 삼전은 태아가 생육되는 과정이다. 일간음양에서 두 음(未,卯)이 하나의 양(壬)을 감싸고 있으니 아들이고, 삼전이 양에 속하는 목국이니 다시 아들이며, 천반이 지반을 극하여 발용이 되었으니 또다시 아들이다. 일간음양과 일지음양과 삼전이 각각 삼합하니 출산이 지체된다.

○ **구관** : 불리하다.

→ 자손효는 관직을 깨트리는 살이다. 일간음양의 자손국과 삼전의 자손국이 모두 관성의 오행을 극살(剋殺)하니 관직에 불리하고, 일지의 음양이 겁재국(劫財局)이니 다시 불리하다. ● 섭해과이니 관직자의 전정이 순조롭지 않다. ● 고시 : 나쁘다. ● 승진 : 나쁘다.

○ **구재** : 일간 壬에 정마가 타고 있지만 아쉽게도 육해(六害) 되었으니 재물을 취득하기 어렵다. 봄에는 길하다.

→ 섭해과이니 구재에 어려움이 많다. ● 재성은 재물, 일간은 나이다. 재성인 丁이 일간에 임했지만 丁의 아래가 귀살이고 일간과 일

지가 교차육해하니 재물을 취득하기 어렵다. ● 중전과 말전은 구재의 미래이다. 중전과 말전이 공망되어 공허하니 결국 재물을 취득하기 어렵다.

O **질병** : 병이 간에 있다. 풍(風)으로 인해 발병했고 낫기 어렵다.

→ 오행의 목은 바람이다. 삼전이 목국이니 풍으로 인해 발병했다. 섭해과이고 다시 과전이 삼합했으니 병이 오래가며 낫기 어렵다.

O **출행** : 중전과 말전이 공망되었으니 시작은 있지만 결과는 없다. 반드시 가는 것은 아니며 가더라도 좋지 못하다.

→ 일간은 여행객, 일지는 여행지, 삼전은 여정이다. 그리고 초전은 여정의 초기, 중전은 중기, 말전은 말기이다. 중전과 말전이 공망되었으니 중도에 귀가하거나 혹은 가더라도 여행의 목적을 달성하지 못한다. 섭해과이니 여행에서 어려움이 많고 낮에 정단하면 지상에 백호가 타고 있으니 여행지에서 질병이 발생하는 것을 예방해야 한다.

O **귀가** : 귀가가 지체되고 있다.

→ 말전과 중전과 초전은 귀가하는 동선이다. 섭해과이고 말전과 중전이 공망되었으니 귀가가 지체되고 있다.

O **쟁송** : 비록 흉하지만 풀린다.

→ 일간과 초전에서 재성의 아래에 귀살이 있으니 재물이나 여자로 인해 발생한 쟁송이다. ● 섭해과이니 흉하고 과전이 삼합하니 다시 흉하지만 삼전의 복덕(福德)이 귀살을 제압하니 쟁송이 풀린다. ● 승패 : 일간 壬은 간상의 未로부터 극을 당하니 나는 불리하고, 일지 子는 지상의 申으로부터 생을 받으니 상대는 유리하다.

O **도난** : 밤에는 동방에 있는 본가의 가족이 도둑이다.

→ 일지는 집이다. 밤에 정단하면 지상에 현무가 타고 있으니 본가의 가족이 도둑이다. 낮에 정단하면 현무의 음신이 寅이니 숲속에 도둑이 있다.

○ **전쟁** : 나쁘다.

→ 섭해과는 어려움이 많은 상이고 다시 간상에 귀살이 임하며 또 다시 중전과 말전이 공망되어 전진할 수 없으니 나쁘다.

□ 『**필법부(畢法賦)**』 : 〈제69법〉 백호가 둔간귀살에 타면 재앙이 크다.

→ 낮에 정단하면 지상의 둔간이 귀살인 戊이고 여기에 백호가 타고 있으니 재앙이 작다. 만약 관직을 정단하면 오히려 매우 길해서 승진하거나 발령을 받는다.

〈제26법〉 수일(水日)에 정신을 만나면 재물이 빠르게 움직인다.

→ 수일은 임계일이다. 수일의 간상과 초전에 정신을 만났으니 재물을 속히 얻는다.

□ 『**단경(斷鏡)**』 : 壬子일에 태상이 未에 타서 亥에 가했고, 지상의 申에는 백호가 타고 있다. 진월(辰月)에 정단하면 申이 사기이고 백호가 가택에 임했으니 내외의 상을 입는다.

→ 태상이 귀살인 未에 타고 있으니 부친상을 당하고, 백호가 둔귀인 戊에 타고 申이 진월(辰月)의 사기이니 모친상을 당한다.

□ 『**지장부**』 : 未卯亥가 '정양(正陽)'이니 발생의 뜻을 따라야 한다. 다시 말하기를 삼전이 순수한 자손이니 재물을 구하지 않더라도 재물이 저절로 온다.

壬子일 제6국

공망 : 寅·卯
낮 : 왼쪽 천장, 밤 : 오른쪽 천장

丙	癸	戊	
玄午后	朱丑勾	白申玄	
亥	午	丑	
丙	癸	丁 ○	
玄午后	朱丑勾	常未陰	蛇寅合
壬亥	午	子	未

壬子巳 合	癸丑午 朱	○寅未 勾 蛇 合	○卯申 貴 朱
辛亥辰 勾	空		甲辰酉 后 蛇
庚戌卯 青	白		乙巳戌 陰 貴
己酉寅 空 ○	戊申丑 常 白 玄	丁未子 常 陰	丙午亥 玄 后

□ **과체** : 중심(重審), 사절(四絶) // 간지동류(干支同類), 형상(刑傷), 침해(侵害), 초전협극(初傳夾剋), 형통(亨通), 삼전체생, 사절(四絶), 인종지신(引從支神), 명암이귀(明暗二鬼), 수일정신(水日丁神), 인재치화(因財致禍), 복태(腹胎), 태수극절(胎受剋絶), 백의식시(白蟻食尸/낮), 내효복(內孝服,묘월/낮), 귀인공망(貴人空亡/낮), 연희치병(晏喜致病).

□ **핵심** : 낮에는 申에 둔귀가 임한다. 장생은 무력하다. 처와 첩으로 인해 재성을 망쳤다.

□ **분석** : ❶ 말전의 申은 壬의 장생이고 둔반의 戊는 둔귀이다. 申이 초전으로부터 극을 당하고 중전에서 묘지의 해를 입으니 장생이 무력하다.

❷ 午는 壬의 처재효이다. 午가 수의 천장오행인 癸亥와 지반의 亥로부터 협극(夾剋)을 당해 재성을 망쳤으니 그것은 처와 첩 때문이다.

□ **정단** : ❶ 중심과는 불순한 일이 많고 여자로부터 기인한다.

❷ 삼전이 차례로 일간을 생하니 좋아 보인다. 초전이 재성이니 처음에는 돈을 써서 추천을 받지만 나중에는 화와 재앙이 닥친다. 초

전이 협극(夾剋) 되었으니 자신의 뜻과는 달리 돈이 나간다.
❸ 중전은 '복태(腹胎)'이다. 처가 임신하지만 근심된다.
→ 丑은 배, 午는 일간의 태신이니 임신한 상이다. 다만 둔간이 癸이니 벙어리가 우려된다.
❹ 초전과 말전이 비록 지지를 인종하지만 지상의 丁未로부터 일간이 극을 당하니 편안하게 앉아서 복을 누릴 수 없다.

○ 날씨 : 오행의 화가 협극되고 천강이 酉를 가리키니 흐리다.
→ 오행의 화가 맑음을 뜻하니 날이 맑고, 대각성인 辰이 음의 십이지 酉를 가리키니 흐리다.
○ 가정 : 입택한 정마가 귀살에 타서 가택을 극하니 집이 불안하다.
→ 귀살은 재앙이다. 丁未가 입택하여 일간을 극하니 집에 재앙이 닥친다. 낮에 정단하면 未에 태상이 타고 있으니 상을 예방해야 한다. 만약 2월에 정단하면 未가 2월의 사기이니 더욱 확실하다. 그리고 밤에 정단하면 未에 태음이 타고 있으니 소인에 의한 암해를 예방해야 한다. ● 부모를 뜻하는 말전의 申에 낮에는 백호가 타고 있으니 부모의 건강이 우려된다. ● 일간은 사람이다. 낮에는 간상의 재성에 현무가 타고 있으니 손재수를 예방해야 한다. ● 화목 : 일간은 부모, 일지는 자녀이다. 간지가 비화하고 간지의 상신이 상합하니 대체로 가족이 화목한 가상이다.
○ 혼인 : 좋은 배우자감이 아니므로 걱정된다.
→ 일간은 나, 일지는 배우자감이다. 일지 둔반의 丁을 처로 맞이하면 일지 천반의 未가 일간을 극하여 온다. 처로 인해 재앙이 닥치는 상이니 좋은 배우자가 아니다. 낮에는 길장이 타고 있으니 덜하지만, 밤에는 태음이 타고 있으니 매우 나쁘다. ● 궁합 : 일간 壬과 일지 子가 비화하고 간상과 지상이 상합하니 좋은 편이다. ● 재성은

여자이다. 일간에 재성 午가 임하지만 이곳에 낮에는 현무가 타고 있으니 신부감을 놓칠 우려가 있다.

○ **임신·출산** : 태신이 절지에 임하고 다시 극을 받으니, 임신을 정단하면 위험하고 출산을 정단하면 출산이 쉽다.

→ 태신은 태아이다. 초전의 午는 처재효이면서 태신이다. 7월에 정단하면 午가 생기에 해당하니 처가 임신한다. 다만 주야 모두 상하 협극되었으니 유산을 예방해야 한다. 그러나 출산을 정단하면 출산한 뒤에 태아의 탯줄을 끊는 상이니 길하다.

○ **구관** : 삼전이 체생(遞生)하니 관직을 취득하지만 나중에 잃을 우려가 있다.

→ 삼전이 차례로 생을 해 와서 일간을 생하니 길하다. 다만 말전의 둔간이 귀살이니 나중에 화와 재앙이 닥치는 것을 예방해야 한다.

○ **구재** : 애만 쓴다.

→ 재성은 재물이다. 낮에 정단하면 재성에 현무가 타고 있어서 재물을 잃으니 애만 쓴다. 밤에 정단하면 재성에 천후가 타고 있으니 재물을 득하며, 천후가 부녀자를 뜻하니 부녀자와 관련된 일로 재물을 득할 수 있다. 그리고 삼전이 체생(遞生)하니 사업운이 순탄하다.

○ **질병** : 간과 신장 두 경락의 병이다. 병사가 몸에 머물면서 떨어지지 않으니 낫기 어렵다. 신에게 복을 빌어야 한다.

→ 낮에 정단하면 백호승신 申이 목을 극하니 간경락의 병이고, 밤에 정단하면 백호승신 戌이 수를 극하니 신장경락의 병이다. ● 일간은 병자, 일지는 질병이다. 일간 壬과 일지 子가 비화(比和)하고 다시 간상의 午와 지상의 未가 상합하여 병사가 몸에서 떨어지지 않는 상이니 낫기 어렵다. ● 낮에 정단하면 귀인이 공망되어 귀수(鬼祟)가 있으니 조상과 신에게 빌어야 한다.

○ **알현** : 간지의 상신이 서로 육합하니 주객이 화합한다

➔ 일간은 나, 일지는 상대방이다. 간지가 상합하고 간지의 상신이 상합하여 화합하는 상이니 주객이 화합한다.

○ **출행** : 길하다.

➔ 일간은 여행객, 일지는 여행지이다. 간지가 비화하고 간지의 상신이 상합하니 길하다. 다만 지상의 丁未가 일간을 극하여 오니 여행지에서 우환이 발생한다. 낮에는 귀살에 태상이 타고 있으니 술과 음식으로 인해 배탈이 나고, 밤에는 태음이 타고 있으니 음인에 의한 해가 닥친다.

○ **귀가** : 길에 있다.

➔ 천강(辰)은 동신이다. 천강이 사중의 하나인 酉에 가했으니 길에 있다.

○ **쟁송** : 화해할 수 있다.

➔ 일간은 나, 일지는 상대이다. 간지가 비화(比和)하고 간지의 상신이 상합(相合)하여 화합하는 상이니 화해할 수 있고, 삼전이 일간을 체생하여 오니 쟁송이 순조롭게 풀린다. ● 중심과는 상급의 법원에서 재심(再審)해야 유리하다.

○ **도난** : 밤에 정단하면 동방의 배나 차에 있고, 낮에 정단하면 정남의 전원에 있다.

➔ 도둑은 현무의 음신에 있다. 밤에 정단하면 현무의 음신이 卯이니 동방의 배나 자동차에 있고, 낮에 정단하면 현무의 음신이 丑이니 전원이나 묘지 근처에 있다.

○ **전쟁** : 기미나 낌새를 알아서 작게 쓴다.

➔ 하가 상을 극하여 발용이 되었으니, 기미나 낌새를 알아챈 뒤에 여러 번 심사숙고해서 전술을 구사해야 한다.

□ 『**필법부(畢法賦)**』 : 〈제31법〉 삼전이 차례로 일간을 생해 오면 타인의

추천을 받는다.

➜ 초전의 午는 중전의 丑을 생하고, 중전은 말전의 申을 생하며, 말전은 일간 壬을 차례로 생을 해 온다.

〈제85법〉 초전이 협극(夾剋)되면 뜻대로 되지 않는다.

➜ 초전 천반의 午가 지반의 亥수와 午에 타고 있는 천장의 오행인 癸亥수로부터 극을 당하니 협극을 당한다.

〈제95법〉 육효가 괘로 드러나면 극을 예방해야 된다.

➜ 이 과전은 이 법에 해당하지 않는다.

〈제69법〉 백호가 둔간귀살에 타면 재앙이 얕지 않다.

➜ 낮에 정단하면 백호가 일간의 둔귀인 戌에 타고 있다.

☐ 『소선생구의경(邵先生口議經)』: 未가 子에 가하거나 혹은 子가 未에 가하면 우물 속에 괴이한 귀수가 있다.

➜ 未에는 이십팔수의 '井'이 있다. 물을 뜻하는 子와 우물을 뜻하는 未가 서로 가하면 우물 속의 물이 되니 우물에 귀수가 있다.

☐ 『극응경(克應經)』: 택상에 귀살이 보인다. 만약 택상이 세파나 월파이면 가정이 깨지고 조상과는 이별하며 논밭과 가축과 처와 재물이 깨지는 일이 발생한다.

➜ 일지는 가정이고 본가이다. 태세와 지상이 서로 충을 하거나 월건과 지상이 서로 충을 하면 가정과 본가의 모든 것이 깨진다. 만약 회사를 정단할 경우에는 파산된다고 해석한다. 지상이 未이니 丑년에는 세파, 丑월에는 월파가 된다.

| 갑진순 | 임자일 | 7국 |

壬子일 제 7 국

공망 : 寅·卯 ○
낮 : 왼쪽 천장, 밤 : 오른쪽 천장

	丙	壬	丙	
	玄 午 蛇	合 子 白	玄 午 蛇	
	子	午	子	
	乙	辛	丙	壬
陰 巳 貴	勾 亥 空	玄 午 蛇	合 子 白
	壬 亥	巳	子	午

辛亥 勾巳	壬子 空午	癸丑 合未	○寅 白申 蛇 玄
庚戌 青辰	青		○卯 貴酉 陰
己酉 空卯	勾		甲辰 后戌 后
戊申 白寅	丁未 合丑 常	丙午 朱子 玄	乙巳 蛇亥 陰 貴

□ **과체** : 반음(返吟), 여덕(勵德/낮) // 무의(無依), 삼교(三交), 간지동류(干支同類), 덕경(德慶), 회환(回還), 교차상극(交叉相剋), 무음(蕪淫), 오양(五陽), 양귀수극(兩貴受剋), 귀등천문(貴登天門/밤), 막귀임간(幕貴臨干/낮), 귀인공망(貴人空亡/낮).

□ **핵심** : 양 귀인이 무력하다. 바둑을 두면 완승한다. 눈에 보이는 것 모두 돈과 재물이다. 심신이 지친다.

□ **분석** : ❶ 귀인승신 巳는 亥에 임하고 귀인승신 卯는 酉에 임하여 주야의 모든 귀인이 제극을 당했으니 무력하다.

❷ 간상과 지상에 재물이 타고 있다. 서로 극하고 서로 취하니 장기와 바둑을 두어 승부를 겨루면 완승한다. 돈과 재물이 가득 차 있다. 만약 가을과 겨울에 정단하면 일간은 왕성하고 재성은 약해서, 과전에 비록 등사와 백호가 가득하지만 흉을 흉으로써 제지하니 구재하여 득재하지 못하겠는가?

❸ 봄과 여름에 재물은 왕성하고 일간은 약한데, 등사와 백호와 양인이 오가면서 충을 하니 심신이 피곤하다.

□ **정단** : ❶ 무의(無依)이니 항상 이랬다저랬다가 반복되는 상이다. 모든 일에서 놀라며 의아해하고 좋다가도 부족하게 된다.
　❷ 일간과 일지가 서로 같아서 돈을 빌려서 빚을 갚는 상이니, 구재는 좋지 않고 구관은 매우 이롭다. 다만 巳가 자일(子日)의 파쇄(破碎)이고 다시 일덕은 죽고 일록(日祿)은 끊기니 순리를 따르고 정도를 지키면서 함부로 행동하면 안 된다.

○ **날씨** : 맑은 날씨를 정단하면 흐리고, 비를 정단하면 갠다.
　→ 초전의 천반이 중전의 지반이 되고, 중전의 천반이 말전의 지반이 되니, 날씨가 변덕을 부리는 상이다. 따라서 맑은 날씨를 정단하면 흐리고, 비를 정단하면 갠다.
○ **가정** : '유도(遊都)'가 일간에 임하고 낮에는 현무가 발용이 되었으니 도둑으로 인해 놀라는 것을 예방해야 한다.
　→ 유도는 도둑이 오는 길, 현무는 도둑이다. 유도는 간상에 임하고 현무는 발용이 되었으니 도둑이 오며, 이 도둑으로 인해 놀라는 것을 예방해야 한다. ● 일지는 가정, 현무는 도둑이다. 낮에는 지상의 재성에 현무가 타고 있으니 집에 도둑이 들고, 밤에는 지상의 재성에 등사가 타고 있으니 재물로 인해 놀란다.
　● '삼교격'이다. 子午卯酉는 패신(敗神) 곧 도화이다. 일지가 도화인 子이고, 다시 지상이 도화인 午이며, 다시 삼전이 도화인 午子이며 다시 초전의 낮에는 도화의 천장인 현무가 타고 있어서 과전이 도화일색이니 삼교격이다. 따라서 가정에서 간음을 예방해야 한다.
　● 가상 : 가정에 음란이 발생하는 가상이다.
　※ 유도 : 甲일부터 丑子寅巳申 두 번. 신살표는 경술일 제6국 414쪽 참조.
○ **혼인** : 반음과는 이루지 못한다.

→ 천반은 남자, 지반은 여자이다. 천반과 지반이 상충하여 남녀가 이별하는 상이니 혼인을 이루지 못한다. 다만 재혼은 혼인이 성사된다. ● 궁합 : 매우 나쁘다. ● 일지는 상대이다. 낮에는 지상에 현무가 타고 있으니 도심이 있는 여자이고, 밤에는 지상에 등사가 타고 있으니 간교한 사람이다. ● 낮에는 재성에 현무가 타니 신부감을 잃는다.

○ **임신·출산** : 아들이다. 순산한다.

→ 일간은 태아, 삼전은 태아가 생육되는 과정이다. 일간음양의 두 음(巳,亥)이 하나의 양(壬)을 감싸고 있으니 남자이고, 다시 삼전이 모두 양이니 아들이다. 반음과는 속히 순산한다.

○ **구관** : 일덕이 죽고 일록이 끊겼으니 예측하지 못했던 일이 있다. 다행히 재성이 왕성하게 관성을 생하니 공연히 놀랄 뿐이다.

→ 일덕은 공무원, 일록은 관록이다. 일덕 겸 일록인 亥가 巳에 가했으니 일덕이 죽고 끊겼다. 과전에 나타나지 않은 관성을 생했으니 공연히 좋아서 놀랄 뿐이다. ● 공무원의 전정을 정단하면 일덕과 일록과 재성이 절지에 가했으니 어둡다. 다만 연명이 亥이면 귀인이 亥에 가하여 승천하니 승진 혹은 발탁의 기쁨이 있다.

○ **구재** : 득재한다. 가을과 겨울에는 개선된다.

→ 재성은 재물, 겁재는 실재(失財)이다. 초전이 재성이니 득재하고, 중전이 겁재이니 잃으며, 말전이 재성이니 득재한다. ● 재성이 충지에 가했으니 결국 재물을 잃는다.

○ **질병** : 심장경락의 병증이다. 신병은 낫고 구병은 흉하다.

→ 백호의 극을 받은 오행의 장부에 병이 든다. 밤에는 백호승신 子가 화를 극하니 심장경락에 병이 들고, 낮에는 백호승신 申이 목을 극하니 간경락에 병이 든다. ● 구병을 정단하면 초전의 午가 중전의 지반에 숨었다가 말전에 다시 나타남으로써 병이 재발하는 상이니 흉하다.

o **출행** : 일간에 유도(遊都)와 겁살(劫煞)이 타며 지상에는 다시 현무가 타니 도둑을 막아야 한다.

→ 유도는 도둑이 오는 길, 겁살은 겁탈, 현무는 도둑이다. 간상에 壬의 유도 겸 일지의 겁살이 타며 다시 지상에는 현무가 타고 있으니 도둑을 막아야 한다.

o **귀가** : 곧 도착한다.

※ 『육임직지』 원문에서는 "길에 있다."고 하였다.

→ 천강(辰)은 동신, 사계는 맹중계의 끝이다. 천강이 사계의 하나인 戌에 가했으니 곧 도착한다.

o **쟁송** : 먼저 소송을 건 사람에게 조금 유리하다.

→ 지반이 천반을 극해서 발용이 되었으니, 나중에 대응하는 사람에게는 이롭고, 먼저 소송을 건 사람에게는 이롭다. ● 반음과이니 두 서너 곳의 법원을 거치게 되며 소송이 오래 가며 판결이 번복되는 것을 예방해야 한다.

o **도난** : 밤에는 서남방에 있는 성문의 담장 옆에 있다.

→ 도둑은 현무의 음신에 있다. 낮에 정단하면 현무의 음신이 子이니 정북의 물가에 있고, 밤에 정단하면 현무의 음신이 申이니 서남방의 정류장이나 역에 있다.

o **전쟁** : 강탈을 예방해야 한다.

→ 일간은 아군, 겁살은 강탈이다. 간상에 일지의 겁살이 왔으니 적군에 의한 강탈을 예방해야 한다.

o **분묘** : 길옆의 도로에 있다. 부자가 된다.

→ 일지는 묘지, 午는 도로이다. 지상이 午이니 길옆에 있고, 午가 재성이니 부자가 된다.

□ 『**필법부(畢法賦)**』 : 〈제49법〉 양 귀인이 극을 받으면 귀인에게 아뢰는

일에서 뜻을 성취하기 어렵다.

→ 낮 귀인 卯목은 지반의 酉금으로부터 극을 받고, 밤 귀인 巳화는 지반의 亥수로부터 극을 받는다. 따라서 귀인에게 부탁하면 나의 부탁을 들어주지 않는다.

〈제27법〉 삼전의 재신이 귀살로 변하면 재물을 구하면 안 된다.

→ 이 과전은 이 법에 해당하지 않는다.

□ 『신정경(神定經)』: 반음과에 형과 충이 있으니, 시작은 있지만 결과가 없고 길은 길하지 않고 흉도 흉하지 않다.

→ 천반의 모든 길신은 지반과 충을 하여 길신이 사라지고 흉신 또한 지반과 충을 하여 흉이 사라진다.

壬子일 제8국

공망 : 寅·卯 ○
낮 : 왼쪽 천장, 밤 : 오른쪽 천장

□ **과체** : 중심(重審), 주인(鑄印), 참관(斬關) // 간지동류(干支同類), 복덕(福德), 인종(引從), 묘신부일(墓神覆日), 양후협묘, 재성전묘(財星傳墓), 인처치병(因妻致病), 육편판(六片板/밤/연명:卯), 귀인공망(貴人空亡/낮), 귀인입옥(貴人入獄/낮).

□ **핵심** : 양 귀인의 인도로 옛 봉급을 다시 받는다. 오랫동안 머물던 직위에서 멈춰서 지체되었지만 갑자기 중용된다.

□ **분석** : ❶ 일지의 화개인 辰이 일간의 묘신인데 이것이 일간을 덮었으니 사람이 어둡다.

❷ 일록인 亥가 묘신인 辰에 의해 가려졌지만 다행히 초전과 말전의 양 귀인 卯와 巳가 일간을 인종하고, 중전의 戌이 간상에 있는 묘신 辰을 충을 해서 묘지를 여니, 록신의 탈이 없어져서 옛 봉급을 다시 받으며, 오랫동안 머물던 직위에서 승진이 지체되었지만 하루아침에 중용되는 상이다.

□ **정단** : ❶ 중심과는 불순한 일이 많다. 비록 처음에는 어둡지만 나중에는 밝다.

❷ 삼전이 주인(鑄印)이니 관직자가 정단하면 얼굴에 기쁜 표정이 넘쳐흐르고, 비 관직자가 정단하면 재앙과 화가 생긴다. 관직자는 윗사람의 도움 혹은 양 귀인의 추천을 받아 성사되니 어려운 가운데에서 구함이 있는 상이다. 만약 8월에 정단하여 월장이 辰이면 평범하지 않은 희경사가 있다.

→ 비록 삼전이 '주인'이지만 지금은 말전이 공망되었으니 '주인' 불성 하니 구관에 나쁘다. 만약 공망이 메워지면 구관에 좋다.

○ **날씨** : 천강이 음을 가리키니 비가 온다.
→ 천강(辰)은 대각성이다. 대각성이 음의 십이지인 亥에 가했으니 비가 온다.
○ **가정** : 사람은 형통하고 집은 왕성하다.
→ 일간은 사람, 일지는 집이다. 초전과 말전의 두 귀인이 간상의 辰을 인종(引從)하여 발탁 또는 승진하는 상이니 사람이 형통하고, 일지에는 재물을 뜻하는 재성이 임하니 집이 왕성하다. ● 묘신이 일간을 덮었으니 사람이 하는 모든 일이 어둡다. ● 중심과이니 자식은 부모에게 불효하고 아내는 남편에게 유순하지 않다.
○ **혼인** : 성사된다.
→ 일간은 나, 일지는 배우자감이다. 지상의 巳가 간상의 辰을 생하는 것은 상대가 나를 사랑하는 상이니 혼인이 성사된다. ● 궁합 : 간지의 상신이 상생하니 좋다. ● 일지는 상대이다. 지상이 재성이니 재물이 있는 사람이다. 낮에는 지상에 태음이 타고 있으니 미인이고, 밤에는 지상에 귀인이 타고 있으니 품격이 있는 귀인이다.
○ **임신·출산** : 주인격이고 다시 태상이 일록에 타고 있으니 귀한 아들을 낳는다. 출산을 정단하면 쉽지 않다.
→ 주인격은 공무원이 되는 상이니 귀한 아들이다. 다만 출산을 정

단하면 출산이 쉽지 않다. ● 말전에서 손을 뜻하는 卯가 발을 뜻하는 戌에 가했으니 역산(逆産)을 예방해야 한다.

○ **구관** : 卯와 戌을 만났으니 바로 영전한다.

→ 삼전의 巳戌卯 주인(鑄印)은 공무원의 상이다. 다만 주인의 말전이 공망되어 주인격이 불성하니 영전하지 못하고, 비록 간상의 辰을 초전의 巳와 말전의 卯가 인종(引從)하지만 말전이 공망되어 두 귀인이 나를 인도하지 못하니 영전하지 못한다. 다만 공망된 卯가 메워지는 묘년이나 묘월장 기간에 정단하면 뜻을 성취한다. ● 고시 : 주인격이 불성하니 떨어진다. ● 승진 : 주인격이 불성하니 안 된다.

○ **구재** : 초전이 재성이니 득재한다.

※ 『육임직지』 원문에서는 "말전이 초전의 재성을 도우니 구하면 이루지 못할 것이 없다."고 하였다.

→ 낮에는 재성에 태음이 타니 아가씨와 귀금속과 관련된 것으로 득재하면 되고, 낮에는 재성에 귀인이 타니 관청과 관련된 것으로 득재하면 된다.

○ **질병** : 심장경락과 간경락의 병이다. 구병은 흉하고 신병은 즉시 낫는다.

→ 백호의 극을 받은 오행의 장부에 병이 든다. 낮에 정단하면 백호승신 申이 목을 극하니 간경락의 병이고, 밤에 정단하면 백호승신 子가 화를 극하니 심장경락의 병이다. ● 비록 간상의 辰이 일간의 묘신이다. 중전의 戌이 충을 해서 묘신을 깨뜨리니 다행이지만, 삼전이 철을 녹이는 상이니 구병을 정단하면 사망한다. ● 卯는 손, 戌은 발이다. 말전의 상하가 卯와 戌이니 중풍이 우려된다.

○ **알현** : 매우 이롭다.

→ 주인격이니 매우 이롭다.

○ **출행** : 주인격의 卯가 공망되었다. 묘월과 묘일 그리고 술월과 술일에 길하다.

→ 주인격은 귀인을 만나러 가는 상이다. 공망된 卯가 풀리는 묘년과 묘일 그리고 술월과 술일에 길하다.
○ **귀가** : 출발지에서 장애가 있다.
　※『육임직지』원문에서는 "먼저 소식이 온다."고 하였다.
　→ 말전은 귀가의 출발지점이다. 말전이 공망되었으니 출발지점에서 장애가 있다.
○ **도난** : 밤에 정단하면 서남방에 도둑이 있다. 음식으로 인하여 사람과 입씨름을 하고 있다.
　→ 도둑은 현무의 음신에 있고, 未는 음식이다. 낮에 정단하면 현무의 음신이 亥이니 서북방에 있고, 밤에 정단하면 현무의 음신이 未이니 서북방에서 음식으로 인해 사람과 입씨름을 하고 있다.
○ **쟁송** : 지극히 흉하다. 다행히 쟁송이 풀린다.
　→ 삼전이 철을 녹이는 상이니 지극히 흉하다. 다행히 말전이 공망되어 주인격(鑄印格)이 불성하니 쟁송이 풀린다. ● **승패** : 일간은 나, 일지는 상대이다. 일간이 일간의 묘지인 辰에 매장되었으니 내가 불리하다.
○ **전쟁** : 근신해야 한다.
　→ 일간은 아군이다. 일간이 묘지에 묻힌 상이니 근신해야 한다.

□ **『필법부(畢法賦)』** : 〈제1법〉 앞과 뒤에서 이끌고 따르면 승진에 길하다.
　→ 간상의 辰을 초전의 巳와 말전의 卯가 인종하지만, 지금은 말전이 공망되었으니 인종하지 못한다.
　〈제59법〉 화개가 일간을 덮으면 사람이 혼미해진다.
　→ 화개는 일지 기준의 삼합의 끝 글자이다. 따라서 일지가 子이니 子의 화개는 辰이다. 이 辰이 일간을 덮었으니 사람이 혼미해진다.

□ **『관월경(觀月經)』**: '부귀천을(富貴天乙)'이 발용이 되면 가장 좋다. 4월에 申이 卯에 가하고 壬子가 본향에 드니 부귀와 권세와 복록을 하늘에서 내려준다.

□ **『요람(要覽)』**: 말전의 卯가 순의 뒤에 머물면 이른바 주인이 불성하니 반드시 강요에 의해 나중에 얻는다.

→ 삼전은 주인격이다. 그러나 말전의 卯가 공망되었으니 주인격을 이루지 못한다. 공망된 귀인이 풀리는 다음 순에는 주인격이 완성되니 나중에는 관직을 얻는다.

| 갑진순 | 임자일 | 9국 |

壬子일　제 9국

공망 : 寅·卯
낮 : 왼쪽 천장, 밤 : 오른쪽 천장

	丁	辛	○
勾 未 朱	常 亥 空	貴 卯 陰
卯 ○	未	亥
○	丁	甲	戊
貴卯陰	勾未朱	蛇辰后	青申合
壬 亥	卯 ○	子	辰

己空酉巳	庚勾白戌午	辛青常亥未	壬玄白子申
青 戊申辰	合		陰癸丑酉 常
勾 丁未卯 朱			后○寅戌 玄
合丙午寅○ 蛇朱	乙貴巳丑 蛇朱	甲蛇辰子 后貴	○貴卯亥 陰

□ **과체** : 중심(重審), 곡직(曲直), 참관(斬關) // 고진(孤辰), 간지동류(干支同類), 침해(侵害), 멸덕(滅德), 전국(全局), 화미(和美), 합중범살(合中犯殺), 삼기(三奇), 복덕(福德), 오음(五陰), 수일정신(水日丁神), 인처치병(因妻致病), 막귀임간(幕貴臨干/밤), 사묘극지(蛇墓尅支/낮), 귀인공망(貴人空亡/낮), 자손효현괘.

□ **핵심** : 낮 천장을 감당하기 어려운데 목국이 이것을 구한다. 밤에는 모두 공망되었으니 관직을 정단하면 공허하며 좌절된다.

□ **분석** : ❶ 낮에는 삼전의 구진과 태상과 귀인이 모두 토의 천장이어서 壬수가 견디기 어렵지만 삼전의 목국이 구신의 작용을 한다.
❷ 삼전의 목국이 일간 壬수의 기운을 훔쳐가고, 초·말전은 공망되었으며, 밤에는 중전에 천공이 타고 있으니 허탈이 매우 심하다. 만약 비 관직자가 정단하면 목국이 귀살을 제압하니 좋고, 관직자는 왕성한 관성이 상처를 입으니 좌절된다.

□ **정단** : ❶ 중심(重審)이니 근심이 있고, '참관(斬關)'이니 이동수가 있다.

❷ 격명이 곡직이니 곡절이 많아서 진퇴를 쉽게 결정하지 못하는 상이다.

❸ 수일(水日)의 발용에서 丁을 만났으니 관귀(官鬼)의 재물로 인해 움직인다. 초전과 말전의 未와 卯가 공함되었지만 중전의 일덕 겸 일록이 존재하고 다시 육의(六儀)가 입택하니 화합할 희망이 있다.

❹ 초전의 丁이 일간의 재성이지만 사실은 귀살이다. 오행의 화가 그것을 생하면 토의 천장이 일간을 극하니 '자모귀(子母鬼)'라고 하여 가족과 헤어진다.

○ **날씨** : 천강이 양을 가리키고 亥수가 협극을 당하니 맑다.
  → 천강(辰)은 대각성이다. 대각성이 양의 십이지인 子를 가리키니 맑고, 다시 중전의 亥수가 지반의 未토와 亥에 타고 있는 태상(기미토)과 천공(무술토)의 극을 받아 협극되니 비가 오지 않고 맑다.
○ **가정** : 간지의 상신이 서로 육해하니 사람과 집이 불안하다.
  → 일간은 사람, 일지는 집이다. 간상의 卯와 지상의 辰이 육해한다. 사람과 집이 서로 해를 입히니 가족이 모두 화목하지 못해서 불안하다. ● 지상의 辰이 일간과 일지의 묘신이니 집이 어둡고 일지를 극하니 대흉하다. 만약 자월(子月)의 낮에 정단하면 지상의 辰이 자월의 사기이니 질병이나 사고 등으로 인해 집에서 크게 놀랄 일이 발생한다. 밤에는 묘신에 천후가 타고 있으니 부녀자가 하는 일이 어둡고 또한 부녀자의 건강이 매우 나쁠 우려가 있다. ● 가상 : 중심과이니 가정의 법도가 서 있지 않고, 지상이 묘신이니 가상이 어둡다.
○ **혼인** : 불길하다. 이루지 못한다.
  → 재성은 여자이다. 수일의 丁을 취하면 그 아래의 未가 귀살이다. 처를 취하면 재앙이 닥치니 혼인이 불길하고, 또한 상대를 뜻하는

지상의 辰이 간지의 묘신이어서 장래가 어두운 사람이니 불길하다. ● 일간은 나, 일지는 배우자감이다. 일간이 공망되었으니 혼인을 이루지 못한다. ● 궁합 : 간상의 卯와 지상의 辰이 서로 육해(六害)하니 궁합이 나쁘다. ● 중심과는 여자의 성정이 온순하지 않다. 더군다나 상대를 뜻하는 지상이 괴강의 하나인 辰이니 더욱 드세다.

○ **임신·출산** : 아들이다. 간지의 상신이 서로 육해하니 산액(産額)이 있다.

※『육임직지』 원문에서는 "태신 위가 양이니 아들"이라고 하였다.

➜ 일간의 음양에서 두 음(卯未)이 하나의 양(壬)을 감싸고 있으니 아들이고, 삼전이 양의 성향인 목국이니 다시 아들이다. 일간은 태아, 일지는 임신부이다. 간상의 卯와 지상의 辰이 서로 육해하여 태아와 임신부의 몸이 상하는 상이니 산액이 있다.

○ **구관** : 이롭지 않다.

➜ 삼전이 상관국을 형성하여 관성을 극상(剋傷)하니 구관에 이롭지 않고, 일간이 공망되었으니 다시 이롭지 않으며, 발용이 공망되었으니 또다시 이롭지 않다. ● 밤에 정단하면 간상에 염막귀인이 임하여 퇴직한 공무원의 상이니 밤에 정단하면 퇴직할 우려가 있다. ● 고시 : 떨어진다. ● 승진 : 안 된다.

○ **구재** : 공허하고 부실하다.

➜ 재성은 재물이다. 과전에 탈기국만 있고 재성은 없다. 투자해서 돈을 벌지 못하는 상이니 공허하고 부실하다. 개업하면 반드시 실패한다.

○ **질병** : 심장과 신장에 병이 들었다. 구병은 흉하고 신병은 바로 낫는다.

➜ 백호의 극을 받은 오행의 장부에 병이 든다. 낮에는 백호승신 戌의 극을 받는 신장에 병이 들고, 밤에는 백호승신 子의 극을 받는 심장에 병이 든다. 그리고 일간의 음양과 삼전이 각각 삼합해서 일

간을 탈기(脫氣)하니 신장의 원기가 탈진되어 허탈증이 심하다. ●
일간은 사람이다. 일간이 공망된 것은 사람이 존재하지 않는 상이
니 구병을 정단하면 사망한다.

○ **출행** : 역마가 공망에 앉아 있고 천강(辰)이 사중(子午卯酉)에 가했으
니 도로가 막힌다.

→ 역마는 자동차이고, 천강이 사중에 가하면 관격(關隔)이다. 역마
인 寅이 공망되었으니 도로가 막히고, 천강(辰)이 도로를 뜻하는 子
에 가했으니 도로가 막힌다. ● 일간은 여행객, 일지는 여행지이다.
일간이 공망되었으니 일정을 조절해야 하고, 일지가 간지의 묘신이
니 안전하지 않은 여행지이다.

○ **귀가** : 초전은 공함되고 말전은 공망되어서 귀인과 관청의 재물로 인
해 길이 막힌다.

→ 말전은 귀가의 초기, 중전은 귀가의 중기, 초전은 귀가의 말기이
다. 말전과 초전이 공함되었으니 길이 막힌다.

○ **쟁송** : 먼저 기소하면 불리하다.

→ 아래가 상을 극하여 발용이 되었으니 중심과이다. 곤괘에 해당
하는 중심과는 유순이정의 상으로서, 먼저 기소한 쪽은 불리하고
나중에 대응한 쪽은 유리하다. 그리고 중심과(重審課)는 재심(再審)
이 이롭다. ● **승패** : 일간은 나, 일지는 상대이다. 일간은 공허하고
일지는 튼실하니, 나는 불리하고 상대는 유리하다.

○ **도난** : 남방에 도둑이 숨어 있다. 참관(斬關)이니 잡기 어렵다.

→ 도둑은 현무의 음신에 숨어 있다. 밤에 정단하면 현무의 음신이
午이니 정남에 도둑이 숨어 있고, 낮에 정단하면 현무의 음신이 辰
이니 동남방에 도둑이 숨어 있다.

○ **전쟁** : 먼저 움직이면 이익이 적다.

→ 아래가 상을 극하여 발용이 되었으니 중심과이다. 곤괘에 해당
하는 중심과는 유순이정의 상으로서, 먼저 움직이면 불리하고 나중

에 대응하면 유리하다.

___

□ 『**필법부(畢法賦)**』: 〈제11법〉 비록 귀살이 무리를 짓더라도 전혀 두렵지 않다.
→ 낮에는 삼전의 천장오행이 토이니 귀살국이다. 그러나 삼전의 십이신이 그것을 제압하니 두렵지 않다.
〈제76법〉 서로 시기하여 모두에게 화가 미친다.
→ 일지와 일간의 상신이 육해를 만드는 것으로서 주객이 서로 시기한다.
〈제84법〉 합 속에 살을 범하면 꿀 속에 비상이 있다.
→ 삼전이 亥卯未이고 간지 위에 辰이 보이니 육해이다.
〈제26법〉 수일(水日)에 정신을 만나면 재물이 빠르게 움직인다.
→ 임계일은 수일이다. 초전에 丁이 보이니 수일에 정신을 만났다.

□ 『**단험(斷驗)**』: 목이 비록 복덕(福德)이지만 壬의 기운을 탈기하니 중요한 일을 타인에게 부탁하면 안 된다.
→ 자손효는 귀살을 제압하니 일간의 복덕신이다. 이 과전에서는 탈기국이 지나치게 왕성하니 타인에게 부탁하면 손실만 생기고 실패하니 부탁하면 안 된다.

壬子일 제 10 국

공망 : 寅·卯
낮 : 왼쪽 천장, 밤 : 오른쪽 천장

丙 合 午 蛇	己 空 酉 勾	壬 玄 子 白
卯 ○	午	酉
○	乙	○ 丙
后 寅 玄	朱 巳 貴	貴 卯 陰 合 午 蛇
壬 亥	寅	子 卯 ○

戊 青 申 巳	合	己 空 酉 午	勾	庚 白 戌 未	青	辛 常 亥 申	空
丁 勾 未 辰	朱					壬 玄 子 酉	白
丙 合 午 卯 ○	蛇					癸 陰 丑 戌	常
乙 朱 巳 寅	貴	甲 蛇 辰 丑	后	○ 貴 卯 子	陰	○ 后 寅 亥	玄

- **과체** : 요극(遙剋), 탄사(彈射), 삼교(三交) // 고진(孤辰), 간지동류(干支同類), 충파(沖破), 복덕(福德), 근단원소(根斷源消), 사과개공(四課皆空), 교차탈기(交叉脫氣), 맥월(驀越), 절신가생(絶神加生/제2과), 탈상봉공(脫上逢空), 이귀개공(二貴皆空), 귀인공망(貴人空亡/낮).

- **핵심** : 과(課)가 끝이 없다. 활을 들고 허망하게 발사한다. 말전은 양인이고 백호와 현무이다. 흉한 기운은 남아 있고 길한 기운은 없다.

- **분석** : ❶ 寅卯는 천반이 공망되고 巳午는 지반이 공망되어 사과가 모두 공망되었다. 탄사가 발용이 되었으니 활을 당기지만 화살이 없다.

❷ 초전의 재성이 공망되고, 중전의 酉는 극하는 지반에 앉아 있으며, 말전에는 양인만 제대로 남아 있는데, 밤에는 백호가 타고 낮에는 현무가 타고 있어서 길은 사라지고 흉만 남아 있으니 어찌 이익이 있겠는가?

❸ 두 귀인이 모두 공망되었다. 귀인에게 부탁하면 나의 부탁을 들어주지는 않고 나중에 남의 부탁만 들어준다.

□ **정단** : ❶ 탄사에 탄환이 없어서 모든 일에서 실체가 없는 그림자일 뿐이다.

　❷ 삼전이 삼교(三交)이니 간음을 숨긴다.
　➜ **ㅇ 가정** 참조.
　❸ 일간과 일지가 교차탈기하니 속임으로 인해 손실을 입는다.
　❹ 밤에는 등사가 재성인 수에 타고 있으니 재물로 인해 공연히 놀라는 일이 생기고, 낮에는 천공이 酉에 타니 첩(비녀婢女)으로 인해 속임을 당한다. 따라서 일상의 모든 일에서 바른 도리를 취하고 지켜야 허물이 없다.

ㅇ **날씨** : 오행의 화가 공망되었고 필수가 보이며 子수가 튼실하니 비가 온다.
　➜ 화는 맑음, 필수(畢宿,酉)는 수를 생하는 오행, 수는 강우이다. 화가 공망되었으니 맑지 않고, 필수가 오행의 수를 생하니 비가 온다.

ㅇ **가정** : 집에 음란사가 있다. 공연한 낭비를 면하기 어렵다.
　➜ 일지가 도화이고, 지상이 다시 도화이며, 삼전이 모두 도화이며, 초전에 육합이 타고 있으니 '삼교격'이다. 삼교격은 가정에 간음이 있는 상이니 간음이 발생하는 것을 예방해야 한다. ● 일간은 간상으로 탈기되고 일지는 지상으로 탈기되며 다시 사과의 지반이 그 천반으로 모두 탈기되고 또다시 공망되었으니 가정 내외에서 손실이 지대하다. ● **가상** : 일지는 가정이다. 일간이 지상의 卯로 탈기를 당하니 손실이 많고 지상이 공망되었으니 집이 공허한 가상이며, 과전이 삼교(三交)이니 가정에 음란이 발생하는 가상이다.

ㅇ **혼인** : 불길하다. 이루지 못한다.
　➜ 삼교격(三交格)은 남녀가 음란한 상이니 불길하고, 초전의 지반이 공망되어 여자를 잃는 상이니 다시 불길하며, 요극과에 공망이

많으니 다시 혼인이 불길하며, 간지가 교차탈기(交叉脫氣)하니 또다시 불길하다. ● 일간은 나, 일지는 배우자감이다. 일간과 일지가 공망되었으니 혼인을 이루지 못한다. ● 궁합 : 일간과 일지가 비화하고 간상과 지상이 비화(比和)하지만 일간과 일지가 모두 공망되었고 간지가 교차탈기하니 궁합이 좋지 않다. ● 일지는 배우자감이다. 낮에는 귀인이 타고 있지만 공망되었으니 고귀한 인격의 뜻이 사라졌고, 밤에는 태음이 도화에 타고 있으니 음란한 사람이다.

○ **임신·출산** : 임신과 출산 모두 불리하다.

→ 일간은 태아, 일지는 임신부, 삼전은 태아가 생육되는 과정이다. 태신이 공망되었고, 일간과 일지가 공망되어 태아와 임신부가 모두 사라지는 상이니 임신과 출산 모두 나쁘다. 게다가 간지가 교차탈기하고 공망되었으니 더욱 나쁘다.

○ **구관** : 이미 관직에 있는 사람은 영전의 기회가 있고, 아직 관직을 얻지 못한 사람은 얻기 어렵다.

→ 요극과는 실현이 어려운 상인데 다시 사과가 모두 공망되었으니 고시와 승진 모두 불가능하다. 그리고 초전은 현재이다. 초전이 공망되었으니 고시와 승진 모두 나쁘다.

○ **구재** : 재물을 득하지 못할 뿐만 아니라 오히려 잃는 것을 예방해야 한다.

→ 재성은 재물이다. 재성인 午가 공망되었으니 취득하지 못하고, 사과가 모두 공망되었으니 모든 것을 잃는 것을 예방해야 한다. 근단원소이니 폐업하게 된다.

○ **질병** : 심장경락과 신장경락의 병이다. 신병은 즉시 낫고 구병은 흉하다.

→ 백호의 극을 받는 오행의 장부에 병이 든다. 낮에는 백호승신 戌이 오행의 수를 극하니 신장에 병이 들고, 밤에는 백호승신 子가 오행의 화를 극하니 심장에 병이 든다. ● 일간공망은 사람이 사라지

는 상이고, 사과공망은 체(體)가 사라지는 상이며, 초전공망은 가족과 사별하는 상이다. 일간이 공망되고 사과가 모두 공망되었으며 초전이 공망되었으니 구병을 정단하면 사망한다.

○ **출행** : 근신하는 것이 매우 중요하다.

→ 일간은 여행객, 일지는 여행지이다. 일간과 일지가 그 상신으로 탈기되고 다시 간지가 교차탈기되며 다시 사과가 모두 공망되었으니 여행으로 인한 손실이 이만저만이 아니므로 출행하지 않아야 한다.

○ **귀가** : 도착하지 않는다.

→ 요극과는 출행인이 오지 않는 상인데 다시 초전이 공망되어 귀가에 장애가 있으니 도착하지 않는다.

○ **쟁송** : 주작과 구진이 공함되거나 극을 받았으니 풀린다.

→ 주작은 공소장, 구진은 쟁송이다. 낮에 정단하면 주작승신 巳는 공함되고 밤에 정단하면 구진승신 酉가 지반으로부터 극을 받아 손상됐으니 쟁송이나 관재가 사라진다. ● 간지와 그 상신이 비화(比和)하니 합의하는 것이 좋다. 만약 합의하지 않으면 일간과 일지가 모두 그 상신으로 탈기되었으니 나와 상대 모두에게 손실이 많고 쟁송이 오래간다.

○ **도난** : 밤에는 동남방 대장간의 귀인의 집에 있다.

→ 도둑은 현무의 음신에 있다. 낮에 정단하면 현무음신이 卯이니 정동에 있고, 밤에 정단하면 현무음신이 巳이니 동남방의 귀인의 집에 있다.

○ **전쟁** : 많은 군사를 잃을 우려가 있다.

→ 일간은 아군이다. 일간이 그 상신으로 탈기되니 군사를 잃고, 간상이 공망되었으니 군사를 많이 잃을 우려가 있다.

□ 『**필법부(畢法賦)**』: 〈제35법〉 사람과 가택이 실탈(失脫)을 당하니 두 곳 모두에서 도적을 초래한다.
　→ 가정을 정단하면 가정 내외에 손실이 많고, 혼인을 정단하면 남녀 모두 손실이 많다. 또한 간지가 교차탈기하니 남편과 아내, 신랑과 신부 모두에게 손실이 많다.
　〈제50법〉 두 귀인이 모두 공망되면 헛된 기쁨이 된다.
　→ 낮 귀인은 천반이 공망, 밤 귀인은 지반이 공망되었다.
□ 『**과경(課經)**』: 간지상에 탈기(脫氣)가 타고 있으니 질병을 정단하면 반드시 집의 비용으로 인해 심기가 피곤하고 고달파서 온 질병이니 원기를 보충해야 낫는다.
□ 『**점식(占式)**』: 현무가 지반의 亥에 임한 것은 현무가 극을 한 지반에 든 것이니 반드시 잃는다. 午가 卯에 가해서 발용이 된 경우에 타인에게 부탁하는 것은 곧 절개를 지키지 않는 것이다.
□ 『**등가(登歌)**』: 총알 하나로 새 두 마리를 쏠 경우에는 주의력을 기울여야 한다. 꾀하는 것이 적중할지라도 소망을 완전하게 이루지는 못한다.
　→ 요극과이고 다시 사과가 공망되며 또다시 초전이 공망되었으니 소망을 이루기 매우 어렵다.

갑진순 | 임자일 | 11국

壬子일 제 11국

공망 : 寅·卯
낮 : 왼쪽 천장, 밤 : 오른쪽 천장

甲	丙	戊
蛇辰后	合午蛇	青申合
寅 ○	辰	午

癸	○	○	甲
陰丑常	貴卯陰	后寅玄	蛇辰后
壬亥	丑	子	寅 ○

丁未巳	戊申午	己酉未	庚戌申
勾朱	青合	空勾	白青
丙午辰 合蛇			辛亥酉 常空
乙巳卯 朱貴			壬子戌 玄白
甲辰寅 蛇合	癸卯丑 后貴	壬寅子 陰后	癸丑亥 陰常

□ **과체** : 중심(重審), 여덕(勵德/밤), 진간전(進間傳), 등삼천(登三天/辰午申), 육의(六儀), 일녀(泆女/밤) // 고진(孤辰), 간지동류(干支同類), 복덕(福德), 귀묘(鬼墓), 가귀(家鬼), 인귀생신(引鬼生身), 맥월(驀越), 오양(五陽), 강색귀호(罡塞鬼戶), 외효복(外孝服/유월/밤), 귀인공망(貴人空亡/낮), 참관(斬關/공망), 명암이귀(明暗二鬼).

□ **핵심** : 묘신이 장생으로 연결된다. 서로 합을 하고 서로 존재한다. 申을 의지하기 어렵다. 허약한 말은 타기 어렵다.

□ **분석** : ❶ 초전의 辰은 일간의 묘신이고 말전의 申은 일간의 장생이니, 초전의 묘신이 말전의 장생으로 연결된다. 그리고 일지 子와 간상의 丑이 합을 하고 일간 壬(亥)과 지상의 寅이 합을 하여 간지가 교합하니, 모든 일에서 처음에는 혼미하지만 나중에는 혼미에서 깨어나니 교제에 가장 이롭다.

❷ 다만 발용이 공망되었고 중전의 午는 말에 속한다. 말이 묘지에 앉아 탈기를 당하여 몸이 허약하니 어찌 그 말을 탈수 있겠는가? 그리고 말전의 申은 원숭이다. 午로부터 제극을 당하니 어찌 원숭이를

의지할 수 있겠는가?
□ **정단 :** ❶ 등삼천(登三天)은 지극히 높고 위험한 상이다.
❷ 중심과로 발용이 되었으니 모든 일에서 주저하지만 다행히 발용이 육의(六儀)여서 흉이 길로 변하니, 처음에는 어렵지만 나중에는 성사되며 이루고 화합한다.

○ **날씨 :** 대각성이 양을 가리키니 가끔 바람이 분다.
→ 대각성(辰)은 북두칠성, 寅은 바람이다. 대각성이 寅을 가리키니 바람이 분다.
○ **가정 :** 현무와 천후가 역마에 타서 가택에 임하여 일간과 일지를 탈기(脫氣)하니 간통과 도난을 예방해야 한다. 유월(酉月)의 밤에 정단하면 상복을 입는다.
→ 현무는 도난, 천후는 부녀자 혹은 음란의 천장이다. 낮에 정단하면 천후가 寅에 타서 일간을 탈기(脫氣)하니 부녀자를 잃을 우려가 있고, 밤에 정단하면 현무가 寅에 타서 일간을 탈기하니 도난을 당할 우려가 있다. 지상이 공망되었으니 이러한 흉이 더욱 심하다. ● 유월의 밤에 정단하면 태상이 귀살인 丑과 월신살 사기에 타서 '상(喪)'이 되니 상복을 입는다. ● 일지 子와 간상의 丑, 일간 壬(亥)과 지상의 寅이 상합하니 가정이 화목한 편이다. 다만 일지의 음양이 공망되었으니 가정은 공허하다. ● 가상 : 지상이 공망되었으니 손실이 많은 가상이다.
○ **혼인 :** 천후와 육합이 나타났으니 나쁘다.
→ 천후와 육합이 삼전에 동시에 나타나서 남녀가 음란하니 혼인이 나쁘다. 밤에 정단하면 천후는 초전에 있고 육합은 말전에 있으니 혼인이 나쁘다. ● 중심과이니 유순하지 않은 여자이다. ● 궁합 : 일간은 나, 일지는 배우자감이다. 비록 간지가 교차상합하지만 지상의

寅이 간상의 丑을 극하니 나쁘다. ● 일지는 상대이다. 일간 壬이 지상의 寅으로 탈기(脫氣)되니 나에게 손실을 입히는 사람이다. 낮에는 지상에 길장인 천후가 타고 있으니 여성적인 사람이고, 밤에는 지상에 흉장인 현무가 타고 있으니 도심(盜心)을 지닌 여자이다.

○ **임신·출산** : 임신하면 여자이다. 출산은 불리하다.
  → 일간은 태아, 일지는 임신부, 삼전은 태아가 생육되는 과정이다. 하가 상을 극하여 발용이 되었으니 여자이다. 만약 초전의 지반이 왕성해지는 봄과 겨울에 정단하면 초전의 지반이 더욱 왕성하니 반드시 여자이다. ● 지상의 寅이 간상의 丑을 극하여 태아가 상하는 상이니 출산이 불리하다.

○ **구관** : 청룡이 생기에 타고 있으니 승진한다.
  → 삼전 辰午申은 청룡이 하늘로 비상하는 상이니 승진한다. 다만 지금은 초전이 공망되었으니, 공망된 寅이 메워지는 인년이나 인월이나 인월장 기간에 정단해야 시험에 합격하고 승진도 한다. ● 고시 : 떨어진다. ● 승진 : 안 된다.

○ **구재** : 시작은 어렵지만 나중에는 재물을 얻는다.
  → 초전이 공망되었으니 처음에는 어렵지만 중전의 午가 재성이니 나중에는 재물을 얻는다.

○ **질병** : 진간전의 등삼천(登三天)이니 낫기 어렵다.
  → 진간전의 하나인 등삼천은 병세가 확대되는 상이어서 낫기 어려운 상이다. 다만 초전이 공망되었으니 다행이고 다시 병증을 뜻하는 일지가 공망되었으니 시일이 경과한 뒤에는 낫는다. ● 자식의 질병을 정단하면 자손효인 寅이 공망되었으니 생명을 부지할 수 없다.

○ **출행** : 수로행과 육로행 모두 도난을 예방해야 한다.
  → 현대에서는 일간은 여행객, 일지는 여행지이다. 일간 壬이 지상의 寅으로 탈기되니 여행지에서 손실을 예방해야 한다. 낮에는 지상

에 천후가 타고 있으니 부녀자를 잃는 것을 예방해야 하고, 밤에는 지상에 현무가 타고 있으니 도난을 예방해야 한다. 만약 유월의 밤에 정단하면 태상이 귀살과 사기에 타서 일간을 극하니 여행 중 목숨을 잃는 것을 예방해야 한다.

O **귀가** : 도착한다.

※ 『육임직지』에서는 "아직 돌아오지 않는다."고 하였다.

→ 등삼천(登三天)은 용이 하늘로 비상하는 상이니 도착한다. 다만 공망된 寅이 메워지는 인년이나 인월이나 인월장 기간에 정단해야 도착한다.

O **쟁송** : 상급의 법원에 상고하더라도 지극히 흉하다.

→ 중심과는 상고해서 재심(再審)해야 유리하다. 그러나 일간은 폐구되었고 간상의 천반은 귀살이며 초전이 묘신이니 지극히 흉하다.

● 승패 : 일간이 폐구되고 간상이 귀살이니 패소할 우려가 있다.

O **전쟁** : 불리하다.

→ 일간은 아군이다. 간상이 귀살이어서 아군에게 재앙이 닥치는 상이니 불리하고, 등삼천의 초전이 공망되어 비상할 수 없으니 다시 불리하다.

□ 『**필법부(畢法賦)**』 : 〈제50법〉 두 귀인이 모두 공망되면 헛된 기쁨이 된다.

→ 낮 귀인 卯는 천반이 공망되었고, 밤 귀인 巳는 지반이 공망되었다.

〈제52법〉 천강(辰)이 귀신문(寅)을 막으면 임의로 도모할 수 있다. 재난을 피하는 일, 음모, 사적인 기도, 문상, 문병, 약 짓기, 부적 쓰기에 좋다. 만약 甲·戊·庚일이면 더욱 좋다.

〈제65법〉 일간의 묘신이 관신(關神)을 아우르면 사람과 가택이 황폐해지는 허물이 있다. 지진의 양과에서 발용이 되면 가운이 닫힌다.
관신은 봄에는 丑, 여름에는 辰, 가을에는 未, 겨울에는 戌이다.
→ 여름에 정단하면 일지음신 辰은 일간의 묘신이면서 여름의 관신
이다. 이곳에서 발용이 되었으니 가정운이 막히고 닫힌다.
〈제68법〉 귀살을 제압하는 곳이 훌륭한 의사가 있는 곳이다.
→ 지금은 의약신인 卯가 丑에 가했으니 축방(丑方, 동북방)에 명의
와 명약이 있다.
□ 『고감(古鑒)』: 월장 卯를 점시 丑에 가하여 신명(身命)을 정단한다.
❶ 이 과는 작게 시작해서 크게 얻는다. 현재 서북에 있는 집에 거
주하고 있지만 장차 동남으로 가면 재물이 생기고 장수한다. 그 이
유는 壬子가 서북이기 때문인데, 어두운 지역에서 왕성한 동남의 방
위로 이사한다.
❷ 택상의 寅은 자식이지만 공망되었고, 귀살인 초전의 辰이 공망된
자손효인 지반에 앉아 있으며, 중전에서는 재성을 득했으며, 말전에
서는 장생이 재성 위에 가했으니 장수하고 재물을 누린다. 비록 자
식이 먼저 죽지만 손자와 함께 여생을 보낸다. 나중에 모두 적중했
다.

壬子일 제 12 국

공망 : 寅·卯
낮 : 왼쪽 천장, 밤 : 오른쪽 천장

		甲	
后 寅 玄	貴 卯 陰	蛇 辰 后	
丑		寅 ○	卯 ○
壬	癸	癸	○
玄 子 白	陰 丑 常	陰 丑 常	后 寅 玄
壬亥	子	子	丑

丙午 合	丁未 蛇 勾	戊申 朱 青	己酉 合 空 勾
乙巳 朱 貴 辰			庚戌 白 酉 青
甲辰 蛇 后 卯			辛亥 常 空 戌
○ 貴 卯 陰 寅	○ 后 寅 玄 丑	癸丑 陰 常 子	壬子 玄 白 亥

□ **과체** : 지일(知一), 진여(進茹), 불비(不備) // 정화(正和/寅卯辰), 과수(寡宿), 간지동류(干支同類), 간지상회(干支相會), 구추(九醜), 육의(六儀), 복덕(福德), 무음(蕪淫), 유도액(幼度厄), 맥월(驀越), 우녀상회(牛女相會/밤), 삼전개공(三傳皆空), 진여공망(進茹空亡), 귀인공망(貴人空亡/낮), 천라지망(天羅地網), 록현탈(祿玄脫).

□ **핵심** : 왕성한 지신이 간상으로 와서 일간에 임한다. 꾀하는 것을 바꾸려고 하다가 얼이 빠져서 속임을 당한다.

□ **분석** : ❶ 간지의 상신이 상합하고 삼전의 진여(進茹)는 모두 공망되었다.

❷ 왕신인 일지가 간상으로 와서 일간을 취하니 흥왕해지는 상이다. 만약 다른 것을 꾀하면 공망과 탈기와 묘지와 귀살을 모두 갖췄고 다시 천라지망(天羅地網)을 겸하니 어찌 얼이 빠지고 속임을 당하지 않겠는가?

□ **정단** : ❶ 지일과는 모든 일이 동류로부터 일어난다. 사과에서 사상이 갖춰지지 않아 '불비(不備)'여서 모든 일이 완전하지 않다. 앞으로

전진해야 하지만 삼전이 모두 공망되었으니 물러나서 현재의 성황을 고수하는 것이 이롭다.

❷ 간상의 왕신과 지상이 합을 하고 壬수가 삼전의 목에 의해 완전히 탈기를 당하지는 않지만 일간이 먼 곳으로부터 해를 입는다. 모든 일에서 경거망동하면 안 되고 타인에게 중요한 일을 부탁하면 이롭지 않다.

○ **날씨** : 왕수가 일간에 임하고 이것이 다시 절지에 앉아 있으니 대풍이 불고 가늘게 비가 내린다.

→ 일간은 하늘, 일지는 땅이다. 12운성의 왕신인 子가 일간에 임하고 삼전의 목국이 공망되었으니 대풍이 불고 가늘게 내리는 비가 온다.

○ **가정** : 가택은 왕성하고 사람은 형통하다. 만약 酉월의 밤에 정단하면 귀살이 사기이고 태상이 타서 가택을 극하니 상(喪)을 당하는 것을 예방해야 한다.

→ 일지가 12운성의 제왕이니 가정이 왕성하고, 간상이 다시 12운성의 제왕이니 가택은 왕성하고 사람은 형통하다. ● 酉월의 밤에 정단하면 지상의 丑이 귀살과 사기이고 여기에 태상이 타서 일간과 가택을 극하니 상(喪)을 예방해야 한다. 酉월 이외의 달에 정단하면 태상이 타고 있는 丑이 子에 가하여 '우녀상회(牛女相會)'이니 집에 혼인의 기쁨이 있다. ● 낮에 정단하면 태음이 귀살에 타서 일간을 극하니 소인에 의한 해를 예방해야 한다.

○ **혼인** : 이루지 못한다. 불길하다.

→ 일간은 나, 일지는 배우자감이다. 간상의 子와 지상의 丑이 상합(相合)하니 혼인이 성사되는 상이지만, 삼전이 모두 공망되어 혼담이 멈추니 혼인을 이루지 못한다. ● 사과가 하나의 음(丑)과 두 양

(子,寅)이니 '불비(不備)'이며 '무음(蕪淫)'이어서 남녀가 음란하니 혼인이 불길하다. ● 궁합 : 간지의 상신이 상합(相合)하니 좋다. ● 일지는 상대이다. 낮에는 태음이 타고 있으니 미녀이고, 밤에는 태상이 있으니 음식을 잘 하고 예능에 능숙한 사람이다.

○ **임신·출산** : 임신하면 여자이다. 출산이 지체되며 난산이다.
→ 일간은 태아, 일지는 임신부, 삼전은 태아가 생육되는 과정이다.

○ **구관** : 나쁘다.
※ 『육임직지』 원문에서는 "낮에는 흉하고 밤에는 길하다."고 하였다.
→ 삼전이 박관살(剝官殺)이니 나쁘고, 간지가 동일하여 경쟁자가 많으니 나쁘며, 삼전이 모두 공망되었으니 또다시 나쁘다. 더군다나 관직을 뜻하는 관성이 폐구되었으니 더욱 나쁘다. ● 고시 : 떨어진다. ● 승진 : 안 된다.

○ **구재** : 재물을 취득하지 못한다.
→ 재성은 재물이다. 과전에 재성이 나타나지 않았으니 재물을 득하지 못하고, 삼전이 탈기국(脫氣局)이니 만약 개업하면 큰 손재수가 있으며, 운영하고 있는 사업을 정단하면 손실만 입는다. 설령 연명이 卯辰이어서 그 상신이 재성인 寅卯일지라도 재성이 모두 공망되어 재물을 득하지 못하니 대흉하다.

○ **질병** : 심장경락과 신장경락에 병증이 있다. 신병은 오랫동안 낫지 않고 구병은 액이 있다.
→ 백호의 극을 받은 장부에 병이 든다. 낮에 정단하면 백호승신 戌이 오행의 수를 극하니 신장경락에 병이 들고, 밤에 정단하면 백호승신 子가 오행의 화를 극하니 심장경락에 병이 든다. ● 초전의 천반이 공망되면 과수(寡宿)이다. 남편의 질병을 정단하면 남편과 사별하고, 자식이 부모의 병을 정단하면 부모를 여읜다.

○ **출행** : 근행과 원행 모두 해롭다.

※ 『육임직지』 원문에서는 "원행이 이롭다."고 하였다.

→ 초전은 근행, 말전은 원행이다. 삼전이 모두 공망되었으니 근행과 원행 모두 불리하다. 특히 말전이 일간의 귀살이니 원행이 더욱 해롭다. ● 일간은 여행객, 일지는 여행지이다. 지상의 丑이 일간을 극하여 오니 여행지에서 해를 입는다. 낮에는 태음이 타고 있으니 소인에게서 해를 입고, 밤에는 태상이 타고 있으니 주색으로 인해 해를 입는다.

○ **귀가** : 곧 도착한다.

→ 삼전은 귀가 노선, 일지는 집이다. 말전 辰 … 중전 卯 … 초전 寅 … 일지 子로 연결되었으니 곧 도착한다.

○ **쟁송** : 상대가 승소한다.

→ 일간은 나, 일지는 상대이다. 지상의 丑이 간상의 子를 극하니, 상대는 승소하고 나는 패소한다. ● 관재 : 지상이 귀살 丑이니 나쁘다. 그러나 그 음신이 공망되었고 다시 삼전이 모두 공망되었으니 점차 관재가 사라진다.

○ **도난** : 가까운 이웃에 도둑이 있다. 여자가 망을 본다.

→ 지일과는 주역의 수지비에 해당한다. 빗물이 대지에 스며들어 물과 땅이 가까운 상이니, 가까운 이웃에 도둑이 있다. 여자를 뜻하는 子가 간상으로 왔으니 여자가 망을 본다.

○ **전쟁** : 객에게는 이롭고 주에게는 불리하다.

→ 상은 객(客)이고 하는 주(主), 상은 움직인 쪽이고 하는 가만히 있는 쪽이다. 상이 하를 극하여 발용이 되었다는 것은 상이 강하다는 뜻이니 움직인 쪽에 이롭다.

□ 『**필법부(畢法賦)**』 : 〈제17법〉 진여(進茹)가 공망되면 후퇴가 옳다.

→ 삼전이 십이지 순으로 적혀 있으니 진여이다. 진여는 본래 전진

하는 상이지만 지금은 모두 공망되었으니 후퇴해야 한다.

〈제55법〉 천라지망(天羅地網)을 만나면 모망사가 보잘 것이 없게 된다.

→ 간상의 子는 일간 壬의 다음 글자이고 지상의 丑은 일지 子의 다음 글자이니 천라지망이다. 간지가 그물에 휘감겨서 꾀하는 일을 추진하기 어려우니 보잘 것이 없게 된다.

□ 『삼거일람(三車一覽)』: 壬子일의 간상은 子이고 지상은 丑이다. 본래 일지와 일간이 이웃이고 그 상신이 다시 육합하니 나와 상대가 공모하고 합쳐서 일을 한다.

□ 『구문잡점(九門雜占)』: 간지상의 子와 丑이 상합하고 다시 태상이 타고 있어서 견우와 직녀가 상합하니 혼인에 매우 좋다. 그 이유는 丑에는 우수(牛宿), 子에는 여수(女宿)가 있기 때문이다. 다만 사과가 불비(不備)여서 무음(蕪淫)이니 성사되지 않을 수도 있다.

계축일

癸丑日의 길신(구보)과 흉살(팔살)

일덕	巳	형	
일록	子	충	
역마	亥	파	
장생	申	해	
제왕	子	귀살	辰戌丑未
순기	亥	묘신	辰
육의(六儀)	甲辰	패신 / 도화	酉 / 午
귀인	주	巳	공망	寅卯
	야	卯	탈(脫)	寅卯
합(合)		사(死)	卯
태(胎)	午	절(絶)	巳

癸丑일 제1국

공망 : 寅·卯
낮 : 왼쪽 천장, 밤 : 오른쪽 천장

癸	庚	丁	
勾 丑 陰	白 戌 白	陰 未 勾	
丑	戌	未	
癸	癸	癸	癸
勾 丑 陰	勾 丑 陰	勾 丑 陰	勾 丑 陰
癸 丑	丑	丑	丑

乙巳巳 貴朱	丙午午 朱合	丁未未 合陰	戊申申 陰玄 青
甲辰辰 蛇蛇			己酉酉 玄常 空
○卯卯 朱貴			庚戌戌 常白 白
○寅寅 合后	癸丑丑 后勾 青	壬子子 勾玄 空	辛亥亥 玄空 常

- **과체** : 복음(伏吟), 자신(自信), 난수(亂首), 여덕(勵德/밤), 유자(遊子/3·9월), 가색(稼穡) // 전국(全局), 가귀(家鬼), 수일정신(水日丁神), 신임정마(信任丁馬), 주객형상(主客刑傷), 귀인공망(貴人空亡/밤), 형상(刑傷).

- **핵심** : 재물을 보면 마음이 움직여서 흉한 화가 침입한다. 중전이 백호귀살이니 관직자는 부임한다.

- **분석** : ❶ 말전의 未의 둔간이 丁이니 암재(暗財)이고, 삼전의 순토가 귀살로 변하니 이 재물을 취하면 흉한 화가 작지 않다.
  ❷ 중전의 귀살에 백호가 타고 있다. 공무원이 아닌 사람은 질병과 소송이 두렵지만, 공무원에게는 '최관부(催官符)'가 오는 것이어서 부임이 매우 신속하니 기쁘다.

- **정단** : ❶ 복음과는 답답하고 막혀서 펴지지 않는 상이고, 가색은 힘들고 지체되는 상이다. 다행히 계일(癸日)의 이름이 '탈난살(脫難煞)'이니 고생 끝에 낙이 오고, 오랫동안 재앙이 있는 사람은 오히려 재앙이 풀리는 뜻이 있다.

❷ 지상의 丑이 '파쇄(破碎)'인데 일간에 임하여 일간을 극한 뒤에 발용이 되었다. 그리고 윗사람이 난을 당한다는 뜻의 '상문난수(上門亂首)'이니 아랫사람이 윗사람을 범하며, 일이 발생한 것은 밖이지만 일이 일어난 것은 안이다.

❸ 수일에 丁을 만나면 반드시 재물이 움직이며 먼 곳에서 재물을 보내온다. 미혼남은 혼인의 기쁨이 있고, 기혼남은 이별을 감당해야 할 우려가 있다. 만약 행년상신이 丁이 타고 있는 천반의 십이지를 극하면 이와 같이 논하지 않는다.

→ 행년이 寅卯이면 그 상신 寅卯가 정미의 未를 극한다.

○ **날씨** : 맑은 뒤에 구름이 낀다.
→ 오행의 토는 흐린 날씨이다. 과전이 순토이니 구름이 낀다.

○ **가정** : 아랫사람이 윗사람에게 무례를 범한다. 질병이나 소송에 의한 형상(刑傷)을 예방해야 한다.
→ 일간은 윗사람, 일지는 아랫사람이다. 일지가 간상으로 와서 일간을 극하여 '상문난수(上門亂首)'이니, 아랫사람이 윗사람에게 무례를 범하는 것을 예방해야 한다. ● 일간을 제외한 과전의 모든 곳의 순토(純土)가 일간을 극하니 소송이나 질병으로 인해 몸이 상하는 것을 예방해야 한다. 낮에는 간지상과 초전의 丑에 구진이 타고 있으니 쟁투나 소송을 예방해야 하고, 밤에는 중전의 戌에 백호가 타고 있으니 질병을 예방해야 한다. ● 가상 : 관재와 질병이 발생하는 가상이다.

○ **혼인** : 불길하다.
→ 일간은 나, 일지는 배우자감이다. 일지음양의 순토가 일간을 극하고 다시 삼전의 순토가 일간을 극하니 혼인이 불길하다. ● 궁합 : 일간은 나, 일지는 배우자감이다. 일지가 간상으로 와서 일간을

극하니 매우 나쁘다. ● 일지는 상대이다. 지상의 丑이 일간을 극하니 나에게 해로운 사람이다. 낮에는 구진이 타서 일간을 극하니 싸움을 일삼는 사람이고, 밤에는 태음이 타서 일간을 극하니 소인이다.

○ **임신·출산** : 두 음이 하나의 양을 감싸고 있으니 임신하면 남자이다. 출산이 늦어진다.

→ 삼전은 태아가 생육되는 과정이다. 삼전의 두 음(丑,未)이 하나의 양(戌)을 감싸고 있으니 남자이다. 복음과는 산을 뜻하는 간괘이니 출산이 늦어지며, 선천성 언어장애자가 될 우려가 있다.

○ **구관** : '최관부(催官符)'가 도착하니 득관(得官)이 매우 빠르다.

→ 관성은 공무원, 백호는 권위의 천장이며 신속을 뜻한다. 백호가 관성에 타고 있으니 득관이 매우 빠르다. ● 가을에 정단하면 가을의 금기가 관성을 인도하여 일간을 생하니 관직에 최길하다.

○ **구재** : 득재할 수는 있다. 다만 많이 취하면 안 된다.

→ 재성은 재물이다. 수일에 丁을 만나면 반드시 먼 곳의 재물을 얻는다. 다만 丁의 아래가 귀살이고 이 귀살이 삼전의 글자와 삼형살을 지으니 많이 취하면 몸이 상한다.

○ **질병** : 폐구(閉口)이어서 음식을 먹지 못하니 대흉하다. 주로 처갓집에서 병을 얻었다. 만약 연명에 卯가 임하면 생명이 구해지고, 연명상에 寅이 타면 반드시 신의 보호를 받는다.

→ 사과와 초전에 다섯 폐구가 보이니 식도와 위장이 막혀서 음식을 삼키지 못하니 대흉하다. ● 귀살은 병재이다. 말전 둔반의 丁은 처 혹은 처가 혹은 음식이고 천반의 귀살은 병재이다. 따라서 처 혹은 처가 혹은 음식으로 인해 병을 얻었다. 만약 연명이 寅卯이면 그 위의 寅卯가 과전의 귀살을 제압하니 생명을 구하지만 공망된 寅卯가 풀려야 가능하다. ● 복음과는 태산의 상이니 병이 오래간다.

○ **방문** : 반드시 중요한 일로 인해 상대방이 외출했다. 처음에는 허락

할지라도 나중에는 반드시 변경된다.

→ 복음과는 부동의 상이지만 신임정마(信任丁馬) 곧 복음과에 정마가 나타났으니 중요한 일을 보기 위해 상대방이 외출했다. 과전의 모든 귀살이 일간을 극하여 오니 방문의 결과가 나쁘다.

○ **출행** : 가로막힌다.

→ 과전의 모든 곳이 토국이고 귀살이며 다시 복음과이니 길이 가로막힌다. ● 일간은 여행객, 일지는 여행지이다. 일간이 지상으로부터 극을 당하니 안전한 여행지가 아니다.

○ **귀가** : 즉시 돌아온다.

→ 복음과는 근행한 사람은 즉시 돌아오고 원행한 사람은 귀가를 기약할 수 없다.

○ **유실** : 집안에서 찾으면 물건을 취득할 수 있다.

→ 복음과는 집안에서 물건을 취득할 수 있다.

○ **도망** : 멀리가지 못했다.

→ 복음과는 도둑 혹은 가족이 먼 곳으로 가지 못했다.

↑ **쟁송** : 반드시 패소한다.

→ 일간이 과전의 순토로부터 극살을 받으니 반드시 패소한다. 만약 관재를 정단하면 중형을 선고받는다. 과전이 순토 곧 가색이니 부동산으로 인한 쟁송일 가능성이 높다.

○ **전쟁** : 근신해야 한다.

→ 복음과이니 근신해야 하고, 과전이 모두 귀살국이니 근신해야 한다.

□ 『**필법부(畢法賦)**』: 〈제75법〉 손님과 주인이 다투지 않아도 형벌이 이미 있다.

→ 삼전이 삼형이니 주객이 서로 다툰다. 주로 혼인, 매매, 교역, 계

약, 동업, 국제회담 등에서 양측 모두에게 이롭지 않다.

〈제26법〉 수일(水日)에 정신을 만나면 재물이 빠르게 움직인다. 반드시 재물은 움직이는데 먼 곳에서 보낸 재물이 나에게 이르는 상이다. 만약 처가 아직 없는 남자라면 처를 얻는 기쁨이 있고, 만약 처가 있는 남자라면 처와 이별하는 근심이 있다.

〈제89법〉 자임과 자신에 정마가 타면 모름지기 행동한다. 삼전과 간지 위에 순의 정마가 있거나 또는 천마와 역마가 타면, 반드시 고요하게 있다가 움직인다.

□ 『옥성가(玉成歌)』: 참관격과 유자격은 이동한다.

➜ 간상과 지상과 초전에 辰이나 戌이 가하면 참관(斬關)이고, 가색에 정마나 천마가 보이면 유자이다. 가색의 말전에 丁이 보이니 유자격이다.

□ 『찬요(纂要)』: 순미가 일간에 머문 뒤에 초전이 되면 입을 다물어야 화를 면할 수 있다.

➜ 이것을 입이 닫혔다는 뜻의 '폐구(閉口)'라고 한다.

□ 『찬의(纂義)』: 일지와 일간이 같은 곳에 있으면 혼동되어 구분하기 어렵다. 따라서 혼인은 밝지 않고 또한 일의 시비나 선악을 판단하기 어렵다.

➜ 일지인 丑이 간상에 머무니 일지와 일간이 같은 곳에 있다.

癸丑일 제 2 국

공망 : 寅·卯 ○
낮 : 왼쪽 천장, 밤 : 오른쪽 천장

壬	辛	庚
青 子 玄	空 亥 常	白 戌 白
丑	子	亥

壬	辛	壬	辛
青 子 玄	空 亥 常	青 子 玄	空 亥 常
癸 丑	子	丑	子

甲 蛇 辰 巳	乙 貴 巳 午	丙 后 午 未	丁 陰 未 申 勾
蛇 巳 ○朱 卯 辰 ○合 寅 卯 ○	貴	朱 合	勾 玄 申 酉 青 己 常 酉 戌 空
勾 癸 丑 寅 ○	陰 壬 青 子 丑 玄	辛 空 亥 子 常	庚 白 戌 亥 白

□ **과체** : 중심(重審), 퇴여(退茹) // 중음(重陰/子亥戌), 삼기(三奇), 왕록임신(旺祿臨身), 록현탈격(祿玄脫格/밤), 괴도천문(魁度天門), 최관사자(催官使者), 양사협묘(兩蛇夾墓/연명:巳), 살몰(殺沒), 귀인입옥(貴人入獄/밤), 귀인공망(貴人空亡/밤).

□ **핵심** : 왕록은 쓸 수 있고 子丑은 합을 한다. 우녀가 만나니 혼인에 이롭다. 소송은 여러 사람이 움직인다.

□ **분석** : ❶ 일간에 임한 왕신 겸 일록에 낮에는 청룡이 타고 있으니 일록을 지킬 수 있고 쓸 수 있다.

❷ 발용에서 子가 丑에 가해서 상합하여 견우와 직녀가 상봉하니 혼인에 가장 이롭다. 다만 말전의 戌에 주야 모두 백호가 타고 있으니 만약 소송을 정단하면 반드시 여러 사람이 움직인다.

□ **정단** : ❶ 중심과이니 매사 불순하며, 삼전이 퇴여이니 서로 연루되어 역조이니 신중하게 시작해야 화근을 끊을 수 있다.

❷ 하괴(戌)가 천문(亥)을 건너는 '괴도천문'이고 다시 친구를 잃는다는 뜻의 '실우격(失友格)'이니, 선심을 잃고 모든 일이 막혀서 행동

하고 싶지만 행동하지 못하는 상이다.

❸ 간지상의 왕신 겸 일록이 발용이 되었고, 중전은 역마이고 말전은 '최관부(催官符)'이니 관직자가 정단하면 반드시 부임이 빠르고 승진이 빈번하다.

○ **날씨** : 천강이 음을 가리키고 과전이 모두 수이니 반드시 비가 온다.
　➜ 천강(辰)은 대각성, 수는 강우이다. 천강이 음의 십이지인 巳를 가리키고 과전이 모두 수이니 반드시 비가 온다.
○ **가정** : 일간과 일지에 왕신과 일록이 타고 있으니 가택은 왕성하고 사람은 형통하다.
　➜ 일간은 사람, 일지는 가택이다. 간지상의 子는 식록을 뜻하는 일록과 왕성을 뜻하는 왕신이니, 가택은 왕성하고 사람이 하는 일은 형통하다. ● 일간과 일지와 발용에서 子가 丑에 가해서 상합하여 견우와 직녀가 상봉하니 혼인에 이롭다. ● 중심과이니 부자유친하고 부부유별하지 않은 것을 예방해야 한다. ● 과전에 겁재가 많으니 가정에서 가계난이 닥친다.
○ **혼인** : 낮에 정단하면 청룡이 왕신 겸 일록에 타고 있으니 나중에 화합하게 된다. 남자는 부귀하며 여자는 아름답고 현명하다. 밤에 정단해도 역시 길하다.
　➜ 청룡은 신랑감, 일록은 식록이다. 낮에 정단하면 이것이 일간과 일지에 임했으니, 남자는 직업이 좋고 여자는 아름답고 현명하다. ● 일간과 일지와 발용에서 子가 丑에 가해서 상합하여 견우와 직녀가 상봉하니 혼인에 이롭다. 다만 중심과이니 유순하지 않은 여자이다.
○ **임신·출산** : 두 양이 하나의 음을 감싸고 있으니 임신하면 여자이다.
　※ 『육임직지』 원문에서는 "태신상이 절이니 출산이 신속하다."고

하였다.

→ 삼전은 태아가 생육되는 과정이다. 삼전의 두 양(子,戌)이 하나의 음(亥)을 감싸고 있으니 임신하면 여자이고, 음을 뜻하는 하가 양을 뜻하는 상을 극하여 발용이 되었으니 다시 여자이다. ● 삼전이 뒤로 물러나는 상의 '퇴여(退茹)'이니 출산을 정단하면 출산이 지체된다.

○ **구관** : 삼전에 일록과 역마가 달리고 다시 말전이 '최관사자(催官使者)'이니 대길하다. 밤에 정단하면 감봉처분을 당하는 것을 예방해야 한다.

→ 관록을 뜻하는 일록 子와 승진의 신인 역마 亥가 삼전에서 달리니 승진하는 상이고, 백호가 관성에 타고 있어서 '최고위직'이 되는 상이니 더욱 길하다. 밤에 정단하면 일록 子에 현무가 타고 있으니 감봉처분을 받는 것을 예방해야 한다. ● 고시와 승진 : 겨울의 낮에 정단하면 좋고 나머지 계절에 정단하면 그렇지 않다. ● 직장인 : 왕록이 일간에 임했으니 현직을 고수하는 것이 이롭다.

○ **구재** : 안 된다.

→ 재성은 재물이다. 재성이 과전에 나타나지 않았으니 득재하지 못한다. 다만 연명이 午未이면 그 상신이 巳午이니 구재가 가능하다.

○ **질병** : 신장경락의 병이다. 병이 재발할 우려가 있다.

→ 백호의 극을 받는 오행의 장부에 병이 든다. 주야 모두 백호가 戌土에 타서 오행의 수를 극하니 신장과 방광에 병이 들며 또한 수가 지나치게 왕성하니 신장에 병이 든다. ● 연명이 巳이면 그 위에 등사가 묘신인 辰에 타고 있어서 양사협묘(兩蛇夾墓)이니 암을 예방해야 한다.

○ **알현** : 낮에 정단하면 크게 이롭다.

→ 귀인은 관청의 공무원이나 사회의 귀인이다. 낮에 정단하면 귀인승신 巳가 일간의 재성이니 나에게 이롭다. 그러나 밤에 정단하면

귀인승신 卯가 일간을 탈기하고, 다시 입옥이 되었으며 또다시 공망되었으니 나에게 손실을 입히는 귀인이다.

○ **출행** : 이롭다.
→ 일간은 여행객, 일지는 여행지이다. 간지상에 일록과 왕신이 임하니 출행에 이롭다. 다만 밤에는 일록인 子에 현무가 타고 있으니 재물을 잃는 것을 예방해야 한다.

○ **귀가** : 빨리 돌아온다.
※ 『육임직지』 원문에서는 "늦게 돌아온다."고 하였다.
→ 말전 戌…▸ 중전 亥 …▸ 초전 子 …▸ 지상의 子로 연결되었으니 빨리 돌아온다.

○ **쟁송** : 재심(再審)을 해야 한다.
→ 중심과에는 다시 심리하는 뜻이 있으니 상급의 법원에 재심해야 유리하고, 삼전이 퇴여(退茹)이니 쟁송이나 관재가 점차 약해진다.
● 승패 : 일간은 나, 일지는 상대이다. 일간이 일지와 말전의 극을 받으니 내가 불리하다. 만약 연명이 巳이면 양사협묘이니 반드시 패소한다. ● 관재 : 말전이 백호귀살이니 나쁘다.

○ **도난** : 낮에 정단하면 도둑이 서남방의 도로변에 있는 식당에 있고 식당의 여주인이 도둑이다.
→ 도둑은 현무의 음신에 있다. 밤에 정단하면 현무의 음신이 亥이니 서북방에 있는 전문 도둑 혹은 어부가 범인이다.

○ **전쟁** : 개선가를 부를 수 있다.
→ 사과에 일록과 왕신과 역마가 모두 나타났으니 승전하여 개선가를 올릴 수 있다.

□ 『**필법부(畢法賦)**』 : 〈제7법〉 왕록이 일간에 임하면 망령된 행동을 해서는 안 된다.

➔ 가령 직장을 옮기거나 사업을 확장하면 안 된다.

〈제8법〉 일록이 일지에 임하면 임시직으로서 정당한 자리가 아니다.

➔ 일록인 子가 일지에 임한다.

〈제53법〉 양 쪽의 등사가 묘신을 끼면 흉을 면하기 어렵다.

➔ 연명이 巳인 사람이 이 법에 해당한다. ㅇ 질병 참조.

□ 『邵南妙經(소남묘경)』: 천을귀인이 일덕에 타면 "귀인이 천덕에 임한다."고 하여, 한 해를 정단하면 (임금이) 천하에 은덕을 베풀고 사면을 한다. 공무원이 아닌 사람에게는 기쁜 일이 있고 형통하다.

➔ 낮에 정단하면 귀인이 일간의 덕신인 巳에 타고 있다.

□ 『찬의(纂義)』: 청룡이 바다에 들어 재물과 식록에 문제가 없으니 취사선택하면 복이 저절로 이어진다.

➔ 청룡의 오행은 목이다. 낮에 정단하면 재물과 식록을 뜻하는 청룡이 子에 타고 있으니 재물과 식록을 누린다.

| 갑진순 | 계축일 | 3국 |

癸丑일 제 3국

공망 : 寅·卯
낮 : 왼쪽 천장, 밤 : 오른쪽 천장

辛	己	丁
空亥 勾 常酉 空 陰未 常		
丑	亥	酉
辛	己	辛	己
空亥 勾 常酉 空 空亥 勾 常酉 空			
癸丑	亥	丑	亥

朱 卯巳	貴	蛇 辰午	后 貴	陰 巳未	后	玄 午申
合 寅辰 癸 勾 丑卯 朱	蛇				陰	丁未酉 常 戌申戌 白
青 壬子寅	合	辛亥丑 空	勾	庚戌子 白	青	己酉亥 空

- **과체** : 중심(重審), 삼기(三奇), 시둔(時遁/亥酉未) // 육음(六陰), 형상(刑傷), 초전협극(初傳夾剋), 퇴간전(退間傳), 인처치병(因妻致病), 귀인공망(貴人空亡/밤), 교차상극(交叉相剋), 무음(蕪淫).

- **핵심** : 밖으로 출행한 사람이 재물을 가지고 돌아온다. 未와 巳酉는 亥를 곤란하게 한다.

- **분석** : ❶ 역마인 亥가 간상에서 스스로 발용이 되었고, 말전의 둔반에 거주한 재성인 丁未가 일간으로 돌아오니 밖으로 출행한 뒤에 재물을 가지고 돌아온다.

  ❷ 다만 중전의 酉의 둔간이 己이고 말전의 未도 원둔하면 둔간이 己이니 모두가 亥수를 극하며, 癸수의 패신이 酉이므로 모든 일이 마땅하지 않다.

- **정단** : ❶ 중심과는 아랫사람이 윗사람을 범하며 과전이 모두 순음(純陰)이니 사적으로 꾀해야 이롭다.

  ❷ 자형(自刑)인 간지상의 亥가 발용이 되었고 여기에 천공과 구진이 타고 있으니 백 가지의 교제에서 속임을 예방해야 한다. 다행히

亥가 삼기이니 흉한 일을 당하더라도 길로 변하고, 모든 일의 길흉은 묘일(卯日)에 일어난다.

→ 허일대용법은 삼전의 삼합에서 빠진 글자가 채워지는 시기에 작용한다. 따라서 묘년이나 묘월이나 묘일에 작용이 일어난다.

○ 날씨 : 과전이 순음이다. 비가 적게 온다.
→ 과전이 음의 십이지로만 구성되어 있는 순음이니 비가 적게 온다.

○ 가정 : 역마에 천공과 구진이 타서 가택에 들고 다시 일간에 임하니 군대 사무관의 속임을 예방해야 한다.
→ 천공과 구진은 군인이나 군의 사무관이다. 주야 모두 겁재이며 자형인 간상과 지상의 亥에 이들이 타고 있으니 군인이나 군 사무관에 의한 손재수와 해침을 예방해야 한다. ● 중심과이니 자식은 부모에게 불효하고 아내는 남편에게 유순하지 않은 것을 예방해야 한다. ● 가상 : 간지상에 겁재가 많으니 손재수가 있는 가상이고, 과전이 육음이고 과전에 자형(自刑)이 많으니 형통하지 않은 가상이다.

○ 혼인 : 일진에 각각 자형(自刑)이 타고 있으니 마땅하지 않다.
→ 일간은 나, 일지는 배우자감이다. 간상의 亥와 지상의 亥가 자형이고 다시 간지가 교차상극(交叉相剋)하여 남녀가 서로 다투는 상이니 혼인이 마땅하지 않다. ● 궁합 : 나쁘다. ● 일지는 상대이다. 낮에는 지상에 천공이 타고 있으니 거짓을 일삼는 사람이고, 밤에는 지상에 구진이 타고 있으니 드센 사람이다.

○ 임신·출산 : 임신하면 남자이다. 출산을 정단하면 산액을 예방해야 한다.
→ 음이 극에 이르면 양이 되니 남자이다. 일간은 태아, 일지는 임

신부이다. 간지의 상신이 서로 육해이니 태아와 임신부 모두 몸을 상할 우려가 있다.

○ **구관** : 관성이 패지(敗地)에 임하고 청룡이 공망된 지반에 들었으니 불리하다.

→ 관성은 공무원, 청룡은 문관이다. 관성인 말전의 未가 未의 패신인 酉에 임하고 다시 청룡승신 子는 공망된 지반인 寅에 임했으니 구관에 불리하고, 과전이 육음이니 다시 구관에 불리한데, 다시 초전의 亥가 협극되었으니 더욱 불리하다. ● 고시 : 떨어진다. ● 승진 : 안 된다.

○ **구재** : 수일에 丁이 나타났지만 뜻대로 되지 않는다.

→ 말전의 丁은 재물이다. 그러나 丁의 아래는 귀살이고 과전은 육음이며 다시 과전에 겁재가 많으니 구재가 뜻대로 되지 않는다.

○ **질병** : 신장경락과 방광경락의 병증이다. 무방하다.

→ 낮에 정단하면 백호승신 戌이 오행의 수를 극하니 신장과 방광에 병이 들고, 밤에 정단하면 백호승신 申이 오행의 목을 극하니 간과 담에 병이 든다. ● 과전에 백호가 없고 삼전이 퇴간전이어서 병이 점차 물러나는 상이니 질병도 점차 물러난다.

○ **알현** : 나와 상대가 받아들이지 않는다.

→ 일간은 나, 일지는 상대방이다. 간지의 상신이 서로 형(刑)을 하니 서로의 뜻을 받아들이지 않는다.

○ **유실** : 취득하기 어렵다.

→ 재성인 丁의 아래가 귀살인 未이니 취득하기 어렵다.

○ **출행** : 역마가 자형(自刑)이어서 뜻대로 되지 않고 다시 초전이 협극(夾尅)되었으니 자신의 뜻대로 되지 않는다.

→ 역마는 자동차, 형은 불상사이다. 역마인 亥가 자형이어서 사고가 나는 상이니 여행이 뜻대로 되지 않고, 출행의 초기를 뜻하는 초전이 협극되었으니 출발이 뜻대로 되지 않는다.

○ **귀가** : 근행은 인일, 원행은 묘월일 혹은 미월일에 도착한다.
　　※『육임직지』 원문에서는 "진술일에 온다."고 하였다.
　　→ 근행한 사람은 초전과의 육합일에 오니 인일(寅日)에 도착하고, 원행한 사람은 초전과의 삼합일에 오니 묘월(卯月)·묘일(卯日)이나 혹은 미월(未月)·미일(未日)에 도착한다.

○ **쟁송** : 묘월(卯月)과 묘일(卯日)에 끝난다.
　　→ '허일대용법'을 적용하면 묘월이나 묘일에 쟁송이 끝난다. 삼전에서 빠진 글자 卯가 채워지는 묘월이나 묘일에 쟁송이 끝난다. ●
　　승패 : 일간은 나, 일지는 상대이다. 일간이 일지와 말전의 극을 받으니 내가 불리하다.

○ **도난** : 밤에 정단하면 도적이 남방의 마구간에 있고 여자가 움집에서 엿보며 밀정을 한다.
　　→ 도적은 현무의 음신에 숨어 있다. 낮에 정단하면 현무의 음신이 午이니 남방의 마구간에 숨어 있고, 밤에 정단하면 현무의 음신이 辰이니 묘지나 수고나 연못 근처에 숨어 있다.

○ **전쟁** : 불길하다.
　　→ 일간은 아군, 일지는 적군이다. 간지의 상신이 서로 형(刑)을 하여 서로에게 상잔이 발생하니 불길하다.

□ **『필법부(畢法賦)』** : 〈제75법〉 손님과 주인이 다투지 않아도 형벌이 이미 있다.
　　→ 간지의 상신이 서로 형(刑)을 하니 주객이 서로 다툰다. 주로 혼인, 매매, 교역, 계약, 동업, 국제회담 등에서 양측 모두에게 이롭지 않다.
　　〈제26법〉 수일(水日)에 정신을 만나면 재물이 빠르게 움직인다.
　　→ 일간이 癸이니 수일, 말전의 둔간이 丁이니 재물이다. 수일에 정

신이 보이니 먼 곳으로 가서 돈을 벌거나 혹은 송금되어 온다.
- 『관월경(觀月經)』: 왕성하게 임신한다는 뜻의 '왕잉격(旺孕格)'은 과전과는 무관하게 남녀의 연명상에서 왕상만을 보면 된다. 가령 7월의 미시(未時)에 정단하여 여자의 본명은 금에 속하며 34세, 남편의 본명은 수에 속하며 37세이다. 남자의 행년 寅 위의 子는 가을의 상기이고, 여자의 행년 亥 위의 酉는 가을의 왕기이다. 이와 같이 두 곳이 왕성하니 당연히 임신된다. 기타 부부의 행년도 이 이론을 따른다.

癸丑일 제 4국

공망 : 寅·卯
낮 : 왼쪽 천장, 밤 : 오른쪽 천장

	庚	丁	甲	
	白 戌 青	陰 未 常	蛇 辰 后	
	丑	戌	未	
	庚	丁	庚	丁
	白 戌 青	陰 未 常	白 戌 青	陰 未 常
	癸丑	戌	丑	戌

	甲 寅 蛇	朱 卯 貴	蛇 辰 后	乙 巳 陰 貴
合 巳	癸 丑 辰	朱		丙 午 酉 玄
勾	壬 子 卯 ○	合		陰 丁 未 戌 常
空	辛 亥 寅 ○	勾 庚 戌 丑 青	常 己 酉 子 空	玄 戊 申 亥 白

- **과체** : 원수(元首), 가색(稼穡), 유자(遊子/3·6·9·12월), 참관(斬關) // 형상(刑傷), 앙구(怏咎), 전국(全局), 육의(六儀), 가귀(家鬼), 수일정신(水日丁神), 인처치병(因妻致病), 최관사자(催官使者/낮), 귀인공망(貴人空亡/밤), 교차상형(交叉相刑).

- **핵심** : 재물을 취하려고 하면 화가 닥친다. 낮에는 흉이 가득하다. 관직을 정단하면 좋다. 희경사가 많다.

- **분석** : ❶ 癸의 丁은 재물이다. 삼전이 모두 토인데 토가 모여서 무리 귀살이 되니 재물을 취하면 반드시 화가 닥친다.

  ❷ 낮에 정단하면 삼전에 백호와 등사가 있으니 그 흉이 더욱 심하다. 공무원이 정단하면 임명장이 도착한다. 그 이유는 간상의 백호 승신 戌이 발용이 되어 관성이 중첩되었기 때문이다.

- **정단** : ❶ 원수과는 높은이가 낮은이를 다스리니 만사 순조롭지만, 삼전이 '가색(稼穡)'이니 간난의 상이고 '참관(斬關)'이니 진동의 상이다.

  ❷ 과전이 모두 귀살이며 충을 하고 형을 하며 낮에는 다시 백호와

등사가 타니 만약 공무원이 아닌 사람이 정단하면 놀라는 근심을 면하지 못한다.

❸ 다행히 묘신인 말전의 辰이 백호승신 戌을 충을 하니 비록 묘신의 기세는 세차지만 바름을 지키고 때를 기다리면 결국은 길하다.

○ **날씨** : 과전이 모두 토이니 흐리며 미세먼지가 날린다.
　➔ 삼전이 가색이니 날이 흐리고 미세한 먼지가 날린다.
○ **가정** : 가정이 깨지고 사람이 이별하는 등의 흉과 재앙이 겹치니 신에게 빌어야 한다.
　➔ 형(刑)에는 서로 다투고 싸우는 뜻, 일간은 사람이고 일지는 가택이다. 일간(기궁) 丑과 지상의 戌이 상형하고 일지 丑과 간상의 戌이 상형하니 가족은 이별하고 가옥은 파괴된다. 밤에 정단하면 천을귀인이 공망되어 귀수(鬼祟)가 있으니 신에게 빌어야 한다. 낮에는 백호가 간지상의 귀살에 타서 일간을 극하니 병을 예방해야 하며, 특히 오월에 정단하면 戌이 사기이니 사망을 예방해야 한다. ● 일간은 나, 일지는 가족이다. 간지가 교차상형하니 가족이 화목하지 않다. ● 가상 : 질병과 생계고가 발생하는 가상이다.
○ **혼인** : 마땅하지 않다.
　➔ 일간은 나, 일지는 배우자감이다. 일간(기궁)과 지상이 상형하고 일지와 간상이 상형하니 혼인이 마땅하지 않고, 지상의 戌이 일간을 극하여서 나에게 해를 끼치는 사람이니 다시 마땅하지 않다. ● 궁합 : 나쁘다. ● 일지는 상대이다. 지상이 괴강의 하나인 戌이니 드센 사람이고 특히 낮에는 백호가 타고 있으니 더욱 드센 사람이다. 밤에는 지상에 청룡이 타고 있으니 원만한 편이다.
○ **임신·출산** : 임신하면 여자이다. 출산이 걱정된다.
　➔ 삼전은 태아가 생육되는 과정이다. 삼전의 두 양(戌,辰)이 하나의

음(未)을 감싸고 있으니 여자이다. 일간은 태아, 일지는 임신부이다. 간지가 교차상형하여 모자가 모두 상하는 상이니 출산이 걱정된다.
○ **구관** : 일록은 비록 공망되었지만 다행히 관성이 매우 왕성하니 희망이 있다.

→ 일록은 공무원이 받는 급여, 관성은 공무원이다. 일록인 子가 공함되었지만 관성인 토가 과전에서 왕성하니 희망이 있다. 만약 금왕절인 가을에 정단하면 관성의 기운을 설기해서 일간을 생하니 가장 길하다. ● 고시 : 가을에는 가능하다. ● 승진 : 가을에는 가능하다.

○ **구재** : 파산할 우려가 있다.

→ 재성은 재물이다. 비록 중전의 둔간이 재성이지만 그 아래가 귀살이고 과전에서 일곱 귀살을 만났으니 파산하고 병이 들 우려가 있다.

○ **질병** : 간과 신장경락의 병이다. 매우 흉하니 기도해야 한다.

→ 백호의 극을 받는 오행의 장부에 병이 든다. 낮에 정단하면 백호승신 戌이 수를 극하니 신장경락의 병이고, 밤에 정단하면 백호승신 申이 목을 극하고 다시 과전에 수가 없어서 목을 생하지 못하니 간경락의 병이다. ● 귀살은 재앙이다. 과전의 일곱 귀살이 일간을 극하니 생명이 위독하고 의약신인 寅卯가 공망되었으니 낫지 않는다. 최후의 방법으로 신에게 빌어야 한다.

○ **출행** : 밤에 정단하면 길하다.

→ 일간은 여행객, 일지는 여행지이다. 간상과 지상이 모두 귀살이니 흉하다. 밤에는 길장이 타고 있으니 낮에 비해 덜 흉하다. 만약 낮에 정단하면 간지상이 백호귀살이니 여행 중 병이 발생한다.

○ **귀가** : 즉시 돌아온다.

→ 삼전이 역가색(逆稼穡)이고 역유자(逆遊子)이니 즉시 돌아온다.

○ **도난** : 낮에 정단하면 동남방에 있고, 밤에 정단하면 정동에 있다.

※ 『육임직지』 원문에서는 "밤에 정단하면 정남에 있다."고 하였다.
→ 도둑은 현무의 음신에 숨어 있다. 낮에는 현무의 음신이 巳이니 동남방에 있고, 밤에는 현무의 음신이 卯이니 정동에 있다.

O **쟁송** : 그 기세가 마치 말을 탄 백호와 같다. 양쪽 모두 패소하고 상한다.
→ 간지가 교차상극(交叉相剋)하니 나와 상대 모두 패소하는 상이다. 일간이 일지 및 삼전의 무리귀살로부터 극을 받으니 내가 패소한다. ● 관재 : 대흉해서 중형을 선고받는다.

O **전쟁** : 불리하다.
→ 과전에 귀살이 가득 있으니 불리하다.

O **분묘** : 과전이 충극(沖剋)하니 불길하다.
※ 『육임직지』 원문에서는 "청룡과 백호가 충극하니 불길하다."고 하였다.
→ 일간은 후손, 일지는 묘지이다. 간지가 교차상극(交叉相剋)하니 불길하다.

□ **『필법부(畢法賦)』** : 〈제91법〉 백호가 일간의 귀살에 타면 귀살의 흉이 대단히 빠르다.
→ 질병과 관재와 여행을 정단하면 최흉하고, 관직을 정단하면 대길하다.

〈제26법〉 수일(水日)에 정신을 만나면 재물이 빠르게 움직인다.
→ 일간이 癸이니 수일이다. 중전 둔반의 丁이 재성이니 원방에서 돈을 벌거나 혹은 원방의 돈이 송금되어 온다.

〈제28법〉 삼전에서 귀살이 재신으로 변하면 위험한 돈이다.
→ 중전의 丁이 일간의 재물이지만 과전이 모두 귀살이니 위험한 재물이다.

- 『**과경(課經)**』: 癸丑일에 월장 子를 점시 卯에 가한 뒤에 申년에 출생한 사람이 정단한다. 행년은 丑이고 천을귀인은 역행하며 일진이 귀인의 뒤에 있으며 戌에 백호가 타서 癸에 가한 뒤에 발용이 되었다. 점시 卯가 행년을 극하고 다시 삼전의 戌未辰이 삼음이니, 만사 불통하여 어둡고 지체되는 경우가 많다.
- 『**옥성가(玉成歌)**』: 참관(斬關)과 유자(遊子)는 행동한다.
    → 일간과 일지와 초전에 辰이나 戌이 임하면 관문 곧 도로가 뚫리는 뜻이 있는 참관이고, 가색(稼穡)에 정마나 천마가 보이면 지팡이를 짚고 천하를 방랑하는 뜻이 있는 유자이다.
- 『**집의(集義)**』: 백호가 戌에 타서 丑에 임하여 형(刑)을 하니 관사로 인해 관리가 나를 추격한다.

| 갑진순 | 계축일 | 5국 |

癸丑일 제 5 국

공망 : 寅·卯
낮 : 왼쪽 천장, 밤 : 오른쪽 천장

乙	癸	己
貴 巳 陰	勾 丑 朱	常 酉 空
酉	巳	丑
己	乙	己	乙
常酉空	貴巳陰	常酉空	貴巳陰
癸丑	酉	丑	酉

癸丑巳 勾	○午 朱合	○未 朱蛇	甲辰申 蛇后
壬子辰 青合			乙巳酉 貴陰
辛亥卯 空勾			丙午戌 后玄
庚戌寅 白○	己酉丑 青常	戊申子 空玄	丁未亥 白陰 常

□ **과체** : 원수(元首), 종혁(從革) 여덕(勵德/낮) // 덕경(德慶), 화미(和美), 전국(全局), 형통(亨通), 체생(遞生), 맥월(驀越), 아괴성(亞魁星), 합중범살(合中犯殺), 살몰(殺沒), 귀인공망(貴人空亡/밤), 회환(回還), 부모효현괘.

□ **핵심** : 삼전의 천장오행은 일간을 극하고 삼전의 십이신은 일간을 생한다. 己酉는 사람을 망가뜨린다. 집은 쇠하고 사람은 왕성하다. 벼슬에 이롭다.

□ **분석** : ❶ 낮에는 삼전의 천장오행 순토는 일간을 극하고 삼전에 금이 모여서 일간을 생하니, 비록 천장이 일간을 극하지만 십이신은 일간을 생한다.
❷ 癸의 패신이 酉이고 다시 둔간이 己토이니, 겉으로 망가뜨리고 속으로 공격하니 己酉가 사람을 망가뜨린다.
❸ 삼전이 일지를 탈기해서 일간을 생하니 사람은 왕성하고 집은 쇠퇴한다.
❹ 일지가 관귀효이니 만약 낮에 점단하면 관귀효가 삼전을 생하

고 다시 삼전이 일간을 체생해서 일간을 생하며, 또다시 관성과 인성이 상생하여 관직을 옮겨 품계가 오르니 어찌 벼슬에 이롭지 않겠는가?

□ **정단** : ❶ 종혁(從革)은 묵은 것을 버리고 새 것을 창조하는 상이다. 모든 일은 반드시 모든 사람과 관련이 있고 도모하는 일은 막히며 자주 변경된다.

❷ 간지상의 酉는 패기이며 다시 자형이니 서로 속인다. 다행히 일덕이 합을 해서 발용이 되어 삼전에서 삼합을 이루어 화합하니 귀인으로 인해서 치부한다.

❸ 격명이 회환(回還)이다. 길사를 이루고 흉사도 이룬다.

→ 삼전이 일간을 체생하니 만사형통하다.

○ **날씨** : 맑은 날씨를 원하면 흐리고, 비를 원하면 갠다.
  → 맑은 날씨를 원하면 삼전이 금국이니 흐리고, 비를 원하면 삼전 천장의 오행이 토이니 갠다.

○ **가정** : 간지상이 모두 패신이니 간음이나 소송에 엮이거나 웃어른에게 재앙이 생기는 것을 예방해야 한다.
  → 일간은 사람, 일지는 가택이다. 간지상의 酉가 일간의 패신이니 가정의 내외 모두 패가망신하는 상이다. 특히 酉가 일간의 부모효이니 부모의 건강이 크게 나빠지는 것을 예방해야 한다. ● 삼전의 금국이 일지 丑토를 탈기해서 일간 癸를 생하니 가족은 많고 집은 좁으며, 사람은 흥하고 집은 쇠한 가상이다.

○ **혼인** : 나쁘다.
  → 일간은 나, 일지는 배우자감이다. 간지의 상신이 모두 패가망신살이니 나쁘고, 이별의 뜻이 있는 종혁격이니 다시 나쁘다. ● 궁합 : 간지의 상신이 패신(敗神)이니 나쁘고, 간지의 상신이 상형(相

刑)하니 다시 나쁘며, 삼전이 종혁격이니 또다시 나쁘다. ● 일지는 상대이다. 낮에는 지상에 태상이 타고 있으니 요리를 잘하고, 밤에는 지상에 천공이 타고 있으니 속이기를 잘 하는 사람이다.

○ **임신·출산** : 순음이니 남자이다. 출산이 지체된다.

※ 『육임직지』 원문에서는 "출산이 신속하고 쉽다."고 하였다.

→ 음이 극에 이르면 양이 되니 남자가 된다. 과전이 삼합하니 예정일을 넘겨서 출산한다.

○ **구관** : 크게 이롭다. 밤에 정단하며 염막귀인이 일덕이 되어 발용이 되었으니 반드시 시험에 합격한다.

→ 일지가 관귀효이다. 낮에 정단하면 관귀효인 丑이 삼전을 생하고 삼전이 일간을 체생해서 일간을 생하며, 다시 관성과 인성이 상생하니 크게 이롭다. ● 고시 : 가을에는 반드시 합격한다. ● 승진 : 가을에는 반드시 승진한다.

○ **구재** : 취득한 뒤에 다시 잃을 우려가 있다.

→ 재성은 재물이다. 초전의 巳가 재성이니 재물을 얻는다. 그러나 巳가 중전의 丑으로 탈기되니 다시 잃을 우려가 있다.

○ **질병** : 주식(酒食)으로 인해 생긴 병이거나 혹은 간과 신장경락의 병이다. 생명을 구한다.

→ 지상은 병증이다. 지상이 酉이니 주식으로 인해 온 병이다. ● 백호의 극을 받은 장부에 병이 든다. 낮에 정단하면 백호승신 戌이 수를 극하니 신장병이고, 밤에 정단하면 백호승신 申이 목을 극하니 간병이다. ● 회환(回還)이어서 병이 오랫동안 몸에 머무는 상이니 낫지 않는다. ● 巳는 상여, 酉는 상복이다. 초전에서 巳가 酉에 가했으니 상(喪)을 예방해야 한다.

○ **출행** : 기쁨 속에 슬픔이 있는 것을 예방해야 한다.

→ 비록 과전이 삼합하지만 간지의 상신이 자형이고 다시 삼전의 酉와 간지상의 酉가 자형이니 기쁨 속에 슬픔이 있는 것을 예방해야

한다.

○ **귀가** : 반드시 뜻을 이루는 것은 아니다.

→ 비록 과전이 삼합하지만 간지의 상신이 서로 형을 하고 다시 삼전의 酉와 간지상의 酉가 형을 하니 반드시 뜻을 이루는 것은 아니다.

○ **도난** : 잡지 못한다.

→ 현무는 도둑이다. 현무가 과전에 나타나지 않았으니 잡지 못한다.

○ **쟁송** : 이치를 얻는다. 낮에 정단하면 형을 선고받는 것을 예방해야 한다.

→ 일간이 과전의 인성국으로부터 생을 받아 나의 주장이 판사에게 수용되니 이치를 얻는다. 낮에 정단하면 삼전의 천장오행 토가 일간을 극하여오니 형을 선고 받지만 삼전 십이신의 생을 받으니 형량이 가벼워진다. ● 회환이니 쟁송을 벗어나기 어렵다. ● 승패 : 일간은 나, 일지는 상대이다. 일간이 일지를 탈기한 삼전 금국의 생을 받으니 내가 승소한다.

○ **전쟁** : 나쁘다.

→ 간지의 상신이 패신(敗神)과 자형(自刑)이어서 패전할 우려가 있으니 나쁘다.

□ **『필법부(畢法賦)』** : 〈제36법〉 일간과 일지가 모두 패신(敗神)이면 형세가 기울고 무너진다. 몸에 관한 정단을 하면 기혈이 쇠패하고, 가택을 정단하면 가옥이 무너지니, 날이 갈수록 낭패이고 큰 발전이 전무하다.

〈제75법〉 손님과 주인이 다투지 않아도 형벌이 이미 있다.

→ 간지의 상신이 모두 자형이다. 주로 혼인, 매매, 교역, 계약, 동

업, 국제회담 등에서 양측 모두에게 이롭지 않다.
〈제34법〉 고진감래와 즐거움 속에 비애가 있다.
→ 아래의 『과경』 참조.

□ 『과경(課經)』: 삼전의 십이신이 일간을 생하고 천장의 오행이 일간을 극하면, 비록 앞에는 생이 있지만 뒤에는 해가 있는 것을 예방해야 한다. 〈언(諺)〉에서 말하기를 "타인의 곡식 한 알을 욕심 부리다가 반년치의 식량을 잃으니 즐거움 속에 비애가 있다."고 하였다.

癸丑일 제6국

공망 : 寅·卯
낮 : 왼쪽 천장, 밤 : 오른쪽 천장

○	庚	乙
朱卯貴	白戌青	貴巳陰
申	卯○	戌
戌 ○	戌 ○	
玄申 白朱卯貴	玄申 白朱卯貴	
癸丑	申 丑	申

壬子巳 青	癸丑午 勾合	○寅未 蛇合	○卯申 貴朱
辛亥辰 空勾			甲辰酉 后蛇
庚戌卯 白青			乙巳戌 陰貴
己酉寅 常白	戊申丑 空玄陰	丁未子 常后	丙午亥 玄

□ **과체** : 중심(重審), 착륜(斲輪), 사절(四絶) // 복덕(福德), 맥월(驀越), 백의식시(白蟻食尸/밤), 과수(寡宿), 귀인공망(貴人空亡/밤).

□ **핵심** : 재성이 깊은 수렁에 빠졌다. 썩은 나무로는 조각하기 어렵다. 양 귀인이 분노한다. 옛것을 고수하는 것이 좋다.

□ **분석** : ❶ 재효인 巳가 귀묘(鬼墓)에 들었으니 깊은 수렁에 빠졌다. 卯가 갑진순의 공망인데 썩은 나무가 申에 가해서 발용이 되었으니 어찌 조각이 가능하겠는가?

❷ 낮 귀인 巳는 입옥되고 밤 귀인 卯는 극을 받아 양 귀인이 분노한다. 오직 간상의 申이 장생이니 이것을 고수하면 한가하다. 비록 현무와 백호가 장생에 타고는 있지만 수와 금으로 변화하니 놀람과 손실이 있더라도 걱정할 일이 아니다.

□ **정단** : ❶ 중심과는 함부로 행동하면 안 되고, 격명이 '사절(四絶)'이니 옛일을 결절하는 데에는 이롭고 새로운 일을 도모하는 데에는 불리하다.

❷ 착륜(斲輪)에서 卯가 공망되었으니 업종을 바꿔야 한다.

❸ 발용의 밤 귀인이 내전되었으니 반드시 귀인으로 인해 구설수가 생긴다.

❹ 중전의 관귀는 공함되며 극을 받고, 말전의 재효는 묘지에 앉으며 지반으로 탈기를 당하니, 슬픔과 기쁨 모두 공허하고 길흉의 근거가 없다.

○ **날씨** : 천강이 음을 가리키고 왕성한 청룡이 승천하니 비가 온다.
→ 천강(辰)은 대각성이다. 대각성이 음을 가리키니 비가 오고 청룡이 중전에 나타났으니 비가 온다.

○ **가정** : 장생이 일지와 일간에 가하니 사람과 집이 안녕하다. 다만 현무와 백호가 타고 있으니 헛된 놀람과 작은 손실을 예방해야 한다.
→ 장생은 생기, 일간은 사람이고 일지는 가택이다. 이것이 간상과 지상에 가해서 가정 내외에 생기가 넘치는 상이니 사람과 집이 안녕하다. 다만 낮에는 현무가 타고 있으니 도난을 예방해야 하고, 밤에는 백호가 타고 있으니 질병을 예방해야 한다. 특히 밤에는 부모의 발병도 주의해야 한다.

○ **혼인** : 이루지 못한다.
→ 초전의 천반이 공망되어 남자를 잃는 상이니 혼인이 불성하고, 초전 천반의 卯가 절지에 가하여 사절(四絶)이어서 인연이 끊어지는 상이니 이루지 못한다. ● 궁합 : 일간은 나, 일지는 배우자감이다. 간지의 상신이 비화(比和)하니 좋은 편이다. ● 일지는 상대이다. 낮에는 지상에 현무가 타고 있으니 도심(盜心)이 있는 사람이고, 밤에는 지상에 백호가 타고 있으니 드센 사람이다.

○ **임신·출산** : 두 음이 하나의 양을 감싸고 있으니 임신하면 남자이다. 출산이 지체된다.
→ 삼전은 태아가 생육되는 과정이다. 두 음(卯,巳)이 하나의 양(戌)

을 감싸고 있으니 임신하면 남자이고, 일간의 음양에서도 두 음(癸, 卯)이 하나의 양(申)을 감싸고 있으니 남자이다. ● 임신 : '착륜격'이니 유산되는 상이고, 초전이 공망되었으니 다시 유산되는 상이다.

○ **구관** : 이롭지 않다.

→ 관귀효인 중전의 戌은 공함되고 다시 지반의 卯로부터 극을 받으며 재효인 말전의 巳는 묘지인 戌에 앉아 있고 다시 지반으로 탈기를 당하니 구관에 이롭지 않고, 다시 착륜이 공망되어 썩은 나무이니 구관에 이롭지 않다. ● 고시 : 떨어진다. ● 승진 : 안 된다.

○ **구재** : 재성이 묘고(墓庫)에 드니 재물을 취득하지 못한다.

→ 재성은 재물이다. 재성인 巳가 묘지인 戌로 드니 재물을 득하지 못한다.

○ **질병** : 신수(腎水)가 부족하다. 귀인이나 학자가 치료하면 낫는다.

→ 백호의 극을 받은 장부에 병이 든다. 낮에는 백호승신 戌토의 극을 받은 신장에 병이 들어 신수가 부족하고, 밤에는 백호승신 申금의 극을 받은 간장에 병이 든다. ● 초전의 천반이 공망되어 처 혹은 부모를 잃는 상이니 처나 부모의 병을 정단하면 낫기 어려운데, 의약신인 寅卯가 공망되었으니 더욱 낫기 어렵다.

○ **출행** : 역마가 묘지에 들었으니 불길하며 출행을 이루지 못한다.

→ 역마는 여객수단이다. 역마인 亥가 묘지인 辰에 가했다. 출행하면 교통사고가 나니 불길하며, 초전이 공망되었으니 출행이 불발한다. ● 일간은 여행객, 일지는 여행지이다. 낮에는 간지상에 현무가 타고 있으니 도난을 예방해야 하고, 밤에는 간지상에 백호가 타고 있으니 질병을 예방해야 한다.

○ **귀가** : 도착하지 않는다.

→ 역마는 여객수단이다. 역마인 亥가 묘지인 辰에 가했으니 도착하지 않는다.

○ **도난** : 잡지 못한다.

➜ 현무는 도둑이다. 현무가 밤 시간인 丑에 가했으니 잡지 못한다.
- **쟁송** : 비록 흉하지만 풀린다.
  ➜ 초전이 착륜이어서 흉하지만 다행히 착륜이 공망되었으니 쟁송이 풀린다.
- **전쟁** : 불리하다.
  ➜ 초전은 출행의 초기이다. 초전이 공망되어 공허하니 불리하다.

- □ 『**필법부(畢法賦)**』: 〈제10법〉 썩은 나무로는 조각하기 어려우니 별도로 도모해야 된다. 착륜격에서 卯가 공망되면 '썩은 나무'라고 하여 조각하지 못한다. 이 예에 해당되면 과거 급제를 버리고 일반 직업으로 바꿔서 별도로 경영하며 살아야 한다.
  〈제31법〉 삼전이 차례로 일간을 생하면 여러 사람의 추천을 받는다.
  ➜ 계축일 제6국은 이 법에 해당하지 않는다.
- □ 『**관월경(觀月經)**』: 착륜은 (가족이) 모이는 상이다. 본래 태충(卯)이 생존한 경우에 구관을 정단하면 반드시 관록을 얻고, 어떠한 일에서 공평하게 얻는다.
  ➜ 이 과전에서는 착륜이 공망되었으니 구관에 대흉하다.
- □ 『**소남묘경(邵南妙經)**』: 천을귀인이 일덕에 타면 국가가 사면하고 천하에 은혜를 베푼다. 공무원이 아닌 사람에게도 기쁜 일이 있어서 나쁜 것이 변해서 형통해진다.
  ➜ 낮에 정단하면 천을귀인 巳가 일덕에 해당한다.

癸丑일 제 7국

공망 : 寅·卯
낮 : 왼쪽 천장, 밤 : 오른쪽 천장

丁	癸	丁
朱未常	常丑朱	朱未常
丑	未	丑

丁	癸	丁	癸
朱未常	常丑朱	朱未常	常丑朱
癸丑	未	丑	未

辛亥 空巳 勾	壬子 白午 合	癸丑 常未 朱	○寅 玄申 蛇
庚戌 青辰 青			○卯 陰酉 貴
己酉 勾卯 空			甲辰 后戌 后
戊申 合寅 ○	丁未 白丑 朱	丙午 常子 蛇	乙巳 玄亥 陰

□ **과체** : 반음(返吟), 가색(稼穡), 여덕(勵德/밤), 유자(遊子) // 무친(無親), 형상(刑傷), 전국(全局), 가귀(家鬼), 회환(回還), 육음(六陰), 수일정신(水日丁神), 신장·귀등천문(神藏·貴登天門/낮), 덕입천문(德入天門), 양귀수극(兩貴受剋), 두괴상가(斗魁相加), 인처치병(因妻致病), 귀인공망(貴人空亡/밤).

□ **핵심** : 네 丁이 未에 임하니 칼끝의 꿀을 먹기 어렵다. 귀인에게 부탁하면 안 된다. 좋다가도 나쁜 것이 있다.

□ **분석** : ❶ 간지와 초·말전 네 개 未의 둔간이 丁이니 모두 재물이고, 재물 위에 귀살이 있으니 마치 칼끝의 꿀과 같아서 반드시 혀를 다친다.

❷ 낮 귀인 巳는 亥에 임하고 밤 귀인 卯는 酉에 임하여 주야의 귀인이 모두 극을 받았다. 귀인에게 부탁하지 않아야 한다. 이 과전으로 정단하면 모든 일에서 좋다가도 나쁜 것이 있다.

□ **정단** : ❶ 반음과이니 모든 일이 반복되고, 삼전이 가색(稼穡)이니 간난(艱難)하며, 여덕(勵德)이니 가만히 있고 싶지만 가만히 있지 못하

는 상이다.
❷ 과전이 모두 귀살이니 재물을 들고 귀인에게 부탁하는 일에는 좋지만 재물을 욕심내면 안 된다. 오직 연명이 申酉이면 복이 생긴다.
→ 연명상신이 申酉이면 귀살을 인도해서 일간을 생하니 복이 오고, 연명상신이 寅卯이면 귀살을 제압하니 복이 온다.

○ **날씨** : 흐리다.
→ 삼전이 토국이니 흐리다.
○ **가정** : 사람과 집이 요동친다. 구설과 관청의 시비를 예방해야 한다. 묘월(卯月)의 밤에 정단하면 부모상을 당한다.
→ 일간은 사람, 일지는 가택이다. 간상과 지상은 물론이고 초전과 말전에 정마가 많으니 사람과 집이 요동친다. ● 丁 아래의 未는 귀살이다. 여기에 낮에는 주작이 타고 있으니 구설수를 예방해야 하고, 밤에는 태상이 타고 있으니 부모상을 예방해야 한다. 묘월에는 간지상의 未가 사기이니 상을 당하는 것을 반드시 예방해야 한다. ● 가상 : 가정 내외가 요동치고 상을 당하는 가상이다.
○ **혼인** : 이루지 못한다.
→ 천반은 남자, 지반은 여자이다. 일간(丑)은 간상의 未와 상충하고 일지 丑은 지상의 未와 상충하니 혼인이 불성하며 또한 남녀를 뜻하는 간지가 교차상충하니 다시 혼인을 이루지 못한다. ● 궁합 : 매우 나쁘다. ● 일지는 상대이다. 낮에는 지상에 주작이 타고 있으니 말이 많은 사람이고, 밤에는 지상에 태상이 타고 있으니 요리를 잘하고 예능에 밝은 사람이다.
○ **임신·출산** : 임신하면 남자이다. 출산한 뒤에 아기를 키우지 못하는 것을 예방해야 한다.

→ 음이 극에 이르면 양이 되니 남자이다. 일간은 태궁이다. 태궁에 정마가 타고 있어서 태아가 움직이는 상이고 다시 태궁의 상하가 상충하여 태아가 상하는 상이니 태아를 키우지 못할 우려가 있다.

○ **구관** : 돈을 써서 관직이나 명예를 얻는 일에서 크게 이롭다.
→ 간지상과 초·말전의 丁은 재물이고 그 아래는 관성이다. 과전이 모두 관성이니 재물을 들고 귀인에게 부탁하는 일에 좋다. ● **고시** : 일간에서 丑未가 서로 가하니 합격한다. ● **승진** : 가능하다.

○ **구재** : 취득하지 못한다.
→ 재성은 재물이다. 재성의 아래가 귀살이니 취득하지 못한다. 다만 위험하지 않고 위법하지 않은 영업이면 가능하다.

○ **질병** : 신에게 빌어야 한다.
→ 밤에 정단하면 귀인이 공망되어 귀수(鬼祟)의 해를 입었으니 신에게 빌어야 낫는다. 과전이 토국이니 위장병이고 순토가 수를 극하니 신장병이다.

○ **출행** : 매우 이롭다.
→ 일간은 여행객, 일지는 여행지이다. 간지상의 둔반에 재성이 있어서 소득이 있는 상이니 매우 이롭다. 다만 간지상의 천반이 귀살이니 흉한 재액을 예방해야 한다.

○ **귀가** : 아직 돌아오지 않는다.
→ 삼전에 자동차를 뜻하는 정마가 많아서 유랑하고 있으니 아직은 돌아오지 않는다.

○ **쟁송** : 서로 상한다.
→ 일간은 나, 일지는 상대이다. 일간과 일지 모두 상하로 상충하니 나와 상대 모두 상한다. ● **승패** : 일간이 여러 귀살로부터 극을 당했으니 내가 불리하다.

○ **도난** : 먼 곳으로 갔으니 잡기 어렵다.
→ 삼전에 정마가 많아서 먼 곳으로 도망갔으니 잡기 어렵다.

○ **전쟁** : 주객 모두 불리하다.
　→ 일간은 아군, 일지는 적군이다. 일간의 상하와 일지의 상하가 모두 상충하니 아군과 적군 모두 불리하다.

―――――――――――

□ 『**필법부(畢法賦)**』 : 〈제49법〉 양 귀인이 극을 받으면 귀인에게 아뢰는 일에서 뜻을 성취하기 어렵다.
　→ □ **분석** ❷ 참조.

□ 『**육임지남(六壬指南)**』 : ① 이 남아는 길상하다. 다만 출생한 뒤에 키우기가 어려운데, 그 작용은 卯년에 나타난다. ② 순음이면 양으로 돌아서고, 지상신과 일지가 서로 비기므로 남자가 틀림없다. ③ 그럼 卯년에 기르지 못하게 되는 것은 왜 그러한가? 태신이 협극(夾克)을 당해 무기하여 추혼(追魂)의 마(魔)가 되기 때문이다. 그리고 卯가 동궁의 자수(子宿)인데 월장 酉와 음의 살기로부터 충극을 받으므로 卯년에 키우지 못하는 이유를 알 수 있다. ④ 오래되지 않아서 전씨 비는 여섯 째 아들을 낳았지만 그 아들은 卯년에 죽었다.
　※ 이우산, 『육임실전』 2, 대유학당, 2014, 282쪽~283쪽 참조.

□ 『**고감(古鑑)**』 : 戊申년 12월에 월장 丑을 점시 未에 가한 뒤에 공무원의 부임을 정단한다. 구정(舊政) 위에 다시 구정이 보이니 6년째 되는 해에 부임하게 되는데 과연 나중에 부임했다. 8년째 되는 해에 상(喪)을 당하여 돌아오니. 그 이유는 戊申년에 정단하여 未가 申 이전의 자리이기 때문이다. 초·말전과 일진이 모두 未이고 그 위에 문서를 뜻하는 주작이 있으니 '구정(舊政)'이라고 하였다. 6년이라는 것은 未에 丁이 붙어 있어서 숫자가 6이기 때문이다. 모든 천반이 귀살이고 丑은 묘지와 논밭이며 태상이 타고 있으니 사망한다. 丑과 未는 8이니 정단하기를 8년째 되는 해에 상을 당하여 돌아온다. 나중에 과연 예측과 동일하였다.

癸丑일 제 8 국

공망 : 寅·卯
낮 : 왼쪽 천장, 밤 : 오른쪽 천장

丙	辛	甲
蛇午玄	空亥勾	后辰后
丑	午	亥

丙	辛	丙	辛
蛇午玄	空亥勾	蛇午空	亥勾
癸丑	午	丑	午

庚戌巳 青	辛亥 青	壬子 白	癸丑申 常 朱
己酉辰 勾	空	未 合	○寅酉 玄 蛇
戊申卯 合	白		陰 卯戌 貴
丁未寅 朱 ○	丙午丑 常 蛇	乙巳子 玄 貴 陰	甲辰亥 后 后

□ **과체** : 중심(重審) // 형상(刑傷), 침해(侵害), 교차육해(交叉六害), 삼기(三奇), 육의(六儀), 호태(互胎), 진퇴양난(進退兩難), 살몰(殺沒), 귀인공망(貴人空亡/밤), 삼전체극(三傳遞剋), 초전협극(初傳夾剋/밤).

□ **핵심** : 午는 재물이다. 왕래하면서 극제를 당하여서 처는 병이 들고 재물은 망쳤으니, 취하기도 어렵고 버리기도 어렵다.

□ **분석** : 午는 癸의 처이며 재물이다. 일간에 임한 뒤에 발용이 되었으나, 지반의 癸로부터 상하고 다시 협극(夾剋)을 당해 여의치 않아서 본가로 돌아가면 먼저 점거하고 있는 亥수로부터 午가 제극을 받아 처는 병들고 재물은 망쳤으니, 취해야 할지 아니면 버려야 할지를 결정하기 어렵다.

□ **정단** : ❶ 중심과이니 나중에 움직이는 것이 이롭고 초전이 협극되었으니 구재가 뜻대로 되지 않는다.

❷ 묘신인 말전의 辰에 천후가 타고 있으니 어두운 일이 많고, 과전이 스스로 형(刑)을 하니 놀람과 근심을 면하기 어렵지만, 오직 근신하고 두려워하면 조금의 복을 얻는다.

○ **날씨** : 흐리고 맑은 날씨가 일정하지 않다.
　➜ 초전이 午화이니 맑고 말전이 辰토이니 흐리다.
○ **가정** : 사람과 집이 불안하다. 재물 손실과 공연히 놀라는 것을 예방해야 한다.
　➜ 일간은 사람, 일지는 집이다. 간상과 지상이 모두 자형(自刑)이니 사람과 집이 불안하다. 재성인 午가 그 음신의 亥수로부터 극을 받아 손상됐으니 재물이 손실되고, 낮에는 午에 등사가 타고 있으니 처나 재물로 인해 놀라는 일을 예방해야 한다. ● 간상과 지상이 형(刑)을 하니 가족이 화목하지 않고, 간지가 교차육해(交叉六害)하니 더욱 화목하지 않다. ● 중심과이니 자식은 부모에게 불효하고 처는 남편에게 유순하지 않다. ● 가상 : 가족이 불화하는 가상이다.
○ **혼인** : 불길하다.
　➜ 일간은 나, 일지는 배우자감이다. 간상과 지상이 모두 자형(自刑)이니 불길하고, 여자를 뜻하는 재성 午가 그 음신의 亥수로부터 극을 받아 손상됐으니 다시 불길하며, 간지가 교차육해하니 또다시 불길하다. ● 궁합 : 매우 나쁘다. ● 일지는 상대이다. 지상이 자형(自刑)이니 고집이 센 사람이고, 다시 주야 모두 흉장이 타고 있으니 불길한 사람이다.
○ **임신·출산** : 두 양(午,辰)이 하나의 음(亥)을 감싸고 있으니 여자를 임신한다.
　➜ 또한 중심과이니 다시 여자이다. 일간은 태아, 일지는 임신부이다. 간지의 상신이 모두 자형이니 모자(母子) 모두 상할 우려가 있고, 간지가 교차육해하니 다시 모자 모두 상할 우려가 있다.
○ **구관** : 불리하다.
　➜ 간지상에 형(刑)이 임하니 불리하고, 간지가 교차육해하니 다시

불리하다. 다행히 말전에 관성이 임했으니 나중에는 희망이 있다.
● 고시 : 불리하다. ● 승진 : 불리하다.
○ **구재** : 득재하지 못한다.
→ 재성은 재물이다. 초전이 비록 재성이지만 협극되었고 다시 재성에 등사와 현무가 타니 구재가 뜻대로 되지 않는다.
○ **질병** : 심장병 혹은 안질이다. 낫는다.
→ 지상은 병증이다. 지상이 午이니 심장병 혹은 안질이다. 백호가 과전에 나타나지 않았으니 저절로 낫는다.
○ **출행** : 이롭지 않다.
→ 일간은 여행객, 일지는 여행지이다. 간지의 상신이 형(刑)이어서, 사고나 병으로 인해 몸이 상할 우려가 있으니 출행에 해롭다.
○ **귀가** : 귀가한 뒤에 다시 나간다.
→ 일간은 여행객, 일지는 집이다. 간지의 상신이 자형이고 간지가 교차육해하여 불안하니 귀가한 뒤에 다시 나간다.
○ **쟁송** : 간지의 상신이 모두 자형이니 불리하다.
→ 형(刑)에는 상잔(相殘)의 뜻이 있다. 간지의 상신이 모두 자형이어서 주객 모두 형을 선고받을 우려가 있으니 불리하다. ● 간지의 상신이 비화(比和)하니 합의를 보는 것이 이롭다. ● 중심과는 재심이 유리하니 항소 혹은 상고해야 한다. ● 승패 : 일간은 나, 일지는 상대이다. 일간이 일지 및 말전의 극을 받으니 내가 불리하다.
○ **도난** : 쉽게 도둑을 잡는다.
→ 삼전이 계속하여 형을 하니 쉽게 도둑을 잡는다.
○ **전쟁** : 나쁘다.
→ 일간은 아군, 일지는 적군이다. 간지의 상신이 서로 형(刑)을 하여 아군과 적군이 모두 상하는 상이니 나쁘다.

□ 『필법부(畢法賦)』: 〈제73법〉 전후에서 핍박하면 전진과 후퇴 모두 어렵다.
　→ □ 분석 참조.
　〈제75법〉 손님과 주인이 다투지 않아도 형벌이 이미 있다.
　→ 간지의 상신이 상형한다. 주로 혼인, 매매, 교역, 계약, 동업, 국제회담 등에서 양측 모두에게 이롭지 않다.

□ 『단험(斷驗)』: ❶ 亥를 午에 가한 뒤에 가택을 정단한다. 집 뒤의 서북방에 있는 하수구가 소통되지 않아서 자주 눈병, 장염, 이질 등의 질병에 걸린다. 만약 막힌 것을 속히 뚫지 않으면 반드시 부인에게 미친병(顚狂)이 생긴다. 그 이유는 삼전에서 辰이 亥를 막고 亥가 午를 극하며 午가 몸과 가택에 임하여 가택을 해치니 가정의 가족이 해를 입는다.

❷ 강씨의 전정을 정단한다. 초전의 午가 지반의 癸로부터 극을 당하니 부인에게는 늘 심혈이 불편한 우환이 있고, 중전의 亥는 일간과 동일한 오행으로서 이것이 택상에 임했으니 집에 쟁송이 있으며, 묘신인 말전의 辰에 천후가 타고 있으니 부인에게 기혈에 관련된 질환이 있다. ● 자신의 몸이 묘지로 드니 반드시 건간(乾艮)에 있는 분묘로 진흙과 물이 침투되어 앞날이 불리하다. 9년에는 심장질환이 생기고, 4년에는 형제가 가옥을 다툰다. 5년 안에 움직이지 않으면 반드시 사망하는데, 그 이유는 午는 심장이고 눈이며 처이고 가옥인데, 癸로부터 극을 당했기 때문이다. 귀가하면 亥로부터 극을 받고 왕래하면 亥의 해침을 당한다. 나중에 그러하였다.

癸丑일 제 9 국

공망 : 寅·卯
낮 : 왼쪽 천장, 밤 : 오른쪽 천장

己 勾 酉 空	癸 常 丑 陰	乙 貴 巳 朱	
巳		酉	丑
乙 貴 巳 朱	己 勾 酉 空	乙 貴 巳 朱	己 勾 酉 空
癸 丑	巳	丑	巳

己 勾 酉 空 巳	庚 青 戌 午	辛 空 亥 未 常	壬 白 子 申 玄
戊 合 申 青 辰			癸 常 丑 陰 酉
丁 朱 未 勾 卯 ○			○ 玄 寅 后 戌
丙 蛇 午 合 寅	乙 貴 巳 朱 丑	甲 后 辰 蛇 子	○ 陰 卯 貴 亥

□ **과체** : 섭해(涉害), 종혁(從革) // 덕경(德慶), 화미(和美), 전국(全局), 형통(亨通), 체생(遞生), 장도액(長度厄), 맥월(驀越), 육음(六陰), 교차작절(交叉作絶), 신장·귀등천문(神藏·貴登天門/밤), 귀인공망(貴人空亡/밤), 부모효현괘, 귀덕임신(貴德臨身/낮).

□ **핵심** : 사람은 왕성하고 집은 좁다. 상대는 손해나고 나는 이익이 있다. 여러 사람이 와서 일간을 생하니 관직자는 빛이 난다.

□ **분석** : ❶ 巳酉丑 금국이 일지를 탈기해서 일간을 생하니, 사람과 가택을 정단하면 사람은 왕성하고 집은 비좁고, 상대와 나를 정단하면 나는 이익을 보고 상대는 손해를 본다.

❷ 낮의 천장이 구진(戊辰토)과 태상(己未토)과 귀인(己丑토)이니 모두 토의 천장이다. 삼전의 모든 천장오행 토가 삼전의 금국을 생하고 이 삼전이 다시 일간 癸를 생하니 모든 사람이 나를 칭찬한다. 공무원이 정단하면 천장의 오행이 관성이고 삼전의 십이신이 삼합하여 관인(官印)이니, 권력으로써 사람을 마음대로 좌우할 수 있는 권력을 쥐게 되고 공직이 빛난다.

□ **정단 :** ❶ 섭해과의 견기(見機)이니 하는 일이 지체되고, 종혁(從革)이니 변천이 많다.
　❷ 낮에는 귀인과 일덕이 일간에 임하고 가택에 들며 관인이 먼 곳에서 일간을 생하여 오니 한마음이고 순일한 덕행이다. 다만 공무원이 아닌 사람은 귀인에게 의지해서 생활을 영위하되 세력에 의지해서 함부로 행동하면 안 된다.

○ **날씨 :** 천강이 양을 가리키니 맑다.
　→ 천강(辰)은 대각성이다. 천강이 양의 십이지인 子에 가했으니 맑다.
○ **가정 :** 삼전이 일지를 탈기해서 일간을 생하니 집은 협소하지만 사람은 번창한다.
　→ 일간은 사람, 일지는 가택이다. 삼전의 금국이 일지 丑을 설기해서 일간 癸를 생하니 집은 협소하지만 사람은 번창한다. 만약 가을에 정단하면 삼전의 금국과 일간이 모두 왕성하니 더욱 좋은 가상이다. ● 지상의 巳는 일간의 절신이고 간상의 巳는 일간의 절신이다. 이와 같이 간지가 교차작절(交叉作絶)하니 이사해야 한다.
○ **혼인 :** 간지상에 일덕귀인이 타고 삼전이 삼합해서 일간을 체생하니 대길하다.
　→ 일간은 남자, 일지는 여자이다. 일덕은 덕성을 지닌 군자의 상이다. 간상이 일덕이니 덕성을 지닌 남자이고, 지상이 일덕이니 덕성을 지닌 여자이다. ● 궁합 : 간지의 상신이 비화(比和)하니 좋다. ● 일지는 상대이다. 지상이 덕신이니 덕성이 있는 사람이다. 낮에는 천을귀인이 타고 있으니 더욱 좋고, 밤에는 주작이 타고 있으니 문학에 밝은 사람이다.
○ **임신·출산 :** 태신이 장생에 앉아 있으니 임신을 정단하면 좋고 출산

을 정단하면 나쁘다.

→ 태신은 태아이다. 태신인 午가 午의 장생인 寅에 앉아 있어서 태아가 무럭무럭 자라는 상이니 임신정단은 좋다. 그러나 출산정단을 하면 태아가 지나치게 자라서 출산이 어려워지니 나쁘다.

○ **구관** : 관성이 있고 관인이 있으니 여러 사람의 추천을 받는다.

→ 관성은 공무원, 부모효는 관청의 도장이다. 중전의 관성이 금국인 인성을 생하고 인성이 다시 일간을 생하니 사람의 추천을 받는다. 또한 말전 巳 … 중전 丑 … 초전 酉 … 일간 癸를 생하여 '체생(遞生)'을 완성하니 더욱 좋다. ● 고시 : 삼전의 인성이 왕성한 가을에 정단하면 합격한다. ● 승진 : 삼전의 인성이 왕성한 가을에 정단하면 승진한다. ● 공무원은 일간과 일지가 교차작절하니 타향으로 발령난다.

○ **구재** : 큰 이익이 있다.

→ 재성은 재물이다. 간상과 지상과 말전에 재성이 있으니 큰 이익이 있고, 다시 말전의 재성이 일간을 차례로 생하여 오니 더욱 좋다.

○ **질병** : 심장과 신장 두 경락에 나타난 병증이거나 혹은 치통이거나 혹은 목이 아픈 통증이다.

→ 백호의 극을 받은 장부에 병증이 나타난다. 낮에는 백호승신 子가 오행의 화를 극하니 심장병이고, 밤에는 백호승신 戌이 오행의 수를 극하니 신장병이다. ● 지상은 병증이다. 지상이 巳이니 치통 혹은 인후의 병증이다. 삼전이 일간을 체생하여 오니 병이 낫는다.

○ **출행** : 수로행과 육로행 모두 길하다.

→ 현대에서는 일간은 여행객, 일지는 여행지이다. 간지상 모두에 길신인 일덕귀인이 타고 있으니 길하다. 더군다나 삼전이 일간을 체생하니 더욱 안전한 여행이다.

○ **귀가** : 길에 있다.

→ 천강이 子에 가했으니 길에서 오고 있다.
O **도난** : 도난품을 얻는다.
→ 재성은 재물이다. 재성이 간지상에 임했으니 도난품을 얻는다.
O **쟁송** : 무사하다.
→ 삼전이 일간을 체생하니 무사하다. ● **승패** : 일간은 나, 일지는 상대이다. 일간이 일지를 탈기한 삼전 금국의 생을 받으니 내가 승소한다.
O **전쟁** : 화해가 가능하다.
※ 『육임직지』 원문에서는 "불리하다."고 하였다.
→ 간상과 지상이 비화(比和)하니 화해가 가능하다.

□ **『필법부(畢法賦)』** : 〈제31법〉 삼전이 차례로 일간을 생해 오면 타인의 추천을 받는다.
→ O **구관** 참조.
□ **『고감(古鑑)』** : ① 戊申년 8월에 巳를 丑에 가한 뒤에 가택을 정단한다. 삼전의 酉가 8월에 왕성한 때이니 사람은 왕성하고 형통하다. 일지 丑이 삼전으로 설기되어 집이 좁으니 집을 바꿔야 한다. 癸수에 酉가 보이면 술(酒)이고 巳는 부엌인데, 네 해 안에 반드시 술집을 수리하다가 여자가 술독에 빠져 사망한다. ② 巳는 가게이다. 과전에 세 巳가 있으니 가게가 모두 세 개이다. 두 곳을 먼저 개업해서 재산을 모았고 나중에 다시 하나를 개업했지만 실패했는데, 그 이유는 수의 절신이 巳이기 때문이다. ③ 酉는 가마솥이고 간지상의 巳가 넷이니 2를 4로 곱하면 8이다. 8년 안에 앞에 있는 쌀을 이는 건축물을 치우고 나면 반드시 상을 당하며 재산을 네 등분한다. 8월의 사기인 丑이 처의 자리에 가했으니 여자가 사망한다. 모두 적중했다.

癸丑일 제 10 국

공망 : 寅·卯
낮 : 왼쪽 천장, 밤 : 오른쪽 천장

甲	丁	庚
后辰蛇	朱未勾	青戌白
丑	辰	未
甲	丁	甲	丁
后辰蛇	朱未勾	后辰蛇	朱未勾
癸丑	辰	丑	辰

戊申巳 合青	己酉午 勾空	庚戌未 青白	辛亥申 空常
丁未辰 丙午卯 乙巳寅 朱蛇貴 合○ ○			壬子酉 癸丑戌 白玄 常陰 ○○
	甲辰丑 后蛇	卯子 陰貴	寅亥 玄后

☐ **과체** : 원수(元首), 가색(稼穡), 육의(六儀), 참관(斬關), 유자(遊子/3·6·9·12월) // 형상(刑傷), 만반개귀(滿盤皆鬼), 귀묘(鬼墓), 전국(全局), 가귀(家鬼), 수일정신(水日丁神), 인처치병(因妻致病), 절신가생(絶神加生/연명:寅), 참관(斬關), 묘신부일(墓神覆日), 귀인공망(貴人空亡), 교차상파(交叉相破).

☐ **핵심** : 귀살과 도적으로 인한 고통을 말로 다 표현할 수 없다. 본명이 寅卯인 사람조차 상서롭지 못하다.

☐ **분석** : 하나의 癸수가 많은 토를 대적하니 흉을 말로 다 표현할 수 없다. 만약 연명상신이 寅卯인 사람이 정단하면 토를 제어할 수 있지만, 寅卯가 일간의 기운을 훔치고 다시 공망되어 길상(吉祥)하지 못한 기운이니 어찌 구할 수 있겠는가?

☐ **정단** : ❶ 원수과는 본래 순조롭고 발용이 육의(六儀)이니 희경사가 많다. 격명이 참관(斬關)과 유자(遊子)이니 모두 움직이는 상이다.
❷ 과전이 모두 관성이고 다시 말전에는 청룡과 백호가 타고 있어서 공무원이 정단하면 '최관부(催官符)'이니 부임이 매우 신속하다.

그러나 공무원이 아닌 사람이 정단하면 천강 겸 일간의 묘신인 辰이 일간을 덮치고 일간을 극하며 밤에는 다시 등사가 타고 있으니 흉이 심하다.

❸ 말전의 戌이 辰을 충해서 묘신을 깨트리고 귀살을 찌름으로써 흉을 흉으로써 제어하여 흉을 구하니 반드시 선흉후길하다. 또한 낮에는 '귀인이 귀신의 출입문을 막는다'는 뜻의 '귀색귀호(貴塞鬼戶)'이어서 귀적(鬼賊)이 밖으로 나오지 못하니 모든 일에서 막힘이 없지만 사적으로 무모하게 돌진하는 일에는 이롭지 않다. 연명상신이 寅인 사람 또한 흉을 구한다.

→ 연명이 亥子이면 그 위의 寅卯가 귀묘(鬼墓)인 辰을 제극하지만 지금은 寅卯가 공망되었으니 무용하다.

○ **날씨** : 검은 구름이 끼는 상이다.
  → 오행의 토는 구름이다. 이 과전은 토로만 이루어진 토국이니 검은 구름이 낀다.
○ **가정** : 의신(儀神)이 입택하고 다시 일간에 임한 뒤에 발용이 되었으니 흉이 길로 변한다.
  → 육의(六儀)를 가리키는 의신은 흉화위길하는 작용을 한다. 사람과 가택을 뜻하는 간지상에 의신이 임한 뒤에 발용이 되었으니 가정 내외의 모든 일이 흉화위길하다. 비록 간지상의 묘신 겸 귀살이 흉하지만 말전이 충을 해서 흉한 기운을 깨트리고 다시 간지상신이 의신이니 길한 기운이 발현된다.
○ **혼인** : 마땅하지 않다.
  → 일간은 나, 일지는 배우자감이다. 일간(기궁) 丑과 지상의 辰이 파(破)를 하고 일지 丑과 간상의 辰이 파를 하여 혼인이 깨지는 상이니 마땅하지 않고, 다시 사과는 물론이고 삼전이 모두 귀살이니 마

땅하지 않다. ● 궁합 : 간지가 상파하고 간지의 상신이 서로 형(刑)을 하니 나쁘다. ● 일지는 상대이다. 낮에는 지상에 천후가 타고 있으니 여성적인 성향의 사람이고, 밤에는 지상에 등사가 타고 있으니 간교한 성향의 사람이다.

○ **임신·출산** : 양이 음을 감싸고 있으니 여자이다. 쉽게 출산하지 못한다.

→ 삼전은 태아가 생육되는 과정이다. 삼전에서 두 양(辰,戌)이 하나의 음(未)을 감싸고 있으니 여자이다. 간지가 교차상파해서 태아와 임신부가 모두 상하는 상이니 쉽게 출산하지 못한다.

○ **구관** : 말전에서 '최관(催官)'을 얻었으니 대길하다.

→ 과전이 모두 관성이고 다시 말전에는 청룡과 백호가 타고 있어서 '최관부(催官符)'이니 부임이 매우 신속하다. ● 고시 : 간상의 辰이 일간의 묘신이니 낙방한다.

○ **구재** : 인월이나 인일 혹은 묘월이나 묘일에 취득하거나 혹은 인년이나 묘년에 출생한 사람은 얻는다.

→ 재물을 뜻하는 재성인 寅卯가 공망되었다. 공망된 재성이 풀리는 인년·인월·인월장(寅年·寅月·寅月將) 혹은 묘년·묘월·묘월장(卯年·卯月·卯月將) 기간에 득재하거나 혹은 연명이 寅이나 卯인 사람은 득재한다.

○ **질병** : 신장계통의 병증이다. 병세가 매우 위독하다.

→ 백호의 극을 받은 장부에 병이 든다. 밤에 점단하면 백호가 戌토에 타서 수를 극하니 신장계통의 질환이다. 묘신이 간지상과 초전에 임하고 다시 백호귀살 戌이 과전의 여러 토와 합세해서 일간을 극하니 위독하며, 의약신인 寅卯가 공망되었으니 불치가 우려된다.

○ **출행** : 흉화위길하다.

※『육임직지』원문에서는 "도착하는 곳이 대길하다."고 하였다.

→ 일간은 여행객, 일지는 여행지이다. 간상과 지상의 辰이 묘신과 귀살이어서 대흉하지만 다행히 말전의 戌이 이것을 깨트리니 흉화

위길하다.

○ **귀가** : 간지의 상신이 묘신이니 돌아온다.

→ 일간은 출행한 사람, 묘신에는 끝의 뜻이 있다. 간지의 상신이 사계의 하나인 辰이니 돌아온다.

○ **도난** : 밤에는 동방의 배나 차 안에 숨어 있다.

→ 도둑은 현무의 음신에 숨어 있다. 밤에 정단하면 현무의 음신이 卯이니 정동의 배나 차 안에 숨어 있다. 낮에 정단하면 현무의 음신이 巳이니 서남방의 그릇을 제조하거나 파는 곳에 숨어 있다.

○ **쟁송** : 형(刑)을 당하여 매우 흉하다.

→ 귀살은 관재이다. 하나의 癸수가 일곱 토의 극을 받으니 쟁송과 관재가 매우 흉하다. ● 승패 : 일간은 나이다. 일간이 과전의 귀살국으로부터 극을 받으니 내가 패소한다.

○ **전쟁** : 불리하다.

→ 귀살은 적군이다. 귀살이 무리를 지어서 일간을 극하니 내가 불리하다.

○ **분묘** : 혈(穴)의 정황과 수법(水法) 모두 좋다. 다만 좋은 기운이 발현되지 않는다.

→ 혈은 시신이 묻히는 곳 곧 광중, 수법은 산소를 싸고 흐르는 물줄기, 일지는 묘지이다. 일지의 음양이 토국이니 혈의 정황이 좋고, 주야 모두 천을귀인이 순행하여 물줄기가 산소를 감싸고 흐르니 수법이 좋다. 다만 과전이 온통 토국이니 산소가 자손에게 미치는 음덕은 적다.

□ **『필법부(畢法賦)』** : 〈제50법〉 두 귀인이 모두 공망되면 헛된 기쁨이 된다.

→ 낮 귀인 巳는 지반이 공망되었고 밤 귀인 卯는 천반이 공망되었

다. 관청의 공무원이나 거래처의 귀인을 만나서 일을 부탁하면 그 귀인이 무력해서 나의 부탁을 허락하지 않는다.

〈제65법〉 일간의 묘신이 관신(關神)을 아우르면 사람과 가택이 황폐해지는 허물이 있다. 일간의 묘신이 네 계절의 관신을 만들어서 발용이면 이 격이다. 마땅히 간·지·발용을 구분하여, 만약 일간의 양 과에서 발용이 되면 사람이 쇠패해지고 지진의 양 과에서 발용이 되면 가운이 닫힌다.

→ 여름에 정단하면 간상의 辰은 일간의 묘신 겸 여름의 관신이고 이곳이 발용이 되었으니 사람이 쇠패해진다.

〈제4법〉 최관사자(관리에 임명되는 것을 재촉하는 것)는 관청에 부임하는 기일을 말한다.

→ □ 정단 ② 참조.

□ 『옥성가(玉成歌)』: 참관(斬關)과 유자(遊子)는 몸이 움직인다. 〈오십오점(五十五占)〉에서 말하기를, "지상에 일간의 묘신이 임해서 일간을 극하면, 집안의 귀신이 반드시 사람을 해치며, 만약 행년을 극하면 즉시 재앙이 닥친다."고 하였다.

| 갑진순 | 계축일 | 11국 |

癸丑일 제 11 국

공망 : 寅·卯
낮 : 왼쪽 천장, 밤 : 오른쪽 천장

○	乙	丁
陰卯貴	貴巳朱	朱未勾
丑	卯 ○	巳
○	乙	○	乙
陰卯貴	貴巳朱	陰卯貴	貴巳朱
癸 丑	卯 ○	丑	卯 ○

丁朱未巳	戊勾申午	己勾酉未	庚白戌申
蛇丙午辰 合			空辛亥酉 常
貴乙巳卯 朱○			白壬子戌 玄
后甲辰寅 蛇	陰○卯丑 貴	玄○寅子 后	常癸丑亥 陰

□ **과체** : 원수(元首), 진간전(進間傳), 여덕(勵德/낮), 불비(不備), 영양(迎陽/卯巳未) // 과수(寡宿), 구사(俱死), 육음(六陰), 수일정신(水日丁神), 사과개공(四課皆空), 이귀개공(二貴皆空), 인처치병(因妻致病), 강색귀호(罡塞鬼戶), 살몰(殺沒).

□ **핵심** : 귀인에게 부탁하는 일은 맥이 빠진다. 재물을 망쳤다. 둔간이 丁이어도 이 또한 무슨 쓸모가 있겠는가?

□ **분석** : ❶ 초전의 卯는 밤 귀인이고, 중전의 巳는 낮 귀인이며, 말전의 지반은 巳이다. 〈경〉에서 말하기를 "과전이 모두 귀인이면 도리어 의지할 곳이 없다."고 하였다. 이른바 한 나라의 세 임금이고 열 마리의 양에 아홉 사람의 양치기이니 일이 하나도 해결되지 않는다.
❷ 중전의 巳화가 일간의 재성이지만 이미 낙공되었으니 현재의 재물은 쓸모가 없다. 그리고 未의 둔간이 비록 丁이지만 토에 타서 귀살로 변하니 이 또한 무슨 쓸모가 있겠는가?

□ **정단** : ❶ 원수과는 순조롭고 허물이 없지만 격명이 불비(不備)이니 일이 주밀하지 않다.

❷ 일간의 사기(死氣)인 卯가 일간을 탈기(脫氣)하고 다시 먼 곳까지 탈기해가서, 이른바 근원이 탈기되어 사라지고 나무의 가지가 부러진다. 모든 일에서 보이지 않게 손실이 발생하고 파괴되며 낭비되니 오직 승려나 수도자에게만 적당하다.
❸ 낮에는 귀인이 卯에 서 있어서 덕을 베풀어야 한다는 뜻의 '여덕(勵德)'이니 집이 요동치고 모든 도모하는 일에서 급히 취하면 길하고 늦추면 흉하다.
❹ 삼전의 卯巳未는 영양(盈陽)이다. 양극음의 이치에 의해 이미 양의 기운이 음에 이르렀으니 반드시 반전된다.
→ 영양격은 모망사를 서두르면 길하고 머뭇거리면 흉하다.

○ **날씨 :** 영양(盈陽)이니 맑다.
→ 영양격은 양의 기운이 가득한 상이니 날씨가 맑다.
○ **가정 :** 사람과 가택에 사신(死神)이 타고 있다. 휴식을 취하면 이롭고 움직이면 해롭다.
→ 일간 癸의 사신은 卯, 일간은 사람이고 일지는 가택이다. 일간과 일지에 사신이 임하여서 가정 내외에 사기가 가득하여 사망하는 상이니, 가정의 대소사를 멈추는 것이 이롭다. 만약 해월(亥月)에 정단하면 간지상의 卯가 해월의 사기이니 더욱 흉하다. 다행히 삼전의 십이신이 대낮을 상징하니 점차 밝아진다.
○ **혼인 :** 좋은 배필이다. 다만 불성할 우려가 있다.
→ 일간은 나, 일지는 배우자감이다. 원수과이니 좋은 배필감이고, 다시 간지상신이 서로 비화(比和)하니 좋은 배필감이며, 특히 밤에는 간지상에 천을귀인이 타고 있으니 또다시 좋은 배필감이다. ● 일간과 일지 그리고 일간음신과 일지음신이 모두 공망되었고 다시 발용이 공망되었으니 혼인이 불성할 우려가 있다. ● **궁합 :** 간지의

상신이 비화(比和)하니 좋아 보이지만 공망되어 좋은 뜻이 사라졌으니 좋지 않다. ● 일지는 상대이다. 낮에는 태음이 타고 있으니 미인이고, 밤에는 천을귀인이 타니 귀인이다.

○ **임신·출산** : 과전이 순음이니 임신하면 남자이다. 쉽게 출산한다.

→ 음이 극에 이르면 양이 되니 남자이다. 일지는 임신부이다. 일지가 공망되어 임신부의 배가 비어 있는 상이니 쉽게 출산한다.

○ **구관** : 온 천지에 귀인이 보이니 오히려 귀하지 않다.

→ 과전에 귀인이 가득 있으니 오히려 구관에 해롭고, 사과가 모두 공망되었으니 다시 구관에 해로우며, 삼전의 두 곳이 공망되었으니 또다시 구관에 해롭다. ● 고시 : 떨어진다. ● 승진 : 안 된다.

○ **구재** : 득재하지 못한다.

→ 재성은 재물이다. 재성인 巳가 공망되었으니 득재하지 못한다. 다만 공망된 卯가 메워지는 묘년이나 묘월이나 묘월장 기간에 정단하면 구재가 가능하다.

○ **질병** : 심장과 신장 두 경락의 병이다. 간지에 사기가 타고 있으니, 신병은 무방하고 구병은 흉하다.

→ 백호의 극을 받은 장부에 발병한다. 낮에 정단하면 백호가 子수에 타서 화를 극하니 심장계통의 질환이고, 밤에 정단하면 백호가 戌토에 타서 수를 극하니 신장계통의 질환이다. 병자를 뜻하는 일간이 공망되었고 다시 초전이 공망되었으니 흉한데, 의약신인 寅卯가 공망되었으니 구병은 낫지 않을 우려가 있다.

○ **출행** : 일지와 일간이 모두 공망되었으니 반드시 가는 것은 아니다. 가더라도 이익이 없다.

→ 일간은 여행객, 일지는 여행지이다. 일지와 일간이 공망되었으니 갈수도 없지만 설령 가더라도 이익이 없다.

○ **귀가** : 장차 돌아온다.

→ 과전이 공허하니 출행을 멈추고 장차 돌아온다.

○ **도난** : 낮에는 동남방에 있고, 밤에는 동북방에 있다.
→ 도둑은 현무의 음신에 숨어 있다. 낮에는 현무의 음신이 辰이니 동남방에 숨어 있고, 밤에는 현무의 음신이 寅이니 동북방에 숨어 있다.

○ **쟁송** : 비록 흉하지만 해결된다.
→ 과전의 대부분이 공망되어 쟁송이 해결되지만 쟁송으로 인한 손실이 많다. ● **승패** : 일간은 나, 일지는 상대이다. 일간이 일지 및 말전의 극을 받으니 내가 패소한다.

○ **전쟁** : 군사를 잃을 우려가 있다.
→ 일간은 아군이다. 간상의 卯가 일간을 탈기하고 다시 공망되었으니 군사를 잃을 우려가 있다.

□ 『**필법부(畢法賦)**』: 〈제44법〉 과전이 모두 귀인이면 도리어 의지할 곳이 없게 된다.
→ □ 분석 ① 참조.
〈제45법〉 주야귀인이 서로 가하면 양 귀인에게서 구하면 된다.
→ 이 과전에서는 주야의 귀인이 지나치게 많으니 일이 이루어지지 못한다.
〈제50법〉 두 귀인이 모두 공망되면 헛된 기쁨이 된다.
→ 주야의 귀인이 모두 공망되었으니 귀인에게 부탁하는 일은 뜻을 성취하지 못한다.
〈제80법〉 사람과 가택이 모두 사신이면 사람과 가택이 쇠해지고 파리해진다.
→ 간상과 지상의 卯는 일간의 사신이다.

□ 『**조담비결(照膽秘訣)**』: 귀인승신 卯가 발용이 되었지만 의지가 부족하니 지키기 어렵다.

→ 만약 공무원이 정단하면 귀인승신 卯가 발용이 되어 공망되었으니 승진이나 발탁되기 어렵다.
□ 『**지장부(指掌賦)**』: 卯巳未는 '영양(迎陽)'이다. 높은 언덕에서 우는 난새와 봉황이다.

〈그림 1〉 봉황과 난새

癸丑일 제 12 국

공망 : 寅·卯
낮 : 왼쪽 천장, 밤 : 오른쪽 천장

- □ **과체** : 원수(元首), 진여(進茹), 과수(寡宿) // 육의(六儀), 복덕(福德), 사과개공(四課皆空), 삼전개공(三傳皆空), 천라지망(天羅地網), 상호나망(相互羅網), 탈상공(脫上空), 귀인공망(貴人空亡/밤), 귀인입옥(貴人入獄/낮).

- □ **핵심** : 간지와 삼전에 일간의 탈기와 공망이 가득하다. 자식이 소모하고 훔쳐간다. 몸은 연약한데 병이 오래가고 계속 이어진다.

- □ **분석** : 간지와 삼전은 모두 일간을 탈기하는 오행이고, 다시 공망이 되었으며, 낮에는 현무가 일간에 임한 뒤에 발용이 되었다. 목이 수의 자식이니 자식이 소모하고 훔쳐간다. 질병을 정단하면 반드시 허탈증으로서 이미 병이 깊으니 어느 누구도 치료할 수 없다.

- □ **정단** : 원수과는 모든 일이 남자에게서 일어나며 먼저 거동해야 한다. 다만 간지상에 천라지망(天羅地網)과 양인(羊刃)이 일간을 옭아매고 있으니 어찌 전진할 수 있겠는가? 하물며 진여(進茹)가 공망되었으니 스스로 물러나야 한다. 정단하면 기운이 빠지고 소모되며 허위가 되어 모든 일이 부실하다. 형태와 흔적이 없고 근거가 부족하니

흉과 근심이 사라진다.

○ **날씨** : 바람이 분 뒤에 비가 온다. 반드시 크지는 않다.
→ 오행의 목은 바람, 천후는 강우이다. 비록 공망은 되었지만 삼전이 목국이니 바람이 불고 말전에 천후가 타고 있으니 비가 온다. 다만 삼전이 공망되었으니 미풍이 불고 적은 비일 뿐이다.

○ **가정** : 사람이 쇠해지니 집을 바꿔야 한다.
→ 일간은 사람, 일지는 가택이다. 간지와 삼전이 모두 일간을 탈기(脫氣)하는 오행이고 다시 공망되었으니 사람이 쇠해지는 가상이다. 따라서 이 집을 버리고 이사해야 한다.

○ **혼인** : 과전이 모두 공망되었으니 혼인이 불길하고 또한 이루지 못한다.
→ 일간은 나, 일지는 배우자감이다. 일간이 공망되었으니 남자가 장가들 뜻이 없고 일지가 공망되었으니 여자 또한 시집갈 뜻이 없다는 뜻이니, 혼인이 길하지 않고 혼인이 이루어지지 않는다. ● 궁합 : 간지의 상신이 비화(比和)해서 좋아 보이지만, 공망이 되었으므로 그렇지 않다. ● 일지는 상대이다. 낮에는 지상에 현무가 타고 있으니 도심(盜心)이 있는 사람이고, 밤에는 천후가 타고 있으니 여성적인 사람이다.

○ **임신·출산** : 임신과 출산 모두 이롭지 않다.
→ 일간은 태아, 일지는 임신부이다. 일간이 공망되어 태아가 유산되는 상이니 임신과 출산 모두 이롭지 않다.

○ **구관** : 관성이 묘신이고 다시 관성이 공함되었으며 또다시 극을 받았으니 크게 불리하다.
→ 관성은 공무원이다. 관성인 말전의 辰이 공함되었고 다시 지반의 卯목으로부터 극을 받아 손상되었으니 크게 불리하다. ● 고시 : 떨

어진다. ● 승진 : 안 된다.
O **구재** : 눈에 보이는 것 모두가 탈기와 공망이고 재성이 나타나지 않았으니 득재하기 어렵다.
→ 탈기는 손실, 공망은 공허, 재성은 재물이다. 일간이 목국으로 탈기되고 다시 목국이 공망되었으니 득재는 고사하고 손실이 막대하다.

O **질병** : 심장과 폐에 병증이 있고 매우 흉하다.
→ 백호의 극을 받은 오행의 장부에 병이 든다. 낮에 정단하면 백호 승신 子가 화를 극하니 심장에 병이 들고, 심장의 인근에 있는 폐에도 병이 든다. 그리고 일간 癸수가 삼전의 寅卯辰 목국으로 탈기되고 다시 공망되었으므로 신허증이 심하다. ● 초전이 공망되었고 다시 의약신인 寅卯가 공망되었으니, 신병은 낫지만 구병은 사망할 우려가 있다.

O **모망** : 필경 이루어지는 것이 없다.
→ 일간 癸수가 삼전의 寅卯辰 목국으로 탈기되고, 다시 공망되었으므로 이루어지는 것이 없다.

O **출행** : 이롭지 않다. 그물과 칼이 앞에 있다.
→ 일간은 여행객, 일지는 여행지이다. 간상이 일간의 전일위이고 지상이 일지의 전일위이어서 눈앞에 그물이 있으니 출행이 이롭지 않다.

O **귀가** : 곳곳에 공망이 있으니 뜻을 이루지 못하고 돌아온다.
→ 사과가 모두 공망되고 삼전도 모두 공망되었으니 모든 일을 허탕치고 돌아온다.

O **유실** : 찾을 수 없다.
→ 일간인 癸수가 삼전의 寅卯辰 목국으로 탈기되고 다시 공망되었으므로 찾을 수 없다.

O **도난** : 낮에는 왼쪽의 이웃집에 있고 동문의 사람이 망을 본다.

→ 현무는 도둑이다. 현무가 지상에 있으니 동문의 사람이 도둑이다. 집에서 도둑을 맞은 경우에는 가족이 도둑이고, 임의의 장소에서 도둑을 맞은 경우에는 동문의 사람이 도둑이다.
○ 쟁송 : 탈기는 되었지만 무해하다.
→ 일간 癸수가 삼전의 寅卯辰 목국으로 탈기되어 경제적인 손실이 크지만 공망되었으므로 무해하다.
○ 전쟁 : 크게 불리하다.
→ 일간 癸수가 삼전의 寅卯辰 목국으로 탈기되고, 다시 공망되었으므로 크게 불리하다.

□ 『필법부(畢法賦)』 : 〈제17법〉 진여(進茹)가 공망되면 후퇴가 옳다.
→ 삼전이 십이지 순으로 적혀 있으니 진여이다. 진여가 공망되었으니 후퇴해야 한다.
〈제55법〉 천라지망(天羅地網)을 만나면 모망사가 보잘 것이 없게 된다.
→ 매일의 제12국은 천라지망(天羅地網)이다.
〈제15법〉 (일간) 위에서 탈기하고 다시 탈기하면 헛된 속임을 예방해야 된다.
→ 일간 위의 寅이 일간 癸를 탈기하고 다시 공망이 되었다.
〈제74법〉 거듭하여 공망되면 일을 추구하지 않아야 한다.
→ 초전의 寅, 중전의 卯, 말전의 辰이 거듭하여 공망되었다.
□ 『육임회통(六壬會通)』 : 삼전이 나를 생하면 만사가 순조롭고 길하다. 그러나 만약 일간이 삼전을 생하면 명성이 드러나지 않는다.
→ 이 과전에서는 삼전이 공망되었으니 매우 절망적이다.
□ 『지장부』 : 삼전의 寅卯辰이 '정화(正和)'이니 나라를 다스리고 경영하며, 서민은 임금이나 웃어른으로부터의 혜택이 있다. 다시 말하기를

순연여가 공망되면 비어 있는 골짜기에 메아리가 울려 퍼진다는 뜻의 '성전공곡(聲傳空谷)'이라고 하여, 후퇴는 길하고 전진은 길하지 않다. 다시 말하기를 삼전이 순수한 자손이니 재물을 구하지 않더라도 저절로 재물이 나에게 온다.

→ 이 과전에서는 사과삼전이 일간을 탈기하고 다시 과전이 공망되었으며, 또 다시 과전에 재성이 없으니 나에게 재물이 오지 않는다.

끝맺는 말

　이 책은 『육임입성대전검』·『육임직지』·『육임요결』을 위주로 '육임의 720과 고전'을 번역·주석한 책이다. 이 책의 특징은 다음과 같다.

　첫째, 누구나 활용이 가능하다.
　인사(人事)의 길흉(吉凶)과 성패(成敗)에 관심이 있는 분이라면 누구나 활용이 가능하다. 그 이유는 육임 문헌에서 근거하여 정답을 제시했기 때문이다. 만약 육임의 기초이론을 숙지한 분이라면 더욱 더 잘 활용할 수 있을 것이다.
　둘째, 정답을 제시했다.
　각 사안별로 고전에서의 정답은 물론 현대인에게 필요하다고 생각되는 사안에 대해 정답을 제시했다.
　셋째, 정답이 도출된 이유를 적었다.
　사실 이 책의 특성상 정답만 제시하면 되지만, 독학하시고 연구하시는 분에게 이론적 근거를 제시함으로써, 더 깊고 창의적인 육임의 이치를 연구할 수 있도록 한 것이다.

　육임 고전을 번역한지 17년이 되었지만, 아직도 번역하고 주석하는 일이 익숙하고 쉬운 일이 아니다. 한문을 번역하되 행간에 숨어 있는 속뜻을 파악해야 하고, 동양의 사상과 풍속을 이해하고 있어야 완전한 번역이 되기 때문이다. 이러한 어려움 보다 더 어려웠던 것은 시간이다. 10여 년 전에 완간하고 싶었지만 지금 완간하는 것은 시간이 없었기 때문이다. 참으로 변명 아닌 변명이지만, 이는 고전을 번역하는 사람들의 공통된 고충일 것이다.

  고전을 번역함에 있어서 두 가지를 주의하였다.
  첫째, 가급적 현대 한국어로 번역하였다. 이 목적을 달성하기 위해 국어사전, 옥편, 중국어사전을 보고 또 보았다.
  둘째, 책 출간 뒤 십수 년이 지나면, 다음 세대가 지금의 한국어를 이해하기 어려울 수 있다. 그래서 육임 전문용어에는 한국어에 한자어를 병기(竝記)하였다.

  세상은 빠르게 변하고 있다. 지식을 전달하는 방법 또한 빠르게 변하고 있으며, 책을 통해 지식을 전달하던 시대에서, 앱(애플리케이션)과 프로그램을 활용해서 지식을 전달하고 활용하는 시대로 변하고 있다. 이런 시대적 변화에 적응하기 위해서, 본 저자는 『대육임직지』를 재구성해서 앱과 프로그램으로 개발하여 독자가 편리하게 육임을 활용할 수 있도록 할 것이고, 또한 틈틈이 육임 720과 강의를 녹화하여 유튜브에서 공감의 장을 만들 구상을 하고 있다.

  끝으로 많은 분량의 원고를 편집, 출판해 주신 대유학당의 여러분께 감사의 말씀을 드리면서, 이 책이 독자께 작은 도움이 되길 기원한다.

서기 2019년 맹하에
빛고을 광명에서 이수동 적음

참고문헌

1. 고서(古書)

- 삼국시대 촉나라, 諸葛孔明(?), 『六壬直指』.
- 시대, 작자 미상, 『六壬立成大全鈐』〈고금도서집성에 수록〉.
- 명나라, 黃賓廷, 『六壬集應鈐』 (전60권).
- 청나라, 吳師靑, 『六壬要訣』.

2. 근대

- 阿部熹作[아부태산], 『鑑定祕鍵』, 京都書員(일본).

3. 현대

1) 대만

- 林相如, 『大六壬總覽』, 武陵出版公司, 대만, 1995.
- 阿部熹作[아부태산], 『鑑定祕鍵』, 武陵出版公司, 대만, 1995.

2) 국내

- 아부희작, 정민현번역, 『六壬天文易720課鑑定祕鍵』, 삼원문화사, 1998.
- 신육천, 『육임정단법』, 상지사, 1987.
- 소담, 『六壬直指註解』, 2007.

대유학당 출판물 안내

- 자세한 사항은 대유학당으로 문의해 주십시오.
- 전화 : 02-2249-5630 / 팩스 : 02-22449-5631
- 입금계좌 : 국민은행 807-21-0290-497   예금주-윤상철
- 블로그 https://blog.naver.com/daeyoudang
- 서적구입 : www.daeyou.or.kr

분류	도서명	저자	가격
주역	주역입문(2019)	윤상철 지음	16,000원
	대산주역강해(전3권)	김석진 지음	60,000원
	주역전의대전역해(상/하)	김석진 번역	70,000원
	주역인해	김수길·윤상철 번역	20,000원
주역 시사	시의적절 주역이야기	윤상철 지음	15,000원
	대산석과(대산의 주역인생 60년)	김석진 지음	20,000원
	우리의 미래(대산선생이 바라본)	김석진 지음	10,000원
주역점 운세	황극경세(전5권) 2011년 개정	윤상철 번역	200,000원
	초씨역림(상/하) 2017년	윤상철 번역	180,000원
	하락리수(전3권) 2009개정	김수길·윤상철 번역	90,000원
	하락리수 전문가용 CD	윤상철 총괄	550,000원
	대산주역점해	김석진 지음	30,000원
	매화역수(2014년판)	김수길·윤상철 번역	25,000원
	주역점비결 2019 신간	윤상철 지음	25,000원
	육효 증산복역(전2권)	김선호 지음	50,000원
음양 오행학	오행대의(전2권)	김수길·윤상철 번역	44,000원
	연해자평(번역본)	오청식 번역	50,000원
	작명연의	최인영 편저	22,000원
	운명 사실은 나도 그게 궁금했어	윤여진 지음	20,000원
	팔자의 시크릿	윤상철 지음	16,000원
	풍수유람(전2권)	박영진 지음	43,000원
	어디 역학공부 좀 해 볼까?	이연실 지음	20,000원

분류	도서명	저자	가격
기문 육임	기문둔갑신수결	류래웅 지음	16,000원
	이것이 홍국기문이다 1, 2	정혜승 지음	53,000원
	육임입문123(전3권)	이우산 지음	70,000원
	육임입문 720과 CD	이우산 감수	150,000원
	육임필법부	이우산 지음	35,000원
	대육임직지(전6권)	이우산 지음	192,000원
	육임을 알면 미래가 보인다	이우산 지음	25,000원
자미 두수	별자리로 운명 읽기 1,2	이연실 지음	45,000원
	자미두수 입문	김선호 번역	20,000원
	자미두수 전서(상/하)	김선호 지음	100,000원
	실전 자미두수(전2권)	김선호 지음	50,000원
	자미두수 전문가용 CD	김선호/김재윤	500,000원
	중급자미두수(전3권)	김선호 지음	60,000원
	자미심전 1,2	박상준 지음	55,000원
불교 미학	마음이 평안해지는 천수경	윤상철 편저	10,000원
	마음의 달(전2권)	만행스님 지음	20,000원
	항복기심(전3권) 2018년 신간	만행스님 지음	60,000원
	선용기심	만행스님 지음	30,000원
	동양미학과 미적시전	손형우 지음	20,000원
	겸재 정선 연구	손형우 지음	23,000원
동양고전	집주완역 대학	김수길 번역	25,000원
	집주완역 중용(상/하)	김수길 번역	50,000원
	동이 음부경 강해	김수길·윤상철 번역	20,000원
	당시산책	김병각 편저	25,000원
천문	천문류초	윤상철 지음	30,000원
	천상열차분야지도 그 비밀을 밝히다	윤상철 지음	25,000원
	태을천문도 9종(개정판)	윤상철 총괄	100,000원
	세종대왕이 만난 우리별자리(전3권)	윤상철 지음	36,000원

손에 잡히는 경전	① 주역점 ② 주역인해(원문+정음+해석) ③ 대학 중용(원문+정음+해석) ④ 경전주석 인물사전 ⑤ 도덕경/음부경 ⑥ 논어(원문+정음+해석) ⑦ 절기체조 ⑧~⑨ 맹자(원문+정음+해석) ⑩ 주역신기묘산 ⑪ 자미두수	⑫ 관세음보살 ⑬ 사자소학 추구 ⑭~⑯ 시경(1~3) 각권 288~336p 10,000원 
족자 & 블라인드	① 천상열차분야지도 ② 태을천문도(라일락/블랙베리) ③ 42수 진언 ④ 신묘장구대다라니	족자(가정용) 120,000 족자(사찰용) 150,000 블라인드(120×180cm) 250,000원 블라인드(150×230cm) 300,000원

　　　　태을천문도　　　　천상열차분야지도

즉문즉답
대육임직지-갑진순 [이 책의 활용법]

◆ **2019년 7월 6일(토) 낮 1시 30분~3시 30분 사이에 정단할 경우**
→ ① 일진 ② 점시 ③ 월장이 필요하다. 육임은 정확한 시간을 생명으로 여기므로 지역까지 넣어서 보려면 육임책력을 활용하면 좋겠다.

① 달력(만세력)을 보니, 일진이 甲辰이다.

② 낮 1시 30분~3시 30분의 점시가 未이다. 본문 12쪽 〈표 2〉 참조

시간	23:30 ~1:30	1:30 ~3:30	3:30 ~5:30	5:30 ~7:30	7:30 ~9:30	9:30 ~11:30	11:30 ~13:30	13:30 ~15:30	15:30 ~17:30	17:30 ~19:30	19:30 ~21:30	21:30 ~23:30
점시	자	축	인	묘	진	사	오	미	신	유	술	해

③ 7월 6일의 월장이 未이다. 본문 13쪽 〈표 3〉 참조

12월장과 기준일

정확한 날짜는 만세력 참고
양력 1월 20일에서 2월 19일까지
자월장에 속한다.